重庆市首批重点建设教材
法律硕士精品系列教材

刑法实务教程

XINGFA SHIWU JIAOCHENG

第二版

主　编　梅传强
副主编　胡　江　贺洪波
撰稿人　（以撰写和修订章节先后为序）
梅传强　胡　江　贺洪波　陈小彪　张永强
李　洁　王　群　田　恬　袁　林　童春荣
骆　多　石经海　肖　洪　李永升　丁胜明
张武举　刘湘廉　陈　伟　马家福　姚万勤
张　波

中国人民大学出版社
·北京·

法律硕士精品系列教材编审委员会

主编简介

梅传强，男，1965 年 9 月生，四川邻水人。西南政法大学教授、博士研究生导师、法学博士后合作导师、法学博士。兼任中国刑法学研究会副会长，重庆市刑法学科学术带头人。曾荣获霍英东教育基金会第八届青年教师奖（2002 年）、重庆市社会科学专家（2014 年）、重庆市教书育人楷模（2019 年）、重庆市教育系统优秀共产党员（2019 年）等称号。

在科研方面，先后主持并完成了国家社会科学基金重点项目、一般项目，教育部人文社会科学基金项目、司法部国家法治与法学理论研究重点项目、中国法学会部级法学研究课题等 12 项省（部）级及以上课题。已出版《犯罪心理生成机制研究》《公务员职务犯罪研究》《刑法学》《东盟国家刑法比较研究》《犯罪心理学》等学术专著和教材；在《法学研究》《现代法学》《法学》《法商研究》《法制与社会发展》等学术刊物上发表论文 90 多篇。主要研究领域为刑法学、犯罪学、犯罪心理学。

总　序

2022年10月16日，习近平在中国共产党第二十次全国代表大会上的报告中强调："深化教育领域综合改革，加强教材建设和管理"。同时，党的二十大报告第七部分"坚持全面依法治国，推进法治中国建设"专门部署法治建设，要求发挥法治固根本、稳预期、利长远的保障作用，在法治轨道上全面建设社会主义现代化国家。习近平总书记指出，全面推进依法治国，建设一支德才兼备的高素质法治队伍至关重要。[①] 高校是法治人才培养的第一阵地，高校法学教育在法治人才培养中发挥着基础性、先导性作用。

在法治轨道上全面建设社会主义现代化国家，迫切需要法律硕士专业学位研究生教育开辟一条加快培养高层次应用型法治人才的新渠道。法律硕士是具有特定法律职业背景的专业性学位，在培养目标上强调实务特点，主要培养立法、司法、行政执法和法律服务以及各行业领域德才兼备的高层次的复合型（专门型）、应用型法治人才。根据新时代法治人才培养的要求"立德树人、德法兼修、明法笃行"，要将法律硕士培养成具有坚定政治立场和崇高法律职业道德的法治人才，培养成具有宽基础、复合型、跨学科知识结构的法治人才，培养成能够综合运用法律、经济、管理、科技、外语、计算机以及其他方面专业知识独立从事法律实务和管理工作的法治人才。

近年来，各高校、科研院所及法律实务部门在应用型高级法律实务人才培养方面不断探索。西南政法大学作为新中国最早建立的高等政法学府，是国家首批卓越法律人才教育培养基地。自1979年开展研究生教育以来，西南政法大学坚持科学的研究生教育质量观，把研究生教育作为提升学校品牌的重要支点，坚定不移地推进改革，凝心聚力，攻坚克难，不断增强研究生教育的竞争力、吸引力和培养能力，以实施科教兴国战略和满足经济发展对高层次、高素质、创新型人才的需求为出发点，努力发展研究生教育。2010年，西南政法大学被确定为教育部法律专业学位研究生（以下简称"法律硕士"）教育综合改革试点高校；2013年，西南政法大学被评为全国法律硕士优秀培养院校。西南政法大学紧紧围绕党中央的要求和国家经济、社会发展的需要，明确目标和功能定位，充分发挥培养复合型、实践型法律人才的

① 中共中央文献研究室. 十八大以来重要文献选编：中. 北京：中央文献出版社，2016：190.

作用，以培养德才兼备、系统掌握法学理论知识、具备实践能力、具有社会主义法治理念、能够独立从事法律实务或理论研究工作的高层次专门人才为目标，不断进行探索和创新：

——实施责任教授制度，创新课程管理模式。针对法律硕士专业必修课程实施责任教授制度，实行团队教学。课程所属学科确定一名课程责任教授，由其负责组建教学团队、主持课程建设的各项工作，包括课程规划、教学内容安排、课程进度控制、教学方法使用、考核评价方式等。课程责任教授制度的确立，改变了任课教师单打独斗的授课局面，形成了课程教学合力。

——推进课程教学改革，创新课程教学方法。自 2013 年大力推进研究生课程教学改革以来，制定并实施了《西南政法大学研究生课程教学改革办法（试点）》，推行基于问题、基于项目、基于案例的教学方法和学习方法，探索建立以学生为主体、以培养学生创新能力为主要特征的研究型教学方式，促进课程教学与科研训练、实习实践相结合。已立项建设 4 批次共 37 门改革课程，培育重庆市优质研究生课程 12 门。

——强化教学案例建设，注重实践能力培养。重视案例编写，积极开展案例教学，已组织编写校级法律硕士教学案例 21 个，其中 4 个教学案例入选首批全国法律硕士教学案例库，为首批入库案例最多的院校。在积极开展案例库建设的同时，大力推进案例教学，在法律硕士专业课程教学过程中，引用案例进行讲解的教学内容占比达到 30%以上。

——开设实践训练课程，强化职业能力培养。为适应职业型与复合型的人才培养定位，法律硕士人才培养要把理论知识与开展实务能力加以复合，要开展更加注重实务与应用的实践性教学。学校专门开设了法律实践训练课程，占法律硕士课程的四分之一，任课教师大都为校外行业专家，由此大大提升了学生的法律逻辑分析能力与知识运用能力。

法律硕士的招生院校及招生规模不断扩大，对专业法律人才的培养提出了新的挑战，对法律硕士教学规范化也提出了比较高的要求。党的二十大报告指出："深化教育领域综合改革，加强教材建设和管理，完善学校管理和教育评价体系，健全学校家庭社会育人机制。"这说明深化教育领域综合改革，扎实推进法律硕士教育、加强相关教材建设非常关键。在 2012 年前后，西南政法大学与中国人民大学出版社共同推出针对法律硕士的"应用型高级法律人才系列教材"，该套教材内容设计贴近教学需要，编写质量优良，打下了较好的教材基础。为遵循法律硕士的教学特点和更加贴近司法实务的教学要求，西南政法大学根据全国专业学位研究生教育指导委员会《专业学位研究生核心课程指南（试行）》，更新编写了这套"法律硕士精品系列教材"，该系列教材体系的构建主要有几点考虑：

第一，提升教材的普适性，按照全国专业学位研究生教育指导委员会《专业学位研究生核心课程指南（试行）》的目录搭建对应的系统性教材。

第二，立足教材的应用性，结合实务训练课程需要编写案例丰富、实践性强、以案说法的实务性教材。

第三，侧重特色交叉教材，以满足学校新兴学科发展需要和法律硕士教育特色发展为目标，编写特色教材。

本套教材得以面世，首先要感谢校内外多位主编、编委和作者的精诚合作和辛勤笔耕；还要感谢中国人民大学出版社的大力支持，感谢郭虹社长对教材编写和出版的精心策划与宝贵建议。西南政法大学副校长唐力教授及校党委常委、研究生院院长李燕教授在教材设计和编写方面做了大量的开创性工作；还有很多工作人员在教材编写和出版过程中默默付出辛劳，我代表编委会对他们一并表示诚挚的敬意和谢忱。

付子堂

2022 年 10 月 29 日于西南政法大学

修订说明

本书是西南政法大学组织编写的“应用型高级法律人才系列教材”之《刑法实务教程》（中国人民大学出版社 2013 年版）的修订版。

作为一本实务性法学教材，本书特别注重体例与内容的体系性、知识性、应用性、实践性。编写这本教材的主要目的是：解决目前研究生教学领域实务性刑法教材匮乏的问题。虽然国内的刑法案例著作不少，但以往的刑法案例著作往往偏重于案例分析本身，而在知识的体系性与完整性方面相对薄弱。而本书在总结西南政法大学多年研究生教学实践经验的基础上，在注重知识体系性和完整性的同时，明确将自身定位为一本理论与实务并重的特色教材，旨在为法律硕士研究生、法律实务工作者以及重视实务教学的法学专业院校提供刑法实务教学的基本教材。

正是由于立足于刑事司法实践，结合法律、司法解释规定和刑法基础理论，对刑法实务中的疑难问题作了全面、科学的阐述，本书既具有体系性和科学性，又具有实务性与应用性。自 2013 年第一版出版以来，本书不仅一直在西南政法大学的研究生教育中作为教材使用，而且被国内众多其他高校选为教材，在使用中得到了广大师生的好评。

近年来我国刑事立法和司法实践又有了新的变化与发展。自 2013 年本书第一版出版以来，全国人民代表大会常务委员会先后于 2015 年 8 月 29 日通过了《刑法修正案（九）》、于 2017 年 11 月 4 日通过了《刑法修正案（十）》、于 2020 年 12 月 26 日通过了《刑法修正案（十一）》。除《刑法修正案（十）》的内容较为单一之外，《刑法修正案（九）》和《刑法修正案（十一）》的条文数量分别是 52 条和 48 条，内容十分广泛，对刑法的有关内容作了重大调整。与此同时，最高人民法院、最高人民检察院近年来也陆续发布了一批刑事司法解释。作为一本强调实务性和应用性的刑法实务教材，本书理应反映最新的刑法修正内容和刑事司法解释的规定，如此才能更好地服务新时代刑法实务教学。

特别值得一提的是，2020 年 12 月，本书第一版入选**重庆市首批重点建设教材**（研究生类），这为本次修订提供了契机。

为此，2021 年年初，编委会决定启动本书的修订。此次修订的主要内容体现在以下几个方面：一是根据近年来最新的刑法修正案和新发布的刑事司法解释的内容，对第一版的相应内容作了必要的调整；二是结合近年来刑事司法实践的最新发展情况，对部分案例进行了调整、补充和完善；三是积极吸收近年来刑法学界的最新研究成果；四是对原书的章节作了适当调整，对其存在的部分文字、表述以及其他方面的错漏进行更正。

此次修订，由梅传强教授担任主编并统筹组织整个修订工作，先由主编拟定修订要求、确定修订任务，然后交由各章节的修订者进行修订。各章节的修订者完成修订以后，由副主编进行初步的统稿整理，全书最后由主编统稿定稿。修订工作的撰稿人和具体分工如下（按撰写和修订章节先后排序）：

梅传强（西南政法大学教授、博士研究生导师，法学博士）：担任本书主编，撰写第一章；

胡江（西南政法大学副教授、硕士研究生导师，法学博士）：担任本书副主编，撰写第二章、第三章；

贺洪波［中共重庆市委党校（重庆行政学院）副教授，法学博士］：担任本书副主编，撰写第四章、第十四章；

陈小彪（西南政法大学副教授、硕士研究生导师，法学博士）：撰写第五章；

张永强（西南政法大学副教授、硕士研究生导师，法学博士）：撰写第六章；

李洁（西南政法大学讲师，法学博士）：撰写第七章；

王群［中共重庆市委党校（重庆行政学院）副教授，法学博士］：撰写第八章；

田恬［中共重庆市委党校（重庆行政学院）讲师，法学博士］：撰写第九章；

袁林（西南政法大学教授、博士研究生导师，法学博士）：撰写第十章；

童春荣（西南政法大学讲师、硕士研究生导师，法学博士）：合作撰写第十一章；

骆多（西南政法大学讲师、硕士研究生导师，法学博士）：合作撰写第十一章；

石经海（西南政法大学教授、博士研究生导师，法学博士）：撰写第十二章；

肖洪（重庆大学副教授、硕士研究生导师，法学博士）：撰写第十三章；

李永升（西南政法大学教授、博士研究生导师）：撰写第十五章；

丁胜明（西南政法大学副教授、博士研究生导师，法学博士）：撰写第十六章；

张武举（西南政法大学副教授、硕士研究生导师，法学博士）：撰写第十七章；

刘湘廉（西南政法大学副教授、硕士研究生导师）：撰写第十八章；

陈伟（西南政法大学教授、博士研究生导师，法学博士）：撰写第十九章；

马家福（西南政法大学副教授、硕士研究生导师，法学博士）：撰写第二十章；

姚万勤（西南政法大学副教授、硕士研究生导师，法学博士）：撰写第二十一章；

张波（重庆市高级人民法院刑二庭庭长，法学博士）：撰写第二十二章。

需要说明的是，参与本书第一版编写工作的李邦友、张理恒、李海良、周建达、何承斌、戴勇才、魏东、吴仁碧、卢有学、李剑弢、牛克乾等，因为工作单位变动以及个人事务安排等方面的原因，未参加本次修订，因而本次修订没有署他们的名字。在此，谨向他们为本书的编写和出版作出的贡献表示感谢！前述人员原承担章节的修订工作主编决定经由张永强、李洁、王群、田恬、童春荣、骆多、丁胜明、姚万勤等青年教师承担。

本书的出版发行以及推广使用得到了中国人民大学出版社和西南政法大学等有关方面的大力支持；在本书修订过程中，我的博士研究生于浩洋在统稿阶段协助主编做了大量的具体工作，在此一并表示衷心的感谢！

当然，由于编者学识水平等方面的原因，加之本书系由集体完成，因而虽然经过了各位作者的认真修订，但书中难免还存在这样那样的不足，尚祈学界同人和广大师生批评指正。

梅传强

2022年10月

目　录

第一章　刑法概说

【内容摘要】

刑法是指掌握国家政权的统治阶级，为了维护本阶级的利益和统治秩序，以国家的名义颁布的，规定什么行为是犯罪，以及怎样惩罚犯罪的法律。刑法既具有政治属性，也具有法律属性。新中国刑法自新中国成立初期草创以来，经历了 1979 年旧刑法、23 个单行刑法、1997 年新刑法和 2 个决定与 11 个刑法修正案的发展历程。在具体适用刑法的过程中，需要对刑法进行解释，常见的解释方式有文理解释、历史解释、目的解释与论理解释。我国刑法确定的基本原则有罪刑法定原则、适用刑法人人平等原则和罪责刑相适应原则。

【学习目标】

(1) 在知识学习层面，学生要牢固掌握上述刑法基本原理。(2) 在能力训练层面，学生要通过对实践中犯罪问题的了解和疑难案例的分析，了解惩治和预防犯罪的实践需要，充分运用刑法的性质、根据和任务等原理，在刑法基本原则的指导下提升刑法解释的能力，增强应对实践疑难问题的解释和分析水平，用良好的刑事法治思维和技能应对犯罪的新问题，更好地发挥刑法在惩治犯罪、保护人民方面的作用。(3) 在价值引领层面，学生要通过对新中国刑法发展历程的学习，感受新中国法治建设所取得的辉煌成就，坚定走中国特色社会主义法治道路的理想信念。同时，要通过对刑法性质和任务、罪刑法定原则等基本原则的学习，树立起平等、公平、正义、法治的理念，在刑事法律的适用中坚守法治的基本原则，形成运用刑法保护人民的信仰和情怀。

【知识要点】

一、刑法的概念和性质

（一）刑法的概念

刑法的概念是刑法学基本范畴中一个最基本的概念，也是一个最核心的概念。纵观刑法概念的发展演变过程，就其含义而言，有以下三个方面的解释：第一，词源解释说，即从词源学的角度对刑法的概念所作的解释，认为刑法是维护社会秩序和社会公平正义的基本法则。第二，内涵解释说，即从刑法所规定的内容对刑法的概念所作的解释，认为“刑法就是规定什么行为构成犯罪和给予何种刑罚以保护社会免受侵害的法律”①。第三，混合解释说，即从刑法的政治本质和基本内容相结合的角度对刑法的概念所作的解释，认为“刑法是掌握国家政权的统治阶级，为了维护本阶级政治上的统治和经济上的利益，根据自己的意志，以国家的名义制定、颁布的规定犯罪、刑事责任和刑罚的法律”②。

（二）刑法的性质

刑法的性质涉及刑法的社会政治属性和其自身的法律属性问题。前者指的是刑法的阶级属性，后者指的是刑法与其他法律相比较，其本身所具有的不同于其他法律的特性。

1. 刑法的政治性质

刑法在所有的法律当中，堪称历史最悠久的，可以这样说，一部人类法制的发展史，几乎就是刑法的发展史。刑法的产生，按照马克思主义的观点，是阶级社会的产物，因为在原始社会里，没有阶级，没有国家，也没有法律，因此规制犯罪行为的刑法也就无从谈起。刑法是人类社会发展到一定历史阶段的产物，具有历史阶段性的特征。刑法的阶级性质决定于统治阶级的国家意志性，因此，从另一种意义上来讲，有什么性质的国家也就有什么性质的刑法。人类社会自古及今，就其阶级性而言，出现过四种不同类型的国家，即奴隶制国家、封建制国家、资本主义国家和社会主义国家。与此相适应，也就有四种不同类型的刑法，即奴隶制刑法、封建制刑法、资本主义刑法和社会主义刑法。奴隶制国家的刑法是建立在奴隶主阶级占有生产资料和生产者——奴隶这一生产关系的基础之上的，是反映奴隶主阶级意志的产物。封建制国家的刑法是建立在封建主阶级占有生产资料和不完全地占有生产者——农民和农奴这一生产关系的基础之上的，是反映封建主阶级意志的产物。资本主义国家的刑法是建立在资产阶级占有生产资料这一生产关系的基础之上的，是

---

① 储槐植．美国刑法．北京：北京大学出版社，1987：1.

② 《刑法学》编写组．刑法学：上册·总论．北京：高等教育出版社，2019：36.

反映资产阶级意志的产物。因此，在一切剥削阶级社会里，尽管在不同的时代和不同类型的国家中，刑法所规定的内容及表现形式有所差异，但都是建立在生产资料私有制基础之上的，它们所反映的是剥削阶级的意志并直接为其服务。因此，刑法的国家意志性作为刑法阶级性的重要体现，是刑法不可或缺的又一重要特征。

我国的刑法是社会主义类型的刑法，它是建立在以生产资料公有制为主导的经济基础之上的，反映的是工人阶级和广大人民群众的意志，维护的是社会主义国家和广大人民群众的利益，是惩罚犯罪、保护人民的工具，因而它同一切剥削阶级的刑法有着本质的区别。

2. 刑法的法律性质

刑法的法律性质是刑法的政治性质在法律上的表现形式。如果说刑法的政治性质反映的是不同时代、不同国家的刑法之间的根本差异，那么刑法的法律性质反映的则主要是在同一法律体系中不同的法律在其规定的内容和所调整的社会关系范围之间的差异。关于刑法的法律性质究竟有哪些，在理论上有三特征说、四特征说、五特征说等不同的见解。三特征说认为，“刑法的法律特征就是指刑法与其他法的区别，即指刑法的法律性质。我国刑法作为社会主义法律体系中的重要组成部分，它与其他部门法在法律性质上有以下不同：第一，规定的内容不同。第二，调整社会关系的范围不同。第三，违法制裁的严厉程度不同”[①]。还有观点认为，“刑法的法律特征，是指刑法区别于其他法律的特有属性。与其他部门实体法（如民法、行政法、婚姻法等）相比，它也存在以下三个不同特征：第一，基本内容不同。第二，调整社会关系的范围不同。第三，制裁手段不同”[②]。四特征说认为，“刑法与其他部门法如民法、经济法等比较起来，有四个显著的特点：刑法所规定内容的特定性、刑法所保护社会关系范围的广泛性、刑法强制方法的严厉性、刑法的谦抑性”[③]。五特征说认为，“刑法具有区别于其他法律的特有属性，主要表现在以下几个方面：第一，特定性。第二，广泛性。第三，严厉性。第四，补充性。第五，保障性”[④]。本书认为，就刑法所规定的内容及调整社会关系的手段和范围来看，与其他法律相比，它具有以下四个方面的属性。

（1）调整内容的独特性

刑法之所以成为一个独立的法律部门，原因首先就在于其规定的内容与其他法律有着根本的区别。一般而言，刑法所规定的内容主要涉及的是犯罪与刑事责任两个方面。而其他的法律所规定的内容则主要是一般违法及其所应担负的法律后果问题。尽管在有的行政法规与经济法规中，有时在其法律责任或其罚则中附带规定有犯罪与刑事责任的条款，但这些内容的存在，并不能说明这些法律在性质上与刑法有任何相同之处。这些条款虽然规定于非刑事法律之中，但由于它们在本质上属于

① 邓又天. 中国刑法总论. 成都：四川人民出版社，1990：3-4.

② 李培泽. 刑法学教程. 成都：成都科技大学出版社，1995：4-5.

③ 《刑法学》编写组. 刑法学：上册·总论. 北京：高等教育出版社，2019：37-39.

④ 张明楷. 刑法学：上. 北京：法律出版社，1997：17-18.

刑法的内容，因而在适用时只能由司法机关依照刑法的有关规定进行处理。刑法规定内容的独特性，不仅反映了刑法本身所独具的特色，同时也反映了刑法与其他法律之间的根本区别。

（2）调整范围的广泛性

一般来讲，就所有的部门法而言，它们所调整的社会关系的范围是有限的。也就是说，它调整和保护的社会关系只是整个社会关系的一部分而已，如民法调整的只是平等主体间的财产关系以及部分与财产有关的人身关系，行政法调整的是行政法律关系，经济法调整的是经济法律关系，等等。而刑法所调整的社会关系不同于以上各种部门法，其所涉及的社会性关系领域相当广泛，诸如政治、经济、财产、人身、婚姻家庭、社会秩序等方面的社会关系都有可能进入刑法调控的领域。可以说，凡是其他部门法所调整的社会关系，刑法都要调整。也正是基于这方面的理由，凡是其他部门法所保护的合法利益，刑法都要给予保护。刑法所调整的社会关系范围的广泛性，不仅说明刑法具有强大的包容性，同时也表明刑法对于维护统治阶级利益和秩序的极端重要性。

（3）制裁方法的严厉性

众所周知，任何法律都具有一个共同的特性，就是强制性。一般来讲，对于任何侵犯法律所保护的社会关系的行为人，都要承担相应的法律后果，受到国家强制力的干预。然而，就其强制性程度而言，刑法的强制性程度是其他任何法律都不能比的。这是因为，在一般部门法中，对违法行为的制裁，其强制性是比较弱的，其后果多是赔偿损失、警告、行政拘留等，并且在很多情况下，当事人还可以自行和解，不需要国家机关采取强制措施。而刑法是国家法律体系中保护社会关系的最后一道防线，它是以追究刑事责任的方式来对付犯罪的。而刑事责任的主要方式是刑罚，刑罚是整个国家强制方法体系中最为严厉的一类。它不仅可以剥夺犯罪人的政治权利和财产权利，还可以剥夺犯罪人的人身自由，甚至对于情节特别严重的犯罪人还可以剥夺其生命；不仅如此，在一般情况下，犯罪人与被害人之间不能自行和解，只要行为人的行为构成犯罪，就要由国家机关依法强制追究其刑事责任。

（4）保护手段的终极性

法国著名的启蒙思想家卢梭曾经说过："刑法在根本上与其说是一种特别法，还不如说是其他一切法律的制裁力量。"① 我国刑法学者张明楷教授亦指出："刑罚之界限应该是内缩的，而不是外张的，而刑罚该是国家为达其保护法益与维持法秩序的任务时的'最后手段'。能够不使用刑罚，而以其他手段亦能达到维护社会共同生活秩序及保护社会与个人法益的目的时，则务必放弃刑罚的手段。"② 所有这些论述都向我们表明，刑法是用来保障其他法律得以实施的力量，是对破坏其他法律的行为的最终制裁的规范。刑法作为统治阶级在社会防卫问题上设立的最后一道防线，它所起的作用是其他部门法不能比拟的。这是因为，其他部门法

① 卢梭. 社会契约论. 北京：商务印书馆，1962：63.
② 张明楷. 刑法学：上. 北京：法律出版社，1997：18.

由于所调整的社会关系的范围和方法的局限，只能在一定的领域内起作用，亦即只能在其所规定的领域内对社会起作用。而刑法由于其调整和保护的社会关系具有广泛性，它已经超越了特定的部门法所规定的领域，因此，在其他部门法对某种违法行为不能依法予以处置时，刑法就成为它们的后盾。因此，高铭暄教授精辟地指出："刑法是其他部门法的保护法，没有刑法作后盾、作保证，其他部门法往往难以得到贯彻实施。"[①] 可谓一语中的。但是值得注意的是，我们在强调刑法的终极性时，要注意避免两种不良的倾向：一是认为刑法是其他部门法的最后保障，且其强制程度的威慑力均为其他法律所不能比拟，因而在立法时可以无限地扩大刑法的调控范围，企图将其他法律不能担负的职能全部移交给刑法。这种倾向导致的最终结果是刑法对社会关系调控范围的无限膨胀，而其他部门法调整和保护的社会关系将出现不应有的萎缩。二是认为在司法实践中，有了刑法作后盾，其他部门法在执法过程中可以不必太严格，因为有刑法作最后的防线，即使出现什么问题也无多大关系。这种认识带来的消极后果便是一般执法部门间的不负责任，互相推诿，最终导致矛盾激化，将本来可以处理好的问题弄得难以收拾。因此，在对刑法终极性的认识上，我们一定要树立正确的观念，否则就会给立法和司法工作带来消极的影响。

二、新中国刑法的发展

新中国刑法的创制工作自新中国成立初期至1979年刑法典的颁布，经历了一个长期而曲折的过程。1979年刑法典的颁布施行，标志着我国刑事法治进入了一个新阶段。然而，受制于我国当时的政治、经济、文化、社会治安形势以及立法经验，这部刑法典颁行不久便逐渐显露出与社会现实生活的诸多不适应，尤其是改革开放以来，社会情势随之变化，各种新型的经济犯罪、危害社会治安的犯罪呈现出了前所未有的增长势头。对此，我国最高立法机关通过颁行单行刑法以及在有关经济、民事、行政、军事、环境与资源保护、社会保障等方面的法律中附设刑事条款（附属刑法规范）的方式，对1979年刑法典进行了较大幅度的修改、补充，以适应社会形势之急需。同时，这也加速了我国全面修改刑法的进程。

自最高立法机关1982年提出修改刑法典起，经过15年的努力，我国第八届全国人民代表大会第五次会议于1997年3月14日通过了修订的《中华人民共和国刑法》（简称"我国新刑法"或"新刑法典"）。新刑法典共分总则、分则、附则三部分，计15章452条。在总则方面，该法典明文规定了罪刑法定、适用刑法平等、罪刑相适应等刑法基本原则，扩大了我国刑法属人管辖的范围，增设了普遍管辖权，确立了单位犯罪主体的刑事责任；在刑法分则方面，将反革命罪修改为危害国家安全罪，将散见于各单行刑事法律中的刑法规范统一纳入刑法典，并根据新的情况对原有刑法分则体系作了相应调整。尽管由于治安形势严峻的社会背景，这部刑法典不可避免地带有刑事政策性强的特点，但人们仍然普遍认为该刑法典是我国历史上

---

① 高铭暄．中国刑法学．北京：中国人民大学出版社，1989：2．

一部统一的、比较完备的刑法典。

同时，为了应对新刑法典施行以来我国日益变迁的社会形势，实现依法打击犯罪、维护社会秩序、保护人民利益的法治目标，全国人大常委会于1998年12月29日通过了《关于惩治骗购外汇、逃汇和非法买卖外汇犯罪的决定》，于1999年10月30日颁布了《关于取缔邪教组织、防范和惩治邪教活动的决定》，并从1999年12月25日至今先后通过了11个刑法修正案。① 这些决定和刑法修正案不仅对我国新刑法典的规定作了重要的修改，而且针对社会形势的发展对新刑法典作了重要的补充。

三、刑法的制定根据和任务

（一）刑法的制定根据

刑法的制定根据，是指刑法赖以产生的基本前提。正确地理解刑法的制定根据，对于指导刑法规范的制定和适用具有非常重大的意义。

我国《刑法》第1条规定："为了惩罚犯罪，保护人民，根据宪法，结合我国同犯罪作斗争的具体经验及实际情况，制定本法。"据此，我国刑法的制定根据包括三个方面的内容：即"为了惩罚犯罪，保护人民"，是制定刑法的价值根据；"宪法"是制定刑法的法律根据；"我国同犯罪作斗争的具体经验及实际情况"，是制定刑法的实践根据。

（二）刑法的任务

刑法的任务指的就是刑法所担负的历史使命，或者说就是刑法在社会生活中所应承担的某种责任。刑法的任务既是刑法目的的展开，又是刑法的性质的体现。我国《刑法》第2条规定："中华人民共和国刑法的任务，是用刑罚同一切犯罪行为作斗争，以保卫国家安全，保卫人民民主专政的政权和社会主义制度，保护国有财产和劳动群众集体所有的财产，保护公民私人所有的财产，保护公民的人身权利、民主权利和其他权利，维护社会秩序、经济秩序，保障社会主义建设事业的顺利进行。"依照这一规定，我国刑法的任务包括四个方面：保卫国家安全、人民民主专政政权和社会主义制度，保护社会主义经济基础，保障公民的各项基本权利，维护社会各方面的管理秩序。

四、刑法的体系和解释

（一）刑法的体系

刑法的体系，是指刑法的组成与结构。一般而言，刑法依其涵盖的内容可以分

① 11个刑法修正案分别是：1999年的《刑法修正案》、2001年的《刑法修正案（二）》和《刑法修正案（三）》、2002年的《刑法修正案（四）》、2005年的《刑法修正案（五）》、2006年的《刑法修正案（六）》、2009年的《刑法修正案（七）》、2011年的《刑法修正案（八）》、2015年的《刑法修正案（九）》、2017年的《刑法修正案（十）》和2020年的《刑法修正案（十一）》.

为广义的刑法与狭义的刑法。就广义的刑法而言，刑法的体系是指一切有关犯罪与刑事责任的刑法规范的组成和结构。它不仅包括刑法典，还包括刑法修正案、单行刑法和附属刑法。就狭义的刑法而言，刑法的体系是指刑法典的组成和结构。一般来讲，刑法的体系是在后一种意义上使用的，即我国现行刑法典的组成与结构。我国现行刑法典的基本体系可以分为刑法的篇章结构和条文结构两个方面。就篇章结构而言，其可分为编、章、节三种结构形式。就条文结构而言，其又可分为条文的形式结构和条文的内容结构。条文的形式结构包括条、款、项三种形式，条文的内容结构包括一般结构（段）和特殊结构（但书）。

这里尤其需要说明的是条文的特殊结构——“但书”的意义和作用。当同一条款的后段要对前段内容作出排斥、例外、限制、补充规定时，往往使用“但是”一词予以表示，那么从“但是”开始的这段文字在理论上称为“但书”。其作用主要有四点：第一，但书表示对前段的排斥。如《刑法》第 13 条中，前面部分规定了什么是犯罪，但书部分则规定：“情节显著轻微危害不大的，不认为是犯罪。”后面的但书对前面规定的内容表示了相反的意思。第二，但书表示对前段的例外。如《刑法》第 8 条规定：外国人在中华人民共和国领域外对中华人民共和国国家或者公民犯罪，而按本法规定的最低刑为 3 年以上有期徒刑的，可以适用本法，但是按照犯罪地的法律不受处罚的除外。第三，但书表示对前段的限制。如《刑法》第 73 条第 1 款规定：拘役的缓刑考验期限为原判刑期以上 1 年以下，但是不能少于 2 个月。第 2 款规定：有期徒刑的缓刑考验期限为原判刑期以上 5 年以下，但是不能少于 1 年。第四，但书表示对前段的补充。如《刑法》第 37 条规定：对于犯罪情节轻微不需要判处刑罚的，可以免予刑事处罚，但是可以根据案件的不同情况，予以训诫或者责令具结悔过、赔礼道歉、赔偿损失，或者由主管部门予以行政处罚或者行政处分。由此可见，我国刑法中但书的作用和意义是多种多样的。

（二）刑法的解释

1. 刑法解释的基本含义

所谓刑法解释，一般是指国家权力机关、司法机关或者其他机关、社会组织、人民团体、法律专家、学者、司法工作者或者其他公民个人，对刑法规定的含义进行阐明的活动，或者前述主体对刑法规定含义进行阐明的结论。① 其具有明确立法含义、统一司法适用、弥补立法不足、促进刑法完善的作用。

2. 刑法解释的基本原则

我们在进行刑法解释时，一般应当遵循合法、有效、科学、合理的解释原则。

其中，需要特别引起注意的是刑法解释的合理性原则。合理性原则是保证刑法解释正确性的关键原则，是我国刑法解释的社会主义性质的要求，也是使刑法的解释符合广大人民群众的意志、促进社会前进的重要保障。合理性原则要求对刑法的解释合乎法理、人伦常理和社会发展需要之理，对刑法进行解释的结论不能违背民

---

① 李希慧. 刑法解释论. 北京：中国人民公安大学出版社，1995：49.

众基本的是非善恶共识，更不能明显地违情悖理。其具体包括以下三个方面的内容：一是刑法的解释必须符合刑法之公理，二是刑法的解释必须符合人之常理，三是刑法的解释要符合维护社会秩序和促进社会发展的要求。①

3. 刑法解释的基本方法

刑法的解释可以从不同的角度，按不同的标准进行分类。我国刑法学界通常从以下两个方面进行分类：一是从解释的效力分类，将刑法的解释分为有权解释和学理解释。其中有权解释又可以分为立法解释与司法解释。二是从解释的方法分类，可以分为文理解释、历史解释、目的解释与论理解释。这里着重从方法分类的角度，结合司法实践，介绍一些刑法解释的基本方法，尤其是论理解释的方法。

（1）文理解释

文理解释，是指对刑法条文的字义，包括单词、概念、术语，从字面含义到语法结构所作的解释。文理解释一般可分为字面解释与语法解释。所谓字面解释是指从词义上对刑法规定所使用的词汇予以注释，从而阐明刑法规定的含义。如《刑法》第 91 条至第 99 条的解释即如此。所谓语法解释，是指对刑法规定的词组联系、句子结构、文字排列和标点符号等进行语法上的分析，从而阐明刑法规定的含义和内容。如《刑法》第 18 条第 1 款规定：精神病人在不能辨认或者不能控制自己行为的时候造成危害结果，经法定程序鉴定确认的，不负刑事责任，但是应当责令他的家属或者监护人严加看管和医疗；在必要的时候，由政府强制医疗。从语法结构上分析，本条意味着只要精神病人不能辨认或者不能控制自己行为，二者具备其中之一，经法定程序鉴定确认的，就不应当负刑事责任。

（2）历史解释

历史解释，又称沿革解释，是指根据制定刑法时的历史背景以及刑法发展的源流，阐明刑法条文真实含义的解释方法。历史解释并不意味着只是探讨立法原意，而是要根据历史参考资料得出符合时代的结论。

（3）目的解释

目的解释，是指根据刑法规范的目的，阐明刑法条文真实含义的解释方法。任何解释都或多或少包含了目的解释；当根据不同的解释方法得出多种结论或不能得出妥当结论时，就以目的解释来最终决定；目的解释的前提是正确确定刑法规范的目的。

（4）论理解释

论理解释，是指按照立法精神，联系有关情况，从逻辑上对刑法规范所作的解释。其具体又可分为扩张解释、限制解释、当然解释、反对解释和补正解释五种。下文详言之。

扩张解释，又称扩大解释，即刑法条文的字面通常含义比刑法的真实含义窄，于是扩张字面含义，使其符合刑法的真实含义。简而言之，即对刑法条文作大于其字面含义范围的解释，如将《刑法》第 116 条破坏交通工具罪中的“汽车”解释为

---

① 李希慧．刑法解释论．北京：中国人民公安大学出版社，1995：88.

包括作为交通工具使用的大型拖拉机，则是一种扩大解释。扩大解释是对用语通常含义的扩张，一般不超出用语可能具有的含义；如果完全超出用语可能具有的含义，则是违反罪刑法定原则的类推解释。

限制解释，又称缩小解释，即刑法条文的字面通常含义比刑法的真实含义广，于是限制字面含义，使其符合刑法的真实含义。简而言之，即对刑法条文作小于其字面含义范围的解释，如对于《刑法》第234条故意伤害罪中"伤害"，将其限制在"必须是达到故意轻伤程度以上"，方才构成犯罪，则是限制解释。若不是限制字面含义，而是在刑法规定之外附加条件，则不是限制解释，可能是目的性限缩。

当然解释，又称勿论解释，即刑法条文的规定虽未包括某一事项，但依规定的目的、事物的属性和形式逻辑将该事项当然包括在该规范适用范围之内的解释。例如我国《刑法》第125条和第127条明文禁止的只是"非法制造、买卖、运输、邮寄、储存"或者"盗窃、抢夺枪支、弹药、爆炸物"的行为，但如果适用《刑法》第125条或第127条规定来处罚"非法制造、买卖、运输、邮寄、储存"或者"盗窃、抢夺"便携式导弹的行为，这就是当然解释的具体例子。

反对解释，又称反面解释，即根据刑法条文的正面表述，推导与其对应的反面结论也应成立的解释方法。例如，《刑法》第50条前段规定，判处死缓的罪犯在缓期执行期间没有故意犯罪的，"二年期满以后，减为无期徒刑"。据此，没有满2年的不得减为无期徒刑，此即反对解释。反对解释只有在以下两种情况下才能采用：一是法条所确定的条件为法律效果的全部条件，二是法律规定所确定的条件为法律效果的必要条件。

补正解释，即根据法律其他条文的规定来补全某一刑法规范应有内容的情况。例如，对于故意杀人未遂的行为，只有在用刑法总则有关犯罪未遂的规定来补正刑法分则中有关故意杀人罪的规定后，才可能加以正确地认定。

五、刑法的基本原则

刑法的基本原则是法治的基本原则在刑法中的具体表现，是刑法立法和司法活动中带有全局性和根本性的问题。正确理解和坚持刑法的基本原则，对于准确理解刑法的基本精神，正确适用刑法，充分发挥刑法的秩序维护机能和自由保障机能，具有十分重要的意义。我国现行《刑法》在第3条至第5条明确规定了罪刑法定原则、适用刑法平等原则和罪责刑相适应原则。

（一）罪刑法定原则

1. 罪刑法定原则的基本含义

罪刑法定原则的基本含义是"法无明文规定不为罪，法无明文规定不处罚"。也就是说，对于什么样的行为构成犯罪，构成什么性质的犯罪，以及犯罪人应承担什么样的刑事责任，应科处什么样的刑罚，都必须由法律事先作出明文规定，或者要根据法律的明文规定来判断。这就意味着，刑法明文规定的范围，既是公民自由的界限，也是国家刑罚权的界限；在刑法明文禁止的范围内，是公民不自由的地方，而在刑法规定的范围以外，是公民能够行使自由的领地。对此，我国《刑法》第3条明确规定：法律明文规定为犯罪行为的，依照法律定罪处刑；法律没有明文规定为犯罪行为的，不得定罪处刑。

刑法理论的通说认为，孟德斯鸠的三权分立学说和费尔巴哈的心理强制理论为罪刑法定原则的产生奠定了理论基础。同时，罪刑法定原则从产生之日起发展演变到今天，经历了从绝对到相对的转变，两种类型的罪刑法定原则在内容上的差别，也集中反映了刑法立法由只注重形式合理性到兼顾形式合理性与实质合理性的观念和立场的转变。

其中，绝对的罪刑法定原则出于对封建罪刑擅断的恐惧，要求关于犯罪和刑罚的法律规定必须是绝对确定的，司法人员只能严格地执行既定的法律。在具体内容上，又派生出排斥习惯法、禁止事后法、禁止绝对不定（期）刑、禁止类推等四条原则。但徒法不足以自行，由于过分强调法律的明确性和确定性，而把司法活动视为一种简单的三段论式的推理，早期罪刑法定原则所提出的主张很快在实践中遭遇到严峻挑战。因此，在追求实质合理性思想的影响下，传统的绝对罪刑法定原则被修正，发展成为一种较为灵活的相对的罪刑法定原则，即在刑法的法源上，经历了由绝对地排斥习惯法到合理地吸纳习惯法的转变；在刑法的溯及力上，经历了由禁止溯及既往到从旧兼从轻的转变；在刑罚的种类上，经历了由绝对确定的法定刑到相对确定的法定刑的转变；在定罪的根据上，经历了由禁止一切类推解释到禁止不利于被告人的类推解释的转变。

2. 罪刑法定原则的立法体现

修订后的1997年刑法和其后的刑法修正案以及单行刑法中，罪刑法定原则的内在要求和基本精神都得到了更加全面、更加系统的体现，具体表现为两个方面，即罪之法定和刑之法定。

（1）罪之法定

犯罪法定化是刑罚法定化的基本前提，是罪刑法定原则的根本要求之一。我国刑法中的罪之法定，具体体现为：其一，《刑法》第12条明确规定我国在刑法溯及力问题上采取从旧兼从轻原则。其二，《刑法》第13条明确规定了犯罪的概念，从根本上回答了什么行为是犯罪以及犯罪行为的本质与基本特征等问题，为划分罪与非罪的界限提供了总的原则性标准。通过这一概念，我们可以将犯罪行为的特征概括为：社会危害性、刑事违法性、应受刑罚惩罚性。其三，《刑法》第14条至第18条明确规定了犯罪构成的共同要件，为认定犯罪提供了一般的标准。其四，《刑法》分则明确规定了各种具体犯罪的构成要件，增强了法条的可操作性，为司法机关准确定罪提供了具体的法律依据。其五，紧随时代的变化，对刑法典原有规定的不足之处，主要通过刑法修正案的方式及时进行了增删修补的完善工作，使认定犯罪的范围、种类和条件更加清楚明确。

（2）刑之法定

刑罚法定化是犯罪法定化的自然延伸，是罪刑法定原则的重要内容之一，仅有罪之法定没有刑之法定仍不可能有效地保障公民的合法权益。我国刑法的刑罚法定化主要体现在：其一，明确规定了刑罚的种类。根据我国刑法的规定，刑罚分为主刑和附加刑。主刑包括管制、拘役、有期徒刑、无期徒刑和死刑。附加刑包括罚金、剥夺政治权利、没收财产和驱逐出境。我国刑法对刑罚的种类及其适用的对象条件都作了明文的规定，这就要求司法人员必须根据案件具体情况依法适用刑罚，选择法定的刑罚种类。其二，明确规定了量刑的原则和量刑的幅度。即除了《刑法》第61条规定了关于量刑的一般原则以外，《刑法》还对量刑的一系列具体原则作了相应规定，例如根据犯罪主体的刑事责任能力规定未成年人犯罪的量刑原则，根据犯罪行为的特殊形态规定犯罪预备、中止与未遂的量刑原则，根据共同犯罪中行为人的作用的不同规定主犯、从犯、胁从犯与教唆犯的量刑原则，等等。其三，明确规定了各种具体犯罪的法定刑。我国刑法采用为具体犯罪设置相对确定的法定刑的方式，为司法人员在法定刑幅度内根据案件情况确定适当的宣告刑提供了法律依据，同时又避免了司法人员因无法可依而滥施刑罚的弊端。修订后的刑法关于具体犯罪法定刑的设置更加科学合理，它吸收了以往立法和司法实践的有益经验，从而更加具有可操作性。

3. 罪刑法定原则的司法适用

刑事立法上的罪刑法定原则要得到贯彻实施，有赖于司法机关实际的执法活动。尽管罪刑法定原则立法化会有力地改善和强化刑事司法，但是从我国的司法实践来看，切实贯彻执行罪刑法定原则，必须注意以下几个问题。

（1）改变执法观念，树立人权保障意识

要认识到刑法规范不仅是动用国家刑罚权的根据，也是刑罚权行使的范围和界限。在惩罚犯罪时，着眼点是刑法已有明文规定的犯罪，而不是刑法没有明文规定的“犯罪”。遵循法无明文不为罪，不仅有利于保障公民个人的自由，而且有助于形成稳定的法律秩序。

（2）正确认定犯罪和判处刑罚

不可否认，中国刑事司法实务中还存在有意无意曲解法律、忽视法律乃至无视法律的错误观念，以致有法不依、执法不严、违法不究、究不依法的现象仍不鲜见。而按照罪刑法定原则的要求，刑事司法人员必须树立严肃的执法意识，对于刑法明文规定的各种犯罪，司法机关必须认真把握犯罪的本质特征和犯罪构成的具体要件，严格区分罪与非罪、此罪与彼罪的界限，正确掌握行为人罪责的大小和应判刑罚的轻重，做到定性准确，量刑适当。强化依法定罪量刑的法治意识，才能树立刑事法治的权威，进而通过正确的司法活动达到保护人民、惩罚犯罪、预防犯罪的刑罚目的。

（3）正确进行法律解释

不论是立法解释还是司法解释，不论以怎样的方法解释刑法规范，都必须以刑法已有的规定为依据，在不超出刑法用语可能具有的含义之情况下作出公平、合理、明确的解释。其中，对于刑法规定不够明确、不够具体的犯罪，最高人民法院通过制发司法解释，指导具体的定罪量刑活动，这对于弥补立法之不足、统一规范和指导司法实务，具有重要的意义。此外，考虑到由“两高”（最高人民法院、最高人民检察院）制发的以书面文字为表现方式的规范性司法解释仍然存在需要进一步解释的问题，我们应该重视法官在审判活动中对具体个案所作的刑法适用解释。从某种意义上讲，真正对个案判决具有拘束力的，是法官的适用解释。

（二）适用刑法平等原则

1. 适用刑法平等原则的基本含义

法律面前人人平等原则是我国宪法所确立的社会主义法制的基本原则。我国《宪法》第 33 条规定：“中华人民共和国公民在法律面前一律平等。”现行《刑法》第 4 条规定：“对任何人犯罪，在适用法律上一律平等。不允许任何人有超越法律的特权。”这使宪法确立的法律面前人人平等原则，结合刑法的特殊内容，具体化为适用刑法人人平等这样一项刑法的基本原则。对于《刑法》第 4 条规定的这项基本原则，在理论界有三种不同的表述：其一，刑法面前人人平等原则①；其二，法律面前人人平等原则②；其三，适用刑法人人平等原则。③ 本书认为，适用刑法平等原则的表述更能突出“刑法”基本原则的特点，也更加简练。

适用刑法平等原则的基本含义是：对任何人犯罪，不论犯罪人的家庭出身、社会地位、职业性质、财产状况、政治面貌、才能业绩如何，都应追究刑事责任，一律平等地适用刑法，依法定罪、量刑和行刑，不允许任何人有超越法律的特权。这一原则包括保护社会利益上的平等、定罪上的人人平等、量刑上的人人平等、行刑上的人人平等四个方面。

2. 适用刑法平等原则的立法体现

从法理上讲，法律面前人人平等，具有两个方面的体现：其一是立法上的平等，其二是司法上的平等。两个方面的内容相辅相成，缺一不可。没有立法上的平等，司法平等就缺乏存在的前提，成了无源之水。适用刑法平等原则在刑法总则和刑法分则中都有具体体现。

（1）刑法总则中的体现

刑法总则中有多处反映适用刑法平等原则的规定。比如，在刑法的适用范围上，《刑法》第 6～12 条的规定表明：只要实施了犯罪行为，除非法律有特别规定，都无一例外地适用中华人民共和国刑法。在认定犯罪的标准上，《刑法》第 13 条的规定表明：只要是危害社会、触犯刑法、应当受到刑罚惩罚的行为就是犯罪，不因为身份、地位的差别而影响是否构成犯罪。在单位犯罪的认定问题上，《刑法》第 30 条的规定表明：无论是公司、企业，还是事业单位、机关、团体等单位，只要实施了法律规定应当追究单位犯罪刑事责任的犯罪行为，都要适用刑法，平等地受到法律制裁。

---

① 赵秉志. 新刑法教程. 北京：中国人民大学出版社，1997：55.

② 周振想. 中国新刑法释论与罪案. 北京：中国方正出版社，1998：45.

③ 《刑法学》编写组. 刑法学：上册·总论. 北京：高等教育出版社，2019：61.

（2）刑法分则中的体现

我国刑法分则关于具体个罪的规定，同样体现了适用刑法平等原则。例如，将任何人犯罪在适用法律上一律平等原则具体纳入各类犯罪中，规定了危害国家安全罪，危害公共安全罪，破坏社会主义市场经济秩序罪，侵犯公民人身权利、民主权利罪，侵犯财产罪，妨害社会管理秩序罪，危害国防利益罪，贪污贿赂罪，渎职罪和军人违反职责罪。此外，修订后的刑法纠正了原刑法中对于职务、业务上的过失处罚轻、对一般公民过失处罚重的倾向；针对特殊主体，比如国家工作人员和军职人员，规定了相应的职务犯罪，突出表明公职并非是享有特权的资格，而是因其身份、职权的特殊而需要承担更多的义务。这些规定都反映出刑法在努力追求官民平等、强弱平等。修订后的刑法对所有市场主体都一视同仁地加以保护，突出表现在对 1979 年《刑法》第 125 条规定的破坏集体生产罪的修改上。1997 年《刑法》第 276 条将原来的破坏集体生产罪修改为破坏生产经营罪，将保护范围由全民和集体经济组织扩大到所有市场经济主体，反映出刑法在落实公私平等上的进步。

3. 适用刑法平等原则的司法适用

若只有立法上的平等而没有司法上的切实执行贯彻，立法上的平等也只能形同虚设。在刑法中确立适用刑法平等这样一项基本原则，在我国具有深刻的现实意义。司法实践中贯彻适用刑法平等原则，需要注意以下几个问题。

（1）适用刑法平等是一切人在刑法面前的平等

我们主张的适用刑法平等原则意味着，任何人、一切人在刑法面前是平等的，而不是多数人或者绝大多数人在刑法面前的平等。古今中外，具有超越法律约束的特权之人总是极少数的，但是极少数人的特权，极大地冲击了社会心理平衡，妨害了经济与社会的发展，阻碍了社会的进步。“正因为如此，绝大多数人一直在为一切人在法律面前平等而奋斗；基于同样的理由，我们不能因为大多数人或者绝大多数人在法律面前已经平等而感到满足”①，而要为一切人适用刑法平等原则的目标而努力。

（2）适用刑法平等必然反对特权

特权是与平等直接对立的。虽然平等观念自古便存在，但是存留在人们脑海中的特权观念一直相当浓厚，特权思想通过各种渠道，以各种不同的形式，程度不同地干扰、影响着我国各地的刑事司法实践活动，从而在一定程度上导致适用刑法平等原则的扭曲和落空。前些年，社会上对于“能人犯罪”的讨论非常热烈，有些人提出在刑法适用上要给“能人”网开一面，这种提法背后暗藏的就是封建的刑法特权思想。在当前的社会环境中，因人异罚现象仍然存在。如对领导干部，甚至其子女、亲朋好友定罪轻，或者只给予党纪、政纪处分、经济处罚，而对普通公民则处罚重；对身份、地位不同的被害人的同种权利，不能给予平等保护；有些地方甚至出现对有钱犯罪人以罚代刑、以罚减刑的做法。这些做法严重地违背了适用刑法平等的基本原则，损害了刑事司法的民主性，也严重地侵犯和挫伤了受到不平等对待

① 张明楷．刑法格言的展开．北京：法律出版社，2003：47.

的公民的人格尊严感。为此，必须树立和强化平等执法的观念，要求刑事司法人员在办理案件过程中，对罪与非罪、此罪与彼罪以及行为人的刑事责任的大小和应判刑罚的轻重，严格依照刑法条文的规定处理，坚决反对特权。

（3）适用刑法平等，反对变通执法

当前在社会主义市场经济向纵深发展的过程中，有的司法工作人员对发展经济与遵守法制的关系不能正确对待，主张对已经出现的一些触犯刑法的经济犯罪行为，可以采取变通的处理方法：对已经构成犯罪的经过变通，不作为犯罪来处理，或者暂缓追诉，允许行为人戴罪立功，或者以缓刑从宽处理，理由是，若不这样处理便会影响当地商品经济的发展和劳动人口就业。本书认为，为了一时一地或者某个单位眼前的利益而不依法办事，势必导致整个刑事司法活动的混乱和各行其是，这样不仅严重违反了适用刑法平等的基本原则，而且最终会破坏社会主义民主和法治。

（三）罪责刑相适应原则

1. 罪责刑相适应原则的基本含义

我国《刑法》第5条规定："刑罚的轻重，应当与犯罪分子所犯罪行和承担的刑事责任相适应。"这条规定的就是罪责刑相适应原则。现代刑法理论一般认为，罪责刑相适应原则的两大理论基础是报应主义与功利主义。目前，大陆法系国家刑法理论与刑事立法基本上都采取并合主义的观点，在量刑基准上坚持报应与预防的统一已成为世界的量刑潮流。

罪责刑相适应原则的基本含义是：犯多大的罪，就要承担多大的刑事责任，法院也应判处其相应轻重的刑罚，做到重罪重罚，轻罪轻罚，罪刑相称，罚当其罪。

如何做到罪刑相称、罚当其罪，或者说刑罚的轻重与罪行的轻重相适应呢？我国刑法理论一般认为，应该结合以下三个方面综合考虑。

（1）刑罚与犯罪性质相适应。不同性质的犯罪，对社会的危害大小有别，应该予以区分。而决定一行为构成此项犯罪而不构成彼项犯罪的，当然是犯罪构成的条件不同。针对重大利益实施侵害，较之针对较大利益的侵害，其性质不同，客观危害也就不同。同样的道理，针对相同利益造成侵害，出于犯罪故意的自然要比出自犯罪过失的危害要重。不同性质的犯罪，既能体现犯罪行为的客观危害程度，也能够反映行为人主观恶性的大小。

（2）刑罚与犯罪情节相适应。刑罚不仅要与犯罪的性质相适应，也要与犯罪情节相适应。此处所指的犯罪情节，概括地讲就是在案件事实中所包括的一切不能定性、只能定量的因素，它们不具备犯罪构成要件的意义，却能够从客观方面说明行为实行的程度、对社会的客观危害，能够从主观方面说明行为人对刑法所保护价值的对立态度的程度，因此能够影响量刑的轻重。我国刑法分则中对具体犯罪设置的相对确定的法定刑，刑种、刑度的选择余地都较大，其目的之一就是便于审判机关针对每一具体案件的犯罪情节，分别裁量刑罚，使刑罚真正适应各个具体犯罪的社会危害程度。

（3）刑罚与人身危险性相适应。犯罪人的人身危险性，是指犯罪人所具有的不直接反映罪行的轻重，却可以表明他对社会的潜在威胁程度及其消长的自身情况，犯罪人罪前罪后的表现是判断其人身危险性有无和大小的直接依据。犯罪人的人身危险性大小不仅能够反映其将来再犯可能性的大小，而且预示着改造的难易程度和可能性，将人身危险性纳入量刑时考虑的因素，也符合刑罚预防犯罪的目的。

2. 罪责刑相适应原则的立法体现

罪责刑相适应是由犯罪与刑罚之间的基本关系决定的。犯罪是刑罚的前提，刑罚是犯罪的后果，犯罪不仅决定行为人应当受刑罚处罚，而且决定行为人应当承受与犯罪相适应的刑罚。如果把犯罪由轻到重地排列，那么刑罚也必须由轻到重地排列，犯罪的阶梯决定了刑罚的阶梯。在我国刑事立法中，罪责刑相适应原则具体体现为：

（1）在刑法总则中的体现

罪责刑相适应原则在我国刑法总则中主要体现为三个方面：其一，刑法总则规定了一个科学的刑罚体系。我国刑法规定的刑罚体系包括轻重不同的多个刑种，并且按照轻重次序排列，结构严密，主刑与附加刑并存，为实现罪责刑相适应奠定了基础。其二，刑法总则规定了科学的处罚原则。我国刑法总则根据各种犯罪形态的社会危害性程度不同，规定了轻重有别的处罚原则。这些处罚原则包括：防卫过当、避险过当的，应当减轻或者免除处罚（第 20、21 条）；对于预备犯，可以比照既遂犯从轻、减轻处罚或者免除处罚（第 22 条）；对于未遂犯，可以比照既遂犯从轻或者减轻处罚（第 23 条）；对于中止犯，根据是否造成实际损害，分别应当减轻处罚或者免除处罚（第 24 条）；对于犯罪集团首要分子以外的主犯，应当按照其所参与的或者组织、指挥的全部犯罪处罚（第 26 条）；对于从犯，应当从轻、减轻处罚或者免除处罚（第 27 条）；对于胁从犯，应当减轻处罚或者免除处罚（第 28 条）；对于教唆犯，应当按照他在共同犯罪中所起的作用处罚（第 29 条）；数罪要实行并罚（第 69 条）；数罪并罚的具体规则，根据后罪发生时间和发现时间分别规定要先并后减和先减后并（第 70、71 条）。其三，刑法总则规定了一系列科学的量刑制度和行刑制度，包括：累犯制度（第 65、66 条）；自首制度（第 67 条）；立功制度（第 68 条）；缓刑制度（第 72～77 条）；减刑制度（第 78～80 条）；假释制度（第 81～86 条）。这些刑罚制度中，累犯因其再犯可能性大而应当从重处罚；自首、立功因其人身危险性小而可以从宽处罚；缓刑适用的前提是犯罪人同时符合犯罪情节较轻、具有悔罪表现、没有再犯罪的危险以及宣告缓刑对所居住社区没有重大不良影响这四个条件；减刑是因为罪犯在刑罚执行期间确有悔改或立功表现；假释是因为罪犯在刑罚执行期间认真遵守监规、接受教育改造、确有悔改表现且没有再犯罪的危险。这些刑罚制度的设置，充分考虑到了犯罪人人身危险性的消长，从而为实现罪责刑相适应提供了更进一步的保障。

（2）在刑法分则中的体现

从刑法分则的体系和结构来看，分则中各类罪名体系的建立和具体个罪的排列，基本上是按照犯罪的社会危害性的大小、罪行的轻重来决定的。可以说，罪责刑相适应原则不仅是我国建立刑法分则体系的根据，而且较好地体现在具体的章节个罪中。刑法分则对各种犯罪规定了相对确定的法定刑，并且根据情节轻重，分别设置了多个量刑幅度，便于司法机关根据犯罪分子的罪行轻重和人身危险性的大小正确裁量刑罚。

3. 罪责刑相适应原则的司法适用

罪责刑相适应原则更重要的是在司法中的适用。实践当中，贯彻和实现罪责刑相适应原则应当注意以下几个问题。

（1）罪责刑相适应原则首先还是一个平等适用刑法的问题

如果严格做到了适用刑法人人平等，那么罪责刑相适应原则也就基本上实现了。从司法实践来看，畸轻畸重判决中，大多数都是没有平等适用刑法所导致的。因此，贯彻罪责刑相适应原则，以适用刑法平等原则的落实为前提。

（2）罪责刑相适应并非罪与刑的精确对应

罪责刑相适应所要求的并不是某一犯罪和对这种犯罪惩罚之间的那种完全适应、精确对应的关系，而是对不同犯罪的惩罚应当在罪与罚的标准上“相当于”相应的犯罪的恶或者严重性。而且，由于公平、正义观念的具体内容是随着历史的变化而变化的，同一种刑罚对人们而言的痛苦程度也是随着社会条件的变化以及社会成员价值观念的变化而变化的，因此，罪责刑相适应是一个相对的要求，没有具体的绝对标准。衡量刑罚是否与犯罪相适应，应以同时代的一般人的平均价值观念为标准。

（3）罪责刑相适应原则反对重定罪、轻量刑的做法和重刑主义倾向

在我国的刑事审判活动中，审判机关一贯重视对案件的定性，甚至把定性是否准确作为检验刑事审判工作质量的重要标准，而对量刑工作的重要性，部分法官则存在错误认识。有人甚至认为，我国刑法对量刑幅度规定较宽，只要定性正确，多判几年少判几年无关紧要，不会出什么大错，尤其是二审法院，在对上诉的刑事案件进行审理时，也往往是重定罪而轻量刑，只有量刑畸重的才改判，而一般偏重的则不予纠正。

定罪与量刑是刑事审判工作的两个基本环节，二者同等重要，不可偏废。定性准确、量刑适当是衡量司法公正的重要标志。近年来，司法领域出现的一些影响大的诉讼，有很多存在具体量刑上的激烈争议。比如同为交通肇事案，犯罪情节、危害后果、被告人悔罪表现相差不多，一审法院可能判 3 年有期徒刑，二审法院却可能改为缓刑。甚至在同一个法院，案情相似的判决结果却不同。

这类同案不同判的现象日益为社会公众所诟病，司法部门对此高度重视，最高人民法院正努力探索解决这一问题的制度化途径。2009 年 6 月 1 日起，最高人民法院部署在全国法院开展量刑规范化试点工作，把量刑纳入法庭审理程序，以规范法官的自由裁量权。其中，特别值得注意的是起源于上海、近年来在全国法院渐次推广并扩大案件适用范围的“量刑答辩”制度。所谓量刑答辩，是指在开庭审理的程序中，嵌入公诉人提出求刑建议、被告及其辩护人进行防御的辩论环节。在量刑答辩中，检察官站在公诉人的立场上，根据刑事侦查的结果、各种证据资料以及法律规定提出求刑建议，律师站在被告的立场上进行有针对性的反驳和主张，公诉人和

辩护律师都可以围绕"该判多少年"进行讨论。这个制度改变了法院过去"自主裁决"的模式，使法官进行量刑权衡的内心活动在一定程度上变得可视化了，从而能够减少乃至避免裁断的主观任意性。量刑答辩程序的嵌入，让判决结果更公开、公平和公正，让被告人更加清楚量刑的全过程，更容易接受最终的量刑结果，有利于被告人今后的服刑改造，也有利于社会的和谐稳定。

此外，由于种种复杂的历史和现实原因，重刑主义思想在我国司法实践中仍然存在，有人甚至认为，刑罚越重越能够有效地遏制犯罪，尤其是在社会治安状况不好的情况下，所谓"治乱世用重典"的重刑主义观念表现得尤为明显，这种不良倾向需要得到及时纠正。重刑主义是一种粗暴落后的刑罚思想，是与罪责刑相适应原则根本对立的。有重刑主义，罪责刑相适应原则必然遭到破坏。因此，必须牢固树立公正量刑的思想，切实做到罪责刑相适应。

（4）罪责刑相适应原则要求实现定罪和量刑中的平衡和统一

按照罪责刑相适应原则的要求，相同案件在定性上应该保持一致，在处刑轻重上也不应差距过大。但从我国的司法实践看，对同类案件不同法院不仅定性不同，而且量刑轻重悬殊的现象并不鲜见，甚至同一法院的不同法官在对相同案件的处理结果上也差别甚大。这种现象的发生，有立法疏漏的原因，但更主要的是司法操作上的随意性所致。为进一步规范刑罚裁量权，贯彻落实宽严相济的刑事政策，增强量刑的公开性，实现量刑均衡，维护司法公正，最高人民法院根据刑法规定和相关司法解释，结合审判实践，于2010年发布了《人民法院量刑指导意见（试行）》，从2010年10月1日起，全国法院全面推行量刑规范化改革，试行《人民法院量刑指导意见（试行）》。在此基础上，最高人民法院于2013年发布了《常见犯罪的量刑指导意见》，2017年发布了《关于常见犯罪的量刑指导意见（二）（试行）》，进一步扩大了量刑规范化范围。为了进一步落实认罪认罚从宽制度，2021年，最高人民法院、最高人民检察院联合发布了《关于常见犯罪的量刑指导意见（试行）》，对18种常见的量刑情节和23种常见犯罪的量刑进行了规范。

除了以发布量刑指导意见的方式规范刑罚裁量权以外，最高人民法院正在实践规范的案例指导制度①，以发布指导性案例的方式解决同案不同判的问题。

【案例评析】

1. 案情简介

2006年11月16日下午，被告人刘某伙同肖某预谋后骑摩托车窜至某县县城欲

---

① 如最高人民法院在2009年9月9日公布了两起以危险方法危害公共安全案，两起案件的犯罪人黎景全、孙伟铭都是在严重醉酒状态下驾车肇事，肇事后仍然继续驾车违章冲撞致多人死伤，其犯罪性质均被认定为《刑法》第114条的"以危险方法危害公共安全罪"，而非《刑法》第133条的"交通肇事罪"；两者都因主观罪过系间接故意且案发后真诚认罪悔罪、积极赔偿被害人及其家属经济损失、一定程度上获得被害方谅解而不适用死刑，被判处无期徒刑。这两起案件的公布对同类案件的处理即具有一定的指导与约束意义。

实施抢夺。当晚8时许，二人尾随被害人张某至首山浴池附近时，刘某将张某的一对金耳环抢走。后，刘某和肖某骑摩托车逃跑时，被张某的丈夫崔某拦下。刘某为让肖某摆脱崔某，遂掏出随身携带的尖刀扎向崔某，崔某躲开后，尖刀扎中肖某胸部，致肖某死亡。经法医鉴定：肖某系被他人用锐器（单刃）物体作用于胸部造成心脏破裂致失血性休克死亡。[①]

2. 基本问题

刑法学中的解释方法在个案中如何具体运用。

3. 知识内容

（1）本案中的分歧意见

本案中，刘某抢夺后为抗拒抓捕而当场使用暴力，其行为已经转化为抢劫罪。对此，不存在争议。但对刘某误刺同伙肖某致其死亡的行为如何定性，存在三种不同意见。

第一种意见认为，对于误刺肖某致其死亡的行为，刘某主观上不具有伤害或杀害肖某的故意，应定过失致人死亡罪。我国《刑法》第263条第5项规定的“抢劫致人重伤、死亡的”，遭受“重伤、死亡”后果的应为被害人，而非加害人同伙。本案不适用该条规定，因此刘某的行为应定抢劫罪与过失致人死亡罪，两罪并罚。

第二种意见认为，刘某主观上具有伤害他人的故意，客观上使用尖刀刺中他人并导致死亡后果，因此对于肖某的死亡，刘某应当承担故意伤害致人死亡责任。由于我国《刑法》第263条第5项规定中的“人”仅指被害人，而非加害人同伙，因而刘某的行为应定抢劫罪与故意伤害罪，两罪并罚。

第三种意见认为，我国《刑法》第263条第5项规定中的“人”并非仅指被害人，刘某误刺同伙肖某致其死亡的行为属于抢劫罪中的加重情节，应适用《刑法》第263条第5项的规定，刘某的行为仅构成抢劫罪。

（2）本案分歧的根源——“抢劫致人重伤、死亡”的理解

不难看出，第一种意见和第二种意见都将我国《刑法》第263条第5项规定的“抢劫致人重伤、死亡”中的“人”限定为被害人，进而将刘某刺伤肖某的行为从整个抢劫行为中剥离出来另行定罪。当然，也有人将“致人重伤、死亡”中的“人”限定为财物所有人、保护人及其亲属等相关人，而不包括加害人同伙或无关的第三人。而一旦将该规定中的“人”限定为财物所有人、保护人及其亲属等相关人，那么当行为人因为失误致使第三人或加害人同伙重伤、死亡时，则需单独对该行为进行评价。

但本书认为，从文理解释的立场以及解释的逻辑顺序看，这里的“人”首先应当根据该用语本身的通常意思来解释，而在日常生活中“人”这一概念本身并不存在任何模糊性。从目的解释的立场看，抢劫行为本身的暴力加害属性（尤其是使用枪支、刀具等器械时）决定了财物持有人以及抢劫现场的其他人在整个抢劫行为过程中都持续地处于生命、身体健康面临现实威胁的状态，行为人能够或者应该能够预见这种状态，进而也可能实施暴力侵害行为，这显属立法的应有之义，而且立法

---

① 案例来源：中国检察官，2011（3）. 后文的部分分析内容也参考了本刊内容，在此一并致谢.

将"抢劫致人重伤、死亡的"作为加重情节之一，因此没有理由不考虑这一点。同时，从现有规定看，我国刑法及相关司法解释并未明确将该项中的"人"限定为财物所有人、保护人及其亲属等相关人，而将加害人同伙或无关的第三人排除在外；从罪责刑相适应的角度看，在此情形下，对这里的"人"作出与日常生活用语一致的解释不会导致在量刑结论上的失衡，故没有必要对其作限制解释。因此，本书认为第三种意见是比较合理的。

(3) 结论

《刑法》第263条第5项规定的"抢劫致人重伤、死亡"中的"人"不应当限定为财物所有人、保护人及其亲属等相关人，更不应当限定为被害人。本案中，刘某抢夺后为抗拒抓捕当场使用暴力误刺同伙肖某并致其死亡的行为属于《刑法》第263条关于抢劫罪规定中的"抢劫致人死亡"情节。

【疑难问题】

刑法特有的法律属性对于我国当前的刑事立法和司法实践有何指导意义？

刑法特有的法律属性，尤其是制裁方法的严厉性，决定了适用刑法的不得已性。这就要求我们在刑事立法实践中，应当充分注重和考虑其他部门法律在预防和控制违法犯罪行为方面的重要作用，在将某一类型的行为进行入罪或者出罪时，一定要慎之又慎；在刑事司法实践中，一定要综合考量对具体的犯罪人施予刑罚的必要性以充分发挥"定罪免刑"的惩戒功能，一定要全面提取量刑情节并通过不断地完善量刑程序以更好地实现罪责刑相适应。

实务训练

1. "罪刑法定原则的要求是：(1) 禁止溯及既往（________的罪刑法定）；(2) 排斥习惯法（________的罪刑法定）；(3) 禁止类推解释（________的罪刑法定）；(4) 刑罚法规的适当（________的罪刑法定）。"下列哪一选项与题干空格内容相匹配？（　　）

A. 事前——成文——确定——严格

B. 事前——确定——成文——严格

C. 事前——严格——成文——确定

D. 事前——成文——严格——确定

2. 关于下述4句话的判断，下列哪些选项是错误的？（　　）

① 对于同一刑法条文中的同一概念，既可以进行文理解释也可以进行论理解释

② 一个解释者对于同一刑法条文的同一概念，不可能同时既作扩大解释又作缩小解释

③ 刑法中类推解释被禁止，扩大解释被允许，但扩大解释的结论也可能是错

误的

④ 当然解释追求结论的合理性，但并不必然符合罪刑法定原则

A. 第①句正确，第②③④句错误

B. 第①②句正确，第③④句错误

C. 第①③句正确，第②④句错误

D. 第①③④句正确，第②句错误

3. 关于刑法解释的说法，下列哪一选项是正确的？（　　）

A. 将作为盗窃罪对象的“公私财物”解释为“他人的财物”，属于缩小解释

B. 将《刑法》第171条出售假币罪中的“出售”解释为“购买和销售”，属于当然解释

C. 对随身携带枪支等国家禁止个人携带的器械以外的其他器械进行抢夺的，解释为以抢劫罪定罪，属于扩张解释

D. 将信用卡诈骗罪中的“信用卡”解释为“具有消费支付、信用贷款、转账结算、存取现金等全部功能或者部分功能的电子支付卡”，属于类推解释

4. 关于《刑法》分则条文的理解，下列哪些选项是错误的？（　　）

A. 即使没有《刑法》第269条的规定，对于犯盗窃罪，为毁灭罪证而当场使用暴力的行为，也要认定为抢劫罪

B. 即使没有《刑法》第267条第2款的规定，对于携带凶器抢夺的行为也应认定为抢劫罪

C. 即使没有《刑法》第196条第3款的规定，对于盗窃信用卡并在ATM机上取款的行为，也能认定为盗窃罪

D. 即使没有《刑法》第198条第4款的规定，对于保险事故的鉴定人故意提供虚假的证明文件为他人实施保险诈骗提供条件的，也应当认定为保险诈骗罪的共犯

课后练习

1. 如何正确理解惩罚犯罪与保护人民的内在关系？
2. 刑法为什么要特别地强调严格解释和民众对解释结论的认同度？
3. 如何正确地理解罪责刑相适应原则与宽严相济刑事政策的内在关系？

延伸阅读

1. 张武举．刑法的伦理基础．北京：法律出版社，2008.
2. 张明楷．罪刑法定与刑法解释．北京：北京大学出版社，2009.
3. 陈兴良．罪刑法定主义．北京：中国法制出版社，2010.
4. 张明楷．刑法的格言的展开．北京：北京大学出版社，2013.

5. 于同志．刑法实务十堂课．北京：法律出版社，2019.
6. 刘仁文．社会变迁与刑法解释．北京：中国社会科学出版社，2020.
7. 周光权．刑法客观主义与方法论．北京：法律出版社，2021.
8. 王爱立．中华人民共和国刑法释义．北京：法律出版社，2021.

第二章　刑法的效力范围

【内容摘要】

在刑法的空间效力上，我国刑法以属地管辖原则为基础，兼采属人管辖原则、保护管辖原则和普遍管辖原则。根据属地管辖原则，凡在我国领域内犯罪的，除法律有特别规定的以外，都适用我国刑法。根据属人管辖原则，我国公民在我国领域外犯我国刑法规定之罪的，适用我国刑法，但是按我国刑法规定最高刑为 3 年以下有期徒刑的，可以不予追究；我国国家工作人员和军人在我国领域外犯我国刑法规定之罪的，适用我国刑法。根据保护管辖原则，外国人在我国领域外对我国国家或者公民犯罪，而按我国刑法规定最低刑为 3 年以上有期徒刑的，可以适用我国刑法，但是按照犯罪地的法律不受处罚的除外。根据普遍管辖原则，对于我国缔结或者参加的国际条约所规定的罪行，我国在所承担条约义务的范围内行使刑事管辖权的，适用我国刑法。在刑法的溯及力上，我国刑法采用从旧兼从轻原则。

【学习目标】

（1）在知识学习层面，要准确掌握空间效力中四个原则各自的适用条件，明确时间效力尤其是我国刑法关于溯及力的规定与适用要求。（2）在能力训练层面，要通过对疑难案件的分析，学会在具体案件中分析其刑法的适用问题，依法准确适用我国刑法。（3）在价值引领层面，要充分认识到依法准确适用刑法对维护公平、正义、法治的重大意义，深刻认识到空间效力范围对于维护我国司法主权的重要性，学会在具体案件的处理中自觉维护我国的国家荣誉和尊严，形成爱国主义情怀和民族自豪感。

【知识要点】

一、刑法的空间效力

刑法的空间效力，也称刑法的空间适用范围，是指一国刑法在什么地域、对什么人具有效力，是解决一国刑法的刑事管辖权的范围问题。当代世界各国无不在刑法中对本国刑法的空间效力作出明确规定。

在刑法的空间效力上，我国刑法以属地管辖原则为基础，兼采属人管辖原则、保护管辖原则和普遍管辖原则。

(一) 属地管辖原则

我国《刑法》第 6 条第 1 款规定："凡在中华人民共和国领域内犯罪的，除法律有特别规定的以外，都适用本法。"这是对属地管辖原则的规定。

1. "中华人民共和国领域内"的含义

上述规定中的"领域"，是指我国国境以内的全部空间区域。包括：(1) 领陆（国境线以内的陆地以及陆地以下的底土）；(2) 领水（内水、领海及其领水的水床及底土）；(3) 领空（领陆、领水之上的空气空间）。

同时，我国《刑法》第 6 条第 2 款规定："凡在中华人民共和国船舶或者航空器内犯罪的，也适用本法。"这一规定符合国际法惯例，很多国家的刑法典都有相同或类似的表述。根据国际法中的旗国主义原则，挂有本国国旗的船舶和航空器，属于本国领土，不论其航行或停放于何处，对在船舶和航空器内的犯罪，都适用旗国的刑法。问题是，该款规定的"中华人民共和国船舶或者航空器"是否应当限定为悬挂有中华人民共和国国旗的船舶或者航空器，还值得研究。对此，本书认为，"中华人民共和国船舶或者航空器"不仅包括悬挂有中华人民共和国国旗、国徽等国籍识别标志的船舶、航空器，还包括没有悬挂任何国家的国旗、国徽等标志但事实上属于中华人民共和国国家、法人或者国民所有的船舶、航空器。[①] 这里的"船舶"也需要做广义理解，比如位于公海的我国所有的石油钻井平台，也属于我国船舶，在这些平台内发生的任何犯罪都应适用我国刑法。

另外，根据我国承认的《维也纳外交关系公约》的规定，各国驻外大使馆、领事馆不受驻在国的司法管辖而受本国的司法管辖，因此在我国驻外使领馆内发生的犯罪也应适用我国刑法。

2. "法律有特别规定"的含义

上述"法律有特别规定"而不适用"本法"的包含以下三类情况。

(1) 不适用中国刑法（广义刑法）的情况。《刑法》第 11 条规定："享有外交特

---

① 张明楷. 刑法学. 4 版. 北京：法律出版社，2011：75.

权和豁免权的外国人的刑事责任，通过外交途径解决。”这意味着上述人员在我国领域内犯罪，不适用我国刑法，只能通过外交途径解决，我国可采取诸如要求派遣国召回、宣布其为不受欢迎的人、限期离境等措施。

（2）不适用中国大陆（内地）刑法的情况。按照《香港特别行政区基本法》和《澳门特别行政区基本法》的有关规定以及“一国两制”的基本构想，内地（大陆）刑法对香港、澳门地区以及祖国统一后的台湾地区没有适用效力。由于香港、澳门、台湾地区是中国不可分割的一部分，故香港、澳门、台湾地区的“刑法”属于中国的区际刑法，是中国的广义刑法的重要组成部分。在此意义上，香港、澳门、台湾地区仍然适用的是中国刑法，但不适用中国内地（大陆）刑法。

（3）不适用中国刑法典部分条文的情况。《刑法》第 90 条规定：“民族自治地方不能全部适用本法规定的，可以由自治区或者省的人民代表大会根据当地民族的政治、经济、文化的特点和本法规定的基本原则，制定变通或者补充的规定，报请全国人民代表大会常务委员会批准施行。”

3. 犯罪地的确定

采取属地管辖原则要求对犯罪地加以确定。我国《刑法》第 6 条第 3 款规定：“犯罪的行为或者结果有一项发生在中华人民共和国领域内的，就认为是在中华人民共和国领域内犯罪。”我国刑法采取了遍在说的立场，即只要犯罪行为（包括预备行为和实行行为）与犯罪结果中有一部分发生在我国领域内，就认为是在我国领域内犯罪。因为行为与结果中有任何一部分发生在我国领域内，就侵犯了我国国家或公民利益，就需要适用我国刑法。

根据遍在说，在未遂犯的场合，不仅行为地、具体危险发生地是犯罪地，行为人希望、放任结果发生地以及可能发生结果之地都是犯罪地；在共同犯罪场合，只要共同犯罪行为或结果有一部分发生在我国领域内，就认为是在我国领域内犯罪。

（二）属人管辖原则

我国《刑法》第 7 条第 1 款规定：“中华人民共和国公民在中华人民共和国领域外犯本法规定之罪的，适用本法，但是按本法规定的最高刑为三年以下有期徒刑的，可以不予追究。”第 2 款规定：“中华人民共和国国家工作人员和军人在中华人民共和国领域外犯本法规定之罪的，适用本法。”这是对属人管辖原则（积极的属人管辖原则）的规定，具体包括两类情况。

1. 中华人民共和国国家工作人员和军人在我国领域外犯我国刑法规定之罪的，一律适用我国刑法。这体现了无限制的积极的属人管辖原则。之所以这样规定，主要是因为国家工作人员和军人的身份及职责决定了其在境外犯罪会更直接地危害到我国国家安全与利益。

2. 中华人民共和国国家工作人员和军人以外的其他中国公民在我国领域外犯我国刑法规定之罪的，原则上适用我国刑法；但是依照我国刑法规定的最高刑为 3 年以下有期徒刑的，可以不予追究。这体现了有限制的积极的属人管辖原则。

（三）保护管辖原则

我国《刑法》第 8 条规定："外国人在中华人民共和国领域外对中华人民共和国国家或者公民犯罪，而按本法规定的最低刑为三年以上有期徒刑的，可以适用本法，但是按照犯罪地的法律不受处罚的除外。"这是对保护管辖原则的规定。保护管辖原则的实质意义在于，保护本国利益与本国公民的利益。其中，因侵犯本国利益而适用本国刑法的，称为国家保护原则；因侵犯本国公民利益而适用本国刑法的，称为国民保护原则（消极的属人管辖原则）。

我国刑法采取了有限制的保护管辖原则，适用保护管辖原则必须受到以下三个限制：（1）所犯之罪必须侵犯了我国国家或公民利益。（2）所犯之罪按照我国刑法规定的最低刑为 3 年以上有期徒刑。这便将保护管辖原则的适用范围限定在较严重的犯罪之内。（3）所犯之罪按照犯罪地的法律也应受处罚。因为外国人在国外时只需遵守所在国的法律，不能苛求其也遵守中国刑法。

（四）普遍管辖原则

我国《刑法》第 9 条规定："对于中华人民共和国缔结或者参加的国际条约所规定的罪行，中华人民共和国在所承担条约义务的范围内行使刑事管辖权的，适用本法。"这是对普遍管辖原则的规定。这里需要强调的是，对于按照普遍管辖原则审理的犯罪，由于我国缔结或参加的国际条约没有规定具体罪行的法定刑，故我国司法机关不能直接根据该国际条约定罪处刑，而应在我国刑法已经将该国际条约上的相应罪行转化为特定的构成要件和法定刑的条件下，根据我国刑法定罪处刑。

（五）对外国刑事判决的消极承认

世界上大多数国家的刑法都采取属地管辖、属人管辖、保护管辖和普遍管辖等多个原则，由此带来的刑事管辖权的冲突在所难免，从而衍生出本国刑法对外国的刑事判决和执行是否承认的问题。

我国《刑法》第 10 条规定："凡在中华人民共和国领域外犯罪，依照本法应当负刑事责任的，虽然经过外国审判，仍然可以依照本法追究，但是在外国已经受过刑罚处罚的，可以免除或者减轻处罚。"这体现出我国刑法对外国刑事判决的消极承认态度：一方面，我国刑法不承认外国的刑事判决，对于外国法院已作出生效判决的同一行为，仍可适用我国刑法追诉，这是我国司法主权的体现；另一方面，对外国的刑罚执行要予以适当考虑，以避免被告人遭受过重的双重处罚，这是一种实事求是的态度，体现出司法原则性和灵活性的统一。

二、刑法的时间效力

刑法的时间效力，也称为刑法的时间适用范围，是指刑法从何时起至何时止具有适用效力，其内容包括刑法的生效时间、失效时间以及对刑法生效前发生的行为是否具有溯及力等问题。

（一）刑法的生效时间

刑法的生效时间主要分为两种情形：（1）从公布之日起生效；（2）公布之后经过一段时间才生效，如现行刑法典于 1997 年 3 月 14 日通过并公布，同年 10 月 1 日起生效。由于法律颁布后，需要留有充足时间让公民了解，并让司法人员熟悉，因而第二种做法更为可取。

（二）刑法的失效时间

刑法的失效时间也主要分为两种情形：（1）由立法机关明确宣布原有法律效力终止或废止；（2）新法颁行后原有法律自然失效。

（三）刑法的溯及力

1. 刑法的溯及力

刑法的溯及力，也称为刑法溯及既往的效力，是指刑法生效后，对它生效前未经审判或者判决未确定的行为是否具有追溯适用的效力。如果适用，则具有溯及力；否则就没有溯及力。

我国《刑法》第 12 条第 1 款规定："中华人民共和国成立以后本法施行以前的行为，如果当时的法律不认为是犯罪的，适用当时的法律；如果当时的法律认为是犯罪的，依照本法总则第四章第八节的规定应当追诉的，按照当时的法律追究刑事责任，但是如果本法不认为是犯罪或者处刑较轻的，适用本法。"第 2 款规定："本法施行以前，依照当时的法律已经作出的生效判决，继续有效。"根据刑法规定，对于 1949 年 10 月 1 日中华人民共和国成立至 1997 年 9 月 30 日这段时间所发生的行为，如果未经法院审判或者判决未确定，应当根据从旧兼从轻原则，按以下情况分别处理。

（1）当时的法律（行为时法）不认为是犯罪，而现行刑法（审判时法）认为是犯罪的，适用当时的法律，不以犯罪论处，即现行刑法没有溯及力，体现从旧原则。

（2）当时的法律认为是犯罪，而现行刑法不认为是犯罪的，适用现行刑法，不以犯罪论处，即现行刑法具有溯及力，体现从轻原则。

（3）当时的法律与现行刑法都认为是犯罪，并且按照现行刑法总则第四章第八节的规定应当追诉的①，按照当时的法律处理，即现行刑法没有溯及力，体现从旧原则；但是现行刑法处刑较轻的，则应当适用现行刑法，即现行刑法具有溯及力，体现从轻原则。

（4）依照当时的法律已经作出的生效判决，继续有效。

除上述一般原则之外，尚有一特殊情况需要注意。最高人民法院《关于〈中华

---

① 按照当时的法律没有超过追诉时效，而按照现行刑法已经超过追诉时效的，不应当追诉；相反，按照当时的法律已经超过追诉时效，而按照现行刑法没有超过追诉时效的，则应当追诉。显然，现行刑法关于追诉时效的规定具有溯及力.

人民共和国刑法修正案（九）〉时间效力问题的解释》第 8 条指出："对于 2015 年 10 月 31 日以前实施贪污、受贿行为，罪行极其严重，根据修正前刑法判处死刑缓期执行不能体现罪刑相适应原则，而根据修正后刑法判处死刑缓期执行同时决定在其死刑缓期执行二年期满依法减为无期徒刑后，终身监禁，不得减刑、假释可以罚当其罪的，适用修正后刑法第三百八十三条第四款的规定。根据修正前刑法判处死刑缓期执行足以罚当其罪的，不适用修正后刑法第三百八十三条第四款的规定。"其所体现的并非一般的从旧兼从轻原则，而是以罪刑是否相适应为判断标准决定条文的溯及力，属于较为特殊的例外规定。

2. 有权解释的溯及力

对于有权解释的溯及力，一般认为，立法解释和司法解释等有权解释与刑法的效力一样，都必须采取从旧兼从轻原则，禁止不利于行为人的溯及既往。自 2001 年 12 月 17 日起施行的最高人民法院、最高人民检察院《关于适用刑事司法解释时间效力问题的规定》第 3 条指出："对于新的司法解释实施前发生的行为，行为时已有相关司法解释，依照行为时的司法解释办理，但适用新的司法解释对犯罪嫌疑人、被告人有利的，适用新的司法解释。"这种理解在我国刑事司法现状下具有合理性。①

3. 空白刑法法规的溯及力

刑法理论上存在限时法（只在一定时期内实施的特别法）这一概念。限时法在溯及力上体现出严格的从旧原则，即对于在限时法规定的时期内实施的行为，在期限届满后（限时法已失效）才发现的，通常仍应依照该限时法处理。

我国刑法还不存在严格意义上的限时法，但空白刑法法规是否属于限时法，值得研究。本书认为，空白刑法法规不是限时法，仍应遵从从旧兼从轻原则。对于空白刑法法规中的补充规范废止前的行为，依照当时的法律规定处理，体现从旧原则；但是，补充规范废止后，使得该行为不构成犯罪的，则应依补充法规废止后的法律处理（即不成立犯罪），体现从轻原则。②

【案例评析】

1. 案情介绍

1992 年 3 月 24 日，原南京医学院医学系学生林某在校内惨遭杀害，南京市公安局当即立案，后经连续数月调查，因破案条件不足而未能取得有效进展、未能发现犯罪嫌疑人并对其采取强制措施。28 年后，2020 年 2 月 23 日，专案组取得重大

---

① 但有相反观点认为，对于现行正式解释之前的行为，只要是在现行刑法施行之后实施的，就应按正式解释适用刑法，即正式解释（并不是刑法本身）不存在从旧兼从轻的问题。"否则，会出现以错误地适用刑法为代价来肯定以往的解释错误的不可思议的现象。"张明楷. 刑法学. 4 版. 北京：法律出版社，2011：83.

② 张明楷. 刑法的基础观念. 北京：中国检察出版社，1995：330 以下.

破案线索，成功抓获犯罪嫌疑人麻某。

2. 基本问题

犯罪嫌疑人麻某的故意杀人行为是否已经超过追诉期限？

3. 知识内容

按照行为时法，即 1979 年《刑法》第 77 条规定："在人民法院、人民检察院、公安机关采取强制措施以后，逃避侦查或者审判的，不受追诉期限的限制。"而按照现行法，即 1997 年《刑法》第 88 条规定："在人民检察院、公安机关、国家安全机关立案侦查或者在人民法院受理案件以后，逃避侦查或者审判的，不受追诉期限的限制。被害人在追诉期限内提出控告，人民法院、人民检察院、公安机关应当立案而不予立案的，不受追诉期限的限制。"同时，最高人民法院《关于适用刑法时间效力规定若干问题的解释》（下称《解释》）第 1 条规定："对于行为人 1997 年 9 月 30 日以前实施的犯罪行为，在人民检察院、公安机关、国家安全机关立案侦查或者在人民法院受理案件以后，行为人逃避侦查或者审判，超过追诉期限或者被害人在追诉期限内提出控告，人民法院、人民检察院、公安机关应当立案而不予立案，超过追诉期限的，是否追究行为人的刑事责任，适用修订前的刑法第七十七条的规定。"

第一种意见认为，麻某的故意杀人行为已经超过追诉期限。1997 年《刑法》中规定的"立案侦查"与 1979 年《刑法》中规定的"采取强制措施"相比，对于司法机关的要求显著降低，从而加重了犯罪嫌疑人的不利处境，因而应按照从旧兼从轻原则适用 1979 年《刑法》规定。

第二种意见认为，麻某的故意杀人行为尚在追诉期限之内。追诉期限属于程序性范畴，根据实体从旧、程序从新的原则，应当适用 1997 年《刑法》的相关规定，即其犯罪行为在南京公安机关立案之后不再受追诉期限的限制。而《解释》的规定由于与刑法条文冲突因而应属无效。

经办本案的检察机关主张对本案应当适用行为时法，即麻某的行为已经超过追诉期限，应根据《刑法》第 87 条之规定报请最高人民检察院核准后予以追诉。检察机关的这种观点是较为妥当的。首先，追诉期限不能被视为纯粹的程序性规定进而适用"程序从新"原则。只有当一个行为同时符合犯罪成立的条件与追诉期限的规定时，才能对其追究刑事责任，因而追诉期限关系到司法机关对于案件的追诉权，并进而影响到当事人的实体利益。具体到本案，本案中的追诉期限问题涉及司法机关对于麻某的涉案行为有无追究刑事责任的权力，这显然是一个实体法上的问题，因此，不能以本案的追诉期限属于程序法问题为由而主张适用新法，仍然应当适用"从旧兼从轻"原则。其次，相较于 1979 年《刑法》而言，1997 年《刑法》的规定更加不利于当事人。1979 年《刑法》规定的追诉期限延长条件，要求被追诉人在司法机关采取强制措施后逃避侦查或审判，比 1997 年《刑法》的在司法机关立案侦查或受理案件后逃避侦查或者审判的要求要更为严格，也就更有利于当事人。因此，适用 1979 年《刑法》符合从旧兼从轻原则，符合《解释》的条文规定，有利于保障国民行动自由与信赖利益，是值得肯定的。

【疑难问题】

1. 用遍在说来解释网络犯罪的犯罪地可能存在问题。例如，某非洲国家公民 A 在本国将大量淫秽图片传播到互联网上，一旦有人在中国领域内从网上观看该淫秽图片，中国就成为 A 行为的犯罪结果发生地。根据遍在说，A 行为即便在本国不是犯罪，也要按照属地管辖原则适用中国刑法，但这可能并不现实。如何在坚持遍在说的前提下限制网络犯罪的犯罪结果发生地范围已成为一个重要课题。

学者们提出了很多解决办法。有人提出，网络犯罪的结果发生地，仅限于行为人在行为时最初预想到的结果发生地；有人提出，结果发生地，仅限于结果犯与具体危险犯中的最初结果发生地；有人提出，结果发生地，仅限于实害结果发生地；等等。这一问题还有待进一步研究。

2. 中国香港、澳门居民既在香港、澳门犯罪，又在内地犯罪的，按理应对前者适用香港、澳门刑法，对后者适用内地刑法。但为了避免双重审讯，内地与特别行政区之间应尝试建立一种行之有效的罪犯移交制度。

实务训练

假设你是一名检察官，在工作中遇到以下三个比较棘手的案件。

案件一：中国公民甲在日本与已满 13 周岁不满 14 周岁的日本籍女子自愿发生性关系（未实施暴力、胁迫等强制行为）。已知，日本《刑法》第 177 条规定："以暴行或者胁迫手段奸淫 13 岁以上的女子的，是强奸罪，处 3 年以上有期惩役；奸淫未满 13 岁的女子的，亦同。"而我国《刑法》第 236 条第 2 款规定：奸淫未满 14 周岁的幼女的，以强奸论，从重处罚。日本刑法与我国刑法对奸淫幼女行为构成要件的规定，除了幼女年龄不同以外，其他方面均相同（如行为主体必须已满 14 周岁；客观方面有奸淫行为即可，不以暴力、胁迫手段为前提；主观方面必须出于故意）。问：中国司法机关能否对甲以强奸罪追究刑事责任？

案件二：中国公民乙在摩纳哥开设了规模庞大的赌场，而且经营时间长，营利数亿元后回国。已知，在摩纳哥，赌博与开设赌场均为合法行为；但我国《刑法》第 303 条第 2 款规定："开设赌场……情节严重的，处三年以上十年以下有期徒刑，并处罚金。"问：中国司法机关能否对乙以开设赌场罪论处？

案件三：中国公民丙长期生活在 A 国，丙在未征得 A 国及我国海关批准的情况下将免税从德国进口的高档汽车在 A 国境内销售。已知，A 国允许将免税进口的货物、物品在其境内销售，无须征得任何国家机关批准；但我国《刑法》第 154 条规定：下列走私行为，根据本节规定构成犯罪的，依照本法第 153 条的规定定罪处罚：(1) 未经海关许可并且未补缴应缴税额，擅自将批准进口的来料加工、来件装配、补偿贸易的原材料、零件、制成品、设备等保税货物，在境内销售牟利的；(2) 未经海关许可并且未补缴应缴税额，擅自将特定减税、免税进口的货物、物品，在境内销售牟利的。问：中国司法机关能否对丙以走私普通货物、物品罪论处？[①]

这三个案件所涉及的共同问题是，我国公民在外国的行为，根据行为地的法律不受处罚，也没有侵犯我国国家和公民利益时，是否需要按照属人管辖原则适用我国刑法追究刑事责任。请以一篇小论文的形式对此进行解答，并在法理和法律适用根据上说明理由。

提示：对于甲、乙、丙行为中欠缺处罚必要性的行为，似可类推适用我国《刑法》第 8 条的但书规定排除适用我国刑法；在现代刑法中，有利于被告人的类推解释并不违反实质的罪刑法定原则。

课后练习

一、不定项选择题

1. 王翔（男，23 岁，中国公民）将王宇（女，15 岁，中国公民）从苏丹喀土穆拐卖到乌干达山区。已知，跨国拐卖人口的行为属于《联合国打击跨国有组织犯罪公约关于预防、禁止和惩治贩运人口特别是妇女和儿童行为的补充议定书》（我国已加入该议定书）规定的罪行。对王翔的行为根据我国刑法追究刑事责任，可考虑适用（　　）原则。

A. 属地管辖　　B. 属人管辖

C. 保护管辖　　D. 普遍管辖

2. 英国商人麦克在我国内地犯重婚罪，对麦克应如何处置？（　　）

A. 适用我国刑法追究其刑事责任

B. 通过外交途径解决

C. 适用该外国刑法追究其刑事责任

D. 直接驱逐出境

3. 下列哪些犯罪行为应实行属地管辖原则？（　　）

A. 外国人乘坐外国民航飞机进入中国领空后实施犯罪行为

B. 中国人乘坐外国船舶，当船舶行驶于公海上时实施犯罪行为

C. 外国人乘坐中国民航飞机进入法国领空后实施犯罪行为

D. 中国国家工作人员在外国实施我国刑法规定的犯罪行为

4. 关于刑事管辖权，下列哪些选项是正确的？（　　）

A. 甲在国外教唆韩国人李某到中国境内实施绑架行为，中国司法机关对甲的教唆犯罪有刑事管辖权

B. 隶属于中国某边境城市旅游公司的长途汽车在从中国进入 E 国境内之后，因争抢座位，F 国的汤姆一怒之下杀死了 G 国的杰瑞。对汤姆的杀人行为不

① 以上三则案例均选自张明楷. 国民对国家的忠诚与国家对国民的保护——属人主义的理解与适用. 社会科学，2008（4）. 为论述方便，略有改动.

适用中国刑法

C. 中国法院适用普遍管辖原则对劫持航空器的丙行使管辖权时，定罪量刑的依据是中国缔结或者参加的国际条约

D. 外国人丁在中国领域外对中国公民犯罪的，即使按照中国刑法的规定，该罪的最低刑为 3 年以上有期徒刑，也可能不适用中国刑法

5. 下列关于中国刑法适用范围的说法哪些是错误的？（　　）

A. 甲国公民汤姆教唆乙国公民约翰进入中国境内发展黑社会组织。即使约翰果真进入中国境内实施犯罪行为，也不能适用中国刑法对仅仅实施教唆行为的汤姆追究刑事责任

B. 中国公民赵某从甲国贩卖毒品到乙国后回到中国。由于赵某的犯罪行为地不在中国境内，行为也没有危害中国的国家或者国民的利益，所以，不能适用中国刑法

C. A 国公民丙在中国留学期间利用暑期外出旅游，途中为勒索财物，将 B 国在中国的留学生丁某从东北某市绑架到 C 国，中国刑法可以依据保护管辖原则对丙追究刑事责任

D. 中国公民在中华人民共和国领域外实施的犯罪行为，按照刑法规定的最高刑为 3 年以下有期徒刑的，也可以适用中国刑法追究刑事责任

二、思考题

甲原来是外国人，取得我国国籍后，被发现其以前在国外曾经犯罪，根据我国《刑法》总则第四章第八节的规定该行为并没有超过追诉时效，应如何处理？

有人认为，应当对甲适用我国刑法，有人则反对。

问：

（1）《刑法》第 7 条中的“中华人民共和国公民”应如何理解？是应限定解释为“行为时的中华人民共和国公民”，还是说可以包括“裁判时的中华人民共和国公民”？

（2）这两种观点背后的法理根据分别是什么？

延伸阅读

1. 张明楷．国民对国家的忠诚与国家对国民的保护——属人主义的理解与适用．社会科学，2008（4）．

2. 陈忠林．刑法中的属人原则．法商研究，2004（1）．

3. 陈忠林．我国刑法中保护原则的理解适用与立法完善——《刑法》第 8 条的法理理解．现代法学，2004（2）．

4. 郑泽善．网络犯罪与刑法的空间效力原则．法学研究，2006（5）．

5. 刘艳红．论刑法的网络空间效力．中国法学，2018（3）．

6. 姜涛．刑法溯及力应全面坚持从旧兼从轻原则．东方法学，2019（4）．

7. 袁国何．论追诉时效的溯及力及其限制．清华法学，2020（2）．

第三章　犯罪客体

【内容摘要】

犯罪客体是构成犯罪的必要条件之一。根据我国刑法学界通说，犯罪客体是为我国刑法所保护的、而为犯罪行为所侵害的社会关系。其可以被分为一般客体、同类客体以及直接客体，而直接客体又可以依据不同的标准而进一步划分。犯罪客体和犯罪对象既有联系又有区别，二者不可直接等同。研究犯罪客体对于充分认识犯罪、准确定罪量刑有着重要意义，同时其解释论机能也能在司法实践之中起到积极作用。

【学习目标】

（1）在知识学习层面，要掌握犯罪客体的内涵和种类，明确犯罪客体和犯罪对象的关系，准确认识犯罪客体的刑法意义。（2）在能力训练方面，要通过疑难案例的分析，学会在具体案件的认定中运用犯罪客体区分不同的罪名，提升实践运用能力。同时，要在理论层面注意把握犯罪客体与犯罪对象、法益等刑法概念的关系，提升理论思辨能力。（3）在价值引领方面，要立足于中国的刑法规定，准确理解犯罪客体的刑法意义，运用刑法理论解决中国的实践问题，体现理论联系实际、理论指导中国实践的价值导向。

【知识要点】

一、犯罪客体的概念

类似于德日刑法中的法益概念，犯罪客体是刑法所保护的，而为犯罪行为所侵犯的社会关系。所谓社会关系，是指人们在共同的生产生活过程之中所形成的人与人之间的相互关系，既包括物质关系，也包括非物质关系。某一社会形态下的社会关系影响着整个社会各方面的基本形态以及人们之间的基本关系，犯罪正是通过对社会基本形态与人们基本关系的破坏，使得该社会的社会关系受到破坏。① 而刑法作为惩处犯罪的必要手段，正是通过对犯罪行为的处罚来实现对社会关系的有效保护。

社会关系是人们在参与社会生产生活的过程中所形成的相互联系，其主体、权利与利益都是刑法要保护的具体内容，在刑法中就体现为犯罪客体。犯罪客体有以下两层含义：其一，从受侵犯的角度看，犯罪客体是犯罪所侵害或者威胁的利益，即被害客体或被害法益；其二，从受保护的角度看，犯罪客体是刑法所保护的利益，即保护客体或保护法益。我国刑法理论中的犯罪客体，往往具体表现为特定的权利、利益、安全、秩序、制度等。显然，将这两方面内容联系起来看，犯罪客体与大陆法系刑法理论中的法益在性质和内容上具有相似性。虽然二者并不能完全等同，但其差异更多的是理论层面的区别，这种理论差异并不会对犯罪认定产生实质性的影响，因此，本书将犯罪客体和法益在相同意义上予以理解。

而我国刑法对于犯罪客体，采取了多种规定方式。有的条文明确揭示出了犯罪客体，如《刑法》第 102 条直接明确了犯罪客体是我国的主权、领土完整和安全；有的条文则没有直接明确该罪的犯罪客体究竟是哪种社会关系，而是通过描述某种具体行为方式或某一特定的社会群体来揭示该罪的犯罪客体，如《刑法》第 301 条第 1 款以及第 236 条有关聚众淫乱罪与强奸罪的规定即是如此。

二、犯罪客体的种类

根据犯罪行为所侵犯的社会关系的范围的不同，刑法理论将犯罪客体划分为三个类别，即一般客体、同类客体与直接客体。三类客体分属三个不同的层次，同类客体是在直接客体的基础上进行的分类与概括，而一般客体又是对于所有一切犯罪客体加以抽象与概括而来的，三者之间属于一般与特殊、抽象与具体的关系。

（一）一般客体

所谓犯罪的一般客体，指的是为一切犯罪所共同侵犯的客体，也就是我国刑法

① 高铭暄，马克昌. 刑法学. 9 版. 北京：北京大学出版社，高等教育出版社，2019：49.

所保护的社会主义社会关系的整体。我国《刑法》第 2 条与第 13 条揭示了犯罪一般客体的内容，即“危害国家主权、领土完整和安全，分裂国家、颠覆人民民主专政的政权和推翻社会主义制度，破坏社会秩序和经济秩序，侵犯国有财产或者劳动群众集体所有的财产，侵犯公民私人所有的财产，侵犯公民的人身权利、民主权利和其他权利”。

犯罪的一般客体，反映了一切犯罪客体的共性，揭示出了一切犯罪的共有本质和共性特征，对于从本质上认识我国刑法的任务、认识犯罪的社会危害性、认识我国刑法惩治犯罪、保护人民的根本目的有着重要价值。

（二）同类客体

所谓犯罪的同类客体，指的是某一类犯罪行为所共同侵犯的客体，是我国刑法所保护的社会关系的某一部分或某一方面。同类客体，是根据具体社会关系的性质相同或相似，而将刑法所保护的社会关系划分成若干不同的方面或部分。如生命权、健康权、人格权、名誉权、性自主权等都属于人身权利之范畴，当这些权利受到故意杀人罪、故意伤害罪、侮辱、诽谤罪以及强奸罪等犯罪行为的侵犯时，人身权利就成为相应犯罪的同类客体。相应地，同一类型的犯罪客体也受到统一的、密切联系在一起且相互补充的刑法规范的保护。

正是以此为依据，我国《刑法》将犯罪分为十大类，并且根据各类犯罪所侵犯的我国社会关系的性质及危害程度，依次排列为：以人民民主专政政权和社会主义制度为同类客体的危害国家安全罪，以公共安全为同类客体的危害公共安全罪，以社会主义市场经济秩序为同类客体的破坏社会主义市场经济秩序罪，以公民人身权利、民主权利为同类客体的侵犯公民人身权利、民主权利罪，以社会主义公私财产权利为同类客体的侵犯财产罪，以社会管理秩序为同类客体的妨害社会管理秩序罪，以国防建设秩序为同类客体的危害国防利益罪，以国家工作人员和国家单位职务行为廉洁性为同类客体的贪污贿赂罪，以国家机关的正常活动为同类客体的渎职罪，以国家军事利益为同类客体的军人违反职责罪。

（三）直接客体

所谓直接客体，是指某一犯罪行为所直接侵害的而为我国刑法所保护的社会关系，也就是我国刑法所保护的某种具体的社会关系。例如，故意伤害罪直接侵犯的是他人的健康权利，因而他人的健康权即为本罪所侵害的直接客体。

犯罪的直接客体揭示了具体犯罪所侵犯的社会关系的性质以及社会危害性程度的高低轻重，是决定犯罪性质的最重要的因素。犯罪的直接客体是犯罪客体学习研究的重点所在，对于明确各种具体犯罪之间的界限，决定具体量刑的轻重，都有着重要的意义。

依据不同的分类标准，对于直接客体可以细致划分为以下几个类别。

1. 简单客体与复杂客体

根据犯罪客体的单复性，可以将其分为简单客体与复杂客体。所谓简单客体，是指某一种犯罪仅仅直接侵害一种具体的社会关系。例如，盗窃罪只侵犯了公私财产的所有权，而故意杀人罪只侵犯了生命权。而所谓复杂客体，指的是同一种犯罪行为同时侵犯两种以上具体的社会关系。例如抢劫罪，其既侵犯公私财产的所有权，又会对他人的人身权利造成直接侵犯。

需要注意的是，在复杂客体之中对于各客体应当具体看待，其间各有主次。根据直接客体在犯罪行为之中所受危害的程度以及受刑法保护的状况，可以将复杂客体再分类为主要客体、次要客体以及随机客体。其中，在某一具体犯罪所侵犯的复杂客体之中受侵害程度较为严重而为刑法所重点保护的社会关系即为主要客体。主要客体决定着该罪的性质，犯罪的主要客体一旦确认下来，该罪的性质就有了基本的明确。例如，虽然抢劫罪既侵犯公私财产的所有权，也侵犯他人的人身权利，但由于公私财产的所有权在本罪之中是受侵害程度较高而为刑法所重点保护的社会关系，因而本罪被归属于侵犯财产类犯罪。次要客体，则是指某一具体犯罪所侵犯的复杂客体之中程度较轻、刑法予以一般保护的客体。次要客体也是具有复杂客体的犯罪的必要构成要件，对于定罪量刑也有着重要的影响作用，以抢劫罪与抢夺罪为例，二者间的区别即在于除了对于公私财产所有权的侵犯之外，是否还对他人人身权利造成侵害。抢劫罪因为是对人的暴力，所以会造成对他人人身权利的侵害；而抢夺罪虽有暴力，但却是对物的暴力，因而不体现为对他人人身权利的侵害。而所谓随机客体，则是指应受刑法保护的，而并不一定会在某种具体犯罪行为中受到侵害的社会关系。其在某些犯罪之中可能出现也可能不出现，并非构成某罪名的必备要件，而只是选择要件，其出现与否不关乎犯罪是否成立，而只影响量刑的轻重。例如在非法拘禁罪之中，即便没有造成被害人的重伤，非法拘禁罪仍然可以成立，但若是造成了重伤结果时，刑法对于他人的健康权也给予保护。

2. 物质客体与非物质客体

根据具体犯罪行为所侵害的社会关系是否具有物质性，可以将直接客体分为物质客体与非物质客体。根据各种犯罪所侵害的社会关系表现形式的不同，凡是侵犯物质关系、产生物质性的损害或者威胁的，就形成物质性犯罪客体；凡是侵犯非物质关系，不造成直接的物质性损害的，就形成非物质性客体。在诸多社会关系之中，对经济关系、财产关系、他人的生命健康权利等造成侵害可能会形成物质性客体，而对于政治制度、社会秩序、人格名誉等的侵害则有可能形成非物质性客体。①

3. 现实客体与可能客体

根据犯罪行为对刑法所保护之社会关系的实际作用情况，可以将直接客体分为现实客体与可能客体。所谓现实客体，是指犯罪行为实际侵害了刑法所保护的社会关系，此时该社会关系成为现实客体；而所谓可能客体，则是指行为并未对刑法所保护的社会关系造成实际侵害，而只是对其产生了威胁，此时该社会关系就是可能客体。现实客体与可能客体的划分，解决了犯罪预备、犯罪中止以及犯罪未遂等特

---

① 高铭暄，马克昌. 刑法学. 9 版. 北京：北京大学出版社，高等教育出版社，2019：55.

殊形态下的犯罪客体问题，为其提供了承担刑事责任的理论依据。[①]

三、犯罪客体与犯罪对象

犯罪对象，是指刑法分则条文规定之犯罪行为所作用的具体人或具体物。每一种犯罪行为都是通过对于具体的人或物产生直接或间接的作用，使得刑法所保护的社会关系受到危害的。

（一）犯罪对象的基本特征

第一，犯罪对象是具体的人或物。具体的犯罪行为，大多数都直接作用于具体的对象，使之发生毁损灭失，或者使其归属、位置、状态、行为方式等发生改变，进而使得刑法所保护的社会关系受到破坏。

第二，犯罪对象是犯罪行为所直接作用到的人或物。当具体的人或物没有受到犯罪行为的直接侵害时，就不成其为犯罪对象，而只是可能的犯罪对象。因此，犯罪所生之物以及犯罪所得之物就不属于该罪的犯罪对象：二者均系犯罪行为所产生之结果，而非犯罪过程之中被犯罪行为所直接作用之物。但值得注意的是，犯罪所生之物或者犯罪所得之物完全可以成为其他犯罪行为的犯罪对象，例如我国《刑法》所规定的掩饰、隐瞒犯罪所得、犯罪所得收益罪。

第三，犯罪对象具有客观实在性的特性。犯罪对象的客观实在性不仅表现为其自身是一种客观存在，而且表现为一经犯罪行为作用就成为客观的存在。任何犯罪行为作用于犯罪对象，都会在犯罪对象上留下其作用的痕迹与影响，从而忠实、准确地反映犯罪行为发生作用时的实际情况。

（二）犯罪对象与犯罪客体的联系和区别

犯罪客体与犯罪对象两个概念既有联系又有区别。二者间的联系表现为：犯罪客体是一种社会关系，而犯罪对象则是社会关系的主体或者物质表现，因而可以认为犯罪客体是犯罪对象的实际内容，犯罪对象是犯罪客体的表现形式，犯罪客体寓于犯罪对象之中，犯罪对象则是犯罪客体的外部表现。例如强奸罪，其侵犯的是妇女性的自由权利，而对这一客体的侵害则是通过对犯罪对象即被害妇女的强奸行为来实现的。

二者的区别主要表现在以下方面。

第一，犯罪客体决定着犯罪性质，而犯罪对象则不必然决定犯罪性质。如前所述，同一个犯罪对象可能反映出多种不同的法益，因而仅从犯罪对象入手，难以准确分辨犯罪性质。例如犯罪对象都是公交车辆零件，盗窃使用中的公交车零件可能构成破坏交通工具罪，而盗窃闲置公交车辆的零件则构成盗窃罪。只有通过犯罪对象这一具体的人或具体的物背后所体现的犯罪客体，才能准确揭示犯罪的性质。

---

① 马克昌．犯罪通论．3版．武汉：武汉大学出版社，2005：121.

第二，犯罪客体是任何犯罪构成必不可少的要件，犯罪对象则不是每一犯罪所不可缺少的要件，而仅仅是某些犯罪的必要条件。根据刑法理论，犯罪是对社会关系的侵害或危害，因而没有犯罪客体就没有犯罪的存在；但是并非每一种犯罪都有具体的犯罪对象，例如《刑法》第 316 条规定的脱逃罪等就没有具体犯罪对象。只有法律加以特别规定的犯罪对象才是犯罪成立的必要条件，如走私淫秽物品罪，其犯罪对象便只能是淫秽书刊、录像带、录音带或其他淫秽物品。

第三，任何犯罪行为都必然会使得犯罪客体受到危害，而犯罪对象则并不必然受到危害。如同盗窃罪与诈骗罪，大多数犯罪分子在实施犯罪行为的过程中，非但不会损害其所窃取、骗取到的财物，有时为了保证利益的获取，还会对相关财物主动采取保护措施。

四、犯罪客体的意义与作用

第一，有助于认识犯罪的本质。犯罪的本质特征是严重的社会危害性，这种社会危害性是通过犯罪行为对于犯罪客体的危害表现出来的。因而，对于犯罪客体的深入研究，有助于揭示犯罪的本质特征，增强民众同犯罪行为作斗争的社会责任感。犯罪行为所侵犯的社会关系同一般违法行为所侵犯的社会关系有着根本性的差异，因而，犯罪从本质上看其是对整个社会的危害。在充分认识这种高度社会危害性的情况下，更能激发民众积极同犯罪行为作斗争的社会责任感，有利于维护社会的安全稳定。

第二，有助于科学划分犯罪。虽然每一具体犯罪所侵犯的具体社会关系有所不同，但某些犯罪所侵犯的犯罪客体有着一定的共通性。根据这种共通性可以划分出多种同类客体，并在此基础上结合所侵犯的社会关系的重要程度来对犯罪进行科学的归类。如前所述，我国刑法正是根据犯罪客体的类型与重要程度将具体犯罪划分为十个大类。

第三，有助于准确定罪。对于犯罪客体的把握能够帮助我们区分罪与非罪、此罪与彼罪。任何犯罪都以对刑法所保护的社会关系的侵犯作为必要条件，因而倘若某行为并未侵犯任何社会关系，或者仅仅侵犯了其他法律所保护的社会关系，那么该行为就不成其为犯罪。例如，在《刑法修正案（八）》颁行之前，刑法并未规定持有伪造的发票罪，也即没有对于相应的社会关系进行调整或保护，因而此时即便有行为侵犯了该社会关系也不能成立犯罪。同时，刑法所保护的社会关系种类繁多、性质不同，犯罪行为所侵犯的犯罪客体的不同决定了犯罪的性质不同，使得罪与罪之间得以区分。例如行为人实施殴打行为，倘若程度极其严重以至于危害他人生命权，就可能成立故意杀人罪；而若是程度相对较轻，则可能只成立故意伤害罪。

第四，有助于准确量刑。根据罪刑相适应的原则，刑罚的轻重应当根据犯罪的社会危害性以及犯罪分子的人身危险性大小不同来加以区分，而这些可以通过犯罪客体来加以体现。因而，要对具体犯罪行为的严重程度进行评价，其中一个重要方面就是考察其所侵犯的究竟是何种性质、何种重要程度的社会关系，并根据性质与重要程度决定对其裁量刑罚的轻重之别。例如，行为人在公共交通工具上实施抢劫行为，因其在抢劫行为本身的犯罪客体，即受害人的人身权益与财产权益之外还对交通运输安全这一客体造成了侵害，所以应当受到更为严厉的处罚。

【案例评析】

案例一

1. 案情简介

被告人王某等人在未能取得剧毒化学品使用许可证的情况之下，非法买卖剧毒化学品氰化钠储存于其生产车间之内，用于电镀生产。经查，氰化钠不属于禁用剧毒化学品，但系列入危险化学品名录中严格监督管理的限用的剧毒化学品。检察院主张王某等人的行为违反了《刑法》第 125 条第 2 款之规定，应当以非法买卖危险物质罪追究刑事责任。而被告人王某的辩护人辩称：氰化钠系限用而非禁用剧毒化学品，不属于该条所称的毒害性物质，王某等人擅自购买氰化钠的行为，不符合《刑法》第 125 条第 2 款规定的构成要件，在未造成严重后果的情形下，不应当追究刑事责任，故请求对被告人宣告无罪。

2. 基本问题

王某等人的行为是否构成非法买卖、储存危险物质罪？

3. 知识内容

非法买卖、储存危险物质罪的犯罪客体是公共安全，因此判断王某的行为是否成立非法买卖、储存危险物质罪，首先要判断其行为是否对公共安全造成威胁。氰化钠虽不属于禁用剧毒化学品，但易致人中毒或者死亡，对人体、环境具有极大的毒害性和极度危险性，极易对环境和人的生命健康造成重大威胁和危害，可以认定为《刑法》第 125 条第 2 款规定的“毒害性”物质。而王某等人不具备购买、储存氰化钠的资格和条件，违反国家有关监管规定，非法买卖、储存大量剧毒化学品，逃避有关主管部门的安全监督管理，破坏危险化学品管理秩序，已对人民群众的生命、健康和财产安全产生现实威胁，足以对本罪客体即公共安全造成重大危害，故王某等人的行为已构成非法买卖、储存危险物质罪。

案例二

1. 基本案情

被告人冯某伙同他人，先后多次在北京市多个地区实施盗剪正在使用中的电线的行为，其所盗剪的电线累计长达 6 700 余米，给附近居民的正常生产生活造成了极大的破坏，并累计造成了直接经济损失 2 万余元。

2. 基本问题

冯某等人的行为构成盗窃罪还是破坏电力设备罪？

3. 知识内容

破坏电力设备罪属于危害公共安全的犯罪，其所侵犯的犯罪客体不仅包括财产权，而且侵犯不特定多数人的生命、健康和财产权利，而盗窃罪的犯罪客体则是公私财产权利。就本案而言，冯某盗剪正在使用中的电线，侵犯了财产权，符合盗窃罪的构成要件；而电线被盗导致的停电也给周边范围内居民的人身财产安全带来了威胁，也符合破坏电力设备罪的犯罪构成。两相比较，是破坏电力设备罪罪责更重，依照罪责刑相适应的原理与想象竞合犯的处理规则，应当按照破坏电力设备罪对被告人定罪量刑。

【疑难问题】

1. 如何理解犯罪客体与德日刑法学理论中的法益概念二者之间的关系？
2. 如何理解犯罪客体与犯罪对象的关系？
3. 如何在司法实践之中充分发挥犯罪客体对于定罪量刑的指导意义？

实务训练

如果你是一名基层法院刑事审判庭的法官，作为承办人审理以下这个很棘手的案件，该如何处理？

2000 年 10 月 5 日，被告人叶某言驾驶与叶某语等共同购买的某品牌轿车进行非法营运，轿车被苍南县灵溪交通管理所查扣，存放在三联汽车修理厂停车场。后叶某言联合叶某语等人合谋将该车盗走，并购置了两套与交通管理部门制服类似的服装。10 日晚，叶某言驾车将叶某语等人送至三联汽车修理厂停车场，由叶某语等人爬墙进入，换掉被链条锁住的轿车轮胎，乘停车场门卫熟睡之机打开自动铁门，将价值 9.2 万元的轿车开走，并由叶某言销赃得款 2.5 万元。2001 年 1 月 8 日，被告人叶某言、叶某语以该车被盗为由，向灵溪交通管理所申请赔偿。经多次协商，获赔 11.65 万元。叶某言、叶某语的行为是否构成盗窃罪？

提示：要判断叶某言等人的行为是否构成盗窃罪，首先要明确盗窃罪的犯罪客体究竟为何？关于盗窃罪等财产犯罪的客体，刑法理论上存在不同的观点。

所有权理论认为盗窃罪的客体是公私财产的所有权，而且是对所有权全部权能的整体侵犯。若采取这种理论，那么盗窃自己所有、而为他人所合法占有的物品，由于他人对财物并不享有所有权，因而只侵犯了他人的占有权能，自然不成立盗窃罪。

占有说认为本罪的法益不仅包括所有权和其他财产权，而且包括占有事实，合法的占有也属于本罪的法益，但是在非法占有的情况下，相较于本权者恢复权利的行为而言，该非法占有不成为盗窃罪的法益。若采取这种观点，当所有权人的财物被他人合法占有时，所有权人盗窃该财物就侵犯了盗窃罪的法益，可以构成盗窃罪。

《刑事审判参考》的观点与第二种观点一致，认为本人所有的财物在他人合法占有、控制期间，能够成为自己盗窃的对象。[①] 当然，是否构成盗窃罪，还要结合行为人的主观目的而定，要考察行为人主观上是否具有非法占有的目的。本案中，行为人的索赔行为表明其具有非法占有目的，因而可以成立盗窃罪。

课后练习

1. 下列犯罪中，犯罪客体是简单客体的为（　　）。

A. 故意杀人罪　　B. 刑讯逼供罪

C. 贪污罪　　D. 抢劫罪

2. 下列犯罪中，哪一罪的客体是复杂客体？（　　）

A. 故意杀人罪　　B. 盗窃罪

C. 销售有毒有害食品罪　　D. 玩忽职守罪

3. 甲盗窃使用中的电话线，数额较小，构成破坏广播电视设施、公用电信设施罪；乙盗窃仓库中的电话线，数额较大，构成盗窃罪。二者盗窃的对象相同，罪名不同，原因在于（　　）。

A. 犯罪对象数额大小不同

B. 犯罪对象本身性质不同

C. 犯罪对象可能造成的危害不同

D. 犯罪行为所侵害的社会关系性质不同

延伸阅读

1. 张明楷．刑法分则的解释原理．北京：中国人民大学出版社，2011.

2. 马克昌．犯罪通论．武汉：武汉大学出版社，2005.

3. 高铭暄，马克昌．刑法学．北京：北京大学出版社，高等教育出版社，2019.

4. 薛瑞麟．犯罪客体论．北京：中国政法大学出版社，2008.

5. 李洁．犯罪对象研究．北京：中国政法大学出版社，1998.

① 刑事审判参考：总第43集. 北京：法律出版社，2005：41.

第四章　犯罪客观方面

【内容摘要】

我国刑法理论中，犯罪客观方面是与犯罪客体、犯罪主体、犯罪主观方面相对应的一个概念。犯罪客观方面，是指刑法规定的用于说明对刑法保护的社会关系造成损害的客观外在事实特征。根据我国刑法规定和理论研究需要，犯罪客观方面主要研究危害行为、危害结果、危害行为与危害结果之间的因果关系以及特定的时间、地点、方法等内容。危害行为是一切犯罪在客观方面都必须具备的要件，危害结果是大多数犯罪在客观方面必须具备的要件，特定的时间、地点、方法是某些犯罪在客观方面必须具备的要件。司法实践中，结合刑法条文规定，精准把握各罪在犯罪客观方面的具体内容和要求，对于贯彻落实罪刑法定原则和准确定罪量刑具有重要意义。

【学习目标】

(1) 在知识学习层面，要掌握犯罪客观方面的刑法意义，准确理解危害行为、危害结果、因果关系、时间、地点和方法等犯罪客观要件具体内容的基本知识，特别是对于不作为、因果关系等较为复杂的知识要重点把握。(2) 在能力训练方面，要通过对不作为、危害结果、因果关系等复杂问题的分析，增强思辨能力。同时，要结合疑难案例，学会在具体案件中判断危害行为尤其是不作为的成立条件，分析具体案件中的因果关系，增强实践运用能力。(3) 在价值引领方面，要学会结合中国刑法条文的规定，精准把握各罪在犯罪客观方面的具体内容和要求，牢固树立“无行为则无犯罪”等现代刑法理念，切实贯彻落实罪刑法定原则，确保法律适用的公平、公正。

【知识要点】

一、犯罪客观方面的概念、特征及意义

（一）犯罪客观方面的概念

我国刑法理论中，犯罪客观方面是与犯罪客体、犯罪主体、犯罪主观方面相对应的一个概念。犯罪客观方面，是指刑法规定的用于说明对刑法保护的社会关系造成损害的客观外在事实特征。根据我国刑法规定和理论研究需要，犯罪客观方面主要包括危害行为、危害结果、因果关系以及特定的时间、地点、方法等内容。需要注意的是，由于不同行为类型构成犯罪的条件不尽相同，因此，犯罪客观方面的这些具体内容（或者说要件），体现在不同的具体犯罪中，是有差别的。

（二）犯罪客观方面的特征

1. 犯罪客观方面是对刑法相关规定的理论概括

犯罪客观方面这一概念，基于立法规定，源于司法实践，也用于司法实践。我国刑法中没有使用“犯罪客观方面”这样的立法术语，但根据主客观相统一原则，任何犯罪的成立都既有主观方面的要求，也有客观方面的要求。根据罪刑法定原则，我国刑法分则条文对于具体犯罪罪状的描述，通常都比较明确具体地规定了成立某个犯罪的客观方面的内容。例如，“故意杀人的”“过失致人死亡的”“故意伤害他人身体的”等规定中，“杀人”“致人死亡”“伤害他人身体”就是分别对成立故意杀人罪、过失致人死亡罪、故意伤害罪的客观方面的规定。犯罪客观方面这个概念就是对刑法中规定的犯罪在客观方面的理论概括和提炼，具有抽象性。

犯罪客观方面的具体内容，体现在不同的具体犯罪中，是有差别的。结合我国刑法规定，危害行为是一切犯罪在客观方面都必须具备的要件，危害结果是大多数犯罪在客观方面必须具备的要件，特定的时间、地点、方法是某些犯罪在客观方面必须具备的要件。例如，成立故意杀人罪，并不要求“人死亡”的结果出现，而成立过失致人死亡罪，则要求有“人死亡”的结果出现；成立非法捕捞水产品罪，要求必须“在禁渔区、禁渔期或者使用禁用的工具、方法捕捞水产品”，而成立故意杀人罪并没有特定的时间、地点、方法等要求。

2. 犯罪客观方面以客观事实特征为内容

根据主客观二分的基本思维方式，人的行为可分为主观和客观两个方面。犯罪行为作为人的一种活动，也可以分为主观和客观两个方面进行考察。主观方面是人有意识、有意志的思维活动。客观方面是主观方面的外化，是人在有意识、有意志的心理态度支配下表现于外部的事实特征。犯罪的主观方面和客观方面是密切联系的。这种密切联系在犯罪认定中，集中体现为“由主观决定客观、通过客观查明主观”的辩证关系。即对一个客观的“裸”的“致人死亡”的行为，如果脱离了行为

人在行为时的主观认识和意志因素，就没有办法确定这个行为的性质是故意杀人、过失致人死亡、执行公务还是正当防卫等，这是“由主观决定客观”的一面。而要查明某行为人是否有故意杀人的主观认识和意志因素，如果脱离了行为人的一系列外在行为表现，我们就失去了据以查明其是否有故意杀人的主观认识和意志因素的客观凭据和依托，这是“通过客观查明主观”的一面。

3. 犯罪客观方面能够说明行为对刑法保护的社会关系造成损害的情况

犯罪的客观方面与犯罪客体具有紧密的联系。犯罪客观方面所包含的各种事实特征，都是说明某种犯罪是在什么条件下、通过什么行为对刑法所保护的客体进行侵犯的，以及这种行为造成或可能造成什么样的损害。凡不能说明侵害犯罪客体的客观事实特征的，都不能成为犯罪构成的客观方面要件。同时需要说明的是，从主客观二分看，犯罪客体作为刑法所保护的一种社会关系，本来也是一种客观事实特征，但由于我国刑法理论将犯罪客体作为独立于犯罪客观方面的一个犯罪构成要件来考察，因此，犯罪客体以及与犯罪客体密切相关的犯罪对象被置于犯罪客体一章中单独论述。

4. 犯罪客观方面是成立犯罪所必须具备的核心因素

正所谓“无行为则无犯罪”，不具备客观方面，就说明不存在社会关系受到侵害的客观事实，因而也不能构成犯罪。在犯罪构成的四个共同要件中，犯罪客观方面处于核心地位，是成立犯罪所必须具备的核心因素，是行为人承担刑事责任的客观基础。因为犯罪是一种危害社会的行为，危害行为这个客观方面的要件，是犯罪其他要件所依附的本体性要件；犯罪客体是危害行为所侵犯而为刑法所保护的社会关系，犯罪主体是实施了严重危害社会行为的自然人或单位，而犯罪主观方面也必须由危害行为得到体现和说明。

（三）犯罪客观方面的意义

研究犯罪的客观方面，对于区分罪与非罪、此罪与彼罪，正确认定犯罪的停止形态和行为人的主观罪过，以及正确量刑，都具有重要意义。例如，在区分罪与非罪方面，捕捞水产品的行为，如果不是在禁渔区、禁渔期或使用禁用的工具、方法实施的，就不构成非法捕捞水产品罪。

二、危害行为

（一）危害行为的概念

行为是法律中的一个重要概念。马克思主义经典作家指出：“只是由于我表现自己，只是由于我踏入现实的领域，我才进入受立法者支配的范围。对于法律来说，除了我的行为以外，我是根本不存在的，我根本不是法律的对象。”[①] 这句话就形象地表明了行为对于法律的重要意义。刑罚惩罚的对象是人，惩罚的依据却是人的行

① 马克思恩格斯全集：第1卷. 2版. 北京：人民出版社，1995：121.

为。无行为，就无犯罪，也就无刑罚。犯罪是人的行为，更是危害社会的行为。危害行为是刑法中的一个重要概念。在我国刑法理论中，通常在两种意义上使用危害行为这一概念。一是把危害行为与合法行为以及不构成犯罪的一般违法行为相对应，这时的危害行为就是指具备全部犯罪构成要件的犯罪行为。例如，我国《刑法》第13条规定："一切……危害社会的行为，依照法律应当受刑罚处罚的，都是犯罪……"从该规定中概括提炼出的"危害行为"概念，就是包括主观要件（故意、过失）和客观要件在内的有机统一的构成犯罪的行为。二是把危害行为与危害结果相对应，这里的危害行为就是指作为犯罪构成客观要件的危害行为。例如，我国《刑法》第14条第1款规定："明知自己的行为会发生危害社会的结果，并且希望或者放任这种结果发生，因而构成犯罪的，是故意犯罪。"从该规定中概括提炼出的"危害行为"概念，就是指撇开犯罪主体、主观罪过以及犯罪客体之后的作为犯罪客观要件的危害行为。以下谈及的危害行为就是在后一种意义上使用的危害行为概念。在此意义上，危害行为是犯罪客观方面首要的、必备的要素，是每个犯罪在客观方面都必须具备的要件。因此，在犯罪构成理论中，作为犯罪客观方面要件的危害行为，亦称危害社会的行为，是指在人的意志或者意识支配下实施的、被刑法所禁止的危害社会的身体动静。

（二）危害行为的特征

1. 危害行为是人的身体动静

这是危害行为的客观外在特征，也可称为危害行为的有体性特征。危害行为的本质意义在于可以改变客观世界从而危害社会，而人对客观世界的改变，只能由身体的动静来实现。因此，任何危害行为，都必然有一定的身体动静，否则，就不可能构成危害行为。危害行为的身体动静包括动和静两个方面："动"是指身体的积极活动，如举手投足、使用工具、以目示意、出语伤人。"静"是指身体的相对静止，它虽然没有积极的身体动作，但在特定情况下仍然属于行为的形式。

2. 危害行为是行为人的意志或者意识支配下实施的身体动静

这是危害行为的主观内在特征，也可称为危害行为的有意性特征。我国刑法中危害社会的行为，必须是受人的意志和意识支配的。人的无意志和无意识的身体动静，即使客观上造成损害，也不是刑法意义上的危害行为，不能认定这样的人构成犯罪并追究其刑事责任。这类无意志和无意识的身体动静主要包括三类：一是人在睡梦中或精神错乱状态下的举动。这些情况下的举动，并不是人的意志或意识的表现，因而即使在客观上损害了社会，也不能认定为刑法中的危害行为，不能构成犯罪。二是人在不可抗力作用下的举动。这种情况下的行动并不表现人的意志，甚至往往是直接违背其意志的，因而这种行动即使对社会造成损害，也不能视为刑法中的危害行为。对此，我国《刑法》第16条明文规定："行为在客观上虽然造成了损害结果，但是不是出于故意或者过失，而是由于不能抗拒或者不能预见的原因所引起的，不是犯罪。"三是人在身体受强制情况下的行为。这种情况下的行为是违背行为人主观意愿的，客观上他对身体强制也是无法排除的，因而此时的行为不能被视为刑法意义上的危害行为，对行为造成的损害结果也不能由行为人承担刑事责任。与人在身体受强制情况下的行为不同的是，人在受到精神强制、威胁时实施某种危害社会行为的情况，除了符合紧急避险条件属于合法行为的外，其他不符合紧急避险条件而达到触犯刑法程度的，应当认定为犯罪并追究其刑事责任，同时酌情从宽处罚，因为这时行为人的行为受到其意志和意识支配。对此，我国《刑法》第 28 条规定："对于被胁迫参加犯罪的，应当按照他的犯罪情节减轻处罚或者免除处罚。"

3. 危害行为是对社会有危害的身体动静

身体动静的社会危害性，是危害行为的法律价值特征，也可称为危害行为的有害性特征。有害于社会的行为和无害于社会的行为，是对人类行为的基本分类。只有有害于社会的行为，才可能成为我国刑法所惩罚的对象。人的意志或意识支配下实施的身体动静，有什么样的社会危害性，以及是否需要刑法禁止、如何禁止，这些是立法者以其所认同的是非善恶价值标准对相关行为进行价值评价的结果。

（三）危害行为的表现形式

1. 作为

（1）作为的概念

作为，是指行为人以积极的身体活动实施的违反刑法禁止性规范的危害行为。作为是危害行为的一种常见方式，即"不应为而为之"，例如，持刀报复杀人就违反了"不得杀人"的禁止性规范。我国刑法中规定的绝大多数犯罪，都可以由作为实施，而且有许多犯罪只能以作为形式实施。

（2）作为的实施方式

作为的实施一般表现为一系列的身体动作。这一系列身体动作除行为人直接以身体的特定部位作用于犯罪对象之外，还表现为行为人以操纵各种工具的方式作用于犯罪对象。

实践中，作为通常表现为以下几种方式：一是利用自己身体实施的作为。这是作为的常见形式。身体活动既可以是施展四肢的活动，也可以是运用五官的活动。例如，挥拳伤人、甩腿踢人、出口伤人、以目示意等。二是利用物质性工具实施的作为。这种作为形式的特点是人的身体活动和犯罪对象之间有了工具这一介入因素，行为人能动地运用工具的某种属性作用于犯罪对象，并造成犯罪对象状态的不当改变以侵害或威胁犯罪客体。例如，持棒打人、持刀砍人、投毒害人等。三是利用自然力实施的作为。自然力是指水、火、雷、电、风、雨、雪等自然现象。例如，放火、决水等。利用自然力实施的作为与利用物质性工具实施的作为在性质上基本相同，区别在于前者利用的是自然力本身，后者利用的是人工制造或者自然存在的物质性工具。四是利用动物实施的作为。例如，利用藏獒咬人、毒蛇咬人等。五是利用他人实施的作为。这是指将他人作为工具加以利用而实施的危害行为，其特点在于由他人的身体动作或由他人操纵工具作用于犯罪对象，而他人的活动是由行为人的身体活动引起的。例如，教唆不满 14 周岁的人杀人等。

2. 不作为

（1）不作为的概念

不作为是与作为相对应的危害行为的另一种表现形式。不作为，就是指行为人负有实施某种行为的特定法律义务但能履行而不履行的危害行为，即“应为而不为”。不作为通常表现为身体的静止，即不为一定行为。不作为之所以与作为一样，同属于危害行为，同样可以成立犯罪，最根本的原因在于不作为是应为而不为，它与作为在侵害一定的社会关系上是相同的，与作为在应当受到刑法否定性评价上是等值的。

成立不作为，在客观方面应当具备以下三个条件：一是行为人负有实施某种作为的特定法律义务，没有特定法律义务，也就没有不作为的行为形式；二是行为人有能力履行特定法律义务，如果行为人不具有履行特定法律义务的可能性，也不可能成立不作为。三是行为人没有履行作为的特定法律义务。

（2）不作为的表现形式

不作为通常表现为身体的静止、消极，但这并不是绝对的。在某些不作为犯罪中，行为人往往具有积极的身体活动。例如，《刑法》第201条规定逃税罪是“纳税人采取欺骗、隐瞒手段进行虚假纳税申报或者不申报，逃避缴纳税款数额较大并且占应纳税额百分之十以上的”行为。根据该规定，行为人有依法履行向国家缴纳税款的特定法律义务，但其能履行而不履行。实践中，逃税的行为人往往有涂改账本、销毁账册的积极行为，而不是消极的身体静止。因此，不能绝对以身体的积极与消极、动与静，来区分作为与不作为。区分作为与不作为的关键在于是否与负有特定法律义务相联系。

（3）作为的义务来源

行为人负有实施某种行为的特定法律义务即作为义务，是不作为成立的前提条件。在不作为犯罪中，作为义务反映了不作为犯罪的基本犯罪事实和构成要素的本质特征。作为义务的来源主要包括以下几种。

一是法律明文规定的义务。其中的法律，不是仅指刑法，而是指由国家制定或认可并由国家强制力保证其实施的一切行为规范的总和，包括宪法、法律、行政法规、条例、规章等。例如，我国《民法典》规定家庭成员之间有相互扶养的义务，在此基础上，根据我国《刑法》第261条明确规定“负有扶养义务而拒绝扶养，情节恶劣的”，可能构成遗弃罪。需要说明的是，违反非刑事法律明文规定的义务，并非都构成作为的义务根据，只有其中经过刑法认可或要求的，才能视为作为义务的根据。即法律明文规定的义务，一方面要求其他法律、法规有规定，同时要求刑法的认可，若只有其他法律法规的规定而无刑法的认可或要求，行为人即使不履行这种义务，也不成立犯罪的不作为。同时，司法实践中对于行为人有无法律明文规定的义务，不能仅机械地着眼于法律条文上的直接规定；对于法律没有直接规定的，要根据案件的具体事实，运用法理，分析有关法律规范的内涵，以及行为人同所发生的法律事件的关系，加以确定。

二是职务或业务上要求的义务。职务或业务上要求的义务，以担任相应的职务或从事相应的业务为前提。在我国，职务或业务要求的义务相当广泛。例如，值班医生有抢救危重病人的义务，值勤消防队员有消除火患的义务，扳道工有按时扳道岔的义务。认定职务或业务上要求的义务，既要注意义务的时限，又要注意义务的对象。作为义务的时限，仅限于行为人应执行职务或从事业务之时。作为义务的对象，仅限于职务或业务范围之内的事项。

三是法律行为引起的义务。法律行为是指在法律上能够产生一定权利义务的行为。如果一定的法律行为产生某种特定的积极义务，行为人不履行该义务，致使刑法所保护的社会关系受到侵害或威胁，就可以成立不作为形式的危害行为。例如，保姆有照看雇主小孩的义务，如果保姆未尽照看义务，对小孩见危不救，致使小孩受伤，就可能承担相应的刑事责任。实践中，认定合同行为产生的特定法律义务，需要注意，合同行为不以书面协定为限，包括口头协定与书面协定；合同违约在一般情况下只存在民事上的责任，只有当不履行特定法律义务严重危害或威胁到刑法所保护的社会关系时，才能成为犯罪不作为的作为义务来源。

四是先行行为引起的义务。这种义务是指由于行为人的行为而使刑法所保护的社会关系处于危险状态时，行为人负有采取有效措施排除危险或防止结果发生的特定义务。例如，成年人带小孩去游泳，该成年人即负有保护小孩安全的义务；交通肇事撞伤人而使被害人有生命危险时，行为人有立即将受伤人送医院救治的义务。当先行行为是犯罪行为时，如果刑法就该犯罪行为规定了结果加重犯或者因发生严重结果而构成重罪，可以将该加重结果评价在结果加重犯或重罪中，就不需要再另行评价行为人对重结果的不作为。例如，行为人在交通肇事后逃逸，致使被害人因行为人逃逸得不到救助而死亡的，根据《刑法》第 133 条“因逃逸致人死亡的，处七年以上有期徒刑”之规定处理即可。

（4）不作为与不作为犯罪

不作为与不作为犯罪是两个不同的概念。不作为是指危害行为的一种基本表现形式，不作为犯罪是指由这种行为形式实施的犯罪。不作为犯罪包括纯正不作为犯和不纯正不作为犯。纯正不作为犯，又称真正不作为犯，是指刑法规定只能由不作为的形式实现的犯罪。不纯正不作为犯，又称不真正不作为犯，是指刑法规定既可以由作为实现，也可以由不作为实现，但行为人实际上以不作为形式实现的犯罪。前者例如遗弃罪，后者例如以不作为形式实现的故意杀人罪。

需要注意的是，对于像故意杀人罪这种既可以由作为形式构成，又可以由不作为形式构成的犯罪，我们只能从行为人实际实现犯罪的形式来判断某一个犯罪是作为犯罪还是不作为犯罪。即行为人实际上以作为形式实现的犯罪称为作为犯罪，实际上以不作为形式实现的犯罪称为不作为犯罪。例如，对于故意杀人罪，在行为人没有实际实现犯罪的情况下，既不能说这种犯罪是作为犯罪，也不能说这种犯罪是不作为犯罪，只有行为人实际实现了犯罪的情况下，才能根据杀人行为的形式来确定其为作为犯罪还是不作为犯罪。

为正确理解犯罪的作为与不作为问题，还应注意以下几点：一是要注意作为与不作为的划分同故意与过失的划分的关系。作为与不作为是危害行为在客观上的两种基本形式，故意与过失是行为人实施危害行为时主观心理态度的两种基本形式。作为不等于故意，不作为不等于过失。作为与不作为都可能既有故意也有过失。例如，故意杀人与过失致人死亡，都可以由作为方式构成，也都可以由不作为方式构成。二是要正确认识作为犯罪与不作为犯罪的危害程度。不作为犯罪不等于危害性就一定小，并非在一切场合不作为犯罪的危害程度都轻于作为犯罪。例如，在颠覆列车案件中，不扳道岔的不作为方式，与破坏铁轨、路基的作为方式相比，在危害程度上就没有什么差别。三是司法实践中既要注意惩处以积极方式构成的作为犯罪，又要注意惩处以消极方式构成的不作为犯罪，还要注意对不负有特定作为义务或不具备履行特定义务可能性的行为人不能滥追刑责。

3. 持有

英美法系刑法理论认为，持有是介于作为与不作为之间的另一种行为方式。美国《模范刑法典》在规定了作为与不作为之后还规定了持有："如果持有人有意识地获得或接受了该持有物，或者在能够终止其持有的充分时间内知道自己控制着该物，则此种持有即为一种行为。"刑法理论认为，持有是对物品的控制状态，通常起始于作为，如取得、接受等，之后以不作为维持其存在状态，具有作为与不作为交融的特点。但持有是一种状态，因其没有积极的行为而区别于作为；因其并不以履行一定的积极义务为前提，也不同于不作为。作为的犯罪性明显地蕴含在主体自身的动作中，不作为的犯罪性取决于主体与法律要求之间的义务关系，而持有的犯罪性则体现于主体对非法财物（如毒品、凶器、不义之财、色情物品、犯罪工具等）的支配状态，所以持有是与作为、不作为并列的行为状态。

目前我国《刑法》中关于持有型犯罪的条款分布如下：第 120 条之六规定的非法持有宣扬恐怖主义、极端主义物品罪，第 125 条第 1 款规定的非法储存枪支、弹药、爆炸物罪，第 128 条第 1 款规定的非法持有、私藏枪支、弹药罪，第 130 条规定的非法携带枪支、弹药、管制刀具、危险物品危及公共安全罪，第 172 条规定的持有假币罪，第 177 条之一规定的妨害信用卡管理罪中的非法持有伪造的信用卡、非法持有他人信用卡这两种行为，第 210 条之一规定的持有伪造的发票罪，第 282 条第 2 款规定的非法持有国家绝密、机密文件、资料、物品罪，第 297 条规定的非法携带武器、管制刀具、爆炸物参加集会、集会、游行、示威罪，第 348 条规定的非法持有毒品罪，第 352 条规定的非法持有毒品原植物种子、幼苗罪，第 395 条第 1 款规定的巨额财产来源不明罪。

持有是一种事实上的支配与被支配的关系，即行为人与特定物品之间存在支配与被支配的关系。在理解持有时应注意以下几点：第一，持有是一种状态。当特定物品处于行为人实际支配的状态时，行为人就持有该特定物品，只要这种事实上的支配关系存在，持有状态也就存在。第二，持有不是握有，不要求行为人时刻将特定物品拿在手中、放在身上或装在口袋里，只要行为人认识到特定物品的存在并能对其进行管理、控制，就是持有。第三，持有并不要求行为人对特定物品拥有所有权。虽然所有权属于他人，但该特定物品事实上处于行为人的支配、控制之下时，行为人即持有该特定物品，如持有自己偷来的、抢来的特定物品。第四，持有并不要求直接持有。即使有第三者的介入，也能成立持有，如将自己的特定物品交给他人保管时，行为人仍然持有该特定物品。第五，持有是一种持续行为。即行为人在一段时间内持有该特定物品。如果时间过于短暂，不足以说明其事实上支配该特定物品，则不是持有。

三、危害结果

（一）危害结果的概念

刑法意义上的危害结果，有广义与狭义之分。所谓广义的危害结果，是指所有由行为人的危害行为引起的、能够说明犯罪的社会危害性及其程度的各种具体事实。广义的危害结果，既包括刑法明文规定的结果，也包括非刑法条文要求的结果；既包括危害行为的直接结果，也包括危害行为的间接结果；既包括有形的结果，也包括无形的结果；既包括属于犯罪构成要件的结果，也包括不属于犯罪构成要件的结果；既包括实质意义上的危害结果，也包括形式意义上的危害结果。研究刑法中广义的危害结果，有助于在把握质的基础上，进一步从量的角度全面准确地把握犯罪行为的社会危害性，进而为精准量刑奠定坚实的事实基础。

所谓狭义的危害结果，是指作为刑法规定的特定犯罪构成要件的危害结果。狭义的危害结果，能够直观地表明刑法规定的、犯罪对象因受到危害行为影响而发生的性质、结构、状态等方面的变化。例如，故意杀人罪中被害人死亡；故意毁坏财物罪中公私财产被毁坏；以危险方法危害公共安全罪中公共安全处于危险的状态。这种危害结果，是所有过失犯罪和间接故意犯罪成立的必要条件，是人们正确地区分不同性质的犯罪和各种犯罪不同的犯罪形态的重要标准。在犯罪构成理论中，刑法着重研究的是狭义的危害结果；在量刑理论中，刑法会全面关注广义的危害结果。

（二）危害结果的特征

1. 危害结果的客观性

危害结果的客观性，是指只有客观上能为人们所感知的事实，才可能成为犯罪构成要件中的危害结果。尽管因危害行为所作用的犯罪对象的性质或者危害行为作用于犯罪对象的方式不同，危害结果可能会表现为有形的结果与无形的结果的差别。但是，无论是有形的结果还是无形的结果，都具有一个共同特点，那就是能为人的感官所感知和把握，能够用客观证据来证明。

2. 危害结果的侵害性

危害结果的侵害性，是指危害结果在犯罪构成中具有能够说明刑法所保护的社会关系受危害行为侵害及其程度的作用。例如，故意杀人罪中被害人的死亡，说明刑法保护的生命权受到非法剥夺；盗窃罪中被害人的财产被秘密窃取，说明刑法保护的财产权受到非法侵害。如果某种事实不能说明犯罪所侵犯的刑法所保护的特定社会关系受到侵害的程度，即使它是某种危害行为引起的结果，也不能成为该罪的构成要件。例如，张三欲杀李四，在非禁猎期邀约李四到非禁猎山打猎，打猎过程中，张三将一只非国家保护动物误认为李四而开枪射击，结果打死了该动物。由于该非国家保护动物的死亡，不能说明刑法所保护的社会关系受到了侵害，因而不能成为任何犯罪的构成要件。

3. 危害结果的法定性

危害结果的法定性，是指只有刑法规定的能够表明刑法保护的社会关系受到实际侵害及其程度的事实才能成为犯罪构成中的危害结果。对于某一危害行为引起的各种不同的结果，是否属于犯罪构成要件中的危害结果，只能根据刑法条文的规定来具体判断，而不能凭主观想象。例如，故意杀人罪所要求的危害结果，只能是行为人的杀人行为造成的被害人死亡；至于行为人的杀人行为造成的被害人死亡之外的其他结果（如被害人死亡给近亲属带来的伤痛、给单位带来的人才损失），只能作为故意杀人罪的量刑参考，而不是故意杀人罪的犯罪构成要件。

（三）危害结果在刑法分则中的具体体现

危害结果在我国《刑法》分则条文中的具体体现如下。

1. 特定危害结果是某些犯罪成立的条件

特定危害结果是某些犯罪成立的条件，这主要体现在过失犯罪的相关条文中。例如，《刑法》第 233 条规定的过失致人死亡罪，必须以“死亡”结果的出现作为该罪成立的条件。如果行为人的过失行为，没有造成被害人伤害，或者只是造成了轻伤，就不构成该罪；如果行为人的过失行为造成了被害人重伤，则可能构成《刑法》第 235 条规定的过失致人重伤罪。

2. 特定危害结果是某些故意犯罪完成形态的条件

特定危害结果是某些故意犯罪完成形态的条件，这主要体现在被称为结果犯的这一类故意犯罪中。在这类犯罪中，特定危害结果是否出现，具有区分犯罪完成形态与未完成形态的作用。例如，《刑法》第 232 条规定的故意杀人罪，只有出现被害人“死亡”的结果，行为人才可能构成完成形态（既遂）的故意杀人罪；如果没有出现被害人“死亡”的结果，则仅可能构成未完成形态（预备、未遂或中止）的故意杀人罪。

3. 特定危害结果出现的危险是某些故意犯罪完成形态的条件

特定危害结果出现的危险是某些故意犯罪完成形态的条件，这主要体现在被称为危险犯的这一类故意犯罪中。在这类犯罪中，特定危害结果出现的危险，具有区分犯罪完成形态与未完成形态的作用。例如，《刑法》第 116 条规定的破坏交通工具罪，如果行为人破坏火车、汽车、电车、船只、航空器的行为，“足以使火车、汽车、电车、船只、航空器发生倾覆、毁坏危险”的，即使“尚未造成严重后果”，也可能构成完成形态（既遂）的破坏交通工具罪；如果行为人破坏火车、汽车、电车、船只、航空器的行为，在还没有“足以使火车、汽车、电车、船只、航空器发生倾覆、毁坏危险”之前，主动或被动停下来，则仅可能构成未完成形态（预备、未遂或中止）的破坏交通工具罪。

4. 特定危害结果的出现是某些犯罪法定刑升格的条件

特定危害结果的出现是某些犯罪法定刑升格的条件，这主要体现在立法对一些具有严重社会危害性的行为有针对性地规定了结果加重犯的一类犯罪中。例如，根据《刑法》第 116 条规定，行为人破坏交通工具，如果只是发生了“足以使火车、汽车、电车、船只、航空器发生倾覆、毁坏危险，尚未造成严重后果”，对应的法定刑为“三年以上十年以下有期徒刑”；在此基础上，根据《刑法》第 119 条规定，行为人破坏交通工具，“造成严重后果的”，对应的法定刑为“十年以上有期徒刑、无期徒刑或者死刑”。

5. 特定危害结果的出现是改变适用其他罪名的条件

特定危害结果的出现是改变适用其他罪名的条件，这主要体现在立法对一些具有严重社会危害性的行为有针对性地规定了当某种特定结果出现就适用其他罪名的一类犯罪中。例如，《刑法》第 247 条规定的刑讯逼供罪和暴力取证罪，如果“司法工作人员对犯罪嫌疑人、被告人实行刑讯逼供或者使用暴力逼取证人证言”，则“处三年以下有期徒刑或者拘役”；如果出现“致人伤残、死亡的”结果，则依照《刑法》第 234 条故意伤害罪、第 232 条故意杀人罪的规定定罪从重处罚，而不再以刑讯逼供罪和暴力取证罪定罪处刑。

6. 特定危害结果的出现是自诉变公诉的条件

特定危害结果的出现是自诉变公诉的条件，这主要体现在立法对一些自诉案件有针对性地规定了当某种特定结果出现就转化为公诉案件的一类犯罪中。例如，《刑法》第 246 条规定的侮辱罪和诽谤罪，该条第 1 款规定：“以暴力或者其他方法公然侮辱他人或者捏造事实诽谤他人，情节严重的，处三年以下有期徒刑、拘役、管制或者剥夺政治权利”；该条第 2 款规定：“前款罪，告诉的才处理，但是严重危害社会秩序和国家利益的除外”。据此，侮辱罪和诽谤罪一般是自诉案件，当出现“严重危害社会秩序和国家利益的”结果时，则转化为公诉案件。

四、危害行为与危害结果之间的因果关系

(一) 因果关系的概念

因果关系是哲学上的一个重要范畴。刑法中的因果关系是哲学上的因果关系在刑法领域中的表现形式，它们之间是共性与个性、普遍与特殊的关系。哲学上研究的因果关系是宇宙中万事万物间存在的引起与被引起的普遍联系，刑法中研究的因果关系是刑法所规定的危害行为与危害结果之间合乎规律的内在联系。刑法中的因果关系有不同的含义。从广义看，刑法中的因果关系，既包括州法规定作为犯罪构成要件的危害行为与危害结果之间的因果关系（例如故意杀人行为与被害人死亡之间的因果关系），也包括刑法规定作为犯罪构成要件的危害行为与非刑法规定的不作为犯罪构成要件但可作为量刑情节的危害结果之间的因果关系（例如故意杀人行为与被害人的家属因被害人死亡而悲愤自杀的因果关系）。从狭义看，刑法中的因果关系，仅指刑法规定作为犯罪构成要件的危害行为与危害结果之间的因果关系。以下

作为犯罪构成理论中犯罪客观方面研究内容的因果关系，指的就是狭义的因果关系；研究该因果关系的目的在于确定某个危害结果是否属于犯罪构成要件的危害行为引起的危害结果（例如张三死亡这一结果是否由李四的杀人行为引起），进而再结合行为人的主观罪过等因素确定行为人的刑事责任（李四是否对张三的死亡承担刑事责任）。

（二）因果关系的特征

1. 因果关系的客观性

因果关系作为客观现象之间引起与被引起的关系，是客观存在的，不以人们的主观意志为转移。刑法中的因果关系，作为危害行为与危害结果之间的不以人们的意志为转移的客观联系，既不以司法办案人员的意志为转移，也不以行为人实施危害行为后的主观愿望为转移。在刑事案件中查明因果关系，要求司法工作人员从实际出发，客观地加以判断和认定。例如，某超市员工甲辱骂不遵守购物秩序的顾客乙，致使顾客乙心脏病突发死亡，此处乙犯病死亡的结果是由甲的辱骂行为引起的，二者之间具有引起与被引起的因果关系。不能以甲不知道乙有心脏病或者难以预见到辱骂会有此严重后果为借口，来否认因果关系的存在。

2. 因果关系的相对性

现实生活中，各种客观现象是彼此相互制约和普遍联系的因果链条。原因与结果的区别在普遍联系的因果链条中是相对而不是绝对的。在某一现象中作为原因的，其本身又可能是另一种现象的结果。要确定何为因、何为果，必须把其中的一对现象从普遍联系的现象链条中抽取出来，进行相对静止、孤立的考察，如此才能显现出一个是原因，另一个是结果。而研究的目的决定了需要抽出哪个环节即哪一对现象来研究。刑法中研究的因果关系，指的是人的危害行为与危害结果之间的因果联系。在犯罪构成理论的客观方面研究因果关系，是为了确定某一与刑法所规定的犯罪结果客观性质相同的事实，是不是犯罪构成客观要件中的危害结果，并在此基础上确定行为人应否对该事实的发生承担刑事责任。因此，只有犯罪构成客观要件的危害行为和危害结果之间的因果关系才能成为犯罪构成理论的研究对象，除此之外的其他意义上的因果关系不能成为犯罪构成理论的研究对象。

3. 因果关系的时序性

因果关系的时序性，即时间顺序性，指的是从发生时间上看，原因必定在先，结果只能在后，二者的时间顺序不能颠倒。在刑事案件中，只能从危害结果发生以前的危害行为中去找原因。一个客观上与危害结果相似的事实，如果不是出现于危害行为之后，该事实与危害行为之间就不可能存在刑法中的因果关系。如果查明某人的行为是在危害结果发生之后实施的，那就可以肯定，这个行为与这一危害结果之间没有因果关系。例如，甲住院期间，仇人乙深夜潜入病房，给甲的嘴里灌了毒药，后经法医鉴定表明，在被乙灌毒药之前，甲已因疾病发作死亡。由于乙给甲偷灌毒药的行为是在甲死亡之后实施的，因而二者之间不可能有因果关系。当然，先于危害结果出现的危害行为，也不一定就是该结果的原因；在结果之前的行为只有起了引起和决定结果发生的作用，才能确定是结果发生的原因。

4. 因果关系的条件性

因果关系只能在一定条件下存在。任何刑事案件的因果关系都是有具体条件的。一种行为能引起什么样的结果，没有一个确定不变的模式。同一行为在一般场合下实施，可能不会引起某种危害结果的发生，但在特殊条件下则可能合乎规律地引起某种危害结果的发生。因此，查明因果关系时，一定要从危害行为实施的时间、地点、场景等具体情况出发来考虑。例如，售货员辱骂一般顾客，不会造成顾客死亡的结果，但辱骂患有高血压且心胸狭隘的老年顾客，则很可能导致其发生脑出血甚至当场死亡。又如，甲、乙二人发生争执，甲打乙腹部一拳，乙腹部疼痛当即倒地不起，甲见状与他人送乙去医院抢救，乙在途中死亡。医生证明，若送来及时，乙不致死亡。尸检证明，乙先天性脾脏过大，这种脾脏在遭外力打击时极易破裂。在这个案件中，如果乙的脾脏正常，在一般情况下一拳不会造成脾脏破裂；如果离医院较近，乙也可以得救。但并不能由此否定甲的拳击行为与乙的死亡之间的因果关系。

5. 因果关系的复杂性

因果关系的复杂性，主要表现为“一果多因”或“一因多果”。所谓“一果多因”，是指某一危害结果是由多个原因造成的，这集中体现在责任事故类过失犯罪案件和共同犯罪中。在责任事故类过失犯罪案件中，事故的发生往往涉及许多人的过失，而且往往是主客观原因交织在一起。确定这类案件的因果关系，必须分清主要原因和次要原因、主观原因和客观原因等情况。在共同犯罪案件中，各个共犯共同的危害行为造成了危害结果，确定这类案件的因果关系，应分清主次原因。“一因多果”，是指一个危害行为可以同时引起多种结果。例如，甲诽谤乙，乙由此名誉受损并羞愤自杀身亡；丙纵火，致多人被烧死、多间房屋被烧毁。在这种一行为引起多结果的案件中，要分清主要结果与次要结果、直接结果与间接结果，这些对于定罪量刑具有重要意义。

（三）因果关系的判断

研究刑法中因果关系的任务，在于确认危害结果是否由某人的危害行为引起，从而为进一步确定是否追究刑事责任提供客观依据。在通常情况下，危害行为与危害结果之间的因果关系是比较容易判断的。但有些情况下的因果关系，需要作深入的分析判断。以下择要介绍。

1. 假定的因果关系

假定的因果关系，是指虽然某行为已经导致了结果发生，但即使没有该行为，由于其他情况也会导致同样的结果发生。例如，死刑犯甲在刑场即将被执行死刑时，仇人乙抢先于法警扣动扳机杀死了甲。本案中，死刑犯甲是被乙开枪打死的，乙扣动扳机与甲死亡二者之间存在因果关系。

2. 重叠的因果关系

重叠的因果关系，是指两个以上相互独立的行为，单独不能导致结果的发生，但合并在一起造成了结果的发生。例如，甲、乙没有意思联络，分别向丙的食物中放了致死量50%的毒药，二人行为的重叠达到了致死量，丙吃食物后死亡。在这种情况下，由于甲、乙的行为分别都对丙的死亡起作用，故肯定甲、乙二人的行为与丙的死亡之间的因果关系。

3. 流行病学的因果关系

根据流行病学理论，符合以下四个条件，就可以肯定某种因子与疾病之间具有因果关系：第一，该因子在发病的一定期间之前起作用；第二，该因子的作用程度越明显，患病率就越高；第三，该因子的分布消长与流行病学观察记载的流行特征并不矛盾；第四，该因子作为原因起作用，与生物学并不矛盾。流行病学上的这种因果关系论，可以运用于公害犯罪因果关系的认定。例如，某企业在一段时间内排放污水，随后附近居民开始患某种疾病；排放量越大，患疾病的人越多或者越严重。只要排放污水与居民患病之间的关系，与流行病学、生物学等科学法则不相矛盾，就可以认定排放污水的行为与居民患病之间具有合法则的因果关系。可见，流行病学因果关系是根据经验法则认定的因果关系，它与科学法则并不矛盾，所以也属于合法则的因果关系。

4. 中断的因果关系

中断的因果关系，是指某种行为虽然具有引起危害结果发生的现实可能性，但在因果关系发展的进程中介入了其他因素，这种介入因素切断了原来的因果进程，并合乎规律地引起危害结果的发生。例如，甲投毒杀害乙，乙喝下毒药后，被丙开枪打死。丙的枪杀行为切断了甲的投毒行为与乙的死亡二者之间的因果关系。因此，丙应承担故意杀人罪（既遂）的刑事责任，甲则承担故意杀人罪（未遂）的刑事责任。介入因素在司法实践中主要包括被害人因素、行为人因素、第三者因素等三种情形。并非所有的介入因素都能导致因果关系的中断。在案件存在介入因素的场合，需要综合考虑行为人的危害行为导致最后结果发生可能性的大小、介入因素异常性的大小、介入因素对结果发生作用的大小等进行判断。

（四）因果关系与刑事责任

我国刑法中的犯罪构成是主客观诸要件的统一，具备犯罪构成才能够追究刑事责任。解决了刑法上的因果关系，只是确立了行为人对特定危害结果负刑事责任的客观基础，但不等于解决了其刑事责任问题。要使行为人对自己的行为造成的危害结果负刑事责任，行为人还必须具备主观上的故意或过失。虽然具备因果关系，但行为人缺乏故意或过失的，其仍不能构成犯罪和使其负刑事责任。因此，有因果关系不等于就一定承担刑事责任。那种把因果关系与刑事责任混为一谈，认为有因果关系就应负刑事责任的主张是错误的。

五、犯罪客观方面的其他要件

犯罪客观方面的其他要件，是指实施危害行为的特定时间、地点和方法。通常它们并不是犯罪成立所必需的，也不决定犯罪的性质。但是，在刑法有明文规定的某些犯罪里，则具有必备要件的意义。

（一）特定的时间

任何犯罪行为都是在一定的时间实施的。通常情况下，时间并非犯罪成立所必需，即犯罪行为是在白天、黑夜，还是在战时、平时实施的，对于定罪不起决定性作用，也不影响犯罪的性质。但是，在法律明文规定把特定时间作为犯罪构成要件时，特定时间对于危害行为是否构成犯罪、构成何种犯罪，则起着决定性的作用。例如，《刑法》第 340 条和第 341 条第 2 款分别把“禁渔期”和“禁猎期”规定为非法捕捞水产品罪和非法狩猎罪的必要条件，只有在这两个法定的时间内进行捕捞和狩猎，情节严重的，才构成犯罪。又如，《刑法》第 434 条将“战时”规定为战时自伤罪的必要条件，军人只有在这个法定的时间内自伤身体，逃避军事义务的，才构成犯罪。另外，在没有将时间作为犯罪构成要件的情形里，犯罪行为实行的时间，对于正确评判行为的社会危害性程度也有一定的意义。例如，在战时、自然灾害、疫情防控等期间，某些犯罪行为的社会危害性会相对增加，量刑时会酌情从重。

（二）特定的地点

通常情况下，犯罪行为的地点并非犯罪构成要件，不影响犯罪的成立。但是，在刑法明文规定将特定地点作为犯罪构成要件时，地点对该行为是否构成犯罪就具有决定性作用。例如，《刑法》第 340 条和第 341 条第 2 款分别把“禁渔区”和“禁猎区”规定为非法捕捞水产品罪和非法狩猎罪的必要条件，只有在这两个法定的地点内进行捕捞和狩猎，情节严重的，才构成犯罪。又如，《刑法》第 291 条把“车站、码头、民用航空站、商场、公园、影剧院、展览会、运动场或者其他公共场所”规定为聚众扰乱公共秩序罪的必要条件，只有在这些地点内聚众扰乱公共秩序，情节严重的，才构成犯罪。在不把地点作为犯罪构成要件时，危害行为的地点对于正确评定行为的社会危害性程度，从而正确地追究刑事责任也具有一定的意义。例如，通常情况下在公共场所实施的杀人行为，会产生更严重的社会影响，因而在量刑时对其实施的地点会酌情从重考虑。

（三）特定的方法

通常情况下，用何种方法实施危害行为，对于构成犯罪并没有影响。但是，对某些犯罪来说，刑法也将特定的方法规定为犯罪构成的必要条件。例如，《刑法》第 236 条规定“以暴力、胁迫或者其他手段强奸妇女的”构成强奸罪；《刑法》第 263 条规定“以暴力、胁迫或者其他方法抢劫公私财物的”构成抢劫罪。在这类案件中，查明行为人所具体使用的方法，对于分清罪与非罪，以及此罪与彼罪的界限有重要意义。另外，由于行为的方法能够反映出行为的社会危害程度以及行为人的人身危险程度，因此，其在量刑中也是一个重要的考虑因素。

【案例评析】

1. 案情简介

2015 年 1 月 31 日零时 40 分许，被告人肖某驾驶摩托车途经南安市美林街道凤凰路时，发现之前与其有矛盾的黄东某独自一人步行至此，遂到附近拿了一根不锈钢管，并返回到凤凰路边等待。待黄东某靠近时，被告人肖某持不锈钢管冲出追打黄东某，导致黄东某在逃跑的过程中倒在公路中央的水泥地上。被告人肖某上前查看，发现黄东某躺在地上，身体没有动弹，手在颤抖，嘴巴中发出“哼哼”的声音，被告人肖某即将不锈钢管丢弃在路边的空地上，并驾车离去，后因担心出事又告诉朋友，也叫朋友前往查看。当天凌晨零时 48 分许，仍倒在路中地上的黄东某被蔡建某驾驶闽 CXXXXX 号小轿车碾压过去。经赶到现场的医务人员检查，黄东某已死亡。经鉴定，死者黄东某符合失血创伤性休克及颅脑损伤而死亡，其致死性损伤主要为头部、闭合性胸腹部损伤及四肢多发骨折，上述损伤中闭合性胸腹部损伤及四肢多发性骨折均呈外轻内重的特点，而头部多发挫裂伤及撕脱伤创口形状不规则，分析认为上述损伤交通事故可以形成。①

2. 基本问题

介入因素与因果关系的判断。

3. 知识内容

本案中，对于被告人的追打行为与被害人的死亡结果之间的因果关系，是否因介入的交通事故行为而中断？对此，有两种意见。一种意见认为，被告人持械追打被害人只是一般伤害的故意，不能预料被害人会因逃跑摔倒，更无法预见被害人倒地会被车辆碾压致死，即被告人追打的原因行为与被害人摔倒及被车辆碾压致死的结果不是必然的、正常应该发生的，故介入的交通事故行为阻断了被告人的故意伤害行为，被告人不应对被害人的死亡后果承担责任。另一种意见认为，被害人被打后躺于公路上不能动，介入的交通肇事行为是被告人应当预见很可能会发生的因素，并不能阻断被告人肖某的伤害行为与被害人黄东某的死亡之间的因果关系。

对于以上两种意见，我们认为，后一种意见是正确的，具体分析如下。被告人肖某的追打行为，致被害人受伤倒地于马路中间，案发时间为凌晨，一方面夜晚视线不良，另一方面案发地为市区公路，即使是在凌晨也有一定的车流量，被告人作为行为能力正常的成年人，应当意识到自己的行为可能导致的严重后果，但被告人追打致被害人倒地后没有任何排除危险的行为，而是直接离开现场置倒地不起的被

---

① 国家法官学院案例开发研究中心. 中国法院 2017 年度案例 • 刑法总则案例. 北京：中国法制出版社，2017：30－34. 后文的部分分析内容也参考了本书相关内容，在此一并致谢.

害人于不顾。被告人肖某的不法侵害行为导致被害人处于危险境地是先前行为，那么被告人就有排除这种危险的义务，而被告人当时完全有能力将危险排除，但被告人均没有做，被告人的这种不作为导致被害人的危险状态持续。虽然被告人的伤害行为与被害人死亡结果之间介入了第三人的行为，即被害人被车辆碾压而死亡，但被告人的伤害行为以及之后不作为造成被害人丧失行动能力躺在马路中间，在这种危险状态下，被害人被过往车辆碾压是正常的、具有合理可能性的介入因素。故应认定被告人肖某的伤害行为与被害人黄东某的死亡存在刑法上的因果关系。

【疑难问题】

介入因素下的因果关系判断是司法实践中的一大难点。介入因素在司法实践中主要包括被害人因素、行为人因素、第三者因素等三种情形。并非所有的介入因素都能导致因果关系的中断。在案件存在介入因素的场合，需要综合考虑行为人的危害行为导致最后结果发生可能性的大小、介入因素异常性的大小、介入因素对结果发生作用的大小等进行具体判断。

实务训练

1. 下列关于刑法上因果关系的说法，哪些是错误的？（　　）

A. 甲乘坐公交车时和司机章某发生争吵，狠狠踹了章某后背一脚。章某返身打甲时，公交车失控，冲向自行车道，撞死了骑车人程某。甲的行为与程某的死亡之间存在因果关系

B. 乙以杀人故意瞄准李某的头部开枪，但打中了李某的胸部（未打中心脏）。由于李某是血友病患者，最后流血不止而死亡。乙的行为与李某的死亡之间没有因果关系

C. 丙与同伙经预谋后同时向王某开枪，同伙射击的子弹打中王某的心脏，致王某死亡。由于丙射击的子弹没有打中王某，故丙的行为与王某的死亡之间没有因果关系

D. 丁以杀人故意对赵某实施暴力，导致赵某遭受濒临死亡的重伤。赵某在医院接受治疗时，医生存在一定过失，未能挽救赵某的生命。丁的行为与赵某的死亡之间没有因果关系

2. 下列关于刑法上因果关系的说法，哪些是正确的？（　　）

A. 甲欲杀害其女友，某日故意破坏其汽车的刹车装置。女友如驾车外出，15分钟后遇一陡坡，必定会坠下山崖死亡。但是，女友将汽车开出5分钟后，即遇山洪暴发，泥石流将其冲下山致其摔死。其死亡结果的发生和甲的杀害行为之间没有因果关系

B. 乙欲杀其仇人苏某，在山崖边对其砍了7刀，被害人重伤昏迷。乙以为苏某已经死亡，遂离去。但苏某自己醒来后，刚迈了两步即跌下山崖摔死。苏某的死亡和乙的危害行为之间存在因果关系

C. 丙追杀情敌赵某，赵狂奔逃命。赵的仇人赫某早就想杀赵，偶然见赵慌不择路，在丙尚未赶到时，即向其开枪射击，致赵死亡。赵的死亡和丙的追杀之间没有因果关系

D. 丁持上膛的手枪闯入其前妻钟某住所，意图杀死钟某。在两人厮打时，钟某自己不小心触发扳机遭枪击死亡。钟的死亡和丁的杀人行为之间存在因果关系，即使丁对因果关系存在认识错误，也构成故意杀人罪既遂

课后练习

1. 如何理解犯罪客观方面的要件在犯罪构成中的重要地位?
2. 如何理解不作为犯罪的成立条件?
3. 如何理解特定的时间、地点、方法对定罪量刑的重要意义?

延伸阅读

1. 姚诗．真正不作为犯：义务困境与解释出路，政治与法律，2019 (6).

2. 刘畅，王德政．德国刑法学中介入因素下的因果关系判断理论及其对我国的启示．湖南社会科学，2019 (5).

3. 杨建军．刑法因果关系的司法证明．比较法研究，2020 (6).

4. 周光权．客观归责论与实务上的规范判断．国家检察官学院学报，2020 (1).

第五章　犯罪主体

【内容摘要】

本章主要内容包括犯罪主体的概念、特征，自然人主体的刑事责任能力以及刑事责任年龄、精神障碍等影响刑事责任能力的因素，单位犯罪的概念、范围、种类、特征和处罚原则，自然人主体特殊身份的概念、分类和认定。

【学习目标】

（1）在知识学习层面，要熟知我国刑法关于犯罪主体的规定，准确把握自然人犯罪主体和单位犯罪的成立条件，特别是对于刑事责任年龄、身份犯等问题要重点把握。（2）在能力训练方面，要通过相对负刑事责任年龄阶段刑事责任范围、身份犯认定、单位犯罪认定等问题的理解，增强刑法理论分析的能力。同时，要通过疑难案件的分析，学会在具体案件中判断单位犯罪与自然人犯罪的界限，提升实践运用能力。（3）在价值引领方面，要通过了解中国刑法关于刑事责任年龄的规定，以及中国刑法关于单位犯罪的立法演进和现有规定，增强立足于中国实际、运用中国刑法、解决中国问题的意识和能力，树立起对中国特色社会主义法治道路的坚定信念。

【知识要点】

一、犯罪主体的概念及特征

（一）犯罪主体的概念

任何行为，都是由一定的主体实施的，刑法上的危害行为也不例外。

首先，危害行为与犯罪主体紧密相连，不可分割地统一于犯罪构成之中。一方面，犯罪主体是危害行为的实施者，没有犯罪主体，就没有危害行为；另一方面，只有实施了危害行为的人，才可能成为实然的犯罪主体，没有实施危害行为的人不可能成为犯罪主体（最多只是潜在的犯罪主体）。因此，研究犯罪构成，不可不剖析犯罪主体。

其次，犯罪主体是刑事责任的承担者。凡是实施危害行为的人，只要具有刑事责任能力，且主观上有罪过，都应当承担刑事责任，而承受刑罚是实现刑事责任的基本形式，因而，犯罪主体实际上也是刑罚的承受者或者说刑罚的对象（刑罚主体或者受刑主体）。[①] 因此，研究刑事责任与刑罚，也离不开对犯罪主体的研究。

现代各国刑法都对犯罪主体作出过不同的规定，涉及刑事责任年龄、刑事责任能力诸问题，但均未对犯罪主体的概念作过界定。刑法理论上，学者们也多对刑事立法上关于犯罪主体的具体规定加以抽象概括而形成犯罪主体概念。[②]

通常认为，犯罪主体是指具备刑事责任能力、实施（严重）危害社会行为、依法应当负刑事责任的自然人和单位。[③]

（二）犯罪主体的特征

上述定义表明，犯罪主体有三层含义。

1. 犯罪主体包括自然人和单位，我国刑法对犯罪主体采用了二元主体的结构形式。

（1）自然人。自然人是指有生命存在的独立的人类个体。[④] 自然人的资格即人格，始于出生，终于死亡。在古代包括中外许多国家的刑法或者司法实践中，曾经

---

① 关于犯罪主体与受刑主体的统一性问题，在自然人犯罪中是简单明了的，在单位犯罪中则比较复杂。何秉松. 刑法教科书：上卷. 北京：中国法制出版社，2000：233-234.

② 具有代表性的定义主要有：犯罪主体是指刑法上有犯罪资格者；犯罪主体是指达到刑事责任年龄、具有刑事责任能力、实施了危害社会行为的人；犯罪主体是指达到法定责任年龄，具备责任能力的人；犯罪主体是指实施严重危害社会行为，具有刑事责任能力的人。详见高铭暄. 刑法专论：上编. 北京：高等教育出版社，2002：193-196.

③ 高铭暄. 刑法专论：上编. 北京：高等教育出版社，2002：196.

④ 当然，作为犯罪主体的自然人是否仅强调人的自然属性，是否需要同时考虑人的自然属性和社会属性，值得争议。争议的焦点就在于具有人的自然属性但是不具有社会属性的人是否属于刑法意义上的“自然人”，比如长期脱离人类社会生活的人（如漂泊于荒岛的鲁滨孙及被狼、熊喂养大的狼孩、熊孩等）以及传说中的“野人”。未来的强人工智能是否具有犯罪主体的特征，是否应赋予强人工智能主体性，目前在学界依然是见仁见智的热议中的问题，尚无定论，不同部门法学界亦有不同的结论.

存在把人类以外之物作为犯罪主体，刑及禽兽、昆虫，罚及风雨、物品，甚至对尸体施以鞭挞杀戮之刑。这是由古代刑法的威慑目的所决定的，而且，这与古代刑法中刑事责任的客观归罪、株连无辜原则，以及古代立法者的认识水平密切相关。在近现代各国刑法中，随着立法者认识水平的提高，主客观相统一原则、罪责自负原则的确立，较为普遍地将自然现象、动物、植物、物品和尸体排除在犯罪主体之外，认为犯罪主体只限于有生命的人。《刑法》第 7 条、第 8 条、第 11 条、第 17 条、第 17 条之一、第 18 条以及第 19 条规定也表明，刑法典中的犯罪主体仅限于人，而非人以外之物。

究其主要原因有二：其一，犯罪是主客观要件的统一，而主观心理态度和客观行为都是人类所独有的，人类以外之物不可能具备犯罪的主客观要件。其二，刑罚的目的是预防犯罪，对人类以外之物施加刑罚，根本不能达到预防犯罪的刑罚目的。因此，犯罪主体只能是人而不能是人以外的物。如果人利用动物实施其犯罪意图，犯罪主体应为利用者本人，动物则只是利用者的犯罪工具（此时并非“间接正犯”）；基于否定人工智能主体性的立场，也认为即使是强人工智能，也只是人的工具，而不具有主体性，遑论当下的弱人工智能。

（2）单位。单位是指法律上人格化的组织，既包括具有完全民事能力的法人，也包括具有一定民事能力的非法人实体，但都必须是合法的单位，虽然有些国家刑法典规定的是法人犯罪，但往往会另条明确，本法所称的法人犯罪亦适用于非法人组织，如新加坡刑法典和加拿大刑事法典。由于单位是法律人格者，被赋予权利能力和行为能力，依法可以享有并行使权利，承担并履行义务，因而，作为例外，它可以作为特殊的犯罪主体。

2. 犯罪主体必须具备刑事责任能力，这是犯罪主体依法承担刑事责任的核心和关键。

（1）刑事责任能力的概念。刑事责任能力，简称刑事能力或者责任能力，是指行为人构成犯罪和承担刑事责任所必须具备的刑法意义上的辨认和控制自己行为的能力。简言之，责任能力是行为人在刑法意义上的辨认和控制自己行为的能力。它是犯罪主体的核心和关键要件，与犯罪主体的成立与否、罪刑轻重和刑罚的适用密切相关。

一般认为，刑事责任能力的本质，是人实施行为时具备的相对自由意志能力，即行为人实施刑法所禁止的严重危害社会的行为时具备的相对自由的认识和抉择行为的能力。因此，刑事责任能力是行为人犯罪行为能力（犯罪能力）与承担刑事责任能力（受刑能力）的统一，是辨认能力与控制能力的统一。

通常而言，达到一定年龄的人，只要智力发育正常，就自然具备了刑事能力。当然，年龄原因（包括过于年幼和过于年老）或者精神状况、生理功能缺陷的原因可能导致刑事能力不具备、减弱或者丧失。不具备责任能力的人，即使实施了客观上危害社会的行为，也不能成为犯罪主体，不能被追究刑事责任；刑事能力减弱者，其刑事责任相应地适当减轻。

（2）辨认能力与控制能力的关系。在刑法意义上，辨认能力与控制能力之间，存在不可分割的有机联系。从总体上说，责任能力的存在，要求辨认能力与控制能力必须齐备，缺一不可。但二者也有区别，在责任能力中的地位有所不同：辨认能力是责任能力的基础，控制能力是责任能力的关键。只有对自己行为的刑法意义有认识，才能自觉有效地选择和决定自己是否实施触犯刑法的行为。控制能力的具备以辨认能力的存在为前提条件，只要确认没有辨认能力，控制能力即不存在。在具有辨认能力的基础上，还需要有控制能力才能具备责任能力。

总之，具备了控制能力就一定具备辨认能力，因而具备刑事责任能力；但有辨认能力，不一定具有控制能力，因而不一定具备责任能力。例如，身体失去自由的铁路扳道员，受不可抗力阻止的消防队员，即使他们未履行自己的职务行为并因此造成了严重的危害结果，也不能追究他们的刑事责任，其直接原因当然是他们不存在犯罪的主观心理态度。进一步说，他们之所以不具备犯罪的主观条件，是因为他们虽有辨认能力，但于当时丧失了控制能力，也就根本没有责任能力。

（3）自然人和单位责任能力的区别。

主要有两个方面。

首先，刑事责任能力的差异。自然人主体由于受年龄、精神障碍、生理功能丧失和生理醉酒等因素的影响，存在刑事能力的有无或者程度的不同，但对于合法成立的单位来说，刑事能力总是一致的，不存在无刑事责任能力或者限制刑事责任能力的情况。

其次，承担刑事责任的方式不同。这主要表现为刑罚方法的不同。对于犯罪的单位，从理论上说，只能适用资格刑、能力刑和财产刑，不能像自然人一样适用生命刑和自由刑。此外，非刑罚处理方法中的训诫、责令具结悔过等也不能适用于单位。从立法上说，刑法典对于犯罪的单位仅仅规定了罚金这一种刑罚方法。

3. 自然人和单位之所以成为犯罪主体，是因为它们实施了严重危害社会的行为。前两个特征仅仅表明自然人和单位具有成为犯罪主体的可能性，并不等于说，凡是符合前两个特征的自然人或者单位就是现实的犯罪主体。只有当其实施了严重危害社会的行为，并且依法应当负刑事责任时，才能成为实然的犯罪主体。这说明，犯罪主体和危害行为有密切的联系。没有危害行为就没有犯罪主体，二者是共生关系。

二、自然人犯罪主体的刑事责任能力程度与影响因素

自然人主体由于受年龄、精神障碍、生理功能丧失和生理醉酒等因素的影响，存在刑事能力的有无或者程度不同。概括地说，影响和决定自然人的责任能力程度，即影响自然人在刑法上的辨认和控制自己行为的能力的因素有三个方面。

一是知识和智力成熟程度。知识和智力成熟与否，主要受到年龄因素的制约，此外也会受到影响人的学识、发展智力的某些重要生理器官的制约。从某种意义上讲，年龄不是知识和智力成熟程度的唯一表征，也未必是最科学和最精准的判断依据，但是，从目前的医学和生物学来讲，年龄是最客观也最具有操作性的标准和依据。当然，年龄并非绝对的、唯一的标准，如果年龄与知识和智力成熟程度明显不

成比例时，需要客观评估知识与智力成熟程度，如果知识和智力成熟程度明显滞后于年龄（如轻度、中度或重度智力发育不全），视情况评价为限制责任能力或者类精神病状态而欠缺责任能力。

二是精神状况，即人的大脑功能正常与否，它受到人是否患精神疾病及所患精神疾病的种类、程度和特点的影响。

三是重要生理功能的健康与否，是指直接影响到人的认知能力的重要生理功能，主要包括听觉、视觉和表达能力等。

只有知识和智力成熟且精神正常的人，才具有责任能力，在刑法意义上，才有能力辨认和控制自己的行为。有鉴于此，各国刑法都以一定的年龄为标志，规定了正常自然人具备责任能力的界限。同时，还对某些重要器官的生理功能丧失者和精神病患者的责任能力，作出专门规定。

根据年龄、精神状况等因素影响责任能力有无和大小的实际情况，各国刑事立法对责任能力程度分别采用二分法、三分法和四分法。二分法即将责任能力分为有和无两种情况；三分法即将责任能力分为完全（有）刑事能力、完全无责任能力和限定（减轻）责任能力三种情况；四分法是除上述三种情况外，还规定有相对无责任能力的情况。无论是三分法还是四分法，都承认在责任能力的有无之间存在中间状态的减轻责任能力的情况。[①] 我国刑法采取的是四分法。

1. 完全刑事责任能力

各国刑事立法对此概念和内容一般未予规定，而是由刑法理论和司法实践结合刑法中关于责任能力和限制责任能力的规定来加以概括。从外延看，凡不属刑法规定的无责任能力及限制责任能力的，皆属于完全责任能力。例如，结合刑法典相关规定看，凡年满 18 周岁且不满 75 周岁[②]、精神和生理功能健全且智力与知识发展正常的人，都是具备完全责任能力的人。完全责任能力人实施了犯罪行为的，应当依法负全部的刑事责任，不能减免其刑事责任。

2. 完全无刑事责任能力

完全无刑事责任能力，简称无责任能力，是指行为人没有刑法意义上的辨认或者控制自己行为的能力。无责任能力的人包括两种人：一是未达刑事责任年龄的幼年、少年人或者称儿童；二是因精神疾病而不具备辨认或者控制能力的人。根据《刑法》第 17 条、第 18 条规定，无责任能力的人，为不满 12 周岁的人和行为时因精神疾病而不能辨认或者不能控制自己行为的人。

3. 相对无/有刑事责任能力

相对无责任能力，也称相对有责任能力，简称相对责任能力，是指行为人仅限于对刑法所明确限定的某些严重危害行为具有责任能力，而对未明确限定的其他危害行为无责任能力。考察关于相对责任能力的立法，相对责任能力的人都是指已超

① 高铭暄. 刑法学原理：第 1 卷. 北京：中国人民大学出版社，1993：620.

② 本书认为，根据《刑法修正案（八）》的规定，年满 75 周岁的老年人犯罪主体已被纳入减轻刑事责任能力的范畴，理应不再属于完全刑事责任能力者的范畴.

过无责任能力年龄下限但尚未达到成年这一年龄段的未成年人。例如，《刑法》第17条第2款规定：已满14周岁不满16周岁的人，犯故意杀人、故意伤害致人重伤或者死亡、强奸、抢劫、贩卖毒品、放火、爆炸、投放危险物质罪的，应当负刑事责任。这说明，在我国，相对无责任能力的人是已满14周岁未满16周岁的未成年人。根据《刑法修正案（十一）》对刑法第17条所增加的第3款之规定，对于已满12周岁不满14周岁的未成年人，犯故意杀人、故意伤害罪，致人死亡或者以特别残忍手段致人重伤造成严重残疾，情节恶劣，经最高人民检察院核准追诉的，应当负刑事责任。

4. 减轻刑事责任能力

减轻刑事责任能力，又称限定刑事能力、限制刑事能力、部分刑事能力，简称减轻责任能力，是完全责任能力和完全无责任能力的中间状态，指因年龄、精神状况、生理功能缺陷等原因，而使行为人实施刑法所禁止的危害行为时，虽然具有责任能力，但其辨认或者控制自己行为的能力较完全责任能力有一定程度的减弱、降低的情况。现代各国刑法中，较为普遍地规定有减轻责任能力，其外延主要为达到一定年龄的未成年人、老年人、聋哑人、盲人、辨认或者控制能力有所减弱的精神障碍人。一般认为，减轻责任能力人实施刑法所禁止的危害行为的，构成犯罪，应负刑事责任，但是其刑事责任因其责任能力的减弱而有所减轻，应当或者可以从宽处罚或者免予处罚。[①] 我国刑法典明文规定的限制责任能力人有五种情况：已满12周岁不满18周岁的未成年人；75周岁以上的人；又聋又哑的人；盲人；尚未完全丧失辨认或者控制能力的精神病人。其中，仅就年龄而言，减轻责任能力与相对责任能力存在一定的交叉重叠。

需要指出的是，仅就年龄因素而言，现代世界各国和地区刑事立法例一般只规定达到一定年龄的未成年人为限制责任能力人，对老年人犯罪多不设减免刑事责任的规定。我国《刑法修正案（八）》增加《刑法》第17条之一规定："已满七十五周岁的人故意犯罪的，可以从轻或者减轻处罚；过失犯罪的，应当从轻或者减轻处罚。"《刑法》第49条第2款规定："审判的时候已满七十五周岁的人，不适用死刑，但以特别残忍手段致人死亡的除外。"由此将满75周岁的老年人亦纳入减轻刑事能力的范畴，这种规定有一定的合理根据。[②]

根据《刑法》第19条的规定，又聋又哑的人或者盲人犯罪的，可以从轻、减轻或者免除处罚。又聋又哑者或者盲人不是无责任能力之人，他们犯罪理应负刑事责任，但考虑到这类群体的生理缺陷，在智力、体力等方面与身体健全者存在差异，同时出于人道主义的考虑，处罚不宜过重。这种生理缺陷既包括先天的，也包括后天的。在具体处理时，需要综合考虑其接受教育的程度和智力发展水平等情况。

---

① 高铭暄. 刑法学原理：第1卷. 北京：中国人民大学出版社，1993：622.

② 其合理性主要体现在两个方面：一是体现了中国传统文化中的"矜老恤幼"原则，二是体现了司法文明和人文关怀。详见：李永升. 刑法总论. 北京：法律出版社，2011：144.

三、刑事责任年龄及其司法认定

（一）刑事责任年龄的概念

刑事责任年龄，是指刑法规定的主体对自己实施的刑法所禁止的危害社会行为负刑事责任必须达到的年龄。①

犯罪是具备辨认和控制能力的人在其主观意识和意志支配下实施的危害社会的行为，而辨认和控制能力取决于行为人智力发展和知识掌握程度，因而它必然受到行为人年龄的制约。只有达到一定年龄，能够辨认和控制自己的行为，并具有刑罚适应能力，才能够要求他们对自己的危害行为承担刑事责任。因而，刑事立法根据年龄因素与责任能力的关系，确立了刑事责任年龄制度。可以说，达到刑事责任年龄，是自然人具备责任能力成为犯罪主体的前提条件。

刑法典中的刑事责任年龄制度，主要解决不同年龄阶段的人刑事责任的有无问题，同时，还规定了对未成年人的从宽处罚原则。司法实践中，必须严格遵守这些规定。研究刑事责任年龄问题，对于从理论上认识责任年龄与责任能力的关系，把握犯罪主体要件的本质，以及在司法实践中正确定罪量刑，都具有重要的意义。

（二）刑事责任年龄阶段的划分

各国一般根据责任能力随年龄的逐步增长过程，结合本国儿童的实际情况和现实需要，把刑事责任年龄划分为若干阶段。但划分的方法不完全相同，有两分制②、三分制③和四分制④之不同。多数国家采用三分制或者四分制。

我国刑法典以教育为主、惩罚为辅的刑事政策为指导，从中国政治、经济、文化教育状况、少年儿童的成长过程以及各类犯罪等实际情况出发，并适当借鉴国外立法例，顺应刑法的世界发展趋势，在《刑法》第 17 条、第 17 条之一对责任年龄作了较为集中的规定，把刑事责任年龄划分为完全不负刑事责任、相对负刑事责任与完全负刑事责任等年龄阶段。

1. 完全不负刑事责任年龄阶段

根据《刑法》第 17 条规定，不满 12 周岁，完全不负刑事责任。不满 12 周岁的人尚处于幼年时期，受生理和智力条件限制，还不具备辨认和控制自己行为的能力，因而不具备责任能力。应当注意的是，对于因不满 16 周岁不予刑事处罚的实施了危害社会行为的人，应依法责令其家长或者监护人加以管教，也可视需要对接近 12 周岁的人在必要的时候，依法进行专门矫治教育。

---

① 李永升．刑法总论．北京：法律出版社，2011：143.

② 采取两分制的国家将刑事责任年龄划分为无刑事责任年龄和完全负刑事责任年龄两个阶段.

③ 采取三分制的国家将刑事责任年龄划分为完全无刑事责任年龄、限定（减轻）刑事责任年龄和完全刑事责任年龄三个阶段.

④ 采取四分制的国家将刑事责任年龄划分为绝对无刑事责任年龄、相对刑事责任年龄、减轻刑事责任年龄、完全负刑事责任年龄四个阶段.

2. 相对负刑事责任年龄阶段

根据《刑法》第 17 条第 2 款规定，已满 14 周岁不满 16 周岁，是相对负刑事责任年龄阶段，也称相对无刑事责任年龄阶段，或者简称相对刑事责任年龄阶段。处于相对刑事责任年龄阶段的人，已经具备一定的辨认和控制能力，即对某些严重危害社会的行为具备一定的辨认和控制能力。因此，法律要求他们对自己实施的严重危害社会的行为，即对“故意杀人、故意伤害致人重伤或者死亡、强奸、抢劫、贩卖毒品、放火、爆炸、投放危险物质”等八种犯罪行为①负刑事责任。同样，对因不满 16 周岁而不予刑事处罚的实施了危害社会行为的未成年人，应依法责令其家长或者监护人加以管教，在必要的时候也可以依法进行专门矫治教育。

根据《刑法修正案（十一）》对《刑法》第 17 条所增加的第 3 款之规定，对于补足刑事责任年龄阶段者，犯故意杀人、故意伤害罪，致人死亡或者以特别残忍手段致人重伤造成严重残疾，情节恶劣，经最高人民检察院核准追诉的，应当负刑事责任。该款规定设定了已满 12 周岁不满 14 周岁的人追究刑事责任的条件有以下三个：一是行为人所犯罪行仅限于故意杀人和故意伤害罪；二是必须造成严重后果且情节恶劣，严重后果是指致人死亡或者以特别残忍手段致人重伤造成严重残疾，情节恶劣是指犯罪动机特别卑劣，主观恶性特别大；三是必须经最高人民检察院核准追诉。这三个条件必须同时符合才能追究该年龄段的行为人的刑事责任。

3. 减轻刑事责任年龄阶段

这是就所有未成年人犯罪而言的。《刑法》第 17 条第 4 款规定：已满 12 周岁不满 18 周岁的人犯罪，应当从轻或者减轻处罚。《刑法》第 17 条之一规定：已满 75 周岁的人故意犯罪的，可以从轻或者减轻处罚；过失犯罪的，应当从轻或者减轻处罚。

4. 完全负刑事责任年龄阶段

根据《刑法》第 17 条和第 17 条之一的规定，已满 18 周岁的人（75 周岁以上的人除外）犯罪，应当负完全的刑事责任。由于已满 18 周岁的人的生理和智力已有相当的发展，具有了一定的社会知识，是非观念和法制观念的增长已经达到一定的程度，通常能够根据国家法律和社会道德规范的要求来约束自己。这说明他们已经具备了刑法意义上的辨认和控制能力。因此，刑法典规定已满 18 周岁的人对自己实施的违反刑法的一切危害行为承担刑事责任。

（三）未成年犯与老龄犯的处理

以下讨论对未成年犯与老龄犯的两个处罚原则和年龄计算中的几个具体问题。

---

① 2002 年 7 月 24 日全国人大常委会法制工作委员会答复最高人民检察院的法工委复字［2002］12 号《关于已满十四周岁不满十六周岁的人承担刑事责任范围问题的答复意见》全文如下：“刑法第十七条第二款规定的八种犯罪，是指具体犯罪行为而不是具体罪名。对于刑法第十七条中规定的‘犯故意杀人、故意伤害致人重伤或者死亡’，是指只要故意实施了杀人、伤害行为并且造成了致人重伤、死亡后果的，都应负刑事责任。而不是指只有犯故意杀人罪、故意伤害罪的，才负刑事责任，绑架撕票的，不负刑事责任。对司法实践中出现的已满十四周岁不满十六周岁的人绑架人质后杀害被绑架人、拐卖妇女、儿童而故意造成被拐卖妇女、儿童重伤或者死亡的行为，依据刑法是应当追究其刑事责任的。”

1. 处罚原则

刑法典中的刑事责任年龄制度，主要解决的是认定犯罪方面的问题。基于未成年人的生理、心理特征，其既有容易被影响、被引诱走上犯罪道路的一面，又有可塑性大、容易接受教育和改造的一面。刑法典从刑罚根本目的出发，并结合未成年犯的特点，对未成年人犯罪案件的处理采取了两条重要而特殊的处罚原则；同时考虑老年人的特点，规定了类似的处罚。

（1）从宽处罚

《刑法》第17条第4款规定：已满12周岁不满18周岁的人犯罪，应当从轻或者减轻处罚。这是对未成年人犯罪从宽处罚的规定。该原则是基于未成年人责任能力不完备的特点而确立的，反映了罪责刑相适应原则以及刑罚目的的要求。正确理解对未成年人犯罪应当从轻或者减轻处罚的含义，是正确执行该原则的前提和基础。所谓“应当”，是指凡是未成年人犯罪都必须予以从宽处罚。从宽处罚是相对成年人犯罪而言的，即在犯罪性质和其他犯罪情节相同或者基本相同的情况下，对未成年人犯罪要比照成年人犯罪予以从轻或者减轻处罚。至于是从轻还是减轻及从宽的幅度，则由法官根据具体案件确定。当然，需要注意的是，对于未满16周岁不予刑事处罚的，并非一放了之，放任不管。《刑法》第17条第5款规定：因不满16周岁不予刑事处罚的，责令其父母或者其他监护人加以管教；在必要的时候，依法进行专门矫治教育。专门矫治教育是《刑法修正案（十一）》修改以往的收容教育而来，也是新修订的《预防未成年人犯罪法》新增的重要内容。

《刑法》第17条之一规定：“已满七十五周岁的人故意犯罪的，可以从轻或者减轻处罚；过失犯罪的，应当从轻或者减轻处罚。”

（2）排除死刑适用

《刑法》第49条规定：“犯罪的时候不满十八周岁的人和审判的时候怀孕的妇女，不适用死刑。审判的时候已满七十五周岁的人，不适用死刑，但以特别残忍手段致人死亡的除外。”这里所说的“不适用死刑”是一个原则性的要求，指不允许判处死刑立即执行和不允许判处死刑宣告缓期二年执行，而不是说“不执行死刑”，也不是说等到满18周岁后再判决死刑、执行死刑。

（3）未成年人不成立累犯且有限免除其前科报告义务

根据《刑法》第65条的规定，被判处有期徒刑以上刑罚的犯罪分子，刑罚执行完毕或者赦免以后，在5年以内再犯应当判处有期徒刑以上刑罚之罪的，是累犯，应当从重处罚，但是过失犯罪和不满18周岁的人犯罪的除外。因此，未成年人犯罪不成立累犯，这是对未成年犯的从宽表现之一。同时，《刑法》第100条规定：依法受过刑事处罚的人，在入伍、就业的时候，应当如实向有关单位报告自己曾受过刑事处罚，不得隐瞒。犯罪的时候不满18周岁被判处5年有期徒刑以下刑罚的人，免除前款规定的报告义务。对于未成年人犯罪，在符合条件的情形下，免除了其前科报告义务。

2. 年龄确定中的几个具体问题

司法实践中，对于年龄计算有四个问题较为棘手，值得研究。

（1）刑事责任年龄的计算

一是标准。刑事责任年龄是指周岁即实足年龄，对此，《刑法》第 17 条已有明确规定。二是单位与起算。根据有关司法解释的规定[①]，实施犯罪时的年龄，一律按照公历的年、月、日计算。过了周岁生日，从第二天起，为已满周岁。[②] 例如，行为人于 2002 年 10 月 1 日出生，至 2016 年 10 月 2 日为已满 14 周岁，至 2018 年 10 月 2 日为已满 16 周岁，至 2020 年 10 月 2 日为已满 18 周岁。对 14 周岁生日当天实施了前述已满 12 周岁不满 14 周岁的人应负刑事责任的故意杀人和故意伤害之外的其他危害行为的，应视为不满 14 周岁，不能追究刑事责任；对 16 周岁生日当天实施危害行为的，除非是法定的 8 种犯罪行为，否则，也不负刑事责任；对 18 周岁生日当天犯罪的，则应视为不满 18 周岁，应当从轻或者减轻处罚。

（2）刑事责任年龄与罪刑法定原则

上述分析意味着，即将满 14 周岁，甚至差一天就满 14 周岁的人实施了故意杀人等严重危害社会的行为，甚至造成了非常严重的危害结果的，也不可视为犯罪；即将满 18 周岁的人所犯罪行极其严重的，也不可判处死刑。法律规定的刑事责任年龄界限，不容许存在任何弹性，这是罪刑法定原则的必然要求——为了规范犯罪与刑罚，刑法典不得不人为地设置边界。

（3）危害行为与危害结果不一致时（隔时犯）刑事责任年龄的确定

对于特定犯罪主体的刑事责任年龄，究竟是以行为实施时为准，还是以结果发生时为准？在行为与结果同时出现的场合，一般不会发生年龄确定上的困难，但于行为与结果不同时的场合，就涉及以哪一个时间为标准去计算的问题。对此，一般认为，从刑事责任年龄是为了解决行为人在行为当时是否具有或者是否完全具有辨别、控制能力问题的角度来看，应当以行为当时的实际年龄为标准去认定行为人是

---

① 1985 年 8 月 21 日最高人民法院法（研）发［1985］18 号《关于人民法院审判严重刑事犯罪案件中具体应用法律的若干问题的答复（三）》第 31 个问题："问：刑法（指 1979 年刑法，下同——引者注）第十四条所规定的刑事责任年龄应以日计算，还是以时计算？如果是以日计算，是到生日当天，还是到生日的前一天或者后一天，认为是满周岁？答：刑法第十四条规定的已满十四岁，是指实足年龄，应以日计算，即过了十四周岁生日，从第二天起，才认为已满十四岁。例如，被告人 1968 年 7 月 26 日生，至 1982 年 7 月 27 日即认为已满十四岁。对已满十六岁、已满十八岁年龄的计算，亦与此相同。并且一律按公历的年、月、日计算。" 1995 年 5 月 2 日最高人民法院法发［1995］9 号《关于办理未成年人刑事案件适用法律的若干问题的解释》第 1 条规定："未成年人犯罪，是指已满 14 岁不满 18 岁的人实施了法律规定的犯罪行为。实施犯罪时的年龄，一律按照公历的年、月、日计算。过了周岁生日，从第二天起，为已满××周岁。"上述两司法解释虽均已失效，但有关精神已经成为刑法理论和实践中的共识。因此，最高人民法院《关于审理未成年人刑事案件具体应用法律若干问题的解释》（2005 年 12 月 12 日最高人民法院审判委员会第 1373 次会议通过，法释［2006］1 号，2006 年 1 月 11 日公布，自 2006 年 1 月 23 日起施行）第 2 条、第 3 条重新确认了相关精神.

② 在刑事责任年龄计算中，"年" 和 "日" 是两个基本的计算单位，再将 "月" 作为计算单位，似乎不但没有必要，而且在实践中可能造成不便。譬如，行为人在非闰年的 2 月 28 日出生，第 14 年正好是闰年，他在该年 2 月 29 日实施犯罪行为，这天是行为人第 14 个生日后的第二天，应当认定行为人已满 14 周岁，但若以 "月" 为计算单位，显然最后一个月未满，行为人未满 14 周岁。其实，在计算刑事责任年龄的时候遇到闰年，包括行为人的出生涉及闰年、危害行为涉及闰年和出生与危害行为均涉及闰年三种不同情况，若以 "月" 为计算单位，都可能出现矛盾。对于闰年 2 月 29 日出生的人，只要到了平年的 3 月 1 日即视为过了生日的第二天，即满了周岁。因此，上述三种情况都是有可能遇到的.

否达到刑事责任年龄。如果行为出现了连续或者持续状态，则应依行为状态结束之时行为人的实际年龄确定其刑事责任年龄。① 但是如果行为人实施某个行为时尚未满14 周岁或 16 周岁，而结果发生时该行为人已经年满 14 周岁或者 16 周岁，则此时可以将行为人视为不作为犯，即该行为人具有防止结果发生的义务，因此，应以结果发生时作为刑事责任年龄确定的时点。例如张三在 14 周岁生日当天晚上 10 点在某学校学生宿舍安放一定时炸弹，爆炸时间设置为第二天凌晨 3 点，爆炸发生时张三已经年满 14 周岁，则此案中张三应当负刑事责任。

（4）跨刑事责任年龄阶段犯罪行为（跨龄犯）的认定

一是 14 周岁的跨龄犯，即行为人已满 14 周岁不满 16 周岁期间，实施了法定的 8 种危害行为，并在未满 14 周岁时也实施过相同行为，对此不能一并追究刑事责任，只能追究已满 14 周岁后实施的特定严重犯罪的刑事责任。二是 16 周岁的跨龄犯，即行为人已满 16 周岁后实施了某种犯罪，并在已满 14 周岁不满 16 周岁期间也实施过相同的行为。对其应否一并追究刑事责任，应当具体情况具体分析。如果实施的是法定的 8 种犯罪行为，则应一并追究刑事责任；否则，只能追究已满 16 周岁以后犯罪的刑事责任。但是，有学者认为，对于 14 周岁的跨龄犯，如果未满 14 周岁时实施的行为与已满 14 周岁后实施的犯罪行为具有密切联系；对于 16 周岁的跨龄犯，如果已满 14 周岁不满 16 周岁期间所实施的行为，与已满 16 周岁后实施的犯罪行为具有密切联系，这些“说明行为人的人身危害性较大，可以作为量刑情节予以考虑”②。另一些学者则没有这样主张。③ 对此，本书认为，应当区别情况对待：如果行为人 14 周岁或者 16 周岁之后的行为已经构成犯罪，在定罪的基础上，行为人 14 周岁或者 16 周岁之前的严重违法行为可以作为人身危险性的考量因素在量刑中予以体现；如果行为人 14 周岁或者 16 周岁之后的行为不构成犯罪，则不能将 14 周岁或 16 周岁之前的行为与之后的行为累加计算予以定罪而只能作出无罪的司法处理。此种观点得到“两高”有关司法解释的认可。④ 此外，还存在 18 周岁和 75 周岁的跨龄犯问题。

---

① 苏惠渔. 刑法学. 修订本. 北京：中国政法大学出版社，1999：142.

② 赵秉志. 刑法新教程. 北京：中国人民大学出版社，2001：100.

③ 黄京平. 刑法总则案例分析. 北京：中国人民大学出版社，2000：48-49.

④ 1984 年 3 月 28 日最高人民检察院（84）高检研函第 6 号《关于是否可以将行为人年满十四岁前后连续进行盗窃的行为一并作为认定惯窃罪的根据问题的批复》（已失效）指出：根据《刑法》（1979 年刑法）第 14 条关于刑事责任年龄的规定，不满 14 岁的人的盗窃行为，由于行为人未达到法定刑事责任年龄，不视为犯罪。因此，是否构成惯窃罪，应根据行为人已满 14 岁以后的盗窃行为认定，不应把行为人年满 14 岁以前的盗窃行为和已满 14 岁以后的盗窃行为一并作为认定惯窃罪的根据。1985 年 8 月 21 日最高人民法院法（研）发［1985］18 号《关于人民法院审判严重刑事犯罪案件中具体应用法律的若干问题的答复（三）》（已失效）第 32 个问题：“问：处理已满十六岁的人所犯盗窃罪或者其他刑事罪时，对其已满十四岁不满十六岁期间的盗窃行为是否还要一并追究刑事责任？答：根据我国刑法第十四条第二款的规定，已满十四岁不满十六岁的人，除犯杀人、重伤、抢劫、放火、惯窃罪或者其他严重破坏社会秩序罪（包括重大盗窃罪），应当负刑事责任外，他们实施的其他危害社会的行为，包括一般盗窃行为，不负刑事责任。因此，在审理被告人满十六岁以后的犯罪时，不应一并追究其在已满十四岁不满十六岁期间实施的一般盗窃行为的刑事责任。”

四、精神病人及其刑事责任

达到一定年龄而精神健全的人，由于其知识和智力得到一定程度的发展，因而其刑事能力即辨认和控制自己行为的能力就开始具备。一般而言，达到刑事责任年龄标志着刑事能力的完备。但是，如果存在精神障碍尤其是存在精神病性精神障碍，则可能影响刑事能力。《刑法》第 18 条专门规定了精神病人的刑事责任问题，这为中国司法实践解决实施危害行为的精神病人和其他精神障碍人的刑事责任问题提供了基本依据。

（一）完全无刑事责任的精神病人

《刑法》第 18 条第 1 款规定："精神病人在不能辨认或者不能控制自己行为的时候造成危害结果，经法定程序鉴定确认的，不负刑事责任，但是应当责令他的家属或者监护人严加看管和医疗；在必要的时候，由政府强制医疗。"可见，精神障碍人无责任能力的认定标准，采用的是医学标准（生物学标准）与心理学（法学）标准相结合的方式，在心理学标准内容上采纳的是丧失辨认能力或者控制能力择一说。也就是说，要认定精神障碍者为无责任能力，必须同时具备两个条件。

1. 医学标准，也称生物学标准。从医学、生物学上看，行为人是基于精神病理的作用而实施特定危害行为的精神病人，包含以下三层含义或者条件。

（1）行为人须是精神病人。应注意从两个方面加以正确理解：一方面，对"精神病"应作广义的理解，包含多种多样的慢性和急性的严重精神障碍，立法上认为不便于也无必要一一列明各种精神病，而以"精神病"一词加以概括；另一方面，要注意不能把法条中的"精神病"与"精神障碍"[①] 一词等同，"精神病"不同于非精神病性神经障碍，如神经官能症、人格障碍、性变态等。

（2）精神病人必须实施了特定的危害社会的行为即实施了刑法所禁止的犯罪行为，如果这些危害行为是精神健全者实施的，就会构成犯罪和应负刑事责任。

（3）精神病人实施刑法所禁止的危害行为须是基于精神病理的作用。这意味着，其一，行为人的精神病于行为实施时须处于发病期，而不是缓解或者间歇期，只有精神病人于行为时发病，才谈得上因精神病理的作用而致危害行为的实施；其二，行为人的精神病理与特定危害行为的实施具有直接的因果联系，但是应当注意，即使是处于精神病发病期的精神病人，也并非所有的行为都是精神病理作用的结果，如果精神病人在发病期所实施的危害行为不是由于精神病理性机制（如幻觉、妄想、意识障碍、思维障碍、病理强制性冲动等）所致，即其精神病与这种危害行为无直接因果联系，应认定其不属于无责任能力的精神病人。

---

① 精神障碍又称精神疾病、精神疾患，它包括两大类疾病：一是精神病，包括以下几类严重的精神障碍：精神分裂症、偏执性精神病这些明确诊断的精神病；严重的智能欠缺，或者精神发育不全达到中度（痴愚）或者更为严重程度（如白痴）；"精神病等位状态"，其中包括癔症性精神错乱和病理性醉酒、病理性半醒状态、病理激情、一过性精神模糊这四种罕见的例外状态。二是非精神病性精神障碍.

2. 心理学标准，也称法学标准。从心理学、法学上看，患有精神病的行为人的危害行为，不但是由精神病理机制直接引起的，而且是由于精神病理的作用，使其在行为时完全丧失了辨认或者控制自己实施行为的能力。应当注意，在心理学标准的内容上，采用丧失辨认行为能力和丧失控制行为能力二者择一说。所谓丧失辨认行为的能力，是指行为人由于精神病理的作用，在行为时不能正确地了解自己行为危害社会的性质及危害后果。所谓丧失控制行为的能力，是指行为人由于精神病理的作用，不能根据自己的意志自由地选择实施或不实施危害行为，也往往表现为不能根据自己的意志选择和控制危害行为实施的时间、地点、方式与程度。

需要特别注意的是，如果行为人在行为时具有责任能力，但在行为过程中丧失辨认或者控制能力，案发后又恢复辨认或者控制能力时，原则上仍应成立犯罪既遂。

（二）完全负刑事责任的精神障碍人

责任能力完备而应完全负刑事责任的精神障碍人包括以下两类。

1. 精神正常时期的“间歇性精神病人”

《刑法》第 18 条第 2 款规定：“间歇性的精神病人在精神正常的时候犯罪，应当负刑事责任。”司法精神病学一般认为，“间歇性精神病”是指具有间歇发作特点的精神病，包括精神分裂症、躁狂症、抑郁症、癫痫性精神病、周期精神病、分裂情感性精神病、癔症性精神病等。所谓“间歇性精神病人的精神正常时期”，包括上述某些精神病（如癫痫性精神病）的非发病期。“间歇性精神病人”在精神正常的时候实施刑法所禁止的危害行为的，其辨认和控制自己行为的能力即责任能力完全具备，不符合无责任能力和限制能力所要求的心理学（法学）标准，因而法律要求行为人对其危害行为依法负完全的刑事责任。

2. 大多数非精神病性精神障碍人

一般认为，在司法精神病学上，非精神病性精神障碍包括：（1）神经官能症，如癔症、神经衰弱、焦虑症、疑病症、强迫症、神经症性抑郁、人格解体性神经症等，但癔症性精神错乱除外；（2）人格障碍式变态人格（包括器质性人格障碍）；（3）性变态，如露阴癖、恋物癖、恋童癖、性虐待癖等；（4）情绪反应（未达到精神病程度的反应性精神障碍）；（5）未达到精神病程度的成瘾药物中毒与戒断反应；（6）轻躁狂与轻性抑郁症；（7）生理性醉酒与单纯慢性酒精中毒；（8）脑震荡后遗症、癫痫性心境恶劣以及其他未达到精神病程度的精神疾患；（9）轻微精神发育不全；等等。

非精神病性精神障碍人，大多数并不因精神障碍使其辨认或者控制自己行为的能力丧失或者减弱，而是具有完备的责任能力，因而应在原则上令行为人对其危害行为依法负完全的刑事责任。需要指出的是，在个别情况下，非精神病性精神障碍人也可成为限制责任能力人甚至无责任能力人，从而影响到刑事责任的减免。

（三）限制刑事责任的精神障碍人

《刑法》第 18 条第 3 款规定：“尚未完全丧失辨认或者控制自己行为能力的精神

病人犯罪的，应当负刑事责任，但是可以从轻或者减轻处罚。”这是介于无刑事责任的精神病人与完全刑事责任的精神障碍人中间状态的精神障碍人。

对于这里的“精神病人”，应当作广义理解，泛指因精神障碍使其辨认能力或者控制能力有所减弱的人。一般认为包括以下两类：一是处于早期（发作前趋期）或部分缓解期的精神病（如精神分裂症等）患者，这种患者由于精神病理机制的作用使其辨认或控制行为的能力有所减弱；二是某些非精神病性精神障碍人，包括轻至中度的精神发育迟滞（不全）者，脑部器质性病变（如脑炎、脑外伤）或精神病（如精神分裂症）后遗症所引起的人格变态者，神经官能症中少数严重的强迫症和癔症患者等。

根据《刑法》第 18 条第 3 款的规定，限制刑事责任的精神病人犯罪的，只是“可以”从轻或者减轻处罚，而不是应当从轻或者减轻处罚。

五、单位犯罪主体

（一）单位犯罪的概念、主体范围和种类

所谓单位犯罪，是指由公司、企业、事业单位、机关、团体实施的依法应当承担刑事责任的危害社会的行为。《刑法》第 30 条规定：“公司、企业、事业单位、机关、团体实施的危害社会的行为，法律规定为单位犯罪的，应当负刑事责任。”这是对单位犯罪成立范围的一般性规定。可见，现行立法不是从所有制性质上而是从组织形式和社会职能上作出完全性列举，包括公司、企业、事业单位、机关、团体。公司，是指以营利为目的的从事生产和经济活动的经济组织，在中国，公司包括有限责任公司和股份有限公司。企业，是指公司以外的，以从事生产、流通等活动为内容，以获取赢利和增加积累、创造社会财富为目的的营利性社会经济组织。事业单位，是指依法成立的从事各种社会公益活动的组织。机关，是指执行党和国家的领导、管理职能和保卫国家安全职能的机构，包括国家各级权力机关、监察机关、行政机关、审判机关、检察机关、军事机关。在中国，乡镇以上党的机关和政协机关实践中也应该视为机关。团体，主要是指人民团体和社会团体。

就单位犯罪与自然人犯罪的关系和种类而言，有些犯罪只能由自然人构成，可称之为纯正自然人犯罪；有些犯罪正好相反，只能由单位构成，可称之为纯正单位犯罪；还有一些犯罪既可以由自然人构成，也可以由单位构成，可称之为不纯正单位犯罪，或者不纯正自然人犯罪。后两种情况可分别以《刑法》第 244 条强迫劳动罪和第 140 条生产、销售伪劣产品罪为例。

（二）单位犯罪的特征

1. 单位犯罪主体的特定性（合法性）

上述五种单位犯罪主体，必须是依法成立并合法存在的组织。最高人民法院《关于审理单位犯罪案件具体应用法律有关问题的解释》（法释［1999］14 号）第 2 条规定：个人为进行违法犯罪活动而设立的公司、企业、事业单位实施犯罪的，或者公司、

企业、事业单位设立后，以实施犯罪为主要活动的，不以单位犯罪论处。最高人民法院研究室《关于外国公司、企业、事业单位在我国领域内犯罪如何适用法律问题的答复》（法研［2003］153号）规定：符合我国法人资格条件的外国公司、企业、事业单位，在我国领域内实施危害社会的行为，依照我国《刑法》构成犯罪的，应当依照我国《刑法》关于单位犯罪的规定追究刑事责任。个人为在我国领域内进行违法犯罪活动而设立的外国公司、企业、事业单位实施犯罪的，或者外国公司、企业、事业单位设立后在我国领域内以实施违法犯罪为主要活动的，不以单位犯罪论处。

2. 单位犯罪的单位意志性

即单位犯罪必须是在单位意志支配下实施的犯罪，是单位作为一个整体、一个“拟制”的人的犯罪。具体表现为，单位犯罪必须经单位集体研究决定或者由其负责人员决定实施，单位集体研究决定或者由其负责人员决定是单位整体犯罪意志的体现形式。所谓“单位集体研究决定”，是指经过根据法律和章程规定有权代表单位的机构研究决定，如职工代表大会、董事会、股东大会等；“负责人员决定”是指经过根据法律或者章程规定有权代表单位的个人决定，如企业的厂长、公司的董事长、总经理、总裁或者经理。

3. 单位犯罪与其成员的不可分离性

即单位犯罪必须是由单位内部成员实施的犯罪。具体表现为单位成员的职务行为、业务行为或者其他完成工作任务的行为。当然，单位本身是独立的具体存在，并不以其某个成员的参与或者退出为改变。不过单位毕竟是由自然人建立并受自然人控制的，单位成员具有复杂的身份，这种身份的复杂性决定了并不是其一切成员的犯罪都是单位犯罪。只有那些在单位意志支配下、代表单位并为单位利益实施的犯罪才是单位犯罪。如果单位内部人员未经单位授权擅用单位名义实施犯罪，除非事后得到单位认可，否则只能是个人犯罪而非单位犯罪。上述法释［1999］14号司法解释第3条规定：盗用单位名义实施犯罪，违法所得由实施犯罪的个人私分的，依照刑法有关自然人犯罪的规定定罪处罚。

4. 单位犯罪范围的有限性

即单位犯罪必须以刑法典分则条文明确规定为限。刑法典分则条文，包括刑法典分则及其后国家立法机关根据实际需要制定的刑法修正案、单行刑法和附属刑法。从刑法典分则的规定来看，单位犯罪主要存在于危害公共安全罪，破坏社会主义市场经济秩序罪，侵犯公民人身权利、民主权利罪，妨害社会管理秩序罪，危害国防利益罪和贪污贿赂罪等章中，具体罪种约有120个。这些单位犯罪多数是故意犯罪，但也有少数属于过失犯罪。1997年刑法典颁行后通过的唯一一部单行刑法《关于惩治骗购外汇、逃汇和非法买卖外汇犯罪的决定》增设了骗购外汇罪，该罪可由单位主体构成。《刑法修正案（一）》《刑法修正案（三）》《刑法修正案（六）》《刑法修正案（七）》《刑法修正案（八）》新增加的犯罪中，典型的单位犯罪共有11个。

对于单位犯罪，需要注意以下四个问题：一是符合我国法人资格条件的外国公司、企业、事业单位包括单位的分支机构或者内设机构，在我国领域内实施危害社会的行为，符合我国刑法规定的犯罪构成要件的，应该依照刑法关于单位犯罪的规定追究刑事责任；二是虽然有些犯罪是以单位的名义实施，但个人为进行违法犯罪活动而设立的公司、企业、事业单位实施犯罪的，或者公司、企业、事业单位设立后，以实施犯罪为主要活动的，不以单位犯罪论处；盗用单位名义实施犯罪，违法所得由实施犯罪的个人私分的，依照刑法有关自然人犯罪的规定定罪处罚；三是一人公司应视为刑法上的单位，可以成为单位犯罪的主体；四是以单位名义实施犯罪，但刑法分则和其他法律并未规定追究单位的刑事责任的，对组织、策划、实施该危害社会行为的人依法追究刑事责任。

（三）单位犯罪的处罚原则

《刑法》第 31 条规定："单位犯罪的，对单位判处罚金，并对其直接负责的主管人员和其他直接责任人员判处刑罚。本法分则和其他法律另有规定的，依照规定。"根据这一规定，对单位犯罪，原则上实行双罚制，即同时处罚犯罪的单位和该单位的直接负责的主管人员和其他直接责任人员。但是，如果刑法分则或者其他法律（特别刑法）另有规定不采取双罚制而采取单罚制的，则属于例外情况。这是因为，单位犯罪的情况具有复杂性，其社会危害程度差别很大，一律采取双罚制的原则，并不能准确、全面地体现罪责刑相适应原则和对单位犯罪起到足以警诫的作用。如《刑法》第 162 条规定的妨害清算罪，不处罚作为犯罪主体的公司、企业，而只处罚其直接责任人员。

六、身份与犯罪主体

（一）犯罪主体要件的层次

对于犯罪主体要件，可以区分为两个不同的层次。

第一层次即基本层次，是指任何犯罪的主体都必须具备的要件或者特征。现代世界各国刑法中的大多数犯罪都规定，只要具备基本层次的要件，即可构成犯罪并要求承担刑事责任。刑法理论上往往称此为犯罪主体的共同要件或者一般要件。上述犯罪主体的前两个特征——人格和责任能力，通常被作为犯罪主体的共同要件或者称一般要件。

第二层次即特殊层次，是指某些犯罪要求在具备犯罪主体的共同要件的基础上附加特殊身份条件，两方面条件均具备时，才能构成犯罪。刑法理论上往往称此为犯罪主体的特殊要件、特殊身份或者选择要件、身份要件。

总体而言，犯罪主体的共同要件，由刑法典总则规定；犯罪主体的特殊要件，由刑法典分则规定。

（二）身份

1. 身份的定义

身份是指人的出身、地位和资格。刑法意义上的身份是指对定罪量刑具有一定影响的个人要素，所谓个人要素是指依附于个人而存在的某种情状。[①]

以主体是否要求以特定身份为要件，自然人犯罪主体可分为一般主体与特殊主体。刑法规定不要求以特殊身份作为要件的主体，称为一般主体；刑法规定以特殊身份作为要件的主体，称为特殊主体。从犯罪的角度看，对应的理论概念就是身份犯与非身份犯。在刑法理论上，通常还将以特殊身份作为主体构成要件或者刑罚加减根据的犯罪称为身份犯。

身份犯可分为真正身份犯与不真正身份犯。真正身份犯是指以特殊身份作为主体要件，无此特殊身份该犯罪则根本不可成立的犯罪。例如，《刑法》第 397 条滥用职权罪与玩忽职守罪的主体必须是国家机关工作人员，如果行为人不是国家机关工作人员，其行为就不可能构成滥用职权罪与玩忽职守罪。不真正身份犯，是指特殊身份不影响定罪但影响量刑的犯罪。如果行为人不具有特殊身份，犯罪也成立；如果行为人具有这种身份，则刑罚的科处就比不具有身份的人要加重或者减轻。譬如，《刑法》第 238 条非法拘禁罪，一般主体即可构成，但国家机关工作人员利用职权犯本罪的，应当从重处罚。又如，第 243 条诬告陷害罪，一般主体即可构成，但国家机关工作人员犯本罪的，应当从重处罚。

2. 犯罪主体特殊身份的分类

犯罪主体的特殊身份，可以从不同角度进行分类。理论上认为存在以下几种分类。

（1）自然身份与法定身份

这是基于身份属性的分类。

自然身份，是指人因自然因素的赋予而形成的身份。例如，基于性别形成的事实可有男女之分，有的犯罪如强奸罪仅男性可以成为本罪的直接正犯，女性可以成为本罪的共犯或间接正犯。

法定身份，是指人基于法律赋予而形成的身份。如军人、国家机关工作人员、司法工作人员、证人、辩护人、诉讼代理人、在押罪犯等。

自然身份和法定身份要成为犯罪主体的特殊身份，一般需要刑法加以明确规定。

这种分类的意义，并不在于直接说明犯罪主体特殊身份与刑事责任的关系，而在于通过对犯罪主体特殊身份的了解，准确而深刻地把握刑事立法原意。

（2）定罪身份与量刑身份

这是基于身份功能的分类。

定罪身份，是指决定刑事责任存在的身份，又称犯罪构成身份。此种身份是某些具体犯罪构成中犯罪主体要件的必备要素。缺此身份，犯罪主体要件就不具备，因而也就没有该具体犯罪构成，不构成该种犯罪，不存在行为人应负该罪的刑事责任的问题。

量刑身份，是指影响刑事责任程度的身份，又称刑罚加减身份。此种身份虽然不影响刑事责任的存在与否，但影响刑事责任的大小，表现为从重、从轻、减轻甚

---

① 陈兴良. 口授刑法学. 北京：中国人民大学出版社，2007：123.

至免除处罚的根据。

这种分类的意义，主要在于明确和区分犯罪主体的特殊身份在定罪和量刑中的不同地位。

（3）积极身份与消极身份

这是依据身份对犯罪成立与否的影响不同的分类。

由于某种身份的存在，行为人的行为成为刑法中所规定的犯罪，这是身份对定罪量刑的积极影响，故称积极身份；由于某种身份的存在，刑法上规定的某种犯罪不能成立或者免除处罚，这是身份对定罪量刑的消极影响，称为消极身份。

刑法中的特殊身份，以积极身份为主，消极身份为辅。后者的适例是《刑法》第 336 条非法行医罪与非法进行节育手术罪，其主体是“未取得医生执业资格的人”，意味着取得医生执业资格的人不能构成本罪。最高人民法院《关于审理未成年人刑事案件具体应用法律若干问题的解释》第 9 条第 3 款规定：已满 16 周岁不满 18 周岁的人盗窃自己家庭或者近亲属财物，或者盗窃其他亲属财物但其他亲属要求不予追究的，可不按犯罪处理。此亦属于消极身份的作用使然。

3. 犯罪主体特殊身份的认定

认定犯罪主体的特殊身份，应当注意三点。

第一，犯罪主体的特殊身份必须是行为人在开始实施犯罪时即已具备的，而不是开始实施犯罪后才形成的。例如，共同犯罪中的首要分子、主犯、从犯、胁从犯，是在犯罪活动中形成的，因此不是犯罪主体的特殊身份。有学者将《刑法》第 268 条中的首要分子当作犯罪主体的特殊身份[①]，本书认为，这种观点不可取。

第二，犯罪主体的特殊身份是相对的，而不是绝对的，而且，有时是有层次的。例如，《刑法》第 109 条叛逃罪只能由正在履行公务的国家机关工作人员构成，相对于一般人而言，显然是特殊的定罪身份，但是该条第 2 款规定的“掌握国家秘密的国家工作人员”相对于第 1 款而言，显然又是特殊的量刑身份。对于特殊身份应作相对性的认识，不能过于宽泛地理解其含义。有人认为，《刑法》第 102 条背叛国家罪只能由中国人实施，不能由外国人构成，因而也属于特殊身份的犯罪[②]，就失之宽泛了。对于特殊身份过于宽泛的理解会使特殊身份的研究失去意义。

第三，在共同犯罪和间接正犯的情况下，特殊身份是就正犯（实行犯）和直接正犯而言，至于教唆犯、帮助犯和间接正犯，一般不受特殊身份的限制。譬如，妇女教唆或者帮助男子强奸，可以成为该强奸罪的共犯。

（三）刑法典对于犯罪主体特殊身份的规定

与犯罪主体的共同要件由刑法总则规定相反，犯罪主体特殊身份都是由刑法分则性规范予以明确规定的。对于自然人特殊身份的类型，学界和实务界有不同的见

---

① 苏惠渔. 刑法学. 修订本. 北京：中国政法大学出版社，1999：148.

② 高铭暄. 新编中国刑法学：上册. 北京：中国人民大学出版社，1998：492.

解：有人主张可以分为国家工作人员、特定职业或行业的从事人员和其他负有特定刑事法律义务的人员[1]；有人将其分为特定公职人员、特定法律义务主体、特定法律关系主体和特定从业人员主体，其中每一类之下再行细分[2]；还有的将其分为以特定公职为内容、以特定职业为内容、以特定法律义务为内容、以特定法律地位为内容、以持有特定物品为内容、以不具有特定资格为内容、以参与某种活动为内容、以患有特定疾病为内容以及以居住地和特定组织成员为内容等九类特殊身份。[3] 上述三种分类从其具体内容来看，几乎一致，只是分类标准有所不同。第一种分类方法从逻辑上讲，分类标准不够统一；第三种分类过于烦琐；第二种分类比较科学。故本书拟在此分类基础上结合刑法典分则的规定作出如下分类。

1. 从公共职务上规定犯罪主体特殊身份

这种分类在刑法分则规范中较为普遍并相对集中，可以分为下面几种情况。

(1) 国家机关工作人员。指在国家机关中从事公务的人员。具体包括在国家各级权力机关、行政机关、司法机关和军事机关，以及各级共产党机关、政协机关、共青团机关、妇联机关等工作的工作人员。2002 年 12 月 28 日第九届全国人大常委会第三十一次会议通过的《关于〈中华人民共和国刑法〉第九章渎职罪主体适用问题的解释》，在以往若干司法解释的基础上，进一步扩大了国家机关工作人员的范围。该解释规定：在依照法律、法规规定行使国家行政管理职权的组织中从事公务的人员，或者在受国家机关委托代表国家机关行使职权的组织中从事公务的人员，或者虽未列入国家机关人员编制但在国家机关中从事公务的人员，在代表国家机关行使职权时，有渎职行为，构成犯罪的，依照刑法关于渎职罪的规定追究刑事责任。这类主体主要规定在《刑法》分则第九章“渎职罪”中，该章还区别了不同部门的国家机关工作人员，诸如行政执法人员、税务机关工作人员、海关工作人员、商检工作人员等。

(2) 国家工作人员。依照《刑法》第 93 条规定，包括：在国家机关中从事公务的人员；在国有公司、企业、事业单位、人民团体中从事公务的人员；国家机关、国有公司、企业、事业单位委派到非国有公司、企业、事业单位、社会团体从事公务的人员，以及其他依照法律从事公务的人员。2000 年 4 月 29 日第九届全国人大常委会第十五次会议通过的《关于〈中华人民共和国刑法〉第九十三条第二款的解释》对其中“其他依照法律从事公务的人员”解释如下：“村民委员会等村基层组织人员协助人民政府从事下列行政管理工作，属于刑法第九十三条第二款规定的‘其他依照法律从事公务的人员’：(一) 救灾、抢险、防汛、优抚、扶贫、移民、救济款物的管理；(二) 社会捐助公益事业款物的管理；(三) 国有土地的经营和管理；(四) 土地征用补偿费用的管理；(五) 代征、代缴税款；(六) 有关计划生育、户籍、征兵工作；(七) 协助人民政府从事的其他行政管理工作。”“村民委员会等村基

---

① 陈忠林. 刑法学：上. 北京：法律出版社，2006：109－110.

② 陈明华. 刑法学. 北京：中国政法大学出版社，1999：123－125.

③ 张明楷. 刑法学：上. 北京：法律出版社，1997. 182－183.

层组织人员从事前款规定的公务，利用职务上的便利，非法占有公共财物、挪用公款、索取他人财物或者非法收受他人财物，构成犯罪的，适用刑法第三百八十二条和第二百八十二条贪污罪、第三百八十四条挪用公款罪、第三百八十五条和第三百八十六条受贿罪的规定。”这类主体主要规定在《刑法》分则第八章中。例如，《刑法》第385条受贿罪只有国家工作人员利用职务上的便利实施才能构成。

（3）司法工作人员。依据《刑法》第94条规定，司法工作人员，是指负有侦查、检察、审判、监管职责的工作人员。这类主体属于国家机关工作人员，主要规定在《刑法》分则第九章中。例如，《刑法》第399条至第401条的犯罪只能由司法工作人员（枉法仲裁罪的主体为仲裁员）构成。

（4）国有公司、企业负责人。即国有公司、企业的董事长、董事、经理、副经理等管理层的负责人员。这类主体主要规定在《刑法》分则第三章中。例如，《刑法》第165条非法经营同类营业罪只能由国有公司、企业的董事、经理构成。

（5）军人，即中国人民解放军现役军人、军内在编人员和预备役人员。根据《刑法》第450条规定，具体包括中国人民解放军的现役军官、文职干部、士兵及具有军籍的学员和中国人民武装警察部队的现役警官、文职干部、士兵及具有军籍的学员以及文职人员、执行军事任务的预备役人员和其他人员。这类主体主要规定在《刑法》分则第十章中。

（6）邮政工作人员。即国家邮政部门的各级负责人、营业员、分拣员、投递员、接发员、押运员、接站员等。例如，《刑法》第253条私自开拆、隐匿、毁弃邮件、电报罪只能由邮政工作人员构成。

2. 从特定工作或者业务上规定犯罪主体特殊身份

（1）与公共安全有关的人员。例如，《刑法》第128条第2款、第3款非法出租、出借枪支罪只能由依法配备公务用枪的人员、依法配置枪支的人员构成；第131条重大飞行事故罪只能由航空人员构成；第132条铁路运营安全事故罪只能由铁路职工构成。

（2）与市场经营有关的人员。例如，《刑法》第159条虚假出资、抽逃出资罪只能由公司发起人、股东构成；第171条第2款金融机构工作人员购买假币、以假币换取货币罪只能由金融机构工作人员构成；第198条保险诈骗罪只能由投保人、被保险人或者受益人构成。

3. 从特定法律义务上规定犯罪主体特殊身份

（1）纳税人、扣缴义务人。例如，《刑法》第201条逃税罪只能由纳税义务人、扣缴义务人构成；第203条逃避追缴欠税罪只能由纳税人构成。

（2）家庭成员或者负有扶养义务的人。例如，《刑法》第260条虐待罪只能由家庭成员构成；第261条遗弃罪只能由负有扶养义务的人构成。

4. 从特定法律关系的主体上规定犯罪主体特殊身份

（1）证人、鉴定人等诉讼参与人。例如，《刑法》第305条伪证罪只能由刑事诉讼中的证人、鉴定人、记录人、翻译人构成；第306条辩护人、诉讼代理人毁灭、伪造证据、妨害作证罪只能由刑事诉讼中的辩护人、诉讼代理人构成。

（2）在押罪犯等案件当事人。例如，《刑法》第 315 条破坏监管秩序罪、第 317 条组织越狱罪、暴动越狱罪只能由依法被关押的罪犯构成；第 316 条第 1 款脱逃罪只能由依法被关押的罪犯、被告人、犯罪嫌疑人构成。

【案例评析】

案例一

1. 案情简介

2005 年 5 月 23 日 21 时许，郑州至合肥的 2194 次列车在郑州火车站发车前，被告人宋某在 7 号车厢内，趁旅客陈某某不备，盗窃其挂在腰间的 VK518 型手机 1 部，价值人民币 1 580 元，逃离现场途中被失主追上扭住，后被郑州火车站公安民警抓获。赃物追回，已发还失主。检察机关提供了相关证据，认为被告人宋某的行为触犯了《刑法》第 264 条，已构成盗窃罪，请求依法惩处。被告人宋某对检察院指控其犯盗窃罪的事实不持异议，但当庭对其年龄提出异议。休庭后，检察院就此问题补充侦查。贵州省安顺市汽车运输公司公安科询问宋某表姐认定的是宋某于 1983 年出生。宋某父母离异，其父因犯盗窃罪刑满释放后下落不明，其母离婚后改嫁他人下落不明，被告人随其大娘（已死亡）生活，小学辍学后，9 岁从家中出走至今。

2. 基本问题

（1）刑事责任年龄的司法认定问题：当出现相互矛盾的多种证据或无直接证据证明行为人的年龄时，司法中如何认定行为人的年龄?

（2）未成年人犯罪的从宽问题：如何把握从轻和减轻?

3. 知识内容

（1）刑事责任年龄的司法认定

审判实践中，主要从以下几方面进行。

第一，书证。书证包括户籍证明、出生证、防疫保健卡、学籍卡等，这些可以作为认定被告人年龄的依据。但实践中这些书证有时不能准确反映被告人的真实年龄，在有些地区，特别是农村，户籍管理不到位，医院发放的出生证明不规范，有些父母为了孩子入学、参军的方便，将孩子的年龄作相应地更改。刑法规定的刑事责任年龄应该按公历计算，但在农村，有的父母为孩子申报户口时未按规定申报公历的出生日期，而是申报农历的出生日期，这就带来了年龄认定上的差异。因此，在依据书证认定被告人年龄时，亦不能一概而论，如有异议，需结合其他证据予以认定。

第二，被告人供述及证人证言。在一些书证无法取得或书证存在瑕疵时，对被告人年龄可以依靠被告人供述及证人证言认定。如在农村一些地方，由于计划生育管理滞后，超计划生育孩子的户口未能申报登记；还有些地方人口流动频繁，有些被告人常年在外，户口未及时申报，或由他人代为申报。这些都可能造成年龄认定的差异。

因此，依书证无法认定时，可以通过证人证言来认定。哪些证人的证言比较客观真实？一般说来，接生人员、与被告人同月出生的邻居的父母、被告人的父母及亲戚的证言比较可靠，如果与其他证据不相矛盾或有其他证据印证，可以采信。但是并不是所有的证人证言均能证实被告人的年龄，应具体分析决定。

第三，鉴定结论。随着现代科学技术的进步，根据人体生长发育的特定规律，从技术上对一个人的年龄作出准确认定成为可能。常见的鉴定有骨龄的鉴定、牙齿的鉴定等。对于依鉴定结论能否确定刑事责任年龄，最高人民检察院《关于“骨龄鉴定”能否作为确定刑事责任年龄证据使用的批复》作了如下规定：犯罪嫌疑人不讲真实姓名、住址，年龄不明的，可以委托进行骨龄鉴定或其他科学鉴定，经审查，鉴定结论能够准确确定犯罪嫌疑人实施犯罪行为时的年龄，可以作为判断犯罪嫌疑人年龄的证据使用，如果鉴定结论不能准确确定犯罪嫌疑人实施犯罪行为时的年龄，而且鉴定结论表明犯罪嫌疑人年龄在刑法规定的应负刑事责任年龄上下的，应当慎重处理。

第四，对被告人年龄确实无法查清的，应当视不同情况予以处理。其一，不涉及是否追究其刑事责任的，应当认定其没有达到法定刑事责任年龄。其二，涉及是否已满 18 周岁的，应当认定其未满 18 周岁。其三，虽未查清被告人准确出生日期或实施被指控犯罪日期，但有证据可以证明被告人实施被指控犯罪时已满 12 周岁、已满 14 周岁、已满 16 周岁或者已满 18 周岁的，应当依法定罪处罚。

（2）未成年人犯罪的从宽问题

《刑法》第 17 条第 4 款规定，已满 12 周岁不满 18 周岁的人犯罪，应当从轻或者减轻处罚。此处所言的“应当”意指必须，不允许例外。至于说是从轻还是减轻，要考虑以下因素：未成年犯罪人年龄上的差别，要区别已满 12 周岁不满 16 周岁的低年龄段和已满 16 周岁不满 18 周岁的高年龄段，在其他情节类似的情况下，低年龄段从宽幅度要大于高年龄段；当某个未成年人犯罪时除了年龄这一从宽情节之外，尚存在诸如自首等其他从宽情节时，应尽量考虑减轻；如果同时存在其他某些从严情节时，应综合考虑全案各种情节均衡裁量刑罚，但须特别注意未成年人这一法定从宽情节；根据《刑法修正案（八）》的规定，对于未成年人犯罪，只要符合缓刑条件的，应当适用缓刑并且在符合刑法规定的情况下，免除未成年人罪犯的前科报告义务，同时，未成年人犯罪的，如其刑罚执行完毕之后再犯罪，均不构成累犯。

案例二

1. 案情简介

被告人某甲，男，31 岁，工人。

某甲多次盗窃公私财物，数额巨大，被抓获。某甲家族中有精神病史，但其本人精神一直正常。在法庭审理过程中，某甲精神分裂，失去辨认和控制自己行为的能力。

2. 基本问题

（1）犯罪时精神正常，犯罪后患精神病失去辨认或控制自己行为的能力，是否应负刑事责任?

(2) 对犯罪后未经审判或审判正在进行中患精神病者，应如何处置?

(3) 对精神病人的强制治疗如何进行?

(4) 精神病人犯罪后被害人的权利如何保障?

3. 知识内容

(1) 犯罪时精神正常，犯罪后患精神病失去辨认或控制自己行为的能力，是否应负刑事责任?

按照我国刑法的规定，刑事责任能力的本质内容是犯罪能力，而不是刑罚能力。犯罪能力，是指在实施犯罪行为时，行为人具有辨认和控制自己行为的能力。刑罚能力，即受刑能力，是指行为人在接受刑罚惩罚时具有辨认和控制自己行为的能力。

刑罚能力，是西方刑法学新派从防卫社会的目的出发提出的刑事责任能力学说。这一学说认为，刑事责任的本质是社会责任，即对具有人身危险性的人应当采取适当的社会防卫措施。因此，刑事责任能力并不是行为人构成犯罪的能力，而是一种受刑能力，即通过处以刑罚可达到防卫社会的刑罚目的的能力。刑罚能力不是犯罪成立的要件，而是区别适用社会防卫措施中的刑罚或者保安处分的标准。对于有刑罚能力的，施以刑罚；对于无刑罚能力的，应施以保安处分。按照刑法理论通说，刑事责任能力的本质是犯罪能力，即要考虑的是行为人犯罪时的辨认能力和控制能力，因此，某甲应负刑事责任。

(2) 对犯罪后未经审判或审判正在进行中患精神病者，应如何处置?

我国刑法对此虽然没有规定，但是司法实践仍然必须考虑某甲丧失应诉能力和刑罚能力的情况。某甲在庭审过程中精神分裂，失去辨认和控制自己行为的能力，不能否定其精神正常时候的犯罪，但是他已经失去了应诉能力和刑罚能力，所以不能对某甲继续进行庭审并进而定罪量刑以及行刑。实践中的具体做法是，暂时中止对某甲的审判，待其精神恢复正常，具有了应诉能力和刑罚能力以后，再行起诉和审判。当然，如果待某甲精神恢复正常时，其盗窃罪已过追诉时效，就不再追究其刑事责任。

(3) 对精神病人的强制治疗如何进行?

我国《刑法》第 18 条第 1 款规定，应当责令他的家属或者监护人严加看管和医疗；在必要的时候，由政府强制医疗。从其他国家和地区的做法来看，目前大多数国家精神病人的强制医疗是由法官裁决的，但各国和地区采取的措施不尽相同。美国对这类精神病人主要有刑事交托监管、民事交托监管等措施。所谓刑事交托监管是指将犯有某种罪行的精神病人，通过刑事审判程序交付精神病院或精神康复中心监禁。民事交托监管则是根据某人患有精神病并对他人构成危险的判定，由国家对其采取强制拘留或其他限制个人自由的措施。我国《刑事诉讼法》对强制医疗的条件和程序作了明确规定，应当依照《刑事诉讼法》的规定依法进行。

(4) 精神病人实施危害行为造成被害人损害后，被害人的权利如何保障?

精神病人实施了危害行为造成被害人损害后，根据有关法律规定，作为精神病患者的监护人应当承担相应的法律责任。监护人不履行监护责任，致使精神病患者肇事、肇祸，造成他人经济损失或人身伤害的，应负责赔偿损失或承担医疗费用，情节严重的一并追究法律责任。监护人尽了监护责任的可以适当减轻他的民事责任。如果精神病人杀了人，其监护人就应当承担责任，通过监护人履行民事赔偿来维护被害人的权利。具体而言，已经成年的精神病人，且其属于限制刑事责任能力及完全无刑事责任能力的这类精神病人的，应当依照《民法典》第 28 条的规定确定监护人。如果精神病人杀了人，刑事附带民事诉讼原告人可以向上述具有监护义务的个人或单位提出民事赔偿要求或追加他们为刑事附带民事诉讼被告。

【疑难问题】

1. 刑事责任年龄的司法认定，尤其是出现多个矛盾的证据时，各证据的证明力的大小如何？现代科技手段能否彻底地解决刑事责任年龄认定的司法难题？

2. 如何评价恶意补足刑事责任年龄的合理性、必要性以及如何解决司法适用可能的困境，尤其是舆论对情节恶劣的判断影响以及最高人民检察院核准之后的程序控制隐忧，是否可能导致最高人民检察院的核准事实上冲击了审判中心主义的诉讼模式构造？

3. 精神病人的司法认定问题。精神病的司法鉴定程序设计是否存在缺陷？当出现两份或两份以上彼此矛盾的鉴定结论时，该如何采信？

4. 未成年人和老年人犯罪的矫正问题，特别是不具有缓刑监管条件的未成年人和老年人罪犯如何协调“应当缓刑”和“不应缓刑”之间的立法冲突？不满 16 周岁不予刑事处罚的未成年人的专门矫治教育如何开展，程序如何设置，未成年人的合法权利如何保障以及如何救济？

5. 未成年人罪犯前科报告义务免除的范围是否需要作一定的限制？

6. 无特定身份的人和有特定身份的人共同犯罪的司法上如何认定？

7. 如何把握作为犯罪主体的单位的特征和实践标准？如何区别单位成员的个人犯罪与单位犯罪？

实务训练

1. 请根据上述案例一的事实，设想实践中可能有的证明行为人的年龄的各种证据，归纳各种证据可能的矛盾以及司法实践中应该如何准确认定行为人的实际年龄。要求分析条理清晰、层次分明、有理有据、入情入理。

2. 请根据实践中发生的单位犯罪实例，针对实践中出现的争议焦点，归纳出单位成员个人犯罪与单位犯罪的界限，提出实践判断标准。

课后练习

一、案例分析题

案情：徐某系某市国有黄河商贸公司的经理，顾某系该公司的副经理。2005年，黄河商贸公司进行产权制度改革，将国有公司改制为管理层控股的股份有限公司。其中，徐某、顾某及其他15名干部职工分别占40%、30%、30%股份。在改制过程中，国有资产管理部门委托某资产评估所对黄河商贸公司的资产进行评估，资产评估所指派周某具体参与评估。在评估时，徐某与顾某明知在公司的应付款账户中有100万元系上一年度为少交利润而虚设的，经徐某与顾某以及公司其他领导班子成员商量，决定予以隐瞒，转入改制后的公司，作为股份分配给个人。当周某发现该100万元应付款的问题时，公司领导班子决定以辛苦费的名义，从公司的其他公款中取出1万元送给周某。周某收下该款后，出具了隐瞒该100万元虚假的应付款的评估报告。随后，国有资产管理部门经研究批准了公司的改制方案。在尚未办理产权过户手续时，因徐某等人被举报而案发。

问题：

1. 徐某与顾某构成贪污罪还是私分国有资产罪？为什么？

2. 徐某与顾某的犯罪数额如何计算？为什么？

3. 徐某与顾某的犯罪属于既遂还是未遂？为什么？

4. 给周某送的1万元是单位行贿还是个人行贿？为什么？

5. 周某的行为是否以非国家工作人员受贿罪与提供虚假证明文件罪实行数罪并罚？为什么？

6. 周某是否构成徐某与顾某的共犯？为什么？

二、选择题

1. 关于刑事责任能力，下列哪一选项是正确的？（　　）

A. 甲第一次吸毒产生幻觉，误以为伍某在追杀自己，用木棒将伍某打成重伤。甲的行为成立过失致人重伤罪

B. 乙以杀人故意刀砍陆某时突发精神病，继续猛砍致陆某死亡。不管采取何种学说，乙都成立故意杀人罪未遂

C. 丙因实施爆炸被抓，相关证据足以证明丙已满15周岁，但无法查明具体出生日期。不能追究丙的刑事责任

D. 丁在13周岁生日当晚故意砍杀张某，后心生悔意将其送往医院抢救，张某仍于次日死亡。应追究丁的刑事责任

2. 关于责任年龄与责任能力，下列哪一选项是正确的？（　　）

A. 甲在不满14周岁时安放定时炸弹，炸弹于甲已满14周岁后爆炸，导致多人伤亡。甲对此不负刑事责任

B. 乙在精神正常时着手实行故意伤害犯罪，伤害过程中精神病突然发作，在丧失责任能力时抢走被害人财物。对乙应以抢劫罪论处

C. 丙将毒药投入丁的茶杯后精神病突然发作，丁在丙丧失责任能力时喝下毒药

死亡。对丙应以故意杀人罪既遂论处

D. 戊为给自己杀人壮胆而喝酒，大醉后杀害他人。戊不承担故意杀人罪的刑事责任

3. ①特殊身份是指行为人在身份上的特殊资格，以及其他与一定的犯罪行为有关的、行为人在社会关系上的特殊地位或者状态。②由于特殊身份必须与一定的犯罪行为有关，所以，性别、国籍等不可能成为特殊身份，首要分子则属于特殊身份。③挪用公款罪是真正身份犯，只有国家工作人员可以构成挪用公款罪，但非国家工作人员可以成为挪用公款罪的共犯。④根据《刑法》第 307 条的规定，司法工作人员犯帮助毁灭、伪造证据罪的，从重处罚。这种情形称为不真正身份犯。关于上段话正误的判断，下列哪一选项是正确的？（　　）

A. 第①句错误，其他正确　　B. 第②句错误，其他正确

C. 第③句错误，其他正确　　D. 第④句错误，其他正确

4. 被告人孙某在法庭审理中突发精神病，致使案件在较长时间内无法继续审理。下列法院的哪一做法是正确的？（　　）

A. 判决宣告孙某不负刑事责任　　B. 裁定中止审理

C. 裁定延期审理　　D. 裁定终止审理

5. 关于单位犯罪，下列哪一说法是错误的？（　　）

A. 甲、乙为了实施走私而成立了公司，后该公司实施了走私犯罪。公司的走私行为不能认定为是单位犯罪

B. 某国有公司的高管集体研究决定，将该单位的 50 万元在 5 个高管中平均分配。该行为不能认定为单位实施的私分国有资产罪

C. 甲公司实施单位犯罪后，便被乙公司兼并。此时，既要追究甲公司原直接责任人的刑事责任，亦应追究甲公司的刑事责任

D. 甲实施拐卖儿童行为，借用其所在单位的车辆及司机帮忙运送被拐卖儿童，该单位参与拐卖儿童的行为构成单位犯罪

6. 14 岁的甲经常受同年级同学乙（15 岁）的欺负，先后五次被其敲诈总计 1 500元的财物。甲有一次对比其大三岁的表哥丙说起此事，并要丙帮忙出气，吓一吓乙。丙满口答应。某日，丙在乙放学回家的路上拦住乙，将乙痛打一顿，致乙轻伤。丙转身离开时，发现乙身上带的手机很时尚（价值 5 000 元），于是对乙说："你的手机挺高档的嘛，我拿回去玩玩，不给的话，以后见你一次打你一次。"乙吓得直打哆嗦，忙将手机给了丙。下列哪种说法是正确的？（　　）

A. 甲仅构成故意伤害罪的教唆犯，对丙随后的取财行为不承担共同犯罪的罪责

B. 乙多次敲诈勒索，构成敲诈勒索罪

C. 丙独立构成故意伤害罪和抢劫罪

D. 甲、丙不构成共同犯罪，丙单独构成故意伤害罪与敲诈勒索罪

延伸阅读

1. 高铭暄．刑法专论．2版．北京：高等教育出版社，2006.
2. 赵秉志．犯罪主体论．北京：中国人民大学出版社，1989.
3. 陈兴良．刑法适用总论．2版．北京：中国人民大学出版社，2006.
4. 马克昌．犯罪通论．3版．武汉：武汉大学出版社，2001.
5. 张明楷．刑法学．5版．北京：法律出版社，2016.
6. 张明楷．犯罪构成体系与构成要件要素．北京：北京大学出版社，2010.

第六章　犯罪主观方面

【内容摘要】

犯罪主观方面，是指行为人对自己实施的行为及其必然或者可能引起的危害社会的结果所持的心理态度。犯罪主观方面反映的是行为人实施危害社会的行为时的心理状态，是认定犯罪和承担刑事责任的主观基础。犯罪主观方面包括犯罪故意、犯罪过失、犯罪目的、犯罪动机等内容。犯罪故意是指行为人明知自己的行为会发生危害社会的结果，并且希望或者放任这种结果发生的心理态度。犯罪过失是指行为人应当预见自己的行为可能发生危害社会的结果，因为疏忽大意而没有预见或者已经预见而轻信能够避免，以致发生这种结果的心理态度。犯罪目的与犯罪动机只存在于某些故意犯罪当中，并非所有犯罪构成的必备要素。此外，与犯罪主观方面相关的无罪过事件和认识错误问题需要重点掌握。

【学习目标】

（1）在知识学习层面，要准确把握犯罪主观方面的刑法意义，明确犯罪故意、犯罪过失的成立条件以及各自的具体类型，掌握刑法中认识错误的处理规则，明确犯罪目的、犯罪动机的刑法意义以及二者的关系。（2）在能力训练方面，要通过了解刑法中认识错误处理的理论争议以及其他刑法理论问题，增强分析刑法理论问题的思辨能力。同时，要结合具体案件，准确判断行为人的主观方面，尤其是注意把握犯罪故意与犯罪过失的界限，学会判断行为人主观明知、犯罪目的的基本方法，增强适用刑法的实践能力。（3）在价值引领方面，要牢固树立起“无罪过则无犯罪”的现代刑法理念，在刑法适用中自觉维护法治，在具体案件的处理中贯彻公平、正义的要求。同时，要注意犯罪主观方面理论的复杂性，善于从中国立法规定和司法实践出发思考问题、研究问题，增强理论研究的实践导向。

【知识要点】

一、犯罪主观方面概述

犯罪主观方面是刑法明文规定的犯罪构成要件之一，具体是指行为人对自己实施的行为及其必然或者可能引起的危害社会的结果所持的心理态度。它既是行为人主观恶性的集中体现，也是认定犯罪和承担刑事责任的主观基础。

(一) 犯罪主观方面的概念

犯罪主观方面，是指行为人对自己实施的行为及其必然或者可能引起的危害社会的结果所持的心理态度。犯罪主观方面的核心是罪过，即犯罪故意或者犯罪过失。它是一切犯罪构成都必须具备的主观要素。犯罪目的与犯罪动机，虽然也是行为人心理态度的重要体现，但由于其只存在于某些故意犯罪当中，因而并非是一切犯罪构成的必备要素。犯罪动机在一般情况下不影响定罪，仅影响量刑，所以通常被认为是故意犯罪的刑罚裁量因素。对于犯罪主观方面概念的理解，应当重点把握以下几个问题。

1. 犯罪主观方面是行为人主观恶性的集中体现

主观恶性与客观危害是犯罪社会危害性的一体两面，二者分别从主观和客观两个层面揭示了犯罪社会危害性的有无及大小。作为行为人主观恶性的体现，犯罪主观方面反映出行为人对法益保护的反对态度。其中，犯罪故意表明行为人对法益保护持一种敌对或蔑视的态度，即积极地侵害法益或消极地放任法益侵害结果的发生；犯罪过失表明行为人对法益保护持一种漠视或者忽视的态度，即对法益侵害采取一种消极的不保护态度。此外，在故意犯罪中，犯罪动机和犯罪目的也在一定程度上反映出行为人对法益保护的敌对或蔑视态度。因此，对二者的考察，有助于准确判定行为人的可谴责性大小。

2. 犯罪主观方面是刑事责任根据的主观基础

刑事责任的根据旨在从根本上说明行为人为何需要承担刑事责任。行为人在相对自由的意志基础上，产生危害社会的故意或过失的心理态度，是追究其刑事责任的主观根据。具体而言，在故意犯罪中，行为人在相对意志自由的情况下，选择实施危害社会的犯罪行为，就表明行为人具有反对或蔑视法益保护的主观恶性；在过失犯罪中，行为人在相对意志自由的情况下，应当积极履行必要的注意义务，避免危害结果的发生，而怠于注意或疏于避免，导致危害结果的发生，这表明行为人对于法益保护具有怠慢或漠视的主观恶性。因此，无论是从一般预防还是从特殊预防的角度来看，对于这两种犯罪心态，均有必要加以刑罚责难。

3. 犯罪主观方面是刑法明文规定的犯罪心理态度

犯罪主观方面的核心是罪过，本质是心理态度。我国《刑法》第 14 条、第 15

条明确规定了两种犯罪心理态度，即故意与过失，并且明文规定："故意犯罪，应当负刑事责任"；"过失犯罪，法律有规定的才负刑事责任"。因此，在司法实践中具体认定犯罪时，必须严格按照刑法规定判断行为人的主观罪过是故意还是过失，然后在此基础上判断是否需要承担刑事责任。

4. 犯罪主观方面是一切犯罪必备的构成要件

根据我国刑法坚持的主客观相统一原则，任何犯罪行为都是在一定的主观罪过支配下实施的。具体而言，认定一个人的行为是否构成犯罪，需要认定其是否同时具备犯罪的主观方面和客观方面：一方面，犯罪行为必须是在罪过支配下实施的；另一方面，罪过必须是对危害行为及其危害结果的故意与过失的心理态度。此外，现代刑法理论普遍认为，"罪过与行为必须同时存在"，即罪过只能是行为时的心理态度，罪过的有无以及罪过形式与内容只能以行为时为准，而不能以行为前或行为后为准。因此，凡是行为时缺乏犯罪主观方面的，一概不得定罪处罚。

（二）犯罪主观方面的司法要求

作为任何犯罪必不可少的构成要件，犯罪主观方面对定罪而言至关重要。因此，在司法实践中必须准确查明犯罪行为人行为时的主观心态。准确查明犯罪主观方面，要求司法工作人员必须注意两点：第一，不能仅凭犯罪嫌疑人、被告人的口供简单地认定犯罪嫌疑人、被告人的犯罪主观方面。犯罪主观方面虽然不可避免地具有一定的隐蔽性和变动性，但其主观罪过必然会在行为的过程中留下一些痕迹。这是"主观见之于客观，客观反映主观"这一认识规律决定的。因此，司法工作人员需要对作为犯罪心理客观外化之表现的客观方面进行细致考察，尤其是要对危害行为、危害结果及二者的因果关系进行重点考察，进而确认犯罪嫌疑人、被告人是否具有以及具有何种犯罪主观方面。相反，如果忽视对客观方面的考察，过于依赖口供，就容易导致刑讯逼供、冤假错案等严重后果。第二，必须坚持主客观相统一的原则，将行为人的主观方面与行为、结果等客观方面结合起来考察。危害行为是罪过支配下的行为，罪过则是支配危害行为及其结果的犯罪心理态度，二者具有高度的一致性。因此，司法实践中必须以事实为根据、以法律为准绳，坚持主客观相统一原则，深入调查研究，全面、历史、辩证地分析案件的各种具体情况；正确考察行为人的主观罪过，对其主观心理态度作出符合客观真实的判定和结论，进而为准确、合理地定罪量刑奠定基础。

二、犯罪故意

我国《刑法》第 14 条第 1 款规定："明知自己的行为会发生危害社会的结果，并且希望或者放任这种结果发生，因而构成犯罪的，是故意犯罪。"据此可知，犯罪故意是指明知自己的行为会发生危害社会的结果，并且希望或者放任这种结果发生的一种主观心理态度。犯罪故意由两个因素构成，即认识因素和意志因素，二者是紧密联系和有机统一的。其中，认识因素是意志因素存在的前提和基础，意志因素是认识因素的发展和延伸。根据认识因素和意志因素的内容，犯罪故意可以分为直接故意和间接故意。

（一）犯罪故意的概念

犯罪故意，又称故意犯罪的主观心理态度，是法定的罪过形式之一。它包含两个方面：一是行为人明知自己的行为会发生危害社会的结果。这种“明知”的心理在心理学上属于认识方面的因素。二是行为人希望或者放任这种危害结果的发生。这种“希望”或“放任”的心理在心理学上属于意志方面的因素。

1. 犯罪故意的认识因素

认识因素，又称意识因素，是指行为人对自己行为的性质、意义乃至后果的辨认。行为人明知自己的行为会发生危害社会的结果，这是犯罪故意的认识因素，也是一切故意犯罪在主观认识方面必须具备的要素。如果一个人的行为虽然在客观上会发生甚至已经发生了危害社会的结果，但他本人在行为时并不知道自己的行为会发生这种结果，那说明不具备认识因素，因而也不构成犯罪的故意。因此，是否具备认识因素，是犯罪故意与作为一般心理活动的故意的根本区别。对于犯罪故意的认识因素，应当着重把握以下几点。

（1）关于“明知”的内容问题

根据《刑法》第 14 条的规定，“明知”是犯罪故意认识因素的前提和标志。它表明行为人在决意实施某种犯罪行为之前，已经比较明确地意识到了行为对社会利益将会造成危害。具体而言，包括三项内容：首先，对行为本身的认识，即对刑法规定危害社会行为的内容、性质与作用的认识；其次，对行为结果的认识，即对行为产生或将要产生的危害社会结果（包括侵害结果与危险结果）的内容与性质的认识；最后，对与危害行为和危害结果相联系的其他犯罪构成要件事实的认识，如对行为对象、时间、地点的认识。

（2）关于“明知”的程度问题

对于犯罪故意中的“明知”的理解，除了把握“明知”的内容外，还须对“明知”的认识程度有所了解。对此，应注意以下两点：一是要求行为人对构成故意犯罪所必不可少的行为事实的“明知”，并不要求一概是准确的认知；二是要求行为人对构成故意犯罪所必不可少的行为事实的“明知”，并不要求一概是正确的认知。

（3）关于“违法性认识”问题

所谓违法性认识，是指行为人对自己的行为是否违反一般法规范或者抽象意义上的法的认识。相对于行为人对自己的行为是否会造成某种危害结果这一事实判断而言，违法性认识属于价值判断的范畴。在我国刑法中，由于每一个犯罪构成要件都具有一定的归责功能，因而，违法性认识不仅仅是一个构成要件的要素问题，而是一个涉及整个犯罪构成的综合性评价问题。从我国《刑法》第 14 条的规定来看，犯罪故意的认识因素表现为行为人“明知自己的行为会发生危害社会的结果”，这说明，我国刑法只是要求行为人明知其行为及其结果的社会危害性，并没有要求行为人要认识到其行为的刑事违法性。

2. 犯罪故意的意志因素

犯罪故意的意志因素，是指行为人对自己实施的行为所导致的危害结果的发生所持的希望或者放任的心理态度。意志因素包括希望危害结果发生和放任危害结果发生两种形式。所谓希望危害结果的发生，是指行为人积极追求危害结果发生的心理态度，即这种危害结果的发生，正是行为人通过一系列犯罪活动所意欲达到的目的。所谓放任危害结果的发生，是指行为对危害结果的发生持听之任之的态度，虽不积极追求，但也不反对、不阻止。

3. 认识因素与意志因素的关系

认识因素是意志因素存在的前提和基础，意志因素是认识因素的发展和形成犯罪故意的推动力，对行为人将犯罪故意外化为具体的犯罪行为起着决定性的作用。如果仅有认识因素而没有意志因素，即主观上既不是希望也不是放任危害结果的发生，也就不存在犯罪的故意，更不会有故意犯罪的行为。概言之，认识因素和意志因素是犯罪故意中两项有机联系的因素，对于犯罪故意的成立二者缺一不可。

（二）犯罪故意的类型

根据犯罪故意的认识因素和意志因素的具体内容，可以将犯罪故意分为直接故意和间接故意。这也是我国刑法上的法定分类。

1. 直接故意

犯罪的直接故意，是指行为人明知自己的行为必然或可能发生危害社会的结果，并且希望这种结果发生的心理态度。按照认识因素的不同内容，可以把犯罪的直接故意分为两种情况。

（1）行为人明知自己的行为必然发生危害社会的结果，并且希望这种结果发生的心理态度。用公式来呈现这种心理态度，则为“明知必然发生＋希望发生”。（2）行为人明知自己的行为可能发生危害社会的结果，并且希望这种结果发生的心理态度。用公式来呈现这种心理态度，则为“明知可能发生＋希望发生”。

从实践案例的统计情况可知，绝大多数犯罪都是出于故意而实施的，而在故意犯罪中，又主要是直接故意犯罪。直接故意犯罪由于行为人对危害结果发生持希望态度，因而，在犯罪实行过程中，行为人犯罪目的是明确的，而且多具有较强的意志力，对所遇到的困难或阻力多会想方设法排除以实现犯罪目的。因此，相比于其他犯罪心理态度，直接故意具有更大的主观恶性。

2. 间接故意

间接故意是指行为人明知自己的行为可能发生危害社会的结果，并且放任这种结果发生的心理态度。用公式来呈现这种心理态度，则为“明知可能发生＋放任发生”。

间接故意的认识因素，是指行为人认识到自己的行为可能发生危害社会的结果，而不包括认识到自己的行为必然发生危害社会的结果。因为放任是以行为人认识到危害结果具有可能发生也可能不发生这种或然性为前提的，如果行为人已认识到自己的行为必然发生危害结果而又决意实施，则根本不存在放任的可能，其主观意志只能是希望危害结果发生的直接故意。

间接故意的意志因素，是指行为人对危害结果的发生，不希望、不积极追求，而是抱着听之任之的态度，即不管发生与否，都不违背其意志。正因为如此，危害结果的实际发生是认定间接故意的必要条件。如果没有发生危害结果，就不能认定行为人具有放任危害结果发生的心理态度。其一般表现为：（1）行为人为追求某一犯罪目的，而放任另一危害结果的发生。（2）行为人为追求某一非犯罪目的，而放任某一危害结果发生。（3）在瞬间情绪冲动下，行为人不计后果地实施危害行为，放任严重危害结果的发生。

3. 直接故意与间接故意的区别

直接故意与间接故意作为犯罪故意的两种表现形式，既有犯罪故意的共同属性，也有各自的特点。二者的共性表现在两个方面：（1）在认识因素方面，二者对危害结果的发生都有明知，即明确认识到自己的行为会发生危害社会的结果；（2）在意志因素方面，二者都不排斥危害结果的发生。

二者的区别表现在四个方面：（1）从认识因素上看，直接故意既可以是行为人明知自己的行为必然发生危害结果，也可以是明知自己的行为可能发生危害结果；而间接故意只能是行为人明知自己的行为可能发生危害结果。（2）从意志因素上看，二者对危害结果发生的心理态度明显不同。直接故意是“希望”，即积极追求危害结果的发生；间接故意则并非积极追求危害结果的发生，而是对危害结果的发生持听之任之的放任心态。这种意志因素方面表现出的不同，是二者区别的关键之所在。（3）从犯罪目的上看，有无犯罪目的是区分直接故意与间接故意的显著标志，直接故意犯罪的行为人一般具有较为明确的犯罪目的；而间接故意犯罪的行为人基于其对危害结果的放任态度，没有明确、具体的犯罪目的。（4）从危害结果上看，是否发生特定结果对二者的定罪意义也有所不同。对直接故意来说，行为性质与结果性质是同一的，结果也是特定的。因此，根据主客观相统一的原则，只要行为人主观上具有犯罪的直接故意，客观上有相应的行为，即构成特定的故意犯罪。危害结果的发生与否，一般不影响行为的定性，而只是在那些以结果为既遂要件的犯罪中，结果会作为判断犯罪既遂与未遂的标志。对间接故意而言，由于特定的危害结果可能发生，也可能不发生，即结果发生与否都不违背行为人的意志，因此，根据主客观相统一的原则，仅有行为而未出现危害结果时，尚不能认定行为构成犯罪（包括其未遂形态）；只有当出现了特定的危害结果时，才能认定相应的行为构成特定的犯罪。这也就是说，特定危害结果的发生与否，决定了间接故意犯罪的成立与否。

三、犯罪过失

我国《刑法》第 15 条第 1 款规定：“应当预见自己的行为可能发生危害社会的结果，因为疏忽大意而没有预见，或者已经预见而轻信能够避免，以致发生这种结果的，是过失犯罪。”据此可知，犯罪过失是指行为人应当预见自己的行为可能发生危害社会的结果，因为疏忽大意而没有预见，或者已经预见而轻信能够避免，以致发生这种结果的心理态度。犯罪过失同样由两个因素构成，即认识因素和意志因素，二者是紧密联系和有机统一的。根据认识因素和意志因素的内容，犯罪过失可以分为疏忽大意的过失和过于自信的过失两类。

（一）犯罪过失的概念

犯罪过失，又称过失犯罪的主观心理态度，它是与犯罪故意相并列的法定罪过形式之一。对于犯罪过失，同样应当从其罪过的心理构造，即认识因素与意志因素两个方面加以理解。

1. 认识因素

犯罪过失的认识因素是犯罪过失成立的前提，其内容是行为人在行为时具备认识其行为发生危害结果的能力，但却认为自己的行为不会发生危害社会的结果。具体而言，在疏忽大意的过失的情况下，行为人由于没有预见而对危害结果的发生缺乏认识；而在过于自信的过失的情况下，行为人虽已预见到危害结果发生的可能性，但因其过高地估计了避免危害结果发生的有利条件，因而导致对危害结果的发生产生了误判。

2. 意志因素

犯罪过失的意志因素是行为人虽不希望危害社会的结果发生，但未履行其应当履行的注意避免危害结果发生的义务。与犯罪故意对危害结果发生所持的希望或者放任心态相比，犯罪过失明显地表现出对危害结果发生的排斥或反对态度，这是犯罪过失与犯罪故意在意志因素方面的根本区别。当然，必须强调的是，犯罪过失的本质不仅在于造成危害社会的结果，更在于行为人未履行注意义务。如果某种危害社会结果的发生，不是因行为人未履行注意义务而引起，或者行为人虽然履行了注意义务，但仍未有效阻止危害结果的发生，就不能认为行为人具有犯罪过失而追究其刑事责任。

（二）犯罪过失的类型

根据犯罪过失的认识因素和意志因素的具体内容，可以将犯罪过失分为疏忽大意的过失和过于自信的过失。这也是我国刑法上的法定分类。

1. 疏忽大意的过失

疏忽大意的过失，是指行为人应当预见自己的行为可能发生危害社会的结果，因为疏忽大意而没有预见，以致这种结果发生的心理态度。

（1）行为人应当预见自己的行为可能发生危害社会的结果。所谓“应当预见”，是指行为人在行为时负有预见到行为可能发生危害结果的义务，并有预见的能力。这是疏忽大意的过失与意外事件的本质区别。如果行为人并不存在预见危害结果发生的义务，或在当时的情况下不可能预见危害结果的发生，不管造成什么样的危害结果，都不能认为其具有过失而追究其刑事责任。“应当预见”是预见义务与预见能力的统一。其中，预见义务从客观上提供了“应当预见”的法律依据，而预见能力则从主观上提供了“应当预见”的事实根据。因此，司法实践中对“应当预见”的判断，既不能只考虑行为人的主观内容，也不能只看重客观因素，而是应当将二者结合起来加以综合考量。无论其预见义务为何，预见义务与预见的实际情况必须有机地联系在一起，因为法律不能强人所难，不可能要求公民去做他实际上根本无法做到的事情。关于如何判断行为人是否具有相应的预见能力，应以主观标准为根据、以客观标准为参照。

（2）行为人由于疏忽大意，没有预见其行为可能发生危害社会的结果。所谓“没有预见”，是指行为人在行为当时没有想到自己的行为可能发生危害社会的结果。在此处，应当预见是前提，没有预见是事实，而疏忽大意则是原因。从本质上看，疏忽大意的过失在其意志层面是反对危害结果发生或者希望危害结果不发生的。

2. 过于自信的过失

过于自信的过失，是指行为人已经预见到自己的行为可能发生危害社会的结果，但轻信能够避免，以致发生这种结果的一种心理态度。

（1）过于自信的过失的特征

一是行为人已经预见到自己的行为可能发生危害社会的结果，二是行为人轻信能够避免危害结果的发生。

（2）过于自信的过失与间接故意的区别

过于自信的过失与间接故意在对危害结果的可能发生有所预见以及不希望危害结果的发生方面都有相似之处，但两者仍有本质上的区别：一是在认识因素上，间接故意的行为人对其行为可以发生危害社会的结果一般都具有比较清楚、现实的认识，而过于自信的过失的行为人对危害结果发生的现实性则往往存在认识上的不足。二是在意志因素上，间接故意的行为人对危害结果的发生持一种放任的心理态度，对危害结果发生与否，行为人投的是弃权票，危害结果的现实发生并不违背其意愿；而过于自信的过失中行为人对危害结果的发生持的是一种反对的心理态度，只不过行为人由于过于自信而认为可以避免危害结果的发生，对危害结果的发生与否，行为人投的是反对票。可见，对行为所导致的危害结果的发生或可能发生，是否持否定、反对的态度，并凭借一定的条件或措施加以避免，是区分过于自信的过失与间接故意的关键所在。在此意义上，可以说过于自信的过失的主观恶性要小于间接故意。

（3）过于自信的过失与疏忽大意的过失的区别

过于自信的过失与疏忽大意的过失虽然都属于犯罪过失的基本类型，但二者仍有本质的区别：在认识因素上，过于自信的过失对危害结果的可能发生已经有所预见，而疏忽大意的过失则根本没有预见；在意志因素上，无论是过于自信的过失还是疏忽大意的过失，对危害结果的可能发生，均持排斥态度，但过于自信的过失是凭借一定的主客观条件轻信可以避免，而疏忽大意的过失则是疏忽麻痹。

四、犯罪动机与犯罪目的

犯罪目的是指行为人希望通过实施犯罪行为达到某种危害社会的结果的心理态度。其只存在于直接故意中，间接故意与过失不可能存在犯罪目的。犯罪动机是指刺激行为人实施某种犯罪行为以达到犯罪目的的内心冲动或者起因。

（一）犯罪目的

犯罪目的一般分为两类：一是指直接故意中的意志因素，即行为人对自己的行为直接造成危害结果的希望；二是指在某些故意犯罪中，行为人在实现行为的直接危害后果后，进一步追求的某种非法利益或者结果。犯罪目的仅存在于直接故意中，间接故意与过失不可能存在犯罪目的。犯罪目的是行为人希望通过实施危害行为达到某种危害结果的心理态度，它必然要有为实现某种危害结果的积极追求行为。因此，间接故意犯罪的行为人根本不可能存在以希望、追求一定的危害结果发生为特征的犯罪目的。

（二）犯罪动机

犯罪动机回答犯罪人基于何种心理原因实施犯罪行为，故动机的作用是发动犯罪行为，说明实施犯罪行为对行为人具有什么意义。产生犯罪动机需具备两个条件：一是行为人的内在的需要和愿望，二是外界的诱因与刺激。总体上看，从犯罪意识到犯罪过程是一个线性过程，犯罪需要产生犯罪动机，犯罪动机催生犯罪目的，但它们之间并不是必然的递进关系；犯罪动机并不必然与犯罪目的产生联系。一切故意犯罪都有犯罪动机，过失犯罪并不存在犯罪动机。这是因为，在过失犯罪中，行为人都不是基于犯罪动机选择危害行为，而是在非犯罪动机的刺激下，实施了严重不负责的行为或者掉以轻心的避免行为，最终才导致严重危害结果的产生。

（三）犯罪目的与犯罪动机的联系与区别

犯罪目的与犯罪动机既密切联系又相互区别。

二者的密切联系表现在：（1）二者都是犯罪人实施犯罪行为过程中存在的主观心理活动，它们的形成和作用都反映行为人主观恶性程度及行为的社会危害性程度。（2）犯罪目的以犯罪动机为前提和基础，犯罪目的来源于犯罪动机，犯罪动机促使犯罪目的的形成。（3）二者有时表现为直接的联系，即它们所反映的需要是一致的。

二者的区别主要表现在：（1）二者形成的时间先后顺序不同。即犯罪动机产生在前，目的产生在后。（2）二者所包含的内容不同。动机揭示行为人犯罪的主观原因，目的揭示其希望达到的结果。（3）二者的作用不同。犯罪动机是表明行为人为什么要犯罪的内心起因，比较抽象，是内在的发动犯罪的力量，发挥推动犯罪实施的作用；犯罪目的则是实施犯罪行为所追求的客观结果在主观上的反映，发挥为犯罪定向、确定目标和侵害程度的引导、指挥作用，指向外在的具体犯罪对象和客体。（4）对定罪量刑的意义不同。犯罪目的可以起到划分罪与非罪、此罪与彼罪界限的作用，因此其作用偏重于定罪；犯罪动机的作用偏重于量刑。

五、无罪过事件

（一）无罪过事件的概念

所谓无罪过事件，是指由于不能抗拒或者不能预见的原因导致损害结果的发生，但由于缺乏主观罪过，因而不认为是犯罪的情形。其特征为：（1）行为人的行为在客观上造成了损害结果；（2）行为人主观上既不存在故意也不存在过失，即无罪过；（3）损害结果是由于不能抗拒或者不能预见的原因所引起的，即损害结果无论是从主观上看还是从客观上分析，均不可归咎于行为人自身。

（二）无罪过事件的类型

法定的无罪过事件包括意外事件与不可抗力。

1. 意外事件

意外事件，是指行为在客观上虽然造成了损害结果，但是不是出于故意或者过失，而是由于不能预见的原因所引起的情形。这里的“不能预见”是指当时行为人对其行为产生损害结果不但没有预见，而且根据其实际能力和当时的具体条件，根本无法预见。从认识因素来看，行为人没有认识到自己的行为会发生危害社会的结果；从意志因素来看，行为人对行为危害结果的发生持反对态度。

意外事件与疏忽大意的过失虽然有相似之处，即行为人对危害结果的发生都没有预见，并因此导致危害结果的发生，但二者的区别是非常明显的：从行为人的实际认识能力和当时的情况来分析，在意外事件中，行为人对损害结果的发生既不具有预见的可能，也不具有预见的义务。因此，损害结果是在行为人不可能预见、不应当预见而没有预见的情况下发生的。而在疏忽大意的过失犯罪中，行为人对危害结果的发生存在预见上的可能性和义务性，只不过由于自身的疏忽大意最终导致其没能预见。可见，根据行为人的实际能力和当时的情况，结合法律、职业等要求来认真考察行为人没有预见危害结果的原因，对于区分意外事件和疏忽大意的过失犯罪至关重要。

2. 不可抗力

不可抗力，是指行为人在客观上虽然造成了损害结果，但不是出于故意或者过失，而是由于不能抗拒的原因引起危害结果的情形。不可抗力有三个特征：一是行为人在客观上造成了损害结果；二是行为人主观上既无故意，也无过失；三是损害结果是由不能抗拒的原因所引起的。所谓“不能抗拒”，是指行为人虽然认识到自己的行为可能发生损害结果，但受行为当时的主观和客观条件的限制，而无力排除或阻止损害结果的发生。不能抗拒的原因主要是客观因素，有时也包括人为因素。前者如山崩地裂、飓风海啸、冰雪崩塌、自然起火、山洪泥石流等；后者如行为人使用的是他人制造的伪劣产品，因产品质量缺陷导致火灾、爆炸或因机械故障造成车翻人亡，因被他人捆绑、击晕昏迷或绑架而不能履行职责或者业务等。

不可抗力与意外事件既有联系又有区别。二者的共同之处在于：行为人主观上都没有故意或者过失，即无罪过，并且行为人对危害结果的发生都持反对态度。因此，无论行为在客观上造成了多么严重的损害结果，对不可抗力和意外事件的行为人都不能追究刑事责任。二者的区别在于：在不可抗力中，行为人已经认识到自己的行为会发生危害社会的结果，只不过由于不可抗力的原因而无法避免危害结果的发生；而在意外事件中，行为人根本不可能也无义务认识到自己的行为会发生危害社会的结果。

此外，无罪过事件除前述法定的不可抗力和意外事件外，还存在无期待可能性的情形。所谓的期待可能性，是指从行为时的具体情况看，可以期待行为人不实施违法行为，而应实施合法行为。期待可能性理论认为，如果在行为时不能期待行为人实施其他适法行为，就不能对其进行非难，进而让其承担刑事责任，也即只有当行为人具有实施合法行为的期待可能性但却实施了违法行为时，才能对其进行谴责。在期待可能性理论中，争议最大的问题是期待可能性的判断标准，存在行为人标准说、一般人标准说和法规范标准说三种，三种学说各有利弊。

（三）无罪过事件的免责依据

行为人之所以无须对无罪过事件承担刑事责任，是因为行为人欠缺刑事责任的主观根据，即罪过。这既是“无犯意则无犯人”这一刑法格言的内在逻辑，也是近代以来责任主义刑法的共识。

“无犯意则无犯人”（Non reu nisi mens sit rea）是英国人用拉丁语表述的法律格言，其含义是：如果行为人在实施刑法禁止的行为时不具有犯罪意思，则行为就不构成犯罪，行为人也就不是犯罪人，因而对行为人也就不能适用刑罚。“无犯意则无犯人”也是我国刑法理论一贯坚持的原则。只不过，基于汉语言的表达习惯，其通常被表述为“没有罪过就没有犯罪，没有罪过就没有犯罪人”。

此外，各国刑法不对无罪过事件加以责难，还出于保障公民行动自由之需要。如果因为某人的行为与无罪过事件有关联，便追究其刑事责任，则行为人就不是因为自己有意识的行为而承担刑事责任，而是因为自己不幸运地遇上了无罪过事件而承担责任。对无罪过事件追究行为人的刑事责任，既会妨害公民的自由行动，也会侵犯公民的合法权利。因此，任何人不对无罪过事件承担刑事责任，是现代法治国家必须始终坚持的一项基本原则。[①]

六、刑法中的认识错误

（一）认识错误的概念

刑法中的认识错误，是指行为人对自己行为的法律性质或者行为后果等事实情况的认识发生错误。其本质是行为人的主观认识与法律规定或者客观事实不一致。

---

① 张明楷. 刑法格言的展开. 北京：法律出版社，2003：181－187.

这种认识错误既有可能影响罪过的有无与罪过的形式，也有可能影响犯罪的既未遂形态，进而有可能对刑事责任产生影响。刑法中的认识错误在理论上一般分为两大类，即法律认识错误和事实认识错误。

(二) 法律认识错误

法律认识错误，即违法性错误，是指行为人对自己的行为在法律上是否构成犯罪、构成何种犯罪或者应当受到什么样的刑事处罚的错误认识。法律认识错误是行为人不知法律规定或者误解法律规定造成的。一般而言，法律认识错误不影响行为人行为的定性。这是因为，我国刑法理论与实践坚持“不知法律不免责”的原则，即犯罪故意的成立，原则上不要求行为人对自己行为的违法性有明确的认识，而只要行为人对其行为的社会危害性有所认知即可。但是，在违法性认识是社会危害性认识的前提的特殊场合，即行为人确实因不知法而不能明知自己的行为会发生危害社会的结果时，则认为可以阻却犯罪故意的成立。具体而言，法律认识错误包括三种情形：(1) 将有罪行为误认为无罪行为，即假想的无罪。(2) 将无罪行为误认为有罪行为，即假想的有罪。(3) 对行为的罪名以及处罚轻重的认识错误，即行为人认识到自己的行为已经构成犯罪，但对自己的行为构成何种罪名及应当如何处罚，存在错误的理解。

(三) 事实认识错误

事实认识错误，是指行为人在主观上对直接影响其行为性质及刑事责任的有关事实的错误认识。事实认识错误在本质上是行为人主观的认识与客观上的事实不相符。关于事实认识错误的处理，理论上存在三种学说：(1) 具体符合说。该说认为，行为人所认识或者预见的构成事实与实际发生的事实完全一致时，才构成故意。(2) 抽象符合说。该说认为，行为人所认识或者预见的构成事实与实际发生的构成事实存在抽象的一致时，不论是否存在具体差别和罪质轻重，均以行为人所认识或者预见的事实判断故意的成立与否。(3) 法定符合说。该说认为，行为人认识或者预见的构成事实与实际发生的构成事实在犯罪构成的范围内一致时，行为人所认识或者预见的构成事实成立故意。凡属于同一个犯罪构成的，例如盗窃，即使误认金项链为手表，也不影响盗窃犯罪的认定，仍应以盗窃罪论处；凡不属于同一犯罪构成的，例如欲盗窃财物而窃得枪支，则要影响定罪，不能认为具有盗窃枪支的故意。[①] 本书主张以法定符合说来判断事实认识错误是否阻却犯罪故意的成立。

常见的事实认识错误有以下几种。

1. 对象认识错误

对象错误又称目的物错误，是指行为人主观上所认识的行为对象与其行为实际侵害的对象不相一致的情形。其包括三种情形：第一种是行为人意欲侵犯的对象与实际侵犯的对象在法律性质上不同，即分属不同的犯罪构成的情形；第二种是行为

---

① 陈兴良. 本体刑法学. 北京：商务印书馆，2005：374－375.

人意欲侵犯的对象与行为人实际侵犯的对象在法律性质上是相同的，即属于同一构成要件的情形；第三种是行为人意欲侵犯的对象与实际侵犯的对象在法律性质上部分相同，即犯罪构成存在交叉或重叠关系，此种情况下，行为人只就相同的部分承担故意罪责，对不同的部分不承担故意罪责。

在刑法中还有一类与对象认识错误较为相似的行为值得探讨，即打击错误。所谓打击错误，又称打击偏差，指行为人对自己意欲侵害的某一对象实施侵害行为时，由行为本身的偏差导致行为人客观上实际侵害的对象与其意欲侵害的对象不一致的情形。例如，甲欲杀乙，但由于枪法不准，误将乙身边的丙打死。从现象上看，这也是对象认识错误，只不过不是因为辨认错误所致，而是由于行为本身的误差所致，如上例中的枪法不准。因此，这是一种客观行为错误，而不是主观认识错误。刑法理论界认为，对行为误差一般也采取法定符合说，即适用对象认识错误的认定方法解决：如果预想打击的目标与（因行为偏差）实际打击的目标在法律规定的范围内一致，不妨碍行为人对误击的目标承担故意罪责；但如果在法律规定的范围内不一致，则阻却对误击的目标承担故意罪责。

2. 手段认识错误

手段认识错误又称为方法错误、工具错误，是指行为人实际采用的犯罪手段或工具，与其预想的手段或工具在性质和作用上不符，从而使得预期的犯罪结果不能发生的情形。手段认识错误包括两种情况：一是迷信犯。这是指行为人所使用的方法在任何情况下都不能导致危害结果的发生，但由于行为人愚昧无知或者迷信，而误认为该种方法可以达到其所追求的犯罪结果。二是手段不能犯。这是指行为人预想的犯罪手段具有产生危害结果的可能，只是由于行为人认识上的错误，而实际上使用了不能导致危害结果发生的手段。例如，丙误将白糖当做砒霜企图毒死丁的行为。通说认为，对于这种行为，应当按照故意犯罪的未遂定罪处罚。因为从主观上看，行为人对手段的认识错误并不影响其犯罪故意的成立；从客观上看，虽然行为人实际所使用的犯罪手段并没有造成行为人预想的危害结果，但行为人原来准备采用的手段足以造成危害结果，故其应当承担故意犯罪未遂的刑事责任。

3. 因果关系认识错误

因果关系认识错误，是指行为人对自己实施的行为与危害结果之间的因果关系发展情况的认识与实际的因果进程不一致的情形。对此，应按照主客观相统一的原则，分析和解决这种错误认识是否影响行为人的刑事责任。因果关系认识错误主要包括：（1）行为人误认为自己的行为已经达到预期的犯罪结果，但事实上并没有发生这种结果；（2）行为人所追求的结果事实上是由其他原因造成的，行为人误认为是自己实施的行为造成的；（3）行为人的行为没有按照他预想的方向发展至其预想的目的后停止，而是发生了行为人所预见、追求的目标以外的结果；（4）行为人实施了 A、B 两个行为，伤害结果是由 B 行为造成的，行为人却误以为是由 A 行为造成的。

【案例评析】

案例一

1. 案情简介

被告人常某与被害人孟某在同一集镇经营超市生意，为争夺市场，二人相互拆台，常打价格战，积怨已久。2011 年 4 月 25 日上午 11 时许，常某将孟某约至村东头 500 米处的大桥上，商谈两家超市在 2011 年“五一”节日期间搞商品促销活动和有奖销售活动中销售价格和搭售商品相互平衡，以避免双方更大损失一事。在商谈过程中，双方因相互指责对方过错而引起争执，并演变为拳打脚踢。在扭打过程中，常某顿生杀意，突然用胳膊紧勒孟某的颈部，用手捂孟某的口鼻，致使孟某昏迷。常某一看孟某倒地一动不动，以为孟某已死亡，顿生恐慌，由于时值正午，常某怕过往路人发现，为掩尸灭迹随即便将孟某“尸体”缚重沉入河中。28 日下午，孟某的尸体被一打鱼人发现，该人随即向公安机关报案。公安机关立案侦查。经法医鉴定，孟某真正死因系溺水死亡，而非窒息所致。

2. 基本问题

常某致孟某死亡的事实，在刑法理论上被称为什么？刑法理论对该种情况有哪几种处理意见？你认为应当如何处理？为什么？

3. 知识内容

常某致孟某死亡的行为，在刑法理论上被称为事前的故意。刑法理论对这种情况有以下处理意见：（1）第一行为即勒颈部、捂口鼻的行为成立故意杀人未遂，第二行为即将孟某“尸体”缚重沉入河中的行为成立过失致人死亡罪；（2）将两个行为视为一个行为，将支配行为的故意视为概括的故意，认定为一个故意杀人既遂；（3）如果在实施第二行为时对死亡有间接故意，则成立一个故意杀人既遂；否则，成立故意杀人未遂与过失致人死亡罪；（4）将两个行为视为一体，作为对因果关系的认识错误来处理，只要存在相当的因果关系，就认定为一个故意杀人既遂。应当认为，第一行为与结果之间的因果关系并未中断，而且客观发生的结果与行为人意欲发生的结果完全一致，故应肯定常某的行为成立故意杀人罪既遂。

因果关系认识错误是指行为人对自己的行为与危害结果之间的因果关系发展情况的认识与实际的因果进程不一致的情形。在该种情形下，行为人侵害的对象没有错误，但造成侵害结果的因果关系发展过程相对于行为人原先所预想的发展过程出现了意料之外的异常，侵害结果提前或者推后发生；即对因果关系的具体样态的认识发生了错误，也就是没有认错人也没有打错人，只是计划错了。对此，应按照主客观相统一的刑事责任原则的要求，分析和解决这种错误认识是否影响行为人的刑事责任。一般情况下，在处理因果关系错误时大致有以下三种思路：

（1）狭义的因果关系认识错误，是指危害结果的发生不按照行为人对因果关系的发展所预见的进程来实现的情况。例如，甲为了让乙溺死于水中而将乙推入井中，乙在跌入井中的过程中尚未溺水而死时，却因撞到井壁而死。那么，此处因果关系认识错误对定罪量刑无任何影响，对甲应按故意杀人罪（既遂）定罪处罚。

（2）结果的提前实现，是指危害结果提前出现，实现了行为人所预想追求的目的。例如，甲为了杀妻买了毒鼠强冲入牛奶并放在客厅的茶桌上，准备让妻子下午六点下班后喝掉毒死妻子。结果妻子因当晚要参加同学的聚会提前到下午五点半下班回家梳妆打扮，此时甲刚把冲好的牛奶放到茶几上，外出接放学回家的孩子，妻子到家后便端起茶几上的毒牛奶一饮而尽，中毒身亡。对此类情况，如果危害结果是实行行为所导致的则成立故意犯罪的既遂；如果不是由实行行为导致的，则否认故意犯罪的既遂，因为此时还处在没有“着手”实施实行行为的阶段，不可能是既遂。

（3）事前的故意，也就是危害结果的推后实现，是指行为人误认为第一个行为已经实现危害结果，出于其他目的而又实施了第二个行为，但危害结果实际上是第二个行为所导致的情况。事前的故意这种因果关系的认识错误对定罪量刑无任何影响。

本案中常某致孟某死亡的行为即是上述第三种类型的因果关系认识错误，孟某的死亡结果是由常某的第二个掩尸灭迹行为所导致，也就是说对于常某来说孟某死晚了，本情形属于事前故意的因果关系认识错误类型。对此，基于前后两个行为都是行为人所为，此时的因果关系的认识错误对常某构成故意杀人罪（既遂）无任何影响，常某的行为仍构成故意杀人罪的既遂。

案例二

1. 案情简介

20世纪80年代，东北某县电影公司举行文化下乡活动，派本电影公司职工放映员马某和本公司后勤处赶马车的装卸工劳某去本县某山村放电影。当时电影胶片放在一个铁匣子里。到该山村后由于时间尚早未到预订放映时间二人无处可去，村支书就招待二人进该村一农户屋内烤火取暖。放映员马某怕电影胶片被村里孩子乱拿损坏无法按预定计划放映，就把装电影胶片的铁匣子搬下马车带进农户屋内。因屋内烤火人员较多凳子较少，马某就把该铁匣子当凳子坐，坐在火堆旁和村民们烤火聊天，装卸工劳某就坐在马某身边，稍聊片刻就被村支书招呼先去吃饭了。离开后，由于装电影胶片的铁匣子仍留在火堆旁没有搬开，结果因胶片着火点较低，燃烧起来引起熊熊大火，烧毁二十余农户民房，造成重大损失。

2. 基本问题

电影公司的两位职工马某和劳某对这起重大事故是否应当负刑事责任？如当负刑事责任，其罪过又是何种罪过？

3. 知识内容

电影公司放映员马某应当负刑事责任，其罪过形式是疏忽大意的过失；对于赶马车的劳某属于意外事件而不负刑事责任。

具体分析：放映员马某和装卸工劳某对这起重大事故当时都没有预见到，但关键是看二者在当时有无预见义务与预见能力，应不应当预见。因为意外事件和疏忽大意的过失在行为当时，行为人都对行为所导致的危害结果没有预见到，二者区别的关键是行为人在当时应不应该认识到该问题，有没有能力和义务预见到危害结果的发生。我们判断的依据和标准应当坚持主客观相统一的原则：一是具有正常生活经验和经历的人在行为的当时应不应该预见到，即一般人的标准；二是看具体人的职业要求与业务能力，结合该具体行为人的职业素养、岗位职责、业务要求、知识能力来综合判断，行为人当时应不应该预见到，行为人能不能预见到；三是行为人客观上是否已经尽了必要而充分的注意义务，是否针对该汴意义务采取了相应的措施。对于放映员马某来说，考虑到他的工作任务、工作环境及放映专业常识，其对电影胶片的着火点、易燃性以及铁匣子的导热性能均应有预见能力和预见义务，但由于其只顾吃饭而一时疏忽大意没有预见到，故其主观方面可以认定为疏忽大意的过失，应当按失火罪定罪处罚。对装卸工劳某而言，由于他是一个普通工人，并不具备这个专业技能，因而，应按一般人的标准来衡量，不能苛求其应当预见到火灾危害结果可能发生，所以发生火灾的重大事故对其来说就属于意外事件。

案例三

1. 案情简介

一“东风”货车司机艾某在行车途中被一辆“广本”轿车超过，艾某顿生不快便加速超过“广本”轿车。不一会“广本”轿车又超过“东风”货车，艾某又加速再次超过“广本”轿车。当“广本”轿车试图再一次超越艾某的“东风”货车并行至其左侧时，艾某对坐在其副驾驶座上的刘某说：“开个破广本牛个啥，我要吓他一下看他还敢超我。”话音刚落，艾某就将方向盘往左一打，“广本”轿车为躲避碰撞而翻车，其司机重伤且另有该车上一名随车人员死亡，艾某见状顿生恐慌，遂驾车逃离。

2. 基本问题

本案行为人艾某的行为构成何罪？其犯罪心态是何种类型的犯罪主观要件及其原因分析？

3. 知识内容

本案行为人艾某的行为构成交通肇事罪，其犯罪心态是犯罪过失中的过于自信的过失类型。具体分析如下。

犯罪过失是指行为人应当预见自己的行为可能发生危害社会的结果，因为疏忽大意而没有预见，或者已经预见而轻信能够避免，以致发生这种结果的心理态度；其罪过的心理构造包括认识因素与意志因素两个方面；分为疏忽大意的过失和过于自信的过失两种类型。过于自信的过失，是指行为人已经预见到自己的行为可能发生危害社会的结果，但轻信能够避免，以致发生这种结果的一种心理态度。犯罪故意是指明知自己的行为会发生危害社会的结果，并且希望或者放任这种结果发生的一种主观心理态度；构成要素包括认识因素和意志因素两方面内容，分为直接故意和间接故意两种类型。过于自信的过失与间接故意在对危害结果的可能发生有所预见与都不希望危害结果发生两方面有相似之处。但两者有本质区别：在认识因素上，间接故意的行为人对其行为可能发生危害社会的结果一般具有比较清楚、现实的认识；而过于自信的过失的行为人对危害结果发生的现实性则往往存在认识上的不足。在意志因素上，间接故意的行为人对危害结果的发生持一种放任的心理态度，故危害结果的现实发生并不违背其意愿。在过于自信的过失中，行为人对危害结果的发生则持明显的排斥或反对态度，只不过由于行为人过于自信而最终没有预见到危害结果真的会发生。简言之，在对危害结果发生的态度上，过于自信的过失对之投的是反对票，而间接故意对之则投的是弃权票。可见，对行为所导致的危害结果是否持否定、反对的态度并凭借一定的避免条件和措施加以避免，是区分过于自信的过失与间接故意的关键所在。在此意义上可以说过于自信的过失的主观恶性要小于间接故意。

具体到本案，行为人艾某是在被害人超车的情况下，为了吓吓被害人阻止被害人继续超车，而实施了违反规章不给被害人车辆让行的行为。在认识因素方面，其存在认识上的不足。当时艾某预见到了危害结果的可能发生，但因其相信凭借自身多年的驾驶技术能够防止危害结果的发生，进而对危害结果发生的现实性存在认识上的不足。在意志因素方面，从行为人艾某的行为表现来看，艾某既然是为吓吓被害人，则说明其主观上仅仅具有造成危险的心理而已，对造成一死一伤的危害结果还是排斥的，而不是抱着放任的、听之任之的态度，只不过由于行为人过于相信自身多年的驾驶技术而最终没有预见到危害结果真的会发生，对危害结果的发生与否，行为人投的是反对票。综上所述，行为人艾某的犯罪心态是犯罪过失中的过于自信的过失类型。由于本案是发生在交通运输过程中因行为人过失造成被害人死伤，故定交通肇事罪。

【疑难问题】

如何区分间接故意与过于自信的过失？二者区分的重要性何在？

间接故意与过于自信的过失的区别在于认识因素和意志因素两个方面，言外之意，就是在希望发生危害结果的直接故意与希望不发生危害结果的过于自信的过失之间的中间地带，就是放任的间接故意的领域。间接故意的心理公式是“明知＋放任”，过于自信的过失的心理公式是“预见＋轻信”。在认识因素方面，间接故意的行为人对其行为导致危害社会结果发生，一般都具有比较清晰的认识；而过于自信的过失的行为人对危害结果发生的现实性，则往往存在认识上的模糊性和一定的不确定性。在意志因素方面，间接故意的行为人对危害结果的发生投的是弃权票，持一种无所谓的心理态度；而过于自信的过失的行为人对危害结果的发生投的是反对票，持一种反对结果发生的心理态度，只不过由于其过于自信，最终没有预见到危害结果真的会发生。由此来看，区分过于自信的过失与间接故意的关键在于，对行为所导致的危害结果的发生或可能发生，是否持否定、反对的态度并凭借一定的避免条件或措施加以避免。

由于过于自信的过失的主观恶性要小于间接故意，因而正确区分间接故意与过于自信的过失，在司法实践中无论是对保障犯罪嫌疑人的人权，还是体现“善治”的刑法正当性，都有着不可忽视的非凡意义；可以说是直接体现刑法是“善”还是“恶”的落脚点之一。比如，对于特殊情况下的有关交通类案件很难区分是过于自信的过失还是间接故意，区分不准确将直接影响案件定性正确与否，进而决定量刑正确与否的问题。如果是过于自信的过失导致的交通肇事犯罪，司法实践中法官却定性为间接故意支配下的以危险方法危害公共安全的故意犯罪，这对行为人而言在定罪量刑上会是天壤之别。可以说是同样的行为、同样的境地，在不同法官定性不同的情况下，有的步入了“天堂”，有的却沉入了“地狱”[①]。至此，“刑法是犯罪人的大宪章”的人权保障机能将化为乌有。如果行为人的行为性质属于间接故意支配下的以危险方法危害公共安全的故意犯罪，却被法官定性为过于自信的过失导致的交通肇事犯罪，那么“刑法是善良人的大宪章”的法益保护功能将严重贬损，受害人的正义将无处伸张，刑法的正义性在此处将嬗变为更大的不正义。

实务训练

1. 关于罪过，下列哪些选项是不正确的？（　　）

A. 成立猥亵儿童罪，要求行为人知道被害人是或者可能是不满 14 周岁的儿童

B. 张甲因疏忽大意而致人死亡，张甲应当预见而没有预见的危害结果既可能是发生他人死亡的危害结果，亦可能是发生他人重伤的危害结果

C. 张甲的玩忽职守行为虽然造成公共财产损失，但在张甲未认识到自己是国家机关工作人员之时，张甲就不存在玩忽职守的罪过

D. 张甲以非法占有财物的目的窃取军人的手提包时，明知手提包内可能有枪支仍然窃取，该手提包中果然有一支手枪。张甲没有非法占有枪支的目的，故不成立盗窃枪支罪

2. 请根据“赵春华案”，以公诉人的身份写一篇公诉词（注意阐述被告人的主观罪过方面，尤其是违法性认识）。要求格式规范、论点鲜明、重点突出、论证充分。

3. 请根据“赵春华案”，以赵春华辩护人的身份写一篇辩护词（注意阐述被告人的主观罪过方面，尤其是违法性认识）。要求格式规范、条理清晰、有理有据、辩护有力、合法合理。

---

① 交通肇事罪一般处以 3 年以下有期徒刑或拘役；逃逸的，情节特别恶劣的处以 3 年以上 7 年以下有期徒刑；逃逸致人死亡的处以 7 年以上有期徒刑。而以危险方法危害公共安全罪的法定刑，起刑就是 3 年以上 10 年以下有期徒刑；致人死亡的，处以 10 年以上有期徒刑、无期徒刑，甚至是剥夺人生命的极刑——“死刑”.

课后练习

1. 甲、乙预谋修车后以假币骗付。某日，甲、乙在某汽修厂修车后应付款4 850元，按照预谋甲将4 900元假币递给乙清点后交给修理厂职工丙，乙说：“修得不错，零钱不用找了”，甲、乙随即上车。丙发现货币有假大叫“别走”，甲迅即启动车辆驶向厂门，丙扑向甲车前风挡，抓住雨刮器。乙对甲说：“太危险，快停车”，甲仍然加速，致丙摔成重伤。对于丙的重伤，甲的罪过形式是（　　）。

A. 故意　　B. 有目的的故意

C. 过失　　D. 无认识的过失

2. 甲贩运假烟，驾车路过某检查站时，被工商执法部门拦住检查。检查人员乙正登车检查时，甲突然发动汽车夺路而逃。乙抓住汽车车门的把手不放，甲为摆脱乙，在疾驶时突然急刹车，导致乙头部着地身亡。甲对乙死亡的心理态度属于下列哪一选项？（　　）

A. 直接故意　　B. 间接故意

C. 过于自信的过失　　D. 疏忽大意的过失

3. 甲与乙因情生仇。一日黄昏，甲持锄头路过乙家院子，见乙妻正在院内与一男子说话，以为是乙便举锄就打，对方重伤倒地后遂发现是乙哥哥。甲心想，打伤乙哥哥也算解恨。关于甲的行为，下列选项正确的是（　　）。

A. 甲的行为属于对象错误，成立过失致人重伤罪

B. 甲的行为属于方法错误，成立故意伤害罪

C. 根据法定符合说，甲对乙成立故意伤害（未遂）罪，对乙哥哥成立过失致人重伤罪

D. 甲的行为不存在任何认识错误，理所当然成立故意伤害罪

4. 关于故意的认识内容，下列选项正确的是（　　）。

A. 成立故意犯罪，不要求行为人认识到自己行为的违法性

B. 成立贩卖淫秽物品牟利罪，要求行为人认识到物品的淫秽性

C. 成立奸淫幼女型的强奸罪，要求行为人认识到被害人可能是幼女

D. 成立为境外非法提供国家秘密罪，要求行为人认识到对方是境外的机构、组织或者个人，没有认识到而非法提供国家秘密的，不成立任何犯罪

5. 关于故意、过失的论述，下列说法正确的是（　　）。

A. 司机遵守交通规则，正常驾车行驶，行人横穿马路，造成交通事故被撞死，司机不存在过失

B. 在所有故意犯罪中，不可能存在只能由间接故意构成而不能由直接故意构成的犯罪

C. 如果故意和过失存在位阶关系，那么在认定犯罪时，只能由故意降格为过失，而不能由过失升格为故意

D. 只有当故意无法认定时，才能根据事实认识错误来认定故意

6. 关于认识错误的判断，下列选项错误的是（　　）。

A. 甲为使被害人溺死而将被害人推入井中，但井中没有水，被害人被摔死。这是方法错误，甲行为成立故意杀人既遂

B. 乙准备使被害人吃安眠药熟睡后将其勒死，但未待实施勒杀行为，被害人因吃了乙投放的安眠药死亡。这是构成要件提前实现，乙行为成立故意杀人既遂

C. 丙打算将含有毒药的巧克力寄给王某，但因写错地址而寄给了汪某，汪某吃后死亡。这既不是对象错误，也不是方法错误，丙的行为成立过失致人死亡罪

D. 丁误将生父当做仇人杀害。具体符合说与法定符合说都认为丁的行为成立故意杀人既遂

7. 甲冒充家电维修人员，想把王某家的冰箱骗到手。某日，甲来到王某家，开门的却是王某家保姆余某。甲误把保姆余某当成王某，说家电搞活动正在以旧换新，保姆以为甲事前跟王某商量好了，就把冰箱给了甲。下列说法正确的是（　　）。

A. 甲是事实认识错误中的因果关系错误

B. 甲构成打击错误

C. 甲构成诈骗罪既遂

D. 由于甲未认识到自己对象是保姆，构成诈骗罪未遂

8. 甲为杀害仇人林某在偏僻处埋伏，见一黑影过来，以为是林某，便开枪射击。黑影倒地后，甲发现死者竟然是自己的父亲。事后查明，甲的子弹并未击中父亲，其父亲患有严重心脏病，因听到枪声后过度惊吓死亡。关于甲的行为，下列选项错误的是（　　）。

A. 甲构成故意杀人罪既遂

B. 甲构成故意杀人罪未遂

C. 甲构成过失致人死亡罪

D. 甲对林某构成故意杀人罪未遂，对自己的父亲构成过失致人死亡，应择一重罪处罚

9. 下列行为构成过失犯罪的有（　　）。

A. 商家没有履行注意义务，导致过期食品卖给客户，造成客户食用过期食品后死亡

B. 法官知识储备不足，将无罪的人判处了 3 年有期徒刑

C. 警察接到报警电话，但由于对方口齿不清，警察以为是恶作剧，没有出警，导致有人伤亡

D. 甲欲杀害妻子，结果在黑暗中误将心爱的女儿认作妻子，将女儿杀害

10. 朱某因婚外恋产生杀害妻子李某之念。某日晨，朱在给李某炸油饼时投放了可以致死的“毒鼠强”。朱某为防止其 6 岁的儿子吃饼中毒，将其子送到幼儿园，并嘱咐其子等他来接。不料李某当日提前下班后将其子接回，并与其子一起吃油饼。朱某得知后，赶忙回到家中，其妻、子已中毒身亡。关于本案，下列哪一说法是正确的？（　　）

A. 朱某对其妻子、儿子的死亡具有直接故意
B. 朱某对其儿子的死亡具有间接故意
C. 朱某对其儿子的死亡具有过失
D. 朱某对其儿子的死亡属于意外事件

延伸阅读

1. 梅传强．犯罪心理生成机制研究．北京：中国检察出版社，2008.
2. 陈兴良．刑法总论精释．北京：人民法院出版社，2010.
3. 刘明祥．过失犯罪研究．北京：北京大学出版社，2010.
4. 赵秉志．刑法总论案例分析．北京：中国人民大学出版社，2009.
5. 姜伟．罪过形式论．北京：北京大学出版社，2008.
6. 高铭暄，赵秉志．过失犯罪的基础理论．北京：法律出版社，2002.
7. 马克昌．犯罪通论．武汉：武汉大学出版社，2006.
8. 张绍谦．刑法因果关系研究．北京：中国检察出版社，2004.
9. 梅传强．双重视野中的犯罪目的．现代法学，2004 (3).
10. 罗翔．论对同意的认识错误——以性侵犯罪中的假想同意切入．清华法学，2010 (1).
11. 王莹．论法律认识错误——德国禁止错误理论的变迁及其对我国犯罪构成理论改造的启示．刑事法评论，2009 (1).
12. 刘之雄．违法性认识的刑法学理论异化与常识回归——基于解读犯罪故意实质内涵的分析．法商研究，2019 (4).
13. 蔡桂生．违法性认识不宜作为故意的要素——兼对“故意是责任要素说”反思．政治与法律，2020 (6).
14. 付玉明．犯罪故意的事实认识与内容解读．中国刑事法杂志，2016 (6).
15. 韩啸．意外事件与过失之界分——试析穆志祥被控过失致人死亡案．中国刑事法杂志，2010 (12).
16. 陈璇．论防卫过当与犯罪故意的兼容——兼从比较法的角度重构正当防卫的主观要件．法学，2011 (1).
17. 陈可倩．论犯罪故意的对象因素．法学，2015 (12).
18. 张波．罪过基本问题研究．重庆：西南政法大学，2008.

第七章　排除社会危害性的行为

【内容摘要】

排除社会危害性的行为，是指客观上虽然造成了一定的损害结果，形式上与犯罪行为相似，但因其不具备犯罪所特有的社会危害性，而为法律所允许或认可的行为。除了《刑法》第 20 条、第 21 条明确规定的正当防卫和紧急避险两种排除社会危害性的行为外，实践中还存在法令行为、执行命令行为、正当业务行为、被害人承诺行为、推定承诺行为、自救行为和义务冲突行为等排除社会危害性的行为。

【学习目标】

（1）在知识学习层面，要结合我国刑法规定，熟悉正当防卫、紧急避险等排除社会危害性的行为的成立条件。（2）在能力训练层面，要结合具体案件，准确把握正当防卫和紧急避险认定中的疑难问题，如时间条件、限度条件等，增强运用刑法原理解决实践问题的能力。同时，要注意到在诸如限度条件、防卫意图等方面存在的理论争议，提升理论研究水平。（3）在价值引领层面，要充分认识到刑法设立正当防卫等制度对于弘扬社会正气的重大意义，在刑法适用中彰显惩恶扬善的价值理念，体现天理、国法、人情的统一。

【知识要点】

一、排除社会危害性的行为概述

（一）排除社会危害性的行为的概念

排除社会危害性的行为又称排除犯罪性行为，是指客观上造成了一定的损害结果，形式上与犯罪行为相似，但因实质上不具备犯罪所特有的社会危害性，而为法律所允许或认可的行为。这类行为在大陆法系国家的刑法理论中多被称为“违法性阻却事由”或“正当化事由（原因）”；在英美法系的刑法理论中，则一般被称为“合法抗辩理由”。

（二）排除社会危害性的行为的立法根据

排除社会危害性的行为虽然在形式上与犯罪行为无异，但其实质上并不具有犯罪行为所特有的社会危害性；相反，这类行为在许多情况下为维护社会整体利益所必需。这既是排除社会危害性的行为的本质，也是我国刑法规定和承认这类行为不负刑事责任的立法根据。

（三）排除社会危害性的行为的类型

关于排除社会危害性的行为的类型，大陆法系国家大都将正当防卫、紧急避险作为典型的违法性阻却事由，并在刑法典中予以明文规定。在刑事立法和司法实践中，一般也将法令行为、正当业务行为、自救行为等作为违法性阻却事由对待。我国现行《刑法》中明文规定的排除社会危害性的行为只有两种，即正当防卫和紧急避险。除此之外，刑法理论和司法实践中普遍认为，排除社会危害性的行为还包括其他一些《刑法》没有明文规定的行为，这些行为也被称为超法规的排除社会危害性的行为。尽管目前理论界并未就超法规的排除社会危害性的行为的外延范围达成一致的见解，但一般认为，应当包括以下行为：法令行为、执行命令行为、正当业务行为、被害人承诺行为、推定承诺行为、自救行为及义务冲突行为。这部分内容将在本章第四部分予以详细介绍，此不赘述。

二、正当防卫

正当防卫是指防卫人为了使国家、公共利益、本人或者他人的人身、财产和其他权利免受正在进行的不法侵害，而对不法侵害者本人所实施的制止其不法侵害且未明显超过必要限度的行为。由于正当防卫是在合法权益正在遭受不法侵害的紧急情况下，为有效遏制不法侵害，达到保护合法权益的目的，而采取的以损害不法侵害人的人身和财产利益为手段的一种紧迫措施，故法律明文赋予其合法性。

(一) 正当防卫的概念

我国现行《刑法》第 20 条第 1 款规定:“为了使国家、公共利益、本人或者他人的人身、财产和其他权利免受正在进行的不法侵害,而采取的制止不法侵害的行为,对不法侵害人造成损害的,属于正当防卫,不负刑事责任。”根据该规定,所谓的正当防卫,是指防卫人为了使国家、公共利益、本人或者他人的人身、财产和其他权利免受正在进行的不法侵害,而对不法侵害者本人所实施的制止其不法侵害且未明显超过必要限度的行为。从正当防卫的概念可以看出,正当防卫具有三个突出特征:一是正当防卫一般是通过对不法侵害人的人身反击行为来实施的,从而在外观上具有“暴力”性;二是正当防卫是针对正在进行的不法侵害行为实施的,因而具有必要性和紧迫性;三是正当防卫的目的是使国家、公共利益或者公民的个人权益免受不法行为的侵害,因而其具有正当性和合法性。

(二) 正当防卫的条件

虽然正当防卫是法律赋予公民的一项权利,但这并不意味着公民可以任意实施防卫行为,毕竟大多数正当防卫是采用损害不法侵害者利益的方法实施的。因此,为了防止防卫权的滥用,立法者严格规定了正当防卫的成立条件,实践中也必须严格按照刑法规定的成立条件认定正当防卫。根据现行《刑法》第 20 条的规定,正当防卫的成立必须同时符合以下五个条件。

1. 前提条件:必须存在现实的不法侵害行为

正当防卫的前提条件,也称起因条件,是指引起正当防卫的客观事实,即存在现实的不法侵害行为。之所以正当防卫必须以现实的不法侵害行为之存在为前提条件,是因为正当防卫只能针对不法侵害者实施,这是正当防卫的关键所在。如果没有现实的不法侵害,就不存在防卫的前提,正当防卫也就无从谈起。因此,认定正当防卫时,判断有无正在进行的不法侵害是非常关键的。

什么是不法侵害?现行《刑法》并没有专门解释,理论上也存在不同认识。通说认为,所谓“侵害”,是指对法律所保护的权益的侵袭和损害,多数属于一种积极的、带有暴力性的攻击行为。所谓“不法”,是指该行为不为法律所允许。不法的范围,除犯罪行为外,还包括有些违法行为,如违反《治安管理处罚法》的行为。由于正当防卫包含公民个人以暴力损害不法侵害人利益的内容,所以不在迫不得已的情况下,国家不会赋予公民使用暴力损害另一公民利益的权利。因此,只有那些必须以带暴力性的防卫措施加以制止,否则就会立即对合法权益造成不可弥补的损失的“不法侵害”,也即只有那些有紧迫防卫需要的不法侵害,才可能作为正当防卫成立的前提。这也进一步说明,对于合法的行为,是不能进行正当防卫的。

防卫过当是一种不法侵害行为,对其进行防卫是否属于正当防卫,应当根据案件的具体情况具体分析,不能一概而论。由于防卫过当有一个由合法行为转化为不法侵害的过程,在损害结果未发生前,很难认定防卫行为是否超过了必要限度,故一般不允许最初不法侵害人以“防卫过当”为借口,反击制止其进行不法侵害的行为。但是，如果防卫手段一开始就明显超过必要限度，不制止就必然会发生不应有的严重损害（如一个健壮的成年人以刀刺要害部位的手段，制止体格弱小的未成年人的寻衅滋事行为），应当允许最初的侵害人或者其他人采取纯粹防御性手段，维护不应该受损害的利益。

正当防卫以不法侵害的存在为前提，这种不法侵害还必须是客观真实存在的，即不是行为人主观想象或者推测的。由于实际社会生活中各种情况的复杂多变，因而往往会产生将不属于不法侵害的行为当成不法侵害而加以防卫的情形。这种在实际中并不存在不法侵害的情况下，行为人由于认识上的错误以为有不法侵害发生而进行防卫，造成他人无辜损害的情形，理论上一般称为“假想防卫”。由于假想防卫中的“不法侵害”不是客观真实存在的，而是行为人主观臆造的，因而其缺乏防卫的前提条件，不属于正当防卫；造成损害的，应按对事实认识错误的原则予以处理。具体而言，如果行为人应当预见而没有预见他人的行为不是不法侵害，那么，对其所造成的损害应负过失犯罪的责任；如果在行为时不可能预见他人的行为不是不法侵害，其主观上没有罪过，则属意外事件，不负刑事责任。

2. 时间条件：不法侵害行为必须正在进行

正当防卫的时间条件，是指实施正当防卫的合法时间段。按照立法规定，实施正当防卫的合法时间只能是在不法侵害正在进行时。所谓“不法侵害正在进行”是指不法侵害已经开始且尚未结束。

“正在进行”的起点是不法侵害已经开始。关于“已经开始”的认定标准，通说认为，在一般情况下，应以不法侵害人着手实施不法侵害行为为标准。但是，对于某些危险性大、程度强烈、危害后果立即到来的严重暴力侵害，即使尚未实际着手或者不法侵害者尚未进入现场，只要根据当时的具体情况能够判定不法侵害的现实威胁已经十分明显，且不实行正当防卫就无法避免危害时，也应认为不法侵害已经开始。例如，侵害人欲实施爆炸且在前往现场的途中。

“正在进行”的终点是不法侵害的结束。所谓不法侵害的结束，是指不法侵害行为已经停止而不再继续进行的状况。具体包括三种情况：（1）侵害结束，即不法侵害行为已经实行完毕，危害结果已经发生，正当防卫失败或者没有进行正当防卫。（2）自动结束，即不法侵害人出于悔悟、畏惧或者迫于情势自动中止不法侵害。在这种情况下，合法权益已经脱离了危险，正当防卫已无必要。（3）被迫结束，即不法侵害人已被制服，或者已经丧失继续侵害的能力，或者由于侵害人意志以外的原因，未能将侵害行为进行到底，而就当时的实际情况而言，侵害行为事实上已经无法继续进行。在某些场合中，不法侵害的实行行为虽然已经结束，但侵害人还未离开现场或刚离开现场，由侵害行为所造成的损失还可以挽回。在此情况下，仍可视为不法侵害尚未结束。例如，当场追击盗窃犯或抢夺犯，使用适度暴力的方法夺回被非法占有的财物，应认为是正当防卫。

行为人在不法侵害尚未开始或者已经结束时进行的所谓“防卫”，对侵害人造成损害的，称为“防卫不适时”。防卫不适时又分为“事前防卫”和“事后防卫”两种情况：前者系不法侵害尚未到来而进行的防卫，后者指不法侵害已经终止而对不法侵害人进行的防卫。防卫不适时因不符合正当防卫时间条件的要求，故不属于正当防卫。在处理时，如果行为人明知不法侵害尚未到来或已经结束，仍然进行防卫，应对其所造成的损害负故意犯罪的刑事责任；如果行为人由于认识错误而导致防卫不适时，则应根据案件的实际情况按照对事实认识错误的原则处理，既有可能是过失犯罪，也有可能是意外事件。

3. 对象条件：必须针对不法侵害者本人实施

正当防卫只能针对不法侵害人本人实施，而不能对没有实施不法侵害的任何第三人实施。所谓不法侵害者本人，既包括不法侵害行为的实施者，也包括其共犯。按照“罪责自负”原则，不法侵害者本人实施的不法侵害行为，是法律允许对其进行反击的根据。防卫人只有在不伤及无辜的前提下进行防卫，其行为才具有正当性。正当防卫，既可以针对不法侵害人的人身进行防卫，也可以针对其财产进行防卫，但通常情况是针对不法侵害人的人身进行防卫。

对于针对第三者进行的所谓“防卫”问题，应视不同情况予以处理：如果故意针对第三者进行所谓“防卫”的，应作为故意犯罪处理；如果误认为第三者是不法侵害人而进行所谓“防卫”的，则应按假想防卫处理。如果防卫人在实施正当防卫的过程中给第三者造成了人身或者财产损害，符合紧急避险条件的，按紧急避险处理；若不符合紧急避险条件，则根据其罪过形式分别追究其故意犯罪或过失犯罪的刑事责任。

4. 主观条件：必须出于防卫的意图

防卫意图是支配和促使防卫人进行正当防卫的主观心理状态，包括防卫意识和防卫意志两个方面。防卫意识是指防卫人在对不法侵害的各种事实的认识的基础上，对自己的防卫行为及其社会意义的认识。防卫意志是指防卫人基于防卫认识而产生防卫动机，在为了保护合法权利免受不法侵害的防卫目的的指引下，实施正当防卫行为。也就是说，行为人实施正当防卫的目的，是希望通过自己的防卫行为制止不法侵害，从而保护国家利益、公共利益、本人或他人的人身、财产和其他权利。

在司法实践中，防卫挑拨、互殴行为以及偶然防卫等情形虽然在客观上类似于正当防卫，但因不符合正当防卫的主观条件，不能成立正当防卫。所谓“防卫挑拨”，是指加害方故意挑逗对方先向自己实施侵害，然后借口正当防卫趁机反击以加害对方的情形。显然，挑拨防卫的行为人主观上具有不法侵害的预谋和恶意，缺乏防卫的正当目的，不能成立正当防卫，而应以故意犯罪论处。所谓“互殴行为”，是指双方彼此都有意攻击或加害对方而相互斗殴。在这种情况下，双方的行为前提缺乏保护合法权益的目的，均属不法行为，都无权进行正当防卫。当然，如果一方已经放弃斗殴，逃跑躲避，另一方继续攻击实施不法侵害的，则逃避方可以对之实行正当防卫。所谓“偶然防卫”，是指行为在客观上发生了防卫效果，但由于行为人在主观上没有认识到不法侵害的存在就不具备防卫意图。当然，也不得将偶然防卫认定为正当防卫。①

---

① 赵长青. 刑法学：上册. 北京：法律出版社，2000：182-183.

5. 限度条件：不能明显超过必要限度且未造成重大损害

限度条件是划分正当防卫和防卫过当的唯一标准。如何理解正当防卫的必要限度？目前，大多数学者倾向于“有效制止说”，即正当防卫的必要限度应当是以“有效制止”正在进行的不法侵害为尺度。这也说明正当防卫并非报复性的惩罚手段，而是要受到必要限度的制约。正当防卫的必要限度，可以从以下两方面判定。

第一，防卫的限度是制止不法行为所必需的，即防卫行为的性质、手段、强度以及造成的损害结果是制止不法侵害行为所必需的。判断防卫行为是否必需，不能单纯地考虑不法侵害行为的性质、手段、强度以及可能造成的危害后果，而应当从个案的实际出发，侧重分析防卫人所保护权益的大小，防卫人的个人状况，案发的时间、地点、场合，防卫人在他所处的特殊情境下的当然反应等多种因素。可见，必要限度的确定，须以鼓励公民合理地行使正当防卫权利、勇敢地同违法犯罪作斗争为前提，而不能对防卫人提出超情理、超场合的苛求。

第二，没有明显地超过必要限度从而造成重大损害。根据法律的规定，允许防卫行为一定程度地超过制止不法侵害行为所必需的特定限度。换言之，行为虽然造成重大损害，但只要不是“明显超过必要限度”，或者即使行为明显超过必要限度，但客观上没有造成重大损害的，均应认为是正当防卫。

鉴于严重危及人身安全的暴力犯罪的严重社会危害性及其对被害人的潜在性严重后果，现行《刑法》第 20 条第 3 款规定：“对正在进行行凶、杀人、抢劫、强奸、绑架以及其他严重危及人身安全的暴力犯罪，采取防卫行为，造成不法侵害人伤亡的，不属于防卫过当，不负刑事责任。”这一“特殊防卫”的规定，明确了针对严重危及人身安全的暴力犯罪进行正当防卫的限度条件。在理解与适用该款规定时，应该注意：(1) 该款只适用于制止严重危及人身安全的暴力犯罪的正当防卫行为。对非暴力犯罪或未严重危及人身安全的暴力犯罪实行的正当防卫，不得适用该款规定。(2) 该款中“严重危及人身安全的暴力犯罪”，除了《刑法》条文明文规定的行凶、杀人、抢劫、强奸、绑架等犯罪外，还应该包括任何“其他严重危及人身安全的暴力犯罪”(如爆炸、放火、各种破坏行驶中的交通工具等危害公共安全的犯罪等)。(3) 该款中的“严重危及人身安全”，是指不法侵害对公民人身安全构成的紧迫威胁，已严重到“应该采取造成不法侵害人伤亡的措施加以排除的程度”。如果行凶、杀人、抢劫、强奸、绑架等暴力犯罪，尚未达到“应该采取造成不法侵害人伤亡的措施加以排除的程度”(如用其他方法就完全能够制止的单个未成年人实施的行凶，以投毒方式实施的杀人，以麻醉方式实施的抢劫等)，对其正当防卫也不属于本款规定的适用范围。

(三) 防卫过当及其刑事责任

1. 防卫过当的概念

所谓防卫过当，是指防卫行为明显超过必要限度并且造成重大损害的情形。《刑法》第 20 条第 2 款规定：“正当防卫明显超过必要限度造成重大损害的，应当负刑事责任，但是应当减轻或者免除处罚。”防卫过当与正当防卫既有紧密的联系，又存在本质的区别。二者的联系表现在，防卫过当与正当防卫一样，行为均具有防卫性；二者的本质区别在于，防卫行为因超越防卫限度而发生质的转化，即由正当的防卫行为转化为一种不法的侵害行为。正由于这种本质的区别，所以，我国《刑法》规定防卫过当属于犯罪行为，应当承担刑事责任。

2. 防卫过当的定罪

追究防卫过当的刑事责任，首先需确定防卫过当的罪过形式，即其主观心理态度。防卫人进行防卫尽管是故意实施的，但其实施防卫行为的故意和刑法上犯罪的故意有着本质区别，其并没有危害社会的犯罪目的。至于超过必要限度造成的危害，则多属其在反击不法侵害时，因主观上的疏忽或判断明显失误所致。因此，一般而言，防卫过当的罪过形式是过失；但在极少数情况下，也可能是间接故意。

防卫过当是正当防卫行为明显超过必要限度造成重大损害的一种情形，并非独立的罪名。在处理防卫过当的案件时，应当根据具体案件中的客观事实情节及主观罪过形式，依照现行《刑法》分则的有关条款来确定罪名，如过失致人重伤罪、过失致人死亡罪、故意伤害罪等。

3. 防卫过当的量刑

根据现行《刑法》第 20 条第 2 款的规定，对于防卫过当行为，在量刑时依法“应当减轻或者免除处罚”。这一刑罚减免规定是基于防卫过当的主客观因素决定了其社会危害性较通常的犯罪更小的考虑。至于在何种情况下减轻、减多少，在何种情况下应当免除处罚，则应综合防卫过当的程度、法益的性质、防卫的目的以及罪过形式等因素加以综合判断。

三、紧急避险

紧急避险是指为了使国家、公共利益、本人或者他人的人身、财产和其他权利避免正在发生的危险，不得已而采取的损害另一较小合法权益的行为。紧急避险的本质特征是“两害相较取其轻”，这类行为从整体上看仍是有益于社会的正当行为。因此，《刑法》明文规定紧急避险造成损害的，不负刑事责任。对于紧急避险，实践中要严格把握其成立条件，即前提条件、时间条件、限制条件、主观条件和限度条件。紧急避险超过必要限度，因而造成不应有的损害的，应当认定为避险过当。对此，应依据其主观罪过形式并结合《刑法》分则的具体规定定罪处罚。在量刑时，应当减轻或免除处罚。紧急避险和正当防卫均是法定的排除社会危害性的行为，二者间既有联系也有区别，实践中要注意区分，不可混同。

（一）紧急避险的概念

现行《刑法》第 21 条第 1 款规定：“为了使国家、公共利益、本人或者他人的人身、财产和其他权利免受正在发生的危险，不得已采取的紧急避险行为，造成损害的，不负刑事责任。”根据该条款的规定，所谓紧急避险，是指为了使国家、公共利益、本人或者他人的人身、财产和其他权利避免正在发生的危险，不得已而采取的损害另一较小合法权益的行为。

（二）紧急避险的条件

紧急避险是为了保护较大权益而牺牲较小的权益，由于其损害的权益具有合法性，故其实施必须严格符合法定的条件。根据现行《刑法》第 21 条的规定，紧急避险的成立必须同时符合以下五个条件。

1. 前提条件：合法权益必须受到现实危险的威胁

紧急避险只有在合法权益受到危险的现实威胁时才能实行。所谓“危险”，是指法律所保护利益可能会遭受危害的一种事实状态。危险的来源主要有以下四个方面：（1）自然灾害，如火灾、洪水、地震、山崩、海啸、狂风以及航空器或船舶在航行中遭遇恶劣天气等。（2）动物的自发侵袭，如猛兽追赶、恶狗扑咬、受惊牲畜狂奔等。须注意的是，如果动物所有人或管理人利用动物作为侵害工具进行侵袭，公民可实施正当防卫，杀死侵袭的动物。（3）自然人的违法犯罪行为，如遭遇暴力侵袭而以损害第三人财物的方式进行抵挡。（4）基于特定的危难困境，如为了抢救病人未经允许驾驶他人汽车将病人送往医院；在荒原、森林或沙漠中迷路的人，因缺粮断水生命危急，迫不得已损害他人财产以自救等。

只有在“危险”是客观真实存在的情况下，才能实施紧急避险。如果实际中并不存在危险，而行为人主观想象或臆测误认为存在并实行所谓的避险，致使合法权益受到损害的，在刑法理论上称为“假想避险”。对假想避险，应根据处理事实认识错误的原则，确定是否应当负刑事责任。

关于如何对待精神病人和未成年人的侵害问题，一般认为，在遭到精神病人或未成年人的暴力侵害时，如果知道侵害者无责任能力，应尽可能地进行躲避。只有在万不得已的情况下，才可实行紧急避险。如果不知道侵害者无责任能力，所实施的自卫行为按正当防卫处理。

2. 时间条件：危险必须正在发生

危险必须正在发生，是指实际存在的危险已经出现且尚未结束的状态。危险已经出现表明合法权益已直接遭受危险的现实威胁，若不采取避险措施，合法权益则不可避免地会受到损害或损害必将蔓延、扩大。危险已结束，是指危险状态已经消失或者排除，不再需要或已不可能实行紧急避险。例如，自然灾害已经消失，或者违法犯罪被制止或自动中止，或者紧急避险成功排除了危险。

在危险尚未开始或者已经结束的情况下，实行所谓的避险而对合法权益造成损害的，称为“避险不适时”。避险不适时，包括事前避险和事后避险两种情况。对避险不适时应按事实认识错误的原则，结合案件的具体情况，由行为人承担相应的刑事责任或民事责任。

3. 限制条件：必须是在迫不得已的情况下实施

紧急避险是在两种合法权益冲突的情况下进行取舍，只有牺牲一合法权益才能保全另一合法权益。因此，只有在非常紧急、迫不得已的情况下才能实施紧急避险。

所谓“迫不得已”，是指在危险已经发生的非常时刻，从当时的实际情况看，除了采取紧急避险措施外，别无他法能够避免危险，即紧急避险成为唯一的选择。如果当时还有其他非损害权益的方法可以避免危险，则不能实行紧急避险；否则，造成严重损害的，应当负刑事责任。

4. 主观条件：必须是为了合法权益免受正在发生的危险侵袭

紧急避险的主观条件包括两层含义：一是所保全的利益必须是合法的利益。根据现行《刑法》第 21 条第 1 款的规定，为保全国家利益、公共利益、本人或者他人的合法利益，均可实行紧急避险。对于非法利益的保全，不允许实行紧急避险。例如，犯罪嫌疑人为逃避抓捕而损害他人财物的行为就不属于紧急避险。二是避险人必须出于正当的避险意图，即在遭受危险的紧急情况下，基于对危险事实的认识，为了保全合法权益才能实行避险的行为。如果行为人主观上没有避险的意图，其行为尽管在客观上避免了某种合法权益遭受危害，也不属紧急避险。例如，盗窃犯在行窃过程中意外地中断了他人故意杀人的行为便不属于紧急避险。

5. 限度条件：不得超过必要限度造成不应有的损害

根据紧急避险行为的性质和目的，对于紧急避险的“必要限度”，一般应理解为避险行为所引起的损害应当小于所要避免的损害，而不能等于甚至大于所要避免的损害。因为只有损害较小的利益而保全较大的利益，行为在本质上才是有利于社会的，也才符合刑法设置紧急避险制度的初衷，这也是紧急避险行为正当性的根基。因此，不允许为了保护较小的权益而损害较大的或者同等的权益，否则行为就不再具有正当性。现行《刑法》对于冲突的各种权益的大小衡量问题并没有规定具体的标准。一般来说，人身权益大于财产权益，而人身权益中生命权又是最高权益；至于财产权益的大小，可用财产的实际价值进行比较。但是，现实生活毕竟是复杂多样的，尤其是当不同性质的权益发生冲突时，较难判别。因此，应当根据案件的具体情况进行全面的分析。

此外，根据现行《刑法》第 21 条第 3 款的规定，在职务上、业务上负有特定责任的人，不得为了避免本人的合法权益免受危险的损害而实行紧急避险。这是法律对紧急避险主体设置的一项特殊限制。特定责任要求他们在遇有紧急危险时，坚守岗位，保卫人民生命财产的安全，不得为了使自己脱离危险而将损害转嫁于第三者。如果这些负有特定职责的人员，为了避免与自己职务、业务有关的危险而擅离职守、逃避责任，其行为不能成立紧急避险；因渎职而造成严重后果的，应当追究其刑事责任。

（三）避险过当及其刑事责任

避险过当，是指避险行为超过必要限度造成不应有的损害的情况。避险过当具有两个特征：其一，避险行为客观上超过了必要限度造成了不应有的损害，这是避险过当行为人承担刑事责任的客观基础。其二，行为人主观上对过当的行为及结果具有罪过，即存在故意或过失，这是其承担刑事责任的主观基础。一般而言，避险过当的罪过形式为过失，但少数情况下也存在对结果的发生持放任态度的间接故意。

避险过当属于有害于社会的行为，根据现行《刑法》第 21 条第 2 款的规定应当负刑事责任；但量刑时应当减轻或者免除处罚。至于如何具体掌握减轻处罚和免除处罚的程度，应当根据危险的性质和强度、避险过当所造成的损害性质和程度，以及避险人自身的排险能力和处境等个体情况酌定。

（四）紧急避险与正当防卫的区别

紧急避险和正当防卫虽然都是为了使国家、公共利益、本人或者他人的人身、财产利益和其他合法权益免受损害，而对他人的合法权益造成了一定损害的行为，均属于法定的排除社会危害性的行为，且都要求有一定的限度，但二者的区别是非常明显的。从直观上看，正当防卫是正义对不法的斗争，而紧急避险则是在合法与合法之间进行取舍。由此决定两者有着以下区别。

1. 危害的来源不同。正当防卫的危害只能是来源于人的不法侵害行为；而紧急避险的危害既可能是来源于人的不法侵害，也可能是来源于自然灾害或动物的自发侵袭。

2. 行为的限制条件不同。紧急避险只有在别无他法、迫不得已的情况下才能实施；而正当防卫则没有这种限制，即使在有其他方法可以避免时，也可以实施防卫。因为法律鼓励公民勇敢地同违法犯罪行为作斗争，而不是简单消极地放弃抵抗以求自保。

3. 损害程度的要求不同。紧急避险所造成的损害，只能小于所要保护的利益；而正当防卫所造成的损害可以超过所要保护的利益。例如，妇女在遭遇暴力性侵犯时，可以杀死犯罪人。

4. 损害的对象不同。正当防卫所损害的只能是不法侵害者本人的利益；而紧急避险损害的只能是危险源以外的第三者的合法权益。这是紧急避险与正当防卫的根本区别。

5. 对行为主体的要求不同。正当防卫对行为主体没有作任何限制，即使是职务上或业务上负有特定责任的人仍然有权实行。例如，人民警察在面对歹徒的不法侵害时，完全可以实施正当防卫。而紧急避险对主体有限制，它要求职务上、业务上负有特定责任的人，不得为避免本人的危险而实行紧急避险。

6. 行为指向对象的忍受义务不同。在正当防卫的场合，不法侵害是由不法侵害人自身引起的，其负有不可推卸的责任，故防卫行为指向的对象即不法侵害人必须忍受防卫人的反击行为，其无权再以正当防卫为借口对防卫人的反击行为进行反抗，也无权以损害第三者权益的方式实行紧急避险。而在紧急避险的场合，由于避险行为指向的对象是与危险来源无关的第三者，若要求其对避险行为予以忍受，则显然违背了人们的基本法律感情，故被损害的第三者不负有忍受危险损害的义务，其可以通过损害其他人权益的方式实施再避险或者连锁避险。

7. 民事法律后果不同。正当防卫是民事责任的完全抗辩事由，所有的正当防卫均是民事合法行为，无须承担民事法律责任。而在紧急避险的场合，为了体现对无辜第三者权益的保护，法律上并不完全免除避险行为人的民事责任，故避险行为人可能承担损害赔偿责任。[①]

四、其他排除社会危害性的行为

正当防卫与紧急避险是刑法明文规定的排除社会危害性的行为，除此之外，刑法理论和司法实践中还普遍存在其他法律没有明文规定的排除社会危害性的行为，即超法规的排除社会危害性的行为。具体包括法令行为、执行命令行为、正当业务行为、被害人承诺行为、推定承诺行为、自救行为和义务冲突行为。对于这些超法规的排除社会危害性的行为，在学习的过程中，除了要准确把握其概念及正当化依据外，还需重点掌握各自的成立条件，以明确罪与非罪的界限。

（一）法令行为

法令行为，又称依照法律（法令）的行为，是指基于成文法律、法规、法令的规定，为行使权利或者承担义务所实施的行为。其正当化必须符合以下条件：（1）行为必须以有效的成文法律、法规、法令作为依据。（2）行为必须严格依照成文法律、法规、法令的规定实施。（3）行为必须具有行使权利或履行义务的主观意图。法令行为之所以是正当的，是因为立法者在制定该法令时已经进行了法益衡量并作出了允许该行为合法化的判断。由于法令行为是法律本身所允许乃至鼓励的，且是形成、维护法秩序的重要手段之一，故必须赋予法令行为以正当性。

从我国实际情况来看，法令行为主要包括职务行为和权利（义务）行为两类。所谓职务行为，是指公务人员依照法律的规定，在法定权限内履行职权、职责的行为，如警察根据《刑事诉讼法》的规定所实施的讯问、逮捕、羁押等行为。所谓权利（义务）行为，是指在法律规定上作为公民的权利（义务）的行为，如公民依据《刑事诉讼法》的规定所实施的扭送现行犯的行为等。

（二）执行命令行为

执行命令行为，是指在国家法律所认可的范围内，依照上级国家机关工作人员的命令而实施的行为。其正当化必须符合以下条件：（1）执行的命令必须是所属上级国家机关工作人员发布的；（2）执行的命令必须是上级国家机关工作人员依据职权发布的；（3）执行的命令必须是上级国家机关工作人员依法定程序发布的；（4）执行的命令必须具有内容的合法性；（5）执行人必须依据自己的权限实施命令要求的行为。执行命令行为之所以具有正当性，是因为部属执行上级的命令是其应尽的职责，它是国家机器和社会秩序得以正常运作的必要保障。因此，尽管某些执行命令的行为在外观上有时形同犯罪，但由于这类行为在实质上欠缺社会危害性，因而不能认为是犯罪。

执行命令行为与法令行为既有联系又有区别。一般而言，执行上级命令的行为也是法令行为。这是因为，不仅上级的命令必须以法律、法规、法令为依据而作出，

---

① 赵秉志，鲍遂献，曾粤兴. 刑法学. 北京：北京师范大学出版社，2010：198.

而且下级执行命令本身大多是以一定的法律、法规、法令为依据的。当然，二者的区别也是明显的。执行命令行为依据的是上级命令的直接规定，而法令行为依据的则是成文法律、法规、法令的直接规定。

在执行命令行为中，需要探讨的一个问题是，行为人执行了形式上具有合法性但在内容上不具有合法性的命令时，究竟应当如何处理？对此，应当根据执行人主观上有无罪过加以判断：（1）如果执行人明知上级的命令具有犯罪内容而仍予以执行的，则其应与下达命令者承担共同犯罪的责任；（2）如果执行人有审查命令的义务，但因没有认真履行审查义务而执行了内容不合法的命令，则应当根据执行人主观罪过的内容和客观情节，最终确定其责任；（3）如果执行人主观上没有罪过，则应由发布命令者承担责任。

（三）正当业务行为

正当业务行为，是指虽然没有法律、法令、法规的直接规定，但在社会生活中被认为是正当的业务上的行为。其正当化必须符合以下条件：（1）执行者必须是具有一定的专业知识和业务能力的专业人员；（2）执行的业务必须是正当的，即经过有关主管部门许可或者事实上已经为社会公众所认可；（3）执行的行为必须是业务范围内的行为；（4）执行者必须具有执行业务的正当目的；（5）执行业务时不得违反相关法律、法规和业务规章制度。正当业务行为之所以不成立犯罪，并不是因为其是“业务”就不成立犯罪，而是由于其“正当”才不构成犯罪。所谓“正当”，即意味着行为本身是维持或者保护正当利益的行为。业务行为只要具有正当性，即使造成了一定的损害后果，也被认为是允许的。

正当业务行为的种类繁多而且不固定，实践中较为常见的有以下几种类型。

1. 运动员的体育竞技。例如，摔跤、拳击、柔道等体育运动中，一方经常会造成对方运动员受伤。对此，只要是在遵循比赛规则的前提下进行，或者虽然违反比赛规则但属于轻过失的行为，一般不作为违法或犯罪处理。但是，如果行为人故意严重违反规则致他人伤亡的，则有追究其责任的必要。

2. 律师的辩护活动。在现代法治国家，律师的辩护活动是法律规定的维护当事人合法权益的必不可少的重要手段。对于律师的辩护活动，只要是在正当业务范围之内，均是被允许的。但是，辩护人如果在刑事诉讼过程中帮助当事人毁灭、伪造证据，威胁、引诱证人违背事实改变证言或者作伪证的，则应承担相应的刑事责任。

3. 记者的采访活动。记者的采访活动是保护新闻自由、国民知情权必不可少的活动。对于如何划定记者的采访活动作为正当化业务行为的界限，各国立法、理论及实务界的态度尚未统一。一般认为，只要是在法律及相关职业伦理的范围之内，均是被允许的。但是，新闻采访活动如果明显违背法律及职业操守，泄露国家秘密，或恶意歪曲事实，诽谤他人，则应承担相应的刑事责任。

4. 医师的治疗行为。治疗行为是指出于治疗的目的，采用医学上得到认可的方法对患者身心所实施的医疗措施。治疗行为中的截肢、摘取器官等外科手术，看似符合故意伤害罪的犯罪构成，但由于此类行为是基于患者健康的需要，因而，各国刑法理论及实务中普遍将之作为正当业务行为处理，而不认为是犯罪。一般认为，治疗行为只要具备治疗的目的、医学适应性与医术正当性以及患者的同意三方面的条件，就具有正当性。

（四）被害人承诺行为

被害人承诺行为，又称权利人承诺或权利人同意行为，是指经有权处分某种权益的人的请求或同意，损害其合法权益的行为。早在罗马法时代，就有“经承诺的行为不违法”（Volenti non fit injuria；Scienti et consentienti non fit injuria）的法谚。[①] 现代各国刑法及理论普遍认为，符合一定条件的被害人的承诺，可以排除损害行为的违法性或犯罪性。这是因为，刑法是法益保护法。既然被害人请求或者同意行为人侵害其自身的法益，这就表明其已经放弃了该法益。因此，法律就应当充分尊重其自主决定权，从而无须对损害行为追究刑事责任。其正当化必须符合以下条件：（1）承诺者必须对被侵害的法益具有处分权，且不得违反有关的法律、法规和社会共同的生活准则。（2）承诺者必须对承诺事项的意义、范围和效果具有充分的理解能力。（3）承诺必须出于权利人的真实意志。（4）必须存在现实的承诺，且最迟存在于结果发生时。（5）经承诺所实施的行为不得超出承诺的范围，不得违反有关的法律、法规和社会共同的生活准则。

（五）推定承诺行为

推定承诺行为，又称推定被害人承诺或同意的行为，是指为了救助被害人的利益，行为时虽然不存在被害人现实的承诺，但在被害人知道事实真相后当然会作出承诺，因而推定被害人的意思所实施的行为。其正当化必须符合以下条件：（1）针对被害人有处分权限的个人法益；（2）被害人没有现实的承诺；（3）待处理的事项具有紧迫性；（4）根据一般人的意志，可以推定被害人在知道事实真相后会作出承诺；（5）为了被害人的一部分法益而牺牲其另一部分法益，且所牺牲的法益不得大于所保护的法益；（6）行为手段必须为一般观念所允许，且在客观上起到了有利于被害人的效果。

推定承诺行为与被害人承诺行为、紧急避险行为具有一定的相似性，但也存在明显的区别，司法实践中需要加以区别。推定承诺行为与被害人承诺行为的主要区别在于：前者在事先并不存在被害人现实的承诺，只是根据客观事实推定被害人会作出承诺；而后者在事先则必须存在被害人现实的承诺。推定承诺行为与紧急避险行为的主要区别在于：前者所牺牲与所保全的利益均属于被害人；而后者所牺牲与所保全的利益则归属不同的权利人。因此，大体上可以认为，推定承诺行为同时包含有被害人承诺与紧急避险的一些因素，是处于两者之间的独特的法律制度。在为了被害人优越的利益而无法立即获得其承诺的情况下，以及根据其与被害人的关系

---

① 张明楷．刑法格言的展开．北京：法律出版社，2003：243.

能够合理地推定能够得到被害人承诺的情况下，这种推定的承诺能够得以正当化。[①]

（六）自救行为

自救行为，又称自助行为，是指法益受侵害者在通过法律程序或依靠国家机关不可能或者明显难以恢复权利的情况下，依靠自己的力量救济法益的行为。其正当化必须符合以下条件：（1）法益已经受到违法侵害，这是自救行为与正当防卫的关键区别；（2）如果不实施自救行为而通过法律程序或依靠国家机关的救济，事实上不可能或明显难以恢复受侵害的法益；（3）主观上必须存在自救的意图，且客观上具有恢复权利的效果；（4）救济行为的手段必须具有适当性；（5）救济行为所造成的损害与救济的法益之间具有均衡性。

在现代法治国家中，权利的救济一般只允许通过法律程序加以进行，原则上不允许自力救济或私力救济。但是，考虑到特殊情况下，如果坐等国家机关的公力救济已经不可能或非常困难，则只要该自力救济行为不至于动摇法律的稳定性和人们对法秩序的信赖，就应允许该自力救济行为的合法化。

（七）义务冲突行为

义务冲突行为，又称义务冲突，是指同时存在两个以上互不相容的义务时，行为人为了履行其中的某项义务，不得已不履行其他义务的行为。其正当化必须符合以下条件：（1）必须同时存在数个不相容的义务。如果数个义务之间具有相容性，则均应履行。（2）义务冲突状况的引起不能归责于行为人。如果冲突的状况是由行为人基于故意或过失造成的，则排除行为的正当化。（3）为了履行某项义务，除了侵犯其他的义务外，别无他法。虽然存在数个互不相容的义务，但行为人如果可以通过对某项义务采取替代措施而履行其他义务，就不得放弃履行。（4）在义务的履行上，行为人必须审慎衡量义务的轻重。一般认为，牺牲价值高的义务而履行价值低的义务，属于违法行为；牺牲价值低的义务而履行价值高的义务，以及在同价值的多个义务中任意履行其一的，都是合法行为。[②] 例如，律师为了维护当事人的合法权益，不得已泄露了过去在业务上知悉的他人秘密行为，便属于义务冲突行为。

【案例评析】

1. 案情简介

于某某，男，1977 年 3 月 18 日出生，某酒店业务经理。2018 年 8 月 27 日 21 时 30 分许，于某某骑自行车在江苏省昆山市震川路正常行驶，刘某醉酒驾驶小轿车（经检测，血液酒精含量 87mg/100ml），向右强行闯入非机动车道，与于某某险些

---

① 山中敬一. 刑法总论. 2 版. 东京：成文堂，2008：574.

② 陈家林. 外国刑法通论. 北京：中国人民公安大学出版社，2009：359 - 360.

碰擦。刘某的一名同车人员下车与于某某争执，经同行人员劝解返回时，刘某突然下车，上前推搡、踢打于某某。虽经劝解，刘某仍持续追打，并从轿车内取出一把砍刀（系管制刀具），连续用刀面击打于某某颈部、腰部、腿部。刘某在击打过程中将砍刀甩脱，于某某抢到砍刀，刘某上前争夺，在争夺中于某某捅刺刘某的腹部、臀部，砍击其右胸、左肩、左肘。刘某受伤后跑向轿车，于某某继续追砍 2 刀均未砍中，其中 1 刀砍中轿车。刘某跑离轿车，于某某返回轿车，将车内刘某的手机取出放入自己口袋。民警到达现场后，于某某将手机和砍刀交给处警民警（于某某称，拿走刘某的手机是为了防止对方打电话召集人员报复）。刘某逃离后，倒在附近绿化带内，后经送医抢救无效，因腹部大静脉等破裂致失血性休克于当日死亡。于某某经人身检查，见左颈部条形挫伤 1 处、左胸季肋部条形挫伤 1 处。8 月 27 日当晚公安机关以“于某某故意伤害案”立案侦查，8 月 31 日公安机关查明了本案的全部事实。①

2. 基本问题

本案中于某某的行为是否构成正当防卫？

3. 认定难点

（1）刘某的行为是否属于“行凶”？

（2）刘某的侵害行为是否正在进行？

（3）于某某的防卫行为是否超过了必要限度？

4. 知识内容

第一，关于刘某的行为是否属于“行凶”的问题。有观点认为，本案中刘某仅使用刀面击打于某某，犯罪故意的具体内容不确定，不宜认定为“行凶”。本书认为，既然《刑法》第 20 条第 3 款明确规定“对正在进行行凶、杀人、抢劫、强奸、绑架以及其他严重危及人身安全的暴力犯罪，采取防卫行为，造成不法侵害人伤亡的，不属于防卫过当，不负刑事责任”，那么对“行凶”的认定就应当严格依照本款的规定进行，在具体认定上应以“严重危及人身安全的暴力犯罪”作为标准。对此，应当把握以下两点：一是必须是暴力犯罪，对于非暴力犯罪或一般暴力行为，不能认定为行凶；二是必须严重危及人身安全，即对人的生命、健康构成严重危险。在具体案件中，有些暴力行为的主观故意尚未通过客观行为明确表现出来，或者行为人本身就是持概括故意予以实施，这类行为的故意内容虽不确定，但已表现出多种故意的可能，其中只要有现实可能造成他人重伤或死亡的，均应当认定为“行凶”。在本案中，刘某的行为要分阶段看待，刘某开始阶段的推搡、踢打行为，不属于“严重危及人身安全的暴力犯罪”的情形，不能认定为“行凶”，但从持砍刀击打后，行为性质已经升级为暴力犯罪，已经具备“行凶”的外观。进一步考察会发现，刘某攻击行为凶狠，所持凶器可轻易致人死伤，随着事态发展，接下来会造成什么样的损害后果难以预料，于某某的人身安全处于现实的、急迫的和严重的危险之下。

① 最高人民检察院公报. 2019 (1): 26-28.

刘某具体抱持杀人的故意还是伤害的故意不确定，这正是许多行凶行为的特征。因此，刘某持砍刀击打于某某的行为符合“严重危及人身安全的暴力犯罪”的认定标准，应当认定为“行凶”。事实上，刑法上作出特殊防卫的规定，目的就在于进一步体现“法不能向不法让步”的秩序理念，同时肯定防卫人以对等或超过的强度予以反击，即使造成不法侵害人伤亡，也不必顾虑可能成立防卫过当因而构成犯罪的问题。司法实践中，如果面对不法侵害人“行凶”性质的侵害行为，仍对防卫人限制过苛，不仅有违立法本意，也难以取得制止犯罪、保护公民人身权利不受侵害的效果。

第二，关于刘某的侵害行为是否属于“正在进行”的问题。众所周知，正当防卫以不法侵害正在进行为前提。所谓“正在进行”，是指不法侵害已经开始但尚未结束。不法侵害行为多种多样、性质各异，判断是否正在进行，应就具体行为和现场情境作具体分析。判断标准不能机械地对刑法上的着手与既遂作出理解、判断，因为着手与既遂侧重的是侵害人可罚性的行为阶段问题，而侵害行为正在进行，侧重的是防卫人的利益保护问题。所以，不能要求不法侵害行为已经加诸被害人身上，只要不法侵害的现实危险已经迫在眼前，或者已达既遂状态但侵害行为没有实施终了的，就应当认定为正在进行。就本案而言，有观点认为，于某某抢到砍刀后，刘某的侵害行为已经结束，不属于正在进行。本书认为，判断侵害行为是否已经结束，应看侵害人是否已经实质性脱离现场以及是否还有继续攻击或再次发动攻击的可能。于某某抢到砍刀后，刘某并没有停止自己的行为，而是立刻上前争夺，这说明侵害行为没有停止。刘某受伤后又立刻跑向之前藏匿砍刀的汽车，于某某此时作不间断的追击也符合防卫的需要。于某某追砍两刀均未砍中，刘某从汽车旁边跑开后，于某某也未再追击。因此，在于某某抢得砍刀顺势反击时，刘某既未放弃攻击行为，也未实质性脱离现场，不能认为侵害行为已经停止。

第三，关于于某某的行为是否属于防卫过当的问题。防卫行为是否过当，在具体判断时需要注意三个方面：一是防卫行为是否明显超过正当防卫的必要限度。行为过当的判断应当从侵害行为和防卫行为这两个方面，根据案件的具体情况进行综合分析，最后得出行为是否过当的结论。二是防卫行为是否造成重大损害结果。这是结果过当的问题。进入司法视野的正当防卫案件，防卫行为必然已经造成侵害人伤亡的结果，因此，该防卫结果是否过当需要认真进行分析。在对防卫行为是否超过正当防卫必要限度的判断的时候，如果侵害行为不是实害行为而是危险行为，则不能仅从结果是否对称上进行考量，而是应当结合案件的具体情况，例如使用工具、人数、时间、地点等，综合判断防卫行为是否超过正当防卫的必要限度。三是行为过当与结果过当的统一。对于防卫行为是否超过正当防卫必要限度的判断，既不能仅考虑行为是否过当而不考虑结果是否过当，也不能仅考虑结果是否过当而不考虑行为是否过当，而是应当同时考虑行为与结果这两个要素，只有在行为过当与结果过当同时具备的情况下，才能认定为防卫过当。就本案中于某某的防卫行为是否过当的问题，有观点认为，于某某本人所受损伤较小，防卫行为却造成了刘某死亡的后果，二者对比不相适应，于某某的行为属于防卫过当。本书认为，不法侵害行为既包括实害行为也包括危险行为，对于危险行为同样可以实施正当防卫。认为“于某某与刘某的伤情对比不相适应”的观点，只注意到了实害行为而忽视了危险行为，这种意见实际上是要求防卫人应等到暴力犯罪造成一定的伤害后果才能实施防卫，这不符合及时制止犯罪、让犯罪不能得逞的防卫需要，也不适当地缩小了正当防卫的依法成立范围，是不正确的。本案中，在刘某的行为因具有危险性而属于“行凶”的前提下，于某某采取防卫行为致其死亡，依法不属于防卫过当，不负刑事责任，于某某本人是否受伤或伤情轻重，对正当防卫的认定没有影响。

【疑难问题】

如何处理刑法中的假想防卫？

假想防卫是指由于行为人对客观事实产生了错误认识，对本来不存在不法侵害行为的客观事实误认为存在，进而对臆想中的不法侵害行为人实施了所谓的防卫措施。这在现实生活中并不罕见，时有发生，故我们有必要正确理解假想防卫并理性甄别、妥善处理。本书认为，正确处理假想防卫应当把握以下三点。

第一，假想防卫不是正当防卫。假想防卫中并不真正存在客观的不法侵害行为，而只存在因假想防卫人的错误认识而主观臆想出来的错误结果。这就是假想防卫不是正当防卫的根本原因。故不能把假想防卫认定为正当防卫。

第二，假想防卫不可能是故意犯罪。在假想防卫中，尽管假想防卫人对他所臆想中的不法侵害行为人实施了实质上的加害行为，但这种加害行为是源于假想防卫人对客观事实的主观错误判断，不具备故意犯罪的主观要件。故在假想防卫的情况下，排除故意犯罪的可能。

第三，假想防卫人对假想防卫在主观上存在过失时，应当按照过失犯罪来处理；如果主观上不存在过失，那就是意外事件，也就谈不上负刑事责任的问题。当然，在假想防卫人对假想防卫主观上具有过失而按过失犯罪处理的境况下，还要结合刑法分则的具体规定，只有在刑法明文规定对该种过失行为处罚的前提下，才能按过失犯罪来处理。[①] 这是刑法的帝王规则——“罪刑法定”原则的基本要求。

实务训练

1. 关于被害人承诺，下列哪些选项是不正确的？（　　）

A. 汤某为戒掉网瘾，让其妻子丙将其反锁在没有电脑的房间一星期。汤某对放弃自己人身自由的承诺是无效的，丙的行为依然成立非法拘禁罪

B. 杨某同意丁砍掉自己的一个小手指，而丁却砍掉了杨某的大拇指。丁的行为

---

① 陈兴良. 口授刑法学. 北京：中国人民大学出版社，2007：248.

成立故意伤害罪

C. 儿童张某生活在贫困家庭，甲征得张某父母的同意，将张某卖至富贵人家。甲的行为得到了张某父母的有效承诺，并有利于儿童的成长，故不构成拐卖儿童罪

D. 在王某家发生火灾之际，乙独自闯入王某的住宅搬出贵重物品。由于乙的行为事后并未得到王某的认可，故应当成立非法侵入住宅罪

2. 以下各情形属于正当防卫的有（　　）。

A. 甲将乙撞伤，并想要逃离现场。乙想让甲将自己送去医院，并对其实施暴力。乙的行为也是一种正当防卫

B. 身材高大的甲看到身材矮小的乙想要非法入侵（甲）住宅，甲用菜刀砍伤乙致轻伤。甲的行为仍构成正当防卫

C. 甲与乙在船上发生争执，乙追打甲过程中失足落水，乙不谙水性，向甲求救。甲担心乙上岸后继续打他，不予理睬，后乙被他人所救。甲对乙不成立不作为犯罪，成立正当防卫

D. 甲驾驶机动车将乙撞伤，情况危急，甲的车也已经损坏无法使用，为了将乙尽快送去医院，甲拦截了丙的车要求帮忙送乙去医院。但是丙拒绝这一请求，甲情急之下抢去丙的车同时将乙送去医院。甲的行为构成正当防卫

3. 2017 年“于欢案”和 2018 年“昆山龙哥案”，唤醒了被称为“沉睡条款”的正当防卫制度。2018 年 12 月，最高人民检察院针对正当防卫的适用专门发布了第十二批指导性案例。近年来，司法机关依法办理了一批社会关注度非常高的正当防卫案件，比如，赵宇见义勇为案、河北涞源反杀案、邢台董民刚案、浙江盛春平案、云南唐雪案等，不仅及时回应了社会关切，而且积极弘扬了社会正气。请结合这些典型案例，根据自己的理解，撰写一篇关于正当防卫理解与适用方面的小论文（5 000字左右，尽量做到问题意识突出、观点明确、逻辑清晰、结构合理、表达精练、写作规范）。

课后练习

1. 关于正当防卫与紧急避险的比较，下列哪个选项是正确的？（　　）

A. 正当防卫中的不法“侵害”的范围，与紧急避险中的“危险”相同

B. 对正当防卫中不法侵害是否“正在进行”的认定，与紧急避险中危险是否“正在发生”的认定相同

C. 对正当防卫中防卫行为“必要限度”的认定，与紧急避险中避险行为“必要限度”的认定相同

D. 若正当防卫需具有防卫意图，则紧急避险也须具有避险意图

2. 经被害人承诺的行为要排除犯罪的成立，至少符合下列 4 个条件：

① 被害人对被侵害的________具有处分权限

② 被害人对所承诺的________的意义、范围具有理解能力
③ 承诺出于被害人的________意志
④ 被害人必须有________的承诺
下列选项与题干空格内容相匹配的是（　　）。
A. 法益——事项——现实——真实　　B. 事项——法益——现实——真实
C. 事项——法益——真实——现实　　D. 法益——事项——真实——现实

3. 关于正当防卫，下列选项正确的是（　　）。
A. 制服不法侵害人后又对其实施加害行为的，成立故意犯罪
B. 抢劫犯使用暴力取得财物后，对抢劫犯立即进行追击的，由于不法侵害尚未结束，属于合法行为
C. 动物被饲养人唆使侵害他人的，其侵害属于不法侵害；但动物对人的自发侵害不是不法侵害
D. 基于过失而实施的侵害行为不是不法侵害

4. 甲遭乙追杀，情急之下夺过丙的摩托车骑上就跑，丙摔伤导致骨折。乙开车继续追杀，甲为逃命飞身跳下疾驶的摩托车奔入树林，丙价值 1 万元的摩托车被毁。关于甲行为的说法，下列选项正确的是（　　）。
A. 属于正当防卫
B. 属于紧急避险
C. 构成抢夺罪
D. 构成故意伤害罪、故意毁坏财物罪

5. 陈某抢劫出租车司机甲，用匕首刺甲一刀，强行抢走财物后下车逃跑。甲发动汽车追赶，在陈某往前跑了 40 米处将其撞成重伤并夺回财物。关于甲行为的性质，下列选项错误的是（　　）。
A. 法令行为　　B. 紧急避险
C. 正当防卫　　D. 自救行为

6. 甲外出时在自己的住宅内安放了防卫装置。某日晚，乙撬门侵入甲的住宅后，被防卫装置击为轻伤。甲的行为是什么性质？（　　）
A. 故意伤害罪　　B. 正当防卫
C. 防卫不适时　　D. 民事侵权行为，不构成犯罪

7. 甲欲杀乙，对乙实施暴力，乙基于正当防卫而对甲实施伤害行为。路过的丙误以为乙对甲实施非法的暴力侵害，出于对甲之前的仇恨，帮助乙殴打甲，乙以为丙是见义勇为。乙、丙二人将甲打成重伤。下列说法正确的是（　　）。
A. 因为乙和丙的动机不一致，所以无论采取哪种学说，乙和丙都不成为共犯
B. 乙出于防卫的故意，虽然将甲打成重伤，也成立正当防卫
C. 不管根据哪种学说，都不能以丙的行为来定义乙的行为
D. 如果认为正当防卫不需要有防卫意图，丙的行为也成立正当防卫

8. 甲的邻居乙家中着火，甲便冲入乙家救火。因火势太大，甲无法将位于乙家中的婴儿丙（1 岁）带出，甲便将丙从二楼窗户上扔下了。后甲自己从大火中逃出，

赶紧将被摔伤的丙送往医院，最终造成丙轻伤。关于甲的行为，下列说法正确的是（　　）。

A. 甲的行为属于紧急避险

B. 甲的行为在客观上都不属于犯罪行为，不需要通过正当防卫、紧急避险等排除犯罪性行为将其从犯罪中排除出去，不属于紧急避险，不构成犯罪

C. 甲的行为在客观上降低了丙的风险，不构成犯罪

D. 甲的行为成立过失致人重伤罪

延伸阅读

1. 陈兴良．正当防卫论．3版．北京：中国人民大学出版社，2017.
2. 陈庆安．超法规排除犯罪性事由研究．上海：上海社会科学院出版社，2010.
3. 陈璇．正当防卫．北京：中国检察出版社，2020.
4. 陈兴良．正当防卫的司法偏差及其纠正．政治与法律，2019（8）.
5. 梁根林．防卫过当不法判断的立场、标准与逻辑．法学，2019（2）.
6. 周光权．正当防卫的司法异化与纠偏思路．法学评论，2017（5）.
7. 车浩．论推定的被害人同意．法学评论，2010（1）.
8. 陈璇．紧急权：体系建构、竞合适用与层级划分．中外法学，2021（1）.
9. 蔡桂生．避险行为对被避险人的法律效果——以紧急避险的正当化根据为中心．法学评论，2017（4）.
10. 姜涛．正当防卫限度判断的适用难题与改进方案．中国法学，2019（2）.
11. 王钢．动机错误下的承诺有效性问题研究．中外法学，2020（1）.
12. 贾健．警察防卫的基本原理及其规则展开．法学家，2020（4）.

第八章　故意犯罪的停止形态

【内容摘要】

故意犯罪的停止形态包括犯罪的完成形态（既遂）和作为犯罪未完成形态的犯罪预备、犯罪未遂和犯罪中止。犯罪既遂是指行为人实行直接故意犯罪之后具备了完备犯罪构成要件之全部要素的故意犯罪形态。犯罪预备是指行为人为了实行犯罪而准备工具、制造条件，但基于行为人意志以外的原因而停止在犯罪预备阶段的形态。犯罪未遂是指行为人已经着手实行犯罪，基于其意志以外的原因而未能完成犯罪的故意犯罪停止形态。犯罪中止是指行为人在犯罪过程中自动放弃犯罪或自动有效防止危害结果发生的一种犯罪停止形态。

【学习目标】

（1）在知识学习层面，要掌握犯罪既遂的标准，并结合我国刑法规定理解犯罪停止形态的内涵及成立条件。（2）在能力训练方面，一是要能够结合刑法规定在具体的案件中准确认定犯罪的停止形态，增强依法、公正处理案件的实践能力；二是要注意把握犯罪停止形态理论和实践中的重大争议问题，如既遂标准、着手认定、犯罪未遂与犯罪中止的界限等，增强理性、思辨的研究能力。（3）在价值引领方面，要充分认识到不同犯罪形态在社会危害性方面的差异，坚持依法、公正地适用刑法，特别是要认识到犯罪中止对于挽救犯罪人、维护合法权益的重大意义，从而进一步树立起守法、用法的理念。

【知识要点】

一、故意犯罪的停止形态

故意犯罪的停止形态，是故意犯罪特有的犯罪形态之一，也称为故意犯罪结束形态或停止状态，是指部分故意犯罪在其发生、发展和完成犯罪的过程中，因主、客观原因而停止下来的各种具体犯罪状态。

按照其停止下来时是否已经完成犯罪为标准，可分为：（1）犯罪的完成形态——犯罪既遂；（2）犯罪的未完成形态，包括犯罪预备、犯罪未遂和犯罪中止。

（一）故意犯罪停止形态的特征

1. 故意犯罪停止形态只能存在于部分直接故意犯罪中。故意犯罪的停止形态只能以直接故意犯罪为载体，但不能据此认为所有的直接故意犯罪都存在各种故意犯罪停止形态的认定问题。现实生活中，某些犯罪类型不存在某种或全部的犯罪未完成形态。例如，刑法规定凡着手实施就能完成犯罪的举动犯，就不可能存在犯罪未遂；临时起意的激情犯罪由于实施犯罪的突发性，往往不存在犯罪预备的形态和犯罪预备阶段的中止形态，当然可能存在犯罪未遂形态和实行阶段的犯罪中止形态。需要指出，犯罪停止形态不能存在于过失犯罪中。

过失犯罪的构成必须具备发生危害结果和刑法分则有明文规定两个条件，只有当法定危害结果出现时，行为人的过失行为才能成立犯罪，因此，过失犯罪只存在犯罪是否成立的问题，而不存在犯罪既遂或者未遂的问题。从主观上看，过失犯罪的罪过是疏忽大意或者过于自信而导致危害结果的发生，行为人意志上不希望危害结果发生，因此也无所谓犯罪停止形态中“为了犯罪准备工具、制造条件”以及“自动放弃犯罪或者自动有效地防止犯罪结果发生”或者“由于犯罪分子意志以外的原因而未得逞”的故意内容，否则就是故意犯罪。故意犯罪停止形态不能存在于间接故意犯罪中。从主观方面来看，间接故意犯罪行为没有确定的犯罪意图，与犯罪预备、未遂和中止的主观特征不符，“放任”心理谈不上对完成特定犯罪的追求，更谈不上其追求是否实现，而犯罪未完成形态存在犯罪意志和心理追求。从客观方面来看，行为人所预见的危害结果发生与否都符合其放任心理，根据主客观相统一原则，只有发生了实际的危害结果才能予以定罪，否则谈不上定罪，间接故意犯罪当然不存在犯罪的预备、未遂和中止，故对其来说，也只是是否成立犯罪的问题。

2. 故意犯罪停止形态只能发生在犯罪过程中。犯罪过程以行为人开始进行犯罪预备活动为起点，以犯罪行为彻底完成为终点，在犯罪过程以外出现的状态，不是故意犯罪停止形态。例如，行为人盗取财物以后，心生悔意又将财物返回给被害人，属于犯罪既遂后的悔罪行为，因为这是犯罪过程已经结束，返还财物行为只能作为量刑情节考虑，而不能认为是犯罪中止的停止形态。

3. 故意犯罪停止形态是一种结局性的状态。故意犯罪停止形态是犯罪过程中因主客观原因而停止下来的结束状态。这种结束是彻底的、不可逆的、结局性的停止，不能是为了等待时间而暂时性停下来，待时机成熟后再实施犯罪的停止。具体而言，出现了犯罪预备形态之后就不会再有未遂或中止形态发生；出现了犯罪未遂形态之后，特定犯罪行为也就不可能再继续下去并发展成为犯罪完成形态；犯罪既遂之后，也不能因为行为人悔罪而认定其为犯罪中止形态了。

（二）故意犯罪停止形态与犯罪构成的关系

犯罪构成是判定犯罪是否成立的规格标准，是判断某种行为是否构成犯罪的唯一依据，而故意犯罪停止形态是行为符合犯罪构成基础上所呈现的各种不同形态。行为只有符合犯罪构成，才能进而论及犯罪停止形态问题。换言之，无论是犯罪既遂还是犯罪预备、未遂和中止，都必须符合犯罪构成。对欠缺必备的犯罪构成要件的行为，不能认定为犯罪，相应也不存在故意犯罪停止形态。

二、犯罪既遂形态

（一）犯罪既遂形态概念与特征

我国刑法没有对犯罪既遂的概念专门作出界定。一般认为，犯罪既遂是指行为人在犯罪意思支配下实施的犯罪行为，已经具备了刑法分则所规定的某种犯罪构成全部要件的犯罪形态。首先，行为人必须具有犯罪意思。虽然犯罪过失行为也是一种有意识的行为，但由于行为人并不希望或放任危害行为及其结果的发生，而既遂意味着行为人某种犯罪愿望得到实现，因此这里的犯罪意思仅包括犯罪故意。其次，行为人必须着手实行犯罪。既遂犯要求行为人实施的犯罪行为必须具备刑法分则规定的犯罪构成全部要件，如果行为人尚未着手实行犯罪，而仅是进行了犯罪的准备活动，则不能成立既遂犯。既遂犯要求行为人必须着手实行犯罪，如果没有着手实行犯罪构成客观要件的行为，或者实行行为没有实行完毕，不可能出现一个完成的犯罪形态。最后，行为人实行犯罪行为必须齐备了某种犯罪构成的全部要件，既包括犯罪构成主观方面和客观方面的全部要件，也包括刑法分则规定的特定犯罪构成的全部要件。

（二）犯罪既遂形态的认定

目前学界关于犯罪既遂形态认定有“法定结果说”、“犯罪目的实现说”和“构成要件齐备说”等观点。[①] 其中，“法定结果说”认为犯罪既遂就是指犯罪实行之后出现了法律规定的犯罪结果的情况。“犯罪目的实现说”认为犯罪既遂就是指犯罪实行之后出现了行为人所追求的危害结果，即达到了行为人所追求的目的。“构成要件齐备说”认为犯罪既遂就是指犯罪实行之后具备了刑法分则所规定的具体犯罪全部构成要件。相比较而言，“构成要件齐备说”更具合理性。它以刑法分则所规定的某

① 高铭暄，马克昌. 刑法学. 北京：北京大学出版社，2017：147－148.

种犯罪全部构成要件为认定标准，既最大限度地避免了“犯罪目的实现说”的主观认定难题，又避免了“法定结果说”的片面性，例如在非法拘禁罪中，就是以出现特定事实状态作为犯罪既遂标志的，而这些“事实状态”并不属于“危害结果”的范畴。更为重要的是，“构成要件齐备说”不仅具有客观性、全面性，还具有法定性，其为各种故意犯罪既遂形态认定提供了统一的标准，从而避免了在犯罪既遂标准问题上长期存在的混乱状况。

(三) 犯罪既遂形态的类型

根据我国刑法分则对具体犯罪构成要件的规定，我国刑法理论上认为犯罪既遂形态包括以下类型。

1. 结果犯。成立结果犯的既遂形态不仅要实施符合具体构成要件的行为，还必须发生法定的犯罪结果。例如刑法中的故意杀人罪，必须实际发生剥夺他人生命的结果，才能成立故意杀人罪的既遂形态。

2. 行为犯。成立行为犯的既遂形态是以法定的犯罪行为的完成作为既遂标志的。例如刑法中的投敌叛变罪，只要行为人完成了投敌叛变行为，就成立本罪的既遂。需要指出，行为犯不是行为一经实施就成立既遂，还必须出现一定的事实状态才能认定为完成了犯罪。例如，对在实施过程中的投敌叛变行为还不能认定为既遂，而只有行为达到了完成状态的，才能成立该罪的既遂。

3. 危险犯。成立危险犯的既遂形态是以行为人实施的行为造成法律规定的发生某种危害结果的危险状态作为既遂标志。例如刑法中的放火罪，只要危害到了公共安全，即使尚未造成严重后果，也成立犯罪既遂。

4. 举动犯。成立举动犯的既遂形态是以法律规定行为人一经着手实行即成立既遂的犯罪。一般包括两种情况：一是有组织犯罪的组织形成行为，如组织、领导、参加恐怖组织罪等；二是煽动类犯罪，如煽动分裂国家罪等。

(四) 既遂犯的处罚原则

对既遂犯的处罚，结合刑法总则的有关规定，直接按照刑法分则具体条文规定的法定刑幅度进行裁量。

三、犯罪预备形态

(一) 犯罪预备形态的概念与特征

1. 犯罪预备形态，是指行为人为了犯罪准备工具、制造条件，但由于行为人意志以外的原因未能着手进入犯罪实行阶段的犯罪停止形态。

2. 犯罪预备形态具有以下三个特征。

(1) 已经实施犯罪的预备行为。在主观上，预备行为是为了犯罪。如伪造货币事先必须准备纸张、油墨等。在客观上，预备行为表现为“准备工具、制造条件”。此处“制造条件”中的“条件”应理解为除“准备工具”以外的条件，例如，调查犯罪场所和被害人行踪、追踪被害人或守候被害人的到来、排除实施犯罪的障碍和拟定实施犯罪的计划等，这体现了立法者对“准备工具”的特别重视。犯罪预备的行为可以是作为也可以是不作为，即大多数情况下是作为形式，但极少数情况下也可以是不作为形式。如仓库保管员为共同犯罪人盗窃方便，故意不上锁。

（2）未能着手实行犯罪。这是犯罪预备与未遂的根本区别，即犯罪预备是实行前行为。根据是否着手这一特征，把犯罪预备的时间限定在犯罪实行以前。如果行为人已经开始实施实行行为，则不存在预备问题。根据刑法相关规定，学界一般认为犯罪预备行为发展到着手实行阶段或已构成既遂犯的，在犯罪预备阶段自动放弃犯罪意图不再继续实行的均不能构成预备犯。

（3）未能着手实行犯罪是由于犯罪分子意志以外的原因。所谓意志以外的原因是指行为人想继续下去但是由于各种原因而被迫停顿下来。这也是犯罪预备和预备阶段的犯罪中止的本质区别。在司法实践中，迫使其停顿下来的原因诸如行为人突然生病、犯罪对象灭失、被害人闻讯逃避、被司法机关或群众抓获等。

（二）犯罪预备与犯意表示

犯意表示是指具有犯罪意图的人，通过一定的形式，单纯地将自己的犯罪意图表露出来的外部活动。犯意表示是通过口头或其他形式，简单地流露犯罪意图；而犯罪预备则是通过各种具体的活动为实行犯罪创造条件。犯意表示停留在单纯表现犯罪思想的阶段，尚未有实际行为将犯罪意图付诸实践；而犯罪预备则是将犯罪意图转化为具体实际行为，行为人直接开始实施犯罪的准备活动。犯意表示本身没有实际的社会危害性；而犯罪预备具有较大社会危害性，行为人通过为犯罪准备工具、制造条件对刑法保护的社会关系造成现实威胁。根据刑法总则关于犯罪预备相关规定，仅有犯意表示尚未表现为犯罪预备行为的，不成立犯罪。

（三）预备犯的处罚原则

我国刑法规定，对预备犯的处罚，“可以比照既遂犯从轻、减轻处罚或者免除处罚”。这里面的“可以”是可以“从轻、减轻处罚或者免除处罚”，不是必须如此，而应由人民法院根据犯罪预备行为的社会危害性以及行为人主观恶性大小等因素进行自由裁量。需要指出的是，从轻、减轻处罚或者免除处罚的参照物是既遂犯，因此，比照既遂犯这里的“比照”是“应当比照”而不是“可以比照”。此外，如果根据全案情况，犯罪预备行为属于情节显著轻微危害不大的，也可以不认为是犯罪，不成立预备犯，也不应给予任何形式的刑事处罚。

四、犯罪未遂形态

（一）犯罪未遂形态的概念和特征

1. 犯罪未遂形态是指已经着手实行犯罪，由于行为人意志以外的原因或障碍，而未达犯罪既遂的犯罪停止形态。

2. 犯罪未遂形态具有以下三个特征。

（1）犯罪分子已经着手实行犯罪。一般认为，认定犯罪的着手应紧扣主客观相统一的标准。着手是犯罪的着手，而犯罪本身是主观上的犯罪故意与客观上的犯罪行为的统一。因此，犯罪的着手也应该是主观上的犯罪意图转化为客观上的犯罪行为。由于不同犯罪的实行行为的性质不同，其着手实行犯罪的表现形态亦不相同。例如，在使用定时炸弹的谋杀案中，甲制作定时炸弹，并将其安装于乙必经之处意图炸死乙。

着手实行犯罪的共同特点：第一，着手实行犯罪的行为已经同直接客体发生了接触，或者已经逼近了直接客体，对刑法所保护客体具有现实的危害和威胁。如杀人犯已举刀对准了被害人。第二，着手实行犯罪的行为是可以直接造成犯罪结果的行为。如举枪瞄准被害人是杀人行为的着手。第三，着手实行犯罪的行为是刑法分则所规定的具体犯罪的客观方面的行为。

（2）犯罪未得逞。犯罪未得逞是指没有达到刑法分则规定的具体犯罪的全部构成要件。关于犯罪未得逞，有三种观点：犯罪目的说、犯罪结果说和犯罪构成要件说。[①] 通说认为，应采取构成要件说。犯罪的既遂或未遂是以犯罪构成要件是否齐备为标准的，犯罪的目的和结果，都只是犯罪构成要件中的某一方面。在一定的犯罪类型中，它确实能够决定是既遂还是未遂（如结果犯），但它并不全面，不可以作为一般标准。犯罪未得逞是指犯罪未完成而停止下来。是否完成，也就是具体犯罪构成要件的完备与否，主要是看刑法分则对具体犯罪构成要件所规定的犯罪客观要件是否完备，故对不同性质的犯罪，其完备的要求并不相同，如结果犯应当以法定的危害结果是否已经发生来区分犯罪的未遂和既遂；危险犯应当以危害行为在客观上是否达到法定的危险程度来区分犯罪的未遂和既遂；行为犯应当以行为人客观上是否已经将法定的危害行为实行完毕来区分犯罪的未遂和既遂。

（3）犯罪未得逞是由于犯罪分子意志以外的原因。这是构成未遂犯的实质要件，也是其区别于中止犯的核心要素。未遂犯是面对客观阻力不得不停止犯罪，而中止犯是基于内心的自由选择主动放弃犯罪，前者是“非不为也实不能”，后者是“非不能也实不为”。需要指出的是，意志以外的原因应是质和量的统一，表现为“足以阻止犯罪意志的原因”。从质的方面来看，是由于行为人意志以外的原因，即意图实施但是没有办法继续实施。只有那些违背了犯罪分子本意的原因才能成立意志以外的原因。但不能简单地把犯罪分子意志以外的原因理解为不利于犯罪继续实施的因素。在某些情况下，也可能出现有利于实现犯罪分子意图的因素，致使犯罪分子没有必要采取某一犯罪手段，从而导致其先行已经着手实施的犯罪处在未遂阶段。在司法实践中，犯罪分子意志以外的原因主要有以下两种情形：第一，犯罪分子本人以外的原因：A. 被害人发现、逃避和反抗；B. 第三者的出现使犯罪分子被抓获；C. 自然力的破坏；D. 物质障碍；E. 犯罪时间、地点、场合对犯罪不利等。第二，犯罪分子自身的原因：A. 能力、力量、身体状况、常识、技巧等缺乏，使其无法完成

---

① 贾宇. 刑法学：上册·总论. 北京：高等教育出版社，2019：217.

犯罪；B. 主观认识上的错误使其未能得逞，如对犯罪对象的认识错误，故意杀人案件中，误以为家里有人而开枪，而当时室内并无人；对犯罪工具的认识错误，误将空枪当实弹对他人进行射击；对犯罪因果关系的认识错误，故意杀人案件中，误以为将他人已经杀害而停止犯罪，实际上被害人没有死；对犯罪时周围客观环境的认识错误，盗窃案件中行为人进屋正在寻找有价值物件，突然听到房子门铃响，顿时吓得跳窗而逃，其实门铃是对门家的门铃，但已对行为人心理产生极大恐惧，摧毁了他完成犯罪的意志，因此，不是其“能为而不为”而是其“想为而不敢且不能为”。

（二）犯罪未遂形态的种类

1. 未实行终了的未遂和实行终了的未遂

未实行终了的未遂是指行为人已着手实行犯罪，但由于意志以外的原因，使其未能将他认为达到既遂所必需的全部行为实行终了。例如行为人刚着手对被害人实行抢劫，这时候刚好警察巡逻至此，行为人因为害怕就先行离开。实行终了的未遂是指行为人已着手实行犯罪，并且自认为已将犯罪既遂所必需的全部行为实行完毕，但由于意志以外的原因而未达到既遂的状态。例如行为人基于故意杀人目的将人打成休克，误以为对方已经死亡，但被害人没有死并被他人救回。一般而言，与未实行终了的未遂相比，实行终了的未遂与犯罪既遂的距离更近，其主观恶性的客观化程度更高，对刑法保护的社会关系侵害程度更大一些，故对实行终了的未遂的刑罚裁量，在司法实践中一般重于未实行终了的未遂。

2. 能犯的未遂和不能犯的未遂

能犯的未遂是指犯罪行为有可能达到既遂，但基于行为人意志以外的原因未能达到既遂而停止下来的情况。不能犯未遂是指由于行为的性质，行为人所实施的行为根本不可能达到既遂的情况。不能犯未遂又可以进一步分为对象不能犯未遂和工具不能犯未遂，前者如误以为男性是女性而实施强奸，后者如误将白糖当成砒霜毒害他人。不能将工具不能犯未遂和迷信犯混淆，迷信犯是行为人出于愚昧使用根本不可能发生危害结果的方法加害他人的情况，例如误以为给他人下诅咒能够杀人而诅咒他人。迷信犯没有侵害合法权益的危险性，不能作为犯罪来处理。需要指出的是，不能犯虽然理论通说认为成立未遂犯，但也有不同的声音，有学者认为，行为有无社会危险性是判断该行为是否构成犯罪的前提。以行为时为标准，按照一般人的常识常情常理，如果就事后查明的行为时存在的事实来看某一行为完全没有发生危害结果的可能性或可能性极小，应属于不构成犯罪的不能犯。①

（三）未遂犯的处罚原则

我国《刑法》第 23 条第 2 款规定：“对于未遂犯，可以比照既遂犯从轻或者减轻处罚”。同既遂犯相比，未遂犯对刑法所保护法益侵害的程度要低，基于客观主义

① 黎宏. 刑法中的危险及其判断——从未遂犯和不能犯的区别出发. 法商研究，2004（4）.

刑法立场，对未遂犯一般从宽处罚，且从宽幅度为“从轻或者减轻处罚”两种类型，具体是“从轻处罚”还是“减轻处罚”要结合案件的具体情况进行综合考量，例如要看犯罪的性质；要看犯罪未遂的具体类型，是未实行终了的未遂还是实行终了的未遂，是能犯的未遂还是不能犯的未遂；要看犯罪行为造成危害结果的情况；要看行为人的主观恶性等，具体要在主客观统一原则下用好未遂犯从轻还是减轻处罚的裁量权。需要指出的是，对未遂犯从宽处罚是“可以”而不是“应当”，换言之，对未遂犯处以与既遂犯同等的刑罚也并不违反我国刑法的规定。

五、犯罪中止形态

（一）犯罪中止形态的概念和特征

1. 犯罪中止，是指在犯罪过程中，行为人自动放弃犯罪或者自动有效地防止犯罪结果发生的犯罪停止形态。犯罪中止形态包括自动停止犯罪的犯罪中止形态和自动有效地防止犯罪结果发生的犯罪中止形态的特征。

2. 自动停止犯罪的犯罪中止形态的特征

（1）中止的及时性。是指犯罪中止必须发生在犯罪过程中，即从犯罪预备阶段开始到既遂阶段之前这段时间内，且犯罪又处于运动中尚未停止在预备形态或未遂形态。故中止只能发生在犯罪预备阶段、犯罪实行阶段。此外，如果此前行为已经在犯罪预备阶段呈现犯罪预备的形态，或者在犯罪实行阶段呈现犯罪未遂或犯罪既遂的形态都不能成立犯罪中止。特别强调，在犯罪既遂之后的退赃悔罪行为不能成立犯罪中止，犯罪停止形态是不可逆的，不能成立犯罪既遂后又逆回成立犯罪中止形态。

（2）中止的自动性。是指行为人在自己认为有可能将犯罪进行到底的情况下，出于本人意愿而自动中止犯罪。所谓“出于本人意愿”，是指行为人自己认为能够完成，但出于悔悟、同情被害人、害怕受刑罚处罚等原因，自动放弃能够完成的犯罪。至于客观上他能否继续实施犯罪或完成犯罪，并不影响行为人中止犯罪的自动性的成立。

（3）中止的客观性。是指在客观上存在放弃犯罪的中止行为。行为人必须在犯罪过程中放弃实施犯罪行为，犯罪构成规定的危害结果不会发生。放弃实施犯罪行为可以发生在犯罪预备阶段，也可以发生在犯罪实行阶段。需要强调的是，这里所说的危害结果不会发生是指属于犯罪构成的特定危害结果不会发生，并不保证其他危害结果不会发生。

（4）中止的彻底性。是指行为人在主观上已经彻底放弃犯罪，而不是说等缓过来或者待时间条件成熟之后再行犯罪。当然，这里说的“彻底放弃犯罪”也不是指行为人一辈子都不再犯罪，而是就其所放弃的具体犯罪而言必须在主观上不再继续实施该犯罪。

3. 自动有效地防止犯罪结果发生的犯罪中止形态的特征

（1）中止的时间性。是指行为人中止行为发生在实行阶段并有造成既遂之危害结果的可能性。自动有效地防止犯罪结果的发生的犯罪中止只能发生在犯罪实行阶段，而自动放弃犯罪的犯罪中止既可能发生在犯罪实行阶段，也可能发生在犯罪预备阶段。

（2）中止的自动性。是指行为人主动放弃犯罪，而不是基于外界客观原因被迫采取措施防止危害结果的发生，这也是犯罪中止和犯罪未遂停止形态的主要区别。这种犯罪中止行为的自动性客观上表明行为人人身危险性降低。

（3）中止的客观性。是指行为人实施了防止犯罪结果发生的中止行为。自动有效地防止犯罪结果发生的犯罪中止除了行为人必须主动放弃犯罪，还要求行为人有采取防止危害结果发生的客观行为。例如，行为人拟向被害人投毒并实行，中途感觉于心不忍并自动放弃，如果想成立犯罪中止，他除了自动放弃犯罪，还必须采取防止被害人误食毒药的具体行为。

（4）中止的有效性。是指没有发生行为人之前所追求的危害结果。如果已经造成了危害结果，不管行为人为此作出过多少努力都不能成立中止犯。需要注意，中止的有效性不是说不能发生任何结果而是强调不能发生行为人先前追求并由行为性质所决定的危害结果。此外，还必须考察危害结果发生与行为人所采取措施之间是否具有因果关系，如果两者之间没有任何因果关系，即便最后没有发生危害结果，也不能认定为犯罪中止，但也不能据此就机械认为中止有效性必须全部是由于行为人的努力才能算是“因”，只要是行为人真心放弃犯罪并为防止危害结果发生做了力所能及的事情，哪怕是在其他人帮助下避免危害结果发生也能构成犯罪中止。

（二）自动放弃可能的重复侵害行为是成立犯罪中止还是犯罪未遂

所谓自动放弃可能的重复侵害行为，是指行为人已经着手实行特定的犯罪行为，未能发生预期的危害结果，行为人认识到可以继续实施侵害行为并造成预期危害结果的情况下，自动放弃实施该侵害行为的情形。长期以来，学界关于自动放弃可能的重复侵害行为有“未遂论”、“中止论”和“折中论”三种观点。[①]“未遂论”割裂了犯罪行为的整体性，还容易混淆犯罪未遂和犯罪中止的界限。“折中论”企图调和“未遂论”和“中止论”的矛盾，但最终难免又陷入新的矛盾之中。

本书认为，自动放弃可能的重复侵害行为应成立犯罪中止。首先，行为人在能继续实施犯罪的情况下自动放弃犯罪，符合中止的自动性；其次，行为人放弃可能重复的侵害行为之后，危害结果没有发生，符合中止的有效性；最后，行为人放弃犯罪之后，没有继续实施犯罪，符合中止的彻底性。更为重要的是，我国刑法关于犯罪中止规定的政策取向就是给希望改过自新的行为人搭建这样一种后退的“金桥”，鼓励更多的犯罪人及时地悬崖勒马，避免和减少对他人和社会法益的侵害，在这个意义上，自动放弃可能的重复侵害行为也宜认定为犯罪中止。

① 马克昌. 犯罪通论. 武汉：武汉大学出版社，1999：475－479.

（三）中止犯的处罚原则

我国《刑法》第24条第2款规定："对于中止犯，没有造成损害的，应当免除处罚；造成损害的，应当减轻处罚。"首先，对于中止犯必须从宽处罚。如前所述，中止犯是行为人自动彻底放弃犯罪，表明行为人的主观恶性较低，且没有发生特定危害结果或者有效防止了危害结果发生，犯罪中止的社会危害性明显轻于性质相同行为的犯罪未遂停止形态，因此对中止犯我国刑法明确规定"应当"免除或减轻处罚，这意味着人民法院面对中止犯没有自由裁量权，必须免除或减轻处罚。其次，中止犯的从宽标准包括免除和减轻处罚，而不包括从轻处罚，刑罚力度明显减弱，这进一步体现了宽严相济刑事政策在刑法立法中的反映。最后，对具体案件中犯罪中止到底是适用免除处罚还是减轻处罚，不同于其他故意犯罪停止形态下法官拥有较大的自由裁量权，对犯罪中止的处罚原则应当以是否造成损害为根据：没有造成损害的，必须免除处罚；造成损害的，必须减轻处罚。例如，行为人本来是故意杀人，自动放弃犯罪但仍然造成了被害人身体伤害的，这个时候应当对其减轻处罚；如果没有造成任何危害结果，应当免除处罚。

【案例评析】

案例一

1. 案情简介

甲乘在路上行走的妇女乙不注意之际，将乙价值12 000元的项链一把抓走，然后逃跑。跑了50米之后，甲以为乙的项链根本不值钱，就转身回来，跑到乙跟前，打了乙两耳光，并说："出来混，也不知道戴条好项链"，然后将项链扔给乙。

2. 基本问题

对甲的行为，应当如何定性？如何处罚？

3. 知识内容

犯罪停止形态具有不可逆转性，既遂之后不可能再转化为其他犯罪停止形态。因此本案中甲的行为构成抢夺罪既遂，至于后来将项链还给乙的行为，属于排除犯罪所造成状态的行为，不影响犯罪既遂的成立，更不成立犯罪中止，而仅仅是酌定的量刑情节，对其应按照抢夺罪法定量刑幅度处罚。

案例二

1. 案情简介

药店营业员李某与王某有仇。某日王某之妻到药店买药为王某治病，李某将一包砒霜混在药中交给王妻。后李某后悔，于第二天到王家欲取回砒霜，而王某谎称已服完。李某见王某没有什么异常，就没有将真相告诉王某。几天后，王某因服用李某提供的砒霜而死亡。

2. 基本问题

李某行为该如何定性，如何处罚？

3. 知识内容

本案中，李某已经将砒霜交给了王妻，已经开始实施了犯罪，即已着手，排除犯罪预备的可能性。李某虽然曾经想过作出某种努力，但是却没有真正实施，也没有有效防止危害结果的出现，不属于犯罪中止，最后导致危害结果即李某死亡的出现，构成了既遂，应当按照刑法分则故意杀人罪规定的法定刑幅度进行裁量。

案例三

1. 案情简介

2007 年 9 月 8 日，被告人张某躲在某纺织厂女厕所内，伺机强奸前来如厕的女职工。当纺织厂女工赵某进入厕所后，张某悄悄将厕所的门从里面反锁，然后将自己的裤子拉至膝盖部，蹑手蹑脚向正在如厕的赵某走去，然后趁赵某不备，突然将其推倒在地，并趴在赵某身上欲强行与之发生性关系。赵某大声呼喊并反抗，有几个同事顺着呼救声赶到厕所门外，但门被反锁始终未能打开。张某听到外面有脚步声即松开赵某，赵某从里面将门打开冲了出去。张某在准备从厕所的窗户逃离时被前来救援的同事当场抓住。

2. 基本问题

张某的行为是犯罪未遂还是犯罪中止？

3. 知识内容

在张某实施强奸行为过程中，由于被害人的大声呼救引来众人前来救援，尽管救援人员暂时被挡在门外，但根据社会一般观念，这种情况对行为人足以产生强制性影响，张某在此时实际上已经不能再继续实施强奸行为。因此，张某放弃犯罪意图是由于张某意志以外的原因，其行为应当属于犯罪未遂。

案例四

1. 案情简介

2020 年国庆节，被告人大学生林某乘坐地铁回学校，其间发现地铁车厢不远处的被害人张某钱包暴露在裤子口袋边缘处，从外表上看，该钱包鼓鼓的，款式精美，做工精细，林某认为这个钱包里肯定有很多钱，一时心动，于是就从地铁座位处起身来到张某的身边秘密窃取其钱包并快速离开，到了偏僻安静处打开钱包一看，里面仅有 8 块 9 毛钱，其他的都是面巾纸，再加上觉得盗窃行为有失自己大学生身份，就打算把钱包偷偷还给张某，只是在归还过程中，被张某当场发现并报警抓获。后经司法鉴定，张某钱包是仿冒的，价值约 10 元钱。

2. 基本问题

林某的行为应该如何定性？是未遂犯、中止犯，还是其他？

3. 知识内容

判断林某的行为成立何种故意犯罪停止形态，首先要解决林某行为是否构成犯罪，如果林某行为不构成犯罪，那就不存在故意犯罪停止形态的问题。林某虽然是在地铁公共空间里盗窃，属于扒窃行为，根据刑法规定，扒窃属于行为犯，但由于其盗窃金额特少，事后又主动归还钱包，犯罪情节显著轻微危害不大，根据《刑法》第 13 条规定不认为是犯罪，所以林某行为由于不构成犯罪，不涉及成立犯罪停止形态问题。

案例五

1. 案情简介

甲携带弹簧刀预谋抢劫出租车司机。他在路边招手上了乙驾驶的出租车，行至偏僻的路段时，乙起疑，拒绝再往前走，并要求甲下车。甲担心立即实施抢劫可能会被人发觉，遂按要求下车。当晚 22 时许，甲见一女骑自行车过来，顿生歹意，猛扑上前，将该女从车上强行拽下，压倒在地，欲行强奸之时，不料该女是甲多年未见的同学丙，甲认出丙后，对丙说是开玩笑，便走了。几天后，甲担心丙以后会报警，决定杀人灭口。甲携带含有致命毒剂的弓弩，找到丙家，朝着正在洗菜的丙瞄准，正欲射杀之时，发现被瞄准的不是丙，是丙的姐姐。甲放弃射杀离开。

2. 基本问题

甲抢劫出租车是否构成犯罪？如果构成，属于何种犯罪形态？应如何处理？甲的强奸行为是否构成犯罪？如果构成，应如何处理？甲射杀丙是否构成犯罪？如果构成，属于何种犯罪形态？该如何处理？

3. 知识内容

判断行为人是否构成犯罪的依据是看行为人实施的行为是否符合刑法规定的犯罪构成要件。区分犯罪未遂和中止的实质性要素是看行为人未完成犯罪是有外在客观原因还是自动放弃犯罪，如果是自动放弃犯罪或者有效防止危害结果发生就是中止犯。据此，甲抢劫出租车应构成抢劫罪（中止），属于犯罪预备的未完成形态，预备阶段的中止，根据刑法关于中止犯的规定，没有造成损害的，免除处罚。甲的强奸行为构成强奸罪，属于犯罪实行阶段的中止，没有造成损害的，免除处罚。甲射杀丙构成故意杀人罪，属于实行阶段的未遂，比照既遂减轻或免除处罚。

【疑难问题】

1. 如何理解犯罪形态的本质内涵？犯罪的结束形态为什么只存在于部分直接故意的犯罪中？

提示：形态是一个点，而不是一段时间。这个点与停顿紧密相连，有停顿才有点，有停顿才有形态。一个行为只有一个点，一个行为只有一个形态，不能把主体的完整行为人为进行分割。

2. 犯罪预备行为与犯罪实行行为的主要区别是什么？

提示：行为人是否已经着手实行犯罪，是预备犯与未遂犯区分的主要标志。正确地理解与界定“着手实行犯罪”具有重要意义。对于什么是着手，有主观说、形式的客观说、实质的客观说、折中说之争。

3. 如何理解中止犯的自动性条件？

提示：成立中止犯必须是“自动”放弃犯罪或者“自动”有效地防止犯罪结果的发生，自动性条件是中止犯最为本质和最为重要的条件之一。如果行为人放弃犯罪不是出于自动性，就可能成立未遂犯或预备犯。对于自动性条件的具体判断，有主观说、客观说、折中说之争。

4. 如何区分能犯的未遂与不能犯的未遂？

提示：能犯的未遂是指行为人所实施的行为本身可能达到既遂，但由于意志以外的原因而未完成犯罪；不能犯的未遂是指行为人所实施的行为本身就不可能达到既遂而未完成犯罪，不能犯的未遂又可区分为对象不能犯和手段不能犯。区分不能犯的标准有客观危险说、主观说、抽象危险说和具体危险说。

实务训练

李某系 A 市建设银行某储蓄所记账员。2020 年 3 月 20 日下午下班时，李某发现本所出纳员陈某将 5 万元营业款遗忘在办公桌抽屉内（未锁）。当日下班后，李某趁所内无人之机，返回所内将该 5 万元取出，用报纸包好后藏到自己办公桌下面的垃圾袋中，并用纸箱遮住垃圾袋。次日上午案发，赃款被他人找出。

问题：假定你是李某聘请的律师，或是本案的主审法官（任选其中一个身份），请根据上述案情撰写一份法律文书。

答题要求：

1. 文书种类的选择符合选定的身份，符合法律规定，格式规范，应具备的事项齐全。

2. 请求或答辩事项清楚，事实、论证依据充分，或者作出的处理合法有据，定性准确。

3. 文字简练通畅，无语法错误和错别字。

课后练习

一、单项选择题

1. 甲与一女子有染，其妻乙生怨。某日，乙将毒药拌进菜中意图杀甲。因久等甲未归且又惧怕法律制裁，乙遂打消杀人恶念，将菜倒掉。关于乙的行为，下列哪一选项是正确的？（　　）

A. 犯罪预备　　　　B. 犯罪预备阶段的犯罪中止

C. 犯罪未遂　　　　D. 犯罪实行阶段的犯罪中止

2. 甲潜进乙的住宅盗窃，将乙的皮箱（内有现金 3 万元）扔到院墙外，预备一会儿翻墙出去再捡。偶然经过此处的丙发现皮箱无人看管，遂将其拿走，据为己有。15 分钟后，甲来到院墙外，发现皮箱已无踪影。对于甲、丙行为的定性，下列哪一

选项是正确的？（　　）

A. 甲成立盗窃罪（既遂），丙无罪

B. 甲成立盗窃罪（未遂），丙成立盗窃罪（既遂）

C. 甲成立盗窃罪（既遂），丙成立侵占罪

D. 甲成立盗窃罪（未遂），丙成立侵占罪

3. 下列案例中哪一项成立犯罪未遂？（　　）

A. 甲对胡某实施诈骗行为，被胡某识破骗局。但胡某觉得甲穷困潦倒，实在可怜，就给其 3 000 元钱，甲得款后离开现场

B. 乙为了杀死刘某，持枪尾随刘某，行至偏僻处时，乙向刘某开了一枪，没有打中；在还可以继续开枪的情况下，乙害怕受刑罚处罚，没有继续开枪

C. 丙绑架赵某，并要求其亲属交付 100 万元。在提出勒索要求后，丙害怕受刑罚处罚，将赵某开释

D. 丁抓住妇女李某的手腕，欲绑架李某然后出卖。李为脱身，便假装说："我有性病，不会有人要。"丁信以为真，于是垂头丧气地离开现场

4. 某甲和某乙合谋盗窃一电器仓库，由某乙先配制一把"万能钥匙"。数日后，某乙将配制的钥匙交给某甲，二人约定当晚 12 点在仓库门口见面后行窃。当晚，某乙因害怕案发后受惩罚，未到现场。而某甲如约到现场后，因未等到某乙，便用"万能钥匙"打开库房，窃得手提电脑 2 部，价值人民币 2 万元，销赃后得赃款数元。事后，某甲分 300 元给某乙，某乙推脱后分文未取。某乙的行为属于下列哪个选项？（　　）

A. 不构成犯罪　　　　B. 构成盗窃罪，但属于犯罪中止

C. 构成盗窃罪，但属于犯罪未遂　　　　D. 与某甲一起构成盗窃罪既遂

5. 2018 年 4 月 3 日，女青年黎某受男朋友之托，准备将男朋友在广州购买的假人民币 5 万余元运回家乡贩卖。黎某购买了当日从广州开往南昌的火车票，上车后，黎某听到列车广播里打击假币的宣传，心里害怕，就到列车厕所中烧毁所带的假币，正在烧毁时被列车乘警发现将其抓获。经清点，黎某包中还有没有烧毁的假币 2 万余元，另在厕所中还有一堆纸灰。请问下列说法正确的是？（　　）

A. 黎某在运输途中烧毁假币的行为构成犯罪中止

B. 黎某在运输途中烧毁假币的行为构成犯罪既遂

C. 黎某在运输途中烧毁假币的行为构成犯罪未遂

D. 黎某构成运输假币罪，但黎某在犯罪过程中，自动放弃犯罪，应当免除处罚

6. 赵某持刀闯入女友钱某家中，声称要割下钱某的一只耳朵以教训她"与人通奸"的不忠行为，面对钱某的苦苦哀求，赵某将刀扔在钱某面前转身离去。依照刑法规定，对赵某应如何处理？（　　）

A. 应当不处罚　　　　B. 应当从轻处罚

C. 应当减轻处罚　　　　D. 应当免除处罚

7. 甲因为男友乙不忠而生恨意，决定杀乙，某日把乙引到家中将一瓶安眠药（50 片）掺入咖啡让乙喝下。乙在甲的床上昏睡，甲离家到附近一座山上打算自杀。甲在山上犹豫徘徊一昼夜，心生悔意急回家，发现乙已经被人送医院抢救，未死。

甲大喜过望。对甲的行为应当如何处理？（　　）

A. 按既遂犯处罚

B. 可以比照既遂犯从轻、减轻或者免除处罚

C. 可以比照既遂犯从轻或者减轻处罚

D. 应当免除处罚

8. 甲携带凶器拦路抢劫，黑夜中遇到乙便实施暴力，乙发现是自己的熟人甲，便喊甲的名字，甲一听便住手，还向乙道歉说："对不起，认错人了。"甲的行为属于下列哪一种情形？（　　）

A. 实行终了的犯罪未遂　　B. 预备阶段的犯罪中止

C. 未实行终了的犯罪未遂　　D. 实行阶段的犯罪中止

9. 彭某因私愤蓄意杀害韩某。一天在韩某回家途中向其开枪射击，但未击中。这时，枪里面尚有子弹 3 颗，彭怕罪行暴露，遂停止开枪射击，彭的行为是（　　）。

A. 犯罪未遂　　B. 犯罪中止

C. 一般违法行为　　D. 意外事件

10. 林某欲毒杀其夫，其夫服毒尚未死亡，林某见状，不忍见到其夫痛苦的样子，急送其到医院抢救，抢救无效死亡。林某的行为属于什么性质？（　　）

A. 犯罪中止　　B. 犯罪未遂

C. 犯罪既遂　　D. 犯罪预备

二、多项选择题

1. 下列哪些行为成立犯罪中止？（　　）

A. 甲放火之后，在独立燃烧之前，喊了一声："救火啊"，随后立即离开了现场，后被群众扑灭

B. 乙对仇人王某猛砍 10 刀后离开现场。1 小时后，乙为寻找、销毁犯罪工具回到现场，见王某仍然没有死亡，但极其可怜，即将其送到医院治疗

C. 丙为了发泄对社会的不满，将一块巨石搬上铁轨，但在火车即将到来之前，丙由于害怕被处罚，又将石头搬开

D. 丁一直想杀害胡某，某日向胡某的食物里投放了毒药，胡某食用之后痛苦万分，丁见状顿生悔意，立即拨打急救电话，将被害人送往医院，在医生的救治下，胡某没有死亡，但是终身残疾

2. 下列选项中，不属于犯罪未遂的是（　　）。

A. 丙绑架赵某，并要求其亲属交付 100 万元。在提出勒索要求后，丙害怕受刑罚处罚，将赵某释放

B. 丁抓住妇女李某的手腕，欲绑架李某然后出卖。李为脱身，便假装说："我有性病，不会有人要。"丁信以为真，于是垂头丧气地离开现场

C. 黄某向监察机关投寄诬告信，捏造马某贪污国家财产 20 万元的事实，后惧怕承担法律责任，遂在监察机关立案追究前撤回控告

D. 刘某夜间潜入某妇女房内企图实施强奸，他摸索着往该妇女床前走时不慎踢响地上脸盆。该妇女惊醒后大呼有贼，刘某害怕，迅速逃离

3. 请问下列选项中，哪些行为人犯罪行为属于犯罪既遂？（　　）

A. 国家机关工作人员甲某打算叛逃国外，一日傍晚，甲某怀揣机密文件朝国境线跑去，被边防战士及时发现，在甲某距国境 3 米远处，抓获了甲某

B. 乙某一天中午潜入居民家，盗得未设密码的活期存折一本，下午赶去银行取款，正赶上银行下班，无功而返，当晚在家中被警察抓获

C. 丙某从银行取款 5 万元，在回家的路上遭到情敌的殴打。丙某回家后将钱藏起，到公安机关报案，称情敌抢劫了自己刚从银行提取的 5 万元钱。公安人员经调查发现破绽，最后从其丙某家中将该 5 万元钱搜出，致使其诬告陷害他人抢劫的行径败露

D. 人贩子丁某来到一乡村寻找拐卖对象，发现一漂亮村姑，丁某抓住村姑手腕，说“跟我走”，然后将村姑双手捆住，但走在半路上，漂亮村姑使劲挣脱绳索逃走

4. 下列关于犯罪停止形态的说法中，正确的是（　　）。

A. 张某意图到李家行窃。一日夜里，张潜入李家，躲在柴垛后等待李某关灯睡觉。不料被前来串门的吴某发现，张某被当场抓获。张某的行为成立犯罪未遂

B. 姜某意图强奸韩女，使用暴力脱去韩女的裤子后发现，韩女正处在月经期。姜某遂停止犯罪。姜某的行为成立犯罪中止

C. 乔某为杀仇人吴某，将其骗至郊外无人之处并对其连砍 18 刀。乔某以为其已经死亡，遂离去。3 个小时后，乔某想起杀人的刀忘在现场，即返回取刀。到达现场后，发现吴某睁着眼睛，见其可怜，便送往医院。经抢救，吴某没有死亡，但造成终身残疾。乔某的行为成立犯罪未遂

D. 蔡某意图实施“飞车抢夺”。一日，蔡某骑摩托车在马路上寻找作案目标。锁定一挎包的女士后，正要开车上前抢夺，因注意力不集中，被迎面驶来的一辆汽车撞伤。蔡某的行为成立犯罪未遂

5. 下列选项中，错误的说法是（　　）。

A. 犯罪既遂与犯罪未遂区别的关键在于是否实现了预期的目的

B. 犯罪未遂与犯罪预备区别的关键在于是否着手实行犯罪

C. 只有在造成法定损害结果时，才处罚过失行为

D. 未完成罪仅仅存在于直接故意犯罪过程中

三、不定项选择题

1. 李某欲谋害其妻，某日，误将白糖当砒霜，投放在其妻的碗中，其妻食后安然无事，李的行为属于什么？（　　）。

A. 属于意外事件　　B. 不构成犯罪

C. 不能犯未遂　　D. 能犯未遂

2. 王某等候在一树林里，想等到下夜班的工人经过好实施抢劫行为，此时天降大雪，王某耐不住寒冷就回去了，对王某的这一行为应如何定性？（　　）

A. 应为犯罪中止　　B. 王某的行为不构成犯罪

C. 王某的行为为犯罪预备　　　　　D. 应为犯罪未遂

3. 关于犯罪中止，下列哪些选项是正确的？（　　）

A. 甲欲杀乙，埋伏在路旁开枪射击但未打中乙。甲枪内尚有子弹，但担心杀人后被判处死刑，遂停止射击。甲成立犯罪中止

B. 甲入户抢劫时，看到客厅电视正在播放庭审纪实片，意识到犯罪要受刑罚处罚，于是向被害人赔礼道歉后离开。甲成立犯罪中止

C. 甲潜入乙家原打算盗窃巨额现金，入室后发现大量珠宝，便放弃盗窃现金的意思，仅窃取了珠宝。对于盗窃现金，甲成立犯罪中止

D. 甲向乙的饮食投放毒药后，乙呕吐不止，甲顿生悔意急忙开车送乙去医院，但由于交通事故耽误一小时，乙被送往医院时死亡。医生证明，早半小时送到医院乙就不会死亡。甲的行为仍然成立犯罪中止

4. 张某欲杀李某，向李某的房间开枪射击，但李某已于 8 小时前离开，因此未遭杀害。此案中，对张某的行为应如何认定？（　　）

A. 构成故意杀人罪未遂

B. 犯罪的成立要求张某对犯罪事实有所认识

C. 张某的认识必须与客观事实相一致才能成立故意杀人罪

D. 张某的行为不构成犯罪

5. 下列选项中，属于犯罪预备的有（　　）。

A. 甲为了伪造货币而购买纸张、油墨

B. 甲为了抢劫而跟随被害人

C. 甲为了盗窃而将某工厂的看门狗毒死

D. 甲在给乙的信中表示要杀了乙

四、案例分析题

1. 杨某，男，17 岁。杨某于某年 11 月在某市火车站候车室趁一军人不备之机，盗走其黑色手提包一个，内有“五四”式手枪 1 支、子弹 30 发及现金人民币 5 000 余元等物。杨某作案后，将所盗钱财用于挥霍，手枪和子弹则私藏起来。

问：对杨某的行为应如何定性处理？为什么？

2. 某甲（男，17 岁）与邻居某乙（男，12 岁）在玩耍中发生争端，甲一气之下猛推乙一掌，致乙倒地，头部撞在条石上死亡。甲误认为乙只是昏迷，害怕他人见到，便将乙移至附近草棚内，并用草将乙盖住。此时，风吹草动，甲误认为乙苏醒，害怕乙去告发，为灭口便用铁锹猛砸乙的头部数下，而后离去。

问：对某甲的行为应如何定性处罚？为什么？

3. 甲深夜潜入乙家行窃，发现留长发穿花布睡衣的乙正在睡觉，意图奸淫，便扑在乙身上强脱其衣。乙惊醒后大声喝问，甲发现乙是男人，慌忙逃跑，但被抓获。

问：甲的行为构成何罪？其犯罪属于何种形态？

4. 甲欲杀乙，将乙打倒在地，掐住脖子致乙深度昏迷。30 分钟后，甲发现乙未死，便举刀刺乙，第一刀刺中乙腹，第二刀扎在乙的皮带上，刺第三刀时刀柄折断。甲长叹“你命太大，整不死你，我服气了”，遂将乙送医，乙得以保命。经查，

第一刀已致乙重伤。

问：甲的犯罪停止形态该如何认定？

延伸阅读

1. 大塚仁．刑法概说（总论）．冯军，译．北京：中国人民大学出版社，2003.

2. 张明楷．刑法学．5版．北京：法律出版社，2016.

3. 贾宇．刑法学．北京：高等教育出版社，2019.

4. 周光权．论中止自动性判断的规范主观说．法学家，2015（5）.

5. 涂龙科．网络环境下犯罪既遂认定的一般标准与具体标准．政治与法律，2017（8）.

6. 张明楷．论放弃重复侵害的行为性质．中外法学，2017（6）.

7. 聂长建．不能犯与未遂犯区分标准研究．法商研究，2018（6）.

8. 马乐．英美不能犯理论的演进、逻辑与启示．清华法学，2019（1）.

9. 李永升，安军宇．我国未遂犯处罚范围的立法困境与应然选择．北方法学，2019（1）.

10. 陆诗忠．对中止犯中“自动性”的再追问．法学，2019（8）.

11. 姜文秀．污染环境罪的未遂．法学杂志，2020（4）.

12. 石聚航．未遂犯的处罚范围及其规则重构．政治与法律，2020（12）.

第九章 共同犯罪

【内容摘要】

根据我国《刑法》第25条第1款的规定，共同犯罪是两人以上共同故意犯罪。相对于单独犯罪而言，共同犯罪具有更大的社会危害性，因此是世界各国或者地区刑法予以严厉打击的对象。在学习过程中，除了要弄清共同犯罪的概念和成立条件、共同犯罪的形式、共同犯罪人的分类外，我们还必须理解和掌握不同类型共同犯罪人的刑事责任、犯罪集团成立条件、共同犯罪中止形态认定等问题。

【学习目标】

（1）在知识学习层面，掌握共同犯罪的基本原理，如共同犯罪的成立条件、共同犯罪的形式、共同犯罪人的分类及其刑事责任等。（2）在能力训练方面，结合刑法规定和共同犯罪原理，在具体案件中准确认定共同犯罪，增强适用刑法的实践能力。同时，了解共同犯罪的理论争议，学会从理论层面对共同犯罪进行深入分析，提升研究能力。（3）在价值引领方面，面对着复杂的共同犯罪理论，要学会立足于中国的立法和司法实际思考问题，善于从中国实际出发思考解决问题的路径，从而服务于中国刑事法治建设的需要。

【知识要点】

一、共同犯罪的概念及成立要件

（一）共同犯罪的概念

在我国，共同犯罪是指二人以上共同故意犯罪。大陆法系各国刑法将其划分为正犯与共犯。最广义上的共犯是指二人以上的行为人共同实施犯罪的情形。广义的共犯，是指两人以上故意共同实施犯罪的情形，一般包括共同正犯、教唆犯与帮助犯。狭义的共犯则是指除了正犯之外的教唆犯与帮助犯。[①]

（二）共同犯罪的成立要件

共同犯罪的成立条件，是指共同犯罪这一特殊犯罪形式的成立必须具备的条件。共同犯罪是两个以上的行为人通过犯意交流，在行为上相互利用、相互配合，使得犯罪行为更容易得逞，对刑法保护的利益更具有威胁性与实害性。虽然共同犯罪与单独犯罪均是满足犯罪构成的行为，但共同犯罪具有一些有别于单独犯罪的特征。按照我国刑法的规定，共同犯罪是指两人以上共同故意的犯罪。这一规定揭示了共同犯罪与单独犯罪的区别，体现出共同犯罪的特征。应当注意的是，共同犯罪的成立条件与共同犯罪所犯之罪的构成要件是不同的。前者解决行为人的行为是否成立共同犯罪的问题，后者则解决共同犯罪人究竟构成什么罪的问题，不可混为一谈。根据我国刑法关于共同犯罪概念的规定，共同犯罪的成立，必须具备如下要件。

1. 共同犯罪主体

共同犯罪的主体要件是两个以上具有相应刑事责任能力的自然人或者单位。成立共同犯罪，行为人必须是二人以上。首先，从数量上看，“二人”是最低的限度，有些聚众性犯罪、集团犯罪，所要求的人数更多。其次，这里的“二人”以上不是泛指所有的人，而是指符合犯罪主体条件的人，即必须是达到了刑事责任年龄、具有刑事责任能力的人。如果有责任能力者利用未达刑事责任年龄者或者精神病人实施犯罪，被利用者不构成犯罪，利用者则作为实行犯来处理。这种情况在刑法理论上叫做间接正犯。再次，这里的“二人”不仅限于自然人，还可以是两个以上单位主体，或者自然人与单位构成的共同犯罪。有必要指出，我国刑法分则中的一些罪名要求主体具有特殊身份。对个人犯罪而言，需满足特殊身份才可以满足主体要件；对共同犯罪而言，不具备特殊身份的行为人也可能成为特殊身份犯罪的共同犯罪主体。

2. 共同犯罪行为

共同犯罪客观要件是具有共同犯罪行为，即是指两个以上行为人相互利用、相

---

① 大塚仁. 刑法概说（总论）. 冯军，译. 北京：中国人民大学出版社，2003：234.

互配合实施犯罪行为。从客观方面讲，成立共同犯罪必须要求二人以上有共同犯罪行为。所谓共同犯罪行为，是指各共犯人的行为都是在共同故意的支配下，指向同一犯罪（包括具有重合性质的犯罪），彼此联系、互相配合，成为一个统一的犯罪活动整体。每个人的行为都是共同犯罪行为这一整体的一个有机组成部分，在发生了危害结果的情况下，每个人的行为都与犯罪结果之间存在因果关系。实践中，共同犯罪行为表现具有三种表现形式：一是“共同作为”，即两个犯罪人的行为都是作为，如两人共同压制被害人反抗实施抢劫行为。二是“共同不作为”，即两个犯罪人的行为都是不作为，如夫妻二人共同放任他人虐待自己的孩子。三是“作为与不作为相结合”，如仓库管理员与盗窃者通谋，在盗窃者行窃时，仓库管理员借故离开，两人以作为和不作为的方式共同构成盗窃罪。

3. 共同犯罪故意

共同犯罪的主观要件是各共犯人必须具有共同犯罪故意。所谓共同犯罪故意，是指各共犯人通过犯意的联络、传递、反馈而形成的明知自己与他人配合共同实施犯罪会造成某种危害结果，并且希望或者放任这种结果发生的主观心理态度。这种共同的犯罪故意，是维系共犯关系的精神纽带，它使各共犯人的行为在共同犯罪故意的支配下联结为一体，同时它也是各共犯人承担刑事责任的主观基础。具体而言，“共同故意”需要同时满足共同犯罪故意的认识因素与意志因素。有别于单独犯罪，满足共同犯罪故意的认识因素不仅需要行为人认识到与其他行为人的相互配合，而且需要认识到共同犯罪人行为的性质以及行为与结果之间的因果关系。满足共同犯罪故意的意志因素需要共同犯罪人希望或者放任危害结果的发生。

4. 不构成共同犯罪的情况

根据共同犯罪的上述成立条件，本书认为，下述几种情况不成立共同犯罪。

（1）缺乏主观意思联络的同时犯。所谓同时犯，是指二人以上的行为者没有共同实行犯罪的意思联络，同时或者近乎同时地对同一目标实行犯罪的情况。如甲、乙与丙有仇，近乎同时在丙的食物中投毒致丙死亡。虽然从主体和客观要件来看，同时犯与共同犯罪相似，但是由于同时犯的主体不满足共同犯罪故意的认识因素（认识到共同行为人相互配合），亦不可能满足意志因素，因此不成立共同犯罪。

（2）二人以上实施没有重合内容的不同犯罪行为。例如甲、乙二人共雇一条船走私，甲走私毒品，乙走私淫秽物品。由于二人的故意内容及行为性质不属于同一犯罪构成，而是分别构成走私毒品罪与走私淫秽物品罪，也没有重合的内容，所以不可能成立共同犯罪。[①]

（3）超出共同故意范围的实行行为。在刑法理论中，这种情形通常被称为“实行过限”。司法实践中，一般对超出共同犯罪故意范围的过限行为，由实行过限行为者独自承担责任，对非过限部分作为共同犯罪行为的组成部分，按共同犯罪对待。如甲教唆乙入丙女家盗窃，乙盗窃之后又临时产生强奸丙女的故意，并将丙女强奸。乙的强奸行为是共同犯罪故意之外的过限行为，应独自承担责任，而对盗窃行为则

① 何秉松. 刑法教科书：上卷. 北京：中国法制出版社，2000：440.

与甲构成共同犯罪。

（4）共同过失行为。我国《刑法》第 25 条第 2 款规定：“两人以上共同过失犯罪，不以共同犯罪论处；应当负刑事责任的，按照他们所犯的罪分别处罚”。由于行为人之间缺乏共同犯罪故意，不成立共同犯罪。例如，甲在某山 A 处点火烧荒，乙在该山相邻的 B 处点火烧荒，结果引发森林火灾，烧毁村集体林木的情形。

（5）事前无通谋的事后包庇、窝藏、窝赃、销赃等行为。这是指实践中犯罪人事前无意思联络，在犯罪人实施犯罪行为完毕之后，给予包庇、窝藏、窝赃、销赃等帮助的情形。由于缺乏共同犯罪故意与共同犯罪行为，因而不成立共同犯罪。如果《刑法》分则已将包庇、窝藏、窝赃、销赃等行为规定为犯罪，可以根据具体情况成立窝藏、包庇罪、掩饰、隐藏犯罪所得、所得收益罪等犯罪。

（6）利用他人欠缺故意的犯罪行为。这是指将他人作为媒介，通过强制或者欺骗直接实施者，支配其完成符合构成要件的行为。在刑法理论上，通常称其为间接正犯。例如，A 将一把装有子弹的手枪交给 B，并谎称枪中没有子弹只是用手枪吓唬 C，B 在利用手枪吓唬 C 时打中了 C，造成 C 死亡的情形。[①]

二、共同犯罪的形式

共同犯罪的形式，是指二人以上共同犯罪的内部结构或者说各共同犯罪人之间的结合方式。研究共同犯罪的形式，对于认识不同形式的共同犯罪的特点及社会危害程度，从而在惩处上区别对待，具有十分重要的意义。刑事立法与刑法理论依据不同标准，对共同犯罪形式作了不同划分，主要有以下几种。

（一）任意的共同犯罪和必要的共同犯罪

这是以共同犯罪是否可以依照刑法的规定任意形成为标准划分的共同犯罪形式。

任意的共同犯罪是指二人以上共同实施刑法分则规定的犯罪。这种共同犯罪的特点是刑法分则对具体罪名的犯罪主体人数没有限制，如果两人共同实施，就可以成立共同犯罪，如放火、爆炸、故意伤害、抢劫等犯罪。对于此类共同犯罪进行定罪量刑，需要结合刑法总则有关共同犯罪的条款和刑法分则的有关具体条款。

必要的共同犯罪是指根据刑法分则的规定，特定情形成立或者由三人以上的人共同实施的犯罪。[②] 根据我国刑法的相关规定，这种共同犯罪包括以上三种类型：（1）对向型的共同犯罪。理论上还被称为“对向犯”“对行犯”或者“对合犯”。它指互以对方的对向性行为为成立条件的犯罪，如行贿和受贿、重婚和相婚。（2）聚众型的共同犯罪。它是指以三人以上的聚众行为作为犯罪成立条件的共同犯罪。聚众扰乱社会秩序罪、聚众斗殴罪即为适例。这类共同犯罪的特点是：第一，人数为三人以上；第二，参与者行为目的相同；第三，参与者的参与程度、形态可能不同，有的组织、策划或指挥，有的积极参与实施犯罪行为。需要注意的是，聚众类犯罪

---

① 张明楷. 刑法学：上. 5 版. 北京：法律出版社，2016：404.

② 李永升. 刑法总论. 2 版. 北京：法律出版社，2016：244.

并非都构成共同犯罪。对于刑法分则规定只处罚首要分子的聚众性犯罪，如果首要分子为一人时是单独犯罪，二人以上才构成共同犯罪。(3) 集团型共同犯罪。它是指以组织、领导或者参加某种犯罪集团为成立条件的共同犯罪。例如组织、领导、参加恐怖组织罪，或者组织、领导、参加黑社会性质组织罪。

(二) 事前通谋的共同犯罪和事中通谋的共同犯罪

这是以共同犯罪故意形成时间为标准划分共同犯罪的形式。

事前通谋的共同犯罪是指各共同犯罪人在实行犯罪之前已经形成共同犯罪故意的共同犯罪形式。这里的"通谋"是指共同犯罪人之间通过语言、文字、动作或眼神互相沟通犯罪意思而达成合意的过程。"通谋"的内容可以是拟定实施犯罪方案、犯罪方法、时间、分工、地点等计划，也可以是犯罪后的分配赃物、湮灭罪迹等。"通谋"的方式可能是用语言谋议、用文字商讨或者通过动作、眼神等。

事中通谋的共同犯罪是指共同犯罪人在开始准备犯罪、着手实行犯罪之后形成共同犯罪故意的共同犯罪形式。这种共同犯罪的形式，可以被称为事前无通谋的共同犯罪。实践中，不能机械地判断某次犯罪前是否通谋，如果共同犯罪人形成长期的行为默契，即使单次犯罪行为未明确通谋具体事项，也构成事前通谋形式的共同犯罪。

(三) 简单的共同犯罪和复杂的共同犯罪

这是以共同犯罪过程中各个共同犯罪人是否存在分工为标准划分共同犯罪的形式。

简单的共同犯罪是指二人以上共同故意实行某一犯罪构成要件行为的共同犯罪形式。大陆法系国家中称为"共同正犯"。我国刑法中对此没有作出专门规定，但是这种共同犯罪形式在司法实践中经常出现。除了犯罪主体需要达到法定刑事责任年龄、具有刑事责任能力之外，还需要具备两个要件：一是从犯罪客观方面来看，各共同犯罪人必须共同实行犯罪。既可以是各共同犯罪人共同实施犯罪客观方面的行为，如共同入室行窃；也可以是各共同犯罪人实行不同的行为，即各共同犯罪人实施同属于犯罪客观要件的具体（符合）行为，如甲乙共同实施抢劫，甲用凶器对丙进行威胁，乙对丙进行搜身攫取财物。二是从犯罪主观方面来看，各共同犯罪人必须具有共同实行犯罪的相同故意。

复杂的共同犯罪是指各共同犯罪人之间存在一定分工的共同犯罪形式。这种分工可以表现为：不同的共同犯罪人分别实施教唆行为和实行行为；不同的共同犯罪人分别实施帮助行为和实行行为；不同的共同犯罪人分别实施教唆行为、帮助行为和实行行为等。

(四) 一般的共同犯罪和特殊的共同犯罪

这是以有无特定的组织形式为标准划分共同犯罪的形式。

一般的共同犯罪是指共同犯罪人之间的结合程度比较松散，不存在特定的共同犯罪组织形式。这种共同犯罪形式通常表现为：共同犯罪人是为了实施某一具体犯罪临时结合在一起的，在该具体犯罪行为实行完毕之后，这种共同犯罪形式就不复存在。“一般的共同犯罪”可以是“简单的共同犯罪”，也可以是“复杂的共同犯罪”；可以是“事前通谋的共同犯罪”，也可以是“事中通谋的共同犯罪”。

特殊的共同犯罪是指共同犯罪人之间建立起严密组织的共同犯罪形式。“特殊的共同犯罪”也称作“有组织的共同犯罪”。根据我国刑法的相关规定，“有组织的共同犯罪”其组织形态有两种：“犯罪集团”（“恐怖活动组织”）和“黑社会性质的组织”。

根据《刑法》第26条第2款的规定，“犯罪集团”是指三人以上为共同实施犯罪而组成的较为固定的犯罪组织。根据这一规定，“犯罪集团”具有如下基本特征。

1. 成员的多数性。这是指犯罪集团的成员必须为三人以上。根据《刑法》第99条的规定，“三人以上”包括“三人”在内。只有三人或者超过三人共同实施犯罪行为，才可能成立犯罪集团。

2. 目的的特定性与明确性。这是指犯罪集团是为实施犯罪而组织起来的。这也是犯罪集团区别于基于低级趣味或封建习俗而形成的落后组织，以及其他非法组织的重要标志。一般来讲，犯罪集团是为了实施某一种或者某几种犯罪而成立起来的，具有鲜明的目的性。犯罪目的既可以通过集团成员之间口头或者书面约定，也可以通过共同犯罪活动而逐渐形成。

3. 具有较强的组织性。即犯罪成员以犯罪为目的形成了一个较为固定的有机体。这意味着成员之间存在领导与被领导的关系，亦即既有组织者、领导者、指挥者，又有普通成员。后者服从于前者的领导和指挥，前者领导、指挥后者进行犯罪活动。按照组织的严密程度来划分，犯罪集团可分为普通犯罪集团、黑社会性质组织、黑社会组织。根据我国涉黑犯罪的特点，内地一些重大典型涉黑组织，与意大利的黑手党等成熟的黑社会组织显然不同。所以，当前我国社会中的犯罪集团，组织最为严密的当属黑社会性质组织。根据我国《刑法》第294条第5款，黑社会性质的组织应同时具备四个特征：一是形成较稳定的犯罪组织，人数较多，有明确的组织者、领导者，骨干成员基本固定；二是有组织地通过违法犯罪活动或者其他手段获取经济利益，具有一定的经济实力，以支持该组织的活动；三是以暴力、威胁或者其他手段，有组织地多次进行违法犯罪活动，为非作恶，欺压、残害群众；四是通过实施违法犯罪活动，或者利用国家工作人员的包庇或者纵容，称霸一方，在一定区域内或者行业内，形成非法控制或者重大影响，严重破坏经济、社会生活秩序。

4. 具有较强的稳固性。这是指犯罪集团是三人以上为实施某种或者某几种犯罪活动组织起来，其组织结构或活动计划都是出于长远考虑，而不是为了实施一次犯罪而临时结伙。“稳固性”指犯罪集团是以实施多次犯罪为目的而联合，而不以事实上实施了多次犯罪活动为标准。所以，只要经查明犯罪组织是以实施多次犯罪为目的组织起来的，即使没来得及实施犯罪，也不影响犯罪集团的成立。

对于犯罪集团，刑法分则有规定的，属于必要的共同犯罪中的集团型共同犯罪，应当依照刑法分则的有关规定处理；刑法分则没有规定的，应当依照刑法总则关于共同犯罪的规定，准确区分首要分子、首要分子以外的主犯、从犯、胁从犯，然后分别予以相应处罚。

三、共同犯罪人的分类与刑事责任

（一）共同犯罪人的分类概述

共同犯罪人的分类，是指按照一定标准将共同犯罪人划分为不同的类型。按照罪责自负原则，单独犯罪人对所犯全部罪行承担刑事责任。相对于单独犯罪而言，共同犯罪的形式更加复杂，性质更为恶劣，社会危害性更为严重。共同犯罪人在犯罪活动中的地位、分工与作用不同，所以对各共同犯罪人进行处理时需要区分对待，共同犯罪人的分类对合理的定罪量刑意义重大。

从各国立法来看，共同犯罪人的分类标准一共有三种。

一是分工分类法，即以共同犯罪人在共同犯罪中的分工为标准的划分形式。采用这种标准的国家，有的采取两分法，将共犯人分为正犯和从犯；有的采用三分法，将共同犯罪人分为实行犯、教唆犯和帮助犯；有的采用四分法，将共同犯罪人分为实行犯、教唆犯、帮助犯和组织犯。

二是作用分类法，即以共同犯罪人在共同犯罪中所起的作用大小为标准的划分形式。采用这种标准的国家，有的采用二分法，将共同犯罪人分为主犯、从犯；有的采用三分法，将共同犯罪人分为首要犯、从犯和胁从犯。

三是混合分类法。即对于共犯的分类以作用分类法为主，而辅之以分工分类法。具体而言，以作用大小为标准将共同犯罪分为主观、从犯胁从犯，同时兼顾分工分类法，将教唆犯列为法定的共同犯罪人的种类之一。另外，在采纳作用分类的标准时，也涉及分工分类的内容，如在主犯和从犯的规定中分别涵盖了组织犯和帮助犯的行为。

根据我国《刑法》第 26 条至第 29 条的规定，我国采用混合分类法。这种立法方式，虽有扬长避短的优点，却存在固有的缺陷。首先，难以解决共犯的定罪根据问题，或者使定罪与量刑这两个问题发生逻辑上的颠倒，不利于司法机关正确地处理共同犯罪案件。其次，教唆犯在现实生活中具有特殊性和复杂性，其在法定分类中可能具有几种不同的角色定位，起主要作用时是主犯，起次要作用时就是从犯，因而不宜一律列入主犯或者一律列入从犯。因此将其与主犯、从犯、胁从犯并列，并不符合分类的逻辑规则。① 综上，本书认为教唆犯不宜列入共同犯罪人的法定分类（主犯、从犯、胁从犯）中而应列入共同犯罪人的学理分类（组织犯、实行犯、教唆犯、帮助犯）中进行研究。

（二）各种法定共同犯罪人的特征及刑事责任

1. 主犯的概念、种类及刑事责任

《刑法》第 26 条第 1 款规定："组织、领导犯罪集团进行犯罪活动的或者在共同

① 就像我们可以根据性别将人分为男人、女人，却不能将人分为男人、女人和未成年人.

犯罪中起主要作用的，是主犯。”据此，主犯包括两类：一是组织、领导犯罪集团进行犯罪活动的犯罪分子，二是其他在共同犯罪中起主要作用的犯罪分子。

组织、领导犯罪集团进行犯罪活动的犯罪分子也就是犯罪集团的首要分子，其可能是一人，也可能是多人。这种主犯具有两个特征：其一，其只在犯罪集团中存在，成立犯罪集团是这种主犯成立的前提。其二，其必须实施了组织、领导犯罪集团进行犯罪活动的行为。其中，“组织”是指招募、拉拢、召集他人的行为；“领导”是指策划、指挥的行为。从司法实践来看，犯罪集团的组织者通常又策划、指挥犯罪集团的犯罪活动，但是有的也存在分工。可见，这种主犯是犯罪集团的核心，应是刑法惩治的重点。

在共同犯罪中起主要作用的犯罪分子，是指犯罪集团首要分子以外的在共同犯罪中起主要作用的犯罪分子。具体又可分为：其一，在犯罪集团起主要作用的犯罪人。这类主犯虽不是首要分子，但积极参与犯罪集团活动。其二，集团犯罪和聚众犯罪以外的在一般共同犯罪中起主要作用的犯罪分子。其三，某些聚众犯罪中的首要分子及骨干成员。

需要注意的是，聚众犯罪中的首要分子是否属于主犯需要具体问题具体分析。根据我国《刑法》第 97 条的规定，首要分子分为两种：一是在犯罪集团中起组织、策划、指挥作用的犯罪分子，即犯罪集团的首要分子。二是在聚众犯罪中起组织、策划、指挥作用的犯罪分子，即聚众犯罪的首要分子。我国刑法规定的聚众犯罪有三种：第一种是对首要分子、积极参加者一般参与者全部可罚的聚众犯罪，如《刑法》第 317 条规定的组织越狱罪、暴动越狱罪等。第二种是部分可罚的聚众犯罪，即参与违法犯罪活动的人中只有首要分子和积极参加者构成犯罪，而一般参与者不构成犯罪的聚众犯罪，如聚众扰乱社会秩序罪等。第三种是个别可罚的聚众犯罪，即只有聚众进行违法活动的首要分子才构成犯罪，如聚众扰乱公共场所秩序罪等。在全部可罚的聚众犯罪中，起组织、策划、指挥作用的首要分子，以及首要分子之外在聚众犯罪中起主要作用的犯罪分子，均是主犯。在部分可罚的聚众犯罪中，起组织、策划、指挥作用的首要分子属于主犯。在个别可罚的聚众犯罪中，如果首要分子只有一个，则不存在区分主犯、从犯的问题；如果首要分子有两个以上，应根据其在共同犯罪中的作用区分主犯、从犯。在认定主犯时，应综合考察有关情况，如犯罪分子在实行犯罪前，是否主动邀约他人，是否积极出谋划策；在实行犯罪过程中，是否冲锋陷阵，实施了主要行为；在犯罪实施完毕以后，是否控制、支配赃物等。

关于主犯的刑事责任，根据《刑法》第 26 条第 3 款规定，对组织、领导犯罪集团的首要分子，按照集团所犯的全部罪行处罚。这里所说的“集团所犯的全部罪行”，是指首要分子组织、领导的犯罪集团在预谋犯罪的范围内所犯的全部罪行，不限于其本人直接实施的具体犯罪行为。但对于集团个别成员超出集团犯罪故意的范围独自实施的犯罪行为，不能要求首要分子负刑事责任，而是由实行者本人负责。判断集团成员的行为是否实行过限，可以集团成员实施的行为事实与犯罪集团共同故意约定的行为事实相比较，结合犯罪集团的性质、计划等情形，考察二者之间有无实质性的改变。如果存在这种实质性改变，则为过限行为；反之，则为共犯行为。[1] 根据《刑法》第26条第4款规定，对于第3款规定以外的主犯，应当按照其所参与的或者组织、指挥的全部犯罪处罚。换言之，对于第3款规定以外的主犯的处罚应分两种情形：一是对共同犯罪起组织、指挥作用的主犯，应按照其组织、指挥的全部犯罪承担刑事责任；二是对共同犯罪没有起组织、指挥作用，而是积极参与实施犯罪的，应按照其所参与的全部犯罪承担刑事责任。

2. 从犯的概念、种类及刑事责任

《刑法》第27条第1款规定："在共同犯罪中起次要或者辅助作用的，是从犯。"据此，从犯包括：其一，在共同犯罪中起次要作用的犯罪分子。理论上又称其为次要实行犯。这里所说的次要作用是相对于主要作用而言的，是指行为人虽然直接实施了具体犯罪构成要件的行为，但在整个犯罪活动中比主犯所起的作用小，通常表现为实施次要的实行行为，如按住被害人的手，便于主犯将其杀死。其二，在共同犯罪中起辅助作用的犯罪分子。这里所说的辅助作用是指不直接实施具体犯罪客观构成要件行为，而是为共同犯罪的实施创造条件，辅助实行行为的实施。理论上又称其为帮助犯。可以表现为有形的帮助，如提供犯罪工具、排除实施犯罪的障碍、隐匿罪犯、提前到犯罪地点踩点等行为；也可以表现为无形的帮助，如给予精神上的支持等。

《刑法》第27条第2款规定："对于从犯，应当从轻、减轻处罚或者免除处罚。"从犯的人身危险性和行为的社会危害性都没有主犯的严重，根据罪责刑相适应原则，这里体现了必减主义。至于具体案件中的从犯是从轻、减轻还是免除处罚，则应考察其在共同犯罪中所处的地位、对犯罪的实际参与程度、犯罪情节的严重程度、具体罪行的大小等。

3. 胁从犯的特征及刑事责任

根据《刑法》第28条规定，胁从犯是被胁迫参加犯罪的人。胁从犯的特征是：(1) 行为人客观上实施了被胁迫实行的犯罪行为。(2) 行为人主观上明知自己实施的是犯罪行为，在可以选择不实施犯罪的情况下，虽然不愿意，但客观上仍然实施了共同犯罪行为。如果行为人不知道自己实施的是犯罪行为，或者虽然知道实施的是犯罪行为，但是行为人丧失了选择行为的机会，则不能成立胁从犯。换言之，这里的"胁迫"只能是对行为人的自由意志形成相对的强制，行为人仍可以选择是否实行犯罪行为。若行为人完全丧失意志自由，则不成立犯罪。

司法实践中，应当注意以下两个问题：

(1) 区分胁从犯与紧急避险。当行为人面临的胁迫是一种正在发生的直接威胁国家利益、公共利益、本人或者他人人身权利、财产权利的行为时，如果行为人因胁迫而实施的犯罪行为所侵害的利益小于行为人所保护的利益，行为人的行为成立紧急避险，而不能按照胁从犯的规定予以处理，

(2) 胁从犯可能转化为主犯或者从犯。有的行为人起初被胁迫参与犯罪，但是

---

① 叶良芳. 实行过限之构成及其判定标准. 法律科学，2008 (1).

参与犯罪之后，由消极怠慢转化为积极主动，在共同犯罪中起到从犯，甚至是主犯的作用。对于这种情形，不能因为犯罪开始时是被胁迫实施，就将其作为胁从犯处理，而应该按照转化后的具体情况，按照从犯或者主犯予以处理。

《刑法》第 28 条规定："对于被胁迫参加犯罪的，应当按照他的犯罪情节减轻处罚或者免除处罚。"之所以这样规定，是因为胁从犯主观上不完全自愿参加犯罪，主观恶性小，客观上在共同犯罪中的作用小于从犯，其刑事责任应轻于从犯。这里的犯罪情节主要包括两个方面：一是被胁迫的程度，二是在共同犯罪中所起的作用。至于具体案件中是减轻处罚还是免除处罚，应具体分析。

4. 教唆犯的特征及刑事责任

教唆犯是指故意唆使他人犯罪的人。教唆犯的特征是：制造犯意并通过他人实现其犯罪意图。因此，教唆犯既是被教唆人的犯意制造者，从而区别于其他共犯人；又是犯罪的幕后唆使者，自己本人并不亲自实行犯罪，从而区别于正犯。成立教唆犯，必须具备以下条件：

（1）从主观方面说，行为人必须有教唆他人犯罪的教唆故意，即明知自己的教唆行为会使他人产生犯罪意图从而实施犯罪，并且希望或者放任这种结果发生。教唆故意具有双重的心理状态。在认识因素中具有双重的认识：一方面，认识到自己所实行的是教唆他人实施犯罪的行为，即认识到自己的教唆行为将会导致被教唆人产生实行某种犯罪的故意；另一方面，认识到被教唆人会实施该种犯罪，造成法益侵害的结果。在意志因素中具有双重的意志：一方面，希望或放任自己的教唆行为引起被教唆人的犯罪意图和犯罪行为；另一方面希望或放任被教唆人的犯罪行为造成一定的法益侵害结果。

（2）从客观方面讲，行为人必须有教唆他人犯罪的行为。所谓教唆，就是使具有刑事责任能力而没有犯罪故意的他人产生犯罪意图的行为。教唆的对象必须是具有刑事责任能力的人，如果是教唆无刑事责任能力的人犯罪，不是教唆犯，而是利用无责任能力人实行犯罪的间接正犯。教唆的对象还必须是特定的，可以是特定的个人，也可以是特定的多数人。教唆的内容只能是犯罪行为，如果是唆使他人实施一般的违法行为或违反道德的行为，不成立教唆犯。教唆的方法是多样的，可以是口头教唆，也可以是书面形式教唆，具体方式表现为收买、嘱托、劝说、请求等。教唆的行为与方法只能由作为构成，我国刑法理论通说不承认"不作为的教唆"。构成教唆犯，只要求实施唆使他人产生犯意的行为就够了，不需要传授被教唆人犯罪方法。如果教唆人不仅唆使他人犯罪，而且传授他人犯罪的方法，例如，教唆人不仅唆使行为人实施网络诈骗，而且传授其制作诈骗信息、开发网络诈骗 APP 的技术，就应当分别认定"所教唆之罪"和"传授犯罪方法之罪"，原则上应择一重罪论处，并按照其在共同犯罪中所起的作用处罚。

关于教唆犯的处罚，按照《刑法》第 29 条的规定，遵循如下原则。

（1）按照《刑法》第 29 条第 1 款，教唆他人犯罪应当按照他在共同犯罪中所起的作用处罚。这属于被教唆者犯了被教唆罪，教唆者与被教唆者构成共同犯罪的情形。"按照他在共同犯罪中的作用处罚"，是指处罚教唆犯不以共同犯罪中实行犯为依据，而是根据教唆犯在共同犯罪中实际所起的作用力大小进行处罚。简言之，对共同犯罪起主要作用，按主犯处罚；起次要作用的，按从犯处罚。由于教唆犯是犯罪意图的发起者，没有教唆犯的唆使，他人不会实施犯罪，因而教唆犯在通常情况下是主犯。但在部分教唆他人帮助别人犯罪等案件，教唆犯按从犯处理。

（2）按照《刑法》第 29 条第 2 款，教唆不满 18 周岁的人犯罪的，应该从重处罚。需要注意的是，“教唆不满 18 周岁的人犯罪”指的被教唆对象是具有刑事责任能力的人，包括应对所有犯罪承担刑事责任的已满 16 周岁的人，以及已满 14 周岁不满 16 周岁实施《刑法》第 17 条规定的故意杀人、抢劫、贩卖毒品、放火、爆炸、投放危险物质、应当负刑事责任的行为。对于不满 14 周岁以及已满 14 周岁不满 16 周岁的人实施《刑法》第 17 条第 2 款规定的 8 种犯罪，以及《刑法》第 17 条第 3 款规定的已满 12 周岁不满 14 周岁的人实施的 2 种犯罪以外的，对教唆人应以间接正犯论处。

（3）按照《刑法》第 29 条第 3 款，如果被教唆的人没有犯被教唆的罪，对于教唆犯可以从轻或者减轻处罚。这种情况在刑法理论上被称为教唆未遂。“被教唆的人没有犯被教唆的罪”包括以下情况：被教唆的人拒绝了教唆犯的教唆；被教唆的人虽然当时接受了教唆，但没有进行任何犯罪活动；被教唆的人虽然当时接受了教唆犯所教唆的犯罪，但实际所犯之罪并非被教唆的罪且与被教唆的罪在性质上不发生重合[①]；教唆犯对被教唆人实行教唆时，被教唆人已经有实施犯罪的故意，被教唆人实施犯罪并不是教唆犯的教唆行为所致。在上述情况下，教唆行为并没有造成危害结果或虽然造成了危害结果，但与教唆犯的教唆行为不存在因果关系，故对教唆犯“可以从轻或者减轻处罚”。

【案例评析】

案例一

1. 案情简介

被告人焦某根、焦某林共同经营管理“小岭洞”山场。为谋取被害人唐某的房产，焦某林于 2007 年 11 月 14 日虚构“中林国际集团有限公司”，并许诺给予优厚条件任命唐某为该公司财务总监。2008 年 3 月 22 日，焦某林谎称公司要给唐某分房及年薪人民币 10 万元，让唐某写下收到购房款 50 万元的收条以便公司做账。随后焦某林私自在收条空白处添加收到购房款 50 万元的内容，伪造房屋买卖协议，意

---

① 本书认为，如果教唆犯所犯之罪与被教唆的罪不同却与被教唆的罪在性质上发生重合，不能适用《刑法》第 29 条第 2 款。因为许多犯罪之间存在交叉与重叠的关系，表现为甲罪是乙罪的一部分，或者甲罪的一部分是乙罪的一部分，这便导致甲罪与乙罪部分重合。当重合的部分本身也是刑法所规定的一种犯罪时，至少可以说明就重合的部分二人以上具有共同故意与共同行为。既然如此，在被教唆的人所实行的犯罪与教唆犯所教唆的犯罪之间具有这种重合关系的情况下，被教唆的人与教唆的人在教唆的犯罪内（重合的范围内）成立共犯，据此，应当认定被教唆的人已经犯了被教唆的罪，而不能适用《刑法》第 29 条第 2 款，否则就会出现处罚上的不协调.

图侵占唐某房产。焦某林明知焦某根极力反对村委会将“小岭洞”山场转予他人开发经营，便欲利用焦某根心理谋取唐某房产。2008年春节之后，焦某林多次哄骗焦某根称有人要买“小岭洞”山场，焦某根表示“谁来买山场就干掉谁”，焦某林默认。2008年4月9日，焦某林再次对焦某根提及有人要来买山场，焦某根让焦某林将要买山场的人带来。次日7时许，焦某林借故约唐某下班后到来看山场。同日16时许，焦某林告知焦某根将有一“老板”前来看山场，焦某根仍表示“谁来买山场就干掉谁”，并携带柴刀到“小岭洞”山场等候。17时许，焦某林带唐某来到“小岭洞”山场，遇到在此等候的焦某根后，故意与唐某谈论买山场之事让焦某根听到。焦某根听后立即上前辱骂并殴打唐某，将唐某打倒在地后骑在唐某背上，向后猛勒唐某领带，致唐某机械性窒息死亡。其间，焦某林假意劝阻焦某根不要殴打唐某。焦某根恐唐某未死，用石头砸击唐某背部数下，并用事先准备的钢丝绳套在唐某颈部，用唐某皮带捆扎唐的双脚。之后，焦某根让焦某林回家取来锄头和铁锹，与焦某林一起将唐某尸体驮至附近“封门口”山场一烧炭洞处，将唐某尸体放入烧炭洞中掩埋。[①]

2. 基本问题

（1）焦某林以欺骗手段诱使焦某根产生犯意，是否构成共同犯罪？

（2）焦某林是否属于间接正犯？

3. 知识内容

焦某林与焦某根构成共同犯罪。虽然二人对于杀人动机存在差异，焦某林系为了非法占有唐某的房产而诱使焦某根杀人，而焦某根是为了避免被害人唐某承租、占有其家经营的山场而杀人，但是二人主观上都具有杀害被害人唐某的犯罪故意，客观上针对有人来买山场时怎么办一事多次进行交流。当焦某根表示“谁来买山场就干掉谁”时，焦某林没有反对，还强化焦某根的态度，可以说二人对“谁来买山场就杀谁”的决定已形成共同的意思联络。虽然焦某林没有直接动手实施杀人行为，但其在诱使焦某根形成杀人故意后，将唐某骗至山场，并故意与唐某谈论买山场之事，客观上为焦某根实施杀害行为提供了条件，是一种教唆且重要的帮助行为。事后二人还一起掩埋唐某尸体。因此，可以认定二人构成共同犯罪。

焦某林不属于间接正犯。虽然焦某林采用欺骗的手段诱使焦某根实施杀害行为，但是焦某根具有完全刑事责任能力，杀人意图系自行产生的，焦某林的诱导没有使其完全失去理性判断，意志自由未受到焦某林的限制或者剥夺，不属于焦某林的犯罪工具。同时，焦某林实施了将被害人唐某约至山场，强化焦某根犯罪故意等帮助行为。因此，焦某林不属于间接正犯。

案例二

1. 案情简介

2015年8月15日，公安特情人员张某经被告人李某介绍，找被告人黄某商议

---

① 此案例选自万应君. 刑事指导案例裁判要旨与法律依据. 2版. 北京：法律出版社，2015：45-46. 为论述方便，略有改动.

购买毒品事宜。经商议，由黄某以 30 万元的价格贩卖 4 000 克冰毒给张某介绍的买家"。8 月 17 日凌晨 2 时许，黄某、李某与张某会合，到位于市郊区某公园的湖边等候其他人员送来冰毒。8 时许，经黄某联系，不法分子开车前来并交给黄某一袋毒品。随后，张某、李某和黄某一同前往某酒店。10 时许到达酒店门口，李某在车上等候；李某手持装有毒品的纸袋和张某到酒店 808 号房间，与张某介绍的买家进行交易。当黄某与买家交货时，被事先埋伏的公安人员当场抓获。

2. 基本问题

黄某、李某是否构成共同犯罪？如构成共同犯罪，那么如何理解二人在共同犯罪中的作用和地位？

3. 知识内容

黄某、李某构成贩卖毒品罪的共同犯罪。李某受特情人员张某所托介绍黄某，并在黄某与张某之间起到了买卖毒品核心内容的联络沟通，推动双方达成买卖冰毒的协议。此外，李某还直接参与了黄某接收上家毒品，并与李某一同前往交易地点进行交易。两人构成共同犯罪。根据 2015 年印发的《全国法院毒品犯罪审判工作座谈会纪要》的规定，居间介绍者受贩毒者委托，为其介绍联络购毒者的，与贩毒者构成贩卖毒品罪的共同犯罪。黄某与李某属于这种情形，应按照贩卖毒品罪的共同犯罪进行处罚。

在本案中，被告人黄某为主犯、被告人李某为从犯。黄某在本案中作为独立的交易一方，对毒品交易的达成起着主要作用，所以应当作为主犯。李某所起的作用主要是牵线搭桥，虽然介入部分交易的实质性活动，但是其作用从根本上来讲仍属于帮助性质，所以应当认定为从犯。

案例三

1. 案情简介

黄某所在单位因经济不景气进行大幅裁员，黄某因此下岗。黄某在单位与其副厂长刘某不和，所以黄某将下岗的原因归咎于刘某从中作梗，对刘某怀恨在心，一直寻机报复。黄某将此想法告知同时下岗的本单位工人李某，李某亦对刘某不满。二人经商议后，决定先将刘某杀死然后劫机飞往美国。1999 年 10 月，二人购买了"六四"式手枪两支，并于 2000 年 10 月、11 月进行两次登机试验。2000 年 12 月 11 日二人再次合谋，决定于 12 日晚杀死刘某全家后劫机飞往境外。11 日中午，黄某与李某共同出资购买机票两张。11 日晚，李某因惧怕而找到刘某，告知其黄、李二人的杀人、劫机计划，并同刘某一起到公安机关报案。公安机关接到报案后，于 12 日凌晨将黄某抓获。

2. 基本问题

二人在共同犯罪中的作用和地位如何？

3. 知识内容

二人在本案的共同犯罪中，均为主犯。虽然是黄某先提出犯意，但李某在共同犯罪中也作用积极，共同出资购买枪支、共同出资购买机票、共同策划、共同进行犯罪试验。所以二人的作用相当，均为主犯。

【疑难问题】

1. 如何理解共同犯罪中止的具体认定问题？

提示：如果所有实行犯都自动中止犯罪，均成立中止犯。如果部分共同犯罪人想要中止犯罪行为，脱离共犯关系，实践中存在具体认定问题。按照较为通说的观点，共同犯罪遵循“部分实行全部责任”处罚原则，脱离者想要脱离共犯关系，需消除自己行为对其他共犯者所造成的物理或者心理的因果关系。[①] 在犯罪预备阶段，对于共同实行犯而言，实行者需具有脱离共犯关系的意思，并向其他实行者明确表示，让其他实行者意识到自己是在“单打独斗”。对于教唆犯而言，原则上将脱离的意思传递给其他共犯人即可构成预备阶段的中止。但是，若是给予其他共犯人报酬许诺或者教唆重罪的情形，还需要教唆者实施撤回许诺、报告警方等行为阻止危害行为实行。对于帮助犯而言，需要消除自己对其他共犯人实行行为的积极影响，如收回准备的犯罪工具、消除制造的便利条件等。在犯罪实行阶段，共犯人向其他共犯表达脱离的意思，自动中止犯罪，而且阻止其他实行者继续实行犯罪或防止结果发生的，对于中止犯罪的共犯人成立中止犯；其他没有自动中止意图而被阻止犯罪的实行者，则成立未遂犯。共犯人没有阻止其他实行者继续实行犯罪，由其他实行者行为导致犯罪结果发生的，根据部分实行全部责任的原则，不成立中止犯，而成立既遂犯。

2. 如何理解在真正身份犯的场合，行为人共同实施犯罪的定罪问题？

提示：真正的身份犯是指以行为人具备构成犯罪的身份为必要条件的犯罪类型。若行为人不具有这种身份，即便具备其他要件，也不成立犯罪。如贪污罪需要行为人具备“国家工作人员”的构成身份。在真正身份犯场合，行为人共同实施犯罪分为两种情形：（1）当无身份者与有身份者共同实施或者无身份者教唆、帮助有身份者实施犯罪行为时，构成共同犯罪。无身份者构成真正身份犯的共犯，如《刑法》第 382 条第 3 款规定的“与前两款所列人员，伙同贪污的，以共犯论处”，其认定通常不具有争议。（2）不同身份者利用自己的身份实行犯罪，这种情形应如何定罪实践中争议较大。例如，按照最高人民法院发布的《关于审理贪污、职务侵占案件如何认定共同犯罪几个问题的解释》第 3 条，公司、企业或者其他单位中不具有国家工作人员身份的人与国家工作人员勾结，分别利用各自的职务便利共同将本单位财物占为己有，按照主犯的犯罪性质定罪。但是如何理解这一规定存在疑问。首先，在我国，行为在共同犯罪中所起的作用大小只是量刑的根据，而不是定罪依据。那么以是否构成主犯作为定罪依据是否混淆了定罪与量刑的关系？其次，如果无身份者与有身份者在共同犯罪中起相同的主要作用时，如何判定？司法解释规定“难以区分主从犯的，可以贪污罪定罪处罚”，有观点质疑这一规定违反存疑有利于被告原

---

① 周光权. 刑法总论. 3 版. 北京：中国人民大学出版社，2016：358. 张明楷. 共同犯罪的认定方法. 法学研究，2014（3）.

则[①]，如何解读这一规定需要进一步研究。

3. 如何理解片面的共同犯罪的定罪问题？

提示：片面的共同犯罪，大陆法系国家通常也称为“片面共犯”，是指参与犯罪的人中，只有一方行为人认识到自己在和他人共同实施符合构成要件的危害行为，而另一方没有认识到有其他人和自己共同实施的情形。根据在犯罪中的作用不同，片面的共同犯罪可分为三种情形：（1）片面的共同实行，即实行者没有认识到他人的实行行为，如甲欲抢劫乙的财物，丙在甲不知情的情况下先将乙打伤，使得甲顺利抢劫乙财物的行为。（2）片面的教唆，即被教唆者没有认识到自己被教唆的情形。（3）片面的帮助，即实行的一方没有认识到另一方的帮助行为。我国目前对于片面的共同犯罪存在全部否定说和部分否定说。全面否定说的主张主要包括：（1）作为共同犯罪故意的认识内容应包括共同犯罪人认识到自己与他人互相配合共同实施犯罪，肯定片面共犯在结果上有悖罪刑相适应原则。[②]（2）“片面共犯”的概念自相矛盾，实际上只有一方是共犯，另一方却不是共犯，而是单独犯罪。[③]（3）片面正犯实际上是利用他人作为工具实施犯罪，可按间接正犯论。[④] 部分否定说否定片面共同正犯，但认为暗中给实行犯实施犯罪以帮助事实上是可能的，所以肯定片面帮助犯。[⑤] 是否承认片面共犯以及承认片面共犯范围的问题需要结合共同犯罪的性质（犯罪共同说、行为共同说）和因果关系等判断，尚需要深入研究。

4. 如何理解共同犯罪中的实行过限问题？

提示：实行过限，又称为共同犯罪中的过限行为，是指实行犯实施了超出共同犯罪故意的行为。在实行过限的情况下，实施过限行为者当然应对其犯罪行为承担罪责。但是，对没有实施过限行为的其他共犯人如何处理则值得研究。由于共同犯罪行为存在实行行为、组织行为、教唆行为、帮助行为四种分工形式，故相应的实行过限问题值得研究。

5. 如何理解我国刑法规定的教唆犯的处罚原则？

提示：应该在吸收共犯从属性说和共犯独立性说等有关共犯理论的合理内核的基础上，结合我国刑法关于教唆犯的处罚规定来加以考虑。

实务训练

2015 年 5 月 3 日凌晨 2 时许，被告人李某（35 岁，汉族）与家人王某佳、王某林在小区附近的火锅店吃火锅，被害人熊某、张某、戚某、陈某等人也在同一家火锅店吃火锅。其间，被害人熊某因琐事与李某发生口角，经家人多番劝解后两人握

---

① 张明楷. 刑法学：上. 5 版. 北京：法律出版社，2016：439 - 441.

② 肖中华. 犯罪构成及关系论. 北京：中国人民大学出版社，2000：333.

③ 叶高峰. 共同犯罪理论及其运用. 郑州：河南人民出版社，1990：309.

④ 何秉松. 刑法教科书. 北京：中国法制出版社，1997：373.

⑤ 李光灿，马克昌，罗平. 论共同犯罪. 北京：中国政法大学出版社，1987：38.

手言和。李某离开之后，因心里仍有不满，随即打电话将此事告知好兄弟彭某，并明确邀约彭某来为自己“扎场子”。彭某接到电话之后，随即召集被告人尚某、夏某，三人与被告人李某汇合后来到火锅店前。李某、彭某先进入火锅店寻衅，与熊某等人发生厮打，尚某、夏某随即冲进火锅店参与殴打。殴打中，李某持随身携带的匕首刺中张某胸部一刀，又猛刺熊某腹部一刀，再向戚某背上刺了5刀，致张某因失血性休克死亡，熊某肝破裂，经鉴定为重伤。李某、彭某、尚某、夏某作案后逃离现场。

问题：假定你是张某、彭某、尚某或者夏某聘请的律师，或是本案的主审法官（任选其中一个身份），请根据上述案情撰写一份法律文书。

答题要求：

1. 文书种类的选择符合选定的身份，符合法律规定，格式规范，应具备的事项齐全。

2. 请求或答辩事项清楚，事实、论证依据充分，或者作出的处理合法有据，定性准确。

3. 文字简练通畅，无语法错误和错别字。

课后练习

一、单项选择题

1. 根据共犯犯罪的相关理论，下列说法正确的是（　　）。

A. 甲与妻子结婚多年仍无子，听从信奉神明的母亲意见，去找村头的王半仙算一卦，为其得子指点迷津。王半仙对他说：“要想得子，需先去偷村长家祖传玉佩”。甲随即邀请自己的好兄弟乙、丙一起去村长家偷玉佩。三人合力最终盗得玉佩。王半仙构成盗窃罪的教唆犯

B. 贩卖毒品的首要分子甲指示其他成员去云南边境贩卖毒品。该集团的五名成员在贩卖毒品的过程中，还组织他人偷越国（边）境。甲应对五名成员组织他人偷越国（边）境的行为负责任

C. 盗窃集团的首要分子甲指示其成员实施盗窃行为。该集团的两名成员在实施盗窃行为过程中转化为抢劫。甲不应对两名成员的罪行承担责任

D. 甲雇佣专业的杀手乙杀害丙，交代乙仅可实施杀害行为而不得造成其他后果。杀手乙数次杀害行为均未获得成功，后来想趁丙熟睡之际将其炸死。某晚，杀手乙对丙的住宅实施爆炸，结果将丙的妻子炸死，丙却安然无恙。因为丙没有成功杀害丙，且造成其他严重后果与约定不符，故甲与乙不成立共犯

2. 甲欲杀丙，假意与乙商议去丙家“盗窃”，由乙在室外望风，乙照办。甲进入丙家将丙杀害，出来后骗乙说未窃得财物。乙信以为真，悻然离去。关于本案的分析，下列哪一选项是正确的？（　　）（司考）

A. 甲欺骗乙望风，构成间接正犯。间接正犯不影响对共同犯罪的认定，甲、

乙构成故意杀人罪的共犯

B. 乙企图帮助甲实施盗窃行为，却因意志以外的原因未能得逞，故对乙应以盗窃罪的帮助犯未遂论处

C. 对甲应以故意杀人罪论处，对乙以非法侵入住宅罪论处。两人虽然罪名不同，但仍然构成共同犯罪

D. 乙客观上构成故意杀人罪的帮助犯，但因其仅有盗窃故意，故应在盗窃罪法定刑的范围内对其量刑

3. 下列关于共犯与认识错误的案例中哪一项是错误的？（　　）

A. 甲教唆乙用手枪击毁丙家的祖传花瓶，乙开枪射击花瓶，没有瞄准，打死了在旁边玩捉迷藏的小孩。乙成立过失致人死亡罪，甲不构成犯罪

B. 甲教唆乙杀害正在打高尔夫的丙，乙开枪射击，仅打死了丙饲养的狗。甲与乙都无罪

C. 甲教唆乙教训一下丙，但只能造成其轻伤，结果乙为报私仇直接杀死了丙，甲承担故意伤害致死的责任，乙成立故意杀人罪

D. 甲与乙共谋杀害丙，均举枪射击。甲打坏了丙旁边的古董花瓶（数额巨大），乙什么都没有打中。甲、乙构成故意杀人未遂的共同正犯还构成过失毁坏财物罪，成立想象竞合犯，择一重罪处罚

4. 甲某日凌晨从某公司的仓库门口经过，发现仓库门开着，随即进入仓库盗窃其公司生产的窨井盖。20 分钟后与甲素不相识的乙也进入仓库，开始盗窃。由于甲盗窃的井盖较多（价值 5 万元），就请乙先帮忙搬到其停在路边的货车上，乙欣然答应。甲离开后，乙将盗得的井盖（价值 1 万元）搬上车离开。对本案说法正确的是（　　）。

A. 甲、乙成立盗窃罪的共犯

B. 甲、乙是同时犯，不成立共犯

C. 甲盗窃数额 5 万元，乙为 1 万元

D. 甲盗窃数额 6 万元，乙为 1 万元

5. 甲欲前往乙公司盗窃。丙送甲一把擅自配制的乙公司门禁卡，并告知甲，乙公司装有防盗设备，如果门禁卡打不开就必须放弃盗窃，不可贸然进入．甲用门禁卡开乙公司大门，但是由于系统短路，无法识别，本欲依照丙的告诫离去，思量后翻窗进入乙公司窃走现金 5 000 元。关于本案的分析，下列哪一选项是正确的？（　　）

A. 丙配制的门禁卡没有打开乙公司大门，对甲盗窃没有起到促进作用，不构成盗窃罪帮助犯

B. 丙配制门禁卡对甲盗窃有促进作用，构成盗窃罪帮助犯

C. 丙因为意志以外的原因未能真正帮助甲完成盗窃行为，构成盗窃罪未遂的帮助犯

D. 甲、丙不构成共同犯罪

6. 关于共同犯罪，下列哪一选项是正确的？（　　）

A. 甲、乙应当预见但没有预见山下有人，共同推下山上一块石头砸死丙。只有认定甲、乙成立共同过失犯罪，才能对甲、乙以过失致人死亡罪论处
B. 甲明知乙犯故意杀人罪而为乙提供隐藏处和财物。甲、乙构成共同犯罪
C. 交警甲故意为乙实施保险诈骗提供虚假鉴定结论。甲、乙构成共同犯罪
D. 公安人员甲向犯罪分子乙通风报信助其逃避处罚。甲、乙成立共同犯罪

二、多项选择题

1. 甲与乙共谋次日共同杀丙，但次日甲因腹泻未能前往犯罪地点，乙独自一人杀死丙。关于本案，下列哪些说法是正确的？（　　）

A. 甲与乙构成故意杀人罪的共犯
B. 甲与乙不构成故意杀人罪的共犯
C. 甲承担故意杀人预备的刑事责任，乙承担故意杀人既遂的刑事责任
D. 甲与乙均承担故意杀人既遂的刑事责任

2. 关于共同犯罪，下列哪些选项是正确的？（　　）

A. 甲基于敲诈勒索的故意恐吓乙，在乙正在交付财物的时候，知情的丙中途加入帮甲取得财物。丙构成敲诈勒索罪的共犯
B. 甲极力劝说丈夫乙（国家工作人员）接受丙的财物，丈夫乙坚决反对，甲自作主张接受该笔贿赂。甲构成受贿罪的间接正犯
C. 乙明知甲非法种植毒品原植物，仍按甲的要求为其收取毒品原植物的种子。二人构成非法种植毒品原植物的共犯
D. 甲明知乙低价销售的汽车系盗窃所得，仍向乙购买该汽车。二人不存在共同犯罪的关系

3. 关于共同犯罪的判断，下列哪些选项是错误的？（　　）

A. 乙为甲入户盗窃望风，但甲入户之后实施了抢劫行为。乙构成抢劫罪的共犯
B. 甲教唆乙在公交车上“干一票大的”，抢劫公交车上所有人的财物。但是乙认为还是抢劫银行金额会更大，故抢劫了银行。甲是抢劫罪的共犯
C. 丁知道甲要去乙公司盗窃商业秘密，就提前绘制了乙公司的地图并标记商业秘密相关文件的所在之处。丁听说乙公司安装安保系统之后，恐被抓获，就告诫甲不要实施盗窃行为。甲利用丁给的地图成功盗取机密文件。由于丁已经告知甲不要盗窃，故不构成盗窃罪的共犯
D. 甲在街上追杀乙，乙奋起反击，打掉了甲手上的凶器并向街尾逃跑。甲一边喊“不要跑！杀死你！”一边向前追击。途中，甲走进丙的小超市让其给他一把刀，丙说“你杀人可不关我的事啊”，把刀卖给了甲。甲追上了乙用刀将乙杀害。丙不构成故意杀人罪的共犯

4. 关于帮助犯，下列哪些选项是错误的？（　　）

A. 甲在与乙的聊天中说道：“丙公司仓库门最近坏了，而且保安这几天休假，容易被盗”。乙听闻之后前往仓库进行了偷窃。甲成立盗窃罪的帮助犯
B. 甲和乙约定一起盗窃丙家的财物。甲负责入户行窃，乙负责在门口把风。期间，乙听见脚步声从楼下传来，恐是丙回家，就在门口小声说了一声：“看

来是盗不了了，我不干了”。乙构成盗窃罪犯罪中止

C. 甲、乙二人听说丙要抢劫丁，在无意思联络的情形下均向丙提供了刀。丙使用甲提供的刀实施了抢劫行为。甲、乙二人都成立抢劫罪的帮助犯

D. 乙想杀害丙。乙明知丙的丈夫早就怀疑丙与丁有不正当男女关系，并扬言找到证据就要杀死丙。乙找人调查了丙与丁具有不正当关系的证据并交给了丙的丈夫，致使丙被其丈夫杀害。乙构成故意杀人罪的帮助犯

延伸阅读

1. 钱叶六．论刑法中的构成要件过早实现——以日本判例及其学说为中心．政治与法律，2009（10）．

2. 刘振鲲．图解刑法入门．台北：元照出版公司，2006．

3. 阎二鹏．共犯本质论之我见——兼议行为共同说之提倡．中国刑事法杂志，2010（1）．

4. 大塚仁．刑法概说（总论）．冯军，译．北京：中国人民大学出版社，2003．

5. 陈兴良．共同犯罪论．3版，北京：中国人民大学出版社，2017．

6. 陈晓明，何承斌，童伟华．理论刑法学专论．北京：科学出版社，2006．

7. 何秉松．刑法教科书，北京：中国法制出版社，2000．

8. 张明楷．刑法学．5版．北京：法律出版社，2016．

9. 李永升．刑法总论．2版．北京：法律出版社，2016．

10. 万应君．刑事指导案例裁判要旨与法律依据．2版．北京：法律出版社，2015．

11. 周光权．刑法总论．3版．北京：中国人民大学出版社，2016．

12. 肖中华．犯罪构成及关系论．北京：中国人民大学出版社，2000．

13. 叶高峰．共同犯罪理论及其运用．郑州：河南人民出版社，1990．

14. 何秉松．刑法教科书．北京：中国法制出版社，1997．

15. 李光灿，马克昌，罗平，论共同犯罪．北京：中国政法大学出版社，1987．

16. 张明楷．共同犯罪的认定方法，法学研究，2014（3）．

17. 叶良芳．实行过限之构成及其判定标准．法律科学（西北政法大学学报），2008（1）．

18. 黎宏．刑法总论问题思考．2版．北京：中国人民大学出版社，2016．

19. 刘明祥．“被教唆的人没有犯被教唆的罪”之解释．法学研究，2011（1）．

20. 王作富，庄劲．共同犯罪与构成身份新论．人民检察，2003（22）．

21. 张明楷．共犯的本质——“共同”的含义．政治与法律，2017（4）．

22. 黎宏．共同犯罪行为共同说的合理性及其应用．法学，2012（11）．

第十章 罪 数

【内容摘要】

罪数，也称为一罪与数罪。区分一罪与数罪的标准是犯罪构成，符合一个犯罪构成的为一罪，符合数个犯罪构成的则为数罪。但基于特定原因，继续犯、想象竞合犯、结果加重犯、连续犯、惯犯、结合犯、牵连犯和吸收犯则宜按一罪定罪处罚。

【学习目标】

（1）在知识学习层面，要掌握一罪与数罪的标准，明确一罪的具体类型及其成立条件。（2）在能力训练方面，要结合一罪具体类型的基本知识，在具体案件中准确判断其罪数问题，增强适用刑法的实践能力。同时，要深入了解罪数问题的理论争议，对罪数的具体问题展开深入研究，提升刑法思辨能力和理论研究水平。（3）在价值引领方面，要掌握理论联系实际的方法，学会立足于中国的立法和司法实践认识罪数问题，在复杂的理论争议中找到能够解决中国问题的合理方案，从而服务于中国特色社会主义法治建设的需要。

【知识要点】

一、罪数概述

（一）罪数的概念

罪数，是指行为人的行为是一罪还是数罪的问题，理论中通称为罪数问题，或一罪与数罪问题。罪数形态，是刑法理论与司法实践中的一个重要问题。在司法实践中，有数人共同犯一罪的情况即共同犯罪，同时也有一人或数人犯数罪的情况。对一人实施数个犯罪行为如何定罪，是定一个罪，还是定数个罪，在什么条件下成立一罪，什么条件下成立数罪，这就是研究罪数形态所要解决的问题。一人犯一罪只能定一个罪名，科处一个罪的刑罚，犯数个罪则科处数个罪的刑罚，实行数罪并罚。因此，研究罪数形态，正确区分一罪与数罪，对于刑事司法工作具有重大意义。

准确定罪是刑事审判活动最基本的要求。在刑事审判活动中要做到定罪准确，不仅要正确认定行为人的行为是否构成犯罪，以及构成何种罪，在犯罪过程中处于何种形态，是一人犯罪还是共同犯罪，而且要确定行为人的行为是构成一罪还是数罪。犯罪的社会危害性大小，不仅体现在犯罪行为本身的性质、情节、后果等方面，而且明显地体现在罪数的多少上。犯罪人犯一罪与犯数罪，其社会危害程度不同，一般而言，犯数罪的犯罪分子，其主观恶性较犯一罪的犯罪分子的大，因而对其惩罚也应重一些。同时，我国刑法规定了数罪并罚制度，而数罪并罚制度是以一人或数人犯数罪为前提的。只有一人或数人犯数罪，才能实行数罪并罚。如果行为人只犯了一罪而误定为数罪，予以数罪并罚，或行为人犯了数罪而只定一个罪，未予并罚，都不能做到罪刑相适应。因此，研究罪数形态，区分一罪与数罪，既是罪刑法定原则的基本要求，也是贯彻罪刑相适应原则的体现。

（二）确定罪数的标准

要正确认定行为的罪数，首先必须明确区分一罪与数罪的标准。依据我国刑法的规定和刑法理论，区分一罪与数罪，应以犯罪构成的个数为标准，即凡是行为人出于一个故意或一个过失，实施一个行为，符合一个犯罪构成的，就构成一罪；如果行为人出于数个故意或过失，实施数个行为，符合数个犯罪构成的，就构成数罪。如某甲潜入乙家行窃，窃得现金 5 000 元，在行窃时发现乙的女儿一人在家睡觉，于是又产生歹念，将乙的女儿强奸。甲就犯了两个罪，即以一个盗窃故意，实施了一个盗窃行为，构成一个盗窃罪；又以一个强奸故意，实施了一个强奸行为，又构成一个强奸罪。

以犯罪构成作为区分一罪与数罪的标准，符合我国刑法的罪刑法定原则。因为我国刑法中，无论是总则还是分则，都明确、具体地规定了犯罪构成的要件，也就是说，每个具体的犯罪在刑法上都表现为一定的犯罪构成。某一行为要构成犯罪，必须符合法定的构成要件，即某一犯罪主体，基于一个故意或过失，实施一个犯罪行为，侵犯一定的社会关系。我国《刑法》在总则中对犯罪构成的一般要件作了规定，在分则中又明确规定了每个具体的犯罪构成要件。某一行为只有符合刑法规定的犯罪构成要件，才构成一个犯罪，才能定罪量刑。这是我国刑法规定的罪刑法定原则的具体体现和必然要求。因此，确定一个人的行为是构成一个罪还是数个罪，也应以犯罪构成为认定依据，只有这样，才能在认定数罪时，体现主客观相统一原则，贯彻罪刑法定原则，避免主观归罪或客观归罪，避免判定数罪时的随意性和非一致性，保证认定罪数的法定性和统一性。

在划分一罪与数罪的犯罪构成概念中，起决定作用、具有实际意义的是犯罪人的罪过和犯罪行为。在构成犯罪的四要件中，犯罪客体并不能起到区分一罪与数罪的作用，如以暴力手段抢劫他人财物的，侵犯的客体是复杂客体即他人的人身权利和财产权利，但不能因此定两个罪。犯罪主体对于一罪与数罪的区分也没有多少实际意义。可见，划分一罪与数罪的犯罪构成的个数，实际上就是指犯罪故意（或过失）和犯罪行为的个数，犯罪故意（或过失）与犯罪行为的辩证统一，是决定一罪与数罪的关键。犯罪故意（或过失）与犯罪行为的统一，就是主客观相统一的具体体现。因此，在司法实践中认定一罪与数罪时，只要行为人以一个故意或过失实施一个行为，不论这一行为侵犯几个犯罪客体，造成多少个危害结果，都只构成一罪；反之，如果行为人基于数个犯罪故意或过失，实施数个犯罪行为，即使只侵犯了一个犯罪客体，侵犯一个犯罪对象，都构成数罪。

（三）罪数的种类

罪数形态实质上就是一罪与数罪的问题。为了更好地从本质上把握罪数形态，准确定罪，可以根据不同标准对一罪与数罪进行分类。

一罪，可以分为单纯的一罪与复杂的一罪。单纯的一罪就是行为人基于一个罪过，实施一个行为，侵犯一个客体，造成一个危害结果，无论从形式上还是实质上都仅符合一个犯罪构成的情形。如甲基于杀人的故意，开枪打死了乙。复杂的一罪，则是形式上符合数个犯罪构成，但实质上仅为一罪的情形，如想象竞合犯；或者实质上符合数个犯罪构成，但法律规定作为一罪处理的情形，如结合犯；或根据理论或惯例在处理时将其作为一罪定罪的情形，如吸收犯、牵连犯。

数罪，可以分为同种数罪与不同种数罪。所谓同种数罪是指行为人基于两个以上的罪过，实施了两个以上的行为，符合两个以上相同罪名的犯罪构成。如甲因与乙有仇，将乙杀死，事隔不久，甲又因丙掌握了其杀死乙的罪证而将丙杀死。甲就是基于两个故意实施了两个犯罪行为，符合两个犯罪构成，但由于这两个犯罪罪名相同，都是故意杀人罪，因而是同种数罪。所谓不同种数罪，是指行为人基于两个以上的罪过，实施了两个以上的行为，符合两个以上不同罪名的犯罪构成。如甲在一段时间内抢劫一次，强奸一人，故意伤害一人，甲的行为符合三个罪名不同的犯罪，即抢劫罪、强奸罪、故意伤害罪，这就是不同种数罪。

二、一罪的特殊类型

（一）实质的一罪

1. 继续犯

继续犯，又称持续犯，是指某种犯罪行为从着手实行到因某种原因终止以前一直处于持续不间断的状态。我国《刑法》第 238 条规定的非法拘禁罪，就是典型的继续犯。继续犯具有以下几个特征。

（1）继续犯是行为人实施一个性质相同的犯罪行为。行为人只实施了同一犯罪性质的犯罪行为是构成继续犯的一个重要特征。如果行为人在犯罪过程中，实施了犯罪性质不同的数个犯罪行为，则不能成立继续犯。如在非法拘禁他人的过程中，又强奸被害人的，其强奸行为就不是继续犯，而应单独构成犯罪。如果行为人在非法拘禁行为的持续过程中，为实现其犯罪意图而使用各种不同的犯罪手段和方法，其行为的性质并未改变，仍为一个犯罪行为。如甲非法剥夺乙的人身自由，先用绳索将乙捆在其院中的树上，后又将乙关押在房内，甲仍然只有一个犯罪行为。

（2）继续犯必须是犯罪行为与其所引起的不法状态在一定时间内同时处于持续状态。这是继续犯最为显著的特征，也是它与即成犯、连续犯相区别的关键。继续犯的犯罪行为必须具有持续性，即犯罪行为自着手实行至犯罪行为实施终了的过程中，犯罪行为及其所引起的不法状态一直处于持续状态。这是继续犯与即成犯、状态犯相区别的关键。所谓即成犯，是指犯罪行为一经实施终了即达到既遂，犯罪行为没有持续状态。所谓状态犯则是指犯罪完成时，犯罪行为即告结束，但犯罪行为所造成的不法状态或者结果仍处于继续状态。如盗窃罪既是即成犯也是状态犯，盗窃行为一经实行，财物到手，盗窃即告既遂，而犯罪人非法占有赃物这个不法状态则可能持续很长时间。并且，继续犯的犯罪行为必须在较长的时间内持续不间断。如果犯罪行为不是持续进行，而是呈现出间断非持续状态，则不是继续犯。这是继续犯与连续犯相区别的关键。当然，犯罪行为及不法状态必须持续一定的时间。虽然时间的长短对继续犯的成立没有影响，但如果行为过于短暂以致行为没有继续性时，则不能成立继续犯。如暂时扣押他人，虽然是非法的，但不能认为构成剥夺人身自由罪。

（3）继续犯必须自始至终侵害同一犯罪对象和同一犯罪客体。这里的犯罪客体是指犯罪的直接客体。犯罪行为从开始着手实施，一直针对同一犯罪对象，侵害同一种犯罪客体。如果某种行为虽然持续进行，但是涉及不同的犯罪对象，则不是继续犯。如果行为人在持续侵害同一对象的过程中，又以其他危害行为侵犯了另外的直接客体，如在非法拘禁某妇女的过程中，又将该妇女强奸，则应对其构成的犯罪实行数罪并罚。

由于继续犯为实质的一罪，对这类犯罪刑法分则中有专门的规定，有特定的法定刑，因而，对继续犯直接依据刑法的规定进行处理，而不用实行数罪并罚。

2. 想象竞合犯

想象竞合犯，又称想象的数罪，或想象的并合犯，是指行为人基于一个罪过，实施一个犯罪行为，同时侵害数个犯罪客体，触犯数个罪名的情况。如甲与乙有仇，欲杀死乙，一日甲用枪向乙射击，结果甲一枪打死了乙，并把乙身后的丙打成重伤。甲的这一行为从表面上看，触犯了故意杀人和故意伤害两个罪名，但实际上只有一个罪。想象竞合犯是相对于实质的数罪而言的，因为其只是形式上像数个罪，而实际上只有一个罪，因而又被称为想象的数罪。

想象竞合犯具有以下特征。

（1）行为人只实施了一个犯罪行为。这是想象竞合犯的客观特征之一。所谓实施一个犯罪行为，是指行为人基于一个犯罪故意或过失所实施的某一个犯罪行为。如果行为人实施了数个犯罪行为，则不能构成想象竞合犯。客观上只有一个犯罪行为是想象竞合犯与连续犯、牵连犯或吸收犯相区别的主要标志。

（2）一个行为触犯数个罪名。这是想象竞合犯的法律特征。一个行为之所以触犯数个罪名，往往是由于一个危害行为作用于数个犯罪对象，造成数个危害结果，而这数个危害结果触犯了数个罪名。如甲一枪击毙一人、击伤一人。甲的这一行为作用于两个人，侵犯了两个对象，造成了两种结果，这两个结果触犯了故意杀人罪和故意伤害罪两个罪名。

一行为可能同时触犯数个异种罪名，如一枪打死一人、打伤一人，也可能同时触犯数个同种罪名，如一枪打死二人，同时触犯两个故意杀人罪。但想象数罪仅限于异种数罪，而不包括同种数罪。因为在刑法理论上研究想象数罪，其目的是在一个行为触犯的数个不同罪名中，确定用哪个罪名定罪量刑。如果是一行为触犯同种类的罪名，就不存在选择按哪个罪名定罪量刑的问题。如一枪杀死两个人，罪名都是故意杀人罪，只能以故意杀人罪论处。因此，承认同种罪名的想象竞合犯没有什么实际意义。

对想象竞合犯如何处理，我国《刑法》没有明确规定。我国刑法理论认为，对于想象竞合犯应实行“从一重罪论处”的原则，即按其行为同时触犯的数罪名中法定刑最重的罪名定罪。

3. 结果加重犯

结果加重犯，又叫加重结果犯，是指实施刑法规定的一个基本犯罪行为，由于发生了基本犯罪构成要件以外的更为严重的结果，刑法加重其法定刑的情况。

结果加重犯必须具备以下特征。

（1）行为人实施的基本犯罪行为引起了基本犯罪构成要件以外的严重结果。即行为人实施了刑法规定的基本犯罪构成要件的行为，其基本犯罪行为及其所引起的结果已经构成犯罪，刑法为此规定了基本的刑罚幅度，但由于发生了更为严重的结果，刑法相应地设置了更重的法定刑。我国《刑法》第 234 条的故意伤害罪、第 236 条的强奸罪、第 263 条的抢劫罪等都是典型的结果加重犯。

（2）行为人对加重结果主观上有罪过。行为人不仅对其基本犯罪行为及其所引起的基本犯罪结果主观上有故意或过失，而且对其行为所引起的加重结果，主观上也存在故意或者过失。如果行为人对加重结果的出现主观上没有罪过，则对加重结果不承担刑事责任，因而不成立结果加重犯。根据我国《刑法》的规定，行为人对加重结果既可以是故意，也可以是过失，前者如抢劫致人重伤或死亡，后者如故意伤害致人死亡。

(3) 刑法因加重结果而规定了更重的法定刑。刑法在为同一罪名设置法定刑时，分为基本刑和加重刑，如果刑法没有因此分别设置法定刑，则不成立结果加重犯。

由于结果加重犯只有一个犯罪行为，仅是结果更为严重，因而，对于结果加重犯直接按基本犯罪的罪名定罪，根据刑法规定的加重刑幅度量刑。如故意伤害致人死亡的，仍定故意伤害罪，但对其量刑则按刑法规定的加重刑幅度处理。

(二) 法定的一罪

1. 惯犯

惯犯，是指以某种犯罪为常业或者以犯罪所得为主要生活来源或腐化生活来源，或者犯罪已成习性，在较长时期内反复多次实施某种犯罪，刑法明确规定对其以一罪论处的犯罪。

惯犯可以分为常业惯犯和常习惯犯两种。所谓常业惯犯，又称常业犯，是指以某种犯罪为常业或者以犯罪所得为主要生活来源或腐化生活来源的犯罪。如我国《刑法》第 303 条规定的“以赌博为业”的赌博罪。所谓常习惯犯，又称为常习犯、习惯犯，是指犯罪已成习性，在较长时期内反复多次实施某种犯罪的犯罪。这种惯犯最大的特点在于行为人已经形成了犯罪习惯，犯罪已经成瘾。

惯犯的特点主要有：

(1) 主观上，行为人具有极为顽固的犯罪恶习。这是惯犯最显著的特征，是构成惯犯的主观要件，它表明犯罪人的人身危险性大。行为人犯罪恶习深表现为行为人基于特定的心理倾向和目的，产生反复多次实施某种犯罪的故意，并致力于该项犯罪活动。但常业惯犯和常习惯犯的主观表现又有差别。常业惯犯，在主观上具有非法营利的目的或以犯罪所得为基本生活或补充生活来源的目的，具有职业性犯罪心理特征。而常习惯犯则不一定以犯罪所得为生活或挥霍的主要来源，而主要是由于犯罪已成习性，行为人已经在心理上或性格上变态。但无论是常业犯还是常习犯，主观上都有反复多次实施犯罪的故意，并且希望继续不断地实施该种犯罪。如果行为人并不具有这种反复实施某种犯罪的故意，则不构成惯犯。

(2) 惯犯必须在较长时间内反复多次实施同种犯罪行为，即具有实施某种犯罪的惯常性。这是惯犯的客观特征。首先，行为人必须多次实施了犯罪行为。如果不是反复多次实施犯罪，而是偶尔实施一两次犯罪，则不能成立惯犯。其次，行为人多次实施的犯罪必须是同一性质的犯罪，即实施相同性质的行为，侵犯同一犯罪客体，这是刑法规定对惯犯以一罪处理的客观依据。如果不是同一性质的犯罪，不能成立惯犯。再次，犯罪时间长，即行为人在较长时间内经常作案、反复作案，直到案发。但惯犯作案时间长并不要求时间上持续不断，而是间断的。客观上行为的惯常性正是由于行为人有极为顽固的、屡教不改的主观犯罪恶性。

（3）惯犯必须是刑法明文规定以一罪论处的犯罪。刑法是否明确规定，是惯犯与同种数罪或连续犯的区别关键。如甲在一年多的时间内抢劫了 20 多次，对甲不能按惯犯论处。甲的行为可能构成连续犯或是同种数罪。

从罪数的角度看，当行为人实施的行为为两次以上或每次行为都能独立构成犯罪时，该惯犯实际上是一人犯了多个同种数罪。但因刑法将其规定为一罪，并设置较重的法定刑，所以，对于惯犯，直接依据刑法分则的有关规定处理。如对于以赌博为业的，构成赌博罪一罪，直接依据《刑法》第 303 条规定的法定刑对犯罪人裁量刑罚。

2. 结合犯

结合犯，是指刑法将数个本来独立的犯罪行为结合在一起，规定为另一个独立犯罪的情况。如《日本刑法》第 177 条规定了强奸罪，第 236 条规定了强盗罪，在第 241 条又将强奸罪和强盗罪结合在一起规定了强盗强奸罪，这就是典型的结合犯。我国《刑法》中的绑架罪可以说是非法拘禁罪（第 238 条）和敲诈勒索罪（第 274 条）的结合犯。

结合犯具有以下特征。

（1）结合犯所结合的数罪，必须是刑法中已明文规定的独立的犯罪。这是结合犯的客观基础。首先，结合犯所结合的必须是有独立构成要件的犯罪行为，而不是一般违法行为。其次，结合犯所结合的数罪必须是不同罪名的数罪，如果是性质相同的犯罪行为，则谈不上结合的问题。

（2）结合犯将原本独立的数罪，结合为另一独立的新罪。由于结合犯大多都是两个犯罪的结合，因而，结合犯的法律形式可表示为：甲罪＋乙罪＝丙罪，丙罪完全包含了甲、乙两罪的构成。刑法中数个独立的犯罪行为结合后，必须是刑法中的一个新罪名。如果结合后的犯罪是刑法中已有的罪名，如甲罪＋乙罪＝甲罪或乙罪，不是结合犯。如我国《刑法》第 240 条规定的拐卖妇女罪中，拐卖并强奸妇女的，按拐卖妇女罪定罪就不是结合犯。

（3）数罪结合为一罪，必须是刑法明文规定的。这是结合犯的法律特征。结合犯是以法律规定为前提的，正是由于法律的明文规定，才使两个原本独立的犯罪结合成一个新的犯罪，并有其独立的罪状和法定刑，这是罪刑法定原则的基本要求。如果刑法没有明文规定，则不能将两种独立的犯罪任意组成另一种新的犯罪。

由于结合犯是由刑法将数个原本独立的犯罪规定为另一个独立的新罪名，因而，对符合新罪构成要件的行为，直接依据刑法的规定，定为一罪，按刑法对新罪规定的法定刑判处。

3. 连续犯

连续犯是指行为人基于同一的或概括的犯罪故意，连续实施数个独立的犯罪行为，触犯同一罪名的情况。连续犯是司法实践中常见的犯罪形态。我国《刑法》分则第 236 条“强奸妇女、奸淫幼女多人”、第 263 条“多次抢劫”、第 358 条“多次强迫他人卖淫”，只作为一罪论处。《刑法》第 201 条逃税罪及第 383 条贪污罪等明确规定多次逃税未经处理或多次贪污的，按照累计数额处罚。张明楷教授根据《刑法》第 383 条第 2 款以及第 89 条关于连续犯的追诉时效的规定进行分析后得出结论认为："连续犯是法定的一罪"[①]。

构成连续犯，必须具备以下条件。

（1）必须是行为人基于同一的或概括的犯罪故意。所谓同一的犯罪故意，是指行为人具有明确的犯罪目的，对数次行为的对象、犯罪的结果、犯罪的方式、手段等都有明确的安排，并依照犯罪计划，连续实施同种犯罪行为。如甲、乙、丙三人共有一笔巨款，甲企图杀害乙、丙二人独吞巨款，于是按计划趁乙独自出差时将乙杀死，又将丙的私人轿车的刹车弄坏，致丙出车祸死亡。所谓概括的犯罪故意，是指行为人虽然没有明确的犯罪目标和具体的犯罪计划，但数个犯罪行为都在其总的犯罪意图之中，如有的贪污犯罪分子，对贪污几次，每次贪污多少，并无明确的犯罪计划，而是有机会就贪污，能贪污多少算多少。行为人主观上具有同一的或概括的犯罪故意，是连续犯与同种数罪相区别的标志。

（2）必须是行为人连续实施数个性质相同的犯罪行为。这是连续犯的客观特征。首先，连续犯必须实施了两个或两个以上的犯罪行为。如果行为人只实施了一个犯罪行为，则不构成连续犯。其次，行为人实施的每个犯罪行为都能独立构成犯罪，如果各个行为不能单独构成犯罪，则不是连续犯，而是徐行犯。所谓徐行犯，是指行为人基于一个确定的犯罪故意，实施数个危害行为，但每次的行为都不能单独构成犯罪，只有把一定时期的行为综合起来考虑，才能作为犯罪处理。如甲盗窃其保管的仓库物资，每天随身带走一些物资，累计盗窃的财物数额巨大，构成盗窃罪，甲的行为就是徐行犯。再次，数个犯罪行为之间具有连续性。认定行为之间是否具有连续性，应以主观和客观相结合的标准来判断。一般来说，只要行为人是基于同一的或概括的犯罪故意，在一定的时期内，先后间隔较短时间，多次实施性质相同的犯罪行为，即可认为犯罪行为之间具有连续性。

（3）数个独立的犯罪行为必须触犯同一罪名。这是连续犯的法律特征。连续犯的数次犯罪行为之所以具有连续性，不仅是因为行为人主观上具有同一的或概括的犯罪故意，还因为数个犯罪行为具有同一性质，触犯同一罪名。所谓同一罪名，是指犯罪性质完全相同的罪名，如同是杀人罪，同是抢劫罪。如果数行为触犯的不是同一罪名，则不是连续犯。

对于连续犯，按一罪从重处罚。对于连续犯罪次数多、时间长的，可以按刑法有关条文中规定的"情节严重""情节特别严重"的条款规定的法定刑处罚。对经济犯罪的连续犯，则累计计算犯罪的数额。

（三）处断的一罪

处断的一罪，是指实质上符合数个犯罪构成，属于数罪，但由于某些数罪之间具有某种关系，因而在刑法理论和司法实践中，一般作为一罪论处，而不定数罪的情形。处断的一罪包括牵连犯和吸收犯。

---

① 张明楷．刑法格言的展开．北京：法律出版社，2003：302－303．

1. 牵连犯

牵连犯，是指行为人以实施某一犯罪为目的，其犯罪的方法行为或结果行为又触犯其他罪名的情况。如甲为诈骗财物而伪造公文、证件、印章，甲的目的是诈骗，构成诈骗罪，但甲诈骗的手段是伪造公文、证件、印章，又触犯了伪造国家机关公文、证件、印章罪。又如，乙在火车站伺机行窃，窃得一手提包，包内有现金 2 000 元，另有手枪一支，乙把手枪据为己有。乙的目的是盗窃，但其结果行为又触犯了《刑法》第 128 条规定的非法持有、私藏枪支、弹药罪。以上两个例子，前者是犯罪的方法行为牵连了其他的罪名，后者是犯罪的结果行为牵连了另一个罪名。但在上述两个例子中，对甲和乙都只定一个罪，甲构成诈骗罪，乙构成盗窃罪，其手段或结果牵连触犯的另一个罪不再定罪处罚。甲和乙的犯罪就是牵连犯。

牵连犯的特点是：

（1）行为人必须实施两个以上的性质不同的犯罪行为，触犯数个罪名。这是牵连犯的客观事实特征，也是构成牵连犯的前提。首先，行为人必须实施两个以上的犯罪行为，这是牵连犯与想象竞合犯相区别的根本标志。其次，行为人所实施的两个以上的犯罪行为必须是性质不同的独立的犯罪行为。也就是说，行为人实施的两个以上的行为都是刑法分则中已经明文规定的犯罪行为，在刑法上都是独立的犯罪。这是牵连犯与连续犯相区别的关键。

（2）行为人所实施的数个犯罪行为之间具有牵连关系。这是牵连犯的本质特征。所谓牵连关系，是指行为人所实施的数个犯罪行为之间具有手段与目的或原因与结果的关系。行为人实施的目的行为与手段（方法）行为或结果行为之间具有互相依存的关系，共同组成一个有机的整体。手段（方法）行为是为目的行为服务的，而结果行为往往是目的行为完成后的继续。如果行为人实施的数个犯罪行为之间不存在这种牵连关系，就不是牵连犯。

（3）行为人的数个犯罪行为必须是在一个最终犯罪目的的支配下实施的。即行为人所实施的数个犯罪行为都统一在其总的犯罪目的之下，行为人在实施犯罪行为的过程中，所采取的手段行为或结果行为又构成了另一种犯罪。行为人的手段行为或结果行为都是行为人为了实现某一犯罪目的而实施的，无论是目的行为还是结果行为，都是行为人主观犯罪故意的组成部分。正是这一主观特征，才把客观上数个性质不同的犯罪行为统一起来，数个犯罪行为之间才具有牵连关系。这一主观特征是牵连犯与不同种数罪相区别的关键。

我国刑法总则中没有明文规定牵连犯及其处理方法，分则个别条文对牵连犯的定罪作了特别规定：有的规定实行数罪并罚，如我国《刑法》第 157 条第 2 款规定：以暴力、威胁方法抗拒缉私的，以走私罪和第 277 条规定的阻碍国家机关工作人员依法执行职务罪，依照数罪并罚的规定处罚。有的规定以一重罪论处，如我国《刑法》第 399 条规定，如果司法工作人员在刑事审判中徇私枉法或在民事、行政审判活动中枉法裁判，同时又收受贿赂的，依照处罚较重的犯罪定罪处罚。除刑法分则有特别规定的外，根据刑法理论，对牵连犯，从一重罪论处（有的认为应从一重罪从重论处）。如果数行为法定刑轻重同等，则依目的行为定罪。

2. 吸收犯

吸收犯，是指事实上存在数个不同的犯罪行为，其中一个犯罪行为吸收其他犯罪行为，从而只成立吸收行为一个罪名的情况。如甲进入乙的家中行窃，甲的盗窃行为构成了盗窃罪，而甲的先行行为又触犯了非法侵入住宅罪，但最后对甲只按盗窃罪一罪处罚，非法侵入他人住宅行为就被盗窃行为所吸收。

吸收犯具有以下特点。

（1）行为人必须实施了数个犯罪行为。这是成立吸收犯的前提。并且，行为人实施的数个行为必须都构成犯罪。如果虽然实施了数个行为，但只有一个行为构成犯罪，不成立吸收犯。

（2）行为人的数个犯罪行为必须触犯不同的罪名。如果行为人的数个犯罪行为都触犯同一罪名，也不成立吸收犯。

（3）数个犯罪行为之间具有吸收关系。这些行为之所以具有吸收关系，是因为其性质基本相同或者属于某种犯罪的同一过程，它们之间的关系密切，前行为可能是后行为发展的必然阶段，后行为可能是前行为发展的结果。在司法实践中，吸收关系主要有三种情况：一是重行为吸收轻行为。二是主行为吸收从行为，如在共同犯罪中，行为人教唆他人犯罪，又实施了帮助行为，则教唆行为是主行为，帮助行为是从行为，教唆行为吸收帮助行为。三是实行行为吸收预备行为，预备行为是实行行为的必经阶段，因而为实行行为所吸收。如甲为了实施爆炸而非法制造爆炸物并且携带爆炸物乘火车到达爆炸地点，对甲只定爆炸罪，非法制造爆炸物罪与非法携带危险物品危及公共安全罪被吸收。对于实行行为吸收预备行为（如手段行为），理论界有不同的认识，有的认为是吸收犯，有的则视为牵连犯。

吸收犯虽然事实上存在数个犯罪行为，但由于数个犯罪行为之间具有吸收关系，故在处理时，只按吸收行为定一罪，依照刑法对吸收行为所规定的法定刑处罚，其他犯罪行为因被吸收行为所吸收而失去独立的意义，不再定罪处罚。

【案例评析】

1. 案情简介

1997年11月初，被告人胡某因赌博、购房等原因欠下债务，遂起谋财害命之念，先后准备了羊角铁锤、纸箱、编织袋、打包机等作案工具，以合伙做黄鱼生意为名，骗取被害人韩某的信任。1997年11月29日14时许，被害人韩某携带装有19万元人民币的密码箱，按约来到被告人胡某事先开好的宾馆房间。胡某趁给韩某倒茶水之机在水中放入5片安眠药，韩某喝后倒在客厅的沙发上昏睡。胡某试探韩某处于昏睡中，便提起密码箱准备逃走，又担心韩某醒来报案，于是用事先准备好的羊角铁锤对韩某的头部猛击数下，又用尖刀乱刺韩某的背部，致使韩某因严重颅脑损伤合并血气胸而死亡。

次日凌晨，被告人胡某用羊角铁锤和菜刀将被害人韩某的尸体肢解为5块，套上塑料袋后分别装入两只印有“球形门锁”字样的纸箱中，再用印有“××饲料”字样的编织袋套住并用打包机封住。随后，胡某以内装“毒品”为名，唆使被告人张某和李某帮其将两个包裹送往南京。被告人张某和李某按照胡某的指示，于1997年11月30日中午从浙江省余姚市乘出租车驶抵江苏省南京市，将两个包裹寄存于南京火车站小件寄存处。后因尸体腐烂，于1998年4月8日案发。[①]

2. 基本问题

（1）被告人胡某的行为构成哪些罪？为什么？

（2）被告人胡某肢解被害人尸体后谎称是“毒品”并唆使被告人张某和李某“运输毒品”，三人是否构成共同犯罪？为什么？

3. 知识内容

（1）侵害同一犯罪对象时，如何划分一罪与数罪？

区分一罪与数罪的基本标准是犯罪构成，如果行为人的行为符合一个犯罪构成的，即为一罪，符合两个以上的犯罪构成的，就构成数罪。一般情况下，侵害同一犯罪对象，实施一个行为，符合一罪的犯罪构成，成立一罪。如甲杀害乙，构成故意杀人罪；甲抢劫丙，构成抢劫罪。但在很多情况下，行为人虽然侵害同一犯罪对象，却可能构成数罪。如何认定其构成一罪还是数罪，标准始终是犯罪构成，即分析行为人的行为是否是数个故意或过失，是否在数个故意或过失的支配下实施了数个行为，侵犯了数个客体，符合数个犯罪构成。在本案中，被告人胡某以非法占有他人财物为目的，给韩某水杯中投放安眠药，致使韩某不能反抗而劫走其财物的行为，已完全符合抢劫罪的构成要件，构成抢劫罪。在抢劫行为实施完毕后，因担心韩某醒来报案，产生了杀人灭口的恶念，用事先准备好的羊角铁锤对韩某的头部猛击数下，又用尖刀乱刺韩某的背部，致使韩某因严重颅脑损伤合并血气胸而死亡，实施了故意杀人行为，侵犯了他人的生命权，符合故意杀人罪的构成要件，构成故意杀人罪。胡某虽然侵犯了同一对象，但基于两个不同的犯罪故意，实施了两个不同的犯罪行为，侵犯了两个不同的犯罪客体，符合两个犯罪的犯罪构成，因而构成两个罪，即抢劫罪和故意杀人罪。

（2）哪些事后行为应属于不可罚的行为，即不应另行评价为独立的犯罪？

不可罚的事后行为（或称为共罚的事后行为），是指在状态犯的场合，利用该犯罪行为的结果的行为，如果孤立地看，符合其他犯罪的构成要件，具有可罚性，但由于被综合评价在该状态犯中，故没有必要另认定为其他犯罪。[②] 事后不可罚行为以状态犯的既遂为前提，如财产犯罪后的处分赃物行为（销赃），行为人实施盗窃罪后，主观上明知是赃物，又故意实施销赃行为，似乎已符合掩饰隐瞒犯罪所得罪的构成要件。但因其缺乏期待可能性，事后行为被评价在盗窃罪中，其销赃行为仅具备形式上的符合性，不具有可罚性，因而不另定掩饰隐瞒犯罪所得罪。要注意事后不可罚行为与牵连犯中的结果行为的区别，如杀人后为逃避侦查而实施的遗弃、毁

---

① 熊选国. 中国刑事审判指导案例.（侵犯公民人身权利、民主权利罪）. 北京：法律出版社，2009：14.

② 张明楷. 刑法学. 3版. 北京：法律出版社，2007：368.

损尸体行为，不属于事后不可罚行为。因为杀人罪并非状态犯，故只能认定为牵连犯的结果行为。本案中被告人胡某用羊角铁锤和菜刀将被害人韩某的尸体肢解为5块，套上塑料袋后分别装入两只印有“球形门锁”字样的纸箱中，再用印有“××饲料”字样的编织袋套住并用打包机封住等行为，不属于事后不可罚行为，而属于牵连犯的结果行为，如果结果行为触犯了其他罪名，应按照从一重罪论处的原则定罪。

(3) 实施犯罪后唆使他人销赃或毁灭罪证等是否成立共犯？

这要分情况而定。在状态犯中，如果行为人自己实施了事后行为，该事后行为不可罚，但行为人实施了前罪后，教唆他人实施事后行为，如盗窃犯在窃取财物之后，教唆他人代为销赃。他人在事前无共谋的情况下接受教唆，其成立掩饰隐瞒犯罪所得罪无疑，但盗窃犯是否构成掩饰隐瞒犯罪所得罪的教唆犯则有争议。本书主张正犯教唆他人销赃的，仍只构成前罪。在非状态犯中，如果行为人唆使他人实施毁灭罪证等行为，不构成教唆犯，对被教唆者按刑法规定的犯罪论处，而对行为人依照牵连犯的原则处罚。但如果行为人以实施其他犯罪为名行毁灭罪证之实的，如何定罪？本案中，被告人胡某将装有被害人尸体的两个包裹以内装“毒品”为名，唆使被告人张某和李某帮其送往南京，被告人胡某是否与被告人张某和李某构成运输毒品罪的共同犯罪？由于行为人与被教唆者之间缺乏共同的犯罪故意与犯罪行为，不成立共同犯罪。如本案中胡某是以毁尸灭迹为故意内容，而张某和李某则以运输毒品为目的，因此，三人没有共同故意，也没有共同的行为，不成立共同犯罪。为此，被教唆者应构成运输毒品罪，由于其认识错误，属于对象不能的未遂犯。而胡某的行为仍属于故意杀人后的毁灭罪证行为，属于故意杀人罪的牵连行为，不单独定罪。

【疑难问题】

1. 如何区分一罪与数罪？
2. 想象竞合犯究竟是一罪还是数罪？想象竞合与法条竞合如何区别？
3. 如何确定牵连犯的牵连关系？你认为牵连犯应采取什么处罚原则？
4. 你认为连续犯是法定的一罪还是处断的一罪？
5. 如何确定吸收犯的吸收关系？吸收犯的吸收关系与牵连犯的牵连关系如何区别？

实务训练

2008年8月23日晚22时许，被告人代某携带胶带、甩刀等作案工具，窜到某大学教工宿舍6楼1单元2—2号李某某的租住房，以找人为借口，骗李某某打开房门，强行冲入室内，用持刀威胁、用胶带捆绑手脚和封嘴的手段，对李某某实施了强奸。之后，代某害怕李某某告发，遂产生杀人灭口之心，用白色塑料袋罩住李某某的头部，用电吹风的电线在李某某颈部缠住塑料袋的下口，李某某因缺氧难受发出"呜呜"叫声，代某产生不忍之心便取掉了电线和塑料袋。但代某害怕李某某呼救影响其安全逃离现场，于是产生了将李某某打昏的想法，他用房间内燃气灶的灶芯击打李某某头部数下，代某发现李某某头部流血很多、气息微弱，因害怕遂停止打击，并用手试探李某某的呼吸，感觉气息很微弱，于是将李某某的嘴、手、脚上的胶带撕掉，在将李某某往卫生间拖时，取下李某某手上戴的钻戒。据被告人交代，在其取被害人戒指时，被害人睁着眼睛在呻吟，没有昏迷。代某将李某某拖到卫生间后，用开水冲李某某的头部，李某某害怕代某杀害自己，于是屏住呼吸装死，代某以为李某某已死亡，便将作案时撕烂的裙子、内裤收拾起来装在之前用于罩住李某某头部的塑料袋内丢进便池里，并用拖把将客厅和卧室地上的血迹拖了一遍。然后将被害人李某某放在客厅的长虹牌 M558 型手机一部、人民币 100 余元拿走，锁上卫生间门后逃离现场。经鉴定，被害人李某某的损伤程度为轻伤；被害人李某某的长虹牌 M558 型手机一部价值人民币 657.60 元、PT900 钻戒一枚价值人民币 2 200 元。

1. 以公诉人身份提出公诉，阐明被告人罪名与罪数，并提出量刑建议。

2. 以辩护人身份提出定罪与量刑的辩护意见。

3. 以法官的身份作出裁判并说明理由。

课后练习

一、单项选择题

1. 我国刑法区分一罪与数罪的标准是（　　）的个数。

A. 犯罪行为　　B. 犯罪结果　　C. 犯罪故意　　D. 犯罪构成

2. 甲用伪造的某机关公文，骗得人民币 8 000 余元，对甲的行为人民法院以诈骗罪定罪量刑，这是因为甲的行为是（　　）。

A. 结合犯　　B. 吸收犯　　C. 牵连犯　　D. 想象竞合犯

3. 我国《刑法》第 234 条第 2 款规定的是故意伤害致人重伤和致人死亡时的法定刑。这种规定是（　　）。

A. 连续犯　　B. 想象竞合犯　　C. 结果加重犯　　D. 结合犯

4. 张某与何某有私仇，张某欲杀何某全家。但是何某全家不住在一起。张某先杀了在 A 地的何妻，后杀了在 B 地的何儿，最后杀了在 C 地的何某。张某的行为是（　　）。

A. 徐行犯　　B. 想象竞合犯

C. 牵连犯　　D. 连续犯，应按故意杀人罪从重处罚

5. 连续犯与同名数罪区别的关键是看（　　）。

A. 是否实施了数个不同的犯罪行为　　B. 是否实施了数个相同的犯罪行为

C. 是否基于数个独立的犯罪故意　　D. 是否触犯了同一罪名

6. 非法拘禁罪属于（　　）。

A. 结合犯　　B. 继续犯　　C. 连续犯　　D. 吸收犯

二、多项选择题

1. 下列哪些情形属于吸收犯？（　　）

A. 制造枪支、弹药后又持有、私藏所制造的枪支、弹药的

B. 盗窃他人汽车后，谎称所盗汽车为自己的汽车出卖他人的

C. 套取金融机构信贷资金后又高利转贷他人的

D. 制造毒品后又持有该毒品的

2. 下列哪些情形不能数罪并罚？（　　）

A. 投保人甲，为了骗取保险金杀害被保险人

B. 15 周岁的乙，盗窃时拒捕杀死被害人

C. 司法工作人员丙，刑讯逼供致被害人死亡

D. 运送他人偷越边境的丁，遇到检查将被运送人推进大海溺死

3. 关于罪数的认定，下列哪些选项是正确的？（　　）

A. 甲使用暴力强迫赵某与自己进行商品交易，造成赵某重伤。对甲的行为应以故意伤害罪与强迫交易罪实行并罚

B. 乙借用李某的摩托车后藏匿不想归还。李某要求归还时，乙谎称摩托车被盗。乙欺骗李某的行为不单独构成诈骗罪

C. 丙为杀人而盗窃枪支，未及实施杀人行为而被抓获，丙的行为构成故意杀人（预备）罪与盗窃枪支罪的想象竞合犯

D. 丁盗窃信用卡并使用的行为，属于盗窃罪与信用卡诈骗罪的吸收犯

4. 甲欲开枪杀乙，射击的结果却是导致乙重伤，同时导致乙身边的丙死亡。关于本案，下列哪些说法是错误的？（　　）

A. 认定甲的行为成立一个故意杀人罪即可

B. 认定甲的行为成立一个故意杀人未遂和一个过失致人死亡罪

C. 认定甲的行为成立一个故意杀人罪和一个过失致人重伤罪

D. 认定甲的行为成立一个故意杀人罪和一个故意杀人未遂，实行并罚

三、不定项选择题

1. 甲受国有事业单位委派，担任某农村信用合作社主任。某日，乙找甲，说要贷款 200 万元做生意，但无任何可抵押财产也无担保人，不符合信贷条件。乙表示若能贷出款来，就会给甲 10 万元作为辛苦费。于是甲嘱咐该合作社主管信贷的职员丙“一定办好此事”。丙无奈，明知不符合条件仍然放贷。乙当即给甲 10 万元，其余 190 万元用于挥霍，经合作社多次催收，乙拒绝归还。请回答以下各题：

（1）甲的行为触犯的罪名是（　　）。

A. 受贿罪　　B. 贷款诈骗罪　　C. 玩忽职守罪　　D. 违法发放贷款罪

（2）对于乙、丙的行为，下列说法正确的是（　　）。

A. 乙构成贷款诈骗罪　　B. 乙构成行贿罪

C. 丙构成违法发放贷款罪　　D. 丙构成玩忽职守罪

2. 甲为某国有企业出纳，为竞争公司财务部主任职位欲向公司副总经理乙行贿。甲通过涂改账目等手段从公司提走 20 万元，委托总经理办公室秘书丙将 15 万元交给乙，并要丙在转交该款时一定为自己提升一事向乙“美言几句”。乙收下该款。八天后，乙将收受钱款一事报告了公司总经理，并将 15 万元交到公司纪检部门。

一个月后，甲得知公司委任其他人担任财务部主任，恼羞成怒找到乙说：“还我 15 万元，我去把公司钱款补上。你还必须付我 10 万元精神损害赔偿，否则我就将你告到检察院。”乙反复向甲说明钱已上交不能退还，但甲并不相信。数日后，甲携带一桶汽油闯入乙办公室纵火，导致室内空调等财物被烧毁。请回答下列各题：

(1) 关于甲从公司提出公款 20 万元并将其中一部分行贿给乙的行为，下列选项错误的是（　　）。

A. 甲构成贪污罪，数额是 20 万元；行贿罪与贪污罪之间是牵连关系，不再单独定罪

B. 甲构成贪污罪、行贿罪，数罪并罚，贪污数额是 5 万元，行贿 15 万元

C. 甲构成贪污罪、行贿罪，数罪并罚，贪污数额是 20 万元，行贿 15 万元

D. 甲对乙说过要“去把公司钱款补上”，故应当构成挪用公款罪，数额是 20 万元，再与行贿罪并罚

(2) 关于乙的行为，下列选项错误的是（　　）。

A. 乙构成受贿罪既遂

B. 乙构成受贿罪中止

C. 乙犯罪以后上交赃物的行为，属于酌定从轻处罚情节

D. 乙不构成犯罪

(3) 关于丙的行为，下列选项正确的是（　　）。

A. 丙构成受贿罪共犯

B. 丙构成介绍贿赂罪

C. 丙构成行贿罪共犯

D. 丙没有实行行为，不构成犯罪

(4) 关于甲得知财务部主任由他人担任后实施的行为，下列选项错误的是（　　）。

A. 甲的行为只构成放火罪

B. 甲索要 10 万元“精神损害赔偿”的行为不构成敲诈勒索罪

C. 甲的行为是敲诈勒索罪与放火罪的想象竞合犯

D. 甲的行为是敲诈勒索罪与放火罪的吸收犯

四、案例分析题

1. 杨某，男，17 岁。杨某于某年 11 月在某市火车站候车室趁一军人不备之机，盗走其黑色手提包一个，内有“五四”式手枪 1 支、子弹 30 发及现金人民币 5 000

余元等物。杨某作案后，将所盗钱财用于挥霍，手枪和子弹则私藏起来。

问：对杨某的行为应如何定性处理？为什么？

2. 刑满释放人员关某为了获取非法利润，对下岗在家的林某说：“现在做一笔生意既可以赚钱，又来得快，就看我们敢不敢。”林某问关某：“做什么生意?”关说：“你看市场上有卖‘嘉陵’摩托商标，很赚钱，我们就干这个。”林某听后即说：“这是个好主意。只要能赚钱就干。”于是二人马上行动，先到黑市上高价购买“嘉陵”商标 700 余套，然后再到物资回收部门、五金商店等处购买一些残次摩托零件，经过重新喷漆、组装后，全部售出，销售金额 10 万余元，二人从中获利近 6 万元。

问：关某、林某的行为构成什么罪？为什么？

3. 某甲（男，17 岁）与邻居某乙（男，12 岁）在玩耍中发生争端，甲一气之下猛推乙一掌，致乙倒地，头部撞在条石上死亡。甲误认为乙只是昏迷，害怕他人见到，便将乙移至附近草棚内，并用草将乙盖住。此时，风吹草动，甲误认为乙苏醒，害怕乙去告发，为灭口便用铁锹猛砸乙的头部数下，而后离去。

问：对某甲的行为应如何定性处罚？为什么？

4. 甲男与乙男于 2004 年 7 月 28 日共谋入室抢劫某中学暑假留守女教师丙的财物。7 月 30 日晚，乙在该中学校园外望风，甲翻院墙进入校园内。甲持水果刀闯入丙居住的房间后，发现房间内除有简易书桌、单人床、炊具、餐具外，没有其他贵重财物，便以水果刀相威胁，喝令丙摘下手表（价值 2 100 元）给自己。丙一边摘手表一边说：“我是老师，不能没有手表。你拿走其他东西都可以，只要不抢走我的手表就行。”甲立即将刀装入自己的口袋，然后对丙说：“好吧，我不抢你的手表，也不拿走其他东西，让我看看你脱光衣服的样子我就走。”丙不同意，甲又以刀相威胁，逼迫丙脱光衣服，丙一边顺手将已摘下的手表放在桌子上，一边流着泪脱完衣服。甲不顾丙的反抗强行摸了丙的乳房后对丙说：“好吧，你可以穿上衣服了。”在丙背对着甲穿衣服时，甲趁机将丙放在桌上的手表拿走。甲逃出校园后与乙碰头，乙问抢了什么东西，甲说就抢了一只手表。甲将手表交给乙出卖，乙以 1 000 元价格卖给他人后，甲与乙各分得 500 元。

问：甲、乙各构成哪些罪？为什么？

5. 甲深夜潜入乙家行窃，发现留长发穿花布睡衣的乙正在睡觉，意图奸淫，便扑在乙身上强脱其衣。乙惊醒后大声喝问，甲发现乙是男人，慌忙逃跑，但被抓获。

问：甲的行为构成何罪？其犯罪属于何种形态？

6. 陈某见熟人赵某做生意赚了不少钱便产生歹意，勾结高某，谎称赵某欠自己 10 万元货款未还，请高某协助索要，并承诺要回款项后给高某 1 万元作为酬谢。高某同意。某日，陈某和高某以谈生意为名把赵某诱骗到某宾馆某房间，共同将赵扣押，并由高某对赵某进行看管。次日，陈某和高某对赵某拳打脚踢，强迫赵某拿钱。赵某迫于无奈给其公司出纳李某打电话，以谈成一笔生意急需 10 万元现金为由，让李某将现金送到宾馆附近一公园交给陈某。陈某指派高某到公园取钱。李某来到约定地点，见来人不认识，就不肯把钱交给高某。高某威胁李某说：“赵某已被我们扣押，不把钱给我，我们就把赵某给杀了。”李某不得已将 10 万元现金交给高某。高某回到宾馆房间，发现陈某不在，赵某倒在窗前已经断气。见此情形，高某到公安机关投案，并协助司法机关将陈某抓获归案。事后查明，赵某因爬窗逃跑被陈某用木棒猛击脑部，致赵某身亡。[①]

问：

（1）陈某将赵某扣押向其索要10万元的行为构成何种犯罪？为什么？

（2）高某将赵某扣押向其索要10万元的行为构成何种犯罪？为什么？

（3）陈某与高某是否构成共同犯罪？为什么？

（4）高某在公园取得李某10万元的行为是否另行构成敲诈勒索罪？为什么？

（5）陈某对赵某的死亡，应当如何承担刑事责任？为什么？

（6）高某对赵某的死亡后果是否承担刑事责任？为什么？

（7）高某的投案行为是否成立自首与立功？为什么？

延伸阅读

1. 顾肖荣．刑法中的一罪与数罪问题．上海：学林出版社，1986.
2. 李邦友．结果加重犯基本理论研究．武汉：武汉大学出版社，2001.
3. 李恩慈．犯罪形态与刑罚适用原理．北京：中国人民公安大学出版社，2003.
4. 吴振兴．犯罪形态研究纲要．北京：法律出版社，2005.
5. 刘树德．牵连犯辩证．北京：中国人民公安大学出版社，2005.
6. 吴振兴．罪数形态论．北京：中国检察出版社，2006.
7. 袁彬．数罪并罚专题整理．北京：中国人民公安大学出版社，2008.
8. 甘添贵．罪数理论研究．北京：中国人民大学出版社，2008.
9. 王志祥，姚兵．罪数形态专题整理．北京：中国人民公安大学出版社，2009.
10. 任彦君．数罪并罚论．北京：中国检察出版社，2010.
11. 吴平．数罪并罚论．北京：中国政法大学出版社，2011.
12. 孟庆华．数罪并罚适用与比较．北京：中国人民大学出版社，2012.
13. 庄劲．罪数的理论与实务．北京：中国人民大学出版社，2012.
14. 李晓磊．论罪数理论之简约化．北京：法律出版社，2020.
15. 储槐植．论罪数不典型．法学研究，1995（1）.
16. 胡云腾，刘树德．刑罚若干条款罪数形态之分析．现代法学，2005（5）.
17. 刘宪权．罪数形态理论正本清源．法学研究，2009（4）.
18. 王明辉，唐煜枫．关于罪数论共性机理之探讨——不同罪数模式下的思考．法学评论，2009（3）.
19. 张明楷．论同种数罪的并罚．法学，2011（1）.
20. 刘刚．论罪数评价．法律科学（西北政法大学学报），2011（3）.
21. 方鹏．德国刑法竞合理论与日本罪数理论之内容比较与体系解构：兼及中

① 该题为2007年司法考试题。

国罪数理论的走向选择和体系重构．比较法研究，2011 (3).

22. 张明楷．罪数论与竞合论探究．法商研究，2016 (1).

23. 张明楷．数罪并罚的新问题——《刑法修正案（九）》第 4 条的适用，2016 (2).

24. 庄劲．机能的思考方法下的罪数论．法学研究，2017 (3).

25. 陈洪兵．罪数论的中国方案——包括的一罪概念之提倡．华东政法大学学报，2020 (3).

第十一章　刑罚的体系和种类

【内容摘要】

刑罚的体系是刑事立法者根据刑罚的功能和目的而选择的各种惩罚犯罪的方法在刑法中按照一定次序排列所形成的刑罚系统。根据我国《刑法》的规定，除了单纯的作有罪宣告之外，刑事责任的实现方式包括刑罚和非刑罚处理方法两种。刑罚分为主刑和附加刑，主刑包括管制、拘役、有期徒刑、无期徒刑、死刑，附加刑包括罚金、剥夺政治权利、没收财产、驱逐出境；非刑罚处理方法则包括经济性处理方法、教育性处理方法和行政性处理方法。总的来说，调整完善刑罚结构、限制死刑的适用、扩大罚金刑的适用、完善非监禁刑的适用，使得刑罚体系整体趋向于宽和，将是我国刑罚制度今后的发展方向。

【学习目标】

(1) 在知识学习层面，要熟悉我国刑法所规定的刑罚种类及其适用规则。(2) 在能力训练层面，要注意刑罚与行政法律责任、民事法律责任的关系，增强体系性思维。同时，要通过对死刑存废问题、刑罚制度完善问题的深入思考，提升思辨和研究能力。(3) 在价值引领层面，要学会立足于中国立法、司法以及社会实际思考刑法问题，特别是对于死刑存废的理论争议，要加强对中国实际问题的关注，探索适合中国实际的刑法发展路径。同时，要积极关注中国传统法律文化中的合理制度，为当下中国刑罚制度的发展汲取可资借鉴的优秀传统文化，增强对民族文化的认同感。

【知识要点】

一、刑罚的体系

（一）刑罚体系的概念

刑罚体系，是指刑事立法者从有利于发挥刑罚目的和功能的角度出发，按照一定次序和标准对各种刑罚方法进行排列形成的刑罚序列。刑罚体系的确定不仅取决于一定的社会经济制度和国家制度，同时还受到国家的历史传统和经济、政治、文化发展水平以及国际刑事立法的影响。刑罚体系只能由刑法规定，并由多种刑罚方法构成，按一定原则和次序排列。我国刑罚分为主刑和附加刑，主刑只能独立适用，附加刑既可附加适用也可独立适用。

（二）我国刑罚体系的特点

各国不同历史时期的刑罚体系，由于具体国情以及形成过程的差异等原因而有不同的特点。我国现行的刑罚体系具有以下特点。

1. 主附结合，排列有序

根据《刑法》第 32～35 条的规定，我国刑罚分主刑和附加刑，即规定了对犯罪人主要适用的刑罚方法和附加适用的刑罚方法；并采用先主刑后附加刑、在具体的刑罚种类上从轻刑到重刑的原则和次序加以排列。如主刑：管制→拘役→有期徒刑→无期徒刑→死刑；附加刑：罚金→剥夺政治权利→没收财产→驱逐出境。[①]

2. 种类齐全，体系完整

我国刑罚的种类涵盖了生命刑、自由刑、财产刑和资格刑四个种类。[②] 在自由刑中，既有限制自由刑，也有剥夺自由刑；而剥夺自由刑，又包括剥夺短期自由、剥夺长期自由和剥夺终身自由。同时《刑法》还规定了只针对外国人和无国籍的人适用的资格刑，即驱逐出境。在财产刑方面，既有强制受刑人向国家缴纳一定数额金钱的罚金刑，也有将罪犯财产强行收归国有的没收财产。

3. 宽严相济，轻重衔接

我国《刑法》规定的主刑，包括自由刑和生命刑两类。它们从限制自由到剥夺自由，从剥夺短期自由直到剥夺终身自由，从剥夺受刑人的自由到剥夺罪犯的生命，有轻有重，宽严结合。而且，通过死缓制度，我国《刑法》还将死刑与自由刑较好地衔接起来。各种附加刑，在期限或者数量上也是轻重衔接的。

---

① 驱逐出境只适用于外国人和无国籍的人.

② 国外刑罚中有荣誉刑，如《俄罗斯联邦刑法典》；我国第五届全国人大常委会第十九次会议通过并发布的《中华人民共和国惩治军人违反职责罪暂行条例》（1981 年 6 月 10 日发布）第 24 条规定："对于危害重大的犯罪军人，可以附加剥夺勋章、奖章和荣誉称号。" 1997 年修订《刑法》时没有继续规定荣誉刑.

4. 内容合理，执行人道

在执行方法上，也尽可能地体现了人道主义精神。例如，拘役期间受刑人可以回家探亲，并对参加劳动的人酌量发给报酬，罚金分期缴纳、减免缴纳的规定，注射执行死刑的不断推广，以上这些规定不仅在刑罚执行方式上体现了灵活变化，照顾了受刑人的实际情况，而且符合刑罚人道的趋势。

5. 刑罚严厉，重罪繁多

在现有483个罪名中［《刑法修正案（十一）》新增17个罪名、修改8个罪名］，以自由刑为主的特点非常明显。此外，我国死刑罪名仍然较多。虽然2015年8月29日《刑法修正案（九）》取消了走私武器、弹药罪，走私核材料罪，走私假币罪，伪造货币罪，集资诈骗罪，组织卖淫罪，强迫卖淫罪，阻碍执行军事职务罪，战时造谣惑众罪等9个罪名的死刑，但仍有46个罪名保留了死刑，相较于其他仅对部分危害国家安全犯罪、严重危害人身安全犯罪以及个别军事犯罪设置死刑的国家而言，这种死刑配置显得过于广泛。目前，我国《刑法》分则中除渎职罪一章没有规定死刑罪名以外，其他九章均有。

二、主刑

主刑，又称基本刑，是指只能独立适用的刑罚方法。主刑有两个特点：一是主刑只能独立适用，不能附加适用；二是对一个犯罪只能适用一个主刑，而不能适用两个以上的主刑。根据《刑法》第33条的规定，主刑有管制、拘役、有期徒刑、无期徒刑和死刑五种。

（一）管制

1. 管制的概念

管制，是指由人民法院判决，对犯罪分子不予关押，但限制其一定自由，由公安机关管束和人民群众监督改造的刑罚方法。管制是我国的一个独创。它具有以下特点。

（1）不关押，不剥夺其人身自由。服刑期间，犯罪人一般可以在原来的单位继续从事工作，或者在原居住地正常生活，既不离开自己的家庭，也不中断与社会的正常交往。

（2）限制少量自由。服刑期间，罪犯的政治权利、人身自由和某些社会交往活动，将受到一定程度的限制，并将受到其所在单位或者居住地人民群众的监督。

2. 管制的适用机关

管制只能由人民法院判决，由社区矫正机构负责执行。[①]

---

① 原《刑法》第38条第2款规定管制由公安机关执行。2011年2月25日《刑法修正案（八）》将“由公安机关执行”修改为“依法实行社区矫正”。而根据2018年10月26日通过的修正后的《中华人民共和国刑事诉讼法》第269条的规定，“对被判处管制、宣告缓刑、假释或者暂予监外执行的罪犯，依法实行社区矫正，由社区矫正机构负责执行”。可见，我国现行的社区矫正机构是司法行政机关.

3. 适用对象

管制是我国刑罚体系中最轻的一种主刑，它只适用于罪行较轻、人身危险性小的犯罪。在《刑法》分则第六章、第七章中规定较多，第八～十章中没有规定。

4. 管制的内容

（1）实行社区矫正（《刑法》第38条）。

（2）遵守性义务。被判处管制的犯罪人在执行期间，应当遵守以下规定：1）遵守法律、行政法规，服从监督；2）未经执行机关批准，不得行使言论、出版、集会、结社、游行、示威自由的权利；3）按照执行机关规定报告自己的活动情况；4）遵守执行机关关于会客的规定；5）离开所居住的市、县或者迁居，应当报经执行机关批准（《刑法》第39条）。

（3）禁止性义务（《刑法》第38条）。被判处管制的犯罪人，如果同时被法院宣告禁止令，则在管制执行期间不得从事特定活动，不得进入特定区域、场所，不得接触特定的人。[①] 违反这些禁止令的，由公安机关依照《中华人民共和国治安管理处罚法》的规定处罚。

5. 犯罪人的权利

被判处管制的犯罪人，未附加剥夺政治权利的享有政治权利，在劳动中享受同工同酬的待遇（社区矫正中从事义务劳动的除外）。

6. 管制的期限及刑期计算

管制的期限为3个月以上2年以下，数罪并罚时不超过3年，从判决执行之日起计算；判决执行以前先行羁押的，羁押1日折抵刑期2日。

7. 执行完毕

执行机关应向本人和有关群众（单位、居委会、村委会）宣布解除管制。

（二）拘役

1. 拘役的概念

拘役，是指短期剥夺犯罪分子人身自由，就近实行劳动改造的刑罚方法。

拘役与刑事拘留、行政拘留、司法拘留都是短期剥夺人身自由的强制方法，但是它们之间在法律性质、适用对象、适用机关、法律依据、剥夺自由期限、法律后果等方面有着明显的区别。

2. 拘役的适用机关

拘役由人民法院判决、公安机关就近执行。拘役一般由罪犯所在的市、县或市辖区公安机关设立的拘役所执行（没有拘役所的，可以在离罪犯所在地较近的监狱

---

① 《刑法修正案（八）》对第38条修正如下：“判处管制，可以根据犯罪情况，同时禁止犯罪分子在执行期间从事特定活动，进入特定区域、场所，接触特定的人。”关于特定活动、特定区域、特定场所、特定的人的范围，参见最高人民法院、最高人民检察院、公安部、司法部于2011年4月28日发布的《关于对判处管制、宣告缓刑的犯罪分子适用禁止令有关问题的规定（试行）》。

或者看守所执行）。

3. 拘役的适用对象

拘役适用于犯罪性质比较轻、社会危害性不大的犯罪分子。

4. 犯罪人的权利

未附加剥夺政治权利的享有政治权利；劳动的可酌量发给报酬；犯罪人每月可回家1～2天。

5. 拘役的期限及刑期计算

拘役的刑期为1个月以上6个月以下，数罪并罚的不超过1年，从判决执行之日起计算，羁押1日折抵刑期1日。

（三）有期徒刑

1. 有期徒刑的概念

有期徒刑是剥夺犯罪分子一定期限的人身自由，实行强制劳动改造的刑罚方法。有期徒刑具有刑期跨度大、适用范围广的特点。

有期徒刑与拘役虽然同为有期限的剥夺自由刑，但二者在适用对象、执行机关、执行场所、刑期期限、犯罪人的权利、法律后果等方面存在区别。

2. 有期徒刑的执行机关

被判处有期徒刑的犯罪分子，由监狱机关在监狱或者其他劳动场所执行。所谓“其他劳动场所”，如关押未成年犯的未成年犯管教所。此外，被判处有期徒刑的犯罪分子，在被交付执行时剩余刑期在1年以下的，由看守所代为执行。

3. 有期徒刑的适用对象

由于其幅度跨越很大，因而可以适用于《刑法》规定的较重或较轻的犯罪。有期徒刑是我国适用范围最广的刑罚，除危险驾驶罪等少数罪名之外的所有罪名均可适用。

4. 有期徒刑的刑罚内容

有期徒刑刑罚的主要内容是限制人身自由，同时有劳动能力的则强制劳动。未被剥夺政治权利的罪犯享有政治权利但受限，如通信、会见亲友权利等受限。根据《监狱法》第57条第2款的规定，执行原判刑1/2以上且表现好的，可准回家探亲，劳动中享受适当劳动报酬。

5. 有期徒刑的期限及刑期计算

有期徒刑的刑期为6个月以上15年以下。数罪并罚时，总和刑期不满35年的最高不超过20年，总和刑期在35年以上的最高不超过25年，从判决执行之日起计算，羁押1日折抵刑期1日。死缓减为有期徒刑的刑期为25年。[①] 在刑罚执行期间确有悔改表现或立功表现的，减刑后的实际执行刑期为：死缓减为无期徒刑的，不能少于25年；死缓减为25年有期徒刑的，不能少于20年；被判处无期徒刑的不能少于13年；被判处有期徒刑的不能少于原判刑罚的1/2。

---

① 死缓减为有期徒刑的刑期从裁定减为有期徒刑之日起计算，原先被羁押的日期不折抵刑期.

(四) 无期徒刑

1. 无期徒刑的概念

无期徒刑，是指剥夺犯罪分子终身自由，并实行强制劳动和教育改造的刑罚方法。无期徒刑的严厉程度仅次于死刑，其适用面比较广泛。

无期徒刑的犯罪人在服刑期间，虽然往往可以减为有期徒刑，但它与有期徒刑在适用对象、徒刑期限、刑罚执行内容、先行羁押日期的作用等方面存在区别。[①]

2. 无期徒刑的适用对象

由于无期徒刑是仅次于死刑的刑罚方法，因而它主要适用于性质非常严重的犯罪，例如严重危及国家安全的犯罪和严重危害公共安全、严重侵犯公民人身权利的犯罪等。

3. 无期徒刑的执行

根据《刑法》第 46 条的规定，被判处无期徒刑的犯罪分子，在监狱或者其他劳动场所执行；凡有劳动能力的，都应当参加劳动，接受教育和改造。

(五) 死刑

1. 死刑的概念及死刑的存废

死刑，又称生命刑，是剥夺犯罪分子生命的刑罚方法。

死刑是最古老、最严厉的一种刑罚，在奴隶制国家产生的同时就出现了死刑。而且在相当长的历史时期里，死刑也是适用得非常广泛、频率很高的刑罚方法。

意大利刑法学家贝卡利亚于 1764 年出版了《论犯罪与刑罚》一书，提出了废除死刑的问题，认为只有在两种极端的情况下才可以处死公民。[②] 并由此引发了一场世界范围的、长达两百多年而至今仍然没有停歇的死刑存废之争。死刑废除论者与死刑保留论者主要在死刑是否人道、是否公正、是否具有特殊预防或者一般预防效果、是否经济以及死刑判决的难以弥补性等问题上展开争论，而且在同样的问题上得出了截然不同的结论。[③]

目前，世界上已有部分国家在立法上废除了死刑，或者在事实上废除了死刑。在具有全球性影响力的国家和地区中，废除死刑阵营的代表是欧盟国家。《欧盟基本权利宪章》第 2 条明确禁止使用死刑，因此欧盟成员国全部废除死刑。南北美洲国家在“废死运动”中普遍表现积极，美国是北美洲国家中唯一保留并执行死刑的国

---

① 被判处无期徒刑的，应当剥夺政治权利终身，判决执行前先期羁押的时间不折抵刑期.

② 第一种情况，某人在被剥夺自由之后仍然有某种联系和某种力量影响着这个国家的安全，或者他的存在可能会在既定的政府体制中引起危险的动乱；第二种情况，当一个国家正在恢复自由的时候，当一个国家的自由已经消失或者正在陷入无政府状态的时候，这时混乱取代了法律，因而处死某些公民就变得必要了。贝卡里亚. 论犯罪与刑罚. 黄风，译. 北京：中国法制出版社，2005：56－57.

③ 赵秉志. 外国刑法原理（大陆法系）. 北京：中国人民大学出版社，2000：279－281.

家，但截至2017年7月已有19个州废除了死刑，而在2011年这一数字是12个。在亚洲范围内，中国、日本、印度、新加坡、越南等重要国家均保留并执行死刑，只有韩国虽然保留并增加了法律中的死刑罪名，但仍然有10年以上未执行死刑。国际上，联合国大会在2007年、2008年、2010年、2012年和2014年通过了不具约束力的决议，呼吁全面暂停执行死刑，以期最终废除死刑。

2. 死刑适用的对象

根据《刑法》第48条的规定，死刑只适用于罪行极其严重的犯罪分子。所谓“罪行极其严重”，是指所犯之罪极其严重和犯罪人危险性极大，不适用死刑难以维护正义和社会秩序。在《刑法》分则中，对可以适用死刑的犯罪，都作了“对国家和人民利益危害特别严重、情节特别恶劣”“情节特别严重”“危害特别严重”“造成后果特别严重”“致人重伤、死亡”“致使公私财物遭受重大损失”等规定。

3. 我国对死刑适用的限制

我国在立法上坚持“保留死刑、严格控制死刑”的基本死刑政策。同时，在司法实践中，贯彻“少杀、慎杀”的刑事政策。

（1）严格限制适用范围。死刑只适用于罪行极其严重的犯罪分子。《刑法修正案（九）》将原有适用死刑的具体罪名减少为46个，体现了从立法上逐步控制死刑的趋势。目前有死刑的46个犯罪，分布如下：危害国家安全罪（7个）、危害公共安全罪（14个）、破坏社会主义市场经济秩序罪（2个）、侵犯公民人身权利罪（5个）、侵犯财产罪（1个）、妨害社会管理秩序罪（3个）、危害国防利益罪（2个）、贪污贿赂罪（2个）、军人违反职责罪（10个）。从取消死刑的趋势来看，危害国家安全罪、危害国防利益罪和军职罪保留死刑的状况将在较长时期内维持，而一些非暴力致人伤亡的犯罪，如经济犯罪、贪污贿赂犯罪的死刑，将受到进一步限制或者被逐步取消。

（2）严格限制适用机关。根据我国《刑法》《刑事诉讼法》的规定，死刑只能由中级以上人民法院判决。

（3）严格限制适用对象。根据《刑法》第49条的规定，犯罪的时候不满18周岁的人和审判的时候怀孕的妇女，不适用死刑；审判的时候已满75周岁的人，不适用死刑，但以特别残忍手段致人死亡的除外。这里所说的“不适用死刑”，既包括不适用死刑立即执行，也包括不适用死刑缓期执行。对“审判的时候怀孕的妇女”，应当做广义的理解，既包括人民法院审理案件时正在怀孕的妇女，也包括案件起诉到人民法院之前犯罪嫌疑人在羁押期间怀孕而自然流产或者做了人工流产的妇女。

（4）严格限制死刑适用程序。我国《刑法》《刑事诉讼法》对死刑的适用规定了死刑复核、核准程序。《刑法》第48条第2款规定：“死刑除依法由最高人民法院判决的以外，都应当报请最高人民法院核准。”[①]

（5）严格限制死刑执行，即我国刑法独创死刑缓期执行制度。《刑法》第 48 条第 1 款规定：“对于应当判处死刑的犯罪分子，如果不是必须立即执行的，可以判处死刑同时宣告缓期二年执行。”

死缓的适用条件：1）罪该处死，这是宣告死刑缓期执行的前提条件。2）不是必须立即执行，这是宣告死刑缓期执行的实质条件。应当将死缓的适用条件理解为：“只要没有充分理由必须立即执行的，一般都应当‘判处死刑同时宣告缓期二年执行’”[②]，这样，就可以有效地减少死刑实际执行的数量。

死缓期满的处理：根据《刑法》第 50 条的规定，对于被判处死刑缓期二年执行的犯罪分子，在死缓二年期满后，有三种处理方法：1）在死刑缓期执行期间，没有故意犯罪的，二年期满以后，减为无期徒刑。2）如果确有重大立功表现，二年期满以后，减为 25 年有期徒刑。所谓“重大立功表现”，应当根据《刑法》第 78 条的规定来确定。3）如果故意犯罪并且情节恶劣，由最高人民法院核准，执行死刑。这里的“故意犯罪”是指死缓犯在死刑缓期执行的二年期间内所实施的犯罪，而不包括二年期满以后但尚未裁定减刑以前所犯的新罪。同时，《刑法》也对死缓犯的减刑作了一定的限制，即：对被判处死刑缓期执行的累犯以及因故意杀人、强奸、抢劫、绑架、放火、爆炸、投放危险物质或者有组织的暴力性犯罪被判处死刑缓期执行的犯罪分子，人民法院根据犯罪情节等情况可以同时决定对其限制减刑。

死缓期间的计算：《刑法》第 51 条规定：“死刑缓期执行的期间，从判决确定之日起计算。死刑缓期执行减为有期徒刑的刑期，从死刑缓期执行期满之日起计算。”[③] 也就是说，死缓判决确定之日以前羁押的期间，不能计算在死刑缓期执行的二年期限之内；死刑缓期执行的二年期间，也不能计入减刑后的有期徒刑的刑期之内。

三、附加刑

附加刑，又称从刑，是补充主刑适用的刑罚方法。其特点是，既可以附加适用，也可以独立适用（没收财产除外）。在附加适用时，对于一个犯罪还可以同时适用两

---

① 我国 1979 年《刑法》第 43 条作了同样的规定。但是，1983 年 9 月 2 日第六届全国人大常委会《关于修改〈中华人民共和国法院组织法〉的决定》及同年 9 月 7 日最高人民法院《关于授权高级人民法院核准部分死刑案件的通知》，授权各高级人民法院和解放军军事法院行使杀人、强奸、抢劫、爆炸及其他严重危害公共安全和社会治安判决死刑案件的核准权。后来最高人民法院又几次发出通知，授权云南、广东、广西、四川、甘肃、贵州各省（区）高级人民法院行使毒品案件的死刑核准权。为了保证死刑适用的统一性，减少死刑适用的数量，最大限度地保障被告人的权利、维护法律的权威，2006 年 10 月 31 日，全国人大常委会通过了《关于修改〈中华人民共和国人民法院组织法〉的决定》，决定自 2007 年 1 月 1 日起，由最高人民法院统一行使所有死刑立即执行案件的核准权.

② 陈忠林. 死刑与人权. 中国刑法学年会文集（2004 年度）：第 1 卷. 北京：中国人民公安大学出版社，2004：107 - 108.

③ 判决确定之日，是指判决或者裁定核准死刑缓期二年执行的法律文书宣告或送达之日（参见最高人民法院于 2002 年 11 月 5 日批复甘肃省高级人民法院的《关于死刑缓期执行的期间如何确定问题的批复》）.

个以上的附加刑。根据我国《刑法》的规定，附加刑包括罚金、剥夺政治权利、没收财产和驱逐出境四种。

（一）罚金

1. 罚金的概念

罚金，是指人民法院判处被告人向国家缴纳一定数额金钱的刑罚方法。

罚金不同于行政罚款。罚款是指行政机关对一般违法行为人依法强制其在一定期限内缴纳一定数额金钱的行政处罚方法。二者虽然都是金钱处罚，但却存在区别：（1）法律性质不同。罚金是一种刑罚方法，罚款是一种行政处罚方法。（2）适用机关不同。罚金由人民法院判决并负责执行，罚款则由公安、海关、税务、工商等行政机关适用。（3）适用的依据不同。罚金的适用依据是刑法，而罚款的适用依据是行政法规。（4）适用对象不同。罚金只对犯罪分子适用，而罚款则是对违反行政法规、尚未达到犯罪程度的一般违法者适用。

罚金不同于赔偿经济损失、赔偿损失。《刑法》第 36 条规定的“赔偿经济损失”和《刑法》第 37 条规定的“赔偿损失”，都是对由于犯罪行为而给被害人造成的经济损失所给予的赔偿。两者的区别在于：（1）法律性质不同。罚金是一种刑罚处罚方法；赔偿经济损失或者赔偿损失则是民事赔偿方法。（2）交付对象不同。罚金由犯罪分子向国库交纳；赔偿经济损失或者赔偿损失则是犯罪分子向被害人交付。

2. 罚金的适用对象

罚金的性质属于财产刑，它主要适用于破坏市场经济秩序、侵犯财产、贪污贿赂等贪利性犯罪，同时也适用于部分妨害社会管理秩序犯罪、侵犯公民人身权利、民主权利、危害公共安全犯罪和危害国防利益犯罪。从《刑法》分则的规定来看，只有危害国家安全罪、渎职罪与军人违反职责罪三章没有规定罚金刑。罚金刑也是我国刑法中唯一可以适用于单位犯罪的刑罚。

3. 罚金的适用方式

根据我国《刑法》的规定，人民法院在对犯罪分子判处罚金时，主要采取必须适用和选择适用两种模式。

（1）必须适用。即对犯罪人必须判决罚金。必须判决罚金分为两种情况：1）独立适用——单处罚金。即罚金只能单独适用而不能附加适用。如《刑法》第 31 条规定，对单位犯罪的，只能判处罚金。2）附加并处适用——并处罚金。即人民法院对犯罪分子判处主刑的同时必须依法判处罚金，并且不能单独适用罚金。如《刑法》第 322 条的偷越国（边）境罪即规定：“……处一年以下有期徒刑、拘役或者管制，并处罚金。”

（2）选择适用。即人民法院根据案件具体情况及犯罪分子的财产状况，决定是否适用罚金。判决选择适用罚金的分为四种情况：1）可以选择独立适用——选择单处罚金。罚金作为一种供选择的法定刑，可以适用也可以不适用。如果选择适用，则只能单独适用而不能附加适用，一旦选择判决罚金，就不能同时适用其他刑罚方法。如《刑法》第 313 条的拒不执行判决、裁定罪即规定："……处三年以下有期徒刑、拘役或者罚金。" 2）可以选择并处适用——选择并处罚金。如果选择适用罚金，则只能附加主刑适用，而不能单独适用。如《刑法》第 293 条第 2 款的寻衅滋事罪规定："……处五年以上十年以下有期徒刑，可以并处罚金。" 3）可以选择独立适用或者并处适用——可以选择单处罚金或者并处罚金。罚金既可以附加适用，也可以单独适用。如《刑法》第 222 条的虚假广告罪规定："……处二年以下有期徒刑或者拘役，并处或者单处罚金。" 4）必须并处选择适用——必须并处选择罚金。在犯罪情节严重的情况下，法律规定在适用主刑的同时必须选择附加适用罚金或者没收财产。如《刑法》第 224 条的合同诈骗罪规定："……数额特别巨大或者有其他特别严重情节的，处十年以上有期徒刑或者无期徒刑，并处罚金或者没收财产"。前三种情况是判决主刑时可以选择附加适用罚金的情况，第四种情况是判决主刑时必须选择附加适用罚金或没收财产的并处情况。

4. 罚金数额

《刑法》第 52 条规定："判处罚金，应当根据犯罪情节决定罚金数额。" 在确定罚金数额时，既要根据犯罪情况，也要适当考虑受刑人的实际支付能力。罚金以人民币计算，对于罚金的数额，我国《刑法》采用的是无数额标准的罚金制和有数额标准的罚金制两种立法模式。

（1）无数额标准的罚金制。指《刑法》只规定了判处罚金，未规定罚金的具体数额，对罚金的上限和下限均无具体规定，由审判人员根据案件的具体情况确定罚金的数额。根据司法解释，这种情况罚金的最低数额不能少于 1 000 元。对未成年人犯罪应当从轻或者减轻判处罚金，但罚金的最低数额不能少于 500 元。[①] 如《刑法》第 263 条抢劫罪、第 216 条假冒专利罪等犯罪的罚金刑就属此类情况。

（2）有数额标准的罚金制。即《刑法》在分则条文中对某些具体犯罪的罚金数额或者数额的上限和下限作了明确规定，审判人员只能在法定的罚金数额或幅度内确定罚金的数额。根据《刑法》规定有数额标准的罚金方式，可以分为以下几种情况。

1）法定数额罚金。即在《刑法》分则条文中明确规定具体的罚金数额幅度。如《刑法》第 173 条变造货币罪规定 "……并处二万元以上二十万元以下罚金"。

2）法定倍数罚金。即《刑法》分则条文不明确规定罚金的具体数额，而是规定根据犯罪数额的一定倍数确定罚金的数额。如《刑法》第 202 条抗税罪规定 "……并处拒缴税款一倍以上五倍以下罚金"。

3）法定比例罚金。即《刑法》分则条文不明确规定罚金的具体数额，而是规定根据犯罪数额的一定比例确定罚金的数额。如《刑法》第 158 条虚报注册资本罪规定 "……并处或者单处虚报注册资本金额百分之一以上百分之五以下罚金"。

4）法定比例兼倍数罚金。即《刑法》分则条文不明确规定罚金的具体数额，而是规定根据犯罪数额的一定比例和倍数确定罚金的数额。如《刑法》第 140 条生产、

① 参见最高人民法院《关于适用财产刑若干问题的规定》（2000 年 11 月 15 日通过，法释［2000］45 号）。

销售伪劣产品罪规定“……并处或者单处销售金额百分之五十以上二倍以下罚金”。

5. 罚金的执行

（1）罚金缴纳方式。根据《刑法》第53条的规定，罚金缴纳方式有以下四种：1）一次缴纳（罚金数额不大或缴纳无困难的）；2）指定限期内一次或分期缴纳（通常适用于罚金数额较大，一次缴纳有困难的情况）[①]；3）强制缴纳，即在判决指定的期限届满时，有能力缴纳而拒不缴纳的，人民法院可以根据《刑事诉讼法》的规定采取查封、拍卖财产、冻结存款、扣留收入等措施强制其缴纳；4）随时追缴，即人民法院对不能全部缴纳罚金的犯罪人，在任何时候发现其有可执行的财产时，予以追缴。

（2）罚金的减免。因遭受火灾、水灾、地震等灾祸而丧失财产；罪犯因重病、伤残等而丧失劳动能力，或者需要罪犯抚养的近亲属患有重病需支付巨额医药费等，确实没有财产可供执行的，由罪犯本人、亲属或者犯罪单位向负责执行的人民法院提出书面申请，并提供相应的证明材料。人民法院审查以后，根据实际情况，裁定减少或者免除应当缴纳的罚金数额。

在数罪并罚的情况下，如果被判处了数个罚金刑，应当合并执行。一人犯数罪依法同时并处罚金和没收财产的，应当合并执行；但并处没收全部财产的，只执行没收财产刑。罚金由第一审人民法院执行。犯罪分子的财产在异地的，第一审人民法院可以委托财产所在地人民法院代为执行。

（二）剥夺政治权利

1. 剥夺政治权利的概念

剥夺政治权利，是指剥夺犯罪人参与国家管理和进行政治活动权利的刑罚方法。

2. 剥夺政治权利的内容

根据《刑法》第54条的规定，剥夺政治权利是指剥夺下列权利：（1）选举权和被选举权；（2）言论、出版、集会、结社、游行、示威自由的权利；（3）担任国家机关职务的权利；（4）担任国有公司、企业、事业单位和人民团体领导职务的权利。

3. 剥夺政治权利的适用对象

剥夺政治权利的适用对象比较广泛，既可以适用于严重犯罪，也可以适用于较轻的犯罪；既可以适用于危害国家安全的犯罪，也可以适用于普通刑事犯罪。但是，剥夺政治权利只能对犯罪的中国公民适用，不能对犯罪的外国人适用。具体适用有以下几种情况。

（1）应当附加适用。即在判处其他刑罚的同时，必须同时判处附加剥夺政治权利。包括危害国家安全的犯罪和被判处死刑、无期徒刑的犯罪人。

（2）可以附加适用。即在对犯罪人判处其他刑罚的同时，可以同时判处附加剥

---

① “指定的期限内”为从判决发生法律效力第二日起最长不超过3个月（参见最高人民法院2000年11月15日《关于适用财产刑若干问题的规定》）.

夺政治权利，也可以不附加剥夺政治权利。根据《刑法》第56条及相关司法解释的规定，对于故意杀人、强奸、放火、爆炸、投毒、抢劫等严重破坏社会秩序的犯罪分子，可以附加剥夺政治权利；对故意伤害、盗窃等其他严重破坏社会秩序的犯罪，犯罪分子主观恶性较深、犯罪情节恶劣、罪行严重的，也可以依法附加剥夺政治权利。

（3）可以独立适用。在情节较轻、不宜判处主刑的场合，可以独立适用剥夺政治权利。我国《刑法》规定的罪名中，有三十多种犯罪可以独立适用剥夺政治权利。它们主要集中在危害国家安全罪、危害公共安全罪、侵犯公民人身权利、民主权利罪、妨害社会管理秩序犯罪四章中，如侮辱罪、诽谤罪、招摇撞骗罪等。对于危害国家安全的犯罪，如根据具体的犯罪情况适用该分则条文所规定单独判处剥夺政治权利的刑罚的就不再适用《刑法》第56条规定的附加剥夺政治权利。

4. 剥夺政治权利的期限

（1）独立适用剥夺政治权利时，或者判处拘役、有期徒刑而附加剥夺政治权利的，剥夺政治权利的期限为1年以上5年以下。

（2）判处管制附加剥夺政治权利的，剥夺政治权利的期限与管制的期限一致。

（3）判处死刑、无期徒刑而附加剥夺政治权利时，剥夺政治权利的期限是犯罪分子的终身。

（4）判处无期徒刑或者死刑缓期执行被减为有期徒刑后，原判附加剥夺政治权利终身相应地减为剥夺政治权利3年以上10年以下。

5. 剥夺政治权利的刑期起算

（1）独立适用剥夺政治权利时，从判决确定之日起计算。

（2）主刑是管制而附加剥夺政治权利时，其附加剥夺政治权利的期限与管制的刑期同时起算，管制期满时，剥夺政治权利的刑期届满。

（3）主刑是拘役、有期徒刑而附加剥夺政治权利时，剥夺政治权利的期限从拘役或者有期徒刑执行完毕或者假释之日起计算，剥夺政治权利的效力及于主刑执行期间。

（4）主刑为死刑、无期徒刑而附加剥夺政治权利时，从判决确定之日起计算，刑期及于犯罪分子终身。

（5）在判处死刑缓期执行或者无期徒刑减为有期徒刑时，其附加剥夺政治权利的期限相应地减为3年以上10年以下，其期限应当从减刑后的有期徒刑执行完毕或者假释之日起计算。

6. 剥夺政治权利的服刑监管

剥夺政治权利由公安机关执行。被剥夺政治权利的犯罪人，在执行期间，应当遵守法律、行政法规和国务院公安部门有关监督管理的规定，服从监督；不得行使《刑法》第54条规定的各项权利。

剥夺政治权利执行期满时，应当由执行机关通知本人，并向有关群众公开宣布恢复其政治权利。罪犯在恢复了政治权利以后，就享有法律赋予公民的政治权利。

但是，某些权利仍然受到限制，例如《法官法》第 13 条规定，曾因犯罪受过刑事处罚的人，不能担任法官。

（三）没收财产

1. 没收财产的概念

没收财产，是指将犯罪人个人所有财产的一部分或者全部强制收归国家所有的刑罚方法。

没收财产与罚金，虽然都是刑罚处罚措施，但二者存在一些区别：（1）剥夺的内容不尽相同。罚金是剥夺犯罪人一定数额的金钱；没收财产则是剥夺犯罪人现有的财产，它既包括犯罪人的金钱，也包括犯罪人的其他财产。（2）执行方法不同。罚金的缴纳可以有多种方式，既可以一次性缴纳，也可以分期缴纳，甚至可以适当减少或者免除；没收财产只能一次性地没收，不存在分期执行或者减免执行的问题。

没收财产也不同于没收犯罪物品。没收犯罪物品是指没收犯罪分子由于犯罪行为而得到的一切财物、供犯罪使用的财物或者违禁品。两者的区别在于：（1）法律性质不同。没收财产是一种剥夺犯罪分子现有财产的刑罚方法，没收犯罪物品是一种非刑罚的强制措施。（2）适用机关不同。没收财产只能由人民法院适用，没收犯罪物品则由侦查机关适用。（3）适用对象不同。没收财产适用于已经判决的犯罪分子，没收犯罪物品则适用于未经判决的犯罪嫌疑人等。

2. 没收财产的适用对象

没收财产主要适用于危害国家安全的犯罪、危害公共安全的犯罪严重破坏经济秩序的犯罪、侵犯公民人身权利、民主权利罪某些财产犯罪和部分妨害社会管理秩序罪、贪污贿赂犯罪。对这些罪犯予以没收财产，不仅是对他们的惩罚，也可以摧垮其赖以进行犯罪活动的物质基础，剥夺其继续犯罪的经济能力。

3. 没收财产的适用方式

（1）必须并罚适用。即在《刑法》分则条文规定某种犯罪的主刑的同时，规定必须附加没收财产，这种情况主要适用于情节特别严重的犯罪。如《刑法》第 294 条对组织、领导、参加黑社会性质组织罪规定，“组织、领导黑社会性质的组织的，处七年以上有期徒刑，并处没收财产”。

（2）必须选择并罚适用。即在《刑法》分则条文规定某种犯罪主刑同时，规定必须选择附加罚金或者没收财产。如《刑法》第 264 条盗窃罪规定，“……数额特别巨大或者有其他特别严重情节的，处十年以上有期徒刑或者无期徒刑，并处罚金或者没收财产”。

（3）选择并罚适用。即在《刑法》分则条文规定某种犯罪主刑的同时，规定可以附加没收财产。如《刑法》第 271 条第 1 款职务侵占罪规定，“……数额巨大的，处五年以上有期徒刑，可以并处没收财产”。《刑法》第 113 条规定，对危害国家安全的犯罪可以并处没收财产。

4. 没收财产的范围

没收犯罪分子财产的范围包括个人所有财产的一部或者全部。在判处没收财产的时候，不得没收属于犯罪人家属所有或者应有的财产。判决没收全部财产的，应当对犯罪人个人及其扶养的家属保留必需的生活费用。

5. 没收财产与犯罪人债务的偿还

没收财产以前犯罪分子所负的正当债务，需要以没收的财产偿还的，经债权人请求，应当偿还。判决没收财产时的债务偿还，必须具备以下条件：（1）必须是犯罪人在判决生效前所负的债务。（2）必须是合法的债务。（3）该债务需要以没收的财产偿还。这通常是指犯罪分子个人的财产被全部没收，没有其他财产来偿还该债务；或者虽然没有被没收全部财产，但犯罪分子的家庭经济状况较差，如果不以没收的财产偿还，就会给债权人造成较大的损失。（4）必须是经债权人提出请求，查证属实的才能以没收的财产偿还。（5）债务的偿还以没收的财产数额为限。

没收的财产中，如属犯罪人非法占有，有受害人请求并查证属实的，应当退还受害人。

6. 没收财产的执行

没收财产由第一审人民法院执行。犯罪分子的财产在异地的，第一审人民法院可以委托财产所在地的同级人民法院代为执行。犯罪人犯数罪，同时判处罚金和没收财产的合并执行。对于判处没收全部财产同时判处罚金的，应决定执行没收全部财产，不再执行罚金刑。

（四）驱逐出境

驱逐出境，是指强迫犯罪的外国人（包括无国籍的人）离开我国国境的刑罚方法。它的主要特点是，只对犯罪的外国人适用，而不能对中国公民适用。驱逐出境作为一种特殊的附加刑，既可以独立适用，也可以附加适用；在附加主刑适用时，当主刑执行完毕后，再执行驱逐出境刑罚。

作为附加刑的驱逐出境与《出境入境管理法》第 81 条规定的驱逐出境相比，虽然都是将外国人从我国境内强制驱赶出去，但二者存在以下区别：（1）法律性质和法律依据不同。以《刑法》为适用根据的驱逐出境是一种刑罚方法，以《出境入境管理法》为适用根据的驱逐出境则是一种行政处罚方法。（2）适用机关不同。《刑法》中规定的驱逐出境由人民法院适用，《出境入境管理法》中规定的驱逐出境则由公安部决定。（3）执行的时间不同。作为刑罚的驱逐出境，独立适用时，从判决发生法律效力之日起执行；附加适用时，从主刑执行完毕之日起执行。公安部决定的驱逐出境，在公安部作出决定后立即执行。

四、非刑罚处理方法

我国《刑法》中不仅规定了对犯罪人适用刑罚处罚的方法，还规定了一些非刑罚处理方法。

（一）非刑罚处理方法的概念

非刑罚处理方法，是人民法院对犯罪分子适用的除刑罚方法以外的其他处理方法的总称。与刑罚方法一样，非刑罚处理方法也是犯罪分子承担刑事责任的方式，是刑罚方法的重要补充。在保护犯罪被害人权益，惩罚、警戒、教育犯罪人，实现刑法的目的等方面具有重要作用。

非刑罚处理方法，适用的对象以行为人的行为构成犯罪为前提。除赔偿经济损失适用于判处刑罚的犯罪人外，其他的非刑罚处理方法适用于犯罪情节轻微不需要判处刑罚，免予刑事处罚的行为人。

(二) 非刑罚处理方法的种类及适用条件

根据《刑法》第 36 条、第 37 条的规定，非刑罚处理方法有以下四类。

1. 经济性处理方法

经济性处理方法，包括《刑法》第 36 条规定的“判处赔偿经济损失”和《刑法》第 37 条规定的“责令赔偿损失”两种。

（1）判处赔偿经济损失。在判处犯罪分子一定刑罚的前提下，同时判决承担民事赔偿责任。判处赔偿经济损失必须具备以下条件：1）被害人实际遭受了经济损失。被害人实际遭受的经济损失，既包括损失已经造成的情况，也包括将来必然遭受经济损失的情况。例如，被害人由于被告人的伤害行为需要继续治疗的医疗费。2）被害人的经济损失是由犯罪分子的犯罪行为造成的，两者之间存在刑法上的因果关系。3）适用的对象必须是依法被判处刑罚的犯罪分子。

（2）责令赔偿损失。是指人民法院对于犯罪情节轻微，不需要判处刑罚的犯罪分子，在免除其刑罚处罚的同时，根据其犯罪行为给被害人造成的损失情况，责令其向被害人支付一定数额的金钱，以弥补被害人因犯罪行为而遭受的物质损失的强制方法。

承担民事赔偿责任的犯罪分子，如果同时被判处罚金或者没收财产，应当先承担对被害人的民事赔偿责任。

2. 教育性处理方法

教育性处理方法，包括训诫、责令具结悔过、赔礼道歉三种。适用的对象为犯罪情节轻微不需要判处刑罚，免予刑事处罚的行为人。

（1）训诫。是指人民法院对行为人当庭进行公开训示、告诫、谴责、批评教育，并责令其改正的一种处理方法。

（2）责令具结悔过。是指人民法院责令行为人写出书面悔过保证书，用书面方式保证悔过、以后不再犯罪的处理方法。

（3）责令赔礼道歉。是指人民法院责令行为人承认错误，并向被害人施礼认错、表示歉意的处理方法。

3. 行政性处理方法

行政性处理方法，包括行政处罚和行政处分两种。适用的对象为犯罪情节轻微，不需要判处刑罚，免予刑事处罚的行为人。人民法院根据案件的具体情况，向行为人的主管部门提出行政处理的司法建议书，建议行为人的主管部门对其予以行政处理。至于是否处理，由行为人的主管部门决定，人民法院不能自行直接处理。

（1）行政处罚。根据《行政处罚法》第 9 条的规定，行政处罚包括警告、通报批评，罚款，没收违法所得、没收非法财物，暂扣许可证件、降低资质等级、吊销许可证件，限制开展生产经营活动、责令停产停业、责令关闭、限制从业行政拘留，法律、行政法规规定的其他行政处罚 6 种。

（2）行政处分。根据《公务员法》第 62 条的规定，行政处分包括警告、记过、记大过、降级、撤职、开除 6 种。

另外，在《刑法》中还对不具有刑事责任能力的精神病人、因不满 16 周岁不予刑事处罚的未成年人以及吸食毒品、卖淫嫖娼的人规定了一些处理措施。包括：1）收容教养。《刑法》第 17 条第 4 款规定，因不满 16 周岁不予刑事处罚的，在必要的时候，可以由政府收容教养。2）责令管教。《刑法》第 17 条第 4 款规定，因不满 16 周岁不予刑事处罚的，责令他的家长或者监护人加以管教。3）责令严加看管和医疗。《刑法》第 18 条第 1 款规定，对不负刑事责任的精神病人，应当责令他的家属或者监护人严加看管和医疗。4）强制医疗。《刑法》第 18 条第 1 款规定，对不负刑事责任的精神病人，在必要的时候，由政府强制医疗。5）强制隔离戒毒。《禁毒法》第 38 条规定，对于吸毒成瘾严重，通过社区戒毒难以戒除毒瘾的人员，公安机关可以直接作出强制隔离戒毒的决定。

4. 从业禁止方法

从业禁止是指对于实施了与职业相关犯罪的犯罪分子，限制其在特定时间段内从事相关职业的资格。《刑法》第 37 条之一规定，“因利用职业便利实施犯罪，或者实施违背职业要求的特定义务的犯罪被判处刑罚的，人民法院可以根据犯罪情况和预防再犯罪的需要，禁止其自刑罚执行完毕之日或者假释之日起从事相关职业，期限为三年至五年。被禁止从事相关职业的人违反人民法院依照前款规定作出的决定的，由公安机关依法给予处罚；情节严重的，依照本法第三百一十三条的规定定罪处罚，其他法律、行政法规对其从事相关职业另有禁止或者限制性规定的，从其规定。”

依照《刑法》第 37 条之一的规定，从业禁止方法包括以下内容。

（1）从业禁止的性质。“从业禁止”并非新的刑种，而是预防性的非刑罚处罚方法。其主要目的在于防止犯罪分子再次利用其职业和职务之便进行犯罪。

（2）适用例外。从业禁止中的“从其规定”是指法院在对被告人决定是否适用“从业禁止”时，应首先考察被告人被判处刑罚后，其他法律、行政法规中对其所从事相关职业有没有禁止或限制性规定。如有禁止担任一定公职、禁止从事特定职业、禁止从事特定活动等规定，则不应适用从业禁止，而应依照有关法律、行政法规的规定由相关部门作出处理。

（3）适用期限。从业禁止的期限是 3 年至 5 年，自刑罚执行完毕之日或者假释之日开始起算。被禁止从事相关职业的人认真接受教育改造的，可以考虑缩短从业禁止的期限。

（4）具体适用。禁止从事相关职业的人违反人民法院作出的从业禁止决定的，由公安机关依法给予处罚；情节严重的，依照《刑法》第 313 条拒不执行判决、裁定罪定罪处罚。

【案例评析】

1. 案情简介

张某，男，21岁，因犯盗窃罪，于2019年11月1日被法院判处拘役6个月，缓期1年执行。在缓刑考验期限内，张某与其朋友陈某、李某在一网吧上网时，强行要求与正在该网吧上网的中学生赵某换座位，并殴打赵某致其轻微伤。2020年6月2日，当地公安机关决定对张某行政拘留15日，并于当日开始执行该行政拘留决定。行政拘留结束后，法院撤销对张某的缓刑，决定执行原判决的拘役刑罚。在计算张某的刑期时出现争议，一种观点认为，张某的行政拘留15天可以折抵刑期；另一种观点认为，行政拘留不能折抵刑期。

2. 基本问题

本案涉及对行政拘留的性质认识和行政拘留与刑事拘留的区别问题，以及对先期羁押折抵刑期的适用问题。

3. 知识内容

《刑法》规定，人民法院在对犯罪人判决管制、拘役、有期徒刑时，对其判决执行前先期羁押的时间要进行计算并折抵刑期。这里的先期羁押时间不包括判决后执行的行政拘留。

刑事拘留和行政拘留虽然都具有限制人身自由的特点，但二者是不同的，主要区别在于：(1) 法律性质不同。刑事拘留是在刑事诉讼活动中为了保障刑事诉讼活动的顺利进行而对犯罪嫌疑人采用的一种强制措施，本身不具有惩罚性；行政拘留是对扰乱社会治安秩序的人采用的一种处罚方法，具有惩罚性。(2) 适用对象不同。刑事拘留适用于《刑事诉讼法》第82条规定的七种情形之一的现行犯或者重大嫌疑人，有可能被追究刑事责任；行政拘留适用于违反《治安管理处罚法》，尚不构成犯罪的一般违法行为人。(3) 适用机关不同。刑事拘留的适用由公安机关和人民检察机关决定；行政拘留的适用则只由公安机关决定。(4) 法律依据不同。刑事拘留以《刑事诉讼法》为依据；行政拘留以《治安管理处罚法》为依据。(5) 适用目的不同。刑事拘留的适用目的是保证刑事诉讼活动顺利进行；而行政拘留的适用目的则是惩罚和教育一般违法行为人。(6) 责任期限不同。刑事拘留一般不超过10日，案件重大、复杂的不超过14日，对流窜作案、多次作案、结伙作案的重大嫌疑分子的拘留期限，不超过37日；行政拘留的期限为1日以上15日以下，合并执行不超过20日。

行政拘留不同于刑事拘留，但并不等于行政拘留的时间就绝对不能折抵刑期。根据《行政处罚法》，违法行为构成犯罪，人民法院判处拘役或者有期徒刑时，行政机关已经给予当事人行政拘留的，应当依法折抵相应刑期。

人民法院在对犯罪人判决管制、拘役、有期徒刑时，对其判决执行前先期羁押的时间要进行计算并折抵刑期。折抵刑期的条件为：(1) 时间上的条件。即判决前被告人因被采取刑事拘留、逮捕等强制措施而被羁押了一定的时间。(2) 案件事实条件。被羁押的事实和被判处刑罚的事实是同一事实，即因同一行为被羁押、被刑罚处罚。（3）适用对象条件。折抵刑期适用于被判处管制、拘役、有期徒刑的犯罪人。

本案中，张某是在缓刑期间被处以行政拘留15日，是治安管理处罚的方式，它跟刑事拘留和刑事处罚是两回事；张某被处以行政拘留，不是判决前的羁押；被处以行政拘留是由于伤害行为，因而与原判决刑罚的行为事实不是同一事实，即不是因同一行为被处罚。因此，张某在缓刑期间被处以行政拘留的15日不能折抵刑期。

【疑难问题】

1. 管制刑存废思考。

提示：管制刑作为一种主刑，基于司法实践中判决适用较少、制裁力度不够、监管缺失的现实，有学者主张取消。可从管制的性质、内容、刑罚的目的等方面加以思考，在对管制刑的监管方面可结合社区矫正思考。

2. 死刑的适用范围是否还有缩小空间？死刑缓期执行的标准？死刑与终身监禁的关系？

3. 罚金刑是否需要扩大适用范围？罚金刑与自由刑是否可以易科？

4. 社区矫正的内容与监管机关。

5. 关于禁止令的适用的思考。《刑法修正案（八）》规定对被判处管制、宣告缓刑的犯罪人，根据犯罪情况，可以同时宣告禁止令；但对同样处于社会服刑中的被单独判处剥夺政治权利的犯罪人和被假释的人未规定可以同时宣告禁止令。

6. 从业禁止的法律属性。

实务训练

甲女，因抢劫杀人被逮捕，羁押期间不慎摔伤流产。一个月后，甲女被提起公诉。对甲女的处理，下列哪一选项是正确的？（　　）

A. 应当视为“审判时怀孕的妇女”，不适用死刑

B. 应当视为“审判时怀孕的妇女”，可适用死刑缓期二年执行

C. 不应当视为“审判时怀孕的妇女”，因甲并非被强制流产

D. 不应当视为“审判时怀孕的妇女”，因甲并非在审判时摔伤流产

分析：《刑法》第49条第1款规定，犯罪的时候不满18周岁的人和审判的时候怀孕的妇女，不适用死刑。本考题涉及对“审判的时候怀孕的妇女”的理解认定和审判的时候怀孕的妇女不适用死刑的具体运用问题。最高人民法院1998年8月7日对河北省高级人民法院《关于对怀孕妇女在羁押期间自然流产审判时是否可以适用死刑问题的批复》中规定：“怀孕妇女因涉嫌犯罪在羁押期间自然流产后，又因同一

事实被起诉、交付审判的，应当视为‘审判的时候怀孕的妇女’，依法不适用死刑。”另外，最高人民法院1990年3月18日对广东省高级人民法院《关于如何理解“审判的时候怀孕的妇女不适用死刑”问题的电话答复》中规定：“在羁押期间已是孕妇的被告人，无论其怀孕是否属于违反国家计划生育政策，也不论其是否自然流产或者经人工流产以及流产后移送起诉或审判期间的长短，仍应执行我院（83）法研字第18号《关于人民法院审判严重刑事犯罪案件中具体应用法律的若干问题的答复》中对第三个问题的答复：……即：人民法院对‘审判的时候怀孕的妇女，不适用死刑’。如果人民法院在审判时发现，在羁押受审时已是孕妇的，仍应依照上述法律规定，不适用死刑。”根据上述批复，审判的时候怀孕的妇女，既包括人民法院审理案件时正在怀孕的妇女，也包括案件起诉到人民法院之前犯罪嫌疑人在羁押期间怀孕而自然流产或者做了人工流产的妇女。本题中甲女在羁押期间流产，应视为“审判的时候怀孕的妇女”，依法不适用死刑，所以正确答案应当为A。

答案B、C、D是错误的。死刑包括死刑立即执行和死刑缓期二年执行，死刑缓期二年执行只是死刑的一种制度，不适用死刑意味着也不适用死刑缓期执行，所以答案B是错误的；审判的时候怀孕的妇女，既包括人民法院审理案件时正在怀孕的妇女，也包括案件起诉到人民法院之前犯罪嫌疑人在羁押期间怀孕而自然流产或者做了人工流产的妇女，强制流产属于人工流产，羁押期间摔伤流产也属于审判时怀孕，因此，答案C、D也是错误的。

课后练习

一、单项选择题

1. 关于没收财产，下列哪一选项是正确的？（　　）

A. 甲抢劫数额巨大，对其可以判处罚金1万元并处没收财产

B. 乙犯诈骗罪被判处没收全部财产时，法院对乙未满18周岁的子女应当保留必需的生活费用，对乙的成年家属不必考虑

C. 丙盗窃珍贵文物情节严重，即便其没有可供执行的财产，亦应当判处没收财产

D. 丁为治病向李某借款5万元，一年后丁因犯罪被判处没收财产。无论李某是否提出请求，一旦法院发现该债务存在，就应当判决以没收的财产偿还

2. 钟某因故意伤害罪被判处无期徒刑，在刑罚执行期间，因确有悔改表现和立功表现被减为16年有期徒刑。下列哪一选项是正确的？（　　）

A. 16年有期徒刑的刑期从减刑裁定之日起计算，如果再次减刑，钟某实际执行的刑期不少于10年

B. 16年有期徒刑的刑期从减刑裁定之日起计算，如果再次减刑，钟某实际执行的刑期不少于13年，含原先无期徒刑所执行的期间

C. 钟某被减为16年有期徒刑时，剥夺政治权利的期间也应当在3年以上10年以下期间内作出裁定

D. 钟某被减为 16 年有期徒刑时，剥夺政治权利的期间也应当在 3 年以上 10 年以下期间内作出裁定，剥夺政治权利的期间从减刑裁定之日起计算

二、多项选择题

1. 关于没收财产，下列哪些选项是错误的？（　　）

A. 甲受贿 100 万元、巨额财产来源不明 200 万元，甲被判处死刑并处没收财产。甲被没收财产的总额至少应为 300 万元

B. 甲抢劫他人汽车被判处死刑并处没收财产。该汽车应上缴国库

C. 甲因走私罪被判处无期徒刑并处没收财产。此前所负赌债，经债权人请求应予偿还

D. 甲因受贿罪被判有期徒刑 10 年并处没收财产 30 万元，因妨害清算罪被判有期徒刑 3 年并处罚金 2 万元。没收财产和罚金应当合并执行

2. 关于剥夺政治权利，下列哪些选项是错误的？（　　）

A. 对于被判处死刑、无期徒刑的犯罪分子，应当剥夺政治权利终身

B. 所有被附加剥夺政治权利的刑期从主刑执行完毕之日或者从假释之日起计算，剥夺政治权利的效力当然适用于主刑执行期间

C. 在死刑缓期执行减为有期徒刑或者无期徒刑减为有期徒刑的时候，可以把附加剥夺政治权利的期限改为 3 年以上 10 年以下

D. 剥夺政治权利只适用于危害国家安全、危害公共安全和其他严重破坏社会秩序的犯罪，侵犯财产性犯罪不适用剥夺政治权利刑罚

三、不定项选择题

1. 在一起共同犯罪案件中，主犯王某被判处有期徒刑 15 年，剥夺政治权利 3 年，并处没收个人财产；主犯朱某被判处有期徒刑 10 年，剥夺政治权利 2 年，罚金 2 万元人民币；从犯李某被判处有期徒刑 8 个月；从犯周某被判处管制 1 年，剥夺政治权利 1 年。请回答以下三题。

（1）在本案中，由监狱执行刑罚的罪犯是（　　）。

A. 王某　　B. 朱某　　C. 李某　　D. 周某

（2）对周某刑罚的执行机关是（　　）。

A. 人民法院　　B. 公安机关

C. 监狱　　D. 基层组织或其所在单位

（3）所判刑罚既需要法院执行，又需要公安机关执行的罪犯是（　　）。

A. 王某　　B. 周某

C. 李某　　D. 朱某

2. 被告人王某故意杀人案经某市中级人民法院审理，认为案件事实清楚，证据确实、充分。请根据下列条件，回答以下三题。

（1）如王某被判处死刑立即执行，下列选项正确的是（　　）。

A. 核准死刑立即执行的机关是最高人民法院

B. 签发死刑立即执行命令的是最高人民法院审判委员会

C. 王某由作出一审判决的法院执行

D. 王某由法院交由监狱或指定的羁押场所执行

（2）如王某被判处无期徒刑，附加剥夺政治权利，下列选项正确的是（　　）。

A. 无期徒刑的执行机关是监狱

B. 剥夺政治权利的执行机关是公安机关

C. 对王某应当剥夺政治权利终身

D. 如王某减刑为有期徒刑，剥夺政治权利的期限应改为 15 年

（3）如王某被并处没收个人财产，关于本案财产刑的执行及赔偿、债务偿还，下列说法正确的是（　　）。

A. 财产刑由公安机关执行

B. 王某应先履行对提起附带民事诉讼的被害人的民事赔偿责任

C. 案外人对执行标的物提出异议的，法院应当裁定中止执行

D. 王某在案发前所负所有债务，经债权人请求先行予以偿还

延伸阅读

1. 马克昌．刑罚通论．武汉：武汉大学出版社，1999.

2. 邱兴隆．刑罚理性导论——刑罚的正当性原论．北京：中国政法大学出版社，1998.

3. 邱兴隆，等．刑罚学．北京：中国政法大学出版社，1999.

4. 赵秉志．刑罚总论问题探索．北京：法律出版社，2003.

5. 陈兴良．中国死刑检讨．北京：中国检察出版社，2003.

6. 贝卡利亚．论犯罪与刑罚．黄风，译．北京：中国法制出版社，2005.

7. 罗吉尔·胡德．死刑的全球考察．刘仁文，周振杰，译．北京：中国人民公安大学出版社，2005.

8. 赵秉志．死刑制度之现实考察与完善建言．北京：中国人民公安大学出版社，2006.

9. 石经海．我国刑期折抵制度之检讨．北京：法律出版社，2008.

10. 张小虎．刑罚论的比较与建构．北京：群众出版社，2010.

11. 曾粤兴．刑罚伦理．北京：北京大学出版社，2015.

12. 冯·李斯特．论犯罪、刑罚与刑事政策．徐久生，译．北京：北京大学出版社，2016.

第十二章　量　刑

【内容摘要】

量刑是指审判机关在定罪的基础上，依法对犯罪人裁量决定刑罚或非刑罚处罚的刑事审判活动。在量刑活动中，既要遵循刑法的基本原则，也要遵循量刑的一般原则。作为量刑根据的事实，既包括反映犯罪的社会危害性的事实，也包括反映犯罪人的人身危险性及其他方面的事实。这些存在于案件内外的客观事实，转化为刑法规定的法律事实后即为量刑情节。量刑情节对量刑具有从重、从轻、减轻或免除处罚的功能，并有法定情节与酌定情节、应当型量刑情节与可以型量刑情节之分。

【学习目标】

（1）在知识学习层面，要熟悉量刑的原则和基本方法，掌握量刑情节的刑法意义。（2）在能力训练方面，要结合刑法规定和量刑规范化的实践，增强适用刑法的实践能力，做到依法、公正、合理地量刑。（3）在价值引领方面，要充分认识到量刑的重大意义，在量刑活动中贯彻罪责刑相适应原则的要求，将公平、正义体现在每一个案件中，坚定法治信念、维护司法公正。

【知识要点】

一、量刑的概念

量刑，是指审判机关在定罪的基础上，依法对犯罪人裁量决定刑罚或非刑罚处罚的刑事审判活动。它具有以下几个基本特征。

1. 量刑以审判机关为主体。根据宪法和其他相关法律规定，只有审判机关才是量刑的主体，其他任何机关，包括检察机关和公安机关，都不是量刑的主体。审判机关以外的机关和个人，如公诉机关、辩护人、自诉人等，在审判中虽也以量刑指控（量刑建议）、量刑答辩（量刑意见）等方式参与量刑活动，但这并不意味着它（他）们是量刑的主体。

2. 量刑以定罪为前提。定罪和量刑是刑事审判活动的两大基本环节。其中，定罪，即对犯罪行为进行定性，是量刑的基础和前提。其一，没有定罪就没有量刑。只有对犯罪行为进行定性以后，才能进入量刑环节。其二，量刑是定罪的延伸。在定罪活动中相应确定的具体法定刑，是量刑的基本基准。整个量刑活动就是在确定具体法定刑的基础上逐步展开的。定罪与量刑的如此关系决定了：只有定罪正确，才能做到量刑恰当。

3. 量刑兼以反映犯罪行为的社会危害性和犯罪人的人身危险性等事实为根据。在现代刑法上，量刑的事实根据并不等同于定罪的事实根据。定罪是对犯罪行为的定性，以反映犯罪行为的社会危害性的事实为根据。量刑是对犯罪人所应承担的刑事责任的裁量，以反映犯罪行为的社会危害程度和犯罪人的人身危险程度等方面的事实为根据。反映犯罪人人身危险性的事实，如犯罪人平时的表现、犯罪后的态度、累犯、初犯、偶犯等。

4. 量刑以犯罪人为对象。在严格意义上，量刑的对象与定罪的对象也是不同的。量刑建立在定罪基础上，以行为已构成犯罪为前提。这就决定了，量刑是以犯罪人为对象，与定罪以刑事被告人为对象不同。犯罪人是其行为经审判确认为有罪的人；刑事被告人是其行为被指控有罪但未经审判确认为有罪的人。未经审判确认为有罪的任何人，包括刑事被告人和犯罪嫌疑人，都不能成为量刑的对象。

5. 量刑以刑罚裁量为主要内容。在当代刑法上，刑罚的裁量是量刑，但量刑并非只是刑罚的裁量。非刑罚的裁量，如免予刑罚处罚而给予的非刑罚处罚或单纯宣告有罪的处罚，也属于量刑裁量的内容。刑罚的裁量是量刑裁量的主要内容。

二、量刑的原则

量刑原则，是指刑法规定的对量刑具有全局性、根本性指导意义和制约作用的基本准则。从功能上看，量刑原则是主导量刑的方向、弥补量刑具体规定的漏洞与不足的总体性指导法则或标准。因此，法官在量刑时遇到立法的明确性不足或适用某个规定明显不合理的情况下，就应当从量刑原则上寻求解决问题的方向甚至方案。例如，在《刑法修正案（八）》颁布之前的1997年《刑法》施行期间，对于利用ATM机的程序错误进行巨额恶意取款的行为，在按原《刑法》第264条规定定性为“盗窃金融机构，数额特别巨大”的前提下，在“无期徒刑或者死刑”法定刑内处以刑罚而明显为罪责刑不相适应时，就应基于罪责刑相适应原则，适用《刑法》总则关于免除刑事处罚（《刑法》第37条）或酌定减轻处罚（《刑法》第63条第2款）等的规定，酌定免除处罚或酌定减轻处罚，以实现罪责刑相适应及量刑合法与量刑合理的有机统一。

量刑原则，有基本原则与一般原则之分。量刑的基本原则也即刑法的基本原则。理论上和实践中有一种错误观点，认为量刑原则只能是指导量刑活动所特有的，从而把刑法的基本原则排除在量刑原则之外。如此认识显然偏离了量刑原则存在的意义所在。既然量刑原则是指导量刑活动的，那么凡是对量刑具有全局性、根本性指导意义和制约作用的基本准则都是量刑的原则。刑法的基本原则如罪刑法定原则、刑法面前人人平等原则、罪责刑相适应原则，作为指导整个刑法立法和司法的全局性指导原则，自然也是指导量刑的基本原则，指导着整个量刑活动。实践中，很多貌似合法而实际既不合法也不合理的量刑判决，在很大程度上是由于没有遵循刑法的基本原则所致；相反，一个既合法又合理的量刑结果，必定同时符合刑法三个基本原则的要求。除了基本原则外，量刑原则还有专门的量刑一般原则。在我国，这个一般原则，通常被认为是《刑法》第61条规定的“以案件事实为根据，以刑法规定为准绳”原则。其在立法上的具体表述为：“对于犯罪分子决定刑罚的时候，应当根据犯罪的事实，犯罪的性质、情节和对于社会的危害程度，依照本法的有关规定判处。”

“以案件事实为根据，以刑法规定为准绳”的量刑一般原则，并非只是罪刑法定原则在量刑问题上的具体化，而是刑法三大基本原则在量刑上的共同延伸。首先，刑法的基本原则虽然也指导量刑，但它们不是专属于量刑活动，不能降格为量刑的一般原则。其次，“以案件事实为根据，以刑法规定为准绳”，并非只是罪刑法定原则的要求和体现，而是刑法三个基本原则的共同要求和体现，是刑法三大基本原则延伸出来并同时指导下的下一层级的量刑一般原则。再次，罪刑法定原则作为最基本的刑法基本原则，其存在及其功能的发挥不是孤立的，而需要以同时符合其他两个基本原则的要求为前提。最后，“以案件事实为根据，以刑法规定为准绳”的量刑一般原则，包括“以案件事实为根据”和“以刑法规定为准绳”两方面的内容。其中，前者是基础和前提，后者是在前者基础上的法律适用要求。下文就量刑一般原则的以上两方面内容予以具体说明。

（一）量刑必须以案件事实为根据

所谓案件事实，是指与具体犯罪案件有关的一切事实。具体为我国《刑法》第61条规定的关于“犯罪的事实、犯罪的性质、情节和对于社会的危害程度”方面的事实。这些事实，既可能是案件发生过程中的案内事实，也可以是与具体犯罪或其犯罪人相关的案外事实。具体可从以下四个方面予以考察。

1. 反映犯罪性质的事实

这个“事实”，本是定罪的事实根据，是决定某个行为是否构成犯罪和构成何种犯罪（此罪与彼罪、轻罪与重罪）的事实（以下简称“犯罪构成事实”）。但该事实决定着该犯罪具体适用哪个具体法定刑，因而它也在广义上属于量刑的事实根据。从定罪和量刑的关系来看，定罪不是为了单纯解决犯罪成立与否的问题，而是为了给正确和准确量刑提供基础和前提。这个“基础”和“前提”，不是抽象的，而是具体为量刑确定作为基本量刑基准的具体法定刑。例如，对于故意伤害犯罪，根据现行《刑法》第 234 条的规定，有基本犯（轻伤及不能评价为情节显著轻微的轻微伤）、加重犯（一般重伤）和再加重犯（故意伤害致人死亡或者以特别残忍手段致人重伤造成严重残疾）之分。这里的“轻伤及不能评价为情节显著轻微的轻微伤”、“一般重伤”和“故意伤害致人死亡或者以特别残忍手段致人重伤造成严重残疾”，分别是故意伤害犯罪的基本犯、加重犯、再加重犯的犯罪构成事实，决定着这些犯罪行为分别适用“3 年以下有期徒刑、拘役或者管制”、“3 年以上 10 年以下有期徒刑”和“10 年以上有期徒刑、无期徒刑或者死刑”的具体法定刑。这些法定刑，又分别是故意伤害犯罪的基本犯、加重犯、再加重犯的基本量刑基准，具体接受各种从重、从轻、减轻或免除处罚等量刑情节的调节而形成相应量刑结果。

2. 反映犯罪的社会危害程度的事实

这是犯罪事实的一种情况。所谓犯罪事实，是指存在于某种犯罪实施过程中的表明行为的社会危害性及其程度的一切主客观事实情况。这个事实情况，除了包括以上犯罪构成事实以外，还包括这里的反映犯罪的社会危害程度的事实。如果说犯罪构成事实是用来说明行为的社会危害性是否达到犯罪程度的话，那么这里的事实就是用来说明行为的社会危害程度对量刑影响的大小。相对于具体案件而言，这个犯罪事实只是客观存在的案件事实，在司法适用上，它需转化为法律事实即量刑情节，具体为反映犯罪的社会危害程度的量刑情节。如在有预谋并以残忍手段致人轻伤案中，“有预谋”和“残忍手段”，是存在于故意伤害犯罪实施过程中的表明故意伤害行为的社会危害程度的主客观事实情况，属于犯罪事实中的反映犯罪的社会危害程度的案件事实，这个案件事实转化为法律事实后，就是对故意伤害犯罪基本犯进行酌定从重处罚的量刑情节。又如，故意致人轻伤案中自动放弃犯罪的事实情况，通常具有反映社会危害性和人身危险性的双重属性，在这个案件事实转化为法律事实（自首）后，就是对故意伤害犯罪基本犯进行法定从宽处罚的量刑情节。

3. 反映犯罪人人身危险性及其程度的事实

所谓人身危险性，是指犯罪人的存在对社会所构成的潜在威胁，包括对犯罪人改造的难易程度和再犯罪的可能性大小。由此，所谓反映犯罪人的人身危险性及其程度的事实，是指犯罪人在犯罪前与犯罪后的与犯罪行为有联系的表现，以及犯罪人的人格、家庭及社会环境、职业状况等影响再犯罪的因素。如犯罪人罪前一贯品行较好或有劣迹、是否累犯、有无前科等，罪后自首或逃避罪责、积极退赃或隐藏赃款赃物，行为人是否有健全的家庭生活环境等。对于这些因素，虽然对犯罪人所实施的犯罪本身没有直接的影响，但却可以预示其改造的难易程度和再犯罪的可能性大小。因而在量刑时考虑这些因素，有利于实现量刑的特殊预防与一般预防目标，也是贯彻罪责刑相适应原则的现实要求和表现。

4. 反映其他方面内容的事实

作为量刑根据的事实，除了包括反映犯罪的社会危害性和犯罪人的人身危险性的事实外，还包括反映刑法的人权保障等方面的事实（以下简称“其他事实”）。如刑法规定的刑期折抵制度，其对最终量刑结果的影响，就是因为刑法基于其人权保障功能而在刑罚设置中规定先行羁押的时间折抵被宣告为管制、拘役或有期徒刑的刑期。在这里，因先行羁押而折抵刑期所依据的事实，既不是反映犯罪的社会危害性的事实，也不是反映犯罪人的人身危险性的事实，而是反映刑法的人权保障机能的事实。这里的“其他事实”，如具有量刑交易性质的立功（立功有基于悔罪的立功和基于量刑交易的立功等情形）。这种立功，既不是反映犯罪的社会危害性的事实，也不是反映犯罪人的人身危险性的事实，而是反映提高刑事诉讼效率等法律功利目的的事实。

（二）量刑必须以刑法规定为准绳

我国《刑法》第 61 条规定，“对于犯罪分子决定刑罚的时候”，应当“依照本法的有关规定判处”。这就是通常所说的“量刑必须以刑法规定为准绳”的立法表现。对于立法的如此规定，不能孤立、机械、片面地予以理解，应当结合刑法的其他规定，特别是刑法基本原则的规定，作实质性理解和解读。基于罪刑法定、罪责刑相适应和刑法面前人人平等的量刑基本原则，“量刑必须以刑法规定为准绳”需同时实现量刑适法、适当和公平。只有这样，量刑才能称得上是“依照本法的有关规定判处”。否则，就像实践中出现的，虽然依照刑法分则关于法定刑规定处刑，但量刑结果既不合埋也不合法。综观刑法立法，“量刑必须以刑法规定为准绳”，具体包括以下内容。

1. 量刑时需遵循刑法总则关于刑法基本原则和量刑一般原则的规定

刑法总则的规定是一般的指导性规定，对整个相关刑事司法活动，特别是刑法分则规范的适用，具有基本的指导意义。当刑法分则的规定不明确或对其的理解有歧义时，应当结合刑法总则的规定进行理解和适用。刑法基本原则和量刑一般原则都是刑法总则关涉量刑的基本规定，对整个量刑活动，包括刑法分则关于法定刑的理解和适用，均具有根本的指导意义。其中，量刑一般原则应在刑法的基本原则的指导下理解和适用。既然量刑一般原则要求“对于犯罪分子决定刑罚的时候，应当根据犯罪的事实，犯罪的性质、情节和对于社会的危害程度，依照本法的有关规定判处”，则依据刑法各基本原则的内在关系，在量刑时就应当全面充分地考虑具体犯罪的各相关量刑情节，依法作出罪责刑相适应和刑法面前人人平等的量刑结论。

2. 量刑时需遵循刑法总则关于刑事处罚种类、量刑情节和量刑制度的规定

为了正确理解和适用刑法的相关规定，特别是刑法分则的相关规定，刑法总则

规定了具有一般性和指导性的刑事处罚种类、量刑情节和量刑制度。根据刑法规定，刑事处罚包括给予刑罚处罚、非刑罚处罚和单纯宣告有罪的处罚等几种处罚种类。这就要求，在量刑时，既依罪刑法定原则，严格依照立法设置的刑事处罚种类及其具体要求给予处罚，不得给予这些处罚种类以外的处罚；也依罪责刑相适应原则，根据犯罪人的具体情况选择适用与其犯罪行为的社会危害性和犯罪人的人身危险性等相适应的刑事处罚种类。同时，刑法总则还规定了大量的量刑情节，如防卫过当（应当减轻或者免除处罚）、从犯（应当从轻、减轻或者免除处罚）、未遂犯（可以从轻或者减轻处罚）、被教唆的人没有犯教唆之罪的教唆犯（可以从轻或者减轻处罚）、累犯（应当从重处罚）等，以及诸多量刑制度，如刑期折抵、数罪并罚等。以上量刑情节和量刑制度，一方面需严格依罪刑法定、罪责刑相适应等刑法基本原则予以理解和适用；另一方面需充分发挥它们对刑法分则相关规定的理解和适用的指导作用，特别是刑法分则的理解和适用，不能与之相冲突。

3. 量刑时需遵循刑法分则关于法定刑、量刑情节的规定

与量刑直接相关的刑法分则规定，主要是两方面内容：一是法定刑的规定，二是量刑情节的规定。基于罪刑法定原则的要求，在量刑时需遵循这些规定。特别是对刑法分则没有规定的刑种、刑度和适用要求，不能适用。例如，对“没收财产”这个附加刑的适用，虽然依《刑法》总则关于附加刑“没收财产”的规定，既可以附加适用又可以单独适用，但因《刑法》分则关于“没收财产”的所有规定均只规定了附加适用这一种适用方式，故在量刑实践中，就只能附加适用。当然，对刑法分则已有规定的理解和适用，也需结合刑法总则关于罪刑法定、罪责刑相适应和刑法面前人人平等的刑法基本原则及其他所有相关规定。例如，对刑法分则关于法定刑的规定，在依此处刑不能体现罪责刑相适应原则时，就应依罪责刑相适应原则和《刑法》总则诸如第 37 条关于免除刑罚处罚的一般规定、第 63 条关于酌定减轻处罚的一般规定，结合个案犯罪行为的社会危害性因素和犯罪人的人身危险性因素，予以理解和适用。

刑法分则规定的量刑情节，往往是刑法分则立法在刑法基本原则指导下针对某个具体犯罪所作的特别规定。这些规定，仅影响特别规定的具体犯罪的量刑，不对特别规定犯罪以外犯罪的量刑发生作用。在量刑时，需特别提取和适用这些量刑情节。我国刑法分则规定了很多这样的量刑情节。如策动、胁迫、勾引、收买国家机关工作人员、武装部队人员、人民警察、民兵进行武装叛乱或者武装暴乱的，从重处罚；伪造货币并出售或者运输伪造的货币的，从重处罚；奸淫不满 14 周岁的幼女的，从重处罚；非法拘禁他人或者以其他方法非法剥夺他人人身自由，具有殴打、侮辱情节的，从重处罚；引诱未成年人参加聚众淫乱活动的，从重处罚；利用、教唆未成年人走私、贩卖、运输、制造毒品，或者向未成年人出售毒品的，从重处罚；向不满 18 周岁的未成年人传播淫秽物品的，从重处罚；索贿的，从重处罚；因走私、贩卖、运输、制造、非法持有毒品罪被判过刑，又犯毒品之罪的，从重处罚；等等。

三、量刑的方法

量刑方法，是审判人员依法对犯罪人进行刑事责任大小及其承担方式裁量的手段，既是量刑原则、量刑政策、量刑理念、量刑情节等的综合运用，也是统一法律规范下的具体问题具体分析。在推行量刑规范化改革以前的量刑实践中，通常使用的量刑方法是经验量刑法。所谓经验量刑法，又称“估堆量刑法”，是指法官首先审理案件，掌握案情，在法定刑的范围内，参照司法实践的经验，大致地估量出对该案应判的刑罚，接着再考虑案件中存在的加重、从重、减轻、从轻等各种量刑情节，最后综合地估量出应当执行的刑罚并加以宣告的一种量刑方法。这种量刑方法，几乎停留在传统形式逻辑的技术手段上，没有把现代形式逻辑（数理逻辑）融入现代科技手段中，从而与刑法现代化的要求和表现不相适应。

基于传统经验量刑方法的不足及“量刑不公”等问题的严重存在，理论上和实践中创造了层次分析法、数学模型法、定量分析法和电脑量刑法等“现代量刑方法”。所谓层次分析法，又称多层次加权分析决策法，是指基于系统论而对非定量事件作定量分析和对人们的主观判断作客观描述的方法；所谓数学模型法，是指基于量刑的法律系统模型而使量刑数学化的量刑方法；所谓量刑的定量分析法，具体又可分为加权平均测评法、指数确定法和积分量化法，是指基于系统论而对犯罪事实情节和法定刑幅度作定量分析的量刑方法；所谓电脑量刑法，又称电子计算机的量刑方法，是指运用计算机系统存储的法律和有关知识进行推理判断的量刑方法。①这些量刑方法，虽然都运用了现代系统论等现代理论成果，但它们在实质上都只是“用数学形式来表现形式逻辑的推论关系”。然而，量刑并不是一个简单的算术或数学问题，也不是简单的推理和证明，它既需要实现一定的法律功能也需要达到一定的社会效果；数学上的加减乘除不能解决量刑所涵盖的复杂社会矛盾。它们不仅没有使量刑彻底从经验作业方法中解脱出来，而且挤压了量刑所需要的裁量权，从而使量刑无法遵循量刑的思维规律。

基于传统经验量刑法与各所谓现代量刑法的固有不足，在当前量刑规范化改革中，采取的是定量分析与定性分析相结合的量刑方法。根据 2017 年《人民法院量刑指导意见》的规定，其基本做法是：先根据基本犯罪构成事实在相应的法定刑幅度内确定量刑起点②；再根据其他影响犯罪构成的犯罪数额、犯罪次数、犯罪后果等犯罪事实，在量刑起点的基础上增加刑罚量确定基准刑；最后根据量刑情节调节基准刑，并综合考虑全案情况，依法确定宣告刑。在这个过程中，从量刑起点到基准刑到宣告刑的确定，在很大程度上是通过将量刑情节数量化的方式来实现的。虽然

---

① 陈兴良．罪刑均衡的中国命运．中央政法管理干部学院学报，1996 年（6）．

② 事实上，根据“基本犯罪构成事实”是无法直接“在相应的法定刑幅度内确定量刑起点”的。“基本犯罪构成事实”所确定的只是构不构成犯罪或构成什么犯罪（基本犯、加重犯或减轻犯）以及由此对应的具体法定刑。根据“基本犯罪构成事实”确定具体法定刑后，要“在相应的法定刑幅度内确定量刑起点”，需另外借助其他犯罪事实（量刑情节）。因此，该《意见》如此规定是有问题的．

要求“综合考虑全案情况”，但这主要是将全案量化的量刑情节进行加减运算而得出的“综合计算结果”。因此，如此量刑规范化改革中的定量分析与定性分析相结合的量刑方法，因定量的结果限定了量刑的结果而在本质上还仍是一种定量分析的方法。

定量与定性本是测定物质的不同方法，前者是测定物质所含各种成分的数量，后者是测定物质包含哪些成分及性质。从形式上看，它们似乎是各不相同、各不相干的，但实际上，它们的存在，需相互依存、相互结合才具有现实意义。在功能上，定量只是一种数量上的客观事实，本身不具有价值论上的判断取向；而定性则刚好相反，本身不是一种客观事实，而是一种带有价值取向的主观判断。定量与定性的如此功能决定了，若定量不与定性相结合，就因没有融入行为目的及其价值取向而没有行为的目标；反之，若定性不与定量相结合，就因定性缺乏客观事实的素材和根据，而往往只是一种缺乏现实性的主观臆断，其结果同样难以达到行为的目标。具体就量刑问题而言，只有定量没有定性，量刑结果就无法融入刑罚的目的、刑法的精神、政策的取向等量刑之目标，就难以真正实现量刑的“治病救人”及法律效果与社会效果相统一的目标；反之，只有定性没有定量，量刑结果就难以全面、客观地建立在事实的基础上，其量刑要么有违刑法公正，要么不可能实现法律效果与社会效果的统一。定量与定性相结合，就是在定量之中有定性，在定性之中有定量，在定量之后必然有定性，在定性之时必定以全面客观的定量事实为根据，并依定性要素在刑法规范和宽严相济刑事政策的指导下，对量化结果进行衡平与取向。例如，通过定量，量刑情节对基准刑的调节结果高于法定最高刑，此时根据刑法的精神（无加重处罚），就至多只能把法定最高刑作为宣告刑。又如，通过定量，量刑情节对基准刑的调节结果低于法定最低刑，可案件又没有法定减轻处罚情节，此时，就根据定性取向，要么启动酌定减轻处罚程序给予减轻处罚，要么至多把法定最低刑作为宣告刑。再如，通过定量，某类量刑情节对基准刑的调节幅度为10%～30%，此时的宣告刑到底是确定为10%、20%或30%等，同样需要对某个具体量刑情节进行定性分析而确定一个具体的调节比例。这同时表明，量刑判决结果的得出，并不是对量刑情节的简单量化计算，而是在统一量化规则的参考范围内，对量刑情节进行定性与定量相结合的有机综合分析结果。在这个过程中，统一的量化规则只起指导性作用，审判人员的量刑裁量权得以充分展示。

基于理论上和实务中对当前量刑规范化中量化做法的质疑，量刑指导意见将量刑方法从以前的定量分析与定性分析相结合法改为“以定性分析为基础，结合定量分析”法，要求“量刑时，应在定性分析的基础上，结合定量分析，依次确定量刑起点、基准刑和宣告刑”，以强调“在量刑过程中，定性分析始终是主要的，是基础，要在定性分析的基础上，结合定量分析，依次确定量刑起点、基准刑和宣告刑”，也就是，具体案件是否适用《量刑指导意见》，首先要综合全案犯罪事实和量刑情节进行定性分析，对于依法应当判处无期徒刑以上刑罚或者管制、单处附加刑、免刑的，则不予适用；在确定量刑起点、增加刑罚量确定基准刑、宣告刑过程中，均应以定性分析为主导，结合定量分析，作出符合罪责刑相适应原则的裁判。如此量刑方法要求，从表面上是在强调定性方法的基础地位及裁判结果符合罪责刑相适应原则，但实际上仍像以前的量化性量刑方法一样，割裂了定性和定量的内在关系而仍然不合量刑运行规律，并将会继续受到理论上和实践中的质疑。

四、量刑情节

量刑情节，是指法律直接规定或授权审判机关决定的，量刑时应当考虑的决定量刑轻重或者免予刑罚处罚所依据的各种主客观事实。如未成年犯、未遂犯、中止犯、从犯、累犯、自首、立功、坦白、自愿认罪、被害人有过错、退赃退赔、积极赔偿被害人经济损失、前科劣迹（实践中一般限定为犯罪前科和劳动教养）、针对未成年人、老人、残疾人、孕妇等弱势人员犯罪等。

在本质上，量刑情节是反映犯罪行为的社会危害性和犯罪人的人身危险性以及其他方面事实的主客观情况。反映犯罪行为的社会危害性方面的量刑情节，如未遂犯是反映犯罪行为的社会危害性相对较小的量刑情节；又如，故意伤害案中的带有黑社会性质或地方恶势力性质，伤害对象为老人、未成年人、残疾人、孕妇等弱势人员，持枪支、管制刀具或其他凶器伤害他人等，均是反映犯罪行为的社会危害性较大的量刑情节。反映犯罪人的人身危险性方面的量刑情节，如自首、坦白、被害人有过错等，均是反映犯罪人人身危险性较小的量刑情节；又如，累犯、前科劣迹等，均是反映犯罪人人身危险性较大的量刑情节。有些量刑情节兼有反映犯罪行为的社会危害性和反映犯罪人的人身危险性的属性，如从犯、中止犯、积极赔偿被害人经济损失、胁从犯等，既反映了这些犯罪行为的社会危害性较小，又反映了这些犯罪人的人身危险性较小。还有些量刑情节，既不反映犯罪行为的社会危害性，也不反映犯罪人的人身危险性，而是反映其他特别属性，如审判的时候怀孕的妇女，在涉及死刑的罪案中作为量刑情节时，既不反映犯罪行为社会危害性的大小，也不反映犯罪人人身危险性的大小，而是反映刑法的人道主义属性的[①]；对于可折抵刑期的先行羁押，在作为执行刑裁量的量刑情节时，同样既不反映犯罪行为社会危害性的大小，也不反映犯罪人人身危险性的大小，而是反映刑法的人权保障机能的。

在现代刑法中，量刑情节通常有从重处罚、从轻处罚、减轻处罚和免除处罚的功能。《刑法》第 62 条规定："犯罪分子具有本法规定的从重处罚、从轻处罚情节的，应当在法定刑的限度以内判处刑罚。"据此规定，所谓从重处罚，是指在所犯之罪应适用的具体法定刑内选择适用较重的刑种或较长的刑期的情况；所谓从轻处罚，是指在所犯之罪应适用的具体法定刑内选择适用较轻的刑种或较短的刑期的情况。这意味着，从重处罚和从轻处罚，一方面只能"在法定刑的限度以内判处刑罚"，另一方面是指比犯罪人没有这个从重情节时应当受到的处罚要重些，或比犯罪人没有这个从轻处罚情节时应当受到的处罚要轻些。至于到底要重多少或轻多少，不能一概而论，也不能机械地以法定刑幅度的中线或某个特定点为基准决定，而应当综合这些从重或从轻情节所反映的社会危害性和人身危险性具体确定。又根据《刑法》第 63 条规定，"犯罪分子具有本法规定的减轻处罚情节的，应当在法定刑以下判处

① 高铭暄，马克昌. 刑法学. 北京：北京大学出版社，高等教育出版社，2007：259.

刑罚；本法规定有数个量刑幅度的，应当在法定量刑幅度的下一个量刑幅度内判处刑罚”，“犯罪分子虽然不具有本法规定的减轻处罚情节，但是根据案件的特殊情况，经最高人民法院核准，也可以在法定刑以下判处刑罚”。结合相关司法解释的规定，所谓减轻处罚，是指在所犯之罪应适用的具体法定刑的之下①选择适用的刑种或刑期的情况。其中，对于法定的减轻处罚，其减轻适用所选择的刑种或刑期需在下一个量刑幅度内；对于酌定的减轻处罚，其减轻适用所选择的刑种或刑期的量刑幅度没有限制，具体根据案件情况确定，并经最高人民法院核准。再根据《刑法》第37条规定，“对于犯罪情节轻微不需要判处刑罚的，可以免予刑事处罚，但是可以根据案件的不同情况，予以训诫或者责令具结悔过、赔礼道歉、赔偿损失，或者由主管部门予以行政处罚或者行政处分”。所谓免除处罚，是指因“犯罪情节轻微不需要判处刑罚”而虽定罪但不给予刑罚处罚的情况。在这里，免除刑罚处罚的前提是“犯罪情节轻微”而不是“犯罪性质轻微”。因此，即使是性质严重的犯罪如故意杀人罪等，只要本罪案的犯罪情节轻微且本罪案中存在免除处罚的量刑情节，就可以考虑免除刑罚处罚。同时，免予刑罚处罚并不意味着绝对不给予任何处罚，可以视案件具体情况，给予训诫或者责令具结悔过、赔礼道歉、赔偿损失，或者由主管部门予以行政处罚或者行政处分的非刑罚处罚。

量刑情节与犯罪情节是既有联系又有区别的两个概念。犯罪情节，是犯罪过程中的一些主客观事实情况。这些主客观事实情况，在定罪量刑中，分别充当定罪情节和量刑情节。对于定罪情节，它是影响定罪的各种主客观情况，如盗窃罪案中具体评价“数额较大”的盗窃数额；对于量刑情节，它是影响量刑的各种主客观情况，如盗窃罪案中具体评价“数额较大”后的盗窃数额。因此，量刑情节可以是犯罪情节中的一种情况，但基于定罪与量刑根据的不同，量刑情节并非限于犯罪情节中的情况，还包括犯罪过程以外的反映犯罪人的人身危险性的事实，如犯罪人在犯罪前后的表现、初犯、偶犯等。在通常情况下，定罪情节与量刑情节分别由不同的事实充当。如甲妇女杀死丈夫的事实，充当的是故意杀人罪的定罪情节；而在以上事实以外的诸如丈夫长期残酷虐待妻子的事实，充当的是从宽处罚的量刑情节。但在某些情况下，定罪情节与量刑情节也可能是由同一事实的不同侧面或不同属性充当。如对于盗窃 9 000 元人民币的事实，在以 1 000 元为盗窃罪基本犯的基本定罪标准的情况下，其中的 1 000 元是定罪情节，其余 8 000 元是量刑情节。又如，在 14 周岁的人犯故意杀人罪的事实中，关于“14 周岁”，一方面需提取其“是具有刑事责任能力的刑事责任年龄”的属性，充当评价故意杀人罪犯罪主体要件的定罪情节；另一方面需提取“未成年人”的属性，充当评价犯罪人人身危险性较小的量刑情节。

量刑情节有法定情节与酌定情节之分。所谓法定量刑情节，是指法律就其具体内容和功能作出明确规定的，在量刑时应当或可以考虑影响行为社会危害性及行为人人身危险性程度的事实，包括刑法总则规定的对各种犯罪共同适用的情节和刑法分则对特定犯罪适用的情节等两类。我国刑法对法定情节的规定模式往往直接使用

① 根据有关司法解释，减轻处罚的“以下”并不包括“本数”，以与从轻处罚相衔接.

"从重处罚""从轻处罚""减轻处罚""免除处罚"等字眼规定在有关内容中，是法律对犯罪行为的社会危害性和犯罪人的人身危险性大小的评价结果。在我国现行刑法中，有 70 多个法定量刑情节，其中，具有从重处罚功能的大致有 40 个，具有从轻、减轻或免除处罚的单功能或多功能的有 30 多个。所谓酌定量刑情节，是法律未就其具体内容和功能作出明确规定，但予以原则认可、司法实践中亦予以体现的影响行为社会危害性及行为人人身危险性程度的事实。这种量刑情节虽然不以"从重处罚""从轻处罚""减轻处罚""免除处罚"等直接表述出来，但在适用中是体现这些功能的。酌定量刑情节的存在，既是实现罪刑相适应的需要（仅依法定量刑情节量刑往往难以实现罪刑相适应原则），也是量刑情节复杂性的要求，如犯罪人犯罪时、犯罪后、受审时的很多心理状态在立法上事先无法预设为法定量刑情节，但它们又确实应当影响量刑。在这个意义上说，凡是立法没有明确规定，但能反映犯罪的社会危害程度或犯罪人的人身危险程度且不是加重对犯罪人处罚的事实，都应当作为酌定量刑情节而影响量刑。

根据某个地区或某个时期的实际情况，常见的酌定量刑情节可以通过司法解释的形式予以事先规范化。综观我国刑事司法解释规定，这些被司法解释规范化的酌定量刑情节已有很多。例如，交通肇事案中的有赔偿能力而拒不赔偿被害人经济损失的。故意伤害案中的带有黑社会性质或地方恶势力性质的；伤害对象为老人、未成年人、残疾人、孕妇等弱势人员的；持枪支、管制刀具或其他凶器伤害他人的；因实施其他违法犯罪活动而故意实施伤害犯罪的；有赔偿能力而拒不赔偿被害人经济损失的；因婚姻家庭、邻里纠纷等民间矛盾激化引发的故意伤害的；因激情、义愤实施的故意伤害犯罪的。抢劫案中的带有黑社会性质或地方恶势力性质的抢劫的；持械抢劫的；抢劫老人、未成年人、残疾人、孕妇等弱势人员的；为实施其他违法犯罪活动而实施抢劫的；确因生活、学习、治病急需而抢劫的；教唆或伙同他人抢劫家庭成员或近亲属财物的。盗窃案中的入户盗窃的；以破坏性手段盗窃造成公私财产损失的；盗窃残疾人、孤寡老人或者丧失劳动能力人的财物的；流窜盗窃作案的；盗窃救灾、抢险、防汛、优抚、扶贫、移民、救济、医疗款物，未造成严重后果的；盗窃生产资料，未严重影响生产的；为吸毒、赌博等违法犯罪而盗窃的；确因生活、学习、治病急需而盗窃的；在案发前自动将赃物放回原处或归还被害人的；盗窃自家财物或近亲属财物的。毒品犯罪案中的实施走私、贩卖、运输、制造毒品两种以上行为的；组织、利用、教唆未成年人、孕妇、哺乳期妇女、患有严重疾病人员及其他特殊人群走私、贩卖、运输、制造毒品的，或者向未成年人出售毒品的；毒品再犯的；孕妇、哺乳期妇女、患有严重疾病人员及其他特殊人群被利用参与毒品犯罪的；受雇运输毒品的；毒品含量明显偏低的；存在数量引诱情形的。

在立法上，量刑情节还有应当型量刑情节与可以型量刑情节之分。所谓应当型量刑情节，是指对量刑结果产生必然性影响的量刑情节。在我国现行刑法规定的法定量刑情节中，大部分是应当型的量刑情节。据统计，大致有 48 个应当型法定量刑情节，包括所有具有从重处罚功能的法定量刑情节和部分从宽处罚的法定量刑情节，如已满 14 周岁不满 18 周岁的人犯罪，应当从轻或者减轻处罚；已满 75 周岁的人过失犯罪的，应当从轻或者减轻处罚；对于从犯，应当从轻、减轻处罚或者免除处罚；正当防卫明显超过必要限度造成重大损害的，应当负刑事责任，但是应当减轻或者免除处罚；紧急避险超过必要限度造成不应有的损害的，应当负刑事责任，但是应当减轻或者免除处罚；对于中止犯，造成损害的，应当减轻处罚；对于中止犯，没有造成损害的，应当免除处罚。所谓可以型量刑情节，是指对量刑结果产生或然性影响的量刑情节。在我国刑法规定的法定量刑情节中，据统计，可以型量刑情节大致有 17 个。例如，已满 75 周岁的人故意犯罪的，可以从轻或者减轻处罚；尚未完全丧失辨认或者控制自己行为能力的精神病人犯罪的，应当负刑事责任，但是可以从轻或者减轻处罚；又聋又哑的人或者盲人犯罪，可以从轻、减轻或者免除处罚；如果被教唆的人没有犯被教唆的罪，对于教唆犯，可以从轻或者减轻处罚；对于自首的犯罪分子，可以从轻或者减轻处罚；对于自首的犯罪分子，犯罪较轻的，可以免除处罚；对于不具有自首情节，但是如实供述自己罪行的，可以从轻处罚；对于不具有自首情节，但是如实供述自己罪行，避免特别严重后果发生的，可以减轻处罚；犯罪分子有揭发他人犯罪行为，查证属实的，或者提供重要线索，从而得以侦破其他案件等立功表现的，可以从轻或者减轻处罚；有重大立功表现的，可以减轻或者免除处罚；非法种植罂粟或者其他毒品原植物，在收获前自动铲除的，可以免除处罚；凡在中华人民共和国领域外犯罪，依照本法应当负刑事责任的，虽然经过外国审判，仍然可以依照本法追究，但是在外国已经受过刑罚处罚的，可以免除或者减轻处罚。

应当型量刑情节与可以型量刑情节，是就情节本身的作用力大小而言的，前者的存在对量刑结果必然产生影响，后者的存在对量刑结果是否产生影响或产生多大的影响，取决于其自身所体现的社会危害性或人身危险性的大小。如自首、坦白、立功、赔偿被害人经济损失等，在一般情况下都是可以型量刑情节。这些量刑情节，在实践中，一般都要被提取和用于影响量刑；但在少数情况下，犯罪的社会危害性极大、后果特别严重、犯罪手段极为残忍、犯罪人缺乏真实悔罪表现等，虽也被提取为量刑情节，但对量刑的影响不起决定性作用。

量刑情节在适用上，需尊重如下规则。

一是量刑情节的全面审度与综合平衡。所谓量刑的全面审度与综合平衡，是指在量刑时应考虑对个案量刑产生影响的所有量刑情节，要作通盘考虑，慎重处理各种情节之间的矛盾冲突。具体而言，既要全面审度，又要有所取舍；既不能漏掉某个情节，也不能把不该重复评价的情节重复评价；各情节既不能孤立适用，又不能不分轻重主次适用；既要找出其中的决定性情节，又要分清其中的一般性情节。这意味着，对于既有法定情节又有酌定情节，既有从重情节又有从轻情节的案件，既不能等量齐观而一对一抵消，又不能绝对地认为法定情节应当重于酌定情节；既不能只重视多数情节而轻视少数决定性量刑情节的作用，又不能只重视个别关键性量刑情节而轻视多数情节的作用。

二是正确适用法定情节与酌定情节。法定量刑情节与酌定量刑情节的差别，主要在立法上对某个量刑情节的具体内容和功能是否有明确规定，而不意味着在作用力上法定量刑情节必然优于酌定量刑情节；酌定量刑情节在个案中被提取后，就一定对量刑产生不同程度的影响，只不过这个影响取决于该量刑情节所体现的社会危害性或人身危险性的大小。[①] 因此，酌定量刑情节的提取和适用，既是基于罪责刑相适应原则的需要，也符合罪刑法定原则的要求。实践中，往往基于罪刑法定原则的片面和错误理解，只重视法定量刑情节而不重视酌定量刑情节的适用。这实际上是对酌定量刑情节立法精神的异化。酌定量刑情节既可以与法定量刑情节相配合而影响量刑，也可以独立地或主要地影响量刑。如对于盗窃案件，为治病等而盗窃的特殊犯罪动机对量刑从宽的影响通常要大于盗窃后的自首。法定量刑情节和酌定量刑情节，是就情节本身的选定而言的。在实践中，法定量刑情节与酌定量刑情节的选定方式是不同的。对于法定量刑情节，根据法律的规定选定；对于酌定量刑情节，根据法律授权的量刑裁量权选定，但这并不是任意选定，而是根据案件的具体情况选定。在选定后，它们的作用力大小，取决于是应当型量刑情节还是可以型量刑情节。应当型量刑情节是对量刑结果产生必然性影响的量刑情节，可以型量刑情节是指对量刑结果产生或然性影响的量刑情节。二者是就情节本身的作用力大小而言的，前者的存在对量刑结果必然产生影响，后者的存在对量刑结果是否产生影响或产生多大的影响，取决于其自身所体现的社会危害性或人身危险性的大小。

三是避免量刑情节的重复评价。在量刑情节的适用中，应避免对同一犯罪事实予以二次或二次以上的法律评价，包括量刑情节与定罪情节的重复评价，以及量刑情节与量刑情节的重复评价。量刑情节与定罪情节的重复评价，如在盗窃案中，对于盗窃孤寡老人财物的事实，在案件数额达到“数量较大”时，是影响刑罚量的量刑情节；在案件数额达不到“数量较大”时，是决定是否成立犯罪的定罪情节，此时，该事实就不能再作为量刑情节使用，否则就是重复评价。又如，在交通肇事案中，对于交通肇事致 1 人重伤后逃逸的事实，在行为人负事故全部或主要责任并因酒后、吸毒后驾车或无证驾车等情形已成立交通肇事罪的情况下，属于“交通肇事后逃逸”这个加重犯的定罪情节，不能再作为量刑情节使用；在行为人负事故全部或主要责任并因该事实成立交通肇事罪的情况下，属于交通肇事罪基本犯的定罪情节，不能再作为量刑情节使用。

量刑情节与量刑情节的重复评价，如对于行为人的某个表现，在认定自首、坦白后，就不能再认定为“自愿认罪”的量刑情节，否则就是重复评价；在认定累犯后，就不能认定为“不构成累犯的前科劣迹”的量刑情节；在认定“被害人有过错”后，就不能认定为“因婚姻家庭、邻里纠纷等民间矛盾激化引发的犯罪”的量刑情节；在认定“因婚姻家庭、邻里纠纷等民间矛盾激化引发的犯罪”后，就不宜认定为“因激情、义愤实施的犯罪”的量刑情节。

量刑情节的重复评价是就同一事实的同一属性或侧面而言的。基于同一事实的

---

① 这正如犯罪成立的选择要件一样，它的存在并不是犯罪成立中可有可无的东西，而相反，对于某些犯罪来说，它们也是犯罪成立必不可少的，只不过不是所有犯罪成立都必不可少（必要条件）。如非法捕捞罪成立所需的特定时间、地点、方法要件，是该罪成立的选择要件，但不是可有可无，而是必不可少.

多重属性分别提取定罪情节和量刑情节，不属于重复评价。如对于抢劫案中的杀人手段，在定罪中，提取其“暴力手段”作为定罪情节；在量刑中，提取其“杀人”作为量刑情节，给予比采用伤害等暴力手段要重的刑罚量，不是重复评价。又如，对于已满14周岁不满16周岁的未成年人的故意杀人行为，在定罪中，提取其犯罪主体所需的“刑事责任能力”作为定罪情节；在量刑中，提取其“未成年”即“部分刑事责任能力”作为量刑情节，给予从轻或减轻处罚，不是重复评价。

【案例评析】

1. 案情简介

2006年4月21日到广州打工并成为广东省高级人民法院保安的许某，来到广州某银行ATM机取款。他按通常做法，将借记卡插入ATM机，输入密码，想取卡中170多元中的100元。可在操作时不慎多按了个“0”，提款变成1 000元，ATM机竟然依其指令吐出了1 000元，并只在其借记卡账户上扣1元。许某尝试性地重复以上做法，依然如此。于是，他连续取款171次，共取17.5万元，之后潜逃西安。广州市商业银行发现许某账户交易异常后，经多方联系许某及其亲属，要求退还款项未果，于2006年4月30日向公安机关报案。公安机关立案后，将许某列为犯罪嫌疑人上网追逃。2007年5月22日，许某在陕西省宝鸡市被抓获归案。2007年11月20日，广州市中级人民法院一审以盗窃罪判处许某无期徒刑，剥夺政治权利终身，并处没收个人全部财产。此判决在社会上受到了强烈质疑，甚至有论者认为，“此案如何定性量刑，是当下中国司法界的一道难题”①，广东省人民检察院检察长也认为本案是广东从来没有遇到过的新型案例。该案经广东省高级人民法院裁定，于2008年1月9日发回广州市中级人民法院重新审判。2008年3月31日，本案重审以盗窃罪判处许某有期徒刑5年，并处罚金2万元；同时追缴许某的犯罪所得1 731 826元，发还受害单位。

2. 基本问题

本案许某有哪些量刑情节？这些情节是否在最高人民法院、最高人民检察院《关于常见犯罪的量刑指导意见（试行）》所罗列的18种之中？没有法定从宽处罚的量刑情节是否就不能“减轻处罚”？许某的原一审和发回重审量刑对我们有何启发？

3. 知识内容

本案的量刑之所以有巨大争议是因为理论上和实践中对量刑的基本原理缺乏必要的认知。具体体现在，在理论上和实践上对本案量刑的共识是，原一审的量刑判决是“合法而不合理”的。因为，根据我国《刑法》第264条关于盗窃罪的规定，盗窃金融机构数额特别巨大的量刑基准是“处无期徒刑或者死刑，并处没收财产”，

---

① 刘品．许霆“恶意”取款案：法定量刑过严可否自由裁量．检察日报，2008-01-16．

许某的行为属于盗窃金融机构且数额特别巨大（17 万多元），且在盗窃后携款逃匿，案发后又没有退赃，没有法定减轻处罚的情节，依法就只能判处无期以上徒刑，否则就是违背罪刑法定原则。按照当代普适的刑罚理念，各种罪名的量刑幅度是由法律规定的，法官必须援引法条将定罪者处罚，在刑种、刑期等方面都不能超过法条规定，既然我国《刑法》第 3 条对罪刑法定原则有明确规定，则量刑部分纵使是权力机关也不能随便改动。于是，为改变这种尴尬，8 名京城律师联合向全国人大常委会和最高人民法院提交《关于刑法及其法律适用若干问题亟待修改》的公民建议书，指出，“判处许某无期徒刑适用的法律依据量刑幅度太僵硬…… 以 10 年前的罪刑标尺来衡量今天的犯罪行为，实在不符合社会实际…… 请求权力机关及时修法或者进行其他弥补”[①]。

事实上，本案重审的量刑（5 年有期徒刑）既合法又合理，而原一审量刑（无期徒刑）既不合法也不合理。以上关于“合法而不合理”的认识，事实上是对刑法分则的本质及罪刑法定原则下其与量刑结果的关系的误解。换言之，基于整个刑法立法及其关于刑法分则与量刑结果的关系，无须修改刑法也能对本案作出罪责刑相适应的量刑判决。具体而言，事实上，刑法分则并不是一个完整的刑法规范，它在本质上只不过是为定罪提供定罪基准和为量刑提供量刑基准而已。就定罪基准而言，这意味着刑法分则关于抽象个罪罪状的规定，只是为司法定罪提供一个起始标准，至于具体如何定罪和定什么罪，需由刑法总则的相关规定和定罪情节决定。就量刑基准而言，这意味着刑法分则关于抽象个罪法定刑的规定，只是为司法量刑提供一个起始标准，至于具体如何量刑和量什么刑，需由刑法总则的相关规定和量刑情节决定。因此，在司法实践中，量刑结果突破刑法分则关于罪状和法定刑的规定，并不意味着违背罪刑法定原则，而相反这是实质性罪刑法定原则的基本要求和具体体现。[②] 从刑法总则来看，罪刑法定原则的实质化表现，最典型的有三个，即《刑法》第 13 条的但书规定、第 37 条的免刑规定、第 63 条的法定和酌定减刑规定。具体就量刑而言，后二者不仅是罪责刑相适应原则的要求和体现，而且也是实质性罪刑法定的要求和体现。

对于本案，能否或在多大程度上从宽处罚，取决于本案的全部量刑情节。理论上和实践中认为，在本案中，许某的行为不仅没有任何从宽处罚情节，而且还属“情节恶劣”，因为在本案中，许某不仅一再盗取，还将其告知他人犯罪，随后更在潜逃中将巨款挥霍一空，被抓获后无一追回，整个过程并无任何可从轻或减轻的量刑情节。因此，法院在法定刑范围内处刑并无不妥。然而，本书认为，本案虽然不存在法定从宽处罚情节，但存在诸多酌定从宽处罚情节，综合这些情节以及刑法总则的规定，本案的量刑结果自然不应拘泥于刑法分则的规定，而应与许某行为的社会危害性及其人身危险性相适应。综观本案，其酌定从宽情节大体如下。

---

① 黄冲，王亦君. 8 名律师就恶意取款者被判无期案上书最高人民法院. 中国青年报，2008-01-08.

② 当然，从实质性罪刑法定原则的精神蕴含来看，这个“突破”只能是有利于被告人、犯罪人的，对于不利于被告人、犯罪人的“突破”，是违背罪刑法定原则关于人权保障和有利于被告原则的实质精神的.

其一，本案社会危害性不大。主要表现在：在犯罪对象上，虽然可把 ATM 机理解为“金融机构”，但盗窃这个无须任何破坏手段就可得逞的“金融机构”，与立法作为“特别加重处罚”对象的传统金融机构相比，其情节几乎没有“恶劣”之处；虽然许某先后实施了 170 次恶意取款行为，但这恰恰是本案能为“数额特别巨大”的行为方式所在，换言之，在这里不能把行为次数简单地视为“情节恶劣”的表现。在犯罪手段上，许某并没有使用任何破坏性手段。在危害结果上，虽然占有并花费了盗窃的所有款项，但这个款项损失完全可挽回（被告人亲属愿意全额返还）。在犯罪的一般预防上，因 ATM 机出错极其罕见，故轻判不会导致他人“复制”。这样，虽然因许某行为时的表现而不可否认其行为具有一定的社会危害性，但与通常意义上的“盗窃金融机构”甚至传统一般盗窃相比，这个社会危害性并不是很大。这一点，重审判决作出了较为准确的认定。

其二，犯罪者的人身危险性不大。主要表现在：初犯；偶犯；人缘和生活中的一贯表现较好；职业为高级人民法院的保安；赃款花费于被偷、投资、买彩票、生活、租房等；犯罪后虽有逃跑情节，但既没有继续危害社会也没有采取其他抗拒抓捕措施。如此等等表明，不仅许某再犯的可能性不大，其改造的难度也不大。

其三，法定刑起点与案件的具体情况不相适应。本案是数额犯，从实践来看，若唯数额论即根据数额机械量刑而不考虑数额以外的其他情节，本就容易导致量刑偏差。[①] 更何况，认定盗窃的数额标准已落后于时代经济状况。也就是，本案审判时的“数额特别巨大”标准即“对于个人盗窃公私财物，是价值人民币 3 万元至 10 万元以上”，是 1998 年 3 月最高人民法院《关于审理盗窃案件具体应用法律若干问题的解释》规定的。显然，在我国经济状况已飞速发展的今天，那个时候的数额标准已不符合目前社会经济现状。

如前所述，刑法分则关于法定刑的规定，对于个案来说，只不过是一个量刑基准，并不是不可更改的“铁律”。在实践中，当某个案件在量刑基准内判处刑罚明显违背常识、常理、常情时，就应把违背常识、常理、常情的事实作为酌定从宽处罚的量刑情节。[②] 在法律形式主义者看来，常识、常理、常情似乎是法律以外的东西，而事实上常识、常理、常情是理解和适用某个法律规定的实质性标准，也是裁判能否公正有效以及能否为公众认同的基本前提。[③] 从本案来看，一个本无犯意，只是在 ATM 机出错诱使下临时产生犯意的初犯、偶犯者，以非破坏性手段实施数额相当于一个普通白领年收入的盗窃行为，就要为此付出终身自由的代价，这明显违背常识、常理、常情，这意味着该事实应当视为酌定从宽情节。也正是基于如此道理，

① 陈兴良．罪刑均衡的中国命运．中央政法管理干部学院学报，1996 年（6）．

② “常识、常理、常情”的思想是陈忠林教授首先提出来的。笔者认为，这一思想对法律适用有着实质性的指导意义。该思想的核心在于“常”，这既使法官成为理性人，也使其判决能够得到公众认同．

③ 量刑考虑“常识、常理、常情”，并非违背“法不容情”的道理，因为所谓的“法不容情”，实际上是指“法”不容“私情”。作为社会之公器的立法和司法，恰恰包含了公众认同的“常识、常理、常情”。正如有论者指出，我们反对民众的情绪化的一时之激情，但是作为将永久存在的人类普遍情感，古今中外从来都是立法和司法的依据．

本案原一审量刑在社会上引起了强烈反响。因此，在这个意义上说，当理性的民意普遍认为对某刑事被告人判得太重的时候，我们之所以“需要认真对待”，不仅是因为“此时容易造成刑罚的过剩和司法资源的浪费”，还因为它背离了以常识、常理、常情为实质内容的法律规定。在以上意义上，量刑结果符合“常识、常理、常情”，也是量刑个别化对量刑合法与量刑合理内在关系的要求。

【疑难问题】

1. 量刑是把抽象的法律规范与具体的案情事实相结合，并上升到量刑判决的动态过程，能否在实务上通过规范化或数量化将抽象法律规范在具体案件中简单对号入座？

2. 量刑原则是主导量刑的方向、弥补量刑具体规定的漏洞与不足的总体性指导法则或标准，量刑活动是否必须或如何接受量刑原则（包括刑法基本原则和量刑一般原则）的指导？

3. 量刑时应对影响个案量刑的所有量刑情节作全面审度和综合平衡，慎重处理各种情节之间的矛盾冲突，并避免量刑情节的重复评价，这些在实践中如何实现？

4. 酌定量刑情节与法定量刑情节具有同等重要的意义，在量刑时既要重视法定量刑情节，又要注意提取酌定量刑情节，就对量刑的作用力而言，法定量刑情节的作用力并非绝对大于酌定量刑情节。如何在实务中改变这些误区？

5. “数额”在量刑中的地位是什么？如何基于“数额”作出合理的量刑？

实务训练

在中国刑事裁判文书系统中检索若干个对量刑情节适用有争议的案件，结合量刑情节的学习，分析量刑情节的合理理解和适用模式。

课后练习

1. 什么是量刑，它与定罪有何不同？

2. 如何正确理解量刑规范化？

3. 法定量刑情节与酌定量刑情节的区别是否在于有法律规定？它们相区别的关键点在哪里？

4. 如何正确理解从轻处罚、减轻处罚、从重处罚和免除处罚？

5. 试述量刑基本原则与量刑一般原则的关系。

6. 如何正确适用量刑情节？

延伸阅读

1. 最高人民法院关于适用宽严相济刑事政策若干问题的意见，2010.

2. 最高人民法院、最高人民检察院关于常见犯罪的量刑指导意见（试行），2021.

3. 石经海. 量刑的个别化原理. 北京：法律出版社，2021.

第十三章　刑罚裁量制度

【内容摘要】

刑罚裁量制度是指刑法明文规定的对犯罪人适用刑罚时应当考虑的一些特殊情况，它们或者与犯罪人的人身情况有关，或者与犯罪后的态度有关，或者与对犯罪人适用刑罚的方法有关，这些制度在刑罚裁量中占有十分重要的地位，也是量刑时最常用的、必须考虑的情节。根据我国现行《刑法》的规定，有关刑罚裁量制度主要有累犯、自首、立功和数罪并罚等。

【学习目标】

（1）在知识学习层面，掌握累犯自首、立功、坦白等法定量刑情节的适用条件，明确数罪并罚、缓刑的适用规则。（2）在能力训练层面，学会在具体案件中准确判断和正确适用量刑情节，增强适用刑法的实践能力。同时，要善于从理论层面认识累犯、自首、立功以及缓刑背后的理论依据，增强理论思辨能力。（3）在价值引领层面，坚持罪责刑相适应原则的要求，依法、准确、公正地适用刑罚，切实维护司法公正。同时，要注意立足中国立法和司法实际，将法治精神体现在刑罚裁量活动和裁量结果中，形成服务和献身中国法治建设的情怀。

【知识要点】

一、累犯

累犯是一种特殊的犯罪人的类型，也是我国《刑法》明确规定应当从重处罚的情节之一。所谓累犯是指受过一定刑罚处罚，在刑罚执行完毕或者赦免以后，在法定期限以内又重新犯罪的犯罪分子。

根据我国《刑法》对不同的累犯在构成条件上的差别规定，可以把累犯分为普通累犯与特殊累犯两大类。

（一）普通累犯

普通累犯，亦称一般累犯。《刑法》第 65 条规定："被判处有期徒刑以上刑罚的犯罪分子，刑罚执行完毕或者赦免以后，在五年以内再犯应当判处有期徒刑以上刑罚之罪的，是累犯，应当从重处罚，但是过失犯罪和不满十八周岁的人犯罪的除外。"根据这一规定，普通累犯的构成条件如下。

1. 前罪与后罪都是故意犯罪。

2. 前罪所判处的刑罚和后罪应当判处的刑罚均是有期徒刑以上的刑罚。

3. 后罪发生在前罪的刑罚执行完毕或者赦免以后 5 年内。所谓"刑罚执行完毕"，是指主刑执行完毕，不包括附加刑在内。主刑执行完毕、附加刑尚在执行中的犯罪分子又犯新罪的，不影响累犯的构成。

4. 前罪与后罪都是犯罪人在已满 18 周岁后所犯。

（二）特殊累犯

根据《刑法修正案（八）》修订后的《刑法》第 66 条规定："危害国家安全犯罪、恐怖活动犯罪、黑社会性质的组织犯罪的犯罪分子，在刑罚执行完毕或者赦免以后，在任何时候再犯上述任一类罪的，都以累犯论处。"因此，特殊累犯，即指因犯危害国家安全犯罪、恐怖活动犯罪、黑社会性质的组织犯罪被判刑，在刑罚执行完毕或者赦免以后，再犯危害国家安全犯罪、恐怖活动犯罪、黑社会性质的组织犯罪的犯罪分子。其构成条件如下。

1. 前罪与后罪都是危害国家安全犯罪、恐怖活动犯罪、黑社会性质的组织犯罪中的任一具体犯罪。前后罪中有一罪是其他类犯罪的，不构成特殊累犯；如果符合普通累犯条件的，可以构成普通累犯。

2. 前罪所判刑罚和后罪应判刑罚的轻重不受限制。即使前后两罪或者其中一罪判处了管制、拘役甚至单处附加刑，也不影响特殊累犯的构成。

3. 后罪可以发生在前罪刑罚执行完毕或者赦免以后的任何时候，不受两罪间隔时间长短的限制。

（三）累犯的处罚

我国《刑法》规定对累犯“应当从重处罚”。

对于《刑法》规定的对累犯“应当从重处罚”的原则，可以从以下几点来把握。

1. 对累犯“从重”处罚，是指在法定刑幅度内处以较重甚至最重的刑罚处罚，“从重”仍然应以其所犯罪的严重程度为基准，并在此基础上从重处罚。

2. 对累犯从重处罚并非一律判处法定最高刑。

3. 对于累犯，不适用缓刑。

4. 对累犯不得适用假释。如果累犯在服刑期间认真遵守监规，接受教育改造，确有悔改表现的或者有立功表现的，可以根据实际情况适用减刑。

二、自首

（一）自首的概念和条件

《刑法》第 67 条规定：“犯罪以后自动投案，如实供述自己的罪行的，是自首。对于自首的犯罪分子，可以从轻或者减轻处罚。其中，犯罪较轻的，可以免除处罚。被采取强制措施的犯罪嫌疑人、被告人和正在服刑的罪犯，如实供述司法机关还未掌握的本人其他罪行的，以自首论。”因此，自首是指犯罪分子犯罪以后自动投案如实供述自己的罪行的行为，或者被采取强制措施的犯罪嫌疑人、被告人和正在服刑的罪犯如实供述司法机关还未掌握的本人其他罪行的行为。

根据犯罪分子自首时是否处于被司法机关采取强制措施的状态，可以将自首分为一般自首与余罪的自首两种。

1. 一般自首

一般自首，是指犯罪分子犯罪以后自动投案，如实供述自己的罪行的行为。根据《刑法》的规定，一般自首的成立需要具备两个条件，即自动投案和如实供述自己的罪行。

（1）自动投案。自动投案是自首成立的前提条件。所谓自动投案，是指犯罪人于犯罪之后，犯罪事实或者犯罪嫌疑人未被司法机关发觉，或者虽被发觉，但犯罪嫌疑人尚未受到讯问、未被采取强制措施时，主动、直接向公安机关、人民检察院、人民法院或者向其所在单位、城乡基层组织、其他有关负责人员投案，承认自己实施了犯罪，并自愿置于所投机关或个人的控制之下，等候交代犯罪事实的行为。

自动投案的形式，一般没有限制。犯罪人因病、伤或者为了减轻犯罪后果等其他特殊原因，不能本人亲自投案，而委托他人代为投案的，或者先以信、电等方式投案，亦应认为是自动投案。

自动投案的时间，既可以是在犯罪被发觉前，也可以是在犯罪被发觉后。

但要注意，犯罪嫌疑人在自动投案以后，甚至在供述自己的罪行后又逃跑的，不能认定为自首，因为犯罪嫌疑人的逃跑行为实际是对其自动投案行为的否定。投案以后而又逃跑，从而使其以前的自动投案失去了作为自首构成要件的价值。

（2）如实供述自己的罪行。即犯罪嫌疑人自动投案后，如实交代自己的主要犯罪事实。而且，共同犯罪中供述共同犯罪人的存在应属如实供述的重要内容，不能仅理解为投案人只供述自己个人实施的行为。因此，共同犯罪案件中的犯罪嫌疑人，除如实供述自己的罪行，还应当供述所知的同案犯，主犯则应当供述所知其他同案犯的共同犯罪事实，才能认定为自首。隐瞒其他共犯人的供述，不能视为如实。

如果犯有数罪的犯罪嫌疑人仅如实供述所犯数罪中部分犯罪的，只对如实供述部分犯罪的行为认定为自首。对未如实供述的部分，不能作为自首处理。

犯罪人供述自己罪行的方式是多种多样的，有口头的、书面的、直接的、间接的、当面的或电信的方式等。

具备了上述两个条件，即可认定为自首。但是，犯罪嫌疑人自动投案并如实供述自己的罪行后又翻供的，不能认定为自首；但在一审判决前又能如实供述的，仍应当认定为自首。

2. 余罪的自首

所谓余罪的自首，是指被采取强制措施的犯罪嫌疑人、被告人和正在服刑的罪犯，如实供述司法机关还未掌握的本人其他罪行的行为。

根据我国《刑法》的规定，构成余罪的自首，必须具备以下几个特征。

（1）适用对象是已被采取强制措施的犯罪嫌疑人、被告人和正在服刑的罪犯。

（2）如实供述了自己的其他罪行。所谓“其他罪行”，又称“余罪”，是相对于已被查获的罪行而言的，指的是犯罪嫌疑人、被告人和服刑的罪犯被指控、处理的罪行以外的罪行。这里的“其他罪行”，根据最高人民法院《关于处理自首和立功具体案件应用法律若干问题的解释》第 2 条的规定，主要是指“与司法机关已掌握的或者判决确定的罪行属不同种罪行”的其他罪行。

（3）所供述的罪行须是尚未被司法机关发觉的。

（二）自首犯的处罚

我国《刑法》第 67 条第 1 款规定：“对于自首的犯罪分子，可以从轻或者减轻处罚。其中，犯罪较轻的，可以免除处罚。”

根据《刑法》第 67 条和第 68 条的规定，对自首犯的处罚包括两种情况。

1. “对于自首的犯罪分子，可以从轻或者减轻处罚。”犯罪后自首可以从轻或者减轻处罚，并非对每一自首的犯罪人都一律从轻、减轻处罚，而是既可以从轻、减轻处罚，也可以不从轻、减轻处罚。

2. “犯罪较轻的，可以免除处罚。”但何为“犯罪较轻”？本书认为，以犯罪行为应判处 3 年以下有期徒刑作为标准较为合适。

三、坦白

（一）坦白的概念与成立条件

刑法上的坦白一般是指犯罪人被动归案后，如实供述自己的罪行的行为。

根据《刑法》的规定，构成坦白应当具备以下几个要件。

1. 犯罪人被动归案。

2. 犯罪人如实供述罪行。犯罪人供述的是司法机关已经掌握的罪行或者尚未掌握的与被指控的罪行同种的犯罪事实。如果犯罪人供述的是司法机关没有掌握的其他不同种的犯罪事实，则属于余罪的自首，而不属于坦白。

3. 犯罪人供述的是自己的罪行。

(二) 对有坦白情节犯罪人的处理原则

根据《刑法》第 67 条第 3 款的规定，犯罪嫌疑人虽然不具有自首情节，但是如实供述自己罪行的，可以从轻处罚；因其如实供述自己罪行，避免特别严重后果发生的，可以减轻处罚。

四、立功

(一) 立功的概念和构成

《刑法》第 68 条规定："犯罪分子有揭发他人犯罪行为，查证属实的，或者提供重要线索，从而得以侦破其他案件等立功表现的，可以从轻或者减轻处罚；有重大立功表现的，应当减轻或者免除处罚。"因此，刑法中的作为量刑情节之一的立功，是指犯罪分子有揭发他人犯罪行为查证属实的，或者提供重要线索，从而得以侦破其他案件等情况。

根据《刑法》的规定，作为量刑情节之一的立功，必须具备以下构成条件。

1. 其主体必须是犯罪分子，即实施了危害社会的犯罪行为依法应当承担刑事责任的自然人。

2. 应在生效判决或裁定作出之前，行为人作出立功行为。

3. 具有具体的立功行为表现。

(二) 对有立功表现的犯罪人的处罚原则

根据《刑法》第 68 条的规定，对有立功表现的犯罪人，分别不同情况适用不同的处罚原则。

1. 有立功表现的，"可以从轻或者减轻处罚"。

2. "有重大立功表现的，可以减轻或者免除处罚。"

五、数罪并罚

(一) 数罪并罚的概念

数罪并罚是指对一人犯数罪的合并处罚。我国刑法中的数罪并罚制度，是指同一个犯罪人，在判决宣告以前犯数罪的；或在判决以后，刑罚执行中又发现有漏判之罪的；或在判决宣告以后刑罚执行中又犯新罪的，或在缓刑、假释考验期内又犯新罪的，应将数罪合并处理的制度。

（二）数罪并罚的原则

1. 各国刑法中采用过的数罪并罚原则

数罪并罚的原则，是指对一人所犯数罪合并处罚所依据的原则，即如何对数罪实行并罚。考察世界各国立法例，概括起来，主要有以下几种原则。

（1）并科原则。又称相加原则或合并原则。即根据“有罪必罚”和“一罪一罚”的原则，要求对数罪分别宣告刑罚，然后绝对相加，各罪刑罚相加的总和即为应执行的刑罚。

（2）吸收原则。即“重刑吸收轻刑”原则，指的是对所犯数罪分别宣告刑罚，选择其中最重的一种刑罚作为执行的刑罚，其他较轻的刑罚被最重的刑罚所吸收，不予执行。

（3）限制加重原则。又称限制相加原则。这是鉴于吸收原则和并科原则存在重大缺陷而提出的原则。它是指对数罪分别判刑后，在其中最重的一个刑罚以上、数罪总和刑以下，确定应执行的刑罚，并规定刑期最高不得超过一定的限度。

（4）综合原则。即综合吸收上述三种原则的合理之处而形成的以限制加重原则为主，以吸收和并科原则为补充的原则。

2. 我国刑法规定的数罪并罚原则

根据《刑法修正案（八）》修订后的我国《刑法》第 69 条规定：“判决宣告以前一个犯数罪的，除判处死刑和无期徒刑的以外，应当在总和刑期以下、数刑中最高刑期以上，酌情决定执行的刑期，但是管制最高不能超过三年，拘役最高不能超过一年，有期徒刑总和刑期不满三十五年的，最高不能超过二十年，总和刑期在三十五年以上的，最高不能超过二十五年。数罪中有判处有期徒刑和拘役的，执行有期徒刑。数罪中有判处有期徒刑和管制，或者拘役和管制的，有期徒刑、拘役执行完毕后，管制仍须执行。如果数罪中有判处附加刑的，附加刑仍须执行，其中附加刑种类相同的，合并执行，种类不同的，分别执行。”从这条规定可以看出，我国《刑法》对数罪并罚实行的是综合原则，即以限制加重原则为主，以吸收和并科原则为补充的原则。具体表现如下。

（1）数罪中有一罪被判处死刑或无期徒刑的，采用吸收原则。数罪中宣告几个死刑或最重为死刑的，执行一个死刑，不执行其他主刑。

（2）对判处数个有期徒刑、拘役、管制的，采取限制加重的原则，即在“总和刑期以下、数刑中最高刑以上，酌情决定执行的刑期，但管制最高不超过三年，拘役最高不超过一年，有期徒刑总和刑期不满三十五年的，最高不能超过二十年，总和刑期在三十五年以上的，最高不能超过二十五年”。

（3）数罪中有被判处有期徒刑和管制，或者拘役和管制的，根据《刑法》第 69 条第 2 款的规定，应当采用并科原则，即有期徒刑、拘役执行完毕之后，管制仍须执行。

（4）附加刑和主刑之间、附加刑之间采用并科原则。根据《刑法》第 69 条第

3 款的规定，主刑按照一定原则并罚之后，附加刑仍要执行，不能和主刑折抵，也不能为主刑所吸收。同种类的附加刑应当合并执行；不同种类的附加刑分别执行。

(三) 适用数罪并罚的几种情况

根据我国《刑法》的规定，适用数罪并罚有以下几种不同情况。

1. 判决宣告以前犯数罪的并罚

判决宣告以前，如果一人犯数罪已被发现，即应对所发现的数罪进行并罚。具体的并罚方法是：先对行为人所犯各罪分别定罪量刑，然后，按照《刑法》第 69 条规定的数罪并罚的原则和方法决定应当执行的刑罚。这里所说的“判决”应当指已经生效的判决。

2. 刑罚未执行完毕以前发现漏罪的并罚

判决宣告以后，刑罚执行完毕以前，发现被判刑的犯罪人在判决宣告前还有其他罪没有判决的并罚，根据《刑法》第 70 条的规定，“应当对新发现的罪作出判决，把前后两个判决所判处的刑罚，依照本法第六十九条的规定，决定执行的刑罚。已经执行的刑期，应当计算在新判决决定的刑期以内”，即通常所说的“先并后减”的合并处罚方法。由于此时即使新发现的犯罪是与原判决的罪行是同种犯罪，也应该一律并罚，因而此种情形的并罚在一定场合可能比判决宣告前一人犯数罪的处罚结果要严厉些。

3. 判决宣告后又犯新罪的并罚

判决宣告后又犯新罪的并罚是指判决宣告以后，刑罚执行完毕以前，犯罪分子又犯新罪，将前罪和新犯的罪并罚的情况。具体的并罚方法，根据《刑法》第 71 条的规定，“应当对新犯的罪作出判决，把前罪没有执行的刑罚和后罪所判处的刑罚，按照本法第六十九条的规定，决定执行的刑罚”。这种计算方法称为“先减后并”，即将原来没有执行完毕的刑与新犯罪的刑进行合并。其解决的是犯新罪的问题，而前种“先并后减”方法解决的是原罪没被发现而在服刑中被发现的并罚问题。

4. 在缓刑和假释考验期内发现漏罪或者又犯新罪的并罚

对在缓刑考验期内又犯新罪或者被发现漏罪的并罚，根据《刑法》第 77 条第 1 款的规定，“被宣告缓刑的犯罪分子，在缓刑考验期限内犯新罪或者发现判决宣告以前还有其他罪没有判决的，应当撤销缓刑，对新犯的罪或者新发现的罪作出判决，把前罪和后罪所判处的刑罚，依照本法第六十九条的规定，决定执行的刑罚”。

对假释考验期内又犯新罪或者发现漏罪的并罚，按照《刑法》第 86 条第 1、2 款的规定，“被假释的犯罪分子，在假释考验期限内犯新罪，应当撤销假释，依照本法第七十一条的规定实行数罪并罚。在假释考验期限内，发现被假释的犯罪分子在判决宣告以前还有其他罪没有判决的，应当撤销假释，依照本法第七十条的规定实行数罪并罚”。即旧罪仍是“先并后减”，新罪是“先减后并”。

六、缓刑

（一）缓刑的概念

根据我国《刑法》第 72 条的规定，缓刑是指人民法院对于被判处拘役、3 年以下有期徒刑的犯罪分子，因为其犯罪情节较轻，有悔罪表现，没有再犯罪危险，认为暂不执行原判刑罚对其所居住社区没有重大不良影响，进而对其规定一定的考验期，在考验期内如果没有再犯新罪或者没有严重违反法律、法规、规定以及没有被发现判决宣告以前还有其他罪没有判决的，原判刑罚就不再执行的一种刑罚制度。

（二）缓刑的适用条件

根据《刑法》第 72、74 条的规定，缓刑的适用条件如下。

（1）犯罪分子被判处拘役或 3 年以下有期徒刑的刑罚。

（2）犯罪人必须是犯罪情节较轻，有悔罪表现，没有再犯罪危险，认为暂不执行原判刑罚对其所居住社区没有重大不良影响的犯罪人。

（3）犯罪人不是累犯和犯罪集团的首要分子。

必须同时符合上述三个条件，才能宣告缓刑。缺少上述任何一种条件，都不能宣告缓刑。根据《刑法修正案（八）》修正后的《刑法》第 72 条规定，对于具备适用缓刑条件的犯罪人，可以宣告缓刑，对其中不满 18 岁的人、怀孕的妇女和已满 75 周岁的犯罪人，如果具备适用缓刑条件，就应当宣告缓刑。

（三）缓刑考验期

缓刑考验期，是指对被宣告缓刑的犯罪人进行考察的一定期限。我国《刑法》第 73 条第 1、2 款规定："拘役的缓刑考验期限为原判刑期以上一年以下，但是不能少于二个月。有期徒刑的缓刑考验期限为原判刑期以上五年以下，但是不能少于一年。"人民法院在对犯罪分子适用缓刑时，要根据案件的具体情况和法律的规定，确定适当的考验期。根据《刑法》第 73 条第 3 款的规定，缓刑考验期限，从判决确定之日起计算。所谓判决确定之日，指判决发生法律效力之日。判决前先行羁押的日期，不能折抵缓刑考验期。如果撤销缓刑，执行原判刑罚时，则以前的羁押日期可以依法折抵刑期。宣告缓刑的犯罪人，其原判刑罚暂不执行，仅仅是对主刑而言；如果还判处了附加刑，附加刑仍须执行。

（四）对缓刑犯的考察

《刑法》第 76 条明确规定："被宣告缓刑的犯罪分子，在缓刑考验期限内，依法实行社区矫正，如果没有本法第七十七条规定的情形，缓刑考验期满，原判的刑罚就不再执行，并公开予以宣告。"这就明确了对宣告缓刑的犯罪分子进行考察的机关是社区，由社区对其进行考察和社区矫正。《刑法》在第 75 条明确规定了被宣告缓刑的犯罪人在缓刑考验期内应遵守的内容，这也是对被宣告缓刑的犯罪分子在缓刑考验期间考察的内容：（1）遵守法律、行政法规，服从监督；（2）按照考察机关的规定报告自己的活动情况；（3）遵守考察机关关于会客的规定；（4）离开居住的市、县或迁居，应当报经考察机关批准。

另外，根据《刑法修正案（八）》修正后的《刑法》第72条第2款的规定，人民法院在决定对犯罪人宣告缓刑时，可以根据犯罪情况，同时禁止犯罪分子在缓刑考验期限内从事特定活动，进行特定区域、场所，接触特定的人。这种禁止令的目的是防止被适用缓刑的犯罪人从事易于引起其犯意的工作，进入易于引起其产生犯意的场所，接触易于引起其犯意的人，从而避免被判处缓刑的犯罪人重新犯罪，具有积极的意义。

（五）缓刑的法律后果

1. 缓刑不包括附加刑。被宣告缓刑，仅是针对拘役、3年以下有期徒刑而言，如果犯罪人还被判处附加刑的，附加刑仍须执行。

2. 被宣告缓刑的人在缓刑考验期满后，原判刑罚不再执行。根据《刑法》第76条的规定，“被宣告缓刑的犯罪分子，在缓刑考验期限内……如果没有本法第七十七条规定的情形，缓刑考验期满，原判的刑罚就不再执行，并公开予以宣告”。

（六）缓刑的撤销

《刑法修正案（八）》修正后的现行《刑法》第77条第1款规定：“在缓刑考验期限内犯新罪或者发现判决宣告以前还有其他罪没有判决的，应当撤销缓刑”。该条第2款规定：“在缓刑考验期限内，违反法律、行政法规或者国务院有关部门关于缓刑的监督管理规定，或者违反人民法院判决中的禁止令，情节严重的，应当撤销缓刑，执行原判刑罚。”这条规定说明，如果出现缓刑犯再犯新罪、发现漏罪或严重违反法律、行政法规和监督管理规定等三种情况，均可撤销缓刑。

（七）特别缓刑

在我国《刑法》中还对犯罪军人战时适用缓刑作了特别的规定。

《刑法》第449条规定：“在战时，对被判处三年以下有期徒刑没有现实危险宣告缓刑的犯罪军人，允许其戴罪立功，确有立功表现时，可以撤销原判刑罚，不以犯罪论处。”与一般缓刑相比，这一条的规定只适用于特定的时间与特定的对象，即只适用于战时被判处3年以下有期徒刑且没有现实危险的犯罪军人；其法律后果也与一般缓刑有所区别，一般缓刑只是不再执行原判刑罚，有罪判决仍然存在，而这种特别缓刑的法律后果是“不以犯罪论处”，即不仅不执行原判刑罚，而且不认为被宣告缓刑的军人是犯罪人；同时，在撤销原判刑罚的条件上也不受时间的限制，只要是“确有立功表现”，即可以撤销原判刑罚，而不需要等到缓刑考验期满。

【案例评析】

1. 案情简介

冯某因非法行医致人死亡于1999年2月3日被刑事拘留，2月17日因检察院不批捕而被取保候审，并交保证金3 500元。5月19日检察院决定逮捕，公安机关为执行逮捕分别于5月19日和21日两次到冯家通知冯到指定地点，因冯未到，公安机关遂于5月21日将保证金没收。9月20日，冯在父亲陪同下到派出所投案。①

2. 基本问题

犯罪嫌疑人被公安机关抓获并被采取强制措施②之后，畏罪潜逃，后又自动投案，并如实供述自己的罪行的，是否认定为自首？

3. 知识内容

对于本案涉及的这个基本问题，在我国刑法学界形成了两种不同的观点。主张不认定为自首的否定说的学者认为，犯罪嫌疑人被采取强制措施以后逃跑，就相同的犯罪事实不存在再次自动投案，因为“犯罪嫌疑人在被采取强制措施后（如被取保候审期间），有‘在传讯的时候及时到案’的义务，取保候审后逃跑，在被通缉、追捕的过程中，自动到案，实际上是在履行自己的到案义务，并非自首意义上的自动投案，另外对取保候审期间逃跑后又自动到案认定为自首的话，则会产生不良的社会效果”③。主张认定为自首的肯定说的学者认为，此种情形属于在逃跑过程中自动投案，如实供述了自己的罪行，符合法定条件，应认定自首。因为“犯罪嫌疑人逃跑后，他已经脱离了原先司法机关的控制，由已归案回复到尚未归案。在被司法机关缉捕之前，是否重新置于司法机关的控制之下，犯罪嫌疑人有一定的选择空间与自由。如果他在自己意志支配之下，选择了自动投案，将自己重新置于司法机关的控制之下，不应影响其自动投案的成立”④。同时，肯定说还反驳了犯罪嫌疑人逃跑后有归案义务的观点，认为“正像犯罪产生的是刑事债务而非到案义务一样，逃跑是一种法律事实，产生的也只是责任，而不是义务。犯罪嫌疑人逃跑与逃跑后自动归案，是两个不同的法律事实，刑法上所作的评价性质不同，可以并行不悖”⑤。

对于这两种针锋相对的观点，本书认为，成立自首的关键条件是“自动投案”，而对“自动投案”的分析不能就事论事，而应该从自首的本质来探讨“自动投案”的成立基础。因此，只有通过从理论上探讨自首制度的立法目的和本质，进而探究自首成立条件之“自动投案”的特征，这样才能更好地分析这种情形是否成立自首。

自首制度的本质是由自首的立法根据决定的。自首的立法根据是理解和认定自

---

① 司明灯. 取保候审与自首认定的两个问题. 人民法院报，2002-09-16.

② 根据我国《刑事诉讼法》的规定，这里的强制措施包括拘留、逮捕、取保候审、监视居住等.

③ 赵家刚，等. 取保期间逃跑后自动到案的不应认定为自首. 人民法院报，2001-01-16.

④ 孙国祥. 自动投案认定中的若干实务问题辨析//李希慧，刘宪权. 中国刑法学年会文集（2005年度）：第一卷 刑罚制度研究. 上册. 北京：中国人民公安大学出版社，2005：275.

⑤ 同④.

首的基础，因此，要探究自首制度的本质，首先就要对自首的立法根据进行研究。自首的立法根据，即在刑法总则中将自首规定为任意的从轻、减轻处罚事由的根据。自首制度的立法根据究竟是什么呢？对此众说纷纭，在我国刑法学界主要有以下三种观点。

第一种观点是将自首从宽处罚的根据归纳为犯罪的客观危害程度的减少①和主观恶性的减小。②

本书认为，这种观点不妥当。因为，犯罪的社会危害性是客观危害、主观恶性和犯罪人的人身危险性三者的统一，在行为人实施犯罪事实过程当中主要集中体现的是犯罪的客观危害和行为人的主观恶性③，客观危害和主观恶性都是一个既定的量，是通过犯罪行为表现出来的，当犯罪行为完成时，两者都已经表露无遗，不可能再有所增加或减少。相反，在行为人实施犯罪行为完毕之后的自首，反映的是犯罪嫌疑人对其已犯罪行的一种悔罪态度，它体现的是犯罪人的人身危险性减小。因此，自首的立法根据不能认定为是已犯罪行的客观危害和主观恶性的减小，否则就是将两者混为一谈。

第二种观点认为，刑法总则规定的自首制度，旨在通过鼓励犯罪人自动投案并如实供述自己的罪行，一方面促使犯罪人悔过自新，不再继续作案；另一方面使案件及时侦破和审判。换言之，将自首规定为任意的（是用“可以”而非“应当”）从轻、减轻处罚事由，一方面是考虑到犯罪人可能具有悔过自新之意，因而其再犯可能性减小导致其人身危险性减小；另一方面是基于使案件得以及时侦破和审判的政策理由。④ 自首制度作为一种量刑制度，体现了预防犯罪的刑罚目的和宽严相济的刑事司法政策。因此，根据这种观点，认定犯罪嫌疑人构成自首的根据主要有：（1）犯罪嫌疑人自首的行为本身就表明了其对已犯罪行的一种悔罪态度，即反映了犯罪嫌疑人人身危险性的减弱或消除。（2）犯罪嫌疑人自首的行为从刑事政策的角度来讲，是对国家司法资源的节约。因为自首极大地鼓励了犯罪嫌疑人主动投案，交代自己的犯罪事实，从而为司法机关顺利进行侦查、起诉、审判工作提供了方便，即节约了司法资源。⑤

本书认为，悔过自新不是自首的本质。理由概括起来主要有四点：其一，悔罪不是自首的特有属性，不能把自首和其他相关刑法制度区别开来。例如，被动归案后罪犯出于悔罪的心情而坦白交代自己的罪行；没有归案但出于悔罪而退赃的行为；这些无疑都是一种悔罪表现，却与自首无关。可见悔罪不能把自首和上述坦白、供认以及其他一些非自首的悔罪行为区别开来，因此不能把它当做自首的本质。其二，将悔罪作为自首的本质不适当地缩小了自首的范围，把一些值得从宽处罚的行为排除出自首的范围。悔罪或悔改只是自首的动机之一，并不适合于自首的所有情况。

---

① 周振想. 刑罚适用论. 北京：法律出版社，1990：297.

② 丁慕英，等. 刑法实施中的重点和难点问题研究. 北京：法律出版社，1998：547.

③ 陈兴良. 当代中国刑法新境域. 北京：中国政法大学出版社，2002. 588.

④ 张明楷. 刑法学. 3版. 北京：法律出版社，2007：477.

⑤ 马克昌. 刑罚通论. 武汉：武汉大学出版社，1999：386.

在司法实践中，自首的动机是多种多样、纷繁复杂的：有的是出于真心悔悟、痛改前非；有的是慑于法律的威严，为了争取宽大处理；有的是在亲友的规劝和压力下，勉强投案；还有的是长期外逃、衣食无着、走投无路，等等。上述诸多原因显然不是悔罪所能概括得了的。然而，无论出于何种动机，只要符合自首的法定要件，均不影响自首的成立。其三，我国《刑法》对自首的任意从减的规定也说明了悔罪不是自首的本质。诚如有学者所说，“如果认为只有悔罪，才有自首，那么，对于自首规定‘可以从轻或减轻处罚’，就与我国的刑罚目的不符合。我国刑罚的目的不是报复，而是为了改造犯罪分子，预防犯罪。既然犯罪分子已经悔罪，那就应当从轻处罚，为什么还可以不从轻处罚呢?”① 其四，从我国现行《刑法》关于自首的规定看，将自首的本质归纳为悔罪或悔改于法无据。从《刑法》第 67 条的表述看，自首的立法目的在于能够及时侦破与审判案件，节约司法成本。所以，将自首的本质归于悔罪，会使大量的自首犯得不到应有的认可，这不利于感召犯罪嫌疑人主动归案，有悖于自首的立法目的。② 因此，我国刑法正是考虑到行为人仅仅是可能具有悔过自新之意，才将自首规定为任意性从轻或减轻处罚事由，行为人虽自动投案后如实供述自己的罪行，但无悔过自新之意，也因为其行为使案件的侦查和审判变得更加容易而应认定为自首③，并不需要行为人必然具有悔过自新之意。

第三种观点认为，自首的本质是使犯罪人犯罪后把自己交付国家追诉。④ 即强调犯罪嫌疑人犯罪后主动将自己交付国家追诉，从而使犯罪得以及时侦破和审判。无论是一般自首还是余罪自首，都体现了这一本质内容。在《刑法》第 67 条第 1 款规定的一般自首情况下，犯罪人的人身为司法机关所控制是因为自动投案；在第 2 款余罪自首情况下，犯罪人虽无自动投案的形式，但其如实供述司法机关还未掌握的本人其他罪行的行为本身，即说明了犯罪人是主动将自己交付给司法机关追诉其罪行。

本书认为，第三种观点是正确的，因为自首的核心就是强调犯罪嫌疑人犯罪后主动将自己交付国家追诉，节约司法资源。因此，可以这样归纳自首的本质，就是犯罪嫌疑人犯罪后主动将自己交付国家追诉，从而使犯罪得以及时侦破和审判，达到节约司法资源的效果。

根据对自首的本质分析，我们支持否定说的观点，主要理由如下。

首先，本案的犯罪嫌疑人的行为没有体现出将自己主动交付给国家追诉并在客观上起到使犯罪及时被侦破和审判的效果。因为犯罪嫌疑人之前是处于被动归案而不是自首的地位，犯罪的及时侦破和审判并不是由犯罪人的后一个归案行为所引起的结果，不符合自首的本质，因此，此时犯罪嫌疑人的行为自然就不能被认定为自首。随后其逃跑后又归案的行为只能体现犯罪嫌疑人对逃跑之后的行为的主动归案心态，节约的也只是逃跑之后的对其抓捕所需要花费的国家司法资源，不能因为逃

---

① 马克昌. 论自首. 法学评论，1983（3）.

② 高铭暄. 刑法专论. 2 版. 北京：高等教育出版社，2003：396.

③ 张明楷. 刑法学. 3 版. 北京：法律出版社，2007：477.

④ 高铭暄. 刑法学原理. 第 3 卷. 北京：中国人民大学出版社，1994：318.

跑之后再归案的行为认定前面的犯罪行为成立自首。

其次，若犯罪人的行为被认定为自首的话，将可能导致其他潜在犯罪人纷纷通过这种方式来逃避惩罚，这样不仅是对其他没有脱逃、主动遵守相关规定的犯罪嫌疑人的一种不公平待遇，更可能助长更多的其他犯罪嫌疑人的脱逃行为的发生。因为只要先逃跑再自动投案，就可以认定为自首并可以从轻、减轻处罚，基于人性趋利避害的本性，谁不愿意逃呢？[①]

最后，我们应该注意到，刑罚的目的不仅是满足被害人以及社会民众的报应观念，更应该关注对犯罪人的特殊预防功能和对社会上一般的潜在犯罪人的一般预防功能。如果刑罚的设置不仅不能遏制犯罪嫌疑人的犯罪，反而更加鼓励、助长犯罪人和一般的潜在犯罪人都采取更恶劣的违法犯罪行为（如脱逃），即刑罚的设置都无法满足对犯罪人的特殊预防（减少犯罪人再次犯罪可能性）和对潜在犯罪人的一般预防（减少其他人初次犯罪的可能性）功能，那只能说明刑罚的设置存在问题，它是在诱惑每个犯罪嫌疑人去实施这样的逃跑行为，即使老实巴交的犯罪嫌疑人也不会无动于衷的。这样的话，将导致对司法资源的极大的破坏和浪费，司法机关不得不花费大量的人力、物力去看守犯罪嫌疑人，不得不取消一些在我国本来用意是避免“交叉感染”和更好地保障犯罪嫌疑人人权的较好的强制措施，如取保候审、监视居住等。因此，对于本案这种情形，如果犯罪嫌疑人的行为能够被认定为自首，那这种自首的设置不仅没能遏制其他潜在犯罪人犯罪，反而在鼓励犯罪人实行这种脱逃行为，这是与刑罚的目的完全相悖的。

综上，本书认为，此种情形下的犯罪嫌疑人的行为不能被认定为自首。实际上，最高人民法院 1998 年 4 月 6 日颁布的《关于处理自首和立功具体应用法律若干问题的解释》第 1 条也是这样规定的：自动投案，是指犯罪事实或者犯罪嫌疑人未被司法机关发觉，或者虽被发觉，但犯罪嫌疑人尚未受到讯问、未被采取强制措施时，主动、直接向公安机关、人民检察院或者人民法院投案。最高人民法院、最高人民检察院 2009 年新出台的司法解释《关于办理职务犯罪案件认定自首、立功等量刑情节若干问题的意见》中第 1 条加强了对这个问题的强调。因此，对于被动归案的犯罪嫌疑人在被司法机关采取强制措施之后潜逃，但随后又主动归案的，不应该属于自首。

当然，同时也应该看到，犯罪嫌疑人的行为与那些被采取强制措施之后逃跑但没有自动投案的犯罪嫌疑人还是有一定的区别的。如果不对其采取一定的鼓励措施的话，将导致被采取强制措施的犯罪嫌疑人逃跑后，都不会主动投案，也失去了给

① 就像有学者举例说，当两个犯罪嫌疑人分别受贿 5 万元，都被取保候审，一个犯罪嫌疑人能严格遵守法律规定，但因没有法定的减轻处罚情节，被从轻判处有期徒刑 5 年。而另一个犯罪嫌疑人在取保候审期间逃跑，被通缉、追捕后又回来投案自首，他可能会因为有自首情节被减轻处罚，处 5 年以下的有期徒刑。这确实很不公平，确实很容易变相鼓励犯罪嫌疑人先逃跑后再回来投案自首，争取被认定为自首，从轻或减轻处罚。孙国祥. 自动投案认定中的若干实务问题辨析//李希慧，刘宪权. 中国刑法学年会文集（2005 年度）：第一卷 刑罚制度研究. 上册. 北京：中国人民公安大学出版社，2005：275.

犯罪嫌疑人悔罪的机会。刑法应该随时给犯罪人架设“悔罪的金桥”①。因此，本书认为，对于这种情况，可以分以下几种情形讨论：第一，如果对犯罪嫌疑人之前采取的是取保候审的强制措施的话，根据规定，取保候审的人要交纳保证金，当取保候审的人逃跑后，保证金将自动被司法机关没收。但是，针对那种再自动投案的犯罪人，保证金可以归还一部分，根据其逃跑的时间长短来决定归还的比例。第二，对于逃跑之前采取监视居住强制措施的犯罪嫌疑人，如果其再次自动投案，对其之前的逃跑行为就没有必要追究任何责任。第三，对于逃跑之前采取关押的强制措施的犯罪嫌疑人，根据《刑法》规定，其被采取关押期间的逃跑行为要被认定为脱逃罪。如果其再次自动投案的话，可以认定为脱逃罪的自首，对于脱逃罪的量刑可以从轻、减轻处罚。

通过以上分析，针对冯某案件可以得出如下结论：虽然本案中冯某的归案表明其人身危险性已经减少，其归案也可以达到节约国家司法资源的目的，但并不能够将其认定为自首。然而冯某的行为与那些被取保候审后逃跑但没有自动投案的犯罪人还是有一定的区别，可以考虑归还一部分其原来缴纳的保证金，并根据其逃跑的时间长短来决定归还的比例。这样逃跑后再自动投案的犯罪人就能够获得一定的保证金的返还，从而有利于鼓励逃跑的犯罪人再主动投案。

实务训练

1. 请根据案例评析中的案例，写一份辩护词。要求格式规范、条理清晰、层次分明、有理有据、入情入理。

2. 请根据案例评析中的案例，写一份判决书。要求格式规范、条理清晰、层次分明、说理透彻。

课后练习

一、单项选择题

1. 对下列哪一情形应当实行数罪并罚？（　　）

A. 在走私普通货物、物品过程中，以暴力、威胁方法抗拒缉私的

B. 在走私毒品过程中，以暴力方法抗拒检查，情节严重的

C. 在组织他人偷越国（边）境过程中，以暴力方法抗拒检查的

D. 在运送他人偷越国（边）境过程中，以暴力方法抗拒检查的

① 有学者将自首认定为“犯罪分子的第二座黄金桥”。刘辉，祝伟. 构筑犯罪分子的第二座黄金桥//李希慧，刘宪权. 中国刑法学年会文集（2005年度）：第一卷 刑罚制度研究. 上册. 北京：中国人民公安大学出版社，2005：232.

2. 关于缓刑，下列哪一选项是错误的？（　　）
A. 对于累犯不适用缓刑
B. 对于危害国家安全的犯罪分子，不适用缓刑
C. 对于数罪并罚但宣告刑为 3 年以下有期徒刑的犯罪分子，可以适用缓刑
D. 虽然故意杀人罪的法定最低刑为 3 年有期徒刑，但只要符合缓刑条件，仍然可以适用缓刑
3. 关于假释，下列哪一选项是正确的？（　　）
A. 被假释的犯罪分子，未经执行机关批准，不得行使言论、出版、集会、结社、游行、示威自由的权利
B. 对于犯杀人、爆炸、抢劫、强奸、绑架等暴力性犯罪的犯罪分子，即使被判处 10 年以下有期徒刑，也不得适用假释
C. 对于累犯，只要被判处的刑罚为 10 年以下有期徒刑，均可适用假释
D. 被假释的犯罪分子，在假释考验期间再犯新罪的，不构成累犯
4. 关于假释，下列哪一选项是错误的？（　　）
A. 甲系被假释的犯罪分子，即便其在假释考验期内再犯新罪，也不构成累犯
B. 乙系危害国家安全的犯罪分子，对乙不能假释
C. 丙因犯罪被判处有期徒刑 2 年，缓刑 3 年。缓刑考验期满后，发现丙在缓刑考验期内的第 7 个月犯有抢劫罪，应当判处有期徒刑 8 年，数罪并罚决定执行 9 年。丙服刑 6 年时，因有悔罪表现而被裁定假释
D. 丁犯抢劫罪被判有期徒刑 9 年，犯寻衅滋事罪被判有期徒刑 5 年，数罪并罚后，决定执行有期徒刑 13 年，对丁可以假释
5. 关于累犯，下列哪一判断是正确的？（　　）
A. 甲因抢劫罪被判处有期徒刑 10 年，并被附加剥夺政治权利 3 年。甲在附加刑执行完毕之日起 5 年之内又犯罪。甲成立累犯
B. 甲犯抢夺罪于 2005 年 3 月假释出狱，考验期为剩余的 2 年刑期。甲从假释考验期满之日起 5 年内再故意犯重罪。甲成立累犯
C. 甲犯危害国家安全罪 5 年徒刑期满，6 年后又犯杀人罪。甲成立累犯
D. 对累犯可以从重处罚

二、多项选择题

1. 下列哪些情形不能数罪并罚？（　　）
A. 投保人甲，为了骗取保险金杀害被保险人
B. 15 周岁的甲，盗窃时拒捕杀死被害人
C. 司法工作人员甲，刑讯逼供致被害人死亡
D. 运送他人偷越边境的甲，遇到检查将被运送人推进大海溺死
2. 关于自首中的“如实供述”，下列哪些选项是错误的？（　　）
A. 甲自动投案后，如实交代自己的杀人行为，但拒绝说明凶器藏匿地点的，不成立自首
B. 乙犯有故意伤害罪、抢夺罪，自动投案后，仅如实供述抢夺行为，对伤害行

为一直主张自己是正当防卫的，仍然可以成立自首

C. 丙虽未自动投案，但办案机关所掌握线索针对的贪污事实不成立，在此范围外丙交代贪污罪行的，应当成立自首

D. 丁自动投案并如实供述自己的罪行后又翻供，但在二审判决前又如实供述的，应当认定为自首

3. 关于假释，下列哪些选项是错误的？（　　）

A. 被判处有期徒刑的犯罪分子，执行原判刑期的二分之一，如果符合假释条件，可以假释；如果有特殊情况，经高级人民法院核准，可以不受上述执行刑期的限制

B. 被假释的犯罪分子，在假释考验期内，遵守了各种相关规定，没有再犯新罪，也没有发现以前还有其他罪没有判决的，假释考验期满，剩余刑罚就不再执行

C. 被假释的犯罪分子，在假释考验期限内犯新罪的，应当撤销假释，按照先并后减的方法实行数罪并罚

D. 对于因杀人、绑架等暴力性犯罪判处 10 年以上有期徒刑的犯罪分子，不得假释；即使他们被减刑后，剩余刑期低于 10 年有期徒刑，也不得假释

延伸阅读

1. 马克昌．刑罚通论．修订版．武汉：武汉大学出版社，1999.

2. 高铭暄，赵秉志．刑罚总论比较研究．北京：北京大学出版社，2008.

3. 曲伶俐．刑罚学．北京：中国民主法制出版社，2009.

4. 郝方昉．刑罚现代化研究．北京：中国政法大学出版社，2011.

第十四章　刑罚的执行与消灭

【内容摘要】

刑罚执行是指刑事执行机关依法将发生法律效力的刑事裁判所确定的刑罚内容付诸实施的刑事司法活动。刑罚执行使刑罚由立法机关创制的规范形态和审判机关适用的宣告形态，转化为刑罚执行实践中的现实形态。在刑罚执行过程中，应当坚持合法性原则、教育性原则、人道性原则、效益性原则、个别化原则以及社会化原则。减刑、假释、社区矫正是我国重要的刑罚执行制度。刑罚消灭，是指由于法定或事实的原因，使基于具体犯罪产生的刑罚权归于消灭。我国刑法中规定的刑罚消灭事由主要有追诉时效制度与赦免制度两大类。

【学习目标】

（1）在知识学习层面，要熟悉我国刑法关于刑罚执行和刑罚消灭的规定。（2）在能力训练层面，要能够结合刑法规定，增强实践运用能力。同时，要能够认识诸如减刑、假释、社区矫正等刑罚执行制度背后的理论知识，增强思辨能力。（3）在价值引领层面，要通过对刑罚执行和刑罚消灭制度的学习，树立起法治观念和人道主义精神，做一个有情怀、有信念、有担当的法律人。

【知识要点】

一、刑罚执行

（一）刑罚执行的概念与原则

1. 刑罚执行的概念

刑罚执行是指法律规定的刑法执行机关依法将发生法律效力的刑事裁判所确定的刑罚内容付诸实施的刑事司法活动。对于刑罚执行概念的理解，可以通过执行主体、执行对象、执行依据、执行内容四个方面加以把握。

（1）执行主体：法律规定的刑罚执行机关

刑罚执行是国家专有的权力，依照我国现行法律的有关规定，人民法院、公安机关、监狱是我国主要的刑罚执行机关。其中，人民法院负责死刑立即执行、没收财产和罚金的执行；监狱负责死刑缓期二年执行、无期徒刑和有期徒刑的执行；公安机关负责拘役、剥夺政治权利以及1年以下或余刑在1年以下不便送往监狱执行的有期徒刑的执行。当然，没收财产与死刑立即执行的执行机关在某些情况下也可能有所变通，即对于没收财产，人民法院在必要时也可会同公安机关执行；对于死刑立即执行，人民法院在没有条件执行时，也可以交付公安机关执行。

需要注意的是，《刑法修正案（八）》在对管制、缓刑、假释等条款的修正过程中，均增加了社区矫正的内容；2019年12月28日，十三届全国人大常委会第十五次会议通过了《中华人民共和国社区矫正法》，该法于2020年7月1日起施行。据此，根据我国《刑法》和《社区矫正法》的相关规定，司法行政机关被赋予了刑罚执行权。这也就意味着，司法行政机关是继人民法院、公安机关和监狱这三大法定刑罚执行机关之后的我国第四大刑罚执行机关。

（2）执行对象：经生效的刑事裁判所确定的有罪的人

刑罚执行的对象，又称罪犯，是指经生效的刑事裁判所确定的有罪的人。在此意义上，罪犯与犯罪人具有同一性。刑罚只能对依法判决有罪的人执行，这是罪刑法定原则的必然要求。否则，容易导致国家刑罚权的滥用和对普通公民人权的践踏。

（3）执行依据：生效的刑事裁判

刑罚执行只能发生在人民法院的刑事裁判生效以后。对于没有生效的刑事裁判，刑罚执行机关不得据此对任何公民执行刑罚。生效的刑事裁判具体包括：已过法定期限没有上诉、抗诉的判决和裁定；终审的判决和裁定，包括中级以上人民法院第二审案件、最高人民法院第一审案件的判决和裁定；最高人民法院核准的死刑判决、高级人民法院核准的死刑缓期二年执行的判决。

（4）执行内容：生效的刑事裁判所确定的刑罚内容

刑罚执行的基本内容是将生效的刑事判决、裁定所确定的刑罚付诸实施，即把刑事判决、裁定所确定的刑罚的种类及其期限、数量具体付诸实施。人民法院对犯罪人判处的刑罚仅仅是宣告刑，刑罚的最终实现有赖于刑罚执行机关将人民法院所宣告的刑罚付诸实施。

2. 刑罚执行的原则

刑罚执行是追究犯罪人刑事责任的最终环节和最后体现。定罪和量刑的意义最终都要依靠刑罚的执行加以体现。与此同时，刑罚执行也关系到罪犯的人身、财产以及荣誉问题。因此，保障刑罚执行正确合理，意义重大。根据我国的行刑目的和行刑实践，结合《监狱法》的有关规定，我国刑法理论界一般认为，刑罚执行必须遵循以下几个原则。

（1）合法性原则

合法性原则是指刑罚执行必须严格依法进行，不允许任何超越法律界限的“法外行刑”。具体包括：执行主体合法，即执行机关必须是合法的刑罚执行机关；执行依据合法，即刑罚的执行必须以人民法院生效的刑事判决、裁定为依据；执行内容合法，即对罪犯所执行的刑罚内容和方法必须符合刑法的规定；执行程序合法，即刑罚执行的程序必须符合刑事诉讼法有关规定。

（2）教育性原则

教育性原则是指刑罚执行过程中应当坚持惩罚与改造相结合、劳动与教育相结合的原则。现代刑罚理论认为，纯粹的报应主义应当废弃，而单纯的预防主义也不足为取，只有基于预防的报应主义，才是科学与合理的。因此，必须辩证地看待报应与预防：惩罚和劳动本身不是目的，而是为了教育和改造。例如，在我国的行刑实践中，“教育改造第一，生产劳动第二”的劳动改造方针，便是教育性原则的重要体现。

（3）人道性原则

人道性原则，又称人道主义原则，是指刑罚执行过程中，要充分尊重罪犯的人格尊严和享有的各种权利，切实关心罪犯的生活并给予相应的物质保障，禁止使用残酷的、不人道的以及其他侮辱罪犯人格的刑罚手段。维护罪犯在内的每一个公民的人性需要和人格尊严，是现代法治国家的必然要求和必要品格。在刑罚执行活动中，贯彻人道性原则，尊重并维护罪犯的基本人权，是我国宪法、法律的基本要求，也是人性需要和人性光芒在我国刑罚执行活动中的重要彰显。在行刑实践中，对死刑执行方法的改进，对罪犯的最低生活待遇的保障，对少年犯、孕妇及老弱病残犯实行特殊的宽缓措施，以及在财产刑执行过程中对罪犯基本生活需要的适当考虑等，均是人道性原则的体现。

（4）效益性原则

效益性原则是指在确保刑罚执行效果的基础上，刑罚执行应以较少的实际执行获得较大的执行效果。刑罚的执行是一项高成本的刑事司法活动，对此需要投入大量的人力、物力和财力。在司法资源总体有限的情况下，应当在确保刑罚执行效果的基础上，尽可能使现有的司法成本相对集中，以发挥其最大的效益。因此，对于那些服刑表现较好、人身危险性明显减弱的服刑人员，在确保其监外执行不致再危害社会的前提下，可以采取相应的刑罚执行变更措施，变更刑罚的执行。

（5）个别化原则

个别化原则，又称行刑个别化原则或区别对待原则，是指在刑罚执行过程中，应根据罪犯的具体情况，给予个别处遇措施。刑罚的目的，除了实现一般预防外，更主要的是针对罪犯本身实现特殊预防。罪犯的自身情况不同，决定了在刑罚执行的过程中必须因人而异，实行区别对待。具体而言，就是要根据罪犯的年龄、性别、性格特点、文化程度、生理状况、犯罪性质及特点、罪行严重程度及人身危险大小等，采取区别对待的原则对之进行教育改造。例如，监狱根据罪犯的犯罪类型、刑罚种类、刑期长短、改造表现等情况对罪犯实行的分别关押、分类管理等措施；社区矫正组织针对社区服刑人员的个性特点、日常表现、矫正需求，制定不同的矫正方案，对不同犯罪性质、特征、改造表现的服刑人员实行分时、分类、分级管理等，均是刑罚执行个别化原则的重要体现。

（6）社会化原则

社会化原则，又称行刑社会化原则，是指在刑罚执行过程中要充分依靠社会力量对罪犯进行帮教，培养罪犯的社会生活适应能力和社会责任感，促使其早日复归社会。行刑社会化理念因其广泛的社会参与和良好的实践效果，目前已为各国行刑实践所普遍接受，并成为当今世界刑罚执行的潮流。按照这一原则的要求，在刑罚的执行过程中，不仅要通过各种有效的教育改造措施培养罪犯的社会适应能力和社会责任感，而且要充分调动社会力量参与罪犯矫正，使刑罚执行和罪犯矫正成为国家和社会的一项共同事业。

（二）减刑的适用

我国刑法中的减刑概念有广义和狭义之分。广义的减刑泛指在刑罚执行期间基于各种法定事由将原判刑罚予以减轻或者免除的制度，除了狭义的减刑外，还包括《刑法》第 50 条规定的死缓期间届满后的减刑、第 57 条规定的附加剥夺政治权利的减刑、第 53 条规定的罚金刑的减免，以及 2012 年 7 月 1 日起施行的最高人民法院《关于办理减刑、假释案件具体应用法律若干问题的规定》第 13 条和 2017 年 1 月 1 日起施行的最高人民法院《关于办理减刑、假释案件具体应用法律的规定》第 18 条规定的缓刑考验期的缩减。狭义的减刑是指《刑法》第 78 条规定的对被判处管制、拘役、有期徒刑、无期徒刑的犯罪人，根据其在刑罚执行期间的悔改或者立功表现，适当减轻其原判刑罚的制度。以下论述的便是狭义的减刑。

1. 减刑的适用条件

根据《刑法》第 78 条的规定，对犯罪分子减刑，必须符合下列条件。

（1）减刑适用的对象条件

减刑适用对象是被判处管制、拘役、有期徒刑、无期徒刑的犯罪分子，即被判处自由刑的罪犯。可见，减刑的适用只有种类的限制，而没有犯罪性质、罪行轻重或刑期长短等方面的限制。其中，对判处拘役或者 3 年以下有期徒刑、宣告缓刑的犯罪分子，一般不适用减刑。如果在缓刑考验期间有重大立功表现的，可以参照《刑法》第 78 条的规定，予以减刑，同时相应地缩减其缓刑考验期限。根据 2019 年 6 月 1 日起施行的最高人民法院《关于办理减刑、假释案件具体应用法律的补充规定》第 1 条规定，对《刑法修正案（九）》施行后，依照《刑法》分则第八章贪污贿赂罪判处刑罚的原具有国家工作人员身份的罪犯，如拒不认罪悔罪的，或者确有履行能力而不履行或者不全部履行生效裁判中财产性判项的，一般不予减刑。

（2）减刑适用的实质条件

减刑适用的实质条件，又称为减刑适用的根据，是指能够说明或者反映行为人具备减刑资格的主客观条件。根据《刑法》第 78 条第 1 款的规定，“可以型”减刑与“应当型”减刑的实质条件有所不同。

根据《刑法》第 78 条第 1 款的规定，“可以型”减刑的实质条件包括两种情形：一是罪犯在刑罚执行期间，认真遵守监规，接受教育改造，确有悔改表现的。罪犯在刑罚执行期间，认真遵守监规、接受教育改造，确有悔改表现，说明其人身危险性已经减弱，对其教育改造已经收到预期的效果，因此，符合《刑法》设立减刑制度的宗旨和目的，可以对之减刑。二是具有立功表现的。需要注意的是，在一般的情形下，遵守监规、接受教育改造、确有悔改表现和立功表现应该是统一的，但实践中也不能排除仅有立功表现而不具有遵守监规、接受教育改造或确有悔改表现的情形。从法的价值评判来看，二者均是罪犯人身危险性减弱的表现，故可以认为是等值的。当然，具备上述实质条件之一者是否一定给予减刑，则需要综合罪犯的悔改程度或立功大小等情况进行综合考察后作出决定。正是基于此，《刑法》才规定对之“可以减刑”。

“应当型”减刑，是指罪犯在刑罚执行期间如有重大立功表现的，必须给予减刑。这类减刑不以其他悔改表现为前提。根据《刑法》第 78 条的规定，具有以下情形之一的，属于“有重大立功表现”：阻止他人重大犯罪活动的；检举监狱内外重大犯罪活动，经查证属实的；有发明创造或者重大技术革新的；在日常生产、生活中舍己救人的；在抗御自然灾害或者排除重大事故中，有突出表现的；对国家和社会有其他重大贡献的。

（3）减刑适用的限制条件

减刑的目的是鼓励罪犯改造自新，其适用必须以原判刑罚为基础。因此，减刑必须有一定的限度。如果减得过多，不符合罪责刑相适应原则，有损国家法律的严肃性和法院判决的权威性；如果减得过少，难以对罪犯的改造起到应有的鼓励作用，会丧失减刑制度的意义。鉴于此，现行《刑法》及相关司法解释对减刑后实际执行的刑期、减刑幅度以及减刑起始与间隔时间作了明确的限制。比如，根据《刑法》第 78 条的规定，减刑以后实际执行的刑期不能少于下列期限：判处管制、拘役、有期徒刑的，不能少于原判刑期的 1/2；判处无期徒刑的，不能少于 13 年；人民法院依照《刑法》第 50 条第 2 款规定限制减刑的死刑缓期执行的犯罪分子，缓期执行期满后依法减为无期徒刑的，不能少于 25 年，缓期执行期满后依法减为 25 年有期徒刑的，不能少于 20 年。

2. 减刑适用的程序

根据《刑法》第 79 条的规定，对于犯罪分子的减刑，由执行机关向中级以上人民法院提出减刑建议书。人民法院应当组成合议庭进行审理，对确有悔改或者立功事实的，裁定予以减刑。非经法定程序不得减刑。同时，《监狱法》第 30 条规定，减刑建议由监狱向人民法院提出，人民法院应当自收到减刑建议书之日起 1 个月内予以审核裁定；案情复杂或者情况特殊的，可以延长 1 个月。减刑裁定的副本应当抄送人民检察院。此外《刑事诉讼法》第 274 条规定，人民检察院认为人民法院减刑、假释的裁定不当，应当在收到裁定书副本后 20 日以内，向人民法院提出书面纠正意见。人民法院应当在收到纠正意见后 1 个月以内重新组成合议庭进行审理，作出最终裁定。

3. 减刑后刑期的计算

根据罪犯原判刑种的不同，减刑后刑期的计算方法也有所不同。根据《刑法》第 80 条的规定和有关立法精神，减刑后的刑期计算办法如下。

（1）对于原判处管制、拘役和有期徒刑的，减刑后的刑期从原判刑罚执行之日起计算。原判刑期已经执行的部分，应当计算在减刑后的刑期之内。

（2）对于原判为无期徒刑而减为有期徒刑的刑期，从裁定减刑之日起计算。其已经执行的刑期以及判决宣告以前先行羁押的日期，不计入减刑后的刑期之内。

（3）对于原判无期徒刑减为有期徒刑后，依法再次减刑的，再次减刑的刑期从有期徒刑执行之日即无期徒刑裁定减为有期徒刑之日起计算。其已经执行的有期徒刑的刑期，应当计算在再次减刑后的刑期之内。

（4）罪犯在刑罚执行期间，因确有悔改或者立功表现，曾经减刑，后经复查，发现原判决量刑过重，按照审判监督程序再审后改判为较轻的刑罚的，原来的减刑仍然有效，应当从改判后的刑期中减去原减刑的刑期，即所减刑期应当从改判后的刑期中扣除。

（三）假释的适用

假释是指对被判处有期徒刑、无期徒刑的犯罪分子，在执行一定刑期以后，因认真遵守监规，接受教育改造，确有悔改表现，没有再犯罪危险的，而附条件地予以提前释放的一种刑罚执行制度。所谓附条件，是指被假释的罪犯，如果在假释考验期内遵守一定的条件或未发现漏罪，就认为原判刑罚已经执行完毕；如果其未遵守一定的条件或发现其有漏罪的，就收监执行原判刑罚或者予以数罪并罚。

假释是世界各国刑事立法中普遍采用的一种刑罚执行制度。我国刑法中的假释制度充分体现了惩办与宽大相结合、惩罚与教育相结合的刑事政策，对于实现我国刑法的任务和刑罚的目的，促进罪犯改造的积极性，鼓励和推动罪犯改过自新，达到预防犯罪并逐步减少犯罪发生的目的具有重要意义。

1. 假释适用的条件

根据《刑法》第 81 条的规定，对犯罪分子适用假释，必须遵守下列条件。

（1）假释适用的对象条件

根据《刑法》第 81 条规定，假释的适用对象只能是被判处有期徒刑、无期徒刑的犯罪分子，且不属于累犯以及因故意杀人、强奸、抢劫、绑架、放火、爆炸、投放危险物质或者有组织的暴力性犯罪被判处 10 年以上有期徒刑、无期徒刑的犯罪分子。根据《刑法》第 383 条规定，因犯贪污罪、受贿罪被判处死刑缓期二年执行，且被同时决定在死刑缓期二年执行期满减为无期徒刑后终身监禁的犯罪分子，不得假释。另根据 2017 年 1 月 1 日起施行的最高人民法院《关于办理减刑、假释案件具体应用法律的规定》第 27 条规定，对于生效裁判中有财产性判项，罪犯确有履行能力而不履行或者不全部履行的，不予假释。根据 2019 年 6 月 1 日起施行的最高人民法院《关于办理减刑、假释案件具体应用法律的补充规定》第 1 条规定，对《刑法修正案（九）》施行后，依照《刑法》分则第八章贪污贿赂罪判处刑罚的原具有国家工作人员身份的罪犯，如拒不认罪悔罪的，或者确有履行能力而不履行或者不全部履行生效裁判中财产性判项的，不予假释。

（2）假释适用的实质条件

根据《刑法》第 81 条规定，罪犯在刑罚执行期间认真遵守监规，接受教育改造，确有悔改表现，没有再犯罪危险的，是适用假释的实质条件。此处“没有再犯罪的危险”，除符合《刑法》第 81 条规定的情形外，还应当根据犯罪的具体情节、原判刑罚情况，在刑罚执行中的一贯表现，罪犯的年龄、身体状况、性格特征，假释后生活来源以及监管条件等因素综合考虑。另根据 2017 年 1 月 1 日起施行的最高人民法院《关于办理减刑、假释案件具体应用法律的规定》第 26 条规定，对下列罪犯适用假释可以依法从宽掌握：过失犯罪的罪犯、中止犯罪的罪犯、被胁迫参加犯罪的罪犯；因防卫过当或者紧急避险过当而被判处有期徒刑以上刑罚的罪犯；犯罪时未满 18 周岁的罪犯；基本丧失劳动能力、生活难以自理，假释后生活确有着落的老年罪犯、患严重疾病罪犯或者身体残疾罪犯；服刑期间改造表现特别突出的罪犯；具有其他可以从宽假释情形的罪犯。

（3）假释适用的限制条件

假释只适用于已经执行了一部分刑罚的罪犯。因为只有经过一定的服刑期，才能根据罪犯的各方面表现判断其是否已经真正悔改，从而避免损害法院判决的稳定性和刑罚执行的严肃性。根据《刑法》第 81 条规定，被判处有期徒刑的犯罪分子，执行原判刑期的 1/2 以上，被判处无期徒刑的犯罪分子，实际执行 13 年以上，才能适用假释；如果有特殊情况，经最高人民法院核准，可以不受上述刑期的限制。此处“特殊情况”，是指“有国家政治、国防、外交等方面特殊需要的情况”。另根据 2017 年 1 月 1 日起施行的最高人民法院《关于办理减刑、假释案件具体应用法律的规定》第 23 条规定，被判处死刑缓期执行的罪犯减为无期徒刑或者有期徒刑后，实际执行 15 年以上，方可假释，该实际执行时间应当从死刑缓期执行期满之日起计算，死刑缓期执行期间不包括在内，判决确定以前先行羁押的时间也不予折抵。

2. 假释适用的程序

我国《刑法》第 82 条规定：“对于犯罪分子的假释，依照本法第七十九条规定的程序进行。非经法定程序不得假释。”根据这一规定，对于犯罪分子的假释，由刑罚执行机关向中级以上人民法院提出假释建议书。人民法院应当组成合议庭进行审理，并根据假释的适用条件，作出是否准予假释的裁定。

3. 假释的考验和撤销

（1）假释的考验

假释是将犯罪分子有条件地提前释放，放到社会上进行改造，同时保留对其继续执行未执行的刑罚的可能性。因此，必须对假释的罪犯规定一定的考验期限，在宣布假释的同时，宣布考验期限，以便对其进行监督改造。根据《刑法》第 83 条规定，有期徒刑的假释考验期限，为没有执行完毕的刑期；无期徒刑的假释考验期限为 10 年。假释考验期限，从假释之日起计算。

（2）假释的撤销

由于假释是一种附条件的提前释放，因此，如果被宣告假释的罪犯没有遵守法定的条件或者出现了不符合假释条件的事实，则应当依法撤销假释。根据《刑法》第 84 条规定，被宣告假释的犯罪分子，应当遵守下列规定：遵守法律、行政法规，服从监督；按照监督机关的规定报告自己的活动情况；遵守监督机关关于会客的规定；离开所居住的市、县或者迁居，应当报经监督机关批准。在假释考验期的犯罪分子，如果犯新罪的，或者被发现有漏罪的，或者违反相关监管规定的，将被依法撤销假释并作相应处理。对此，根据《刑法》第 86 条，被假释的犯罪分子，在假释考验期限内犯新罪，应当撤销假释，依照《刑法》第 71 条的规定实行数罪并罚；在假释考验期限内，发现被假释的犯罪分子在判决宣告以前还有其他罪没有判决的，应当撤销假释，依照《刑法》第 70 条的规定实行数罪并罚；被假释的犯罪分子，在假释考验期限内，有违反法律、行政法规或者国务院公安部门有关假释的监督管理规定的行为，尚未构成新的犯罪的，应当依照法定程序撤销假释，收监执行未执行完毕的刑罚。如果在假释考验期限内，没有《刑法》第 86 条规定这三种情形的，假释考验期满，就认为原判刑罚已经执行完毕，并公开予以宣告。

（四）社区矫正

1. 社区矫正的制度价值与法律依据

社区矫正是与监禁矫正相对的行刑方式，是指将符合法定条件的罪犯置于社区内，由专门的国家机关在相关社会团体、民间组织和社会志愿者的协助下，在判决、裁定或决定确定的期限内，矫正其犯罪心理和行为恶习，促进其顺利回归社会的非监禁刑罚执行活动。

社区矫正是行刑社会化的集中体现，作为一种与监禁矫正相对应的非监禁刑罚执行活动，社区矫正兼具有惩罚、教育、塑造、感化、治疗、控制的功能。通过社区矫正组织对罪犯进行社会化的教育，不仅能够降低刑罚执行的成本，提高刑罚执行的效率，使罪犯更好地适应并顺利复归社会；而且有助于增强社区公民的法律意识和社会责任感，对于预防犯罪，维护社会稳定，实现国家的长治久安都能起到良好的作用。因此，积极利用各种社会资源、整合社会各方面力量，对罪行较轻、主观恶性较小、社会危害性不大的罪犯或者经过监管改造、确有悔改表现、不致再危害社会的罪犯在社区中进行有针对性管理、教育和改造的工作，是当今世界各国刑罚制度发展的趋势。

我国目前的社区矫正工作，是在中央的统一部署下，采取“先试点后立法”的方式进行的。2003 年 7 月 10 日，最高人民法院、最高人民检察院、公安部、司法部联合发布《关于开展社区矫正试点工作的通知》，决定在北京、天津、上海、江苏、浙江和山东等 6 个省（市）率先启动社区矫正的试点工作。2009 年 9 月 2 日，最高人民法院、最高人民检察院、公安部、司法部联合发布《关于在全国试行社区矫正工作的意见》，决定在全国范围内推广试行社区矫正工作。2011 年 5 月 1 日起施行的《刑法修正案（八）》第 2 条、第 13 条、第 17 条，分别对判处管制、宣告缓刑、假释的犯罪分子如何实行社区矫正作了明确规定。2019 年 7 月 1 日起施行的《社区矫正法》，为社区矫正提供了专门的法律依据，以下将根据该法对我国社区矫正制度作一些介绍。

2. 社区矫正的对象与基本原则

社区矫正的对象为被判处管制、宣告缓刑、假释和暂予监外执行的罪犯。社区矫正工作应当坚持监督管理与教育帮扶相结合，专门机关与社会力量相结合，采取分类管理、个别化矫正，有针对性地消除社区矫正对象可能重新犯罪的因素，帮助其成为守法公民。社区矫正工作还应当依法进行，尊重和保障人权，社区矫正对象依法享有的人身权利、财产权利和其他权利不受侵犯，在就业、就学和享受社会保障等方面不受歧视。国家支持社区矫正机构提高信息化水平，运用现代信息技术开展监督管理和教育帮扶，社区矫正工作相关部门之间依法进行信息共享。

3. 社区矫正的机构、人员与职责

国务院司法行政部门主管全国的社区矫正工作。县级以上地方人民政府司法行政部门主管本行政区域内的社区矫正工作。人民法院、人民检察院、公安机关和其他有关部门依照各自职责，依法做好社区矫正工作。人民检察院依法对社区矫正工作实行法律监督。地方人民政府根据需要设立社区矫正委员会，负责统筹协调和指导本行政区域内的社区矫正工作。

县级以上地方人民政府根据需要设置社区矫正机构，负责社区矫正工作的具体实施。社区矫正机构的设置和撤销，由县级以上地方人民政府司法行政部门提出意见，按照规定的权限和程序审批。司法所根据社区矫正机构的委托，承担社区矫正相关工作。社区矫正机构应当配备具有法律等专业知识的专门国家工作人员作为社区矫正机构工作人员，履行监督管理、教育帮扶等执法职责。社区矫正机构根据需要，组织具有法律、教育、心理、社会工作等专业知识或者实践经验的社会工作者开展社区矫正相关工作。

居民委员会、村民委员会依法协助社区矫正机构做好社区矫正工作。社区矫正对象的监护人、家庭成员，所在单位或者就读学校应当协助社区矫正机构做好社区矫正工作。国家鼓励、支持企业事业单位、社会组织、志愿者等社会力量依法参与社区矫正工作。国家推进高素质的社区矫正工作队伍建设。社区矫正机构应当加强对社区矫正工作人员的管理、监督、培训和职业保障，不断提高社区矫正工作的规范化、专业化水平。

社区矫正机构工作人员应当严格遵守宪法和法律，忠于职守，严守纪律，清正廉洁。社区矫正机构工作人员和其他参与社区矫正工作的人员依法开展社区矫正工作，受法律保护。

4. 社区矫正的决定与接收

社区矫正决定机关判处管制、宣告缓刑、裁定假释、决定或者批准暂予监外执行时应当确定社区矫正执行地。社区矫正执行地为社区矫正对象的居住地。社区矫正对象在多个地方居住的，可以确定经常居住地为执行地。社区矫正对象的居住地、经常居住地无法确定或者不适宜执行社区矫正的，社区矫正决定机关应当根据有利于社区矫正对象接受矫正、更好地融入社会的原则，确定执行地。所谓社区矫正决定机关，是指依法判处管制、宣告缓刑、裁定假释、决定暂予监外执行的人民法院和依法批准暂予监外执行的监狱管理机关、公安机关。

社区矫正决定机关根据需要，可以委托社区矫正机构或者有关社会组织对被告人或者罪犯的社会危险性和对所居住社区的影响，进行调查评估，提出意见，供决定社区矫正时参考。居民委员会、村民委员会等组织应当提供必要的协助。社区矫正决定机关应当对社区矫正对象进行教育，告知其在社区矫正期间应当遵守的规定以及违反规定的法律后果，责令其按时报到。社区矫正决定机关应当自判决、裁定或者决定生效之日起 5 日内通知执行地社区矫正机构，并在 10 日内送达有关法律文书，同时抄送人民检察院和执行地公安机关。社区矫正决定地与执行地不在同一地方的，由执行地社区矫正机构将法律文书转送所在地的人民检察院、公安机关。

人民法院判处管制、宣告缓刑、裁定假释的社区矫正对象，应当自判决、裁定生效之日起 10 日内到执行地社区矫正机构报到。人民法院决定暂予监外执行的社区矫正对象，由看守所或者执行取保候审、监视居住的公安机关自收到决定之日起 10 日内将社区矫正对象移送社区矫正机构。监狱管理机关、公安机关批准暂予监外执行的社区矫正对象，由监狱或者看守所自收到批准决定之日起 10 日内将社区矫正对象移送社区矫正机构。社区矫正机构应当依法接收社区矫正对象，核对法律文书、核实身份、办理接收登记、建立档案，并宣告社区矫正对象的犯罪事实、执行社区矫正的期限以及应当遵守的规定。

5. 社区矫正的方案与执行

社区矫正机构应当根据裁判内容和社区矫正对象的性别、年龄、心理特点、健康状况、犯罪原因、犯罪类型、犯罪情节、悔罪表现等情况，制定有针对性的矫正方案，实现分类管理、个别化矫正。矫正方案应当根据社区矫正对象的表现等情况相应调整。社区矫正机构应当根据社区矫正对象的情况，为其确定矫正小组，负责落实相应的矫正方案。根据需要，矫正小组可以由司法所、居民委员会、村民委员会的人员，社区矫正对象的监护人、家庭成员，所在单位或者就读学校的人员以及社会工作者、志愿者等组成。社区矫正对象为女性的，矫正小组中应有女性成员。

社区矫正机构根据社区矫正对象的表现，依照有关规定对其实施考核奖惩。社区矫正对象认罪悔罪、遵守法律法规、服从监督管理、接受教育表现突出的，应当给予表扬。社区矫正对象违反法律法规或者监督管理规定的，应当视情节依法给予训诫、警告、提请公安机关予以治安管理处罚，或者依法提请撤销缓刑、撤销假释、对暂予监外执行的收监执行。对社区矫正对象的考核结果，可以作为认定其是否确有悔改表现或者是否严重违反监督管理规定的依据。

6. 社区矫正对象的义务与权利

社区矫正对象在社区矫正期间应当遵守法律、行政法规，履行判决、裁定、暂予监外执行决定等法律文书确定的义务，遵守国务院司法行政部门关于报告、会客、外出、迁居、保外就医等监督管理规定，服从社区矫正机构的管理。社区矫正对象离开所居住的市、县或者迁居，应当报经社区矫正机构批准。

社区矫正的措施和方法应当避免对社区矫正对象的正常工作和生活造成不必要的影响，非依法律规定，不得限制或者变相限制社区矫正对象的人身自由。社区矫正对象认为其合法权益受到侵害的，有权向人民检察院或者有关机关申诉、控告和检举，受理机关应当及时办理，并将办理结果告知申诉人、控告人和检举人。社区矫正对象可以按照国家有关规定申请社会救助、参加社会保险、获得法律 援助，社区矫正机构应当给予必要的协助。

7. 社区矫正的解除与终止

社区矫正对象矫正期满或者被赦免的，社区矫正机构应当向社区矫正对象发放解除社区矫正证明书，并通知社区矫正决定机关、所在地的人民检察院、公安机关。社区矫正对象被裁定撤销缓刑、假释，被决定收监执行，或者社区矫正对象死亡的，社区矫正终止。

二、刑罚消灭

（一）刑罚消灭的含义与事由

刑罚消灭，是指由于某种法定事由的出现，使得国家对犯罪人的刑罚权归于消灭。这里的刑罚权，指的是求刑权、量刑权和行刑权。在刑法理论上，根据刑罚权的具体权能构造，刑罚消灭事由可分为四类：刑罚请求权的消灭、刑罚裁量权的消灭、刑罚执行权的消灭以及刑罚后遗效果的消灭。其中，刑罚请求权的消灭事由包括追诉时效完成、犯罪人死亡或法人消亡、法律规定发生变更、免罪性赦免等；刑罚裁量权的消灭事由包括告诉才处理的犯罪因告诉人撤回告诉、犯罪人死亡或法人消亡、法律规定发生变更、免罪性赦免、前科消灭等；刑罚执行权的消灭事由包括犯罪人死亡或法人消亡、赦免、法律规定变更、缓刑考验期满、减刑、行刑时效完成、刑罚执行完毕、假释期满、复权等。刑罚后遗效果的消灭事由包括前科消灭、战时犯罪军人的缓刑、免罪性赦免等。结合我国法律规定和实践情况，以下主要介绍追诉时效和赦免。

（二）追诉时效

刑事时效制度，是指经过一定的期限，对刑事犯罪不得追诉或者对所判刑罚不得执行的一项法律制度。时效分为追诉时效和行刑时效。我国《刑法》只规定了追诉时效，没有规定行刑时效。因为一般认为判处刑罚而没有执行的原因主要是战争或者重大自然灾害、司法机关的疏漏、罪犯的脱逃。但前两种情况没有出现过，后两种情况不能成为刑罚消灭的正当理由。追诉时效，是刑法规定的对犯罪人追究刑事责任的有效期限。追诉时效制度的设立有利于司法机关集中精力办理现有的刑事案件，也有利于社会的稳定，同时符合刑法预防犯罪的目的。

1. 追诉时效的期限

根据《刑法》第 87 条的规定，犯罪经过下列期限不再追诉：法定最高刑为不满 5 年有期徒刑的，经过 5 年；法定最高刑为 5 年以上不满 10 年有期徒刑的，经过 10 年；法定最高刑期为 10 年以上有期徒刑的，经过 15 年；法定最高刑为无期徒刑、死刑的，经过 20 年。如果 20 年以后认为必须追诉的，须报请最高人民检察院核准。

上述我国《刑法》所规定的追诉时效期限，是根据犯罪的法定最高刑决定的，不是以实际应当判处的刑罚为标准。或许以实际应当判处的刑罚为标准更具有可操作性，但是在没有追诉、没有审判的情况下，以应当判处的刑罚为标准不具有可操作性，会导致追诉与否的随意性，从而有损刑罚的公正性。因而，只能以法定最高刑为标准。

应当指出，对于犯罪的法定最高刑不能简单地理解为犯罪人所触犯罪名的法定最高刑期，而是要根据《刑法》对具体犯罪所规定的法定刑的具体情况以及犯罪人所犯罪行轻重的具体情况来确定。根据最高人民法院的司法解释，追诉时效期限的确定有以下三种情况。

一是所犯罪行的刑罚分别由几条或几款规定时，按照罪行应当适用的条或款所规定的法定最高刑确定追诉时效期限。例如，放火罪分别由《刑法》第 114 条和第 115 条规定。根据《刑法》第 114 条的规定，犯放火罪，尚未造成严重后果的，处 3 年以上 10 年以下有期徒刑；根据《刑法》第 115 条的规定，犯放火罪，致人重伤、死亡或者使公私财产遭受重大损失的，处 10 年以上有期徒刑、无期徒刑或者死刑。如果具体案件中犯罪的情况符合《刑法》第 114 条的规定，其法定最高刑为 10 年，因而其追诉期为 15 年；如果具体案件中犯罪的情况符合《刑法》第 115 条的规定，其法定最高刑为死刑，应按此确定对其追诉时效期限，即 20 年。

二是所犯罪行的刑罚由同一个条文规定了几个量刑幅度时，按照罪行应当适用的量刑幅度的最高刑确定追诉时效期限。例如，《刑法》第 254 条为报复陷害罪规定了两个量刑幅度：情节较轻的，处 2 年以下有期徒刑或者拘役；情节较重的，处 2 年以上 7 年以下有期徒刑。如果所犯报复陷害罪情节较轻，则按照第一个量刑幅度的法定最高刑 2 年有期徒刑来确定追诉时效期限；如果所犯报复陷害罪情节较重，则按第二个量刑幅度的法定最高刑 7 年有期徒刑来确定追诉时效期限。

三是所犯罪行的刑罚只有一个量刑幅度时，按照该量刑幅度的最高刑来确定追诉时效期限。例如，《刑法》第262条第1款规定的拐骗儿童罪的刑罚只有一个量刑幅度，即5年以下有期徒刑或者拘役。因而，凡是犯拐骗儿童罪的，均按该量刑幅度的法定最高刑5年确定追诉时效期限。

2. 追诉期限的起算

根据我国《刑法》第89条的规定，追诉期限的起算分为两种情况：一是一般犯罪追诉期限的起算，二是连续犯和继续犯追诉期限的起算。

一般犯罪的追诉期限的起算，根据《刑法》第89条第1款的规定，“从犯罪之日起算”。关于“犯罪之日”的含义，理论上有不同说法：有的认为是指犯罪成立之日，有的认为是犯罪行为实施之日，有的认为是犯罪行为发生之日，有的认为是犯罪行为完成之日，还有的认为是犯罪行为停止之日。本书认为，犯罪之日应是指犯罪成立之日，即行为符合构成要件之日。由于刑法对各种犯罪规定的构成要件不同，因而认定犯罪成立的标准也就不同。对不以结果为要件的犯罪来讲，实施行为之日就是犯罪成立之日；对以危害结果为要件的犯罪而言，危害结果发生之日才是犯罪成立之日。

对于连续犯和继续犯追诉期限的计算，《刑法》第89条第1款也作了规定：“犯罪行为有连续或继续状态的，从犯罪行为终了之日起计算。”犯罪行为有连续状态的，属于连续犯；犯罪行为有继续状态的，属于继续犯。就连续犯而言，“犯罪行为终了之日”是指最后一个犯罪行为实施完毕或停止之日。继续犯是以犯罪行为处于继续状态为特征的，因而，继续犯的“犯罪行为终了之日”就是持续状态结束之日。

3. 追诉时效的中断和延长

（1）追诉时效的中断

追诉时效的中断，也称追诉时效的更新，是指在时效进行期间，因发生法律规定的事由，而使以前经过的时效期间归于无效，法律规定的事由终了之时，时效重新开始计算。

《刑法》第89条第2款规定：“在追诉期限以内又犯罪的，前罪追诉的期限从犯后罪之日起计算。”这表明，在追诉期限以内又犯罪的，前罪的追诉时效便中断，其追诉期限从后罪成立之日起重新计算。例如，行为人于1990年1月1日犯故意杀人罪，其情节较轻，根据《刑法》第232条的规定，其法定最高刑为10年有期徒刑，追诉期限为15年，但行为人在1998年1月1日又犯了一般情节的抢劫罪。这时，故意杀人罪的时效就中断，即先前的故意杀人罪的追诉期限从1998年1月1日起重新开始计算，再经过15年才不追诉。本案中，先前的故意杀人罪，实际上要经过23年才不追诉。

对于追诉时效的中断，可以从追诉时效的根据中寻找立法依据。既然行为人实施了某种犯罪之后又重新犯罪，说明其人身危险性并没有消除，或者前罪所反映的再犯的可能性并没有消失，故需要从犯后罪之日起计算追诉时效。

需要注意的是，在前罪的追诉期限从犯后罪之日起计算的情况下，我们不能忽略后罪的追诉期限的问题。一方面，在前罪的追诉期限未满而后罪的追诉期限已满时，只能追诉前罪而不能追诉后罪；另一方面，在前后罪的追诉期限都没有届满时，不能只注意追诉前罪而忽略了对后罪的追诉。

（2）追诉时效的延长

追诉时效的延长，是指在追诉时效的进行期间，因为发生法律规定的事由，而使追诉时效暂时停止执行。我国《刑法》规定了两种追诉时效延长的情况。

第一，根据《刑法》第 88 条第 1 款的规定，在人民检察院、公安机关、国家安全机关立案侦查或人民法院受理案件以后，逃避侦查或者审判的，不受追诉期限的限制。这里的“逃避侦查或者审判”，应仅限于积极、明显的逃跑或藏匿，致使侦查或审判工作无法顺利进行的行为。对于行为人在立案侦查或案件受理后，仅仅实施了串供、毁灭犯罪证据等行为，但没有逃跑或者藏匿的，不能适用追诉时效延长的规定。如果对“逃避侦查或者审判”作过于宽泛的解释，追诉时效制度会丧失应有的意义。

第二，根据《刑法》第 88 条第 2 款的规定，被害人在追诉期限内提出控告，人民法院、人民检察院、公安机关应当立案而不予立案的，不受追诉期限的限制。这里的“应当立案”是指根据刑法的规定和理论，被控告人的行为已经构成犯罪，应当对其进行立案侦查或者受理案件。不立案的具体原因如何，不影响此种追诉时效延长的适用。同时，法律并没有要求被害人必须向对案件有管辖权的司法机关提出控告，而只是笼统地规定要向人民法院、人民检察院、公安机关提出控告。从法律字面意义上理解，被害人在追诉期限内向上述任何一个机关提出控告都可以引起追诉时效的延长。

（三）赦免

1. 赦免的含义与种类

赦免是指国家免除或减轻犯罪分子罪责或刑罚的制度。根据不同的标准，可以对赦免进行不同的分类。例如，根据赦免形态的不同，赦免可分为政令赦免和个别赦免；根据赦免是否受一定时间的限制，可分为常时赦免和特别赦免；根据赦免是否附有条件，可分为绝对赦免和有条件赦免；根据赦免的具体表现形式，赦免可以分为大赦、特赦、赦免性减刑、刑罚执行的免除和赦免性复权；等等。

我国关于赦免制度的规定主要体现在宪法之中，各个历史时期的宪法关于赦免种类的规定只有大赦和特赦两种类型。大赦通常是指对某一时期内犯有一定罪行的不特定的犯罪人免予追诉或者免除其刑罚执行的制度。特赦一般是指国家对特定的犯罪人免除执行全部或部分刑罚的制度。关于大赦，我国 1954 年《宪法》曾规定全国人民代表大会有权决定大赦，但在实践中从未实行过。在 1978 年《宪法》和 1982 年《宪法》中，则完全没有规定大赦制度。在我国 1979 年《刑法》和 1997 年《刑法》中，也都未规定大赦的内容。我国现行《宪法》保留了关于特赦的规定。根据《宪法》第 67 条和第 80 条规定，决定特赦是全国人大常委会的职权，发布特赦令是国家主席的职权。《刑法》第 65 条第 1 款和第 66 条提及的“赦免”，也均指特赦。

2. 新中国的特赦实践[①]

新中国成立后，我国在 1959 年首次特赦释放了 33 名战争罪犯的基础上，分别于 1960 年、1961 年、1963 年、1964 年、1966 年、1975 年共进行了 6 次特赦，陆续赦免了全部在押战争罪犯。随着形势的发展，实践的变化，时代的进步，法律必须随之发展变化。2015 年第 8 次特赦和 2019 年第 9 次特赦，一方面在逐步地扩大普通刑事罪犯的赦免范围，另一方面又结合我国国情和犯罪形势，对触犯某些特定罪行的服刑罪犯的特赦予以严格限制，以体现宽中有严、严以济宽。可以说，我国历次特赦实践逐渐培育的与时俱进的务实理性精神，已使特赦成为一种洋溢着强烈时代气息的犯罪治理方式。

【案例评析】

1. 案情简介

穆某，男，1968 年 7 月 21 日生，汉族，四川省合江县人。1995 年 8 月 8 日因盗窃罪被判处有期徒刑 3 年，于 1998 年 3 月 12 日刑满释放。1998 年 7 月 20 日凌晨，穆某伙同他人（在逃）窜至上海一奶牛养殖场，撬开该场二楼办公室内的保险箱，从中窃得人民币 2 400 余元，三人将所得钱款平分。1998 年 7 月 28 日凌晨 1 时许，穆某伙同他人（在逃）窜至上海一公司，用事先携带的浓硫酸毁坏该公司三楼财务室门锁，撬开财务室内的保险箱，窃得人民币 32 元。案发后穆某回到老家，其后又随同乡一道外出打工，其间未曾被发现有其他犯罪事实。公安机关分别于 1998 年 7 月 20 日、1998 年 7 月 28 日立案侦查，于 2001 年 8 月 19 日对穆某进行上网追逃。2005 年 7 月 13 日穆某在其邻居家中被合江县警方抓获。穆某于 2005 年 7 月 27 日因涉嫌盗窃罪被上海公安机关刑事拘留，并于 2005 年 9 月 1 日被依法执行逮捕。穆某到案后对前述犯罪事实供认不讳。公安机关侦查终结，于 2005 年 10 月 26 日以穆某涉嫌盗窃罪向检察机关移送审查起诉。[②]

2. 基本问题

穆某的犯罪行为是否已超过法定的追诉时效？如何正确理解和适用《刑法》第 88 条第 1 款的规定？

3. 知识内容

（1）关于本案的分歧意见

尽管本案事实清楚，但对于穆某的犯罪行为是否已超过法定的追诉时效，则存在三种不同的意见。第一种意见认为公安机关已分别于 1998 年 7 月 20 日、1998 年

---

① 这部分内容可以参见贺洪波．中华人民共和国特赦实践：历史进程、规范技艺与法治精神．重庆理工大学学报（社会科学），2020（5）．

② 赵为纲，付永伟．对追诉时效的无限延长应慎用．中国检察官，2006（6）．同时后文的部分分析也参酌了本刊内容，在此一并致谢．

7 月 28 日立案并开始侦查，案件就不再受追诉时效的限制，无论何时将犯罪嫌疑人抓获都可以追究其刑事责任。第二种意见主张穆某 1998 年在上海实施盗窃行为后回四川老家，并曾外出到他省市打工，具有消极逃避侦查的行为，根据《刑法》第 88 条第 1 款之规定，不受追诉时效的限制，可以追究穆某的刑事责任。第三种意见认为穆某实施盗窃后回到四川老家，之后外出打工是正常谋生所需，不属于逃避侦查的行为，因而不能适用《刑法》第 88 条第 1 款的规定，而应适用《刑法》第 87 条的规定，本案因已过追诉时效故不应追究穆某的刑事责任。

（2）本案分歧的根源——对“逃避侦查或者审判”的理解

根据我国《刑法》第 88 条第 1 款的规定，在人民检察院、公安机关、国家安全机关立案侦查或者在人民法院受理案件以后，逃避侦查或者审判的，不受追诉时效的限制。显然，以上三种意见分歧的根源在于对《刑法》第 88 条第 1 款中“逃避侦查或者审判”的理解。那么，何为“逃避侦查或者审判”？本书认为，从追诉时效的制度价值、《刑法》第 88 条第 1 款的表述和“逃避”的日常含义来看，这里的“逃避侦查或者审判”应当理解为积极地作为而不可能是消极地不作为，即行为人主观上知道自己正被刑事追究而欲逃脱刑事责任；客观上行为人积极地逃跑或者藏匿，采取各种手段，并不只限于伪造身份证明、销毁证据、收买证人等，使侦查难以进行。相反，“如果是不考虑行为人的主观状态，则整个该法条就可以被理解为——只要案件被立案侦查或被法院受理，对行为人的刑事追诉就不受时效的限制。这样一来，逃避侦查或者审判的规定就成为多余”[①]。如果认为行为人实施犯罪后逃离现场就是在逃避侦查，属于消极逃避侦查的行为，按照此种逻辑分析，行为人实施犯罪以后应当投案自首，否则就是逃避侦查，从而不受追诉时效的限制。显然这种观点不能成立。因为自首是法定的从轻情节，但犯罪人不自首绝不应成为其不受追诉时效保护的理由。

本案中穆某实施盗窃后不久便回到四川老家过春节，节后又随同乡一道正常地到重庆、厦门、山西等地打工，其并不知道自己已被刑事立案追究。整个外出打工期间也未曾隐瞒身份，一直到 2005 年 7 月 13 日被公安机关抓获时，穆某都能如实交代自己的身份并未有任何隐瞒。所以，其外出打工行为属正常的谋生行为，不能视为逃避侦查的行为。

（3）结论

本案中，穆某盗窃数额较大（2 400 余元），根据《刑法》第 264 条之规定，应处 3 年以下有期徒刑、拘役或者管制，并处或者单处罚金。由于其法定最高刑为 3 年，故根据《刑法》第 87 条的规定，经过 5 年就不再追诉。即本案中的追诉时效的计算起始时间应为 1998 年 7 月 20 日穆某构成盗窃犯罪之日，到 2003 年 7 月 20 日止诉讼时效已届满，就不应再追究其刑事责任。因此，本案不适用《刑法》第 88 条第 1 款关于诉讼时效延长的规定，穆某的行为也不属于“逃避侦查或者审判”的行为。

---

① 张武举. 如何理解我国刑事追诉时效中的几个问题. 河北法学，2004（4）.

【疑难问题】

如何正确看待减刑、假释的制度价值？如何正确把握减刑、假释的适用条件？

实务训练

关于假释，下列哪一选项是错误的？（　　）

A. 甲系被假释的犯罪分子，即便其在假释考验期内再犯新罪，也不构成累犯

B. 乙系危害国家安全的犯罪分子，对乙不能假释

C. 丙因犯罪被判处有期徒刑 2 年，缓刑 3 年。缓刑考验期满后，发现丙在缓刑考验期内的第 7 个月犯有抢劫罪，应当判处有期徒刑 8 年，数罪并罚决定执行 9 年。丙服刑 6 年时，因有悔罪表现而被裁定假释

D. 丁犯抢劫罪被判有期徒刑 9 年，犯寻衅滋事罪被判有期徒刑 5 年，数罪并罚后，决定执行有期徒刑 13 年，对丁可以假释

课后练习

1. 如何更好地贯彻行刑社会化理念？
2. 如何更好地开展社区矫正工作？
3. 如何正确理解追诉时效制度的价值？
4. 如何看待新中国成立以来历次特赦的法治价值？

延伸阅读

1. 劳佳琦．财产性判项与减刑假释的联动机制．中外法学，2018（3）.

2. 吴宗宪．我国社区矫正法的历史地位与立法特点．法学研究，2020（4）.

3. 高翼飞．追诉时效争议问题研究——以刑法和刑事诉讼法的协调为视角．中国刑事法杂志，2020（4）.

4. 贺洪波．中华人民共和国特赦实践：历史进程、规范技艺与法治精神. 重庆理工大学学报（社会科学），2020（5）.

第十五章 危害国家安全罪

【内容摘要】

根据我国《刑法》分则第一章的规定，危害国家安全犯罪共有12个具体罪名。在学习的过程中，除了要了解和掌握背叛国家罪和资敌罪的概念和构成要件之外，还应当准确地理解和牢固地掌握分裂国家罪，煽动分裂国家罪，武装叛乱、暴乱罪，颠覆国家政权罪，煽动颠覆国家政权罪，资助危害国家安全犯罪活动罪，投敌叛变罪，叛逃罪，间谍罪和为境外窃取、刺探、收买、非法提供国家秘密、情报罪的具体含义、构成特征和司法认定。

【学习目标】

(1) 在知识学习层面，要掌握具体罪名的概念、犯罪构成以及犯罪认定的基本知识。(2) 在能力训练层面，要熟知具体罪名的犯罪构成，结合对疑难案例的分析，学会在具体案件中准确认定犯罪和适用刑法，增强适用刑法的实践能力。(3) 在价值引领层面，要通过对危害国家安全罪的学习，认识到此类犯罪对国家安全的危害，切实增强运用刑法打击危害国家安全犯罪、维护国家安全的基本观念，发扬爱国主义精神，自觉承担起维护国家安全的责任。

【知识要点】

一、分裂国家罪

（一）分裂国家罪的概念和主要特征

分裂国家罪是指行为人组织、策划、实施各种分裂国家的活动，企图破坏我国各民族相互团结、各地区相互统一的行为。本罪的主要特征如下。

1. 本罪的直接客体是国家与民族的团结与统一。我国是一个统一的多民族的国家，国家的统一、民族的团结，是我们顺利地进行社会主义现代化建设和改革开放事业的前提和基本保证，也是全国各族人民根本利益之所在。因此，一切国内外的敌对势力和敌对分子无不将其作为对我国进行颠覆、破坏的矛头所向。他们为了达到某种不可告人的政治目的，总是企图通过各种方式对国家进行分裂和破坏。因此，他们所侵犯的社会关系就是我们国家与民族的团结与统一。

2. 本罪在客观方面表现为组织、策划、实施各种分裂国家的活动，企图破坏我国各民族相互团结、各地区相互统一的行为。在这里，所谓“组织”是指行为人为了分裂国家而按一定的形式将分散的人集合起来使之具有一定的系统性或者整体性的活动。这里的“组织”既包括犯罪预备过程中的组织行为，也包括犯罪实行过程中的组织行为。所谓“策划”是指行为人为了分裂国家而暗中进行密谋、筹划的行为。所谓“实施”是指行为人已经着手、正式开始实行分裂国家的行为。所谓“分裂国家”是指行为人公然抗拒中央统一领导，割据一方谋求独立。所谓“破坏国家与民族的团结与统一”是指采取制造民族矛盾、引发民族冲突、制造民族隔阂等方法，破坏各民族的团结和各地区的统一。以上各方面要素的有机组合，就构成了分裂国家罪在客观上的全部法定构成要件。值得注意的是，由于本罪的性质非常严重，因而，构成本罪只要求行为人在客观上实施了分裂国家的行为即可，而不需要有实际危害结果的发生。

3. 本罪的主体是一般主体，凡是年满 16 周岁，具有刑事责任能力的人，均可以构成本罪的主体。从司法实践的角度来看，构成本罪的主体主要是那些觊觎党和国家领导权的野心家和有一定社会地位与社会影响的知名人物以及某些反动的民族分裂主义分子。当然，在某些特定的情况下，一般公民也可以构成本罪的主体。

4. 本罪在主观上只能出于直接故意，即行为人明知自己分裂国家的行为会造成破坏国家统一的危害结果，并且希望这种结果发生。间接故意和过失不能构成本罪。

（二）分裂国家罪的司法认定

1. 本罪与非罪的界限。认定分裂国家罪主要应把握两点：一是看行为人有无分裂国家、破坏国家统一的犯罪目的，二是看有无组织、策划、实施分裂国家、破坏国家统一的行为。只有二者同时具备，才能构成本罪。

2. 本罪与背叛国家罪的界限。分裂国家的行为从广义上来讲也属于一种背叛国家的行为，但由于刑法已经将这一方面的行为从背叛国家的行为中独立出来，因而，对于这两种犯罪应注意划清它们之间的界限。从犯罪构成的角度来考察，它们二者之间的主要区别在于：（1）犯罪客体不同；（2）客观方面不同；（3）犯罪主体不同；（4）犯罪的主观内容不同。

（三）分裂国家罪的处罚

根据《刑法》第103条第1款、第113条、第106条、第56条第1款之规定，犯本罪的，对首要分子或者罪行重大的，处无期徒刑或者10年以上有期徒刑；对积极参加的，处3年以上10年以下有期徒刑；对其他参加的，处3年以下有期徒刑、拘役、管制或者剥夺政治权利；对国家和人民危害特别严重，情节特别恶劣的，可以判处死刑。与境外机构、组织、个人相勾结，实施本罪的，依照前述规定从重处罚。犯本罪的，除单处剥夺政治权利者外还应当附加剥夺政治权利，并且可以并处没收财产。

二、煽动分裂国家罪

（一）煽动分裂国家罪的概念和主要特征

煽动分裂国家罪是指行为人以分裂国家为目的，煽动他人实施分裂国家、破坏国家统一的行为。本罪的主要特征如下。

1. 本罪在客观上表现为行为人实施了煽动分裂国家、破坏国家统一的行为。即以怂恿、鼓动、号召等方式煽动分裂国家、破坏中华人民共和国国家和民族统一的行为。从司法实践的角度来考察，煽动分裂国家的行为，其表现形式是多种多样的，既可以是口头的，如发表分裂国家的演讲、呼喊分裂国家的口号等；也可以是书面的，如张贴、散发带有分裂国家内容的标语、传单等。需要指出的是，煽动分裂国家罪属于行为犯，只要行为人实施了煽动分裂国家、破坏国家统一的行为，即可构成本罪。

2. 本罪在主观上必须出于直接故意，且以分裂国家为目的，即指行为人明知自己煽动分裂国家的行为会造成破坏国家统一的危害结果，并且希望这种危害结果发生。由于本罪的构成在主观上对行为人有特定的要求，即以分裂国家为目的，因而，如果行为人在客观上虽有煽动的行为，但不是以分裂国家为目的，则不能构成本罪，而只能依照《刑法》所规定的其他犯罪处理。

（二）煽动分裂国家罪的处罚

根据《刑法》第103条第2款、第106条、第56条第1款、第113条第2款之规定，犯本罪的，处5年以下有期徒刑、拘役、管制或者剥夺政治权利；首要分子或者罪行重大的，处5年以上有期徒刑。与境外机构、组织、个人相勾结，实施本罪的，依照前述规定从重处罚。犯本罪的，除单处剥夺政治权利者外还应当附加剥夺政治权利，并且可以并处没收财产。

三、武装叛乱、暴乱罪

（一）武装叛乱、暴乱罪的概念和主要特征

武装叛乱、暴乱罪是指行为人组织、策划、实施武装叛乱或者武装暴乱，危害中华人民共和国国家安全的行为。本罪的主要特征如下。

1. 本罪在客观上表现为行为人实行了组织、策划、实施武装叛乱或者武装暴乱的行为。在这里，所谓“组织”是指行为人为了发动武装叛乱或者武装暴乱而按照一定方式将分散的人员集中起来使之形成一定的系统性或者整体性的活动。所谓“策划”则是指行为人为了发动武装叛乱或者武装暴乱而暗中进行密谋、筹划的行为。所谓“实施”则是指行为人已经着手、正式开始实行武装叛乱或者武装暴乱的活动。所谓“武装叛乱”，是指以投靠境外组织或境外敌对势力为背景或者意图投靠境外组织或者境外敌对势力，而采取武装对抗的形式，反叛国家和政府的行为。所谓“武装暴乱”，是指采取武装的形式，进行暴力骚乱，与国家和政府对抗的行为。以上各方面的行为，只要行为人实施了其中之一，即可构成本罪。至于行为人所实施的武装叛乱或者武装暴乱活动是否造成了实际危害结果，对于构成本罪不发生影响。

2. 本罪在主观上只能出于直接故意，且以推翻国家政权和破坏社会秩序为内容。

（二）武装叛乱、暴乱罪的司法认定

1. 本罪与非罪的界限。认定武装叛乱、暴乱罪主要应把握两点：一是行为人在主观上具有推翻人民民主专政的国家政权和社会主义制度的目的，二是行为人实施了以使用武装的形式同国家和政府公然对抗的行为。只有二者同时具备，才能以武装叛乱、暴乱罪论处。

2. 本罪的既遂与未遂的界限。武装叛乱、暴乱罪在客观上包括组织、策划和实施三个方面的行为，也就是说这三种行为已包括犯罪的预备行为和实行行为在内。那么区分本罪的既遂与未遂，既不能以是否进行密谋、筹划为标准，也不能以是否造成严重后果为标准，而只能以武装叛乱或者暴乱这一实行行为是否着手为标准。凡是着手实施了武装叛乱或者暴乱行为的即为既遂；反之，在着手以后武装叛乱或者暴乱尚未开始以前因某种客观原因的障碍而没有成功的，则为未遂。

（三）武装叛乱、暴乱罪的处罚

根据《刑法》第 104 条、第 113 条、第 106 条、第 56 条第 1 款之规定，犯武装叛乱、暴乱罪的，对首要分子或者罪行重大的，处无期徒刑或者 10 年以上有期徒刑；对积极参加的，处 3 年以上 10 年以下有期徒刑；对其他参加的，处 3 年以下有期徒刑、拘役、管制或者剥夺政治权利；策动、胁迫、勾引、收买国家机关工作人

员、武装部队、人民警察、民兵犯本罪的，依照前述规定从重处罚；对国家和人民危害特别严重，情节特别恶劣的，可以判处死刑。与境外机构、组织、个人相勾结，实施本罪的，依照前述规定从重处罚。犯本罪的，除单处剥夺政治权利者外还应当附加剥夺政治权利，并且可以并处没收财产。

四、颠覆国家政权罪

（一）颠覆国家政权罪的概念和主要特征

颠覆国家政权罪是指行为人组织、策划、实施颠覆国家政权、推翻社会主义制度的行为。本罪的主要特征如下。

1. 本罪在客观方面表现为行为人实行了组织、策划、实施颠覆国家政权、推翻社会主义制度的行为。本罪在客观上的行为方式有组织、策划、实施三种。在这里，所谓“组织”是指行为人为了颠覆国家政权、推翻社会主义制度而采取一定的方式将分散的人员聚拢在一起而使之形成系统性和整体性的活动。所谓“策划”是指行为人为了颠覆国家政权、推翻社会主义制度而暗中进行密谋、筹划的行为。所谓“实施”则是行为人已经着手、正式开始实行颠覆国家政权、推翻社会主义制度的行为。以上三种行为方式，只要行为人实施了其中之一，即可构成犯罪，而不需要全部具备。还需要指出的是，由于颠覆国家政权罪是一种性质严重、非常危险的犯罪，因而只要行为人实施了颠覆国家政权、推翻社会主义制度的行为，即可构成本罪。至于行为人的行为是否已经造成颠覆国家政权、推翻社会主义制度的实际危害后果，对于本罪的成立不发生影响。

2. 本罪在主观上只能是直接故意，即行为人明知自己实施的是颠覆国家政权、推翻社会主义制度的犯罪行为并且决意而为之。间接故意和过失不可能构成本罪。

（二）颠覆国家政权罪的司法认定

1. 本罪与非罪的界限。颠覆国家政权罪是一种危险性极大的犯罪，行为人的行为只要具备了本罪犯罪构成要件，就构成本罪。但是，在法律实务中应注意的是，行为人只有一般过激或错误的政治言论，而没有实施具体颠覆国家政权的行为，就不构成本罪。如果颠覆的行为是针对一个单位或一个基层的社会团体，不是针对国家政权，则不构成本罪。如果行为人在实施颠覆国家政权时还伴有其他超出《刑法》第 105 条规定之内容的犯罪，则与本罪数罪并罚。另外，危害国家安全的行为多种多样，如叛乱、暴乱、分裂国家等。有时颠覆国家政权也是以叛乱、暴乱的方式进行的，犯罪人的行为到底属于什么罪，关键要看他的行为目的和客观表现。如果只是叛乱、暴乱，只是破坏国家政权、政治秩序，而不是要颠覆、夺取政权，那么就不能认定为犯了颠覆国家政权罪，构成其他罪的，要以其他罪定罪处罚。

2. 本罪与分裂国家罪的界限。本罪与分裂国家罪都是极为严重的危害国家安全的犯罪，在条文上位于危害国家安全犯罪的前列。两罪的相同点是行为方式相同，都包含组织、策划、实施的行为。其区别主要有：(1) 直接客体不同，颠覆国家政权罪侵犯的是人民民主专政的政权和社会主义制度，分裂国家罪侵犯的是国家的统一与民族的团结；(2) 主观方面不同，颠覆国家政权罪的目的是颠覆人民民主专政和推翻社会主义制度，分裂国家罪的行为人的目的是分裂统一的多民族国家，具有危害国家安全的直接故意；(3) 分裂国家的行为与颠覆政权的行为是不尽相同的，有时国家被分裂但政权依然存在，政权被颠覆了而国家没有分裂的现象也是存在的。

(三) 颠覆国家政权罪的处罚

根据《刑法》第 105 条第 1 款、第 106 条、第 56 条第 1 款、第 113 条第 2 款之规定，犯本罪的，对首要分子或者罪行重大的，处无期徒刑或者 10 年以上有期徒刑；对积极参加的，处 3 年以上 10 年以下有期徒刑；对其他参加的，处 3 年以下有期徒刑、拘役、管制或者剥夺政治权利。与境外机构、组织、个人相勾结，实施本罪的，依照前述规定从重处罚。犯本罪的，除单处剥夺政治权利者外还应当附加剥夺政治权利，并且可以并处没收财产。

五、煽动颠覆国家政权罪

(一) 煽动颠覆国家政权罪的概念和主要特征

煽动颠覆国家政权罪是指行为人以造谣、诽谤或者其他方式煽动颠覆国家政权、推翻社会主义制度的行为。本罪的主要特征如下。

1. 本罪在客观上表现为行为人实施了以造谣、诽谤或者其他方式煽动颠覆国家政权、推翻社会主义制度的行为。在这里，所谓“造谣”是指行为人为了达到颠覆国家政权、推翻社会主义制度的目的而捏造某些诋毁政府声誉的虚假消息来迷惑群众。所谓“诽谤”是指行为人凭空编造某些虚假情况或者情节在社会上加以散布，借以诋毁政府声誉或者败坏政府领导人的人格和名誉。所谓“其他方式”是指除了造谣和诽谤这两种行为方式以外的其他煽动行为，诸如发表颠覆国家政权的演讲，散布带有颠覆国家政权色彩的标语、传单等。以上三种行为方式，只要行为人实施了其中之一，即可作为本罪加以处理，至于行为人的行为有无造成实际的危害后果以及被煽动人是否听信煽动，对于构成本罪不发生影响。

2. 本罪在主观上只能是直接故意，且以颠覆国家政权、推翻社会主义制度为主观故意。如果行为人所实施的煽动行为不是以颠覆国家政权为特定的内容，则不能作为本罪加以处理。

(二) 煽动颠覆国家政权罪的司法认定

在认定本罪时，要注意弄清本罪与颠覆国家政权罪的界限。本罪与颠覆国家政权罪在犯罪的直接客体上、犯罪目的上是完全相同的，正因如此，它们被规定于同一条文中。两者的区别主要有：(1) 两罪的行为方式不同，颠覆国家政权罪是组织、策划、实施的方式，煽动颠覆国家政权罪则是煽动群众的方式；(2) 两罪犯罪故意不完全相同。

（三）煽动颠覆国家政权罪的处罚

根据《刑法》第 105 条第 2 款、第 106 条、第 56 条第 1 款、第 113 条第 2 款之规定，犯本罪的，处 5 年以下有期徒刑、拘役、管制或者剥夺政治权利；首要分子或者罪行重大的，处 5 年以上有期徒刑。与境外机构、组织、个人相勾结，实施本罪的，依照前述规定从重处罚。犯本罪的，除单处剥夺政治权利者外还应当附加剥夺政治权利，并且可以并处没收财产。

六、资助危害国家安全犯罪活动罪

（一）资助危害国家安全犯罪活动罪的概念和主要特征

资助危害国家安全犯罪活动罪是指境内外机构、组织或者个人资助实施背叛国家罪，分裂国家罪，煽动分裂国家罪，武装叛乱、暴乱罪，颠覆国家政权罪，煽动颠覆国家政权罪的行为。本罪的主要特征如下。

1. 本罪在客观上表现为行为人资助实施背叛国家罪，分裂国家罪，煽动分裂国家罪，武装叛乱、暴乱罪，颠覆国家政权罪，煽动颠覆国家政权罪的行为。如果行为人资助的对象不是《刑法》所规定的实施上述几种特定犯罪的有关机构、组织或者个人，而是实施这些犯罪以外的其他危害国家安全的犯罪的有关机构、组织或者个人，则不能按照本罪处理，而只能以其他犯罪的共犯处理。如果行为人在实施资助上述犯罪活动之外，又实施其他危害国家安全的犯罪的，则应当实行数罪并罚。

2. 本罪的主体是一般主体，既可以是境内的机构、组织或者个人，也可以是境外的机构、组织或者个人。与本章的大部分犯罪不同的是，本罪的主体不仅包括自然人，还包括单位等组织，且不问该组织是合法成立还是非法成立或者组织的规模如何，只要具备基本的组织结构即可。

3. 本罪在主观上只能出于故意，即行为人明知自己资助的是实施《刑法》所规定的背叛国家罪，分裂国家罪，煽动分裂国家罪，武装叛乱、暴乱罪，颠覆国家政权罪，煽动颠覆国家政权罪等犯罪活动的有关机构、组织或者个人，而故意向他们提供经费、场所和物资。如果行为人在主观上是出于过失，则不能构成本罪。

（二）资助危害国家安全犯罪活动罪的处罚

根据《刑法》第 107 条、第 56 条第 1 款、第 113 条第 2 款之规定，犯本罪的，对直接责任人员，处 5 年以下有期徒刑、拘役、管制或者剥夺政治权利；情节严重的，处 5 年以上有期徒刑。犯本罪的，除单处剥夺政治权利者外还应当附加剥夺政治权利，并且可以并处没收财产。

七、投敌叛变罪

（一）投敌叛变罪的概念和主要特征

投敌叛变罪是指中国公民背叛国家、投奔敌方，或者在被捕、被俘后投降敌人，进行危害国家安全活动的行为。本罪的主要特征如下。

1. 本罪在客观上表现为行为人实施了背叛国家、投奔敌方，或者在被捕、被俘后投降敌人，进行危害国家安全活动的行为。在这里，投敌叛变主要是指投奔国外的敌对势力，既可以是自己主动投奔敌人营垒，也可以是被教唆投奔敌人营垒或者在被捕、被俘以后经不住考验而投降敌人。既可以是投奔敌人控制区，也可以是与敌人建立关系后接受敌人任务潜伏在我国进行危害国家安全的活动，还可以是投奔与我国为敌的国家驻我国使、领馆。只要行为人的行为符合上述行为之一，都可以构成本罪。

2. 本罪在主观上只能出于直接故意，且以投奔敌人为目的。也就是说，行为人明知自己的行为是投敌叛变的行为，并且决意而为之。间接故意和过失不可能构成本罪。

（二）投敌叛变罪的司法认定

1. 本罪与一般变节行为的界限。一般而言，中国公民，包括国家机关工作人员、武装部队人员、人民警察、民兵被敌人逮捕或者俘虏后，向敌人自白、悔过，但并未向敌人出卖组织、提供情报或者从事危害国家安全活动的，属于一般变节行为。对于一般变节行为，只要行为人不是心甘情愿地投降敌人，没有帮助敌人进行危害国家安全的活动，一般可以不作为投敌叛变罪论处，但有关主管部门可根据实际情况给予一定的行政处分。

2. 本罪与背叛国家罪的界限。投敌叛变罪就其本质而言，也是一种背叛国家的行为，但由于《刑法》将本罪与背叛国家罪是作为两种不同的犯罪来加以规定的，因而应注意划清它们之间的界限。它们二者之间的区别主要表现在：（1）犯罪故意的内容不同；（2）客观行为方式不同。

（三）投敌叛变罪的处罚

根据《刑法》第 108 条、第 113 条、第 56 条第 1 款之规定，犯本罪的，处 3 年以上 10 年以下有期徒刑；情节严重或者带领武装部队人员、人民警察、民兵投敌叛变的，处 10 年以上有期徒刑或者无期徒刑；对国家和人民危害特别严重，情节特别恶劣的，可以判处死刑。犯本罪的，应当附加剥夺政治权利，并且可以并处没收财产。

八、叛逃罪

（一）叛逃罪的概念和主要特征

叛逃罪是指国家机关工作人员或者其他掌握国家秘密的国家工作人员在履行公务期间，擅离岗位，叛逃境外或者在境外叛逃的行为。本罪的主要特征如下。

1. 本罪在客观上表现为行为人在履行公务期间，擅离岗位，叛逃境外或者在境外叛逃的行为。在这里，行为人叛逃的时间必须是在履行公务期间，若非在此期间，则不能构成本罪。所谓“履行公务期间”是指国家工作人员在任职期间，例如在境内履行职责、从事公务期间，或者在境外因公进行访问考察、参加会议或在我驻外机构工作期间等。所谓“擅离岗位”是指未经批准，私自离开工作岗位。如果不是擅离岗位，如在经过批准到国外探亲期间出逃，也不能构成本罪。所谓“叛逃”，即叛变出逃，投靠境外的机构、组织。行为人叛逃的地点可以是从境内叛逃境外，也可以是在境外直接叛逃。根据《刑法修正案（八）》的规定，本罪属于行为犯，只要行为人实施了叛逃的行为，不论是否实施了危害国家安全的行为，均构成本罪。

2. 本罪的主体属于特殊主体，即主要由国家机关工作人员构成，但掌握国家秘密的国家工作人员也可以成为该罪犯罪主体。在这里，国家机关工作人员是指在国家各级权力机关、各级行政机关、各级司法机关中依照法律从事公务的人员。在国家机关中从事劳务活动的勤杂人员，不属于国家机关工作人员。鉴于在现代经济发展中，科技、经济方面的秘密在国家秘密中占有很大的比重，而掌握这一方面秘密的不一定全部是国家机关工作人员，如果这些人在履行公务期间叛逃，同样会给国家安全造成严重危害，所以《刑法》第 109 条第 2 款将“掌握国家秘密的国家工作人员”也纳入了本罪的主体范围。

3. 本罪在主观上只能出于故意。即行为人明知自己的叛逃的行为是背叛国家的行为，并且决意而为之。过失不能构成本罪。

（二）叛逃罪的处罚

根据《刑法》第 109 条、第 113 条第 2 款、第 56 条第 1 款之规定，犯本罪的，处 5 年以下有期徒刑、拘役、管制或者剥夺政治权利；情节严重的，处 5 年以上 10 年以下有期徒刑。犯本罪的，除单处剥夺政治权利者外还应当附加剥夺政治权利，并且可以并处没收财产。掌握国家秘密的国家工作人员叛逃境外或者在境外叛逃而犯本罪的，从重处罚。

九、间谍罪

（一）间谍罪的概念和主要特征

间谍罪是指行为人参加间谍组织或者接受间谍组织及其代理人的任务以及为敌人指示轰击目标的行为。本罪的主要特征如下。

1. 本罪侵犯的客体是中华人民共和国国家安全，其主要矛头指向我国的人民民主专政的国家政权。

2. 本罪在客观上表现为行为人参加间谍组织或者接受间谍组织及其代理人的任务以及为敌人指示轰击目标的行为。具体而言，本罪在客观上有两个方面的行为：一是参加间谍组织或者接受间谍组织及其代理人的任务。这里所说的“间谍组织”，是指外国政府或者境外的敌对势力建立的旨在搜集我国情报，进行颠覆破坏活动等，危害我国国家安全和利益的组织。“参加间谍组织”是指行为人履行一定的手续，加入间谍组织，成为间谍组织的成员。“接受间谍组织及其代理人的任务”，是指接受间谍组织及其代理人的派遣、命令、指使或委托，执行窃取、刺探我国情报，建立间谍网络，或者颠覆、破坏等任务。这里所说的间谍组织的“代理人”，是指受间谍组织或者其成员的指使、委托、资助，而又授意、指使他人进行危害中华人民共和国国家安全活动的人。凡是接受间谍组织及其代理人的任务的，不论其是否参加了间谍组织，均可构成本罪。二是为敌人指示轰击目标的行为。这里所说的“敌人”，主要是指战时与我国交战的敌对国或者敌方，也包括非交战时采用轰击方式袭击我国领土的敌国或敌方。“指示轰击目标”，是指为敌人指明、显示其所轰炸、袭击的我国目标的方位、特征以及出现的时间、路线等。指示轰击目标的手段多种多样，如发电报、打电话、写信、点火堆、放信号弹等。不论行为人采取何种手段，也不论指示的目标是否有误，造成的危害结果如何，均不影响本罪的成立。

3. 本罪的主体是一般主体，即无论是中国公民，还是外国公民、无国籍人，只要达到了法定年龄，具有刑事责任能力都可以构成本罪。

4. 本罪在主观上只能出于故意，且具有危害中华人民共和国国家安全的目的。即行为人明知自己所从事的是危害中华人民共和国国家安全的间谍活动，并且决意而为之。至于行为人在主观上的犯罪动机如何，不影响本罪的成立。

（二）间谍罪的司法认定

1. 本罪与非罪的界限。关键在于考察行为人在主观上是否出自危害中华人民共和国国家安全的目的，在客观上是否实施了危害我国国家安全的间谍行为。

2. 本罪与叛逃罪的界限。它们二者之间的主要区别是：（1）犯罪主体不同；（2）客观行为表现不同。由于从立法上看，叛逃行为并不包括间谍行为，因而，行为人叛逃后又参加间谍组织，或者接受间谍组织或者其代理人的任务的，应当实行数罪并罚。

（三）间谍罪的处罚

根据《刑法》第 110 条、第 113 条、第 56 条第 1 款之规定，犯本罪的，处 10 年以上有期徒刑或者无期徒刑；情节较轻的，处 3 年以上 10 年以下有期徒刑；对国家和人民危害特别严重，情节特别恶劣的，可以判处死刑。犯本罪的，应当附加剥夺政治权利，可以并处没收财产。

十、为境外窃取、刺探、收买、非法提供国家秘密、情报罪

（一）为境外窃取、刺探、收买、非法提供国家秘密、情报罪的概念和主要特征

为境外窃取、刺探、收买、非法提供国家秘密、情报罪是指行为人故意为境外机构、组织、人员窃取、刺探、收买、非法提供国家秘密或者情报的行为。本罪的主要特征如下。

1. 本罪在客观上表现为行为人为境外机构、组织、人员窃取、刺探、收买、非

法提供国家秘密或者情报的行为。构成本罪的客观要素有以下三个方面：(1) 行为人非法获取或提供的对象是国家秘密或者情报。(2) 行为人采取的犯罪方法仅限于窃取、刺探、收买、非法提供等四种，且只要行为人实施了其中之一，即可构成本罪。(3) 行为人服务的对象必须是境外的机构、组织、人员。以上三个方面的因素是相互联系的，只要行为人为境外机构、组织、人员窃取、刺探、收买、非法提供了国家秘密或者情报，不论是否给我国的国家安全造成实际的危害，均不影响本罪既遂的成立。

2. 本罪在主观上只能出于故意，过失不能构成本罪。也就是说，行为人明知自己所从事的活动会造成对中华人民共和国国家安全的严重危害，并且希望或者放任这一危害结果的发生。至于行为人在主观上的犯罪动机如何，不影响本罪的成立。

(二) 为境外窃取、刺探、收买、非法提供国家秘密、情报罪的处罚

根据《刑法》第111条、第113条、第56条第1款之规定，犯本罪的，处5年以上10年以下有期徒刑；情节特别严重的，处10年以上有期徒刑或者无期徒刑；情节较轻的，处5年以下有期徒刑、拘役、管制或者剥夺政治权利。对国家和人民危害特别严重，情节特别恶劣的，可以判处死刑。犯本罪的，除单处剥夺政治权利者外，还应当附加剥夺政治权利，并且可以并处没收财产。

【案例评析】

案例一

1. 案情介绍

被告人黄金秋于2003年1月，在境外新闻网站上以“清水君”之名组织、策划成立所谓“中华爱国民主党”，并在互联网上发表由其亲自制定的《中华爱国民主党党章（征求意见稿）》。并以“中华爱国民主党”筹委会负责人“清水君”的名义，在境外新闻网上发表由其撰写的大量文章，攻击我国的政治制度。另外，他在互联网上还发布大量文章，具体指导如何开展所谓“中华爱国民主党”工作的方法，唆使他们成立“中华爱国民主党”支部，发展党员，扩大组织，散发传单，以达到其颠覆国家政权、推翻社会主义制度的目的。2003年8月，被告人黄金秋归国后先后在昆明、绵竹、连云港等地上网发表文章或发放印有“中华爱国民主党”创办人“清水君”的名片，宣传“中华爱国民主党”的“思想”，为颠覆国家政权积极进行组织活动。

2. 基本问题

根据我国《刑法》的规定，对被告人黄金秋组建“中华爱国民主党”的行为应当如何定罪？

3. 知识内容

根据我国《刑法》的规定，对被告人黄金秋组建“中华爱国民主党”的行为应按《刑法》第105条规定的颠覆国家政权罪论处。因为在本案中，被告人黄金秋无

视国法，以所谓“中华爱国民主党”筹委会负责人的身份，在互联网发表文章号召并积极组织、策划、实施颠覆我国国家政权，推翻我国社会主义制度的行为。从被告人实施的客观行为看，既有组织、策划、实施颠覆国家政权的行为，也有发表文章煽动颠覆国家政权的行为，两种行为交织在一起，侵犯了中华人民共和国人民民主专政的政权和社会主义制度，同时触犯了颠覆国家政权罪和煽动颠覆国家政权罪。根据刑法中想象竞合犯的理论，从一重罪处罚，故对被告人黄金秋应以颠覆国家政权罪论处。

案例二

1. 案情介绍

被告人刘某，1961 年 2 月生，个体经营户。刘某 1998 年年初购买了一台电脑，于 1999 年在某县电信局注册登记上网。自 1999 年 6 月至 2000 年 8 月间，刘某署名“Lgwf”，通过电子邮箱“emlwoto@tong. hua. com. cn”，在江苏省南京市民富网络服务有限公司网站、贵州省铜仁信息港“梵净茶庄 BBS”、宁夏公众网 BBS 公告栏、江西“九江信息港”BBS 论坛、厦门“商务中国”网站、深圳市“深圳之窗”网站、新疆“塔城信息港”BBS 论坛上，发表内容为推翻社会主义的文章 11 篇，这些文章通过互联网发布到各地网站。以上事实有物证、书证、证人证言、被告人供述、勘验笔录为证。

2. 基本问题

根据我国《刑法》与全国人大常委会的有关决定，对于被告人刘某利用互联网发表推翻社会主义的文章的行为应当如何定罪?

3. 知识内容

本案是一起利用互联网手段实施的煽动颠覆国家政权的案件，根据《刑法》第 105 条第 2 款的规定，被告人刘某的行为构成煽动颠覆国家政权罪。因为被告人刘某在主观上具有煽动颠覆国家政权的犯罪故意，在客观上实施了利用互联网煽动颠覆国家政权的犯罪行为，符合《刑法》第 105 条规定的煽动颠覆国家政权罪的构成要件。除了依据《刑法》的规定之外，根据 2000 年 12 月 28 日第九届全国人大常委会颁布的《关于维护互联网安全的决定》第 2 条第 1 款第 1 项规定，利用互联网造谣、诽谤或者发表、传播其他有害信息，煽动颠覆国家政权、推翻社会主义制度，或者煽动分裂国家、破坏国家统一，构成犯罪的，依照刑法有关规定追究刑事责任。根据这一条的规定，对刘某的行为也应追究其煽动颠覆国家政权罪的刑事责任。

案例三

1. 案情介绍

1998 年 3 月，刘某的朋友赵某等人成立反动组织“中华进步党”，声称要发展“400 万党员、400 万军队”，“与中共较量较量”，“推翻现存政权”。为此赵某多次与其同伙开会，并印行书籍，购买武器。赵某曾两次劝刘某加入“进步党”，但刘某以种种借口拒绝。1998 年年底，赵某又到刘某家里说：“你不参加组织也行，从装备上赞助一下吧。”刘某同意，遂将其保管的武器取出，交给赵某“五四”式手枪1支，说：“你先拿去吧。”后来，赵某又从刘某处取走子弹10发、手铐1副。1998年除夕，赵某被捕，供出刘某，刘某被捕归案。

2. 基本问题

根据我国《刑法》的规定，对于刘某资助赵某等人组织颠覆国家政权的行为应当如何定罪？如何把握资助危害国家安全犯罪活动罪与资敌罪的界限？

3. 知识内容

在本案中，赵某等人成立反动组织“中华进步党”，并组织、策划颠覆国家政权的行为，其行为属于颠覆国家政权罪。刘某明知赵某等人的行为属于颠覆国家政权罪，并给予武器装备资助，其行为完全符合《刑法》第107条规定的资助危害国家安全犯罪活动罪的构成要件，因此应当以资助危害国家安全犯罪活动罪定罪处罚。

本案被告人刘某资助赵某武器装备的行为与《刑法》第112条规定的资敌罪在客观上有相似之处，但不能构成资敌罪，而只能以资助危害国家安全犯罪活动罪定罪处罚。这是因为它们二者在资助对象和资助时间等方面有显著的差别。根据《刑法》第112条的规定，资敌罪行为人资助的对象只能是敌人，即只能是国内外的反动政治力量和武装力量。如果行为人资助的对象不是敌人，而是一般危害国家安全的犯罪分子，不构成本罪。与此同时，资敌罪行为人资助的行为只能发生于战时。所谓战时，根据《刑法》的有关规定，是指国家宣布进入战争状态、部队受领作战任务或者遭敌突然袭击时以及部队执行戒严任务或者处置突发性暴力事件时。如果不是在战时实施的，不构成本罪。由于本案中刘某实施的行为与资敌罪有着本质的区别，因而，只能以资助危害国家安全犯罪活动罪定罪处罚。

案例四

1. 案情介绍

被告人薛某在任某市副市长期间，先后贪污、受贿人民币100万元、美金5万元、港币10万元，并通过其在国外的亲戚陈某将上述赃款转移至国外某银行。1998年6月，薛某害怕上述贪污、受贿行为暴露，趁一次参加旅日访问团之机，叛逃至泰国，欲从泰国再逃到加拿大。后来在泰国被抓获，引渡回国。

2. 基本问题

根据我国《刑法》的规定，对于薛某在任某市副市长期间贪污、受贿并叛逃的行为应当如何定性处罚？

3. 知识内容

在本案中，薛某所实施的行为，根据1997年《刑法》的规定，已经构成叛逃罪。首先，薛某身为某市副市长，系国家机关工作人员，符合该罪的主体要求；其次，薛某在主观上有叛逃的直接故意，符合该罪的主观要件；最后，薛某不仅实施了叛逃的行为而且是在履行公务期间，符合该罪的客观要件。综合观之，薛某构成叛逃罪无疑。与此同时，薛某在担任某市副市长期间，还实施了贪污、受贿行为，又分别构成贪污罪和受贿罪。因此，在本案中，对于薛某应当以叛逃罪、贪污罪和受贿罪进行数罪并罚。

【疑难问题】

1. 武装叛乱、暴乱罪的一罪与数罪的界限

在实施武装叛乱或者暴乱行为的过程中，犯罪分子往往同时实施杀人、放火、爆炸、抢劫公私财物、扰乱社会秩序等破坏活动。而这些行为均属于本罪客观方面的表现形式，因此，在定罪时不应数罪并罚，只按本罪定性处罚即可。但是，有的行为人在武装叛乱或者暴乱之外还犯有其他罪行的，则应当实行数罪并罚。

2. 煽动颠覆国家政权罪与危害国家安全罪的教唆犯的界限

煽动颠覆国家政权罪与危害国家安全罪的教唆犯都有教唆的性质，但是二者又有区别，具体表现为：(1) 主观故意内容不同；(2) 犯罪既遂与未遂形态不同；(3) 罪名与法定刑不同。

3. 资助危害国家安全犯罪活动罪与危害国家安全罪的帮助犯的界限

资助危害国家安全犯罪活动罪是一个独立的罪名，其犯罪构成有特定的要求，凡是资助《刑法》中所规定的背叛国家罪、分裂国家罪、煽动分裂国家罪、武装叛乱、暴乱罪、颠覆国家政权罪、煽动颠覆国家政权罪等犯罪活动的，一律依照本罪处理。如果行为人资助的是《刑法》所规定的上述犯罪以外的其他危害国家安全的犯罪，则只能视为该种犯罪的帮助犯，依照共同犯罪的有关规定进行处理。

4. 资助危害国家安全犯罪活动罪的一罪与数罪的界限

由于资助危害国家安全犯罪活动罪是一个独立的罪名，因而只要行为人实施了资助危害国家安全犯罪的活动即可构成本罪。如果行为人在实施非法资助的同时，又参与了其他的危害国家安全的犯罪活动，则应当实行数罪并罚。

5. 叛逃罪与投敌叛变罪的界限

叛逃罪和投敌叛变罪在本质上都带有背叛国家的性质，在客观上都具有叛变的行为，在主观上都属于故意犯罪的范畴。它们之间的区别是：(1) 客观行为表现方式不同；(2) 实施叛变行为的时间要求不同；(3) 犯罪主体不同；(4) 主观故意的内容不同。

6. 为境外窃取、刺探、收买、非法提供国家秘密、情报罪与间谍罪的界限

为境外窃取、刺探、收买、非法提供国家秘密、情报罪与间谍罪虽然在犯罪的主观罪过形式和客观表现形式上均有相似之处，但如果行为人接受间谍组织及其代理人的任务，为其搜集国家秘密、情报，就容易发生两罪的混淆。它们之间的区别主要是：前者是为境外的机构、组织、人员非法获取或者提供国家秘密或者情报，而后者是为间谍组织及其代理人搜集或者提供情报。

实务训练

1. 关于办理危害国家安全犯罪案件的实体要求

（1）根据我国《刑法》之规定，危害国家安全罪在我国刑法分则所规定的各种犯罪中是性质最严重、危害性最大的一类犯罪。因此，对于该类犯罪，在客观上只要实施了刑法所规定的各种具体犯罪行为，而不需要行为人的犯罪行为对国家安全造成实际的危害结果，即成立犯罪的既遂。

（2）为了准确办理危害国家安全犯罪的案件，除了熟练地掌握各个具体危害国家安全罪的构成要件外，还应当准确地区分本类犯罪罪与非罪、此罪与彼罪、一罪与数罪以及共同犯罪之间的关系。如煽动分裂国家罪、煽动颠覆国家政权罪与一般错误言行的区别，投敌叛变罪与一般变节行为的区别，背叛国家罪、投敌叛变罪与叛逃罪之间的区别，武装叛乱、暴乱罪、资助危害国家安全犯罪活动罪中的一罪与数罪的区别，煽动分裂国家罪、煽动颠覆国家政权罪与其他危害国家安全罪的教唆犯的区别，资助危害国家安全犯罪活动罪与其他危害国家安全罪的帮助犯之间的区别，等等。

2. 关于办理危害国家安全犯罪案件的程序要求

（1）国家安全机关依照法律规定，办理危害国家安全的刑事案件，行使与公安机关相同的职权。由于国家安全机关与公安机关在立案、侦查过程中行使的职权相同，因而它们之间在职权上没有区别。

（2）危害国家安全案件由中级人民法院管辖。由于危害国家安全案件涉及国家安全，性质重大，因而，其管辖级别较之普通刑事案件要高。

（3）人民法院审判第一审案件应当公开进行。但是有关国家秘密或者个人隐私的案件，不公开审理。由于绝大多数危害国家安全罪属于涉及国家秘密的犯罪，因而一般不宜公开审理。

课后练习

一、选择题

1. 某甲原是某市医院的医生，后来由于受到物质利益的诱惑，受聘于敌对国情报机构，成为该机构的专职医生。某甲的行为（　　）。

A. 构成间谍罪　　B. 构成资助危害国家安全犯罪活动罪

C. 不构成犯罪　　D. 构成资敌罪

2. 我国公民甲得知乙正在为境外某公司收集我国的经济情报，遂向乙提供了一先进的微型摄像机，供乙刺探我国情报使用。后两人均被抓获。甲的行为构成（　　）。

A. 间谍罪

B. 为境外窃取、刺探、收买、非法提供国家秘密、情报罪
C. 资敌罪
D. 资助危害国家安全犯罪活动罪

3. 根据我国《刑法》的规定，为敌人指示轰击目标的行为构成（　　）。
A. 资敌罪　　B. 资助危害国家安全犯罪活动罪
C. 间谍罪　　D. 投敌叛变罪

4. 甲系某国家机关的机要员。为达出国目的，甲千方百计与境外人员拉关系。在朋友的引见下甲认识了境外某报刊的记者乙。乙表示可以帮助甲出国，但作为交换条件，甲得给他提供一些“内部消息”。于是，甲将自己保管的一份国家机密文件复印了一份给乙。事发后甲被逮捕。甲的行为构成（　　）。
A. 间谍罪　　B. 为境外非法提供国家秘密罪
C. 资敌罪　　D. 故意泄露国家秘密罪

5. 下列危害国家安全罪可以独立适用剥夺政治权利的罪有（　　）。
A. 背叛国家罪　　B. 资敌罪
C. 武装叛乱罪　　D. 间谍罪

6. 下列危害国家安全罪中可以判处死刑的罪有（　　）。
A. 背叛国家罪　　B. 颠覆国家政权罪
C. 武装叛乱、暴乱罪　　D. 间谍罪

7. 某国家机关工作人员甲借到 M 国探亲的机会滞留不归。一年后甲受雇于 N 国的一个专门收集有关中国军事情报的间谍组织，随后受该组织的指派潜回中国，找到其在某军区参谋部工作的战友乙，以 1 万美元的价格从乙手中购买了 3 份军事机密材料。对甲的行为应当处以（　　）。
A. 叛逃罪　　B. 叛逃罪和间谍罪
C. 间谍罪　　D. 非法获取军事秘密罪

二、案例分析题

1. 某国间谍戴某，结识了我国某国家机关机要员黄某。戴某谎称来华投资建厂需了解政策动向，让黄某借工作之便为其搞到保密级别为“机密”的《内参报告》4 份。戴某拿到文件后送给黄某一部手机，并为其子前往某国留学提供了 6 万元资金。

问：对黄某的行为应当如何定罪处罚？

2. 被告人陈某，受委派担任某国有军工高新技术开发公司总经理。在其任职期间，其利用职务便利，通过做假账等方式，贪污人民币 150 万元、美金 10 万元、港币 58 万元，并通过其在海外的亲戚黄某将其不法财产转移到国外。某年某月，陈某随某市考察团赴东南亚处理办厂事宜，途中叛逃到某国，后经引渡回国接受审判。

问：对陈某的行为应当如何定罪处罚？

延伸阅读

1. 于志刚. 危害国家安全罪. 北京：中国人民公安大学出版社，1999.

2. 王世洲，郭自力，张美英．危害国家安全罪研究．北京：中国检察出版社，2012.

3. 冒国军．危害国家安全罪法律实务．北京：法律出版社，2012.

4. 赵秉志．危害国家安全罪暨相关犯罪的法律适用．北京：中国法制出版社，2016.

5. 赵秉志．中国刑法案例与学理研究．分则篇（一）．北京：法律出版社，2001.

6. 周振想．中国新刑法释论与罪案．北京：中国方正出版社，1997.

7. 张军，周道鸾．刑法罪名精解．北京：人民法院出版社，1998.

8. 宣炳昭．刑法各罪的法理与实用．北京：中国政法大学出版社，2002.

9. 王作富．刑法分则实务研究．2 版．北京：中国方正出版社，2003.

10. 董鑫，李永升．反革命罪仍宜改称危害国家安全罪．法学研究参考，1990 年增刊.

11. 李永升．关于完善分裂国家犯罪的立法研究．刑法论丛，2009（4）.

12. 李永升，胡胜．论间谍罪的司法误区及立法完善．江西警察学院学报，2017（4）.

13. 明廷强，庞仕平．试论危害国家安全罪．法律科学，1996（3）.

14. 张驰汉．关于危害国家安全罪的修改与适用．人民司法，1997（7）.

15. 宋庆德．关于危害国家安全罪的几个问题．法律适用，1997（7）.

16. 付立忠，刘晓彬．论危害国家安全罪．法学杂志，1997（3）.

17. 曹贵乾．危害国家安全罪探微．江苏公安专科学校学报，1997（6）.

18. 刘远．论危害国家安全罪的立法特点和立法思想．河北法学，1998（6）.

19. 江维龙．危害国家安全罪若干问题的探讨．法学，1999（8）.

20. 志红，邵军．试析危害国家安全罪的主体和主观要件特征．国家安全通讯，2001（11）.

21. 安定国．颠覆国家政权难逃法律严惩．国家安全通讯，2001（2）.

22. 苏哲．煽动颠覆国家政权罪．江苏公安专科学校学报，1999（1）.

23. 李敏，陈传荣．我国法律中的间谍罪及有关问题．法学杂志，1994（5）.

24. 翟中东．为境外窃取、刺探、收买、非法提供国家秘密、情报罪的探讨．河南高等专科学校学报，2000（3）.

第十六章　危害公共安全罪

【内容摘要】

公共安全是指不特定或多数人的生命、健康和重大公私财产的安全。本章罪是重罪，要求行为对不特定或多数人的生命、健康或财产造成或足以造成重大损害。本章罪包含的危险犯数量在所有分则章罪名中处于首位。危险犯是与实害犯相对应的概念，危险犯可以分为具体危险犯和抽象危险犯。抽象危险犯没有未完成形态，而对具体危险犯而言，危险状态的发生是犯罪既遂条件而非犯罪成立条件。

【学习目标】

(1) 在知识学习层面，要掌握危害公共安全罪的基础知识，熟悉具体罪名的概念、犯罪构成以及犯罪认定的基本知识。(2) 在能力训练层面，要熟知具体罪名的犯罪构成，结合对疑难案例的分析，学会在具体案件中准确认定犯罪和适用刑法，增强适用刑法的实践能力。此外，对于本章犯罪所涉及的理论问题，如公共安全的认定、以危险方法危害公共安全罪的适用、交通肇事罪与危险驾驶罪的适用等，要善于从理论层面予以深入分析，提升思辨能力。(3) 在价值引领层面，要通过对危害公共安全罪的学习，认识到此类犯罪对公共安全的危害，切实增强运用刑法打击危害公共安全犯罪、维护公共安全的基本观念。同时，也要树立遵纪守法的意识，明确行为的法律界限与底线，做一个遵纪守法的公民。

【知识要点】

一、公共安全的含义

关于公共安全的含义，理论上曾经出现过不同的理解：第一种观点认为，公共安全是指不特定人的生命、健康或者财产的安全①；第二种观点认为，不问是否特定，只要是多数人的生命、健康或者财产的安全，就是公共安全②；第三种观点认为，公共安全是指不特定并且多数人的生命、健康或者财产的安全③；第四种观点认为，公共安全是指不特定或者多数人的生命、健康或财产的安全。④ 第四种观点可谓是现在的通说。本书赞同通说的观点。本章罪是危害公共安全的犯罪，只有以公众作为侵害对象，才能说危害了公共安全。公众意味着多数，因而应当将侵害少数人的行为排除在危害公共安全罪之外。另一方面，如果行为具有侵害不特定人的性质，则意味着行为随时有可能向侵害多数人发展，因此也就必然具有危害公共安全的属性。所以，公共安全是指不特定或多数人的生命、健康或重大公私财产的安全。

本章罪中故意犯罪的法定最低刑一般为 3 年以上有期徒刑，最高刑多为死刑，故应对危害程度要求较高，即通常要求行为具有致使不特定或多数人伤害、死亡或重大财产毁损的性质。尽管危害不特定或多数人的人身安全，但不会致人受轻微伤以上伤害的，则不构成本章罪。如往人群中扔燃放的爆竹，尽管也是危害不特定多数人的人身、财产安全，但由于不会导致人身受轻伤以上伤害，不应构成爆炸罪；足以毁损不特定多数人的财产，但财产价值不重大的，也不是危害公共安全，如放火烧毁不特定多数人远离住宅堆放在田间的草垛，草垛本身价值不过数百元或数千元，因其损害的财产价值不重大，不能定放火罪。反之，虽然行为人只是想烧毁自己的房屋，但如果该行为可能殃及邻居，则具有危害公共安全的性质，因而可能构成放火罪。

危害公共安全还指行为人一次行为会危及不特定多数人的生命、健康安全或重大财产安全，如仅是多次累计为多数或重大，不能评价为危害公共安全。例如，行为人采取毒死耕牛的方式盗窃农户家中散养耕牛，在一年内盗窃数十次，共毒死耕牛数十头，总价二十多万元，不能定投放危险物质罪。但是，如果行为人一次性向养牛场的饲料中投放大量毒药，则可能构成投放危险物质罪。又如，行为人在一个地方用手枪杀死素不相识的多人，构成故意杀人罪；若其用机枪向众人扫射，则构成以危险方法危害公共安全罪。

---

① 张小虎. 放火罪之理论探究. 河南省政法管理干部学院学报，2002（4）.

② 刘志伟. 危害公共安全犯罪疑难问题与司法对策. 长春：吉林人民出版社，2001：60.

③ 何秉松. 刑法教科书：下卷. 北京：中国法制出版社，2000：670.

④ 高铭暄，马克昌. 刑法学. 北京：北京大学出版社，高等教育出版社，2017：333.

二、危险犯

本章罪是危险犯最多的一章，对之争议不断，而采何种观点直接影响对本章故意犯罪的成立条件和既遂标准的认定。

（一）危险犯的概念

危险犯是与实害犯相对应的概念，但对何为危险犯争议很大。本书认为，危险犯是指刑法规定的、犯罪的成立或既遂无须实害结果发生，只需有法定的危险状态发生的犯罪。危险犯有如下特征：第一是法定性，如无刑法规定，则不能随意认定某罪属于危险犯。第二是犯罪的成立或既遂不需要实害结果发生，无须实害结果发生就定为既遂是刑法设立危险犯的主要意义。危险犯主要存在于危害公共安全罪一章中，但其他章节中也存在不少的危险犯，如破坏社会主义市场经济秩序罪一章中的生产、销售不符合安全标准的食品罪，妨害社会管理秩序罪一章中的妨害传染病防治罪，等等。

（二）危险犯的分类

尽管有人不赞同将危险犯分为具体危险犯与抽象危险犯，但这一分类方法是我国刑法理论通说。学理上关于如何界定具体危险犯和抽象危险犯争议很大。

关于抽象危险犯的概念，有观点认为是指以行为人实施的危害行为对刑法所保护的社会关系造成的抽象危险状态作为犯罪既遂标准或犯罪成立标准的犯罪类型。[①] 因本书不赞同抽象危险犯有未完成形态，故本书认为抽象危险犯是指以行为人实施的危害行为对刑法所保护的社会关系造成的抽象危险状态作为犯罪成立标准的犯罪类型。

关于具体危险犯的概念，有多种不同理解：第一种观点认为是指将危险状态作为构成要件而规定于刑法条款中，法官必须就具体之案情，逐一审酌判断，当认定构成要件所保护之法益果真存在具体危险时，始能成立犯罪之危险犯。[②] 第二种观点认为是指危险犯的危害内容已由刑法分则条文加以规定，需要依法判断，才能确定是否成立该种犯罪的既遂。[③] 第三种观点认为是指以行为人实施危害行为对刑法所保护的社会关系造成具体危险状态作为犯罪既遂标准或犯罪成立标准的危险犯。[④] 实际上，不同学说可能只是表述上的不同，实质上，这些观点都承认，具体危险犯必须是法律明文规定的，在司法实践中，需要法官判断是否发生了具体的危险，才能判定犯罪是否既遂。故本书认为，具体危险犯是指危险犯的危害内容已由《刑法》分则条文加以规定，具体危险状态有其相应的实害结果，无须实害发生，只需危险

---

① 舒洪水. 危险犯研究. 北京：法律出版社，2009：64.
② 林山田. 刑法通论. 台北：三民书局，1986：106.
③ 周道鸾，张军. 刑法罪名精释. 北京：人民法院出版社，1999：422.
④ 舒洪水. 危险犯研究. 北京：法律出版社，2009：67.

状态发生即构成犯罪既遂的危险犯。不管是具体危险犯还是抽象危险犯均以刑法有明文规定为前提。

具体危险犯与抽象危险犯相比有四个区别：第一是刑法规定方式不同。对于具体危险犯，刑法常作出犯罪产生何种具体危险的规定。例如，《刑法》第116条规定的破坏交通工具罪，要求“足以使火车、汽车、电车、船只、航空器发生倾覆、毁坏危险”。对抽象危险犯，刑法不会规定具体危险结果，不过，不能因此就得出刑法未规定具体危险结果时就属抽象危险犯的结论。例如，《刑法》第118条规定的破坏电力设备、破坏易燃易爆设备罪的表述是“危害公共安全”，这似乎是抽象危险犯，但由于刑法规定了与其对应的实害犯，故本罪属于具体危险犯而非抽象危险犯。第二是具体危险状态都有其相应的实害结果，这是具体危险犯与抽象危险犯的本质区别所在。对于有些具体危险犯来说，刑法尽管未直接规定造成何种危险状态，只泛泛规定“危害公共安全”，但只要同时还规定了该罪造成实害结果的加重量刑档就系具体危险犯而非抽象危险犯。第三是既遂标准不同。抽象危险犯一般只要在法定的地点或以法定的方式等将行为进行完毕就属于既遂，而具体危险犯必须是足以造成实害结果发生的危险状态出现才是既遂。第四是法官是否负有审查责任不同。抽象危险犯无须法官证明危险状态出现就可认定。例如，《刑法》第130条规定的非法携带危险物品危及公共安全罪法官就无须具体审查危险状态是否发生，只要行为人已进入公共场所或公共交通工具就构成既遂。而对于具体危险犯法官必须根据案件事实，对行为时具体环境、地点、人员财产状况、引起危害结果的原因力和行为后状况进行全面考察，从而确定具体危险状态是否已发生。但具体危险犯与抽象危险犯的本质区别是刑法是否对危险结果与实害结果规定有不同的法定刑，规定了的是具体危险犯，未规定的是抽象危险犯。例如，“危害公共安全罪”一章中，《刑法》第114条、第116至119条、第124条是具体危险犯，第128条第1款则是抽象危险犯。

（三）危险犯是否存在未遂形态

关于危险犯是否存在未遂形态，理论上有三种观点：否定说[①]、肯定说[②]、折中说。[③] 本书赞同折中说，认为抽象危险犯不存在未遂形态，而具体危险犯存在未遂形态。具体危险犯以发生法定的危险状态为既遂要件，当行为人已经着手实行具体危险犯的行为，但没有出现法定的危险状态时，就成立具体危险犯的未遂。

（四）具体危险犯的既遂标准

对具体危险犯的既遂标准或说何为危险状态存在多种观点，本书赞同以下看法：危险状态也是一种危害结果，是指危害行为可能引起实害结果发生的客观事实。[④]

---

① 陈兴良. 规范刑法学. 北京：中国政法大学出版社，2003：126.

② 熊选国. 论危险犯. 中南政法学院学报，1992（2）.

③ 赵秉志. 犯罪总论问题探索. 北京：法律出版社，2003：406-407.

④ 林亚刚. 试论危害公共安全犯罪的公共危险状态. 中国刑事法杂志，2003（2）.

危险状态具有以下几个特征：一是法定性，二是事后可预测性，三是实害结果发生的现实可能性，四是客观性，五是危险状态与危害行为具有内在的本质的联系，危险行为中蕴含着危险的因素。[①] 危险状态是否已发生，应由法官进行判断，但法官应以行为人认识到的事实以及一般人可能认识到的事实为基础，以行为时为基准，从一般人的常识出发，将事前判断与事后判断结合起来，进行全面、客观的判断。在认定危险状态的有无时，应着重考察以下因素：一是危害行为是否有导致实害结果的属性，二是危害行为的方法（手段）、侵害的对象，三是危害行为的实行程度，四是实害结果发生的现实可能性。只有以上因素均足以致不特定多人伤亡或重大财产受损的实害结果发生时，才能认定出现了危害公共安全的具体危险。

（五）危险犯的危险状态发生是定罪条件还是既遂条件

本书认为抽象危险犯不存在未完成形态，但对于具体危险犯而言，危险状态发生是犯罪既遂条件而非犯罪成立条件。因此，只要行为本身具有危害公共安全的性质，行为人又追求危害公共安全的结果，即使因其主观认识错误或客观条件限制，其行为还未达到足以危害公共安全的程度，通常情况也都属于犯罪未遂而非不构成犯罪。例如，行为人想让飞机坠毁，但因行为人不在行，其向飞机某部位投放的铁螺丝钉不可能使飞机坠毁，此时应当成立破坏交通工具罪的未遂。

三、危害公共安全罪的主观罪过

本章大多数犯罪既有故意犯罪形态也有相应的过失犯罪形态，少数犯罪只有故意才能构成，如盗窃枪支罪、抢劫枪支罪，等等。要构成本章罪的故意犯罪，行为人主观上除对行为本身是故意外，还要求对行为会危害公共安全有故意，若只是对行为本身是故意，但并未认识到行为会危害公共安全，不能构成本章罪的故意犯罪。例如，行为人向单家独户住房中投掷手榴弹欲杀仇人，但其并不知仇人家中正在开会，其行为不仅炸死了仇人，还炸死炸伤了来开会的其他人，因行为人不知其行为会危害公共安全，应定故意杀人罪而不定爆炸罪。

四、放火罪

（一）犯罪构成

本罪是指放火危害公共安全的行为。所谓放火，是指使对象物燃烧的行为。只要使得对象物燃烧，便属于放火行为，至于使得对象物燃烧的方法则没有限制。因而本罪可以以作为的方式实施，也可以以不作为的方式实施；可以是直接使对象物燃烧，还可以是通过媒介物使对象物燃烧，还可以通过既存的火力引燃对象物。

本罪不是财产犯罪，因此燃烧的对象物不限于财物，也包括财物之外的其他物质。一般而言，行为人开始引燃对象物才属于着手，准备火种、身带汽油赶往现场、

---

① 李兰英．论危险犯的危险状态．中国刑事法杂志，2003（2）.

在对象物周围放置柴草等属于预备行为。但若行为人采取浇汽油等高度危险的方式来放火时，即使行为人不引燃火种，汽油也可能因遇其他火星而燃烧，浇汽油行为本身就已经引发了现实紧迫直接的危险，故浇汽油的行为就是着手。

从结果上来看，由于本罪是危害公共安全的犯罪，所以引燃对象物的行为必须具有危害公共安全的性质，因此，对独门独户的房屋纵火的，可能构成故意杀人罪或者故意毁坏财物罪等，但一般不能构成本罪。对财物放火时，无论该财物是自己的财物还是他人的财物，只要足以危害公共安全，就构成本罪。如果对他人财物放火但不足以危害公共安全，可能构成故意毁坏财物罪；如果对自己的财物放火但不足以危害公共安全，由于存在被害人承诺，不构成犯罪。

关于本罪的既遂标准，国外刑法中大体存在“独立燃烧说”和“用途丧失说”的对立。[①] 然而，就我国刑法的规定来看，上述学说并不适用于我国。我国刑法对放火罪规定了两种犯罪类型。其中，《刑法》第 114 条规定的是具体危险犯，《刑法》第 115 条第 1 款规定的是实害犯，就实害结果而言，指的是“致人重伤、死亡或者使公私财产遭受重大损失”，相应地，第 114 条的具体危险结果则应当是“致人重伤、死亡或者使公私财产遭受重大损失的危险”。换言之，一旦发生“致人重伤、死亡或者使公私财产遭受重大损失的危险”，则属于第 114 条放火罪的既遂，一旦“致人重伤、死亡或者使公私财产遭受重大损失”，则属于第 115 条第 1 款放火罪的既遂。反之，如果行为人实施了放火行为，但在造成具体危险之前自动放弃犯罪、防止火灾发生的，属于第 114 条放火罪的中止；在因意志以外的原因连具体的危险都没有发生之时，则属于第 114 条放火罪的未遂。

从主观要件来看，本罪的罪过形式是故意，这就要求行为人对放火行为本身以及该行为对公共安全带来的危险具有认识。

（二）本罪的认定

关于本罪与相关犯罪的关系。放火行为可能导致多种结果，其中包含了公共安全的侵害、人身伤亡和财产损失等。只要放火行为造成了危害公共安全的具体危险或者实害，就构成放火罪；如果公共安全的损害具体体现为人身的伤亡，则还构成故意杀人罪、故意伤害罪等；如果公共安全的损害具体体现为财产的损失，则还构成故意毁坏财物罪、破坏生产经营罪等。放火罪与上述犯罪之间并非排斥关系，如果同时符合放火罪和上述多个罪名的犯罪构成，则属于想象竞合，应当择一重罪处罚。在行为人实施了其他犯罪之后为了销毁罪证而放火，或者为了骗取保险金而放火的情形中，若同时符合放火罪和其他犯罪的犯罪构成，则应当实行数罪并罚。

五、投放危险物质罪

（一）犯罪构成

本罪行为是投放毒害性、放射性、传染病病原体等物质，危害公共安全的行为。

---

① 黎宏. 刑法学. 北京：法律出版社，2012：19.

构成本罪，要求投放的是毒害性、放射性、传染病病原体等物质，包含固体、液体和气体形态。所谓毒害性物质，指的是能致人畜伤亡的毒性物质，如氰化钾、砒霜、敌敌畏、毒鼠强等；所谓放射性物质，是指含有镭、铀、钴等放射性元素的物质；所谓传染病病原体，是指对人体有害、能致人伤亡的病毒和细菌等微生物，如非典病毒、新冠病毒、鼠疫杆菌、立克次体、寄生虫等等。

本罪是危害公共安全的犯罪，因而要求本罪行为具有危害公共安全的性质。一般而言，本罪行为表现为将危险物质投放于供不特定或多数人食用、饮用的食品、饮料中，或将危险物质投放于供人、畜等使用的河流、池塘、水井中，或释放危险物质，如在公共场所释放放射性物质、传染病病原体或有毒气体。如果不具有危害公共安全的性质，如针对特定或不特定的一个人，或针对特定多数人投放危险物质的，不构成投放危险物质罪，但可能构成故意伤害罪、故意杀人罪等。例如，在“复旦大学投毒案”中，行为人只针对特定个人实施投毒行为，因而只构成故意杀人罪。

从结果来看，《刑法》第114条规定，实施投放危险物质的行为，“危害公共安全，尚未造成严重后果的”也构成犯罪，因此就第114条的投放危险物质罪而言，属于具体危险犯；同时，成立第115条的投放危险物质罪，则需要“致人重伤、死亡或者使公私财产遭受重大损失”，因此该条规定的投放危险物质罪则属于实害犯。与前述放火罪类似，第114条的投放危险物质罪的既遂标准，是造成了致人重伤、死亡或者使公私财产遭受重大损失的危险，而第115条的投放危险物质罪的既遂标准，则是致人重伤、死亡或者使公私财产遭受重大损失。

从主观要件来看，本罪的罪过形式是故意，因此，要求行为人对投放危险物质的行为以及该行为对公共安全的危险具有认识。

（二）本罪的认定

《刑法》第291条之一规定，投放虚假的爆炸性、毒害性、放射性、传染病病原体等物质，严重扰乱社会秩序的行为，构成投放虚假危险物质罪。该罪侵犯的是社会管理秩序，投放的是虚假的危险物质；而本罪侵犯的是公共安全，投放的是真实的危险物质，因而两罪存在本质的区别。

《刑法》第144条规定，在生产、销售的食品中掺入有毒、有害的非食品原料的，或者销售明知掺有有毒、有害的非食品原料的食品的，构成生产、销售有毒、有害食品罪。由于该罪生产、销售的有毒、有害食品面向的是不特定的消费者，因而有可能给公共安全带来危险。当生产、销售有毒、有害食品，同时符合生产、销售有毒、有害食品罪和投放危险物质罪的犯罪构成时，属于两罪的想象竞合，应当择一重罪处罚。

《刑法》第338条规定，违反国家规定，排放、倾倒或者处置有放射性的废物、含传染病病原体的废物、有毒物质或者其他有害物质，严重污染环境的，构成污染环境罪。实施此种行为时，也可能给公共安全带来危害，此时便构成污染环境罪与投放危险物质罪的想象竞合，应当择一重罪处罚。

司法实践中曾发生过使用艾滋病病人用过的针头随机扎人等类似的案件，有些司法机关可能对此定性为投放危险物质罪，但本书认为，此类行为不具有“一次行为就足以危害公共安全”的性质，因而不能构成投放危险物质罪，如果确实使他人感染了病毒，可以考虑按照故意伤害罪（数罪并罚）来处理。另外，在疫情防控时期，非典、新冠病毒感染者违反防控规定，以朝他人吐口水等方式传播传染病病毒的，按照司法解释相关规定，按照以危险方法危害公共安全罪论处。

六、以危险方法危害公共安全罪

（一）犯罪构成

本罪行为是使用放火、决水、爆炸、投放危险物质以外的危险方法危害公共安全的行为。由于立法采取了“其他危险方法”这样兜底式的表述方式，因此对于“其他危险方法”的解释要遵循同类解释规则，换言之，只有性质上达到与放火、决水、爆炸、投放危险物质同等危险程度的方法，才可以被认定为这里的“其他危险方法”。

从结果来看，《刑法》第 114 条规定，以其他危险方法危害公共安全的行为，“尚未造成严重后果的”也构成犯罪，因此就第 114 条的以危险方法危害公共安全罪而言，属于具体危险犯；同时，成立第 115 条的以危险方法危害公共安全罪，则需要“致人重伤、死亡或者使公私财产遭受重大损失”，因此该条规定的以危险方法危害公共安全罪则属于实害犯。

从主观要件来看，本罪的罪过形式是故意。

（二）本罪的认定

1. “其他危险方法”的理解

在本罪认定过程中，主要难点在于对“其他危险方法”的理解。对于该问题，需要注意以下几个方面。

第一，“其他危险方法”与放火、决水、爆炸、投放危险物质是并列关系，这就要求只能将达到与放火、决水、爆炸、投放危险物质同等危险程度的行为认定为本罪，而不能将一切对公共安全有一定危险，但又未达到上述程度的行为认定为本罪。比如，实践中经常发生的盗窃消防设施的铜芯的行为，此类行为无疑对公共安全有一定的危险，但此种危险是较为缓和的危险，未达到放火、决水等行为同等的程度，因此不能认定为本罪，应认定为盗窃罪。

第二，“其他危险方法”是第 114 条和第 115 条的兜底条款，而不是所有危害公共安全罪的兜底条款。对于以其他罪名定罪符合罪刑法定原则、能够罪刑相适应的行为，不宜认定为本罪。比如，对于实践中经常发生的盗窃下水道井盖的行为，可以按照破坏交通设施罪定罪，此时就不宜按照本罪论处；又如，为了给自己的修车铺揽活，而在道路上放置钉子的行为，宜认定为破坏交通设施罪，而不宜认定为本罪。

第三，与放火、决水、爆炸、投放危险物质类似，“其他危险方法”需要满足“一次实施就足以致人重伤、死亡或者使公私财产遭受重大损失”的特征，因此，在公共场所用弹弓随机打人的行为，在公共场所连续杀伤随机目标的行为（无差别杀人行为），使用带有艾滋病病毒的针头随机扎人的行为等，由于不符合上述特征，不应认定为本罪，可以根据案件的具体情况认定为寻衅滋事罪、故意伤害罪、故意杀人罪等。

第四，本罪是侵犯公共安全的犯罪，而非单纯侵犯社会秩序的犯罪，不能将社会秩序的混乱、对公众心理的侵害评价为对公共安全的侵害。因此，在高空抛物案件中，如果行为只是可能对不特定的个别人造成侵害，比如只是从高层向下扔一块砖头，即便此种行为造成了公众的恐慌、社会秩序的混乱，也不能认定为本罪，应当依据概括的故意的原理，认定为高空抛物罪、故意伤害罪、故意杀人罪等。

第五，根据司法实践及相关司法解释规定，以下行为可以认定为以危险方法危害公共安全罪：（1）破坏矿井通风设备；（2）在具有瓦斯爆炸高度危险的情况下，下令多人下井采煤；（3）在火灾现场破坏消防器材；（4）在多人通行的场所私设电网；（5）恐怖分子的自杀式袭击；（6）邪教组织成员的公共场所自焚、自爆；（7）故意传播突发传染病病原体（如非典病毒）。

2. 本罪与交通领域相关犯罪的关系

公共交通安全是公共安全的重要领域，对公共交通安全进行侵害，达到放火、爆炸等行为同等程度的，便可以评价为本罪中的“其他危险方法”。因此，（1）高速公路上逆向高速行驶；（2）驾驶汽车在道路上横冲直撞；（3）在高速公路桥上用石头砸高速公路上高速行驶的汽车；（4）在公路上飙车互相挤撞；（5）在公路上碰瓷；（6）对正在驾驶的公交车司机施以暴力；（7）公交车司机离开驾驶席与人斗殴等行为，在符合条件时都有可能被认定为以危险方法危害公共安全罪。

需要说明的是，以危险方法危害公共安全罪与危险驾驶罪、交通肇事罪不是排斥关系，例如，只要实施了《刑法》第 133 条之一的醉酒驾驶、竞速行驶行为，便构成危险驾驶罪；一旦上述行为造成了交通肇事的结果，符合《刑法》第 133 条的规定，便升级为交通肇事罪；如果上述行为达到了放火、爆炸等同等危险的程度，如醉酒后在道路上驾车横冲直撞、驾驶机动车竞速行驶并在车流量较多的地方相互碰撞等，就可能构成以危险方法危害公共安全罪。此时，上述罪名之间便形成了想象竞合关系，应当择一重罪处罚。

3. 本罪与妨害传染病防治相关犯罪的关系

最高人民法院、最高人民检察院《关于办理妨害预防、控制突发传染病疫情等灾害的刑事案件具体应用法律若干问题的解释》第 1 条规定：“故意传播突发传染病病原体，危害公共安全的，依照《刑法》第一百一十四条、第一百一十五条第一款的规定，按照以危险方法危害公共安全罪定罪处罚。”适用此规定时应当注意以下几点：第一，只有故意传播突发传染病病原体的，才可能达到放火、爆炸等行为同等的危害程度，不能将“突发传染病病原体”扩大解释为“传染病病原体”，因此，对于故意传播艾滋病等传染病的行为，不能适用该条；第二，只有危害公共安全的故意传播突发传染病病原体的行为，才能适用该条，因此，只有向不特定或多数人传播突发传染病病原体的行为，才能适用该条，向特定人传播突发传染病病原体的，只能视情形按照故意伤害罪、故意杀人罪等论处。

七、破坏交通工具罪

（一）犯罪构成

本罪行为是破坏火车、汽车、电车、船只、航空器，足以使火车、汽车、电车、船只、航空器发生倾覆、毁坏危险的行为。随着自动驾驶技术的进步，对于修改软件程序、破坏机动车自动驾驶系统的行为，也应当以本罪论处。

本罪的对象是火车、汽车、电车、船只、航空器。其中对于拖拉机一般要扩大解释为汽车，对于缆车一般要扩大解释为电车，但破坏自行车、人力三轮车、马车等非机动交通工具的，由于不足以危害公共安全，一般不以本罪论处，符合条件时可以按照故意毁坏财物罪等罪处罚。由于本罪是危害公共安全的犯罪，所以要求本罪涉及的交通工具处于正在行驶、航行、飞行或者随时可以交付使用的状态。

从结果来看，《刑法》第116条规定，破坏交通工具的行为，“足以使火车、汽车、电车、船只、航空器发生倾覆、毁坏危险，尚未造成严重后果的”也构成犯罪，因此就第116条的破坏交通工具罪而言，属于具体危险犯；同时，成立第119条的破坏交通工具罪，则需要“造成严重后果”，因此该条规定的破坏交通工具罪则属于实害犯。

从主观要件来看，本罪的罪过形式是故意。

（二）本罪的认定

交通工具本身也是一种财物，因此需要讨论破坏交通工具罪与盗窃罪、故意毁坏财物罪的关系。由于本罪是危害公共安全的犯罪，因此要求破坏行为具有危害公共安全的性质。单纯将车窗砸坏的，不构成本罪，可能构成故意毁坏财物罪；将车辆整体烧毁的，也只构成故意毁坏财物罪；盗窃车辆轮胎，导致车辆无法上路行驶的，可能构成盗窃罪，但不构成本罪。不过，本罪与盗窃罪、故意毁坏财物罪不是排斥关系，盗窃、毁坏关涉交通安全的重要零件，同时足以使交通工具发生倾覆、毁坏危险的，同时构成本罪与盗窃罪或故意毁坏财物罪的想象竞合，应当择一重罪论处。

八、组织、领导、参加恐怖组织罪

（一）犯罪构成

本罪行为是组织、领导、参加恐怖活动组织。恐怖主义，是指通过暴力、破坏、恐吓等手段，制造社会恐慌、危害公共安全、侵犯公民人身财产权利，或者胁迫国家机关、国际组织，以实现其政治、意识形态等目的的主张和行为。根据全国人大常委会《关于加强反恐怖工作有关问题的决定》，恐怖活动，是指以制造社会恐慌、危害公共安全或者胁迫国家机关、国际组织为目的，采取暴力、破坏、恐吓等手段，造成或者意图造成人员伤亡、重大财产损失、公共设施损坏、社会秩序混乱等严重社会危害的行为，以及煽动、资助或者以其他方式协助实施上述活动的行为。根据《反恐怖主义法》的规定，恐怖活动主要包含以下几种类型：(1) 组织、策划、准备实施、实施造成或者意图造成人员伤亡、重大财产损失、公共设施损坏、社会秩序混乱等严重社会危害的活动的；(2) 宣扬恐怖主义，煽动实施恐怖活动，或者非法持有宣扬恐怖主义的物品，强制他人在公共场所穿戴宣扬恐怖主义的服饰、标志的；(3) 组织、领导、参加恐怖活动组织的；(4) 为恐怖活动组织、恐怖活动人员、实施恐怖活动或者恐怖活动培训提供信息、资金、物资、劳务、技术、场所等支持、协助、便利的；(5) 其他恐怖活动。

本罪所称的恐怖组织，是指三人以上为实施上述恐怖活动而组成的犯罪组织。本罪的行为类型包含组织、领导和参加三种形式。组织，是指设立、组建恐怖活动组织；领导，是指策划、决定、指挥恐怖活动组织的具体活动；参加，是指加入恐怖活动组织，成为该组织成员。行为人实施组织、领导、参加行为之一的，便成立本罪，无论事后是否实施了具体的恐怖活动，都不影响本罪的成立。

根据《关于办理恐怖活动和极端主义犯罪案件适用法律若干问题的意见》，具有下列情形之一的，应当认定为《刑法》第 120 条规定的“组织、领导恐怖活动组织”，以组织、领导恐怖组织罪定罪处罚：(1) 发起、建立恐怖活动组织的；(2) 恐怖活动组织成立后，对组织及其日常运行负责决策、指挥、管理的；(3) 恐怖活动组织成立后，组织、策划、指挥该组织成员进行恐怖活动的；(4) 其他组织、领导恐怖活动组织的情形。具有下列情形之一的，应当认定为《刑法》第 120 条规定的“积极参加”，以参加恐怖组织罪定罪处罚：(1) 纠集他人共同参加恐怖活动组织的；(2) 多次参加恐怖活动组织的；(3) 曾因参加恐怖活动组织、实施恐怖活动被追究刑事责任或者二年内受过行政处罚，又参加恐怖活动组织的；(4) 在恐怖活动组织中实施恐怖活动且作用突出的；(5) 在恐怖活动组织中积极协助组织、领导者实施组织、领导行为的；(6) 其他积极参加恐怖活动组织的情形。参加恐怖活动组织，但不具有上述情形的，应当认定为《刑法》第 120 条规定的“其他参加”，以参加恐怖组织罪定罪处罚。

本罪的罪过形式是故意。

(二) 本罪的认定

从我国恐怖主义的实际情况来看，恐怖活动组织的政治主张中可能包含了分裂国家、颠覆国家政权的内容，该组织实施的活动中也可能包含了分裂国家、颠覆国家政权的行为。但需要注意的是，本罪处罚的组织、领导、参加恐怖活动组织的行为是以恐怖活动组织本身为对象的组织、领导、参加行为，因此，实施本罪行为，又实施了分裂国家罪、煽动分裂国家罪、颠覆国家政权罪、煽动颠覆国家政权罪的，一般应当数罪并罚。

恐怖活动组织实施的恐怖活动，一般体现为爆炸、放火、暗杀、投放危险物质等，组织、领导、参加恐怖活动组织和实施上述具体的恐怖活动是两种不同的行为，因此，构成本罪，又因实施具体恐怖活动构成杀人、爆炸、绑架等犯罪的，应当依照数罪并罚的规定处罚。

九、非法制造、买卖、运输、邮寄、储存枪支、弹药、爆炸物罪

（一）犯罪构成

本罪行为是违反国家有关枪支、弹药、爆炸物管理法规，擅自制造、买卖、运输、邮寄、储存枪支、弹药、爆炸物。

枪支、弹药是指手枪、步枪、冲锋枪、机枪、射击运动的各种枪支、狩猎用的有膛线枪、散弹枪、火药枪、麻醉动物用的注射枪和能发射金属弹丸的气枪，以及上述枪支所使用的弹药；发射金属弹丸的钢珠枪，也属于枪支。基于当然解释的原理，以火药为动力发射弹药的大口径武器，也属于枪支。需要注意的是，虽然《枪支管理法》禁止制造、销售仿真枪，但仿真枪不属于《刑法》上的枪支。爆炸物，是指具有较大爆破性或杀伤性的爆炸物，既包括军用的爆炸物，如地雷、炸弹、手榴弹，也包括《民用爆炸物品安全管理条例》所列的爆破器材。

本罪的行为类型包含制造、买卖、运输、邮寄、储存。制造，是指未经国家许可擅自制造（包括改装、配装）枪支、弹药、爆炸物。买卖，是指违反有关法规，购买或者出售枪支、弹药、爆炸物。运输，是指违反有关法规，转移枪支、弹药、爆炸物的存放地点。邮寄，是指违反有关法规，通过邮政部门寄递枪支、弹药、爆炸物。根据 2009 年最高人民法院《关于审理非法制造、买卖、运输枪支、弹药、爆炸物等刑事案件具体应用法律若干问题的解释》（以下简称《枪支案件解释》），储存，是指明知是他人非法制造、买卖、运输、邮寄的枪支、弹药而为其存放的行为，或者非法存放爆炸物的行为。

本罪罪过形式为故意。

（二）本罪的认定

1. 构成本罪的具体标准

根据《枪支案件解释》第 1 条的规定，有下列情形之一的，以本罪论处：（1）非法制造、买卖、运输、邮寄、储存军用枪支 1 支以上的；（2）非法制造、买卖、运输、邮寄、储存以火药为动力发射枪弹的非军用枪支 1 支以上或者以压缩 气体等为动力的其他非军用枪支 2 支以上的；（3）非法制造、买卖、运输、邮寄、储存军用子弹 10 发以上、气枪铅弹 500 发以上或者其他非军用子弹 100 发以上的；（4）非法制造、买卖、运输、邮寄、储存手榴弹 1 枚以上的；（5）非法制造、买卖、运输、邮寄、储存爆炸装置的；（6）非法制造、买卖、运输、邮寄、储存炸药、发射药、黑火药 1 000 克以上或者烟火药 3 000 克以上、雷管 30 枚以上或者导火索、导爆索 30 米以上的；（7）具有生产爆炸物品资格的单位不按照规定的品种制造，或者具有销售、使用爆炸

物品资格的单位超过限额买卖 炸药、发射药、黑火药 10 千克以上或者烟火药 30 千克以上、雷管 300 枚以上或者导火索、导爆索 300 米以上的；(8) 多次非法制造、买卖、运输、邮寄、储存弹药、爆炸物的；(9) 虽未达到上述最低数量标准，但具有造成严重后果等其他恶劣情节的。

本案所涉及的危险物品特别是爆炸物在我国也大量被运用于民用场合，实践中也发生过诸如“非遗传人制造爆炸物案”等由于制造烟花或修路用的雷管等而被认定为本罪的案件。但是，对于刑法分则犯罪的认定也必须在刑法总则的指导下进行，因此，行为人确因合法生产、生活所需，非法制造、买卖、运输枪支、弹药、爆炸物，数量较小，没有造成危害后果的，根据《刑法》第 13 条但书的规定，不宜认定为本罪。

2. 关于“枪支”的认定

刑法中规定了有关枪支的犯罪，却并未规定枪支的具体认定标准。司法实践中，对于枪支都是根据《公安机关涉案枪支弹药性能鉴定工作规定》来认定的。根据该规定，(1) 凡是制式枪支、弹药，无论是否能够完成击发动作，一律认定为枪支、弹药；(2) 凡是能发射制式弹药的非制式枪支（包括自制、改制枪支），一律认定为枪支；(3) 对不能发射制式弹药的非制式枪支，按照《枪支致伤力的法庭科学鉴定判据》(GA/T 718－2007) 的规定，当所发射弹丸的枪口比动能大于等于 1.8 焦耳/平方厘米时，一律认定为枪支。然而，上述第 (3) 项规定的标准，因而“天津大妈气枪案”引发了巨大的争议。《刑法》上的枪支是否必须依据行政法律规范来认定，在理论上涉及如何理解法秩序统一性原理的问题。[①] 在“天津大妈气枪案”之后，最高人民法院、最高人民检察院（以下简称“两高”）颁布了《关于涉以压缩气体为动力的枪支、气枪铅弹刑事案件定罪量刑问题的批复》，该批复规定，对于非法制造、买卖、运输、邮寄、储存、持有、私藏、走私以压缩气体为动力且枪口比动能较低的枪支的行为，在决定是否追究刑事责任以及如何裁量刑罚时，不仅应当考虑涉案枪支的数量，而且应当充分考虑涉案枪支的外观、材质、发射物、购买场所和渠道、价格、用途、致伤力大小、是否易于通过改制提升致伤力，以及行为人的主观认知、动机目的、一贯表现、违法所得、是否规避调查等情节，综合评估社会危害性，坚持主客观相统一，确保罪责刑相适应。显然，“两高”并未否定公安部《公安机关涉案枪支弹药性能鉴定工作规定》在司法活动中作为枪支认定标准的地位，只是认为即便被认定为枪支，也需要综合考虑其他因素综合认定是否追究刑事责任以及如何裁量刑罚。

3. 根据《枪支案件解释》，非法储存，是指明知是他人非法制造、买卖、运输、邮寄的枪支、弹药而为其存放的行为，或者非法存放爆炸物的行为。于是，构成非法储存枪支、弹药罪，需要与制造、买卖、运输、邮寄相关，否则只能构成非法持有、私藏枪支、弹药罪；而构成非法储存爆炸物罪，则不需要与上述行为相关。由于刑法还另外规定了非法持有、私藏枪支、弹药罪，而没有规定非法持有、私藏爆

---

① 王钢. 非法持有枪支罪的司法认定. 中国法学，2017 (4).

炸物罪，所以司法解释上述规定的目的在于区分非法持有、私藏行为与非法储存行为。但是，本罪与非法持有、私藏枪支、弹药罪的法定刑相差悬殊，为实现罪刑均衡，对于非法持有、私藏大量枪支、弹药的行为，即便与制造、买卖、运输、邮寄无关，也应当按照非法储存枪支、弹药罪处理。

4.《刑法》第151条单独规定了走私武器、弹药罪，但没有规定走私爆炸物罪，因此，对于走私枪支、弹药的行为，就不再认定为非法运输、邮寄枪支、弹药罪；但对于走私爆炸物的行为，则应当认定为非法运输、邮寄爆炸物罪。

十、交通肇事罪

（一）犯罪构成

1. 主体。本罪主体是一般主体，已满16周岁、具有辨认能力和控制能力的人均可成为本罪主体。需要注意的是，本罪不是身份犯。（1）公路、水上运输的驾驶人员，自然可以成为本罪主体。（2）公路、水上运输的交通管理人员，如调度员、引导员等，也能成为本罪主体。（3）航空人员、铁路职工以外的人员造成重大飞行事故或铁路运营事故的，构成本罪。（4）乘客在车辆、船舶行驶、航行过程中不当地干扰正常的驾驶活动，导致交通事故的，构成本罪。（5）行人不当地干扰正常的交通运输活动，如非法闯红灯导致车辆追尾、倾覆的，在公路上乞讨、“碰瓷”引发交通事故的，构成本罪。除了上述交通运输活动的直接参与者之外，交通运输活动的间接参与者也能构成本罪：（1）根据最高人民法院《关于审理交通肇事刑事案件具体应用法律若干问题的解释》（以下简称《交通案件解释》），单位主管人员、机动车辆所有人或者机动车辆承包人指使、强令他人违章驾驶造成重大交通事故的，以交通肇事罪定罪处罚。因此，单位主管人员、机动车辆所有人或者机动车辆承包人也能成为本罪主体。这一规定的依据背后是监督过失理论。（2）基于监督过失理论，其他对公共交通参与者的行为负有监督义务的人，也能成为本罪主体，比如，租车后将车辆交给无驾驶执照的人驾驶的、车主将自己的车辆借给醉酒的人驾驶的，都可能构成本罪。

2. 行为和结果。本罪规定了三档法定刑，分别对应着三种行为与结果类型。

（1）本罪基本犯的行为和结果是，违反交通运输管理法规，因而发生重大事故，致人重伤、死亡或者使公私财产遭受重大损失。“违反交通运输管理法规”属于空白罪状，这里的交通运输管理法规，主要指公路、水上交通运输中的各种交通规则、操作规程、劳动纪律等，同时也包括铁路、航空交通运输中的各种管理法规。违反交通运输管理法规就已经构成了行政责任，但要上升为刑事责任，还需要发生致人重伤、死亡或者使公私财产遭受重大损失的结果。

根据《交通案件解释》的规定，违反交通运输管理法规，发生重大交通事故，在分清事故责任的基础上，定罪处罚。交通肇事具有下列情形之一的，构成本罪的基本犯：1）死亡1人或者重伤3人以上，负事故全部或者主要责任的；2）死亡3人以上，负事故同等责任的；3）造成公共财产或者他人财产直接损失，负事故全部或者主要责任，无能力赔偿数额在 30 万元以上的；4）交通肇事致 1 人以上重伤，负事故全部或者主要责任，并具有下列情形之一的，以交通肇事罪定罪处罚：a. 酒后、吸食毒品后驾驶机动车辆的；b. 无驾驶资格驾驶机动车辆的；c. 明知是安全装置不全或者安全机件失灵的机动车辆而驾驶的；d. 明知是无牌证或者已报废的机动车辆而驾驶的；e. 严重超载驾驶的；f. 为逃避法律追究逃离事故现场的。

（2）本罪第二档法定刑对应的行为和结果是，交通运输肇事后逃逸或者有其他特别恶劣情节。根据《交通案件解释》，1）交通运输肇事后逃逸，是指在符合基本犯成立条件的第 1）2）3）和第 4）的 a.—e. 这些情形之一的基础上，在发生交通事故后，为逃避法律追究而逃跑的行为。2）其他特别恶劣情节包括：a. 死亡 2 人以上或者重伤 5 人以上，负事故全部或者主要责任的；b. 死亡 6 人以上，负事故同等责任的；c. 造成公共财产或者他人财产直接损失，负事故全部或者主要责任，无能力赔偿数额在 60 万元以上的。

（3）本罪第三档法定刑对应的行为和结果是，交通运输肇事后，因逃逸致人死亡。根据《交通案件解释》，“因逃逸致人死亡”，是指行为人在交通肇事后为逃避法律追究而逃跑，致使被害人因得不到救助而死亡的情形。

3. 主观要件。本罪的罪过形式为过失。需要特别注意的是，发生交通事故的原因往往比较复杂，在很多场合，虽然客观上发生了交通事故，但行为人对事故的发生并没有预见可能性，此时应当作为意外事件处理。在本罪的认定中，应当避免结果责任的不当倾向。

（二）本罪的认定

1. 本罪发生的领域

构成本罪，要求发生在公共交通领域，一般来说，主要是指公路和水上交通领域，但也包含航空和铁路运输领域。航空人员、铁路职工以外的人员造成重大飞行事故或铁路运营事故的，也构成本罪。但在公共交通领域以外的领域发生事故的，则不能构成本罪。《交通案件解释》也规定，在公共交通管理的范围外，驾驶机动车辆或者使用其他交通工具致人伤亡或者致使公共财产或者他人财产遭受重大损失，构成犯罪的，分别依照重大责任事故罪、重大劳动安全事故罪、过失致人死亡罪等定罪处罚。比如，在封闭的工地内，因叉车、吊车操作不当引发事故的，不以本罪论处，应当视情形认定为重大责任事故罪等。

2. 本罪三种“逃逸”的关系

结合《刑法》和《交通案件解释》的规定，本罪犯罪构成中有三处涉及“逃逸”，分别是：（1）作为基本犯成立条件的“交通肇事致一人以上重伤，负事故全部或者主要责任，为逃避法律追究逃离事故现场”；（2）作为法定刑升格条件的“交通运输肇事后逃逸”；（3）作为法定刑升格条件的“因逃逸致人死亡”。需要注意的是，一旦“逃逸”作为基本犯的成立条件，便不得再将其当作法定刑升格条件，否则便违反了禁止重复评价原则。比如，甲交通肇事（负全部责任）致乙重伤后逃逸，此时只构成本罪的基本犯，不得将逃逸作为第二档法定刑升格条件；但是，甲因酒驾交通肇事（负全部责任）致乙重伤后又逃逸的，因为酒驾致乙重伤本来就已经构成交通肇事罪的基本犯，此时便可以将逃逸作为第二档的法定刑升格条件，加重处罚。

3. 本罪与相关犯罪的关系

（1）就交通肇事罪的基本犯而言，可能同时触犯过失致人重伤罪、过失致人死亡罪，由于本罪属于特殊法条，因而不再单独认定为过失致人重伤罪、过失致人死亡罪。需要注意的是，在交通肇事致一人重伤，负事故全部或主要责任，但欠缺《交通案件解释》第2条第2款的六种情形的场合，因为不符合交通肇事罪的最低成立条件，因而不构成交通肇事罪，但对于致人重伤的结果，可以评价为过失致人重伤罪。

（2）就“逃逸”而言，如果在交通肇事后存在需要救助的被害人而逃逸，则可能还另外触犯遗弃罪的犯罪构成，此时形成交通肇事罪和遗弃罪的想象竞合。

（3）遗弃罪和过失致人死亡罪、（不作为的）故意杀人罪不是排斥关系，例如，遗弃交通肇事的被害人，以为被害人会得到其他人的救助，实际上被害人并未得到救助而死亡的，不仅构成遗弃罪，也构成过失致人死亡罪；又如，在人烟稀少的场所遗弃交通肇事的被害人，不仅构成遗弃罪，也构成不作为的故意杀人罪。此时需要根据案件的具体情况和罪数理论，来处理交通肇事罪、遗弃罪和过失致人死亡罪、故意杀人罪的罪数关系。

（4）根据《交通案件解释》的规定：行为人在交通肇事后为逃避法律追究，将被害人带离事故现场后隐藏或者遗弃，致使被害人无法得到救助而死亡或者严重残疾的，应当以故意杀人罪或者故意伤害罪定罪处罚，然后与交通肇事罪实行并罚。

4. 交通肇事罪共犯的特殊规定

《交通案件解释》规定：“交通肇事后，单位主管人员、机动车辆所有人、承包人或者乘车人指使肇事人逃逸，致使被害人因得不到救助而死亡的，以交通肇事罪的共犯论处。”我国《刑法》第25条规定：“共同犯罪是指二人以上共同故意犯罪。二人以上共同过失犯罪，不以共同犯罪论处；应当负刑事责任的，按照他们所犯的罪分别处罚。”因此，上述解释的合理性存在疑问，正确的做法应该是，将指使他人逃逸的行为认定为遗弃罪等的教唆犯。

十一、危险驾驶罪

（一）犯罪构成

本罪包含了四种不同类型的犯罪构成，其主体都是一般主体，但行为类型存在较大差异，因而需要分别进行讨论。

1. 追逐竞驶，情节恶劣

追逐竞驶，是指行为人在道路上高速、超速行驶，随意追逐、超越其他车辆，频繁、突然并线，近距离驶入其他车辆之前的危险驾驶行为。追逐竞驶型危险驾驶罪是抽象危险犯，但构成此类危险驾驶罪，不仅要具有抽象的危险，还要求情节恶劣。此类危险驾驶罪的责任形式是故意。认定此类危险驾驶罪时需要注意以下几点：

(1) 追逐竞驶以高速、超速驾驶为前提，缓慢驾驶的行为不可能成立本罪。但是，本罪不是超速驾驶罪，单纯的高速驾驶或者超速驾驶，并不必然成立本罪。(2) 追逐竞驶既可能是二人以上基于意思联络实施，也可能是单个人实施。驾驶人员出于竞技、追求刺激、斗气或者其他动机，在道路上曲折穿行、快速追赶行驶的，也属于追逐竞驶。

2. 醉酒驾驶机动车

醉酒驾驶，是指在醉酒状态下在道路上驾驶机动车的行为。醉驾型危险驾驶罪是抽象危险犯。醉驾型危险驾驶罪的罪过形式存在争议，但一般认为是故意。[①]

根据最高人民法院、最高人民检察院、公安部《关于办理醉酒驾驶机动车刑事案件适用法律若干问题的意见》(以下简称《酒驾案件意见》)，在道路上驾驶机动车，血液酒精含量达到 80 毫克/100 毫升以上的，属于醉酒驾驶机动车，以危险驾驶罪定罪处罚。

醉驾型危险驾驶罪在司法实践中是高发犯罪。需要注意的是，虽然此类危险驾驶罪是抽象危险犯，但并非只要是驾驶人员的血液酒精含量达到规定的标准就成立本罪。在具体的案件中，虽然驾驶人员的血液酒精含量达到了规定的标准，但如果情节显著轻微、危害不大的，应当根据《刑法》第 13 条但书的规定，不认定为犯罪。比如，在没有车辆与行人的荒野道路上醉酒驾驶机动车的，不应以犯罪论处。

3. 从事校车业务或者旅客运输，严重超过额定乘员载客，或者严重超过规定时速行驶

本类型危险驾驶罪属于抽象危险犯，其罪过形式是故意。依照国务院《校车安全管理条例》的规定，“校车”是指用于接送接受义务教育的学生上下学的机动车。从事旅客运输的车辆，是指从事公路客运、公交客运、出租客运、旅游客运等从事旅客运输的车辆。一般的超员、超速行为不成立本罪，只有严重超员、超速的行为才成立本罪。

根据《刑法》规定，机动车所有人、管理人对严重超员、超速行驶负有直接责任的，以本罪论处。需要注意的是，由于此类危险驾驶罪是故意犯罪，因此，所谓“机动车所有人、管理人对严重超员、超速行驶负有直接责任”，是指机动车所有人、管理人负故意的责任。例如，机动车所有人、管理人强令、指使驾驶人员超员、超速行驶的，或者明知驾驶人员超员、超速行驶而放任的，应以本罪论处。

4. 违反危险化学品安全管理规定运输危险化学品，危及公共安全

违规运输危险化学品，是指违反危险化学品安全管理规定运输危险化学品，危及公共安全的行为。本类型的危险驾驶罪属于具体危险犯，其责任形式是故意。

危险化学品，是指具有毒害、腐蚀、爆炸、易燃等性质的化学品。“违反危险化学品安全管理规定”属于空白罪状，需要根据《危险化学品安全管理条例》来认定。比如，该条例规定，从事危险化学品道路运输的，应当取得危险货物道路运输许可，

---

① 张明楷. 危险驾驶罪的基本问题. 政法论坛，2012 (6)；冯军. 论《刑法》第 133 条之一的规范目的及其适用. 中国法学，2011 (5)；梁根林.《刑法》第 133 条之一第 2 款的法教义学分析. 法学，2015 (3).

并向工商行政管理部门办理登记手续；危险化学品道路运输企业应当配备专职安全管理人员；危险化学品道路运输企业的驾驶人员、装卸管理人员、押运人员、申报人员、集装箱装箱现场检查员应当经交通运输主管部门考核合格，取得从业资格；运输危险化学品，应当根据危险化学品的危险特性采取相应的安全防护措施，并配备必要的防护用品和应急救援器材；等等。违反上述《条例》的规定，并且危及公共安全的，成立本罪。

根据《刑法》规定，机动车所有人、管理人对于违规运输危险化学品的行为负有直接责任的，以本罪论处。这里的负有直接责任也是指故意责任。

（二）本罪的认定

本罪与交通肇事罪不是排斥关系，因危险驾驶行为导致发生交通事故，符合交通肇事罪的犯罪构成时，便同时成立交通肇事罪。此时交通肇事罪可以视为危险驾驶罪的结果加重犯，直接按照交通肇事罪定罪处罚即可。需要注意的是，将交通肇事罪视为危险驾驶罪的结果加重犯时，以交通事故的发生与危险驾驶行为有直接的因果关系为前提，不符合该条件时，便不能形成结果加重犯，而应当数罪并罚。比如，行为人违规运输危险化学品，交通事故并非因为危险化学品引起，而是因为驾驶人超速引起的，则应当以危险驾驶罪和交通肇事罪数罪并罚。

本罪与以危险方法危害公共安全罪也不是排斥关系，实施危险驾驶行为，其行为性质达到放火、决水、爆炸、投放危险物质同等程度的危险的（如醉酒后超高速行驶或逆向行驶），便同时构成《刑法》第114条的以危险方法危害公共安全罪，形成想象竞合，应当择一重罪处罚。

十二、妨害安全驾驶罪

（一）犯罪构成

本罪是指对行驶中的公共交通工具的驾驶人员使用暴力或者抢控驾驶操纵装置，干扰公共交通工具正常行驶，危及公共安全的行为，以及行驶中的公共交通工具的驾驶人员擅离职守，与他人互殴或者殴打他人，危及公共安全的行为。

对于干扰公共交通工具正常行驶这种行为方式而言，本罪要求发生在行驶中的公共交通工具上，因此，非行驶状态中的公共交通工具和非公共交通工具上的暴力等行为，不构成本罪。本罪行为要求针对驾驶人员或者驾驶操纵装置实施，因此，针对公共交通工具的售票员或乘客实施暴力的，或者针对公共交通工具的其他部分如车窗、座椅实施暴力的，不构成本罪。本罪行为类型包含两种：一是对驾驶人员实施暴力，二是抢控驾驶操纵装置。对驾驶人员实施暴力的行为只要干扰公共交通工具正常行驶、危及公共安全，便构成本罪，不要求达到压制性的程度。抢控操纵装置，主要是指抢控方向盘、挡杆等控制车辆启停、方向、速度等的操纵装置。构成本罪，要求犯罪行为干扰了公共交通工具正常行驶、危及公共安全，这一结果性的要求意味着本罪是具体危险犯。从主观要件来看，本罪是故意犯罪，需要注意的是，肇事结果不是本罪的构成要素，所以，在因为实施本罪行为导致肇事结果的场合，只要行为人认识到自己在对行驶中的公共交通工具的驾驶人员使用暴力或者抢控驾驶操纵装置便构成本罪，不要求行为人对肇事结果具有希望或者放任的态度。

对于驾驶人员擅离职守这种行为方式而言，本罪主体限于行驶中的公共交通工具的驾驶人员，因而不包含售票员。本罪同样要求发生在行驶中的公共交通工具上，且行为人正处在驾驶公共交通工具的状态中。因此，当驾驶人员受到攻击，在将车辆停稳熄火之后与他人互殴或殴打他人的，不应按照本罪论处。本罪的行为是，驾驶人员擅离职守，与他人互殴或者殴打他人。所谓擅离职守，不要求驾驶员离开驾驶席，只要其未能按照交通规则和职责要求谨慎、安全驾驶，不按照安全的操作规程操作，便属于擅离职守。驾驶人员与他人互殴或者单方面殴打他人的，都构成本罪。本罪的成立，要求行为危及公共安全，因此本罪也是具体危险犯。

（二）本罪的认定

本罪是具体危险犯，不要求发生实害结果。一旦发生实害结果，造成车辆损毁、车上或路面人员伤亡的，则可能进一步构成交通肇事罪、故意毁坏财物罪、故意伤害罪、故意杀人罪。如果在车辆高速行驶、车流量较大或人员密集的场合实施本罪行为，则可能给公共安全带来与放火、爆炸等同等的高度危险，此时便还可能成立以危险方法危害公共安全罪。本罪与上述犯罪之间都不是排斥关系，根据《刑法》第 133 条之二第 3 款的规定，同时构成本罪与上述犯罪的，按照想象竞合犯的规则，择一重罪论处。

十三、重大责任事故罪

（一）犯罪构成

本罪主体是一般主体，已满 16 周岁、具有辨认能力和控制能力的人均可成为本罪主体。在司法实践中，一般是对生产、作业负有组织、指挥或者管理职责的负责人、管理人员、实际控制人、投资人等人员，以及直接从事生产、作业的人员。

本罪的行为和结果是，在生产、作业中实施违反有关安全管理规定，因而发生重大伤亡事故或者造成其他严重后果。构成本罪，要求事故发生在生产、作业活动中。违反有关安全管理规定则是引发事故的直接原因，所谓安全管理规定，是指与保障生产作业安全有关的劳动纪律、操作规程和劳动保护法规，如《安全生产法》《劳动法》《特种设备安全法》等法律、法规中对有关安全生产的规定。根据最高人民法院、最高人民检察院《关于办理危害生产安全刑事案件适用法律若干问题的解释》（以下简称《安全案件解释》），具有下列情形之一的，应当认定为“发生重大伤亡事故或者造成其他严重后果”：（1）造成死亡 1 人以上，或者重伤 3 人以上的；（2）造成直接经济损失 100 万元以上的；（3）造成其他严重后果或者重大安全事故的情形。

本罪的罪过形式为过失。

（二）本罪的认定

本罪与失火罪、过失爆炸罪、危险物品肇事罪、强令违章冒险作业罪等罪名之间均非排斥关系，一行为同时符合本罪与上述罪名的犯罪构成之时，形成想象竞合，应当择一重罪处罚。

十四、强令、组织他人违章冒险作业罪

（一）犯罪构成

本罪是指强令他人违章冒险作业，或者明知存在重大事故隐患而不排除，仍冒险组织作业，因而发生重大伤亡事故或者造成其他严重后果的行为。本罪主体为自然人一般主体，但实践中一般是对生产、作业负有组织、指挥或者管理职责的负责人、管理人员、实际控制人、投资人等人员。本罪的行为有两种类型：（1）强令他人违章冒险作业。“强令”，包括利用职权、地位命令指使他人，也包括采取威胁等方式逼迫他人；“违章”是指违反生产、作业中有关安全管理规定；“冒险”是指对人的生命、身体存在的客观危险。根据《安全案件解释》，明知存在事故隐患、继续作业存在危险，仍然违反有关安全管理的规定，实施下列行为之一的，应当认定为“强令他人违章冒险作业”：1）利用组织、指挥、管理职权，强制他人违章作业的；2）采取威逼、胁迫、恐吓等手段，强制他人违章作业的；3）故意掩盖事故隐患，组织他人违章作业的；4）其他强令他人违章作业的行为。（2）明知存在重大事故隐患而不排除，仍冒险组织作业。以此种方式构成本罪时，要求客观上存在重大事故隐患，行为人有义务排除该隐患但不排除，并且仍然冒险组织作业。此种行为类型，不以“强令”为前提，但以明知存在重大事故隐患而不排除为前提。

以上述两种行为类型构成本罪时，都要求“发生重大伤亡事故或者造成其他严重后果”。根据《安全案件解释》，具有下列情形之一的，应当认定为“发生重大伤亡事故或者造成其他严重后果”：（1）造成死亡1人以上，或者重伤3人以上的；（2）造成直接经济损失100万元以上的；（3）造成其他严重后果或者重大安全事故的情形。

本罪的罪过形式是过失。需要注意的是，就第一种行为类型而言，行为人对于“强令他人违章冒险作业”是有认识的；对于第二种行为类型而言，行为人对于“存在重大事故隐患而不排除，仍冒险组织作业”是有认识的，本罪的罪过形式之所以是过失，是因为行为人对于“发生重大伤亡事故或者造成其他严重后果”并非希望或放任。

（二）本罪的认定

本罪与失火罪、过失爆炸罪、危险物品肇事罪、重大责任事故罪等罪名之间均非排斥关系，一行为同时符合本罪与上述罪名的犯罪构成之时，形成想象竞合，应当择一重罪处罚。

十五、危险作业罪

（一）犯罪构成

本罪是指在生产、作业中违反有关安全管理的规定，导致重大伤亡事故或者其他严重后果的现实危险的行为。本罪主体是自然人一般主体，但实践中一般是与生产、作业有关的人员。构成本罪，要求在生产、作业中违反有关安全管理的规定，但并非所有违反有关安全管理规定的行为都构成本罪，必须符合以下情形之一：（1）关闭、破坏直接关系生产安全的监控、报警、防护、救生设备、设施，或者篡改、隐瞒、销毁其相关数据、信息的；（2）因存在重大事故隐患被依法责令停产停业、停止施工、停止使用有关设备、设施、场所或者立即采取排除危险的整改措施，而拒不执行的；（3）涉及安全生产的事项未经依法批准或者许可，擅自从事矿山开采、金属冶炼、建筑施工，以及危险物品生产、经营、储存等高度危险的生产作业活动的。

本罪是具体危险犯，要求上述行为产生重大伤亡事故或者其他严重后果的现实危险。本罪是故意犯罪，成立本罪要求行为人明知自己违反了有关安全管理的规定。

（二）本罪的认定

本罪是具体危险犯，不要求发生实害结果。一旦实施本罪行为，并且发生了实害结果，则有可能还构成重大责任事故罪、重大劳动安全事故罪、危险物品肇事罪等等。本罪与这些罪名并非排斥关系，一行为同时符合本罪与上述罪名的犯罪构成之时，形成想象竞合，应当择一重罪处罚。

【案例评析】

案例一

1. 案情简介

村民甲于2009年5月路过一煤矿时，拾得一箱火药（重10千克，因煤矿运火药车装捆不当掉下），并将其存放家中。2010年4月因为火药受潮，甲遂将火药于自家院坝中摊晒。甲因有事暂离家外出，将院门关闭，将门锁挂于门上但未锁闭。村民乙寻甲而打开甲院门进入甲家，未注意到地上摊晒的火药，随手将未熄灭烟头掷于地上（此地上除此晾晒的火药外无其他物品），引起火药燃爆，乙见状惊走呼人救火，但因火太大，甲及数邻居家住房悉数被焚毁，财产损失达20余万元。

2. 基本问题

（1）对2009年最高人民法院《关于审理非法制造、买卖、运输枪支、弹药、爆炸物等刑事案件具体应用法律若干问题的解释》规定的非法储存爆炸物如何理解？非法储存爆炸物致爆炸或燃烧时是否还构成失火罪或爆炸罪？

（2）非法储存爆炸物罪与危险物品肇事罪的关系。

（3）失火罪、过失爆炸罪与意外事件的区别。

3. 知识内容

《刑法》专门规定了非法持有枪支、弹药罪，但并未规定非法持有爆炸物罪。从理论上分析，持有与储存的本质区别就在于立法目的不同，前者是堵截性罪名，在无法查清其来源、去向或系非法制造、买卖等的共犯时予以定罪，而后者是为打击非法制造、买卖的共犯或为打击非法制造、买卖、运输的后续行为而设。2001 年《枪支案件解释》第 8 条规定："刑法第一百二十五条第一款规定的'非法储存'，是指明知是他人非法制造、买卖、运输、邮寄的枪支、弹药、爆炸物而为其存放的行为。"按照此解释，"非法储存"只指非法制造、买卖、运输、邮寄的枪支、弹药、爆炸物的共犯中分工负责储存或保管的行为，而 2009 年《枪支案件解释》将该条修改为："刑法第一百二十五条第一款规定的'非法储存'，是指明知是他人非法制造、买卖、运输、邮寄的枪支、弹药而为其存放的行为，或者非法存放爆炸物的行为。"即在 2001 年《枪支案件解释》基础上增加了"非法存放爆炸物的行为"。村民甲拾得爆炸物的时间是在 2009 年《枪支案件解释》生效前，但其行为一直延续到 2010 年 4 月，而 2009 年《枪支案件解释》从 2010 年 1 月 1 日起生效，若适用 2009 年《枪支案件解释》，村民甲构成非法储存爆炸物罪。

村民甲晾晒的炸药燃爆系村民乙行为引起，村民甲离家时将门反扣并挂上锁，也未想到村民乙会来到自己家里并引燃炸药起火，故其主观上为过失，而过失犯罪不成立共同犯罪，且村民甲无失火罪或过失爆炸罪的客观行为，故不构成失火罪或过失爆炸罪。但火灾系因甲非法储存爆炸物所引起的后果，对于本案造成的价值 20 多万元的财产损失，村民甲应承担责任。按 2009 年《枪支案件解释》的规定，非法制造、买卖、运输、邮寄、储存枪支、弹药、爆炸物的数量达到本解释第 1 条第 1、2、3、6、7 项规定的最低数量标准 5 倍以上的，就属情节严重，而第 1 条规定的定罪数量标准是非法储存炸药 1 000 克以上，本案中 10 千克重量已超过定罪标准的 5 倍以上，单从非法储存的数量看是达到情节严重的标准的。2009 年《枪支案件解释》第 9 条规定："因筑路、建房、打井、整修宅基地和土地等正常生产、生活需要，或者因从事合法的生产经营活动而非法制造、买卖、运输、邮寄、储存爆炸物，数量达到本解释第一条规定标准，没有造成严重社会危害，并确有悔改表现的，可依法从轻处罚；情节轻微的，可以免除处罚。具有前款情形，数量虽达到本解释第二条规定标准的，也可以不认定为刑法第一百二十五条第一款规定的'情节严重'。"该条肯定了行为人动机情有可原时，不能仅因其涉案数量多就认定为情节严重。本案非法储存数量虽已达情节严重的标准，但爆炸物系其捡拾所得，无证据证明其存放是用于非法目的，故本书认为属于"正常生产、生活需要"，但即便如此，因其储存行为已造成严重后果，不能适用上述"也可以不认定为刑法第一百二十五条第一款规定的'情节严重'"的规定，故对村民甲应在"10 年以上有期徒刑"中量刑，但不宜处以无期徒刑或死刑。

村民甲的行为是否还构成危险物品肇事罪？当非法存放的对象是爆炸物，而且导致重大事故时，非法储存爆炸物罪与危险物品肇事罪很容易混淆，二罪区别在于：一是犯罪主体不同。非法储存爆炸物罪的犯罪主体是一般主体，后者尽管法条未写明是特殊主体，但从法条用语“违反爆炸性、易燃性、放射性、毒害性、腐蚀性物品的管理规定，在生产、储存、运输、使用中发生重大事故，造成严重后果的，处……”和其立法意图看，处罚的是危险物品的生产者、经营者、运输者、保管者等，是特殊主体。二是持有爆炸物是合法的还是非法的不同。非法储存爆炸物罪行为人储存危险物品本身就是非法的，而危险物品肇事罪行为人储存危险物品这一行为本身并不违法，只是其储存的方法、工具、地点等违反了爆炸物的管理规定致事故发生（此点为本质区别）。三是构成犯罪的标准或既遂条件是否需要造成危害结果不同。前者是行为犯，不管是定罪条件还是既遂条件均只需要有行为，不需要发生实害结果；后者属于结果犯，行为人尽管违反危险物品管理规定但未发生重大事故则不构成犯罪，发生事故但不重大也不构成犯罪，故只要构成犯罪就是既遂，无未完成形态犯罪。四是“非法”的含义不同。非法储存爆炸物罪的“非法”是指行为人未经许可而储存，其违反的是2006年国务院颁布的《民用爆炸物品安全管理条例》（2014年修订）第3条规定：“国家对民用爆炸物品的生产、销售、购买、运输和爆破作业实行许可证制度。未经许可，任何单位或者个人不得生产、销售、购买、运输民用爆炸物品，不得从事爆破作业。严禁转让、出借、转借、抵押、赠送、私藏或者非法持有民用爆炸物品。”其立法目的在于打击非法持有爆炸物的行为，行为人违反的是爆炸物许可管理制度。危险物品肇事罪的“非法”尽管也是违反同一个条例，但是违反的是该条例第六章专门规定的储存条款。按该章有关条款规定看，“非法”指专门生产、运输、使用爆炸物的单位、个人在生产、运输、使用中的保存、保管、存放地点、方式、数量、有关规章制度等不符合国务院《民用爆炸物品安全管理条例》规定，也即行为人储存行为本身不违法，只是其储存地点、方式、数量和有关规章制度等是违法的。

违反爆炸物许可管理制度比违反生产、运输、使用、储存管理制度更恶劣，违反前者一般会违反后者，但违反后者不一定违反前者，故未违反爆炸物许可管理制度的行为人肯定不构成非法储存爆炸物罪。但违反许可管理制度之人如发生了重大事故，则既构成非法储存爆炸物罪又构成危险物品肇事罪，属想象竞合犯，应从一重罪定罪处罚。因非法储存爆炸物罪量刑更重，村民甲将炸药存放在家中导致事故，属未经许可非法储存并且肇事，一行为同时触犯两罪，应从一重罪定非法储存爆炸物罪。

关于村民乙行为的定性，无论是定失火罪还是过失爆炸罪，应当预见的内容都是自己行为可能会导致爆炸或失火而危害公共安全。是否应当预见既要考虑行为人本人的身体状态、知识经验、当时环境情况，也要结合社会一般人在此情况下能否预见综合衡量。本书倾向于认为村民乙不构成犯罪。因地上系火药才引起燃爆致火灾，如不是火药不会引起火灾，要求乙认识到甲家地上晒的是火药是强人所难，因甲或其家人不是生产火药的，一般人也不会预见甲会非法存放爆炸物，所以不能强人所难要求乙能预见自己的行为可能引起火灾。故尽管火灾是由乙的行为所致，但乙未预见也无法预见，欠缺失火罪的主观罪过要件，乙扔烟头致火灾系意外事件，不构成犯罪。

案例二

1. 案情简介

张某为骗取保险赔款，将自己一台价值5万元的旧车通过伪造资料称价值10万元购买了保险。5天后，在火车要驶来时，张某将该车开到本市一铁路与公路交汇的道口，佯装自己逃命弃车离开，所幸该火车刚出站车速不快，司机见此情况紧急刹车减速，火车在张某的车前不到两米处停下，未发生火车脱轨事故。

2. 基本问题

（1）交通肇事罪、破坏交通工具罪与破坏交通设施罪的区别。

（2）具体的破坏类罪与以危险方法危害公共安全罪的区别。

3. 知识内容

张某行为除会使自己车辆被毁以外，还足以使火车发生脱轨倾覆事故，进而危害公共安全。但其行为构成交通肇事罪、破坏交通设施罪、破坏交通工具罪还是以危险方法危害公共安全罪？交通肇事罪是过失犯罪，行为人在主观上对事故结果既无希望也无放任，是持反对态度的，而破坏交通工具罪、破坏交通设施罪和以危险方法危害公共安全罪都是故意犯罪，行为人对危害结果持希望或放任态度。本案张某为骗保故意让火车撞坏自己的车，同时也可能致火车发生脱轨倾覆事故，张某明知此点但为追求保险赔偿而对之放任不顾，属于故意的心理状态，故张某不构成交通肇事罪。

破坏交通工具罪与破坏交通设施罪的主观要件、侵犯客体、犯罪主体相同，客观上均是实施破坏行为，造成的危害均是交通运输安全受损，区别在于犯罪对象不同，前者针对交通工具本身进行破坏，后者针对承载或保障交通工具正常运行的公路、桥梁、轨道、航道、灯塔等进行破坏。也就是说，区别两罪的关键是看破坏的直接对象是交通工具本身还是交通设施。本案张某破坏的直接对象是铁轨而非火车，故构成破坏交通设施罪而非破坏交通工具罪。“破坏”是指对交通工具或交通设施施加物理力量影响或化学影响，此种影响会致交通工具发生倾覆、毁坏。破坏行为可以是有形损坏也可能是使交通工具或交通设施的功能不能正常发挥而致倾覆、毁坏，而本案属于未损坏铁轨本身，但让铁轨不能正常发挥功能，相当于在铁轨上放置硬性障碍物，足以使火车脱轨翻车。

张某的行为不构成以危险方法危害公共安全罪。以危险方法危害公共安全罪是《刑法》第114条和第115条的兜底罪名，而不是所有危害公共安全犯罪的兜底罪名。当行为能够按照其他危害公共安全罪处理之时，便不需要转用以危险方法危害公共安全罪。由于张某的行为可以按照破坏交通设施罪论处，因此便不能再认定为以危险方法危害公共安全罪。

案例三

1. 案情简介

张某某，男，某县公安局某派出所所长，其在2003年1月至2005年4月担任某县公安局某派出所所长期间，以执行任务、打靶为名先后在工作的派出所内勤处领取了军用子弹 587 发，除已用去的以外，剩余 323 发子弹未交回。2005 年 5 月，张某某被调至该县另一派出所任所长，调动时以及之后其均未将剩余子弹交出。2009 年 10 月，张某某因受贿罪案发，搜查时从其家中搜出军用子弹 323 发。经查，其持枪证每年均经过年检。

2. 基本问题

张某某从此派出所调往同县的彼派出所任同样职务，是否属于配枪条件已消失？调动后不按规定上缴弹药是否构成私藏弹药罪？

3. 知识内容

我国无专门规制弹药的法律、法规，1996 年全国人大常委会通过的《中华人民共和国枪支管理法》（后于 2009 年、2015 年两次修正）规定了枪支管理的基本政策，而子弹是随枪支一并管理的，如何管理枪支就如何管理弹药。该法第 7 条规定："配备公务用枪，由国务院公安部门统一审批。配备公务用枪时，由国务院公安部门或者省级人民政府公安机关发给公务用枪持枪证件。"公安部 1999 年颁布的《公安机关公务用枪管理使用规定》（现已失效）第 7 条规定："省级以上人民政府公安机关治安管理部门负责核发公务用枪持枪证件。设区的市级公安机关治安管理部门负责对本辖区内的公务用枪和持枪人员进行年度审验。"故持枪证是由国务院公安部门或者省级人民政府公安机关审批核发，只要在年检有效期内，持枪证就有效。

按 2001 年《枪支案件解释》第 8 条第 3 款的规定，私藏弹药"是指依法配备、配置枪支、弹药的人员，在配备、配置枪支、弹药的条件消除后，违反枪支管理法律、法规的规定，私自藏匿所配备、配置的枪支、弹药且拒不交出的行为"。即要构成私藏枪支、弹药罪，行为对象必须是原依法配备或配置的枪支、弹药，当配备、配置枪支、弹药的条件消除时，违规私自藏匿且拒不交出的构成该罪。问题是，如何理解配备、配置弹药的条件已消除？有人认为是指按公安部《公安机关公务用枪管理使用规定》，执行完任务后就该上缴未用完的子弹，任务一完成，配备、配置弹药的条件就已消除，拒不交出就可以构成此罪。另一种观点认为，执行完任务未按规定上缴未用完的子弹，或从一个派出所调往另外一个派出所时未上缴枪支、弹药属于行政违法行为，但不构成犯罪，因其还系警察，还有资格配备枪支、弹药，《枪支案件解释》所规定的"消除"显然指不再具有配枪资格，如不再担任公安人员、军人、武警等。本书认为两种观点都过于绝对，应当看行为人的持枪证是否还有效，只要其持枪证还有效，其就具有配备弹药资格。执行完任务未上缴未用完子弹属于行政违法行为，不构成犯罪。但调动工作并非均不消除配备枪支、弹药的资格，只有在审发持枪证的公安机关的同一辖区内调动，且未超过年检时限的，行为人的持枪证才继续有效，持枪证有效，其配备弹药的资格就未消除。如调出审发持枪证的公安机关所属辖区，行为人要配枪则需要另行申请、审批持枪证，原持枪证作废，持枪资格就消除了；持枪资格消除，配备弹药的资格也消除。本案中，因张某某调往的是审发持枪证的同一公安机关的辖区内的另一派出所，按规定无须另外申请持枪证，且是在持枪证年检时效之内，故仍然具备配备枪支、弹药的资格，因此不构成私藏弹药罪，仅属于行政违法行为。

案例四

1. 案情简介

张某、李某、王某某于 2010 年 1 月至 2010 年 11 月期间，用毒鼠药将农户家的耕牛毒死后搬上车运走并卖给肉贩。在近一年时间中，采用此方法作案 18 次（最多的三次是盗得 2 头），共盗得耕牛 21 头，价值 20 多万元，销赃获款 3 万余元，销售过程中，三人告知肉贩牛是用毒鼠药毒死的。盗牛行为致农户损失惨重，还影响了农户的农业劳动。但未发现食肉者有明显的中毒症状。有关专家对此的意见是，人食用此种牛肉后，不会致命，但长期食用会损害人体健康。

2. 基本问题

（1）危害公共安全的含义。

（2）投放危险物质罪与盗窃罪、破坏生产经营罪的区别和联系。

（3）销售有毒、有害食品罪的定罪条件。

3. 知识内容

如前所述，构成危害公共安全犯罪，要求行为具有一次实施就足以危及不特定或多数人的人身或财产安全的性质。本案尽管累计数额巨大，也危害了不特定多数人的财产安全，但每次行为毒死的耕牛不多，最多一次两头耕牛，不具有危害公共安全犯罪的上述性质，因此也就不能定投放危险物质罪。

行为人以非法占有为目的实施了盗窃行为，侵犯了公民财产所有权，构成盗窃罪。这一盗窃行为同时还导致农户损失惨重，影响了农户的劳动作业，因此还构成破坏生产经营罪。由于构成盗窃罪的行为和破坏生产经营罪的行为是同一行为，故两罪属于想象竞合，应当择一重罪处罚。

三人将毒死的耕牛卖给肉贩的行为是否还构成销售有毒、有害食品罪？本案中的牛肉属于食品，明知耕牛是毒死的仍然进行销售，可谓销售明知掺有有毒、有害的非食品原料的食品。问题是，本案中销售毒牛肉的行为并未造成食用者明显中毒，只是长期食用会损害健康，此时能否认定为销售有毒、有害食品罪呢？本书认为答案是肯定的，因为根据《刑法》第 144 条的规定，销售有毒、有害食品罪是抽象危险犯，不需要造成实际的损害结果，也不需要造成具体的危险，只要明知是有毒、有害的食品仍然进行销售，便可以构成此罪。

案例五

1. 案情简介

某电力安装公司的王某以电力安装公司名义承包了重庆某县城到一风景区公路的电线杆的安装工程。王某为省钱，雇请李某开拖拉机接送工人上下班。一天李某酒后驾驶拖拉机运送安装电线杆的工人下班，因迎面有车来时处置不当导致拖拉机翻车，致死亡 3 人、重伤 5 人。经鉴定，事故原因一是李某酒后驾驶，遇到前方来车避让处置不当；二是因为拖拉机稳定性不好，两种原因共同导致危害发生，但难以分清主次。电力安装公司规章制度明文规定上班时间严禁喝酒。

2. 基本问题

当交通运输人员上班时既违反交通运输管理法规又违反本单位规章制度致交通事故发生，构成交通肇事罪还是重大责任事故罪?

3. 知识内容

我国《道路交通安全法》第55条规定："高速公路、大中城市中心城区内的道路，禁止拖拉机通行。其他禁止拖拉机通行的道路，由省、自治区、直辖市人民政府根据当地实际情况规定。在允许拖拉机通行的道路上，拖拉机可以从事货运，但是不得用于载人。"本案出事地段允许拖拉机通行，但王某雇请李某开拖拉机载工人在公共道路上下班的行为违反前述拖拉机不得用于载人的规定。经鉴定，拖拉机稳定性不好也是翻车的原因之一，其违反交通法规的行为与事故之间有因果关系，事故又是发生在公共道路上，王某属于管理李某从事交通运输的人员，故王某构成交通肇事罪。李某作为拖拉机手，除违反拖拉机不得用于载人的交通法规外，还违反《道路交通安全法》第22条第2款的规定："饮酒、服用国家管制的精神药品或者麻醉药品，或者患有妨碍安全驾驶机动车的疾病，或者过度疲劳影响安全驾驶的，不得驾驶机动车。"其违反交通法规的行为与翻车事故之间有因果关系，损害后果是死亡3人、重伤5人，系特大交通事故，因此李某构成交通肇事罪。另外，李某酒后驾车还违反电力安装公司的安全管理规章制度，李某载安装电线杆工人上下班属于其本职工作，属正在进行生产作业，其违反安全生产管理规定，故其行为还构成重大责任事故罪。

案例六

1. 案情简介

某市人大常委会主任宋某与其情妇闹翻，宋某以20万元雇王某杀死情妇，并先行给付王某10万元，另10万元待事成之后支付。宋某将情妇住处、车号告诉了王某，还将情妇相片给了王某。王某购得手枪，枪中装4发子弹，还购得炸药。王某在宋某情妇的车上安放了炸药，王某见宋某情妇从一单位出来上车（车停在闹市区公路旁）时，王某按下炸药的遥控装置从而引爆炸药，但因炸药受潮并未爆炸。王某后悔杀人，未开枪，又怕宋某找自己麻烦，因此王某外逃。

2. 基本问题

爆炸罪的既遂标准是什么?

3. 知识内容

爆炸罪规定在《刑法》第114条和第115条第1款，其中第115条爆炸罪对应的结果是"致人重伤、死亡或者使公私财产遭受重大损失"，第114条爆炸罪关于结果的规定是"尚未造成严重后果"，但显然，与第115条相对应，构成第114条的爆炸罪，要求具有"致人重伤、死亡或者使公私财产遭受重大损失的危险"。于是，第114条的爆炸罪便是具体危险犯。本书认为，具体危险犯也存在未遂形态，换言之，实施了爆炸行为，但未发生"致人重伤、死亡或者使公私财产遭受重大损失的危险"的，便属于爆炸罪的未遂，产生了上述危险的，便属于既遂。就本案而言，炸药由于受潮未能爆炸，严格来说爆炸行为本身并未完成，从个案实际情况来看，并未产生致人重伤、死亡或者使公私财产遭受重大损失的现实危险，因而难以认定构成爆炸罪的既遂。但是，由于行为人已经着手引爆炸药，可以说已经进入了爆炸罪的实行阶段，所以本案应当认定为爆炸罪的未遂。另外，行为人在发现炸药未能爆炸之后，本来可以继续持枪杀人，但是因为悔悟而放弃了犯罪，就故意杀人罪而言，王某属于中止。

【疑难问题】

1. 公共安全的含义以及认定。

2. 主客观不一致时的定性。如行为人追求危害特定个人的人身或财产之结果，对行为可能危害公共安全采放任态度，当结果只是足以危害公共安全，未造成实际损害，行为人构成危害公共安全罪还是侵犯公民人身或财产权利罪？还是形成两种罪的想象竞合？

3. 本章罪具体危险犯的既遂标准。

4. 以危险方法危害公共安全罪的认定及与相关罪的区别。

5. 破坏类罪的“破坏”的含义。如故意用自己的车去撞载客公共汽车，让公共汽车坠崖，是否为“破坏”？为让火车出轨翻车，故意将大型动物往铁轨上赶，是否为“破坏”？

6. 醉酒驾车连续撞死、撞伤多人案件的定性。

7. 投放危险物质罪中“投放”的含义。

8. 非法持有与非法储存的区别。

9. 采用爆炸、放火方式毁损交通工具、交通设施、电力设施、易燃易爆设施构成爆炸罪、放火罪还是破坏类罪？

实务训练

1. 请根据案例一的事实、既有证据及可能的争议焦点，写一份辩护词。要求格式规范、条理清晰、层次分明、有理有据、入情入理。

2. 请根据案例二的事实、既有证据及争议焦点，写一份判决书。要求格式规范、条理清晰、层次分明、说理透彻。

3. 请根据案例三的事实、既有证据及争议焦点，写一份辩护词。要求格式规范、条理清晰、层次分明、有理有据、入情入理。

4. 请根据案例四的事实、既有证据及争议焦点，写一份起诉书。要求格式规范、条理清晰、层次分明、说理透彻。

5. 请根据案例五的事实、既有证据及争议焦点（起诉认为是交通肇事罪），写一份辩护词。要求格式规范、条理清晰、层次分明、有理有据、入情入理。

6. 请根据案例六的事实、既有证据及争议焦点（起诉人认为王某构成非法买卖枪支、弹药、爆炸物罪和爆炸罪既遂以及故意杀人罪中止，其中，后两罪为想象竞合犯，应从一重罪定爆炸罪既遂，而前两罪应数罪并罚）写一份辩护词。要求格式规范、条理清晰、层次分明、有理有据、入情入理。

7. 请根据案例六的事实、既有证据及争议焦点，按上述起诉意见写一份起诉书。要求格式规范、条理清晰、层次分明、说理透彻。

课后练习

一、单项选择题

1. 对乙仇恨的丙向乙的饭店煮的粥中投放毒药（其药量单独不能致人死亡，但能严重损害人体健康）。医生甲因对乙的饭店开在自家住宅边不满，想让到乙饭店吃饭的顾客难受从而怪罪于乙致乙饭店倒闭，于是在丙已投毒的粥中（甲不知丙投了毒）投了只能致人出现恶心、轻微呕吐症状（达不到轻微伤）的毒药。甲、丙二人投的毒药量刚好达到致人死亡的药量，致顾客食后死亡 1 人、重伤 2 人。甲、丙的刑事责任应是（　　）。

A. 甲构成投放危险物质罪既遂，乙构成投放危险物质罪未遂

B. 甲不构成犯罪，丙构成投放危险物质罪既遂

C. 丙构成投放危险物质罪既遂，如无丙的行为，甲属情节显著轻微、危害不大而不构成犯罪，因甲的行为与丙的行为导致被害人死亡，故甲也应构成投放危险物质罪既遂

D. 甲构成投放危险物质罪未遂，乙构成投放危险物质罪既遂

2. 一日深夜，甲潜入某小区一栋十层楼住宅的五楼仇人乙家，将熟睡中的乙的被褥点燃，企图烧死乙。因乙惊醒后扑灭了火，只造成乙财产损失 300 余元。甲的行为构成（　　）。

A. 放火罪既遂　　B. 故意杀人罪未遂

C. 不构成犯罪　　D. 放火罪未遂

3. 村民李某想毒死王某一家三人，在王某家院坝中的水井投放剧毒鼠药毒鼠强，王某将水打上后家中狗喝后死亡，王某一家人未敢喝此水，因此一家人安然无事。李某的行为构成（　　）。

A. 投放危险物质罪未遂　　B. 故意杀人罪未遂

C. 不构成犯罪　　D. 投放危险物质罪既遂

4. 2018 年甲从矿区捡拾到一包炸药，将其存放于家中。甲告诉其妻衣柜中放有自己拾到的炸药，称以后家中修房、修水塘用得着。2019 年 10 月 4 日晚，早已忘记此事的甲妻点油灯在衣柜翻找衣服时引爆炸药被炸身亡，甲的行为（　　）。

A. 构成非法储存爆炸物罪　　B. 构成危险物品肇事罪

C. 构成过失爆炸罪　　D. 不构成犯罪

二、多项选择题

1. 下列哪些情形构成危害公共安全罪的犯罪未遂？（　　）

A. 张某身带炸药往某住宅小区去实施爆炸杀人的路上被抓获

B. 李某想烧死仇人，正在向小区大楼一楼的仇人家家具上泼汽油时被抓获

C. 王某正准备向食堂水缸中投毒时被抓获

D. 赵某在一工厂区内的输油管道打洞盗得石油 200 多千克后离去

2. 下面哪些构成危害公共安全罪的犯罪既遂？（　　）

A. 盗窃犯将铁路铁轨的螺丝帽拧走，使火车翻车，造成直接财产损失 140 多万元

B. 盗窃犯将公路人行道上的井盖盗走，致一过路人摔下死亡

C. 村民甲将航标灯盗走，足以致过往轮船碰撞翻船

D. 王某仇恨仇人的中巴车比自己车生意好，将仇人停在车场（停有数十辆车）的车点燃，幸被人发现扑灭，只造成 2 000 多元的损失

3. 以下不构成交通肇事罪的是（　　）。

A. 拖拉机手将拖拉机用于载人，在公共道路上行驶途中，因对方司机违章与拖拉机相撞，对方司机死亡，拖拉机上乘客重伤 3 人

B. 某工厂司机酒后驾车，在厂里卸货后，装卸工正下车时就启动车，致装卸工摔下车后被轧死

C. 司机甲在某菜市场倒车时未注意看人，轧死一买菜人

D. 司机乙醉酒后驾车连续撞死行人 3 人，撞伤 5 人

4. 以下构成以危险方法危害公共安全罪的是（　　）。

A. 甲自家果园的果实总被盗窃，甲在果园周围安装了电网，还在电网四周用木牌写上“电网有电，不得靠近，小心触电!”，一晚一盗窃犯触此电网身亡

B. 甲醉酒后在车流密集的地方与人比赛车速，连续撞倒多人，致行人 3 人重伤，1 人死亡

C. 甲为报复乙，在乙开的客车驾驶座处安放少许炸药，用遥控装置引爆炸坏了刹车装置，乙车撞到前面车后才停下，致乙死亡，造成直接经济损失 30 多万元

D. 甲为报复开公交车的乙，一日在一段下坡路上见乙的车在前面，故意开车撞乙开的公交车，乙车差点翻车

延伸阅读

1. 高铭暄，马克昌．刑法学．北京：北京大学出版社，高等教育出版社，2019.
2. 陈兴良．教义刑法学．北京：中国人民大学出版社，2017.
3. 张明楷．刑法学：下．北京：法律出版社，2016.
4. 黎宏．刑法学．北京：法律出版社，2012.
5. 张明楷．高空抛物案的刑法学分析．法学评论，2020（3）.

6. 黎宏．论放火罪的若干问题．法商研究，2005（3）．

7. 张明楷．论以危险方法杀人案件的性质．中国法学，1999（6）．

8. 劳东燕．以危险方法危害公共安全罪的解释学研究．政治与法律，2013（3）．

9. 梅传强．我国反恐刑事立法的检讨与完善——兼评《刑法修正案（九）》相关涉恐条款．现代法学，2016（1）．

10. 王钢．非法持有枪支罪的司法认定．中国法学，2017（4）．

11. 肖中华．论丢失枪支不报罪的认定．法治研究，2013（1）．

12. 张明楷．危险驾驶罪的基本问题．政法论坛，2012（6）．

13. 冯军．论《刑法》第133条之一的规范目的及其适用，中国法学．2011（5）．

14. 梁根林．《刑法》第133条之一第2款的法教义学分析，法学．2015（3）．

15. 劳东燕．交通肇事逃逸的相关问题研究．法学，2013（6）．

第十七章　破坏社会主义市场经济秩序罪

【内容摘要】

本章的重点罪名包括生产、销售伪劣商品罪、走私罪这两节中的犯罪，以及虚报注册资本罪、非国家工作人员受贿罪、伪造货币罪、洗钱罪、信用卡诈骗罪、抗税罪、假冒注册商标罪、合同诈骗罪、强迫交易罪等犯罪。应当熟悉各类犯罪的共性问题，并注意其与相关犯罪的相互关系及罪数问题等。本章犯罪属于行政犯，有必要了解相关行政法规、经济法规的规定，并掌握其与《刑法》有关条文的差异。本章有许多数额犯，“数额”属于这些犯罪的既遂标准而不是犯罪的成立条件。本章还有较多的次数犯，法定的次数标准则是犯罪的成立条件而非既遂条件。

【学习目标】

（1）在知识学习层面，要掌握具体罪名的概念、犯罪构成以及犯罪认定的基本知识。（2）在能力训练层面，要熟知具体罪名的犯罪构成，结合对疑难案例的分析，学会在具体案件中准确认定犯罪和适用刑法，增强适用刑法的实践能力。由于本章犯罪罪名多、知识点较为复杂，在对具体罪名的学习中要注意结合刑法总论知识。同时，对于所涉及的理论问题，要进行有针对性的深入研究，提升自我的理论素养和研究能力。（3）在价值引领层面，要通过对破坏社会主义市场经济秩序罪的学习，深刻认识到此类犯罪对我国社会主义市场经济秩序的破坏，形成运用刑法打击犯罪、维护经济秩序的基本观念。此外，也要明确自己的行为界限和法律底线，自觉遵守法律法规，做一个遵纪守法的公民。

【知识要点】

本章犯罪属于狭义经济犯罪的内容。截至《刑法修正案（十一）》，《刑法》分则第三章，即“破坏社会主义市场经济秩序罪”一章总共规定了110个罪名。[①]《刑法》第142条之一妨害药品管理罪和第219条之一为境外窃取、刺探、收买、非法提供商业秘密罪的相关规定系根据《刑法修正案（十一）》新增。本章罪名大多数犯罪既可以由自然人构成，也可以由单位构成。这些犯罪，涉及我国市场经济运行的方方面面，由于内容较多，故本章按照《刑法》分则第三章的规定分为八个部分进行论述。

一、生产、销售伪劣商品罪

本类犯罪总共包括10个罪名：生产、销售伪劣产品罪，生产、销售、提供假药罪，生产、销售、提供劣药罪，妨害药品管理罪，生产、销售不符合安全标准的食品罪，生产、销售有毒、有害食品罪，生产、销售不符合标准的医用器材罪，生产、销售不符合安全标准的产品罪，生产、销售伪劣农药、兽药、化肥、种子罪，生产、销售不符合卫生标准的化妆品罪。

（一）行为特征问题

本类犯罪在行为上都表现为“生产、销售”，《刑法》根据“生产、销售”的伪劣商品对象的不同而分别规定了9个罪名。虽然不同犯罪的成立标准有所不同，但其客观行为具有共性。由于《刑法》第140条与第141条至第148条之间存在法条竞合关系，因而，《刑法》第140条就“生产、销售”行为的规定可以适用于本类犯罪中的所有犯罪。根据最高人民法院、最高人民检察院于2001年4月9日颁布的《关于办理生产、销售伪劣商品刑事案件具体应用法律若干问题的解释》（以下简称《解释》）的规定，“生产、销售”伪劣商品包括以下四种行为方式。

（1）掺杂、掺假。根据前述《解释》第1条第1款的规定，“‘在产品中掺杂、掺假’，是指在产品中掺入杂质或者异物，致使产品质量不符合国家法律、法规或者产品明示质量标准规定的质量要求，降低、失去应有使用性能的行为”。因此，“掺杂”是指在产品中加入该产品中通常包含的杂质，使该产品中的杂质含量增加，如在粮食中掺入尘土等；“掺假”则是指在产品中加入该产品本来不含有的物质，如在煤炭中掺入矸石等。

（2）以假充真。根据前述《解释》第1条第2款的规定，“‘以假充真’，是指以不具有某种使用性能的产品冒充具有该种使用性能的产品的行为”。例如，以自来水

---

① 需要说明的是，这110个罪名中包含根据1998年全国人民代表大会常务委员会《关于惩治骗购外汇、逃汇和非法买卖外汇犯罪的决定》第1条增设的骗购外汇罪，本书遵循国内教科书的编撰惯例，将该罪名纳入本章第四节破坏金融管理秩序罪中一并分析.

冒充矿泉水的行为等。“以假充真”与“掺假”的区别在于，前者全部为假，而后者是部分为假。

（3）以次充好。根据前述《解释》第 1 条第 3 款的规定，“‘以次充好’，是指以低等级、低档次产品冒充高等级、高档次产品，或者以残次、废旧零配件组合、拼装后冒充正品或者新产品的行为”。例如，将一般白酒冒充名牌白酒的行为等。

（4）以不合格的产品冒充合格的产品。根据《中华人民共和国产品质量法》第 26 条第 2 款的规定，“产品质量应当符合下列要求：（一）不存在危及人身、财产安全的不合理的危险，有保障人体健康和人身、财产安全的国家标准、行业标准的，应当符合该标准；（二）具备产品应当具备的使用性能，但是，对产品存在使用性能的瑕疵作出说明的除外；（三）符合在产品或者其包装上注明采用的产品标准，符合以产品说明、实物样品等方式表明的质量状况”。因此，所谓“不合格的产品”，就是指不符合上述质量要求的产品。

（二）销售金额问题

1. “销售金额”的认定

根据《解释》第 2 条第 1 款的规定，销售金额“是指生产者、销售者出售伪劣产品后所得和应得的全部违法收入”。“所得”的违法收入，是指行为人出售伪劣商品后已经实际得到的违法收入；“应得”的违法收入，是指行为人出售伪劣商品后尚未实际取得，但按照合同或者约定应该取得的违法收入。

2. “销售金额”在犯罪认定中的地位

“销售金额”是生产、销售伪劣商品罪的既遂标准，而不是该罪的成立标准。《刑法》第 140 条规定的“销售金额五万元以上不满二十万元的，处二年以下有期徒刑或者拘役，并处或者单处销售金额百分之五十以上二倍以下罚金”，并不意味着只有当销售金额达到 5 万元以上的才构成该罪。因为根据《解释》第 2 条第 2 款的规定，“伪劣产品尚未销售，货值金额达到刑法第一百四十条规定的销售金额三倍以上的，以生产、销售伪劣产品罪（未遂）定罪处罚”。这里所说的“货值金额”，以违法生产、销售的伪劣商品的标价计算；没有标价的，按照同类合格产品的市场中间价格计算。货值金额难以确定的，按照相关规定，委托指定的估价机构确定。此外，应当根据尚未销售的伪劣商品“货值金额”分别确定不同的量刑幅度。例如，“货值金额”在 15 万元以上不满 60 万元的，应当对应第一个量刑幅度；“货值金额”在 600 万元以上的，则应当对应第四个量刑幅度。

（三）法条竞合问题

《刑法》第 140 条与第 141 条至第 148 条之间存在法条竞合关系，第 140 条为普通法条，第 141 条至第 148 条为特殊法条。根据《刑法》第 149 条的规定，生产、销售第 141 条至第 148 条所列产品，在不构成各该条规定的犯罪的情况下，销售金额在 5 万元以上的，依照第 140 条的规定定罪处罚；生产、销售第 141 条至第 148 条所列产品，构成各该条规定的犯罪，同时又构成第 140 条规定之罪的，依照处罚较重的规定定罪处罚。

（四）罪数相关问题

1. 生产、销售伪劣商品的行为，无论是否针对同一批伪劣商品，如果只触犯《刑法》第 140 条至第 148 条的同一罪名，则均只认定为一罪；如果分别触犯不同罪名，则应数罪并罚。

2. 本节罪名均为选择罪名，既有生产伪劣商品的行为，又有销售伪劣商品的行为，只认定为“生产、销售×××罪”一罪，不数罪并罚；只有生产行为的，应当认定为“生产×××罪”；只有销售行为的，应当认定为“销售×××罪”。由于生产伪劣商品的行为都与销售相连，所以没有单独的“生产×××罪”。

3. 根据《解释》第 10 条的规定，实施生产、销售伪劣商品犯罪，同时构成侵犯知识产权、非法经营等其他犯罪的，依照处罚较重的规定定罪处罚。

4. 根据《解释》第 11 条的规定，实施生产、销售伪劣商品犯罪，又以暴力、威胁方法抗拒查处，构成其他犯罪的，依照数罪并罚的规定处罚。即以相应的生产、销售伪劣商品犯罪与妨害公务罪或者故意伤害罪、故意杀人罪实行数罪并罚。

二、走私罪

本类犯罪根据走私对象的不同，分为 10 个罪名：走私武器、弹药罪，走私核材料罪，走私假币罪，走私文物罪，走私贵重金属罪，走私珍贵动物、珍贵动物制品罪，走私国家禁止进出口的货物、物品罪，走私淫秽物品罪，走私废物罪，走私普通货物、物品罪。

（一）行为特征问题

根据《刑法》的规定，走私行为表现为以下几种形式。

1. 绕关走私。未经国务院或者国务院授权的部门批准，不经过设立海关的地点，非法运输、携带国家禁止、限制进出国（边）境的物品进出国（边）境的行为。

2. 通关走私。通过设立海关的地点进出国（边）境，但采取隐匿、伪装、假报等欺骗手段，逃避海关监管、检查，非法运输、携带、邮寄国家禁止、限制进出国（边）境的物品进出国（边）境的行为。

3. 后续走私。未经海关许可并且未补缴应缴税额，擅自将批准进口的来料加工、来件装配、补偿贸易的原材料、零件、制成品、设备等保税货物，在境内销售牟利的行为；未经海关许可并且未补缴应缴税额，擅自将特定减税、免税进口的货物、物品，在境内销售牟利的。

4. 间接走私。直接向走私人非法收购国家禁止进口物品，或者直接向走私人非法收购走私进口的其他货物、物品，数额较大的；在内海、领海、界河、界湖运输、收购、贩卖国家禁止进出口物品，或者运输、收购、贩卖国家限制进出口货物、物品，数额较大，没有合法证明的。

（二）走私对象问题

根据《刑法》的相关规定，走私的对象包括国家禁止进出口的物品和国家限制进出口的物品，前者主要破坏的是国家对特定物品的管制，后者主要破坏的是国家关税征收制度。

另外，需要特别注意的是，对于黄金、白银等贵重金属和国家文物这两类物品，我国《刑法》只是禁止它们非法出口，对于违反海关法规、逃避海关监管而将这两类物品走私进境的，如果其偷逃应缴税额较大，可构成走私普通货物、物品罪，而不构成走私文物罪、走私贵重金属罪。对于废物，我国《刑法》则只禁止其非法进口，而不禁止其出口。

此外，走私毒品罪、走私制毒物品罪也属于走私类犯罪，但并未被规定在《刑法》破坏社会主义市场经济秩序罪一章中，而是被规定在妨害社会管理秩序罪一章，分属《刑法》第 347 条和第 350 条。

（三）罪数相关问题

1. 根据最高人民法院、最高人民检察院 2014 年施行的《关于办理走私刑事案件适用法律若干问题的解释》第 22 条的规定，一次走私行为走私数种货物、物品（包括本章规定的货物、物品以及毒品和制毒物品），分别构成犯罪的，实行数罪并罚。

2. 武装掩护走私的，依照《刑法》第 151 条第 1 款的规定（关于走私武器、弹药罪、走私核材料罪、走私假币罪定罪量刑的规定）从重处罚。以暴力、威胁方法抗拒缉私的，以走私罪和妨害公务罪，依照数罪并罚的规定处罚。

三、妨害对公司、企业的管理秩序罪

本类犯罪总共包括 17 个罪名，可分为与公司、企业成立、运作、破产过程相关的犯罪和公司、企业渎职类犯罪两类。

（一）与公司、企业成立、运作、破产过程相关的犯罪

本类犯罪包括以下三小类：（1）公司、企业成立过程中的犯罪，如虚报注册资本罪，虚假出资、抽逃出资罪，欺诈发行证券罪；（2）公司、企业运作过程中的犯罪，如违规披露、不披露重要信息罪，隐匿、故意销毁会计凭证、会计账簿、财务会计报告罪；（3）公司、企业破产过程中的犯罪，如妨害清算罪、虚假破产罪。下文仅分析虚报注册资本罪相关问题。

1. 犯罪对象问题

虚报注册资本罪的犯罪对象是注册资本，即公司登记时在主管部门登记的实有资本总额。注册资本具有法定性、强制性的特点。股东可以用货币出资，也可以用实物、知识产权、土地使用权等可以用货币估价并可以依法转让的非货币财产作价

出资，但是，货币资本必须在全部注册资本中达到一定的比例。

2014年3月1日修订生效的《公司法》将注册资本登记制度分为注册资本认缴登记制与注册资本实缴登记制。根据全国人大常委会2014年发布的《关于〈中华人民共和国刑法〉第一百五十八条、第一百五十九条的解释》的规定，公司法修改后（2014年3月1日之后），虚报注册资本罪仅适用于依法实行注册资本实缴登记制的公司，不适用于实行注册资本认缴登记制的公司。

2. 行为特征问题

虚报注册资本罪在客观方面表现为，申请公司登记时，使用虚假证明文件或者采取其他欺诈手段虚报注册资本，欺骗公司登记主管部门，取得公司登记，虚报注册资本数额巨大、后果严重或者有其他严重情节的行为。据此，本罪的行为特征如下：（1）行为必须发生在申请公司登记过程中。（2）行为人使用了虚假证明文件或者其他欺诈手段。根据《公司法》等有关法律法规的规定，申请公司登记时，需要提交申请书、公司章程、具有法定资格的验资机构出具的验资证明等。本罪的行为方式，包括对这些涉及注册资本的证明文件进行伪造、篡改，或者通过任何其他虚构事实、隐瞒真相的手段以达到虚报注册资本的目的。（3）欺骗公司登记主管部门，并且实际取得公司登记。（4）虚报注册资本数额巨大、后果严重或者有其他严重情节。

3. 既遂与未遂问题

本罪以行为人实际取得公司登记为成立条件，因此不存在未遂形态。

4. 与虚假出资罪的界限

虚假出资罪是指公司发起人、股东违反公司法的规定未交付货币、实物或者未转移财产权，数额巨大、后果严重或者有其他严重情节的行为。由于虚假出资行为也可以发生在申请公司登记过程中，而且就两罪的犯罪主体来说，虽然虚报注册资本罪的犯罪主体是申请公司登记的申请人，但该申请人也应该是公司发起人或者股东，因此，虚假出资罪与虚报注册资本罪容易被混淆。两罪的主要区别在于：（1）欺骗的对象不同，虚报注册资本罪欺骗的是负责公司登记的主管部门，即市场监督管理局等，而虚假出资行为欺骗的则是公司的其他发起人或者股东；（2）发生的时间不同，虚报注册资本罪是发生在申请公司登记过程中，而虚假出资还可以发生在申请公司登记之前或者之后；（3）行为方式不同，虚报注册资本罪是使用虚假证明文件或者其他欺诈手段，而虚假出资则是未按规定交付货币、实物或者未转移财产权。

（二）公司、企业渎职类犯罪

本类犯罪根据其行为特征，又可以分为以下三小类：（1）贿赂型犯罪，如非国家工作人员受贿罪，对非国家工作人员行贿罪，对外国公职人员、国际公共组织官员行贿罪；（2）滥用职权型犯罪，如非法经营同类营业罪，为亲友非法牟利罪，徇私舞弊低价折股、出售国有资产罪，背信损害上市公司利益罪、国有公司、企业、事业单位人员滥用职权罪；（3）失职型犯罪，如签订、履行合同失职被骗罪，国有公司、企业、事业单位人员失职罪。下文仅分析非国家工作人员受贿罪。

1. 关于非国家工作人员的问题

（1）非国家工作人员是指除了国家工作人员之外的，在公司、企业或者其他单位中具有一定职务便利，对于他人利益存在制约关系的人，既包括在非国有公司、企业等非国有单位中的非国家工作人员，也包括国有公司、企业以及其他国有单位中的非国家工作人员。非国家工作人员受贿罪也是一种“权钱交易”行为，只不过这种“权”不是国家公权，而是公司、企业或者其他单位赋予行为人的一种“权力”。

（2）所谓“其他单位”，根据最高人民法院、最高人民检察院 2008 年发布的《关于办理商业贿赂刑事案件适用法律若干问题的意见》第 2 条的规定，既包括事业单位、社会团体、村民委员会、居民委员会、村民小组等常设性的组织，也包括为组织体育赛事、文艺演出或者其他正当活动而成立的组委会、筹委会、工程承包队以及评标委员会、竞购谈判小组等非常设性的组织。

2. 客观方面的特征

本罪客观方面表现为利用职务上的便利，索取他人财物或者非法收受他人财物，为他人谋取利益，数额较大的行为。

（1）利用职务上的便利，就是利用自己能够直接或者间接制约他人利益的这种便利条件。

（2）索取或者非法收受他人财物。索取他人财物，是指主动索要财物；非法收受他人财物，是指接受其他人主动给予的财物。同时，根据《刑法》的规定，本罪的行为方式还包括在经济往来中，利用职务上的便利，违反国家规定，收受各种名义的回扣、手续费，归个人所有的行为。所谓“违反国家规定”，是指违反全国人民代表大会及其常务委员会制定的法律和决定，国务院制定的行政法规、规定的行政措施、发布的决定和命令。

（3）为他人谋取利益，以允诺为他人谋取利益为最低要求，但并不要求行为人实际上为他人谋取利益。需要注意的是，与受贿罪相比，在非国家工作人员受贿罪中，无论是索取他人财物还是非法收受他人财物，都要求“为他人谋取利益”，而在受贿罪中，只有非法收受他人财物要求“为他人谋取利益”。

3. 与受贿罪的共犯问题

根据最高人民法院、最高人民检察院 2008 年发布的《关于办理商业贿赂刑事案件适用法律若干问题的意见》第 11 条的规定，非国家工作人员与国家工作人员通谋，共同收受他人财物，构成共同犯罪的，根据双方利用职务便利的具体情形分别定罪追究刑事责任：（1）利用国家工作人员的职务便利为他人谋取利益的，以受贿罪追究刑事责任。（2）利用非国家工作人员的职务便利为他人谋取利益的，以非国家工作人员受贿罪追究刑事责任。（3）分别利用各自的职务便利为他人谋取利益的，按照主犯的犯罪性质追究刑事责任，不能分清主从犯的，可以以受贿罪追究刑事责任。

四、破坏金融管理秩序罪

本类犯罪总共包括30个罪名，根据《刑法》的规定，本类大致可以细分为六种类型：（1）破坏货币管理制度的犯罪，如伪造货币罪，出售、购买、运输假币罪，金融工作人员购买假币、以假币换取货币罪，持有、使用假币罪，变造货币罪；（2）破坏金融机构管理制度的犯罪，如擅自设立金融机构罪，伪造、变造、转让金融机构经营许可证、批准文件罪，高利转贷罪，骗取贷款、票据承兑、金融票证罪，违法发放贷款罪，吸收客户资金不入账罪，违规出具金融票证罪，对违法票据承兑、付款、保证罪；（3）破坏有价证券管理制度的犯罪，如伪造、变造金融票证罪，伪造、变造国家有价证券罪，伪造、变造股票、公司、企业债券罪，擅自发行股票、公司、企业债券罪；（4）扰乱证券、期货市场管理制度的犯罪，如内幕交易、泄露内幕信息罪，利用未公开信息交易罪，编造并传播证券、期货交易虚假信息罪，诱骗投资者买卖证券、期货合约罪，操纵证券、期货市场罪，背信运用受托财产罪，违法运用资金罪；（5）破坏外汇管理制度的犯罪，如逃汇罪，骗购外汇罪；（6）破坏金融监管制度的犯罪，如非法吸收公众存款罪，妨害信用卡管理罪，窃取、收买、非法提供信用卡信息罪，洗钱罪。下文分析伪造货币罪和洗钱罪的相关问题。

（一）伪造货币罪

1. 构成特征

（1）犯罪对象

根据最高人民法院2000年发布的《关于审理伪造货币等案件具体应用法律若干问题的解释》的规定，伪造货币罪的犯罪对象是货币（真币），即“可在国内市场流通或者兑换的人民币和境外货币”，具体包括以下三类：在国内市场流通的人民币、在国内市场可以兑换的外币、在国外市场上流通的外币。同时，根据最高人民法院《关于审理伪造货币等案件具体应用法律若干问题的解释（二）》第4条的规定，中国人民银行发行的普通纪念币和贵金属纪念币也属于本罪的犯罪对象。

（2）客观行为

伪造货币罪是仿照真币的图案、形状、色彩等特征非法制造假币、冒充真币的行为。具体伪造方法，没有任何限制，比如机器印制、影印、复印、手描等。但是，伪造的货币在外观上应当达到足以使一般人误以为是真币的程度。

根据《关于审理伪造货币等案件具体应用法律若干问题的解释》第1条第2款的规定，行为人制造货币版样或者与他人事前通谋，为他人伪造货币提供版样的，同样以伪造货币罪定罪处罚。

（3）主观目的

在司法实践中，伪造货币的行为人主观上都具有使伪造的货币进入市场流通的目的，包括通过自己使用或者出售给他人使用等方式使其进入市场流通。

2. 司法认定

（1）以使用为目的，伪造停止流通的货币（如古钱币、第一套人民币等），或者伪造并不存在的货币（如面额 1 000 元的人民币），不构成伪造货币罪，根据具体情况，可以成立诈骗罪。

（2）变造货币是对真币采用剪贴、挖补、揭层、涂改、移位、重印等方法加工处理，从而改变真币形态、价值的行为。同时采用伪造和变造手段，制造真伪拼凑货币的行为，以伪造货币罪定罪处罚。

（3）行为人伪造货币之后又出售、运输、非法持有或者使用的，根据最高人民法院《全国法院审理金融犯罪案件工作座谈会纪要》的规定，依照以下原则处理：第一，对同一宗假币实施了法律规定为选择性罪名的行为，应根据行为人所实施的数个行为，按刑法规定对相关罪名的排列顺序并列确定罪名，数额不累计计算，不实行数罪并罚。第二，对不同宗假币实施法律规定为选择性罪名的行为，并列确定罪名，数额按全部假币面额累计计算，不实行数罪并罚。第三，对同一宗假币实施了刑法没有规定为选择性罪名的数个犯罪行为的，择一重罪从重处罚。如伪造货币或者购买假币后使用的，以伪造货币罪或购买假币罪定罪，并从重处罚。第四，对不同宗假币实施了刑法没有规定为选择性罪名的数个犯罪行为，分别定罪，且数罪并罚。简言之，就罪数而言，针对同一宗假币实施的多个行为，无论其是否只触犯单个选择性罪名，都不数罪并罚；针对不同宗假币实施的多个行为，在触犯了多个非选择性罪名的情况下，需要数罪并罚，在只触犯了一个选择性罪名的情况下，不数罪并罚。

（二）洗钱罪

1. 上游犯罪

根据《刑法》第 191 条的规定，洗钱罪的上游犯罪包括以下七类：毒品犯罪、黑社会性质的组织犯罪、恐怖活动犯罪、走私犯罪、贪污贿赂犯罪、破坏金融管理秩序犯罪和金融诈骗犯罪。

2. 主观方面

洗钱罪的主观方面要求行为人明知是上述七类特定犯罪所得及其产生的收益，而故意对其来源及性质进行掩饰、隐瞒。根据最高人民法院 2009 年发布的《关于审理洗钱等刑事案件具体应用法律若干问题的解释》第 1 条的规定，认定行为人是否“明知”，应当结合被告人的认知能力，接触他人犯罪所得及其收益的情况，犯罪所得及其收益的种类、数额，犯罪所得及其收益的转换、转移方式以及被告人的供述等主、客观因素进行认定。具有下列情形之一的，可以认定被告人明知系犯罪所得及其收益，但有证据证明确实不知道的除外：（1）知道他人从事犯罪活动，协助转换或者转移财物的；（2）没有正当理由，通过非法途径协助转换或者转移财物的；（3）没有正当理由，以明显低于市场的价格收购财物的；（4）没有正当理由，协助转换或者转移财物，收取明显高于市场的“手续费”的；（5）没有正当理由，协助他人将巨额现金散存于多个银行账户或者在不同银行账户之间频繁划转的；（6）协助近亲属或者其他关系密切的人转换或者转移与其职业或者财产状况明显不符的财物的；（7）其他可以认定行为人明知的情形。

3. 客观行为

根据《刑法》第 191 条的规定，行为人的掩饰、隐瞒行为包括：(1) 提供资金账户的；(2) 协助将财产转换为现金、金融票据、有价证券的；(3) 通过转账或者其他结算方式协助资金转移的；(4) 跨境转移资产的；(5) 以其他方法掩饰、隐瞒犯罪所得及其收益的来源和性质的。

根据《关于审理洗钱等刑事案件具体应用法律若干问题的解释》第 2 条的规定，具有下列情形之一的，可以认定为上述“以其他方法掩饰、隐瞒犯罪所得及其收益的来源和性质的”行为：(1) 通过典当、租赁、买卖、投资等方式，协助转移、转换犯罪所得及其收益的；(2) 通过与商场、饭店、娱乐场所等现金密集型场所的经营收入相混合的方式，协助转移、转换犯罪所得及其收益的；(3) 通过虚构交易、虚设债权债务、虚假担保、虚报收入等方式，协助将犯罪所得及其收益转换为“合法”财物的；(4) 通过买卖彩票、奖券等方式，协助转换犯罪所得及其收益的；(5) 通过赌博方式，协助将犯罪所得及其收益转换为赌博收益的；(6) 协助将犯罪所得及其收益携带、运输或者邮寄出入境的；(7) 通过前述规定以外的方式协助转移、转换犯罪所得及其收益的。

4. 罪数问题

《刑法》第 191 条规定的洗钱罪与第 312 条规定的掩饰、隐瞒犯罪所得、犯罪所得收益罪和第 349 条规定的窝藏、转移、隐瞒毒品、毒赃罪之间存在法条竞合关系。根据最高人民法院《关于审理洗钱等刑事案件具体应用法律若干问题的解释》第 3 条的规定，明知是犯罪所得及其产生的收益而予以掩饰、隐瞒，构成《刑法》第 312 条规定的犯罪，同时又构成《刑法》第 191 条或者第 349 条规定的犯罪的，依照处罚较重的规定定罪处罚。

五、金融诈骗罪

本类犯罪总共包括 8 个具体罪名，即集资诈骗罪，贷款诈骗罪，票据诈骗罪，金融凭证诈骗罪，信用证诈骗罪，信用卡诈骗罪，有价证券诈骗罪，保险诈骗罪。下文仅分析信用卡诈骗罪的相关问题。

(一) 行为特征问题

信用卡诈骗罪在客观方面表现为行为人使用信用卡实施诈骗活动，骗取数额较大财物的行为。

1. 关于信用卡

根据全国人民代表大会常务委员会于 2004 年发布的《关于〈中华人民共和国刑法〉有关信用卡规定的解释》的规定，信用卡“是指由商业银行或者其他金融机构发行的具有消费支付、信用贷款、转账结算、存取现金等全部功能或者部分功能的电子支付卡”。

2. 信用卡诈骗方式

（1）使用型信用卡诈骗，即使用伪造的信用卡、作废的信用卡或者使用以虚假的身份证明骗领的信用卡进行诈骗的行为。

（2）冒用型信用卡诈骗，即冒用他人信用卡的行为，包括拾得他人信用卡并使用的行为，骗取他人信用卡并使用的行为，窃取、收买、骗取或者以其他非法方式获取他人信用卡信息资料，并通过互联网、通讯终端等使用的行为等。

（3）恶意透支型信用卡诈骗，即持卡人以非法占有为目的，超过规定限额或者规定期限透支，并且经发卡银行两次催收后超过 3 个月仍不归还的行为。

（二）司法认定问题

（1）根据《刑法》第 196 条第 3 款的规定，盗窃信用卡并使用的，依照盗窃罪定罪处罚。

（2）伪造信用卡后自己又使用该伪造信用卡的，前行为可构成伪造、变造金融票证罪，后行为可构成信用卡诈骗罪，一般应认定为牵连犯，并依照信用卡诈骗罪定罪处罚。

（3）使用以虚假的身份证明骗领信用卡的行为，如果行为人不具有非法占有他人财物的故意，可以认定为妨害信用卡管理罪；如果行为人具有非法占有他人财物的故意，则应当认定为信用卡诈骗罪。

（4）盗划信用卡数额较大的行为，应认定为盗窃罪。所谓“盗划信用卡”，是指特约商户从业人员利用工作之便，在使用信用卡消费结算时，瞒着消费者私自重复刷卡，侵吞信用卡资金的行为。

（5）根据最高人民法院、最高人民检察院 2018 年修订的《关于办理妨害信用卡管理刑事案件具体应用法律若干问题的解释》第 5 条第 2 款的规定，信用卡诈骗罪中“冒用他人信用卡”包括以下情形：拾得他人信用卡并使用；骗取他人信用卡并使用的；窃取、收买、骗取或者以其他非法方式获取他人信用卡信息资料，并通过互联网、通讯终端等使用的以及其他冒用他人信用卡的情形。

（6）根据最高人民法院、最高人民检察院 2018 年修订的《关于办理妨害信用卡管理刑事案件具体应用法律若干问题的解释》第 6 条的规定，信用卡诈骗罪中的“恶意透支”是指持卡人以非法占有为目的，超过规定限额或者规定期限透支，经发卡银行两次有效催收后超过 3 个月仍不归还的情形。

六、危害税收征管罪

本类犯罪总共包括 14 个具体罪名，根据其行为特征，可分为两小类：有关税款缴纳的犯罪和有关涉税发票的犯罪，前者包括逃税罪、抗税罪、逃避追缴欠税罪、骗取出口退税罪，而本类罪的其他犯罪属于后者。以下只分析抗税罪的相关问题。

（一）构成特征问题

1. 犯罪主体

抗税罪的犯罪主体是纳税人或者扣缴义务人，其他人可以与纳税人或者扣缴义务人成立抗税罪的共犯。

2. 客观方面

抗税罪在客观方面表现为使用暴力、威胁方法拒不缴纳税款的行为。所谓“暴力”，是指对依法执行征收税款任务的工作人员的身体实施殴打或者其他暴力强制，或者对税务机关的场所、设施实施冲击、打砸的行为。所谓“威胁”，是指对依法执行征收税款任务的工作人员实行精神强制的行为，这种精神强制，既可以是以实施暴力为内容，也可以是其他非暴力内容的精神强制。本罪所要求的“暴力”“威胁”都不需要达到使他人不能反抗、不敢反抗的程度，只要行为人实施了暴力、威胁方法即可。

（二）司法认定问题

1. 抗税罪是行为犯。只要行为人实施了以暴力、威胁方法拒不缴纳税款的行为，即可构成抗税罪的既遂；不过，情节轻微的抗税行为，不构成犯罪，属于一般行政违法行为。

2.《刑法》第202条规定的抗税罪与《刑法》第277条规定的妨害公务罪之间存在法条竞合关系，前者属于特殊法条。

3. 根据最高人民法院2002年发布的《关于审理偷税抗税刑事案件具体应用法律若干问题的解释》第6条的规定，实施抗税行为致人重伤、死亡，构成故意伤害罪、故意杀人罪的，分别依照故意伤害罪、故意杀人罪的规定定罪处罚。

行为人的暴力抗税行为导致公共财物毁损或者聚众冲击税务机关的，应当在抗税罪和故意毁坏财物罪、聚众冲击国家机关罪之间择一重处断。

4. 先逃税后抗税的行为，不属于牵连犯的情形，也不属于不可罚的事后行为，如果分别达到犯罪成立标准，应当数罪并罚。

七、侵犯知识产权罪

本类犯罪总共有8个罪名，包括假冒注册商标罪，销售假冒注册商标的商品罪，非法制造、销售非法制造的注册商标标识罪，假冒专利罪，侵犯著作权罪，销售侵权复制品罪，侵犯商业秘密罪，为境外窃取、刺探、收买、非法提供商业秘密罪。以下仅分析假冒注册商标罪的相关问题。

（一）行为特征问题

本罪在客观方面表现为违反商标管理法规，未经注册商标所有人许可，在同一种商品、服务上使用与其注册商标相同的商标，情节严重的行为。

1. “未经注册商标所有人许可”包括三种情况：(1) 未经注册商标所有人的同意或者授权；(2) 伪造、涂改注册商标使用许可合同；(3) 超出注册商标所有人许可使用的范围而使用他人注册商标的。

2. 在同一种商品、服务上使用与其注册商标相同的商标。根据最高人民法院、最高人民检察院 2004 年发布的《关于办理侵犯知识产权刑事案件具体应用法律若干问题的解释》第 5 条和第 8 条的规定，(1) 所谓“同一种商品”，既包括名称相同的商品，也包括名称不同但指同一事物的商品，这需要在权利人注册商标核定使用的商品和行为人实际生产销售的商品之间进行比较。“名称”是指国家工商行政管理总局商标局在商标注册工作中对商品使用的名称，通常即《商标注册用商品和服务国际分类》中规定的商品名称。“名称不同但指同一事物的商品”是指在功能、用途、主要原料、消费对象、销售渠道等方面相同或者基本相同，相关公众一般认为是同一种事物的商品。(2) 所谓“使用”，是指将注册商标或者假冒的注册商标用于商品、商品包装或者容器以及产品说明书、商品交易文书，或者将注册商标或者假冒的注册商标用于广告宣传、展览以及其他商业活动等行为。(3) 所谓“相同的商标”，是指与被假冒的注册商标完全相同，或者与被假冒的注册商标在视觉上基本无差别、足以对公众产生误导的商标。

（二）司法认定问题

1. 根据最高人民法院、最高人民检察院 2004 年发布的《关于办理侵犯知识产权刑事案件具体应用法律若干问题的解释》第 13 条的规定，既假冒注册商标，又销售假冒注册商标的商品的，应该视行为对象是否为同一宗商品而定。具体来说，实施假冒注册商标犯罪后，又销售该假冒注册商标的商品，以假冒注册商标罪定罪处罚；实施假冒注册商标犯罪，又销售明知是他人的假冒注册商标的商品，则以假冒注册商标罪与销售假冒注册商标的商品罪数罪并罚。

2. 根据最高人民法院、最高人民检察院、公安部 2011 年发布的《关于办理侵犯知识产权刑事案件适用法律若干问题的意见》第 16 条的规定，行为人实施侵犯知识产权犯罪，同时构成生产、销售伪劣商品犯罪的，依照侵犯知识产权犯罪与生产、销售伪劣商品犯罪中处罚较重的规定定罪处罚。

八、扰乱市场秩序罪

本类犯罪总共包括 13 个罪名，根据其特征，又可分为以下四小类：(1) 与市场交易相关的犯罪，包括损害商业信誉、商品声誉罪，强迫交易罪，非法经营罪；(2) 以欺诈方式扰乱市场秩序的犯罪，包括虚假广告罪，串通投标罪，合同诈骗罪，提供虚假证明文件罪；(3) 涉及有价票证的犯罪，包括伪造、倒卖伪造的有价票证罪，倒卖车票、船票罪；(4) 其他扰乱市场秩序犯罪，包括组织、领导传销活动罪，非法转让、倒卖土地使用权罪，出具证明文件重大失实罪，逃避商检罪。以下仅分析合同诈骗罪和强迫交易罪的相关问题。

（一）合同诈骗罪

1. 行为特征

本罪在客观方面表现为以非法占有为目的，在签订、履行合同过程中，骗取对方当事人财物，数额较大的行为。

（1）行为发生在签订、履行合同的过程中。

（2）行为人采取了虚构事实、隐瞒真相的方法。在签订合同过程中，主要有两种具体的方法：一是身份虚假，即以虚构的单位或者冒用他人名义签订合同；二是担保虚假，即向债权人提供伪造、变造、作废的票据或者其他虚假的产权证明作担保。在履行合同过程中，主要有三种具体的方法：一是履行虚假，即没有实际履行能力，以先履行小额合同或者部分履行合同的方法，诱骗对方当事人继续签订和履行合同的；二是卷款潜逃，即收受对方当事人给付的货物、货款、预付款或者担保财产后逃匿的；三是其他方法。

2. 司法认定

（1）合同诈骗罪的"合同"，从内容上说，应当限于经济合同，即通过市场经济行为来获得利润的合同。因此，行为人通过与被害人签订合同的形式骗取财物，但合同内容不属于经济合同的，宜认定为普通诈骗罪。

（2）行为人以非法占有为目的，使用伪造、变造、作废的票据时，应区分以下情况分别处理：如果仅仅是一般的使用，则应当认定为票据诈骗罪；如果是在与对方签订合同时将其作为产权担保，则应当认定为合同诈骗罪；如果在向银行贷款时将其作为产权担保，则应当认定为贷款诈骗罪。

（二）强迫交易罪

1. 行为特征

本罪在客观方面表现为以暴力、威胁手段，强迫他人从事或放弃某种交易的行为。

（1）手段行为：暴力、威胁方法。首先，本罪的"暴力"不需要达到使他人不能反抗、不敢反抗的程度；其次，本罪的"暴力"不包括导致他人重伤、死亡的程度；最后，本罪的"威胁"可以以实施暴力为内容，也可以以其他精神强制为内容，但应当达到使他人不得不从事或者放弃某种交易的程度。

（2）目的行为：使他人从事或者放弃某种交易。具体包括：强迫他人买卖商品，强迫他人提供或者接受某种服务，强迫他人参与或者退出投标、拍卖，强迫他人转让或者收购公司、企业的股份、债券或者其他资产，等等。

2. 司法认定

（1）强迫他人借贷也可能构成本罪。根据最高人民检察院2014年发布的《关于强迫借贷行为适用法律问题的批复》，以暴力、胁迫手段强迫他人借贷，属于刑法"强迫他人提供或者接受服务"，情节严重的，以强迫交易罪追究刑事责任。

（2）强迫交易的手段行为如果导致他人重伤或者死亡的，应当直接认定为故意伤害罪或者故意杀人罪。

（3）强迫交易必须发生在市场经济行为过程中，犯罪主体或者犯罪对象应当是从事商业、服务业或者特定市场经济活动的人员。

（4）强迫交易可以是强迫他人以正常或基本正常的价格从事或者放弃某种交易，但不能以明显背离市场的价格进行交易，否则可能成立抢劫罪。根据最高人民法院2005年发布的《关于审理抢劫、抢夺刑事案件适用法律若干问题的意见》的规定，从事正常商品买卖、交易或者劳动服务的人，以暴力、胁迫手段迫使他人交出与合理价钱、费用相差不大的钱物，以强迫交易罪定罪处罚；而以非法占有为目的，以买卖、交易、服务为幌子采用暴力、胁迫手段迫使他人交出与合理价钱、费用相差悬殊的钱物的，则以抢劫罪定罪处刑。

【案例评析】

案例一

1. 案情简介

2018年11月底至2019年6月期间，郭某找到孙某、王某，三人商议后决定共同做生意。根据三人的共同决议，在未经小星投资有限公司授权许可的情况下，由郭某从境外绕关携带质量较差的二手手机裸机及配件入境，孙某负责组织人员组装手机裸机及配件，并在组装好的手机上印制“小星”的品牌名称及商标标识，达到以假乱真的程度。王某则利用其开设的网店开展“正品小星手机”的宣传，并将孙某组装好的手机冒充新手机在网店上公开销售。2019年7月案发，公安机关查实，三人共计销售假冒的小星手机20 000余部，销售金额2 000余万元，非法获利200余万元，尚未销售的货值金额达到100万余元，郭某绕关携带手机裸机及配件入境所偷逃的税款数额约20万元。

2. 基本问题

本案主要涉及以下刑法问题。

（1）罪数问题：本案涉及生产、销售伪劣产品罪，假冒注册商标罪，非法制造注册商标标识罪，销售假冒注册商标的商品罪，走私普通货物、物品罪等多个罪名，应如何追究刑事责任？

（2）犯罪形态问题：本案行为人已经销售了一部分伪劣产品，又另有一部分伪劣产品尚未销售，应当认定为既遂还是未遂？

（3）共犯问题：本案郭某、孙某与王某是否成立共同犯罪？

3. 知识内容

（1）罪数问题

首先，从涉案行为所触犯的罪名来看，本案的涉案行为共触犯了五个罪名。其一是生产、销售伪劣产品罪。本案行为人以质量较差的二手手机裸机及配件冒充质量优良的新手机，是典型的“以次充好”的行为，将这种手机组装、销售的行为构成生产、销售伪劣产品罪。其二是假冒注册商标罪。本案的行为人未经注册商标所有人许可，在同一种商品上使用与其注册商标相同的商标，且非法经营数额、违法所得额巨大，符合假冒注册商标罪的构成要件。其三是销售假冒注册商标的商品罪。本案行为人王某在明知是假冒注册商标的商品的情况下，仍然将手机销售给他人，违法所得数额较大，符合销售假冒注册商标的商品罪的构成要件。其四是非法制造注册商标标识罪。本案行为人孙某负责组装二手手机裸机及配件，并在组装好的手机上印制他人的注册商标标识，属于伪造、擅自制造他人注册商标标识，非法经营数额及违法所得额巨大，情节严重，构成非法制造注册商标标识罪。其五是走私普通货物、物品罪。本案行为人郭某携带二手手机裸机及配件入境，偷逃税款达到20万元，符合走私普通货物、物品罪的构成要件。

其次，从本案所涉数罪之间的关系来看，存在以下几种关系。

其一，假冒注册商标罪与非法制造注册商标标识罪之间存在牵连关系。具体来说，假冒注册商标行为与非法制造注册商标标识行为之间是目的与手段的关系，非法制造注册商标标识是为了假冒他人的注册商标。根据最高人民法院、最高人民检察院2004年发布的《关于办理侵犯知识产权刑事案件具体应用法律若干问题的解释》第13条的规定，既假冒注册商标，又销售假冒注册商标的商品的，应该视行为对象是否为同一宗商品而定。实施假冒注册商标犯罪后，又销售该假冒注册商标的商品的，只以假冒注册商标罪定罪处罚。因此，在本案中，就假冒注册商标行为与非法制造注册商标标识行为而言，宜只认定为假冒注册商标罪。

其二，就生产伪劣产品罪与假冒注册商标罪而言，假冒注册商标的行为属于生产伪劣产品行为的有机组成部分，不宜认定为两个行为。事实上，本案中的手机之所以是伪劣产品，一个原因在于行为人用二手手机冒充新手机，另一个原因则在于行为人用质量较差的普通手机冒充质量上乘的名牌手机。在本案中，难以将生产假冒“小星”手机的行为与生产“伪劣”产品的行为分割开来，行为人实施的组装手机的行为、制作假冒注册商标标识的行为实质上是同一个行为的不同环节、步骤。

其三，就销售伪劣产品的行为与销售假冒注册商标的商品的行为来说，本案销售假冒“小星”手机的行为，同时构成销售伪劣产品与销售假冒注册商标的商品，由于只有一个行为，因而只能认定为一罪。根据最高人民法院、最高人民检察院、公安部2011年发布的《关于办理侵犯知识产权刑事案件适用法律若干问题的意见》第16条的规定，行为人实施侵犯知识产权犯罪，同时构成生产、销售伪劣商品犯罪的，依照侵犯知识产权犯罪与生产、销售伪劣商品犯罪中处罚较重的规定定罪处罚。

其四，走私普通货物、物品的行为与生产、销售伪劣产品罪、假冒注册商标罪、销售假冒注册商标的商品罪之间并不存在牵连关系，也不存在部分与整体之关系。本案行为人郭某绕关携带二手手机裸机及配件入境的行为与后续孙某组装手机、假冒注册商标的行为以及王某销售假冒“小星”牌手机的行为实属数个彼此独立的行为。

综上，虽然本案涉案行为共涉嫌五个罪名，但司法上只能认定其中两个罪名，即生产、销售伪劣产品罪与走私普通货物、物品罪。理由在于：首先，从本质上讲，本案组装手机裸机及配件、印制注册商标标识的行为不可分割，其整体上属于同一个行为，既然只有一个行为，那么就只能构成一罪。根据《关于办理侵犯知识产权刑事案件适用法律若干问题的意见》第 16 条的规定，行为人实施侵犯知识产权犯罪，同时构成生产、销售伪劣商品犯罪的，依照两罪之中处罚较重的规定定罪处罚。生产、销售伪劣产品罪相对于其他罪名来说，属于重罪，因此，对本案行为人应当以生产、销售伪劣产品罪定罪处罚。

（2）犯罪形态问题

根据最高人民法院、最高人民检察院 2001 年发布的《关于办理生产、销售伪劣商品刑事案件具体应用法律若干问题的解释》第 2 条的规定，生产、销售伪劣产品罪中的“销售金额”是指生产者、销售者出售伪劣产品后所得和应得的全部违法收入。伪劣产品尚未销售，货值金额达到《刑法》第 140 条规定的销售金额 3 倍以上的，以生产、销售伪劣产品罪（未遂）定罪处罚。据此，生产、销售伪劣产品的，销售金额达到 5 万元以上就构成既遂，若销售金额未达到 5 万元以上，但货值金额达到 15 万元以上的，就构成本罪未遂。但是，生产、销售伪劣产品的案件往往不是行为人已经将伪劣产品完全销售出去，也不是行为人还尚未开始销售伪劣产品，而是既有一部分已经销售完毕，还有很大一部分尚未销售出去，并且已经销售的部分和未销售的部分都达到相应的标准。对于这种情况，可以按照以下方法认定既遂与未遂：“销售金额”和“货值金额”对应相同的量刑幅度的，在该量刑幅度内量刑，并认定为既遂；“销售金额”和“货值金额”对应不同的量刑幅度的，在重的量刑幅度内量刑，如果“销售金额”对应重的量刑幅度，则认定为既遂，如果“货值金额”对应重的量刑幅度，则认定为未遂，但应当综合考虑已经销售的部分，以决定是否予以从轻或者减轻处罚。

（3）共犯问题

在本案中，郭某只负责走私二手手机裸机及配件，手机裸机及配件入境后，由孙某负责组装手机并印制注册商标，手机组装并印制注册商标完毕后，由王某负责在其网店中公开宣传并销售。那么，这三人是否成立共同犯罪？是否应当以不同的罪名追究其刑事责任呢？

事实上，郭某、孙某与王某成立共同犯罪，不能因为郭某只负责走私产品原料、孙某只负责生产产品、王某只负责销售产品就否认他们之间共同犯罪关系的成立。原因在于：首先，郭某、孙某与王某在主观上有共同的犯罪故意。郭某、孙某与王某共同商议决定合伙做生意，达成了经营伪劣手机的合意。他们在主观上有着共同的目的——生产、销售假冒“小星”牌注册商标的伪劣手机，且他们对该行为的危害性质有着共同的认识，对生产、销售伪劣手机的行为都持有希望和追求的态度。其次，郭某、孙某和王某在客观上有着共同的犯罪行为。虽然表面上看，郭某只负责走私产品原料，孙某只负责生产组装手机、印制注册商标，王某只负责销售该伪劣手机，但三个人各自负责的行为都是为了达成这一共同目的而进行的分工。因此，郭某、孙某和王某共同构成生产、销售伪劣产品罪与走私普通货物、物品罪，对三人应数罪并罚。

案例二

1. 案情简介

2019 年 5 月，张某与周某商议决定，由张某在一家超市应聘收银员工作，其利用担任该超市收银员的身份，趁顾客刷卡时利用读卡器盗取顾客的信用卡信息并偷记密码，然后利用盗取的信息制成伪卡。周某则负责向张某提供自己的信用卡账户，便于张某转移其利用他人信用卡信息制成的伪卡上的资金。2019 年 9 月，张某利用他人信用卡信息制成了 6 张伪卡后遂辞去收银员工作。2019 年 10 月，张某将其中一张伪卡上的 2 万元资金转移到周某提供的信用卡账户中。其后，张某又将另一张伪卡上的 2 万元资金取出，在未告知周某的情况下，张某携带该 2 万元现金找到李某，要求李某帮助其转移该笔现金，李某同意，并向张某提供了自己的信用卡账户，张某遂将该 2 万元现金汇入李某的信用卡账户。2019 年 11 月，张某在银行试图将一张伪卡上的 5 万元资金转移到周某的账户，但尚未转账成功就被公安机关当场抓获。

2. 基本问题

本案主要涉及下列刑法问题。

（1）罪数问题：本案涉及窃取信用卡信息罪、伪造金融票证罪、妨害信用卡管理罪、信用卡诈骗罪、洗钱罪等多个罪名，应如何追究刑事责任？

（2）共犯问题：本案行为人张某、周某与李某是否成立共同犯罪？

（3）犯罪形态问题：本案行为人张某从伪造的他人信用卡中转移了一部分资金，另有部分信用卡中的资金尚未转移，其信用卡诈骗行为应当被认定为既遂还是未遂？

（4）量刑问题：单就本案中的信用卡诈骗行为而言，对张某应在信用卡诈骗罪的哪一个法定刑档次内量刑？

3. 知识内容

（1）罪数问题

首先，从涉案行为所触犯的罪名来看，本案的涉案行为共触犯了五个罪名。其一是窃取信用卡信息罪。本案行为人张某利用自己的收银员身份，窃取了顾客的信用卡信息，且所窃取信息足以伪造可进行交易的信用卡，根据《刑法》第 177 条之一第 2 款的规定及最高人民法院、最高人民检察院 2018 年修订的《关于办理妨害信用卡管理刑事案件具体应用法律若干问题的解释》第 3 条的规定，符合窃取信用卡信息罪的构成要件。其二是伪造金融票证罪。本案行为人张某利用其窃取的他人信用卡信息伪造信用卡，属于《刑法》第 177 条第 1 款第 4 项规定的伪造金融票证罪的行为方式，符合该罪的构成要件。其三是妨害信用卡管理罪。本案行为人张某利用他人的信用卡信息伪造大量信用卡后，继续持有这些伪造的信用卡，属于“明知是伪造的信用卡而持有”的行为，符合《刑法》第 177 条之一第 1 款第 1 项的规定，构成妨害信用卡管理罪。其四是信用卡诈骗罪。本案行为人张某、周某共同商议决定利用张某的收银员身份窃取他人的信用卡信息，制成伪卡后使用并转移资金。根据《刑法》第196条的规定，结合《关于办理妨害信用卡管理刑事案件具体应用法律若干问题的解释》第1条的规定，张某与周某的行为属于“使用伪造的信用卡进行信用卡诈骗活动”，构成信用卡诈骗罪。其五是洗钱罪。本案行为人张某在利用伪造的信用卡取得现金后，方与李某商议，要求李某提供信用卡账户以帮助其转移资金。张某的涉案行为本身构成信用卡诈骗罪，系洗钱罪的上游犯罪之一，李某为掩饰、隐瞒该罪的所得的来源和性质，向张某提供自己的资金账户，其行为符合洗钱罪的构成要件。

其次，从本案所涉数罪之间的关系来看，存在以下几种关系。

其一，窃取信用卡信息罪、伪造金融票证罪、妨害信用卡管理罪、信用卡诈骗罪之间存在牵连关系。具体来说，本案行为人张某窃取他人的信用卡信息是为了利用该信息伪造可使用的信用卡，窃取信用卡信息与伪造金融票证之间是手段与目的的关系。在信用卡伪造完成后，张某持有自己伪造的信用卡是前一行为的自然延续，伪造信用卡与持有该伪造的信用卡之间是原因与自然结果的关系。张某持有自己伪造的信用卡实施信用卡诈骗活动，其持有该信用卡的行为与信用卡诈骗行为之间是手段与目的的关系。根据牵连犯的处罚原则，本案应在张某触犯的上述四个罪名之间择一重罪论处。

其二，本案所涉窃取信用卡信息罪、伪造金融票证罪、妨害信用卡管理罪、信用卡诈骗罪四个罪名与洗钱罪之间的关系较为复杂，需要区分涉案行为人的角色地位。就本案行为人张某、周某而言，二人转移犯罪所得的行为是其事先共谋窃取信用卡信息、伪造信用卡和进行信用卡诈骗活动的自然结果，不具有可罚性，也并不单独构成犯罪。就本案行为人李某而言，其向张某提供信用卡账户的行为发生在张某的信用卡诈骗活动实施完毕之后，而并未介入信用卡诈骗活动本身，其为张某提供信用卡账户的行为单独构成洗钱罪。

综上，从本案涉案数额、既遂数额所对应的各罪的法定刑档次来看，对张某和周某实施的数个相互牵连的罪行择一重罪论处，即应以伪造金融票证罪定罪处罚；对李某应以洗钱罪定罪处罚。

（2）共犯问题

要解决本案中的共同犯罪问题，首先要梳理本案行为人张某、周某和李某之间的关系。

就张某和周某之间的关系而言，从主观上看，张某和周某自窃取信用卡信息、伪造信用卡、利用信用卡进行诈骗活动、利用周某的账户转移资金等一系列行为实施前就已经达成共谋，二人有着共同的犯罪故意，对自己和对方的行为有着共同的认识和意志，符合共同犯罪的主观条件；从客观上看，张某和周某分工合作，二人的行为彼此联结，共同指向同一个犯罪目的，二人有着共同的犯罪行为，符合共同犯罪的客观条件。因此，张某和周某就窃取信用卡信息、伪造信用卡、信用卡诈骗行为成立共同犯罪。

就张某和李某之间的关系而言，张某在信用卡诈骗行为实施完毕后才找到李某，且只要求李某帮助其转移已经从伪卡上取出的2万元现金，李某并未介入张某先前实施的窃取信用卡信息、伪造信用卡、信用卡诈骗等行为，二人并不就这些罪行成立共同犯罪。但需要注意的是，就张某已经取出的 2 万元现金而言，张某与李某共谋并共同实施了资金转移行为，在行为共同说的意义上，张某与李某共同构成洗钱罪，只不过张某不具备洗钱罪的主体条件，因而其无法被认定为洗钱罪，李某单独被追究洗钱罪的刑事责任。

就周某与李某之间的关系而言，张某系在周某不知情的情况下与李某商议资金转移的问题，因而周某与李某之间不存在关联，二人不构成共同犯罪。

（3）犯罪形态问题

本案行为人张某利用其窃取的信用卡信息伪造了 6 张信用卡，只使用了其中 2 张信用卡进行诈骗活动，诈骗取得的金额为 4 万元。张某在试图使用另一张伪卡向周某转账 5 万元资金时，未转账成功就被抓获。这一信用卡诈骗行为属于部分既遂、部分未遂的情形，就先前取得的 4 万元资金构成既遂，就未转账成功的 5 万元资金成立未遂。

（4）量刑问题

《刑法》第 196 条规定，进行信用卡诈骗活动，数额较大的，处 5 年以下有期徒刑或者拘役，并处 2 万元以上 20 万元以下罚金；数额巨大或者有其他严重情节的，处 5 年以上 10 年以下有期徒刑，并处 5 万元以上 50 万元以下罚金；数额特别巨大或者有其他特别严重情节的，处 10 年以上有期徒刑或者无期徒刑，并处 5 万元以上 50 万元以下罚金或者没收财产。根据《关于办理妨害信用卡管理刑事案件具体应用法律若干问题的解释》第 5 条的规定，数额在 5 000 元以上不满 5 万元的，属于信用卡诈骗罪中的"数额较大"；数额在 5 万元以上不满 50 万元的，属于信用卡诈骗罪中的"数额巨大"；数额在 50 万元以上的，则属于信用卡诈骗罪中的"数额特别巨大"。就本案而言，张某通过实施信用卡诈骗而已经取得的 4 万元资金属于"数额较大"的范畴，对应的法定刑档次是"五年以下有期徒刑或者拘役，并处二万元以上二十万元以下罚金"。但张某被抓获时试图取得的 5 万元资金属于"数额巨大"的范畴，若将张某已经取得的 4 万元资金与尚未取得的 5 万元资金相加，也属于"数额巨大"的范畴，对应的法定刑档次就是"五年以上十年以下有期徒刑，并处五万元以上五十万元以下罚金"。

可见，本案法定刑档次的选取取决于数额基准的确定，具体来讲，就是取决于对既遂数额与未遂数额的取舍。一般认为，既遂金额与未遂金额对应相同的量刑幅度的，在该量刑幅度内量刑，并认定为既遂；既遂金额与未遂金额分别对应不同的量刑幅度的，在重的量刑幅度内量刑，如果既遂金额对应重的量刑幅度，则认定为既遂，在确定宣告刑时酌情考虑未遂数额，如果未遂金额对应重的量刑幅度，则认定为未遂，在确定宣告刑时酌情考虑既遂数额。因此，对本案行为人张某所犯信用卡诈骗罪应在"五年以上十年以下有期徒刑，并处五万元以上五十万元以下罚金"，在量刑时酌情考虑张某已经取得的 4 万元资金。

实务训练

司法实践中，对于案件的定性发生分歧时，要善于寻找分歧点，结合案件的事实针对该分歧点层层深入地进行研究，才能得出正确的答案。

例如司法实践中有一个真实的案件：甲、乙、丙、丁四人系朋友关系，某日晚相约到一家茶馆的包房内打麻将牌，打了两个多小时之后，四人相互交换座位，甲坐到了乙原来坐的座位上。不久，甲发现地上有一张银行卡，知道是乙先前从钱夹里拿钱的时候掉在地上的，便故意将一张麻将牌碰到地上，趁捡麻将牌的时候将该张银行卡捡起来装到自己口袋里。正好在三个月前，乙曾让甲用自己的银行卡买过一次东西，甲因此知道乙的银行卡密码。四人打完麻将牌回家之后第三天，甲见乙没有什么动静，便购买假发、墨镜等进行伪装之后，分几天到银行自动取款机上总共取出了 4 万多元现金，并将银行卡、假发、墨镜、衣服等销毁。乙发现丢卡之后，到银行挂失得知已被人取款，便报警。

在定性时，甲的行为性质引发了较大的分歧：一种观点认为，甲是盗窃信用卡并且使用，根据《刑法》第 196 条第 3 款的规定，应当以盗窃罪追究甲的刑事责任；另一种观点认为，根据最高人民法院、最高人民检察院 2018 年修订施行的《关于办理妨害信用卡管理刑事案件具体应用法律若干问题的解释》的规定，甲的行为是“拾得他人信用卡”，属于《刑法》第 196 条第 1 款第 3 项“冒用他人信用卡”的行为，应当以信用卡诈骗罪追究甲的刑事责任。

对于甲到底是盗窃信用卡还是捡拾信用卡这一分歧，我们首先应当明确：(1) 盗窃信用卡并使用与捡拾信用卡之后的使用，就“使用”这一个环节来看，二者没有本质的不同，都是一种“冒用”行为；(2) 捡拾行为与盗窃行为在客观上也无法截然区分开来，因为在封闭或者独占的空间里捡拾他人的财物只能认定为盗窃，而以盗窃的故意拿走他人并不占有的财物也只能是捡拾；(3) 我们也不能仅仅根据甲拿该信用卡的时候采取了一定的掩饰、甲取钱的时候进行了伪装而断定行为的性质，因为无论是盗窃还是捡拾，都可能采取这些掩饰手段。那么，本案的关键点就在于，甲拿走该信用卡当时，乙是否已经丧失了对该信用卡的占有。这就是分析本案的正确思路。

对于本案甲取得信用卡时，乙是否丧失对卡的占有，可以结合以下因素进行判断：(1) 当时所处的环境是一家茶馆的包房；(2) 银行卡属于小件物品，它本身具有一定的特殊性；(3) 乙事后几天才发现自己的银行卡丢失，并且想不起来是如何丢失的。本书认为，综合考虑以上情况，应当认为甲并非盗窃他人信用卡，而属于捡拾他人信用卡，故应当以信用卡诈骗罪追究甲的刑事责任。

课后练习

1. 刘某专营散酒收售，农村小卖部为其供应对象。刘某从他人处得知某村办酒厂生产的散酒价格低廉，虽掺有少量有毒物质，但不会致命，遂大量购进并转销给多家小卖部出售，结果致许多饮者中毒甚至双眼失明。下列哪些选项是正确的？（　　）

A. 造成饮用者中毒的直接责任人是某村办酒厂，应以生产和销售有毒、有害食品罪追究其刑事责任；刘某不清楚酒的有毒成分，可不负刑事责任

B. 对刘某应当以生产和销售有毒、有害食品罪追究刑事责任

C. 应当对构成犯罪者并处罚金或没收财产

D. 村办酒厂和刘某构成共同犯罪

2. 杨某生产假冒避孕药品，其成分为面粉和白糖的混合物，货值金额达 15 万多元，尚未销售即被查获。关于杨某的行为，下列哪一选项是正确的？（　　）

A. 不构成犯罪

B. 以生产、销售伪劣产品罪（未遂）定罪处罚

C. 以生产、销售伪劣产品罪（既遂）定罪处罚

D. 触犯生产假药罪与生产、销售伪劣产品罪（未遂），依照处罚较重的规定定罪处罚

3. A 公司系甲、乙二人合伙依法注册成立的公司，以钢材批发零售为营业范围。丙因自己的公司急需资金，便找到甲、乙借款，承诺向 A 公司支付高于银行利息五个百分点的利息，并另给甲、乙个人好处费。甲、乙见有利可图，即以购买钢材为由，以 A 公司的名义向某银行贷款 1 000 万元，贷期半年。甲、乙将贷款按约定的利息标准借与丙，丙给甲、乙各 10 万元的好处费。半年后，丙将借款及利息还给 A 公司，甲、乙即向银行归还本息。关于甲、乙、丙行为的定性，下列哪一选项是正确的？（　　）

A. 甲、乙构成高利转贷罪，丙无罪

B. 甲、乙构成骗取贷款罪，丙无罪

C. 甲、乙构成高利转贷罪、非国家工作人员受贿罪，丙构成对非国家工作人员行贿罪

D. 甲、乙构成骗取贷款罪、非国家工作人员受贿罪，丙构成对非国家工作人员行贿罪

4. 关于货币犯罪，下列哪一选项是正确的？（　　）

A. 以货币碎片为材料，加入其他纸张，制作成假币的，属于变造货币

B. 将金属货币熔化后，制作成较薄的、更多的金属货币，属于变造货币

C. 将伪造的货币赠与他人的，属于使用假币

D. 运输假币并使用假币的，按运输假币罪从重处罚

5. 甲将自己的汽车藏匿，以汽车被盗为由向保险公司索赔。保险公司认为该案存有疑点，随即报警。在掌握充分证据后，侦查机关安排保险公司向甲“理赔”。甲

到保险公司二楼财务室领取 20 万元赔偿金后，刚走到一楼即被守候的多名侦查人员抓获。关于甲的行为，下列哪一选项是正确的？（　　）

A. 甲构成保险诈骗罪未遂　　B. 甲构成保险诈骗罪既遂

C. 甲构成保险诈骗罪预备　　D. 甲构成合同诈骗罪

6. 个体工商户乙欠缴营业税 15 万元，当税务人员上门征收税款时，乙组织甲等多人进行暴力围攻，殴打税务人员，抗拒缴纳，其中甲出手最狠，将一名税务人员打成重伤。甲的行为构成何罪？（　　）

A. 偷税罪　　B. 抗税罪

C. 故意伤害罪　　D. 抗税罪与故意伤害罪数罪并罚

7. 关于骗取出口退税罪和虚开增值税专用发票罪的说法，下列哪些选项是正确的？（　　）

A. 甲公司具有进出口经营权，明知他人意欲骗取国家出口退税款，仍违反国家规定允许他人自带客户、自带货源、自带汇票并自行报关，骗取国家出口退税款。对甲公司应以骗取出口退税罪论处

B. 乙公司虚开用于骗取出口退税的发票，并利用该虚开的发票骗取数额巨大的出口退税，其行为构成虚开用于骗取出口退税发票罪与骗取出口退税罪，实行数罪并罚

C. 丙公司缴纳 200 万元税款后，以假报出口的手段，一次性骗取国家出口退税款 400 万元，丙公司的行为分别构成偷税罪与骗取出口退税罪，实行数罪并罚

D. 丁公司虚开增值税专用发票并骗取国家税款，数额特别巨大，情节特别严重，给国家利益造成特别重大损失。对丁公司应当以虚开增值税专用发票罪论处

8. 赵某多次临摹某著名国画大师的一幅名画，然后署上该国画大师姓名并加盖伪造印鉴，谎称真迹售得 6 万元。对赵某的行为如何定罪处罚？（　　）

A. 按诈骗罪和侵犯著作权罪数罪并罚　　B. 按侵犯著作权罪处罚

C. 按生产、销售伪劣产品罪处罚　　D. 按非法经营罪处罚

9. 律师赵某接受律师事务所指派，为某公司股票上市提供法律意见。赵某在接受该公司的 10 万元财物之后，提供虚假的法律意见书，导致不具备上市条件的该公司取得上市资格，严重损害了股东利益。赵某的行为构成何罪？（　　）

A. 受贿罪

B. 非国家工作人员受贿罪

C. 提供虚假证明文件罪

D. 非国家工作人员受贿罪和提供虚假证明文件罪，数罪并罚

10. 下列哪些行为构成非法经营罪？（　　）

A. 甲违反国家规定，擅自经营国际电信业务，扰乱电信市场秩序，情节严重

B. 乙非法组织传销活动，扰乱市场秩序，情节严重

C. 丙买卖国家机关颁发的野生动物进出口许可证

D. 丁复制、发行盗版的《国家计算机考试大纲》

延伸阅读

1. 孙国祥，魏昌东．经济刑法研究．北京：法律出版社，2005.

2. 顾肖荣，等．经济刑法总论比较研究．上海：上海社会科学院出版社，2008.

3. 李睿，顾肖荣，林荫茂．信用卡犯罪研究．上海：上海社会科学院出版社，2009.

4. 曹坚．经济犯罪疑难问题与审判政策解析．上海：上海社会科学院出版社，2010.

5. 胡启忠，等．经济刑法立法与经济犯罪处罚．北京：法律出版社，2010.

6. 李永升，朱建华．经济刑法学．北京：法律出版社，2011.

7. 杨忠辉．经济刑法：原理与实训．南京：南京大学出版社，2014.

第十八章　侵犯公民人身权利、民主权利罪

【内容摘要】

人身权利和民主权利是现代社会公认的人权的核心内容。通过学习本章，应准确把握侵犯公民人身权利、民主权利罪的构成特征及其与其他类犯罪的区别，以及侵犯公民人身权利、民主权利各种具体犯罪的构成特征和司法认定时应注意的问题。尤其应掌握故意杀人罪、故意伤害罪、强奸罪、非法拘禁罪、绑架罪、拐卖妇女、儿童罪、诬告陷害罪、诽谤罪、刑讯逼供罪以及重婚罪、遗弃罪的成立条件及其与其他类似犯罪的区别。

【学习目标】

（1）在知识学习层面，要掌握具体罪名的概念、犯罪构成以及犯罪认定的基本知识。（2）在能力训练层面，本章犯罪是实践中常见、常用的犯罪，所以要熟知具体罪名的犯罪构成，结合对疑难案例的分析，学会在具体案件中准确认定犯罪和适用刑法，增强适用刑法的实践能力。同时，在对具体罪名的学习中要注意结合刑法总论知识，对于所涉及的理论问题，如自杀问题、安乐死问题以及其他具有较大理论争议的问题，要进行有针对性的深入研究，提升自我的理论素养和研究能力。（3）在价值引领层面，要通过对本章犯罪的学习，深刻认识到此类犯罪对公民人身权利、民主权利的危害性，增强自我防范的意识和能力，远离犯罪侵害，并形成运用刑法打击犯罪、维护个人权利的基本观念。此外，也要明确自己的行为界限和法律底线，自觉遵守法律法规，做一个遵纪守法的公民。

【知识要点】

一、故意杀人罪

(一) 本罪的概念和特征

故意杀人罪，是指故意非法剥夺他人生命的行为。对于本罪的法律特征，要特别注意把握以下几个方面。

1. 本罪的客体是他人的生命权利。生命权是公民最基本的权利，是行使其他一切权利的客观基础和前提。故意杀人罪侵犯了公民的生命权，是危害最严重的侵犯公民人身权利的犯罪。犯罪对象是具有生命的自然人。人的生命权利始于出生，终于死亡。关于人的生命开始的认定有多种争议观点，如阵痛说、一部露出说、全部露出说、断带说、独立呼吸说。我国理论与实务界都采用“独立呼吸说”，即胎儿脱离母体后开始独立呼吸为生命开始。人的死亡标准，理论上主要有脉搏终止说、呼吸停止说、心脏停止说、三征候说、脑死亡说。随着医疗技术的不断发展，“脑死亡说”（全脑包括脑干功能的不可逆停止）的影响力逐渐增大，在医疗实践中已有采用“脑死亡说”为认定死亡的判断标准，但司法实践中我国仍然是采用“心脏停止说”，即人的心跳停止不可恢复为生命终结。在我国，任何人的生命权利都受刑法保护，而不论其年龄、性别、种族、职业、地位、生理及心理状况如何。因而，“溺婴”也是一种故意杀人行为。基于同样的理由，对母体中的胎儿或尸体进行侵害，不能构成故意杀人罪。如果行为人由于对事实认识错误，误将尸体当活人而进行“杀害”的，这在刑法理论上称为对象不能犯，应以故意杀人未遂处理。

2. 客观方面必须具有非法剥夺他人生命的行为

(1) 必须有剥夺他人生命的行为。其特点是直接或间接作用于他人的肌体，使其生命在自然死亡之前终结。剥夺他人生命的方式，既可以是作为，也可以是不作为，如负有救助义务的人见死不救致人死亡的情形。剥夺他人生命的具体手段是多种多样的，如徒手侵害，或利用工具，或利用他人，或利用自然力量，既可以是物理的方法，也可以是心理的方法。但如果行为人使用放火、爆炸、投放危险物质等危险方法杀人并同时危害公共安全的，按照理论界通说，应以相应的危害公共安全罪论处。

(2) 剥夺他人生命的行为必须是非法的。如果是合法地剥夺他人生命，如依法执行命令处决死刑犯、符合法定条件的正当防卫中行为人杀死不法侵害人等，则不构成犯罪。

(3) 成立故意杀人罪不要求必须发生他人死亡的结果。如果发生了他人死亡的结果，成立故意杀人罪的既遂。没有发生他人死亡的结果，则应根据案件的不同情况，分别以故意杀人罪的未遂、中止或者预备论处。

3. 主观方面，行为人必须具有非法剥夺他人生命的故意，包括直接故意和间接故意。即必须是行为人明知自己的行为会发生他人死亡的危害结果，并且希望或者放任这种结果发生，才符合故意杀人罪的主观要件。在间接故意的情况下，必须有行为人所放任的死亡结果发生。故意杀人的动机多种多样，如报复杀人、奸情杀人、义愤杀人、图财杀人等。动机不同，不影响故意杀人罪的成立，但对量刑有一定影响。

（二）认定本罪应注意划清的主要界限

1. 故意杀人罪与危害公共安全罪中有关犯罪的界限。通常情况下这两者的界限比较清楚，但在行为人采用爆炸、放火、决水、投放危险物质及其他危险方法作为杀人手段的情况下，容易混淆。其区别的关键在于行为人的行为所危及的对象范围不同。作为故意杀人手段的爆炸、放火、决水、投放危险物质及其他危险方法，是针对某个或某几个特定的具体的人实施的，其危害的对象范围比较特定且有限；而构成爆炸、放火、决水、投放危险物质罪或以其他危险方法危害公共安全罪的行为，是针对不特定的多数人实施的，其危害的对象范围是不特定的、广泛的。因此，凡基于故意杀人的目的，针对某个或某几个特定的人实施爆炸、放火、决水、投放危险物质及其他危险方法的行为，如果仅危及某个或某几个特定个别人的生命，而未危及公共安全的，应认定为故意杀人罪；反之，凡是针对不特定多数人的生命、健康和重大公私财产的安全实施爆炸、放火、决水、投放危险物质及其他危险方法的行为，或者行为人虽然直接追求的结果是杀死某一个或某几个人，但行为人采用的这些方法及其所造成的后果已经危害到公共安全，则分别构成爆炸罪、放火罪、决水罪、投放危险物质罪或以其他危险方法危害公共安全罪等犯罪。

2. 故意杀人罪与过失致人死亡罪的界限。关于这两罪，要注意划清间接故意杀人与过于自信的过失致人死亡的界限。二罪的行为人在主观上对他人死亡结果的发生都有预见，客观上都造成了他人死亡的行为。其主要区别在于：（1）在主观方面，间接故意杀人的行为人对被害人死亡结果的发生持有意放任、无意防止的放任态度，致人死亡的结果出现并不违背行为人的意志；而过于自信的过失致人死亡的行为人对被害人死亡结果的发生持反对态度，死亡结果的发生是违背行为人的意志的。（2）在客观方面，间接故意杀人没有避免死亡结果发生的主客观依据，是能防止而不防止；而过于自信的过失致人死亡的行为人确有避免死亡结果发生的主客观依据，是想防止而未能防止。

3. 故意杀人罪与虐待罪的界限。二罪的行为人在罪过形式上都表现为故意，在客观行为表现上也有相似性。它们的区别主要在于：（1）故意内容不同。前者的行为人在主观上有非法剥夺被害人生命的故意；而后者的行为人主观上只有从肉体上、精神上摧残、折磨被害人的虐待故意，虽然虐待行为也可能导致被害人死亡，但这只是虐待行为过失引起的，并不是行为人希望或放任的结果。（2）在客观上，前者通常表现为一次行动即能构成犯罪；而后者的虐待行为具有经常性、连续性、一贯性，单纯的一次举动不能构成犯罪。（3）犯罪主体不同。虐待罪是特殊主体，行为人与被害人共同生活在同一家庭之中，二者之间具有特定的亲属关系；而故意杀人罪是一般主体，并不要求行为人与被害人之间必须具有前述特定的亲属关系。因此，如果行为人基于杀人的故意，而非法杀害他人（包括行为人的家庭成员），即使行为不是一次完成的，也应对行为人以故意杀人罪论处；如果行为人基于虐待的故意，在实施虐待的过程中由于过失致被害人死亡，或导致被害人因不堪忍受而自杀身亡的，则应对行为人以虐待罪论处，这属于结果加重犯；如果行为人在情节恶劣的经常性虐待过程中，其中一次产生杀害被害人的故意而实施杀害行为，则应构成虐待罪与故意杀人罪，两罪并罚。

二、故意伤害罪

（一）本罪的概念和特征

故意伤害罪，是指故意非法损害他人身体健康的行为。对于本罪的法律特征，要特别注意把握以下几个方面。

1. 本罪的客体是他人的身体健康权利。这里所说的身体健康权利，是指他人保持其身体组织的完整性与正常机能的权利。这也是故意伤害罪区别于其他侵犯公民人身权利犯罪的本质特征。犯罪对象是他人。故意损害自己的身体健康不构成本罪，且一般不构成犯罪。只有当自伤行为侵犯了社会利益并且触犯了刑法规范时，才构成犯罪。如军人在战时自伤身体逃避军事义务，可构成《刑法》第 434 条规定的战时自伤罪。

2. 客观方面表现为非法损害他人身体健康的行为

（1）必须有损害他人身体健康的行为。即具有破坏他人身体组织的完整性或者损害他人人体器官的正常机能的行为。前者如砍断他人手指、手臂、腿，咬掉他人耳朵，刺破内脏等，后者如使他人丧失听觉、视觉，使他人神经机能失常等。损害他人身体健康的行为通常表现为作为方式，大多以暴力方式实施，具体手段多样，但法律并未限定其行为方式。

（2）损害他人身体健康的行为必须是非法的。如果是合法行为损害了他人的身体健康，则不构成犯罪。如因正当防卫、紧急避险而伤害他人，因治疗上的需要为病人截肢，体育运动项目中规则所允许的伤害等，都是法律允许的伤害行为，不构成犯罪。

（3）本罪是结果犯，只有伤害行为起码致人轻伤时，才齐备了故意伤害罪的全部要件，构成本罪的既遂。伤害的结果多种多样，如内伤、外伤，肉体伤害、神经损伤等。根据刑法规定，伤害结果的程度分为轻伤、重伤与伤害致死。这三种情况直接反映了伤害行为的社会危害程度，因而对量刑具有重要意义。由于伤害致死只要发生被害人死亡的结果即可认定，因而需要特别注意区分重伤与轻伤的界限。

根据《刑法》第 95 条规定，重伤是指下列三种情形之一：一是使人肢体残废或者毁人容貌的；二是使人丧失听觉、视觉或者其他器官机能；三是其他对于人身健康有重大伤害，这是指除上述两种重伤情形之外的在受伤当时危及生命或者在损伤过程中能够引起威胁生命的并发症，以及其他严重影响人体健康的损伤，如颅脑损伤、脊柱、脊髓损伤致偏瘫或截瘫。根据2014年1月1日开始施行的《人体损伤程度鉴定标准》的规定，重伤分为重伤一级与重伤二级。所谓轻伤，是指使人肢体或者容貌损害，听觉、视觉或者其他器官功能部分障碍或者其他对于人身健康有中度伤害的损害。根据《人体损伤程度鉴定标准》的规定，轻伤也分为轻伤一级与轻伤二级。致人重伤或轻伤的结论，应按照《人体损伤鉴定标准》的规定鉴定后作出。

3. 本罪的主体是一般主体。其中，故意伤害致人重伤或者死亡的，已满14周岁、具有刑事责任能力的犯罪主体即可构成；故意伤害致人轻伤的，行为人须为已满16周岁、具有刑事责任能力的，才能构成本罪。根据《刑法修正案（十一）》的规定，已满12周岁不满14周岁的人，故意伤害致人死亡或者以特别残忍手段致人重伤造成严重残疾，情节恶劣，经最高人民检察院核准追诉的，应当负刑事责任。

4. 主观方面，行为人必须具有非法损害他人身体健康的故意。即行为人明知自己的行为会发生损害他人身体健康的危害结果，并且希望或者放任这种结果的发生。但就故意伤害致死而言，行为人仅仅对造成他人伤害的结果是故意的，而对他人死亡的结果的发生则是出于过失的心理态度。至于伤害的动机，可以是多种多样的。但动机不同，不影响本罪的成立，只影响量刑的轻重。

（二）认定本罪应注意划清的主要界限

1. 故意伤害罪与一般殴打行为的界限。一般殴打行为是指只是给他人造成暂时性的肉体疼痛，或者使他人神经受到轻微刺激，但不损害他人身体健康的行为。一般殴打行为也可能造成一定的人体损害，如脸肿、鼻腔出血、皮下出血等，但这不属于故意伤害罪中的伤害，通常情况下属于一般违法行为。二者的区别主要在于：（1）客观上造成的损害不同。故意伤害罪在客观上通常有造成他人轻伤、重伤或伤害致死的结果；而一般殴打行为在客观上未造成他人身体伤害或只造成轻微伤害。（2）行为人的主观心理态度不同。故意伤害罪行为人主观上有损害他人身体健康的故意；而一般殴打行为人主观上没有损害他人身体健康的故意，或不能证明行为人有损害他人身体健康的故意。依据我国刑法有关规定，有的殴打行为有可能符合其他犯罪的构成条件，如果符合其他相应罪的成立条件则应按相应的罪论处，如寻衅滋事罪。

2. 故意伤害罪与包含伤害内容的其他犯罪的界限。《刑法》第234条规定："本法另有规定的，依照规定。"即行为人在实施其他犯罪的过程中伤害他人，刑法另有规定的，应按照有关条文规定定罪量刑。如犯强奸、抢劫、放火、爆炸、投放危险物质等罪致人伤害的，应分别依照相应法条定罪处罚，而不以故意伤害罪论处。

3. 故意伤害罪与故意杀人罪的界限。区分此二者，主要是在以下两种情况下比较复杂：一是故意伤害与故意杀人未遂，二是故意伤害致人死亡与故意杀人既遂。区分的关键是行为人的主观故意内容。故意伤害行为人主观上只有非法损害他人身体健康的故意；而故意杀人行为人主观上有非法剥夺他人生命的故意。判断行为人的主观故意内容是非法剥夺他人生命还是非法损害他人身体健康，应综合考虑案件的各种情况，尤其应考虑发案原因，行为人与被害人的关系，作案的时间、地点与环境，使用的犯罪工具，打击的部位与强度，行为有无节制，犯罪有无预谋及如何预谋，行为人对被害人是否抢救，对被害人死亡之结果所表现出来的态度，等等。不能仅凭行为人供述认定，也不能只从行为或者结果的某一方面来认定。

综合全案情况，凡是明显具有非法剥夺他人生命的故意的，应以故意杀人罪论处；凡是明显只有非法损害他人身体健康的故意的，应以故意伤害罪论处。对于那些胆大妄为、动辄行凶、不计后果的侵犯人身案件，通常应按实际造成的结果来确定犯罪行为的性质，即被害人没有死亡的，定故意伤害罪；被害人死亡的，定故意杀人罪。因为在这种情况下，造成被害人伤害与死亡的结果都在行为人的故意内容之中，都不违背其本意。有些确实难以区分，应适用疑罪从轻的处理原则。

4. 故意伤害致死罪与过失致人死亡罪的界限。二者在客观上都造成了被害人死亡的结果，主观上对死亡结果的发生均出于过失。区别的关键就在于：故意伤害致死的行为人主观上有非法损害被害人身体健康的故意，但对被害人死亡的结果是过失，属于复杂罪过；而过失致人死亡罪的行为人主观上只对造成被害人死亡的结果有过失，而没有非法损害被害人身体健康的故意，属于单一罪过。

5. 故意伤害罪与虐待罪的界限。它们在罪过形式上都是故意，在客观行为表现上也有所相似。它们的区别主要在于：（1）故意内容不同。前者的行为人主观上有非法损害被害人身体健康的故意；后者的行为人在主观上只有从肉体上、精神上摧残、折磨被害人的虐待故意，虽然虐待行为也可能导致被害人重伤，但这只是虐待行为过失引起的，并不是行为人希望或放任的结果。（2）在客观上，前者通常表现为一次行动即能构成犯罪；而后者的虐待行为具有经常性、连续性、一贯性，单纯的一次举动不能构成犯罪。（3）犯罪主体不同。前者是一般主体，并不要求行为人与被害人之间必须具有特定的亲属关系；而后者是特殊主体，行为人与被害人共同生活在同一家庭之中，二者之间具有特定的亲属关系。因此，如果行为人基于伤害的故意而非法伤害他人（包括行为人的家庭成员）的，即使行为不是一次完成的，也应对行为人以故意伤害罪论处；如果行为人基于虐待的故意，在实施虐待的过程中过失致被害人重伤，或导致被害人因不堪忍受而自残的，则应对行为人以虐待罪论处，这属于结果加重犯；如果行为人在情节恶劣的经常性虐待过程中，有一次产生伤害的故意而实施伤害行为的，则应构成虐待罪与故意伤害罪，两罪并罚。

三、强奸罪

（一）本罪的概念和特征

强奸罪，是指以暴力、胁迫或者其他手段，违背妇女意志，强行与妇女性交，或者与不满 14 周岁的幼女发生性交的行为。对于本罪的法律特征，要特别注意把握以下几个方面。

1. 本罪的客体是妇女性的自主权利以及幼女的身心健康权利。妇女性的自主权利、幼女的身心健康权利只能是有生命的妇女、幼女才享有，因此，明知是女尸而奸淫的，不构成强奸罪。但如果在被害人生前已着手实施强奸的暴力手段致妇女或幼女死亡，又奸淫其尸体的，仍构成强奸罪。

强奸罪的对象可以是任何女性。从年龄上讲，既包括已满 14 周岁的妇女，也包括不满 14 周岁的幼女；就其他情况看，如女性是否有合法配偶、生活作风如何、精神状况怎样等，都不影响其成为本罪的对象。

2. 客观方面表现为以暴力、胁迫或者其他手段，违背妇女意志，强行与之性交的行为，或者与不满 14 周岁的幼女发生性交的行为。

（1）以暴力、胁迫或者其他手段，违背妇女意志，强行与之性交的行为。具体包括以下内容：1）行为人与妇女发生性交行为违背了该妇女的意志。所谓违背妇女意志，是指违背了妇女不愿意与行为人性交的真实意思。这又包括两种情形：一是在妇女有意志自由，能自由决定的情况下，未经其同意而违背其意志；二是在妇女无意志自由，不能自由决定的情况下，未经其同意或者已征得其同意，也视为违背该妇女意志。2）行为人使用了暴力、胁迫或者其他手段。行为人使用了这些特定的手段，是性交违背妇女意志的原因，也是强奸行为的外部特征。因此，行为人是否使用了这些特定手段，是判断性交是否违背妇女意志的标志。所谓暴力，是指行为人直接对被害妇女的身体实施的、使其不能或不敢反抗的强制手段，如殴打、捆绑、伤害、卡脖子、按倒、强拉硬拽等，但不包括故意杀人。所谓胁迫，是指行为人对被害妇女进行威胁、恫吓，使其不敢反抗，从而达到精神上的强制的手段。胁迫的核心是足以引起被害妇女的恐惧，使之不敢反抗，从而实现行为人强奸的意图。胁迫的方式多种多样，既可以直接对被害妇女进行威胁，也可以通过第三者进行威胁；既可以是口头胁迫，也可以是书面胁迫；既可以是以暴力进行威胁，也可以是以非暴力进行威胁，如以揭露隐私、败坏名誉相胁迫。应注意的是，利用教养关系、从属关系、职权等与妇女发生性交的，不能一律认定为强奸，只有行为人利用这些特定关系进行了胁迫，使妇女不敢反抗的，才能认定为强奸。所谓其他手段，是指行为人使用暴力、胁迫手段以外的，使被害妇女不知反抗或者不能反抗的手段。这又可以分为两种情形：一是行为人主动实施某种活动，致使被害妇女处于不知反抗或者不能反抗的状态，如用酒灌醉、用药物麻醉，或用催眠术催眠妇女后进行奸淫；二是行为人趁被害妇女处于无意识、无意志状况而不知反抗或不能反抗时对其予以奸淫，如行为人趁被害妇女昏迷、醉酒之机对其予以奸淫，或趁被害妇女熟睡之机冒充其丈夫、情人而对其予以奸淫。

（2）与不满 14 周岁的幼女发生性交的行为。这是指行为人与不满 14 周岁的幼女发生了性交的行为，至于行为人是否使用了暴力、胁迫或其他手段，以及幼女是否同意，则在所不问。因为幼女身心发育尚未成熟，缺乏应有的辨别是非的能力，不理解性行为的后果与社会意义，也没有抗拒能力。

3. 本罪的主体是已满 14 周岁，并且有刑事责任能力的人。主要是男性，女性通常不能单独构成本罪。

4. 主观方面是直接故意，并有违背妇女意志强行与之性交或者奸淫幼女的目的。

(二) 认定本罪应注意划清的主要界限

1. 强奸与通奸的界限。通奸一般是指有配偶的男女之间或者一方有配偶的男女之间，基于情感、生理需求而自愿发生的不正当性交行为。从理论上讲，强奸与通奸的界限是非常清晰的：强奸行为人在主观上具有强行奸淫妇女的目的，而作为通奸者之一的男方在主观上没有强行奸淫妇女的目的，并且与之通奸的另一方妇女具有同样的自愿进行性交的目的；强奸表现为以暴力、胁迫或者其他手段强行与女方发生性交，而通奸是双方自愿进行性交，没有使用强制性手段。但是在实践中，有的妇女与人通奸，一旦翻脸、关系恶化，或者事情败露后怕丢脸面、担心夫妻关系恶化或恋爱关系破裂，或为了推卸责任，嫁祸于人等，便将通奸说成强奸；也有些强奸行为人为了逃避罪责而将强奸说成是通奸，从而导致强奸与通奸的区别复杂化，有时容易混淆。特别要注意以下几个问题。

(1) 求奸未成与强奸未遂的界限。求奸者主观上意欲与妇女通奸，没有强行奸淫的目的；客观上往往表现为口头提出要求，或者拉拉扯扯甚至拥抱猥亵，一旦妇女表示拒绝，便停止自己的行为，而不使用暴力、胁迫等手段强行与妇女发生性交。在区别求奸未成与强奸未遂的界限时，要看行为人是否使用了暴力、胁迫等强制性手段，行为人是否适可而止，行为人为什么停止行为，以及妇女的态度。不能将求奸过程中的拉扯行为认定为强奸中的暴力手段。

(2) 强奸与通奸的相互转化问题。“先强奸后和奸”，即第一次性交是违背妇女意志的，但女方并未告发，而后又多次自愿与该男子发生性交的，对该男子一般不宜再以强奸罪论处。因为虽然强奸犯罪是公诉案件，被害人事后态度的变化，不能改变已经构成犯罪的事实，但是这种行为毕竟是侵害妇女专属权利的犯罪，涉及妇女的名誉与社会的稳定，既然该妇女的感情已经发生了变化，说明其所造成的社会危害性正在减小或消失，为保护该妇女与稳定社会，也就没有必要再对行为人进行追究。但是如果后来的多次性交并不是女方自愿的，而是行为人以将第一次性交的事实张扬出去、败坏妇女名誉等进行威胁、恫吓，迫使妇女继续忍辱屈从的，则应对行为人以强奸罪论处。“先和奸后强奸”，即男女双方先是通奸，后来女方不愿意继续通奸而男方仍纠缠不休，强行与该女发生性交的，应以强奸罪论处。

(3) 利用特定关系或状况予以胁迫的强奸与双方基于互相利用发生性交行为的界限。对于实践中有的行为人利用教养关系、从属关系或者利用职权，利用封建迷信、治病为名迫使对方就范从而实施奸淫行为的，应认定为违背女方意志，属于使用胁迫手段。如以断绝生活来源、解除工作、不性交就会有灭顶之灾、疾病难愈等相威胁从而实施奸淫行为的，应为强奸。对于男女双方互相利用，各有所图，男方利用职权上的优越条件、某种精神或物质利益引诱女方，女方为谋取私利而以自己的身体作为交换条件从而发生性交的，即使在此过程中男方欺骗了女方，对男方也不能以强奸论处。区分此二者的关键在于男方是否利用了特定关系或状况进行胁迫。

(4) “半推半就”情况下的性交行为的定性问题。“半推半就”是针对女方对性交的意志态度而言的，即对男方要求的性交行为，既有不同意的表示——“推”，也有愿意的表示——“就”，它所反映的是一种犹豫不决的矛盾心理，而在女方犹豫不决时，男方实施了奸淫行为。对于这种情况能否认定为强奸，要对双方平时的关系如何，性行为是在什么环境与情况下进行的，性交行为发生后女方的态度怎样，又是在什么情况下告发的等事实和情节，认真查清、全面分析。如果当时确系违背了女方的意志，则应认定为强奸；如果不是确系当时违背了女方的意志，“推”只是其羞涩的表示，则不宜认定为强奸。

2. 强奸与未婚男女在恋爱过程中发生的不正当性行为的界限。未婚男女在恋爱过程中自愿发生性交的，不能以犯罪论处。但是如果男方明知女方是未满14周岁的幼女而与之性交的，应以强奸论；或者使用暴力、胁迫或其他手段强行与女方发生性交，女方执意告发的，应以强奸论。

3. 强奸罪的既遂与未遂的界限。按照我国理论界与实务界的通说，本罪的既遂与未遂界限的标准因被害对象的年龄不同而分为两种情况：（1）被害人为已满14周岁的女性的，采用插入说，即以男性生殖器插入女性生殖器为强行性交行为的完成，构成强奸既遂；实施了强奸行为，因行为人意志以外的原因而未达到此种程度的，则为未遂。（2）被害人为不满14周岁的幼女的，采用接触说，即以男性生殖器接触到幼女的生殖器为奸淫幼女行为的完成，构成强奸既遂；实施了奸淫幼女的行为，由于行为人意志以外的原因而未达到此种程度的，则为未遂。

4. 强奸罪与强制猥亵、侮辱罪的界限。它们在使用的手段和侵害的对象上都有相同之处，在主观上都有发泄性欲的故意内容，因而二者容易混淆，尤其是强制猥亵、侮辱妇女与伴随有强制猥亵、侮辱妇女行为的强奸未遂更容易混淆。二者的区别主要在于：（1）主观故意内容不同。前者的行为人具有强行与被害人性交的意图，而后者的行为人没有强行与被害人性交的意图。（2）客观行为内容有所不同。前者是以强行与被害人性交为其行为的基本内容，并以此来发泄、满足性欲；而后者发泄、满足性欲的行为中不包括强行性交的行为。（3）侵犯的客体不同。前者侵犯的是妇女性的自主权利或幼女的身心健康；后者侵犯的是妇女的人格尊严。司法实践中，如果认定强奸行为的证据不足，则只宜认定为强制猥亵、侮辱罪。

5. 强奸罪与负有照护职责人员性侵罪的界限。根据《刑法修正案（十一）》修正后的《刑法》第236条之一规定，“对已满十四周岁不满十六周岁的未成年女性负有监护、收养、看护、教育、医疗等特殊职责的人员，与该未成年女性发生性关系的，处三年以下有期徒刑；情节恶劣的，处三年以上十年以下有期徒刑。”强奸罪与其的区别主要在于：一是犯罪主体不同，前者是一般主体，后者是特殊主体即限于对被害人负有监护、收养、看护、教育、医疗等特殊职责的人员；二是犯罪对象有所不同，前者的犯罪对象是妇女、幼女，后者的对象限于行为人对其负有监护、收养、看护、教育、医疗等特殊职责的已满14周岁不满16周岁的未成年女性；三是客观行为表现有所不同，前者在客观方面表现为以暴力、胁迫或其他方法违背妇女意志，强行与妇女发生性关系的行为，或者奸淫幼女的行为，后者表现为行为人与自己所监护、收养、看护、教育、医疗的已满14周岁不满16周的少女发生性关系，但未使用暴力、胁迫或其他明显违背少女意志的手段。

（三）对犯本罪的刑罚适用

依照经《刑法修正案（十一）》修正后的《刑法》第236条的规定，犯本罪的，处3年以上10年以下有期徒刑。有下列情形之一的，处10年以上有期徒刑、无期徒刑或者死刑：（1）强奸妇女、奸淫幼女情节恶劣的；（2）强奸妇女、奸淫幼女多人的；（3）在公共场所当众强奸妇女、幼女的；（4）2人以上轮奸的；（5）奸淫不满10周岁的幼女或者造成幼女伤害的；（6）致使被害人重伤、死亡或者造成其他严重后果的。所谓"情节恶劣"，主要是指强奸手段残忍的；强奸女精神病患者、严重的女性痴呆症患者、孕妇、女性病人；多次强奸同一被害人的；等等。所谓"强奸妇女、奸淫幼女多人的"，一般是指强奸、奸淫3人以上。所谓"在公共场所当众强奸妇女、幼女的"，是指在公众往来、聚集的场所或公共交通工具上当着多人的面实施强奸行为的情形。所谓"轮奸"，是指两个以上的男子出于共同强奸的故意，在同一段时间内，对同一妇女或者幼女轮流实施强奸或者奸淫的行为。轮奸是共同强奸的一种特殊形式，是最野蛮的强奸犯罪，对被害人的身心健康、人格名誉的危害特别大。所谓"致使被害人重伤、死亡"，是指因强奸妇女、奸淫幼女导致被害人性器官严重损伤或者造成其他严重伤害，甚至当场死亡或者经医治无效死亡的情形。所谓"造成其他严重后果的"，是指与"致使被害人重伤、死亡"大致相当的严重后果，如被害人因被强奸而精神失常、自杀或因强奸给当地社会治安造成严重的影响等。奸淫幼女作为强奸罪的一种特殊形式更具有野蛮性，故依法应从重处罚。

对于强奸犯出于灭口、报复等动机，在实施强奸的过程中或者强奸后，杀害或伤害被害人的，则应分别以强奸罪和故意杀人罪或者故意伤害罪论，实行数罪并罚。

四、非法拘禁罪

（一）本罪的概念和特征

非法拘禁罪，是指故意非法剥夺他人人身自由的行为。对于本罪的法律特征，要特别注意把握以下几个方面。

1. 本罪的客体是他人的人身自由权利，即他人按照其意志自由支配自己的身体活动的权利。本罪的对象，可以是任何依法享有人身自由权利的他人，包括尚无自由活动能力的婴儿以及丧失自由活动能力的病残人员。

2. 客观方面表现为非法剥夺他人人身自由的行为

（1）行为人必须实施了剥夺他人人身自由的行为。即行为人违背他人意志，强行使他人处于不能按照自己的意志来支配自己的身体活动的状态之中。这通常表现为两类情形：一是直接拘束他人身体，如捆绑、用药物麻醉等；二是间接拘束他人身体，剥夺其身体活动自由，即将他人关押于一定场所使其不能或难以离开或逃出。至于剥夺他人人身自由的具体方法，则可以是多种多样的，既可以是以暴力、胁迫手段拘禁他人，也可以是以欺骗手段拘禁他人；既可以是有形的方法，如绑架他人，也可以是无形的方法，如趁他人洗澡之机将其衣物全部拿走。剥夺他人人身自由的行为是一种持续行为，即此行为在一段时间内处于持续状态，使他人在这一段时间内不间断地丧失人身自由。持续时间的长短，不影响行为的性质，通常也不影响本罪的成立。

（2）剥夺他人人身自由的行为必须是非法的。这主要表现为两种情形：一是无剥夺他人人身自由职权的人，非法对他人实行拘禁；二是有拘禁他人职权的人滥用职权，不遵守法律规定或者违反法定条件与程序，非法剥夺他人人身自由，或者使他人不能及时恢复人身自由。

3. 主观方面是故意。实践中大多表现为直接故意，但也可以是间接故意。

（二）认定本罪应注意划清的主要界限

1. 罪与非罪的界限。这里主要应注意四点：一是一切合法的拘禁行为都不能以犯罪论，如公安人员依法对醉酒者采取临时处置将其约束至酒醒，精神病医院的医生对有杀人或自杀危险的精神病人采取必要的管束措施，监护人依法行使监护权管束被监护人；二是过失拘禁他人，不构成犯罪；三是依法拘捕犯罪嫌疑人但手续不完备的，不构成本罪；四是非法拘禁的时间过于短暂，情节显著轻微、危害不大的，不应以犯罪论处。

2. 非法拘禁罪的罪数界限。在非法拘禁犯罪过程中，往往与其他犯罪行为发生牵连或者竞合，因而在处理时应根据有关规定与刑法理论分清罪数，以便正确定罪量刑。如以非法扣留他人的方法勒索财物或者把他人当做人质的，只成立绑架罪；以出卖为目的非法绑架妇女、儿童的，只以拐卖妇女、儿童罪论处；收买被拐卖的妇女、儿童后又对其予以非法拘禁的，则应依规定以收买被拐卖的妇女、儿童罪与非法拘禁罪进行并罚；非法拘禁妇女后又对其予以强奸的，则应以非法拘禁罪与强奸罪进行并罚；在非法拘禁他人过程中，使用暴力故意致被害人伤残、死亡的，则应以故意伤害罪或者故意杀人罪论处。

3. 依照《刑法》第 238 条第 3 款的规定，为索取债务非法扣押、拘禁他人的，依照非法拘禁罪定罪处罚，且索取的债务不受合法、非法的限制。

（三）对犯本罪的刑罚适用

依照《刑法》第 238 条的规定，犯本罪的，处 3 年以下有期徒刑、拘役、管制或者剥夺政治权利；具有殴打、侮辱情节的，从重处罚；致人重伤的，处 3 年以上 10 年以下有期徒刑；致人死亡的，处 10 年以上有期徒刑；国家机关工作人员利用职权犯本罪的，从重处罚。这里所说的“致人重伤”“致人死亡”，是指行为人在非法拘禁的过程中因过失造成被害人重伤、死亡或者引起被害人自杀导致死亡、重伤的结果。

五、绑架罪

（一）本罪的概念和特征

绑架罪，是指以勒索财物或谋取其他非法利益为目的，采用暴力、胁迫或其他方法挟持他人或者以实力控制他人，以及以勒索财物为目的而偷盗婴幼儿的行为。对于本罪的法律特征，要特别注意把握以下几个方面。

1. 本罪的客体主要是他人的人身自由权利。由于行为人实施的绑架行为是为了达到勒索财物或者其他目的，所以本罪还可能同时侵犯了他人的财产所有权或其他权利。而且《刑法》规定，行为人杀害被绑架人的，也以本罪论处，因而本罪的客体还包括被绑架人的生命权利。

2. 客观方面表现为，行为人使用暴力、胁迫或者其他方法挟持他人或使他人处于自己的实力控制之下的行为。

（1）绑架行为就其客观外在表现而言，实际上就是非法拘禁，行为人违背被绑架者或其监护人的意志，非法控制被绑架者而使其丧失人身自由。绑架的手段多种多样，概括起来有三类：一是暴力，即对被害人实施的使其不能反抗、不敢反抗或来不及反抗的人身强制，如捆绑、殴打、伤害、强行架走等；二是胁迫，即对被害人实施的以杀害、伤害等进行威胁、恫吓使其不敢反抗的精神强制；三是其他方法，即除暴力、胁迫以外的，旨在将他人身体置于行为人的实力控制之下非法剥夺其人身自由的方法，如用酒灌醉、用药物麻醉，或趁被害人昏睡、昏迷之机，将被害人置于自己的实力控制之下，或者以欺骗手段将被害人置于自己的实力控制之下。依《刑法》第239条规定，以勒索财物为目的偷盗婴幼儿的，也以绑架罪论处。这是因为婴幼儿既无行为能力，也无自卫能力，通常对他们无须使用暴力、胁迫等制止其反抗的方法，只需趁其监护人不备予以偷盗，即可控制其人身自由。

（2）绑架行为就其内容而言，并不是单纯的非法拘禁，而是行为人基于一定的目的绑架他人为人质，并以继续扣押人质或者杀害、伤害人质等对被绑架人的亲属或其他利害关系人或有关单位进行要挟，勒令其在一定时间内交付一定财产或满足其另外的某种要求以换取人质。但根据刑法规定，只要行为人实施了绑架人质的行为即可成立本罪，而行为人是否实施了以人质要挟相关人员或单位的行为，不影响本罪的成立，这只是量刑的情节。

3. 主观方面是直接故意。根据《刑法》的规定，其犯罪目的分为两种情况：一是勒索财物；二是除勒索财物、索取债务或者出卖妇女、儿童以外的，获取其他利益的目的，如政治目的、逃避司法机关的刑事追诉等。依照《刑法》规定，为索取债务而绑架人质的，定非法拘禁罪；为了出卖而绑架妇女、儿童的，定拐卖妇女、儿童罪。

（二）认定本罪应注意划清的主要界限

1. 本罪的既遂与未遂的界限。本罪是行为犯，只要行为人实施了绑架他人的行为并达到实际控制人质使人质丧失人身自由的程度，即成立犯罪既遂。如果行为人虽然实施了绑架他人的行为，但由于其意志以外的原因并未实际控制人质的人身自由，则是犯罪未遂。

2. 绑架案中的罪数界限。绑架罪的行为人实施了绑架他人的行为后，在一段时间内控制住被害人，有时甚至使用暴力手段殴打、伤害或杀害被绑架人，这就使绑架罪与非法拘禁罪、故意伤害罪、故意杀人罪等发生了某种联系，具体认定时应注意以下几个方面。

（1）行为人绑架人质后，为了向相关人员或单位索要财物或获取其他某种利益，又对被绑架人施以拘禁的，则同时触犯了非法拘禁罪。由于非法拘禁既是实施绑架的手段，也是绑架的当然结果，与绑架罪是牵连关系。此时对行为人只应以绑架罪论处。

（2）行为人实施绑架行为往往使用暴力手段，或者为使被绑架者屈服而对其予以殴打，造成被害人伤亡，这又触犯了故意伤害罪或故意杀人罪，并与绑架罪相牵连，处理时以绑架罪从重处罚，致人伤亡的情节是从重处罚的根据。

（3）行为人绑架被害人以后，基于某种原因又将被害人杀害的，则又构成了故意杀人罪，但立法上并未将其规定为两个罪实行并罚，而是将故意杀人行为包容于绑架罪之中，使绑架罪成了包容犯，此时对行为人只以绑架罪一罪论。

3. 绑架罪与非法拘禁罪的界限。二者的区别主要在于：（1）主观故意内容不同。前者是以勒索财物为目的，或者是勒索财物、索取债务、出卖以外的获取其他利益的目的；而后者只是故意非法剥夺他人人身自由。（2）客观方面有所不同。前者通常既有绑架人质的行为，又有勒索财物或要求其他利益的行为，剥夺被害人的人身自由既是绑架的手段又是其当然结果；而后者一般只有非法剥夺他人人身自由的行为，除因索取债务的情况外，既没有勒索财物的行为，也没有要求其他利益的行为。前者只能以作为方式实施；后者主要是以作为方式实施，但也可以以不作为方式实施。（3）犯罪客体有所不同。前者主要侵犯了被害人的人身自由，还可能侵犯被害人的生命权以及财产所有权；而后者只是侵犯了被害人的人身自由。

4. 绑架罪与拐骗儿童罪的界限。从表现形式上看，绑架罪的行为方式与拐骗儿童罪具有相似甚至相同之处，如都可以采用绑架的方式，也都可以采用偷盗的方式。其区别主要在于：（1）主观目的不同。前者的行为人是为了勒索财物或达到其他非法目的；而后者的行为人只是以收养、使唤、奴役为目的。（2）行为表现有所不同。前者是以儿童作为人质，行为人绑架人质之后一定要让儿童的家长或监护人知道，否则人质的作用体现不出来，不管是为了释放犯罪人、达到某种要求或其他目的，都必须让儿童的家长或监护人知道；而后者的行为人是不愿让其家长或监护人知道的，否则拐骗就不能实现。

（三）对犯本罪的刑罚适用

依照《刑法》第239条的规定，犯本罪的，处10年以上有期徒刑或者无期徒刑，并处罚金或者没收财产；情节较轻的，处5年以上10年以下有期徒刑，并处罚金；杀害被绑架人的，或者故意伤害被绑架人，致人重伤、死亡的，处无期徒刑或者死刑，并处没收财产。所谓“杀害被绑架人”，包括先杀害人质，然后隐瞒真相，向相关人员或单位要挟，或在要求未得到满足或得到满足后杀死人质，即“撕票”。所谓“故意伤害被绑架人，致人重伤、死亡”，是指在实施绑架过程中因使用暴力等故意伤害被绑架人，造成被害人重伤或者死亡结果的。

六、拐卖妇女、儿童罪

（一）本罪的概念和特征

拐卖妇女、儿童罪，是指以出卖为目的，拐骗、绑架、收买、贩卖、接送、中转妇女、儿童的行为。对于本罪的法律特征，要特别注意把握以下几个方面。

1. 本罪的客体主要是妇女、儿童的人格尊严，具体说主要是妇女、儿童作为人的不受买卖的权利，同时还包括妇女、儿童的人身自由。犯罪对象是妇女、儿童。妇女是指已满14周岁的女性；儿童，是指不满14周岁的男童或女童。

2. 在客观方面表现为行为人实施了拐骗、绑架、收买、贩卖、接送、中转妇女、儿童的行为。“拐骗”，是指行为人使用欺骗、利诱等非强制性手段，将妇女、儿童置于自己的控制之下的行为。“绑架”，是指行为人使用暴力、胁迫或者其他方法挟持妇女、儿童或者使妇女、儿童处于自己的实力控制之下的行为；偷盗婴幼儿的，也应视为绑架。“收买”，是指行为人为了以更高的价格出卖而以一定的钱物先从他处买下妇女、儿童的行为。“贩卖”，是指行为人将自己控制的妇女、儿童出卖给他人以换取钱财的行为。“接送”“中转”，是指在拐卖妇女、儿童的共同犯罪过程中，分工实施隐匿、移送、接转被拐卖的妇女、儿童的行为。只要行为人实施了上述行为之一的，即构成本罪；行为人同时实施了上述诸行为的，或者既拐卖妇女，又拐卖儿童的，也只构成一罪，不以数罪论处。

拐卖行为的成立，不以违背被拐卖的妇女、儿童的意志为前提。事实上，有的妇女、儿童因为生活困难，或者在家庭中处于痛苦境地而急于脱离困境，愿意被他人拐卖，但这并不能排除拐卖行为的严重社会危害性，也不影响本罪的成立，只是在量刑时可考虑从轻处理。

3. 主观方面是直接故意，而且必须有出卖的目的。行为人出卖妇女、儿童的最终目的是“营利”，至于行为人是否出卖了以及是否“营利”，不影响本罪的成立。

（二）认定本罪应注意划清的主要界限

1. 拐卖妇女罪与借介绍婚姻索取财物行为的界限。借介绍婚姻索取财物是指行为人借为男女双方做婚姻介绍人之机，向其中一方或者双方索取一定财物的行为。这只是一般违法行为，但与拐卖妇女有所相似。二者的区别主要在于：（1）前者把妇女作为商品出卖，所获取的财物是被害妇女的“身价”；后者是将一方介绍给另一方，索取“介绍费”或“报酬”。（2）前者通常是先拐骗妇女，再寻找买主标价出卖，或先找买主，再拐骗妇女；后者通常是受人之托，为他人物色婚姻对象，待婚事谈成，再索要财物。（3）前者通常违背妇女意志，后者介绍婚姻并不违背妇女意志。

2. 拐卖妇女罪与买卖婚姻行为的界限。买卖婚姻是指女方家长或监护人以向男方索取财物作为结婚的条件。这与拐卖妇女有相似之处。二者的区别主要在于：（1）前者将妇女当做商品出卖，侵犯的客体是妇女的人格尊严和人身自由；后者是将妇女的婚姻当做获取钱财的机会，侵犯的客体是妇女婚姻自由权利。（2）前者一般是当场讲价当场成交，一手交钱一手交人的“商品”交易；后者则是通过订立“婚约”，或履行“婚约”前双方就结婚条件讨价还价，达成协议，双方到期履约完婚。（3）前者通常表现为以拐骗、绑架、收买等方式使被害人脱离家庭而处于自己的控制之下，然后予以贩卖；后者被买卖婚姻的当事人不一定离开家庭，多数是强迫包办，利用婚姻索要钱财。依照我国刑法规定，买卖婚姻行为本身并不构成犯罪，但在买卖婚姻过程中，对婚姻当事人实施暴力强制的，则可构成暴力干涉婚姻自由罪。

3. 拐卖儿童罪与拐骗儿童罪的界限。二者的犯罪对象一样，侵犯的客体相同，行为方式上都可以表现为欺骗手段。二者区别的关键在于主观目的不同：前者是以出卖为目的；而后者不是以出卖为目的，通常是为了供自己或他人收养、使唤或奴役。

4. 拐卖妇女、儿童罪与绑架罪的界限。二者在客观方面有相同之处，如拐卖妇女、儿童罪可以以绑架为手段；绑架罪可以表现为绑架妇女、儿童，偷盗婴幼儿，还常常有获取财物的行为。二者的区别主要在于：（1）犯罪对象不同。前者的对象仅限于妇女、儿童，而后者的对象可以是任何人。（2）主观目的不同。前者是以出卖为目的；而后者是以勒索财物为目的，或以获取除勒索财物、索取债权、出卖以外的其他利益为目的。（3）获取的利益及其方式不同。前者是将妇女、儿童出卖获取钱财；而后者是向人质的亲属或其他利害关系人或有关单位要挟，可以是为钱财，也可以是为其他利益。

5. 拐卖妇女、儿童案的罪数界限。实践中，拐卖妇女、儿童的案件，行为人常伴有其他犯罪行为，对此是否以数罪论，应根据《刑法》规定，分情况处理：（1）在拐卖妇女、儿童过程中，为了控制被害人而使用暴力致人重伤、死亡的，只以拐卖妇女、儿童罪一罪论处；奸淫被拐卖的妇女或者诱骗、强迫其卖淫的，也只以拐卖妇女、儿童罪一罪论处。（2）在拐卖妇女、儿童过程中，行为人临时起意，出于报复或者灭口等目的故意伤害或者杀害被害人的，则应以故意伤害罪或故意杀人罪与拐卖妇女、儿童罪论，予以数罪并罚。

（三）对犯本罪的刑罚适用

依照《刑法》第 240 条的规定，犯本罪的，分三个幅度处罚。

1. 情节一般的，处 5 年以上 10 年以下有期徒刑，并处罚金。

2. 情节严重的，处 10 年以上有期徒刑或者无期徒刑，并处罚金或者没收财产。这里的“情节严重”是指具有下列情形之一的：（1）拐卖妇女、儿童集团的首要分子；（2）拐卖妇女、儿童 3 人以上的；（3）奸淫被拐卖的妇女的；（4）诱骗、强迫被拐卖的妇女卖淫或者将被拐卖的妇女卖给他人迫使其卖淫的；（5）以出卖为目的，使用暴力、胁迫或者麻醉方法绑架妇女、儿童的；（6）以出卖为目的，偷盗婴幼儿的；（7）造成被拐卖的妇女、女童或者其亲属重伤、死亡或者其他严重后果的；（8）将妇女、儿童卖往境外的。

3. 情节特别严重的，处死刑，并处没收财产。对于“情节特别严重”的内容，《刑法》没有明确规定，根据司法实践，应是指前述八种情形中具有特别严重的情节的。

七、诬告陷害罪

（一）本罪的概念和特征

诬告陷害罪，是指捏造犯罪事实，向司法机关或有关单位告发，意图使他人受刑事追究，情节严重的行为。对于本罪的法律特征，要特别注意把握以下几个方面。

1. 本罪的客体是他人的人身权利和司法机关的正常活动。诬告陷害罪的行为人企图利用司法机关来实现其诬陷无辜、使他人受刑事追究的目的，这就既侵犯了公民的人身权利，又破坏了司法机关的正常活动。

2. 客观方面表现为，行为人捏造他人犯罪的事实，向司法机关或者其他有关单位告发，情节严重的行为。

（1）必须有捏造他人犯罪事实的行为。所谓捏造他人犯罪事实，是指无中生有，虚构他人的犯罪事实。一般认为，只要捏造他人的犯罪事实足以引起司法机关追究被害人的刑事责任即可，并不要求捏造详细情节与证据；但如果捏造他人一般违法的事实或不道德的事实，则不能构成本罪。

（2）必须有向司法机关或者其他有关单位告发的行为。关于告发的接受方，一般认为，只要足以引起司法机关的追究活动即可，至于具体向谁告发不影响本罪的成立。告发的方式多种多样，如口头的、书面的、署名的、匿名的、直接的、间接的等。

（3）必须有特定的诬告对象。如果没有特定的诬告对象，就不可能导致司法机关追究某人的刑事责任，行为人也就不能实现其犯罪目的。应当明确的是，特定的对象并不要求行为人指名道姓，只要告发的内容足以使司法机关了解到对象是谁即可。

3. 主观方面是直接故意，并且有使他人受到刑事追究的目的。

（二）认定本罪应注意划清的主要界限

1. 诬告陷害罪与错告、检举失实的界限。二者在客观上都表现为向司法机关或有关单位告发的事实与客观事实不符，主观上都有使他人受到刑事追究的意图。区分二者的关键在于：前者的行为人明知自己告发的是捏造的犯罪事实，具有诬告陷害他人的故意；后者的行为人则误认为自己所告发的是他人真实的犯罪事实，没有诬陷他人的故意。要判明这一点，就必须查清行为人告发的背景、原因，告发的事实来源，行为人与被告发人之间的关系等情节。

2. 诬告陷害罪与一般诬告陷害行为的界限。二者的主要区别在于诬告陷害行为是否情节严重。这里的“情节严重”，一般是指诬告陷害行为使被害人与司法机关的名誉受到严重的损害，严重地妨害了司法机关的正常活动，被害人已被错误地追究刑事责任，诬告陷害的手段恶劣、动机卑鄙，等等。

3. 诬告陷害罪与报复陷害罪的界限。二者有不少相似之处，其区别主要在于：（1）侵犯的主要客体不同。前者侵犯的主要是他人的人身权利；后者侵犯的主要是公民的民主权利，具体为控告权、申诉权、批评权、举报权。（2）犯罪对象不同。前者可以是任何公民；后者限于控告人、申诉人、批评人、举报人。（3）客观行为表现不同。前者表现为捏造犯罪事实，向国家机关或有关单位告发；后者表现为滥用职权、假公济私，进行报复陷害。（4）犯罪主体不同。前者是一般主体；后者是特殊主体，限于国家机关工作人员。（5）主观意图不同。诬告陷害罪的行为人是为了使被害人受到刑事追究；而报复陷害罪的行为人陷害他人的目的并不限于使被害人受到刑事追究，还包括使被害人在经济上、政治上、精神上遭受打击、损害等。

八、诽谤罪

（一）本罪的概念和特征

诽谤罪，是指捏造并散布某种事实，足以贬损他人的人格、名誉，情节严重的行为。对于本罪的法律特征，要特别注意把握以下几个方面。

1. 本罪的客体是他人的人格权、名誉权。

2. 客观方面表现为，捏造并散布某种事实，足以贬损他人的人格、名誉，情节严重的行为。

（1）必须有捏造足以贬损他人人格、名誉的事实的行为。捏造，就是无中生有，凭空杜撰虚假事实。

（2）必须有散布所捏造的事实的行为。散布，就是将所捏造的内容以文字、图画或语言等方式扩散，使相当范围内的人知晓。如果只是捏造，并没有散布，或者散布的是真实的事实，则不能构成本罪。

（3）必须是针对特定的自然人进行的。特定的自然人，既可以是一人，也可以是多人。特定的人并不要求必须指名道姓或点出真名实姓，只要了解被害人的人根据所捏造、散布的事实、情节等具体情况足以推知被害人具体是谁即可。

（4）诽谤行为必须达到情节严重。诽谤罪是情节犯，只有情节严重的诽谤行为才构成诽谤罪。“情节严重”主要是指：手段恶劣的，动机卑鄙的，造成严重后果或者恶劣影响的，等等。

3. 主观方面只能是直接故意，并具有贬损他人人格、名誉的目的。

（二）认定本罪应注意划清的主要界限

1. 合法行为与诽谤行为的界限。在现实生活中，合法的舆论监督、举报行为、善意的批评行为往往也会对这些行为对象的工作或生活中的评价造成一定的负面影响，但这并非诽谤行为，他们是遵循相应的法律、法规或组织内部的规定实施的，行为人主观上没有贬损他人人格、名誉的目的，客观上也没有捏造事实进行散布，不能认定为诽谤行为。

2. 网络诽谤行为的认定。根据“两高”《关于办理利用信息网络实施诽谤等刑事案件适用法律若干问题的解释》的规定，以下情形也应认定为诽谤行为：(1) 捏造损害他人名誉的事实，组织或指使人员在信息网络上散布的；(2) 将信息网络上涉及他人的原始信息内容篡改为损害他人名誉的事实，在信息网络上散布，或组织、指使人员在信息网络上散布的；(3) 明知是捏造的损害他人名誉的事实，在信息网络上散布，情节恶劣的。

3. 诽谤罪与诽谤一般违法行为的界限。二者区分的关键在于诽谤行为是否达到“情节严重”，未达“情节严重”的，被害人可以向有关机关要求追究行为人的民事、行政违法责任。

4. 诽谤罪与侮辱罪的界限。二者在犯罪主体、客体及主观方面都有相同或相似之处，二者的区别主要在于：(1) 前者只能以语言、文字等非暴力方法实施，不可能以暴力方法实施；而后者既可以是使用语言、文字等非暴力方法实施，也可以是使用暴力方法实施。(2) 前者不要求必须是公然实施；而后者则要求必须是公然实施的。(3) 前者必须有捏造并散布足以贬损他人人格、名誉的虚假事实的行为，而后者不要求必须捏造足以贬损他人人格、名誉的事实。

5. 诽谤罪与诬告陷害罪的界限。二者在主体、客观行为表现与主观方面都有相同或相似之处，二者的区别主要在于：(1) 犯罪客体不同。前者只侵犯被害人的人格、名誉权，而后者既侵犯了被害人的人身权利，又扰乱了司法机关的正常活动。(2) 客观方面有所不同。前者表现为捏造并散布足以贬损他人人格、名誉的事实的行为，而后者表现为捏造他人犯罪事实并向司法机关或有关单位告发的行为。(3) 犯罪目的不同。前者行为人以贬损他人人格、名誉为目的，而后者行为人以使他人受刑事追究为目的。如果行为人虽然捏造他人犯罪事实，但并不告发，而是私下散布，旨在贬损他人名誉，则只能构成诽谤罪，而不能构成诬告陷害罪。

（三）对犯本罪的刑罚适用

依照《刑法》第 246 条的规定，犯本罪的，处 3 年以下有期徒刑、拘役、管制或者剥夺政治权利。诽谤罪属于亲告罪，除严重危害社会秩序和国家利益的外，告诉的才处理。如果行为人是通过信息网络实施本罪，被害人向人民法院告诉，但提供证据确有困难的，人民法院可以要求公安机关提供协助。

九、刑讯逼供罪

（一）本罪的概念和特征

刑讯逼供罪，是指司法工作人员对犯罪嫌疑人、被告人使用肉刑或者变相使用肉刑，逼取口供的行为。对于本罪的法律特征，要特别注意把握以下几个方面。

1. 本罪的客体是公民的人身权利和司法机关的正常活动。刑讯逼供是对人身进行折磨、摧残以逼取口供、搜寻证据的一种野蛮、残酷的审讯方法。它不仅直接侵犯公民的人身权利，而且极易造成冤案、错案，妨害司法机关的正常活动，败坏司法机关的声誉和形象。

2. 客观方面表现为对犯罪嫌疑人、被告人使用肉刑或者变相使用肉刑，逼取口供的行为。

（1）刑讯的对象必须是犯罪嫌疑人、被告人。至于他们事实上是否有罪，不影响本罪的成立。

（2）刑讯的方法必须是使用肉刑或者变相使用肉刑。所谓“肉刑”，是指直接施加于犯罪嫌疑人、被告人身体，能使其身体健康遭受损害或者使其肉体、精神遭受痛苦的摧残手段，如捆绑、悬吊、毒打，或者使用械具、刑具等。所谓“变相使用肉刑”，是指对犯罪嫌疑人、被告人使用肉刑以外的其他使其肉体、精神遭受摧残、折磨的手段与方法，如冻、饿、烤、晒、长时间站立、罚跪、不准睡眠、轮番审讯等。

（3）行为中必须有逼取口供的内容，即逼迫犯罪嫌疑人、被告人作出行为人所期待的供述。如果行为人仅仅是诱供、指名问供，虽然也违法，但不是刑讯逼供。

3. 本罪的主体是特殊主体——司法工作人员，即负有侦查、检察、审判职权的工作人员。其他人员不能单独构成本罪，但可以成为本罪的共犯。

4. 主观方面是直接故意，行为人具有逼取口供的目的，即具有逼迫犯罪嫌疑人、被告人作出行为人所期待的供述的目的。这里的口供通常是有罪的供述。至于行为人是否得到口供，以及所得到的口供是否与客观事实相符，都不影响本罪的成立。如果行为人对犯罪嫌疑人、被告人使用肉刑或者变相使用肉刑不是为了逼取口供，而是出于其他目的，则不构成本罪。刑讯的动机如何，不影响本罪的成立。

（二）认定本罪应注意划清的主要界限

1. 罪与非罪的界限。司法实践中发生的诱供、指名问供、骗供等错误审讯方式以及情节显著轻微的刑讯逼供行为，只是一般违法行为，对其不能以犯罪论处。此外，依照法律对需要使用械具的犯罪嫌疑人、被告人使用械具进行审讯的，是合法行为，不能以刑讯逼供论。

2. 刑讯逼供罪与非法拘禁罪的界限。在司法实践中，刑讯逼供犯罪行为与非法拘禁犯罪行为有时会交织在一起，互相渗透，因而应注意将二罪区分开来。二者的区别主要在于：（1）侵犯的客体不同。前者既侵犯了被害人的人身权利，又破坏了司法机关的正常活动；后者只侵犯了被害人的人身自由权利。（2）侵害的对象不同。前者是犯罪嫌疑人、被告人，后者可以是任何人。（3）客观行为表现不同。前者表现为使用肉刑或者变相使用肉刑逼取口供的行为，后者表现为非法剥夺他人人身自由的行为。（4）犯罪目的不同。前者必须以逼取口供为目的，后者则以剥夺他人人身自由为目的。（5）犯罪主体不同。前者是特殊主体，只能是司法工作人员；后者是一般主体。在实践中，如果司法工作人员为实施刑讯逼供而非法拘禁犯罪嫌疑人、被告人，则刑讯逼供行为吸收非法拘禁行为，只以刑讯逼供罪一罪论处即可。如果非司法工作人员非法拘禁他人并使用肉刑或者变相使用肉刑逼取所谓的“口供”，则应视行为的具体情况及后果而定：未使用暴力致人伤残、死亡的，可以非法拘禁罪论处；使用暴力致人伤残、死亡的，则应以故意伤害罪或故意杀人罪论处。

3. 刑讯逼供罪与暴力取证罪的界限。此二者有不少相同之处，如犯罪客体、犯罪主体都相同，在主观上都是故意的，在客观上都可能实施暴力行为。它们的区别主要在于：（1）犯罪对象不同。前者的对象是犯罪嫌疑人、被告人，后者的对象是证人。（2）犯罪目的不同。前者的目的是逼取口供，后者的目的是逼取证人证言。（3）行为方式有所不同。前者既可以使用暴力方式，也可以使用非暴力方式；后者只能是使用暴力方式。

4. 刑讯逼供罪与虐待被监管人罪的界限。二者都可以表现为对犯罪嫌疑人、被告人使用肉刑或变相使用肉刑。其区别主要在于：（1）目的不同。刑讯逼供罪以逼取犯罪嫌疑人、被告人的口供为目的，而虐待被监管人罪则不具有逼取口供的目的。（2）犯罪对象有差异。刑讯逼供罪的对象是犯罪嫌疑人、被告人；而虐待被监管人罪的犯罪对象则是依法被监管机构监管的人员，既包括犯罪嫌疑人、被告人，还包括正在服刑的在押犯，也包括依法被行政拘留的人。（3）犯罪主体不同。刑讯逼供罪的主体是司法工作人员，主要是侦查、检察、审判人员；而虐待被监管人罪的主体是监狱、拘留所、看守所等监管机构的监管人员。

5. 刑讯逼供过程中致人伤残、死亡情形的处理。因刑讯逼供是以肉刑或变相肉刑为手段，往往会造成被刑讯者身体健康损害乃至死亡，从而发生与故意伤害罪、故意杀人罪交叉的情形。从犯罪构成要件上看，刑讯逼供罪可以包括致被害人轻伤的情形，因而刑讯逼供致人轻伤的，就形成了刑讯逼供罪与故意伤害罪的想象竞合；但是，刑讯逼供致人重伤、残疾，甚至死亡的结果就超出了刑讯逼供罪的构成要件的范畴，完全符合了故意伤害罪或故意杀人罪的构成要件，故而《刑法》第 247 条规定，此时应分别情况适用《刑法》第 234 条或 232 条，以故意伤害罪或故意杀人罪定罪处罚，即在刑讯逼供过程中致被害人重伤、残疾的，应直接定故意伤害罪，致人死亡的，应直接定故意杀人罪，并应在相应的法定刑内从重处罚。

十、重婚罪

（一）本罪的概念和特征

重婚罪，是指有配偶者又与他人结婚，或者明知他人有配偶而与之结婚的行为。对于本罪的法律特征，要特别注意把握以下几个方面。

1. 本罪的客体是一夫一妻制度。

2. 客观方面表现为有配偶者又与他人结婚或者明知他人有配偶而与之结婚的行为。具体包括以下情况：一是以弄虚作假等手段非法骗取结婚登记，即已有配偶者又与他人登记结婚，或者无配偶者明知他人有配偶而与之登记结婚；二是事实上形成非法婚姻关系，即已有配偶者又与他人建立事实婚姻关系，或者无配偶者明知他人有配偶而与之建立事实婚姻关系。所谓事实婚姻，是指男女违反结婚程序而以夫妻名义公开同居生活的关系。至于有配偶者与他人或无配偶者明知他人有配偶而与之偶尔或断断续续通奸、临时姘居的行为，不是重婚。

3. 本罪的主体包括以下两种人：一是重婚者，即已有配偶而在婚姻关系存续期间又与他人结婚的人；二是相婚者，即本人无配偶，但明知对方有配偶而与之结婚的人，严格地说，这种人本身并未重婚，只是重婚罪的共犯。

4. 主观方面只能是故意，即已有配偶的人又故意与他人结婚，或者明知他人有配偶而仍与之结婚。如果相婚者确实不知道对方有配偶而与之结婚的，则其不构成重婚罪，只有重婚者一方构成重婚罪。

（二）认定本罪应注意划清的主要界限

1. 罪与非罪的界限。对此应注意把握以下几点。

（1）男女双方已进行了结婚登记，由于某种原因未同居生活，这时双方或一方又与第三者登记结婚或形成事实婚姻关系的，构成重婚罪；已向人民法院起诉离婚，在案件审理期间或上诉期间，当事人就与第三者登记结婚或形成事实婚姻关系的，也构成重婚罪。

（2）对下列重婚行为，通常不宜以犯罪论处：有配偶的妇女被拐卖后重婚的；因自然灾害使生活难以维持，被迫外流，为谋生而与他人重婚的；确实受到严重虐待被迫外逃而重婚的；因反抗包办买卖婚姻而外逃，在包办的婚姻关系解除前又与他人结婚的；因配偶长期外出，下落不明，家庭生活发生严重困难而重婚的。上述情况系行为人受客观条件所迫，且主观恶性小，可谓情节显著轻微、危害不大的重婚行为。

（3）对去台人员及其配偶基于历史原因而造成的重婚问题，因其属于特殊情况，不作犯罪处理。

2. 事实重婚与通奸、姘居、青年男女的越轨行为的界限。事实重婚具有公开性，双方公然以夫妻相待，群众也认为当事人是夫妻；而通奸往往是秘密进行的，不具有公开性，特别是在亲属、朋友、熟人、单位中不具有公开性；姘居虽有公开性但双方不以夫妻相待，对外不互称夫妻；男女青年的越轨行为具有逢场作戏的特点，只是临时或在短期内生活一段时间，但并不以夫妻关系对外宣称，也未办理结婚仪式，随时可能散伙。

3. 重婚罪与破坏军婚罪的界限。二者的行为方式有相同之处，其区别主要在于：（1）侵犯的客体不同。前者是一夫一妻的婚姻制度，后者是现役军人的婚姻关系。（2）犯罪行为表现有所不同。前者必须是有配偶的人又与他人结婚的行为，或者无配偶的人明知对方有配偶而又与之结婚的行为；而后者除了与现役军人的配偶结婚的行为当然构成该罪以外，与现役军人的配偶同居的行为也构成本罪。（3）行为对象不同。前者的行为对象是除现役军人的配偶以外的其他人，后者的行为对象只能是现役军人的配偶。（4）对相婚者定罪不一样。重婚行为的相婚者，一般都要定罪，只要是明知他人有配偶而与之结婚，或自己有配偶而与他人结婚，都构成重婚罪；而破坏军婚罪中的军人配偶一般不作为破坏军婚罪的主体来处理，即明知自己是现役军人的配偶而与他人结婚或者同居的，一般情况下并不构成破坏军婚罪的共犯，而是一般不作为犯罪处理，对于情节严重者，即使处理也是作为重婚罪处理。

十一、遗弃罪

（一）本罪的概念和特征

遗弃罪，是指对于年老、年幼、患病或者其他没有独立生活能力的人，负有扶养义务而拒绝扶养，情节恶劣的行为。对于本罪的法律特征，要特别注意把握以下几个方面。

1. 客体是被害人受扶养的权利。本罪的犯罪对象仅限于年老、年幼、患病或者其他没有独立生活能力的人。所谓没有独立生活能力的人，是指不具备或者丧失劳动能力而无生活来源，或者其他无生活自理能力而需要他人照顾的人。

2. 客观方面表现为对年老、年幼、患病或者其他没有独立生活能力的人，应当扶养而拒绝扶养，情节恶劣的行为。

所谓应当扶养，是指依据法律、契约的规定，负有扶养年老、年幼、患病或者其他没有独立生活能力的人的义务。如根据我国《民法典》的规定，夫妻间有相互扶养的义务；父母对未成年子女有抚养教育的义务；成年子女对父母有赡养的义务；养父母与养子女、继父母与继子女之间有相互扶养的义务；有负担能力的祖父母、外祖父母对父母已经死亡的未成年的孙子女、外孙子女有抚养义务；有负担能力的孙子女、外孙子女，对子女已经死亡的祖父母、外祖父母有赡养义务；有负担能力的兄弟姐妹对父母已经死亡或者父母无力抚养的未成年弟妹有扶养的义务；由兄、姐扶养长大的有负担能力的弟、妹，对缺乏劳动能力又缺乏生活来源的兄、姐，有扶养义务。扶养的内容，一般是指向受养人提供经济供给，对生活不能自理的还应包括必需的生活上的照料。

所谓拒绝扶养，是指有义务扶养并且能够扶养而拒不履行扶养义务的行为，即遗弃行为。遗弃行为是一种典型的不作为，其具体表现主要有：一是消极离开，即负有扶养义务的人离开被扶养人生活的场所，从而使被扶养人处于危险的境地；二是不提供必需的生活照料，如不给婴儿喂食；三是移置，即将无独立生活能力的被扶养人移置于公众场所，逃避履行扶养义务，如父母将自己的新生儿放置于公共厕所门口、公交车站、福利院门口等。

3. 本罪的主体为特殊主体，须是对被遗弃人负有扶养义务且具有扶养能力的人。

4. 主观上是故意，即行为人明知自己应当履行扶养义务，也有实际履行的能力而拒绝扶养。拒绝扶养的动机多样：有的把老人视为累赘而遗弃，有的借口已离婚对所生子女不予抚养，有的为了创造再婚条件而遗弃儿童。动机不影响本罪的构成。

（二）认定本罪应注意划清的主要界限

1. 遗弃罪与一般遗弃行为的界限。依据法律规定，只有情节恶劣的遗弃行为，才构成犯罪。因此，情节是否恶劣是区分罪与非罪的重要界限。所谓情节恶劣主要是指：由于遗弃造成被害人重伤、死亡等严重后果的，多次遗弃屡教不改的，遗弃多人的，遗弃行为造成恶劣社会影响的，遗弃手段恶劣的，遗弃动机卑劣的，等等。

2. 遗弃罪与虐待罪的界限。其主要区别在于：(1) 侵害的对象不同。前者侵害的对象只限于年老、年幼、患病或其他没有独立生活能力的人，后者侵害的对象则可以是任何家庭成员。(2) 客观表现不同。前者客观上表现为拒绝履行扶养义务，表现为不作为的方式；而后者主要是以积极摧残、折磨的作为方式出现。(3) 犯罪的目的不同。前者的目的是逃避履行扶养义务，而后者的目的是给被害人造成肉体上和精神上的痛苦。

3. 遗弃罪与故意杀人罪的界限。这两个罪在大多数情况下很容易区分。但是，遗弃无生活能力的婴儿或者把神志不清、行动艰难的老人或病人遗弃于室外的情况则比较复杂，因而不能简单地一律视为遗弃，而应根据情况区别对待。如果将被害人丢弃在易被他人发现的地方，可以及时得到救助，仍以遗弃罪处理；如果将被遗弃人置于容易发生生命危险的地点或人迹罕至的深山僻野，极可能因冻饿或野兽侵袭危及被遗弃人生命，则应以故意杀人罪论处，因为此时其行为表明行为人主观上已具有通过遗弃非法剥夺被害人生命的故意。

【案例评析】

案例一

1. 案情介绍

被告人张某，女，30 岁，重庆市某县人，小学文化程度，农民。

2002 年 7 月某一天中午，张某与其婶婶周某（55 岁）在本村公路边因公路使用问题发生争吵，进而相互抓扯、推搡，在推搡的过程中，张某致周某仰面坠落于 1.6 米高的公路坎下，周某头部先触地并流血不止。周某当即被送至当地卫生院抢救，但医治无效于当天下午 5 时许死亡。现场勘查发现，周某下坠的公路处一块石头松动。经法医鉴定查明，周某因坠落致严重颅脑损伤而亡。

2. 基本问题

本案主要涉及故意伤害致死与过失致人死亡二者如何区分的问题。

3. 知识内容

准确区分故意伤害致死与过失致人死亡的关键点在于行为人的主观心理态度，即行为人是否有非法损害他人身体健康的故意。从行为人在行为过程中的表现来看，如果行为人明知其行为会非法损害他人身体健康并希望或者放任这一结果发生，只是由于伤势太重而致被害人死亡的，就应认定为故意伤害致死；如果行为人根本就没有非法损害他人身体健康的故意，只是由于一时不小心、不谨慎而导致了他人死亡结果的发生，就应认定为过失致人死亡。就本案发生过程来看，张某在主观上明显具有非法损害周某身体健康的故意——仅因公路的使用问题就在 1.6 米高坎之上的危险地方推搡年长自己许多的婶婶，明知有可能致对方损伤仍然实施，说明张某当时主观上有伤害对方的故意，故其行为应成立故意伤害致死。

案例二

1. 案情介绍

被告人王某，男，22 岁，江苏某县人，高中文化，农民。

2002 年 7 月的一天晚上 8 时许，王某邀约已向自己提出分手的前女友孟某（19 岁）在当地镇上一茶楼最后谈一次话。谈话间，二人又争吵起来，孟某即起身准备离去，王某恼羞成怒，立即一手拽住孟某的一只胳膊，一手将孟某的连衣裙撕破，没等孟某反应过来，王某揪了一下孟某的两个乳头，还大叫着："看看，你到底有多骚!"孟某呆站着哭泣，十几分钟后，该茶楼的一名员工扯下一个窗帘将孟某裹起来。此事引起茶楼数十人围观。

2. 基本问题

本案涉及的主要问题是强制猥亵、侮辱罪与侮辱罪的区分。

3. 知识内容

当侮辱罪的对象是妇女时，强制猥亵、侮辱罪与侮辱罪就显示出很多相似之处，如：都侵害了妇女的人格、尊严，客观上都可以表现为使用暴力方法进行。但它们还是有明显区别的，主要表现在：(1) 犯罪动机有所不同。前者的行为人通常是基于满足自己的变态性欲、寻求精神刺激的动机；后者的行为人通常是基于报复、泄愤的动机。(2) 侵害的对象有所不同。前者侵犯的对象通常具有随意性，被害对象在此前往往与行为人并没有过节或未曾冒犯行为人；而后者侵害的对象对行为人来说并不具有随意性，往往是事前与行为人有积怨、矛盾等。(3) 客观行为表现有所不同。后者必须是公然进行，即必须是以能够让第三人知晓的方式进行，有时虽然带有性的色彩，但这只是侮辱行为的附随内容；而前者既可以是公然实施，也可以不是公然实施，且行为内容具有明显而强烈的性色彩。就本案来看，王某是因被害人孟某要与自己分手而恼怒，为发泄不满而当众羞辱孟某；从行为人的主观故意内容来看，无论是行为动机还是目的，都是侮辱性质的；从其行为方式与内容来看，王某在大庭广众之下公然扒光被害人衣服，还揪了被害人的乳头而使其行为具有性的色彩，但其行为内容明显还是为了使被害人当众出丑而难堪、贬损被害人的人格、损害被害人的尊严，而不是为了猥亵、侮辱妇女来满足其性欲。所以王某的行为应是侮辱，且是基于卑劣动机在大庭广众之下进行，应属情节严重，故成立侮辱罪。

【疑难问题】

1. 转化型故意杀人罪、故意伤害罪的适用问题。根据《刑法》第 234 条之一、第 238、247、248、289、292 条的规定，对于未经本人同意摘取其器官，或者摘取不满 18 周岁的人的器官，或者强迫、欺骗他人捐献器官的，非法拘禁使用暴力致人伤残、死亡的，刑讯逼供或者暴力取证致人伤残、死亡的，虐待被监管人致人伤残、死亡的，聚众"打砸抢"致人伤残、死亡的，聚众斗殴致人重伤、死亡的，均应以故意伤害罪或故意杀人罪定罪处罚。这些规定都要求行为人在主观方面是出于故意，客观上导致他人重伤或死亡的结果，即出现转化样态，从而符合故意伤害罪或故意杀人罪的构成要件。根据《刑法》第 333 条规定，非法组织他人卖血或强迫他人出卖血液对他人造成伤害的，以故意伤害罪定罪处罚。此外，也有相关司法解释确认了他罪转化为故意伤害罪或故意杀人罪的情形，如最高人民法院《关于审理交通肇事刑事案件具体应用法律若干问题的解释》第 6 条规定，行为人在交通肇事后为逃避法律追究，将被害人带离事故现场后隐藏或者遗弃，致使被害人无法得到救助而死亡或严重残疾的，应分别依照《刑法》第 232 条、第 234 条第 2 款的规定，以故意杀人罪或者故意伤害罪定罪处罚。

2. 对有关自杀的案件应具体分析，区别处理。自杀是自杀者结束自己生命的行为。在我国，自杀行为本身并不构成犯罪。但是，引起、促成自杀的原因比较复杂，只有对在主观上有非法剥夺他人生命的故意而致他人以自杀的方式来结束其生命的致人自杀者，应以故意杀人罪追究其刑事责任。

3. 关于受嘱托杀人及“安乐死”的定性问题。受嘱托杀人，是指接受已有死亡决意的人的嘱托而故意直接将其杀死的行为。它是直接剥夺他人生命的行为，而不是仅仅对他人的自杀予以帮助。由于人的生命权利是最重要的权利，而且与家人、社会联系密切，牵涉到家庭、社会一系列的权利义务关系而受到法律的严格保护，所以，对于受嘱托杀人法律也不允许，对此行为应以故意杀人罪论处，但可考虑从轻处罚。

“安乐死”，也称无痛苦死亡，一般是指应身患不治之症、精神和肉体极度痛苦的病人的请求，实施促使其提前、迅速无痛苦死亡的行为。其实质也是受嘱托杀人行为。现已有个别国家将“安乐死”合法化，如荷兰、比利时。我国也有不少学者对其合法化问题进行了较深入的理论探讨，但在立法上尚未承认其合法性的当前，实施“安乐死”仍是非法的，对其仍应以故意杀人罪定性，但可根据案件的具体情况予以从宽处罚。

4. 对“大义灭亲”行为，应以故意杀人罪论处。这里所说的“大义灭亲”，是指行为人故意非法地杀死有违法犯罪行为的亲属的行为。这种行为看似“为社会除害”，实为破坏国家法治并侵犯公民人身权利。我国不承认“家法”，对一切违法犯罪分子都应交由有关行政执法机关或司法机关处理。私自处死违法犯罪亲属的，同样构成故意杀人罪，但量刑时可以适当从宽处罚。符合正当防卫的，不在此列。

5.《刑法修正案（十一）》第 1 条规定的“已满十二周岁不满十四周岁的人，犯故意杀人、故意伤害罪，致人死亡或者以特别残忍手段致人重伤造成严重残疾，情节恶劣，经最高人民检察院核准追诉的，应当负刑事责任”的理解与适用问题。这是关于已满 12 周岁不满 14 周岁的人承担刑事责任的规定，理论上被称为“恶意补足刑事责任年龄”；处于这一年龄阶段的未成年人承担刑事责任的犯罪范围仅限于两种犯罪，即故意杀人罪与故意伤害罪，并且对所犯这两种罪的罪行严重程度作了明确限定——“致人死亡或者以特别残忍手段致人重伤造成严重残疾，情节恶劣”，同时在追诉程序上还作了限制——报请最高人民检察院，经其核准追诉的，才能对该未成年行为人进行刑事责任追究。

6. 奸淫幼女行为的处理问题。近年来，司法实践表明，青少年奸淫幼女的案件为数不少，此类案件情况比较复杂，需要进行分析，以防止扩大打击面。根据法律的规定和实践经验，对以下特殊情况，应分别处理。

（1）已满14周岁不满16周岁的男青少年，与不满14周岁的幼女交往密切，双方自愿发生性行为的，不宜定强奸罪，应责令其家长和学校严加管教。

（2）未婚男青少年与发育早熟、貌似成年实则虚报年龄的不满14周岁的幼女，在谈恋爱和交往过程中，或者在确实不知道对方是幼女的情况下，双方自愿发生性行为的，不以强奸罪论处。

（3）对确实不知对方是不满14周岁的幼女而对方与其自愿发生性关系的，不作为强奸罪定罪处罚。

（4）嫖宿明知是不满14周岁的卖淫幼女的，应认定为强奸罪。

7. 与女精神病患者或痴呆妇女发生性行为的定性问题。对于这类案件是否应认定为强奸，不应以女方是否对性行为表示同意为标准来判定，而应在查明以下情况后据实确定：第一，女精神病患者或痴呆妇女病情的轻重以及意识能力与控制能力状况，即妇女是否因患精神病或痴呆症而丧失辨认、控制自己行为的能力。第二，行为人是否明知妇女不能辨认、控制自己的行为。对于行为人以暴力、胁迫或者其他手段强行与妇女发生性交的，不论行为人是否明知该妇女是精神病患者或痴呆，均应以强奸罪论定；对于得到了女精神病患者或痴呆妇女的同意，甚至是在其性挑逗的情况下而与之性交的，则行为人必须明知该妇女是丧失辨认、控制自己行为能力的精神病患者或痴呆症患者而趁机奸淫的，才能以强奸罪论处；如果行为人确实不知道对方是丧失辨认、控制自己行为能力的女精神病患者或痴呆症患者，甚至是在受到其性挑逗的情况下与其发生性交的，则不能对行为人以强奸罪论处，因为在这种情况下行为人并没有强奸的故意。

8. 关于“婚内强奸”的定性处理。这是近年来理论与实务界争论很大的一个问题。从现实社会情况来看，有限承认其构成犯罪既有必要也有依据。实践中也已经有不同处理结果的判例。

9. 关于同性强奸的定性处理问题。关于这一问题，近年来已有不少实例被报道，也有学者对其进行了分析探讨。但是在刑法立法对强奸罪的规定没有改变以前，对其还不能以强奸罪定罪处罚，而只能以其他相应罪名定罪处罚，比如强制猥亵罪、故意伤害罪。

10. 拐卖已满14周岁的男性的处理问题。我国现行刑法对拐卖犯罪对象的规定仅限于妇女与不满14周岁的儿童，完全排除了已满14周岁的男性。依据罪刑法定原则，对现实中发生的拐卖已满14周岁的男性的行为，不能定拐卖犯罪。如确实需要定罪的，在刑法修改以前只能以其他相应犯罪定罪处罚，如非法拘禁罪。

11. 卖亲案的定性问题。卖亲案件，是指父母卖子女、丈夫卖妻子、子女卖母亲、兄弟卖姐妹等亲属卖亲属的案件。对这类案件，应根据不同情况，区别对待：对于纯属为了营利出卖自己的亲属，符合拐卖妇女、儿童罪的构成要件的，应以拐卖妇女、儿童罪论处；对于受生活所迫或封建思想影响，或出于其他遗弃目的而出卖自己亲属，符合遗弃罪的构成要件的，应以遗弃罪论处；对于与亲属共谋，把亲属卖给他人，得款项后双双潜逃的，即俗称的“放飞鸽”，并且骗得款项数额较大的，则应以诈骗罪论处。

实务训练

1. 被告人陈某与被害人费某、路某、樊某等人同租住于北京丰台某村的一栋楼里。一日，陈某酒后回到住处，在经过三楼时因琐事与费某、路某、樊某等人发生争吵，费某殴打了陈某，后被人劝开。此后，陈某纠集了张某（另案处理）等人图谋报复。当晚9时许，陈某、张某等持刀将费某等三被害人堵截在这三人所居住的房间里，并扬言“出来就砍死你们”。后通过砍、砸等方式破门而入，在三被害人退至窗台上准备跳楼躲避时，陈某、张某仍挥刀上前欲进行侵害。三被害人纷纷从三楼窗台跳下，费某、路某摔死，樊某摔成轻伤。检察机关指控陈某的行为构成故意伤害罪；陈某辩称其并未对被害人进行伤害，而是他们自己跳楼摔死摔伤的；其辩护人辩称陈某的行为只是非法侵入他人住宅，并没有直接致费某等三人死伤，不构成故意伤害罪。

请根据上述案情、我国法律规定及控辩双方的主张拟写公诉词与辩护词。

2. 2009年9月的一天晚上，刘某、韩某、杨某投宿于某市花园宾馆201客房。当晚10时许，刘某通过电话叫来卖淫女丁某，丁某来到房间后见有三人即欲离去，被刘某等人拦住。刘某等三人不顾丁某的反抗，先后对丁某实施了奸淫。随后，丁某向刘某索要3 000元，刘某等人只愿给1 000元，丁某即报警，刘某等三人被抓获。后刘某三人被控犯强奸罪并具有轮奸情节；而刘某三人坚持认为只是嫖娼并未触犯强奸罪名。[①]

请根据上述案情、我国法律规定及控辩双方的主张拟写公诉词与辩护词。

3. 2001年，28岁的小伙子陈某与两个同为26岁的姑娘叶某、戴某未经结婚登记，联名向亲友发出结婚请帖，并举办了热闹的婚礼，三人开始一起生活。[②]

请根据上述事实与我国现行法律规定，以国家公诉人的名义拟写指控陈某、叶某、戴某犯重婚罪的起诉书以及作为他们辩护人拟写辩护词。

4. 2001年8月的一天晚上11时许，周某某邀约其父母周某和倪某某到自己家中，捉拿其丈夫与人通奸的现行。周某某领着其父母冲进自家卧室后，见其夫钱某与妇女林某正睡在一起，随即上前掀开被单，抓紧林某的头发往客厅拖，还一边用手抽打林某的脸、用脚踢林某的身体。倪某某在帮忙拖拉林某的过程中剥光了林某的睡衣，致林某全身赤裸。钱某欲上前制止被周某打跑，之后三人用绳索将赤裸的林某捆绑起来放于客厅，又在客厅里装上电灯泡并点亮。其间虽有邻居劝周某某等

① 案情来源：于志刚．案例刑法学：各论．北京：中国法制出版社，2010：207.
② 案情来源：于志刚．案例刑法学：各论．北京：中国法制出版社，2010：294.

人让林某穿上衣服，但三人不肯，并扬言要让林某出丑，并等天亮后再将林某扔到户外公路上给大家看。直到次日凌晨 3 时许，经众邻居的再三劝说，周某某等才解开绑绳让林某穿上衣服。林某被赤裸捆绑 2 个多小时，10 余个村民围观。

司法机关在对周某某等三人进行处理时产生了四种意见：第一种意见认为，此三人的行为构成了非法拘禁罪，并具有殴打、侮辱情节，应以非法拘禁罪从重处罚；第二种意见认为，此三人的行为构成了非法拘禁罪与侮辱罪，应予数罪并罚；第三种意见认为，此三人的行为应构成侮辱罪；第四种意见认为，此三人的行为不构成犯罪。

请依据上述案件事实及相关法律规定，评析上述四种意见。

课后练习

1. 甲长期以赌博所得为主要生活来源。某日，甲在抢劫赌徒乙的赌资得逞后，为防止乙日后报案，将其杀死。对甲的处理，下列哪一选项是正确的？（　　）

A. 应以故意杀人罪、抢劫罪并罚　B. 应以抢劫罪从重处罚

C. 应以赌博罪、抢劫罪并罚　D. 应以赌博罪、抢劫罪、故意杀人罪并罚

2. 甲对乙使用暴力，欲将其打残。乙慌忙掏出手机准备报警，甲一把夺过手机装进裤袋并将乙打成重伤。甲在离开现场 5 公里后，把乙价值 7 000 元的手机扔进水沟。甲的行为构成何罪？（　　）

A. 故意伤害罪、盗窃罪　B. 故意伤害罪、抢劫罪

C. 故意伤害罪、抢夺罪　D. 故意伤害罪、故意毁坏财物罪

3. 甲欠乙 10 万元久拖不还，乙向人民法院起诉并胜诉，但甲在履行期限内仍不归还。于是乙向人民法院申请强制执行。当法院的执行人员持强制执行裁定书到甲家执行时，甲率领全家人手持棍棒在门口守候，并将试图进入室内的执行人员打成重伤。甲的行为构成何罪？（　　）

A. 拒不执行判决、裁定罪　B. 聚众扰乱社会秩序罪

C. 妨害公务罪　D. 故意伤害罪

4. 下列哪些行为不能认定为强奸罪？（　　）

A. 拐卖妇女的犯罪分子奸淫被拐卖的妇女的

B. 利用职权、从属关系，以胁迫手段奸淫现役军人的妻子的

C. 利用迷信奸淫妇女的

D. 组织卖淫的犯罪分子强奸妇女后迫使其卖淫的

延伸阅读

1. 金子桐，等．罪与罚——侵犯公民人身权利、民主权利罪的理论与实践．上海：上海社会科学院出版社，1980.

2. 宁汉林．杀人罪．北京：群众出版社，1986.

3. 肖中华．侵犯公民人身权利罪．北京：中国人民公安大学出版社，1998.

4. 苏长青．侵犯公民民主权利和妨害婚姻家庭罪．北京：中国人民公安大学出版社，1999.

5. 刘树德．绑架罪案解．北京：法律出版社，2003.

6. 王文生．强奸罪判解研究．北京：人民法院出版社，2005.

7. 冀祥德．婚内强奸问题研究．北京：人民法院出版社，2005.

8. 苏珊·布朗米勒．违背我们的意志．祝吉芳，译．南京：凤凰出版传媒集团，2006.

9. 赵秉志．刑法分则要论．北京：中国法制出版社，2010.

10. 梁健．强奸罪比较研究．北京：中国人民公安大学出版社，2010.

11. 罗翔．刑法中的同意制度——以性侵犯罪为切入．北京：法律出版社，2012.

12. 王作富．刑法分论实务研究. 5 版：中. 北京：中国方正出版社，2013.

13. 何洋．强奸罪解构与应用．北京：法律出版社，2014.

14. 张明楷．论以危险方法杀人案件的性质．中国法学，1999 (6).

15. 袁秀岩，邵磊．论故意杀人罪与其他相关犯罪的区别．国家检察官学院学报，2005 (6).

16. 冯凡英．教唆、帮助自杀行为刍议．人民检察，2004 (2).

17. 林通．自杀参与行为的定性分析．广西公安管理干部学院学报，2002 (3).

18. 张绍谦．论教唆、帮助他人自杀行为的定性及处理．法学评论，1993 (3).

19. 张明楷．故意伤害罪探疑．中国法学，2001 (3).

20. 陈利．强奸罪违犯妇女意志的细化分析．人民司法，2008 (22).

21. 李立众．婚内强奸应构成强奸罪．云南大学学报，2001 (14).

22. 杨德寿．婚内强迫性行为的法律责任论．中国刑事法杂志，2001 (5).

23. 周永坤．婚内强奸罪的法理学分析．法学，2000 (10).

24. 阴建峰．主客观相统一原则岂能动摇——有关“奸淫幼女犯罪”司法解释专题研讨会纪要．法学，2003 (10).

25. 陈兴良．奸淫幼女构成犯罪应以明知为前提——为一个司法解释辩护．法律科学，2003 (6).

26. 刘明祥．奸淫幼女若干问题探析．国家检察官学院学报，2004 (1).

27. 苏力．司法解释、公共政策和最高法院——从最高法院有关“奸淫幼女”的司法解释切入．法学，2003 (8).

28. 刘仁文．奸淫幼女与严格责任——就“高法”司法解释与苏力先生商榷．法学，2003 (10).

29. 赵秉志，阴建峰．非法拘禁罪行为构造研究．刑事法学，2005 (5).

30. 黄嵩．论非法拘禁罪与绑架罪认定中的若干难点——从王文泉非法拘禁案的认定谈起．法学评论，2004 (4).

31. 张明楷．绑架罪中“杀害被绑架人”研究．法学评论，2006 (3).
32. 王志祥．绑架罪中“杀害被绑架人”新论．法商研究，2008 (2).
33. 曾亚杰．绑架罪中“杀害被绑架人”研究．人民法院报，2004 (3).
34. 罗树志，陈小虎．关于非法拘禁罪的几个问题．中南大学学报（社会科学版），2003 (5).
35. 张韵声，陈祥军．析绑架罪与非法拘禁罪之异同．法律适用，2003 (8).
36. 杨金彪．拐卖妇女、儿童罪的几个问题．现代法学，2004 (5).
37. 王志祥．论拐卖妇女、儿童罪的既遂标准．社会科学论坛，2007 (7).
38. 李希慧．诬告陷害罪若干问题研析．法学评论，2001 (6).
39. 谢彤．诬告陷害罪探析．法学论坛，2001 (1).
40. 李立众．事实婚姻中的遗弃行为能否认定遗弃罪．人民检察，2008 (1).
41. 陈兴良．非家庭成员间遗弃行为之定性研究．法学评论，2005 (4).
42. 马兰瑞，刘君涛．生命何以如此之轻——关于我国遗弃罪重构的思考．长春理工大学学报，2006 (3).
43. 任彦君．遗弃罪中扶养义务的诠释——由一则案例引发的思考．华北水利水电学院学报，2007 (5).
44. 苏彩霞．遗弃罪之新诠释．法律科学，2001 (1).
45. 王志祥．遗弃罪构成要件的新思考．法治研究，2009 (7).
46. 吴学斌．现代刑法体系下遗弃罪内涵的重新建构．河北法学，2006 (9).
47. 贾凌，曾粤兴．重婚罪解读．学术探索，2004 (3).

第十九章　侵犯财产罪

【内容摘要】

本章包括抢劫罪、盗窃罪、诈骗罪、抢夺罪、聚众哄抢罪、侵占罪、职务侵占罪、挪用资金罪、挪用特定款物罪、敲诈勒索罪、故意损坏财物罪、破坏生产经营罪、拒不支付劳动报酬罪等 13 个罪名。在我国刑事案件中 60%以上皆属此类，其在司法实践中的多发、常见性由此可见一斑。对本章各罪名的学习，需要深入掌握各罪的基本原理和犯罪构成理论，并深入理解相关司法解释的精神。本章之罪需要特别强调的是对不同犯罪手段性质的理解与认定，手段的细微区别决定了适用罪名的不同。

【学习目标】

（1）在知识学习层面，要掌握侵犯财产罪的基本知识，同时要熟悉本章中具体罪名的概念、犯罪构成以及犯罪认定的基本知识，特别是要注意把握相似罪名的界限。（2）在能力训练层面，本章犯罪是实践中常见、常用的犯罪，所以要熟知具体罪名的犯罪构成，结合对疑难案例的分析，学会在具体案件中准确认定犯罪和适用刑法，要坚持体系性思考，注意把握抢劫罪、抢夺罪与敲诈勒索罪、盗窃罪与诈骗罪等相似罪名的区别，在具体案件中准确认定相似罪名，从而增强适用刑法的实践能力。同时，在对具体罪名的学习中要注意结合刑法总论知识，对于所涉及的理论问题，如公开盗窃问题以及其他具有较大理论争议的问题，要进行有针对性的深入研究，提升自我的理论素养和研究能力。(3) 在价值引领层面，要通过对本章犯罪的学习，深刻认识到此类犯罪对公民财产权利的危害性，增强自我防范的意识和能力，守护自身财产安全，远离犯罪侵害，并形成运用刑法打击犯罪、维护个人权利的基本观念。此外，也要明确自己的行为界限和法律底线，尊重他人财产权利，用法律所认可的方式去追求合法财产，自觉遵守法律法规，做一个遵纪守法的公民。

【知识要点】

一、抢劫罪

(一) 抢劫罪的概念与犯罪构成

1. 概念

抢劫罪，是指以非法占有为目的，当场使用暴力、胁迫或者其他方法强行劫取公私财物的行为。

2. 犯罪构成

(1) 抢劫罪的主观构成要件

抢劫罪在主观方面表现为使用暴力、胁迫或者其他方式强行将他人的财物非法占为己有。在界定抢劫罪的主观故意时，应注意以下几个方面：第一，以其直接、终极目的是否为强行取得他人财物为标准来判断是否为抢劫罪以及是否应评价为数罪。行为人为顺利达到其抢劫的目的，会实施其他辅助行为来排除抢劫的妨碍，这些辅助行为也有其犯意支配，但是因为这些辅助行为的犯意是为顺利实施抢劫服务的，所以将这些行为的故意吸收到抢劫行为中，不另定罪。① 例如，甲持刀直接杀死被害人然后再抢劫其财物的，只定抢劫罪一罪。但是在抢劫被害人财物后再杀害被害人的，则定抢劫罪和故意杀人罪。第二，强行占有处于对方保管但权属归自己的财物，一般因为欠缺非法占有的目的而不作抢劫罪处理。② 以暴力手段取回属于自己的财物，或者强行索取正当债务的，均因没有非法占有他人财物的故意而不构成本罪，但可构成故意伤害罪等其他犯罪。

(2) 以暴力、胁迫或者其他方法抢劫的行为特征

暴力，指的是行为人对被害人使用杀害、伤害、殴打、捆绑等直接伤害被害人

---

① 参见最高人民法院《关于抢劫过程中故意杀人案件如何定罪问题的批复》(法释〔2001〕16 号).

② 参见最高人民法院《关于审理抢劫、抢夺刑事案件适用法律若干问题的意见》(法发〔2005〕8 号) 第 9 条第 5 项规定：行为人为索取债务，使用暴力、暴力威胁等手段的，一般不以抢劫罪定罪处罚；构成故意伤害等其他犯罪的，依照《刑法》第 234 条等规定处罚.

身体的方式。暴力行为具有当场性和现实伤害性，对被害人的身体或者精神造成了伤害或者精神强制，致使被害人在受到暴力行为后不能反抗或不敢反抗。暴力行为不论方式和强度，只要有具体的危害行为即可成立暴力。

胁迫，是指行为人以当场使用暴力相威胁，对被害人产生精神强制，使其不敢反抗。胁迫的特征为：当面向被害人作出，以立即实施暴力相威胁；如果被害人敢于反抗会立刻实施暴力，劫取财物。暴力和胁迫一般针对被抢劫财物的所有人，但也有直接针对被害人亲友的。例如，有二人合谋抢劫，二人进入农村一户人家中，家中只有一个老人和一个 8 岁女童，二人威胁老人，如果不把家中的钱全部拿出来，就当场强奸该女童，老人迫于威胁只好将家中的钱款全部交出。这起案件中就是以强奸老人亲属的胁迫方法来劫取财物的。

其他方法，是指对被害人采取药物或酒精麻醉、迷幻后，使被害人处于不知反抗或者暂时丧失正常知觉或判断的状态而当场劫取其财物。例如，甲发现同住一室的乙带有大量现金，即在乙的水杯中放入大量安眠药，在乙深睡时将其身上钱款全部取走，甲的行为构成抢劫罪。

当场，指的是行为人在可现实伤害和控制被害人的空间内以暴力、胁迫或其他方式劫取到财物。抢劫的当场指的是暴力、胁迫和其他方法的实施需直接作用于被害人，至于取得被害人钱物的时间可能会延后，但这并不影响抢劫罪的成立。例如，甲、乙二人将被害人丙骗至一房间内，捆绑并殴打丙，要求丙通知其家人将 5 万元汇至甲指定的账户，丙为保命遂打电话告诉其家人称自己做生意急需 5 万元钱，尽快汇至其指定的账户，随后甲、乙二人即杀死丙。几天后，丙的家人将 5 万元汇至该账户，甲、乙取走挥霍。本案中甲、乙的行为构成的是抢劫罪，而不是绑架罪。

（3）侵犯的客体和财产对象

抢劫罪侵犯的客体是复杂客体，即同时侵犯公私财物所有权和他人的人身权。学术界有关于抢劫罪侵犯哪个权利为主的争论，在《刑法》立法体例中，将该罪归入“侵犯财产罪”之中。但是根据相关司法解释，对抢劫罪采取的是双重客体判断标准，凡是出现抢劫到财物或造成轻伤以上后果两者之一的，是抢劫犯罪既遂；凡是没有抢劫到财物也未造成轻伤以上后果的，是抢劫未遂。需要注意的是，抢劫罪既遂中的财物没有数额较大等要求，即使抢到一元钱也构成既遂，但未抢劫到财物仅造成受害人轻微伤的属于抢劫未遂。出于对人身权保护重于对财产权保护的考虑，在司法实践中，对造成伤害后果但没有抢劫到财物的抢劫罪的量刑一般情况下要重于对抢劫到财物但未造成人身伤害的行为的量刑。

抢劫罪的财物对象包括有体物、无体物，仅限于动产。在我国，强行占有他人房屋、耕地、林地、草场的，一般不以抢劫罪处理，如果其行为手段构成故意伤害罪等则以该罪处罚。抢劫罪的对象也包括债权，例如以暴力手段强行消灭债务的情形也构成抢劫罪。例如，戚某因工程建设欠倪某 10 万元，倪某多次向戚某追讨未果。戚某因无力偿还，便约人将倪某骗至一房间内，用玻璃杯打伤倪某面部，逼迫倪某交出了 10 万元欠款凭证，并逼迫其在由戚某起草的 10 万元欠款的收条上签字，法院认为戚某以暴力消灭债务的行为构成抢劫罪，且为既遂。[①] 需要注意的是，暴力逼迫对方建立债务的，一般不以抢劫罪定罪，因为该行为只是建立了债务关系，尚不能达到取得被害人财物的后果。例如，甲采用暴力手段强迫乙写下欠自己5万元债务的欠条，后拿该欠条离去，乙报案后案发。该行为因为涉及行为人后续实现非法债权的方式，行为人需要进一步采取诉讼、自己索要或其他方式来实现该非法债务，所以仅就暴力建立债务关系的行为不能以抢劫未遂来处理，但是其暴力、胁迫行为如果有故意伤害行为或非法拘禁行为的，则可以按照故意伤害罪或非法拘禁罪处罚。

（4）主体身份

抢劫罪的犯罪主体是一般主体，为年满14周岁以上有刑事责任能力的自然人。

已满14周岁不满16周岁的人使用轻微暴力或者威胁，强行索要其他未成年人随身携带的生活、学习用品或者钱财数量不大，且未造成被害人轻微伤以上或不敢正常到校学习、生活等危害后果的，不认为是犯罪。已满16周岁不满18周岁的人具有前述规定情形的，一般也不认为是犯罪。[②]

已满14周岁不满16周岁的人盗窃、诈骗、抢夺他人财物，为窝藏赃物、抗拒抓捕或者毁灭罪证，当场使用暴力，故意伤害致人重伤或者死亡，或者故意杀人的，应当分别以故意伤害罪或者故意杀人罪定罪处罚。[③] 从以上司法解释的规定中可以看出，在转化型抢劫罪中，14周岁至16周岁的未成年人实施《刑法》第269条规定的先行盗窃、诈骗、抢夺行为时，为窝藏赃物、抗拒抓捕或者毁灭罪证当场使用暴力，故意伤害致人重伤、死亡或者故意杀人的，不定抢劫罪。只有年满16周岁的人才能构成转化型抢劫犯罪的主体。

（二）抢劫罪的司法认定

1. “入户抢劫”的认定

入户抢劫是抢劫罪的情节加重犯，是指为实施抢劫而进入供他人家庭生活的、与外界相对隔离的住所，包括封闭的院落、牧民的帐篷、渔民作为家庭生活场所的渔船、为生活租住的房屋等进行抢劫的行为。2005年最高人民法院《关于审理抢劫、抢夺刑事案件适用法律若干问题的意见》对于“入户抢劫”的“户”作了界定：一是“户”的范围。“户”在这里是指住所，其特征表现为供他人家庭生活和与外界相对隔离两个方面，前者为功能特征，后者为场所特征。一般情况下，集体宿舍、旅店宾馆、临时搭建工棚等不应认定为“户”，但在特定情况下，如果确实具有上述两个特征的，也可以认定为“户”。二是“入户”目的的非法性。进入他人住所须以实施抢劫等犯罪为目的。抢劫行为虽然发生在户内，但行为人不以实施抢劫等犯罪为目的进入他人住所，而是在户内临时起意实施抢劫的，不属于“入户抢劫”。三是

---

① 刑事审判参考. 北京：法律出版社，2001（3）：30－35.

② 参见最高人民法院《关于审理未成年人刑事案件具体应用法律若干问题的解释》第7条。

③ 参见最高人民法院《关于审理未成年人刑事案件具体应用法律若干问题的解释》第10条。

暴力或者暴力胁迫行为必须发生在户内。入户实施盗窃被发现，行为人为窝藏赃物、抗拒抓捕或者毁灭罪证而当场使用暴力或者以暴力相威胁的，如果暴力或者暴力胁迫行为发生在户内，可以认定为“入户抢劫”；如果发生在户外，不能认定为“入户抢劫”，只能定性为普通抢劫行为。2016 年最高人民法院《关于审理抢劫刑事案件适用法律若干问题的指导意见》规定，对于部分时间从事经营、部分时间用于生活起居的场所，行为人在非营业时间强行入内抢劫或者以购物等为名骗开房门入内抢劫的，应认定为“入户抢劫”。对于部分用于经营、部分用于生活且之间有明确隔离的场所，行为人进入生活场所实施抢劫的，应认定为“入户抢劫”；如场所之间没有明确隔离，行为人在营业时间入内实施抢劫的，不认定为“入户抢劫”，但在非营业时间入内实施抢劫的，应认定为“入户抢劫”。

2.“在公共交通工具上抢劫”的认定

“在公共交通工具上抢劫”，既包括在处于运营状态的公共交通工具上对旅客及司售、乘务人员实施抢劫，也包括拦截运营途中的公共交通工具对旅客及司售、乘务人员实施抢劫，但不包括在未运营的公共交通工具上针对司售、乘务人员实施抢劫。以暴力、胁迫或者麻醉等手段对公共交通工具上的特定人员实施抢劫的，一般应认定为“在公共交通工具上抢劫”。

《关于审理抢劫刑事案件适用法律若干问题的指导意见》对“公共交通工具”作出了明确规定，“公共交通工具”，包括从事旅客运输的各种公共汽车，大、中型出租车，火车，地铁，轻轨，轮船，飞机等，不含小型出租车。对于虽不具有商业营运执照，但实际从事旅客运输的大、中型交通工具，可认定为“公共交通工具”。接送职工的单位班车、接送师生的校车等大、中型交通工具，视为“公共交通工具”。

3. 关于“多次抢劫或者抢劫数额巨大”的认定

《刑法》第 263 条第 4 项中的“多次抢劫”是指抢劫 3 次以上。对于“多次”的认定，应以行为人实施的每一次抢劫行为均已构成犯罪为前提，综合考虑犯罪故意的产生、犯罪行为实施的时间、地点等因素，客观分析、认定。对于行为人基于一个犯意实施犯罪的，如在同一地点同时对在场的多人实施抢劫的；或基于同一犯意在同一地点实施连续抢劫犯罪的，如在同一地点连续地对途经此地的多人进行抢劫的；或在一次犯罪中对一栋居民楼房中的几户居民连续实施入户抢劫的，一般应认定为一次犯罪。

根据《关于审理抢劫刑事案件适用法律若干问题的指导意见》，“抢劫数额巨大”的认定标准，参照各地认定盗窃罪数额巨大的标准执行。

4.“抢劫银行或者其他金融机构”的认定

抢劫银行或者其他金融机构，是指抢劫银行或者其他金融机构的经营资金、有价证券和客户的资金等。其他金融机构是指证券公司、信托投资公司、金融租赁公司、企业集团财务公司等银行以外依法从事货币资金融通和信用的机构。抢劫正在使用中的银行或者其他金融机构的运钞车的，也视为抢劫银行或者其他金融机构。但是抢劫银行或其他金融机构的除运钞车外的一般办公用品的，不属于抢劫银行或者其他金融机构。

5. “冒充军警人员抢劫”的认定

认定“冒充军警人员抢劫”，要注重对行为人是否穿着军警制服、携带枪支、是否出示军警证件等情节进行综合审查，判断是否足以使他人误以为是军警人员。对于行为人仅穿着类似军警的服装或仅以言语宣称系军警人员但未携带枪支、也未出示军警证件而实施抢劫的，要结合抢劫地点、时间、暴力或威胁的具体情形，依照常人判断标准，确定是否认定为“冒充军警人员抢劫”。

军警人员利用自身的真实身份实施抢劫的，不认定为“冒充军警人员抢劫”，应依法从重处罚。

6. 关于“携带凶器抢夺”的认定

《刑法》规定，携带凶器抢夺的以抢劫罪定罪处罚，也被称为准抢劫。“携带凶器抢夺”，是指行为人随身携带枪支、爆炸物、管制刀具等国家禁止个人携带的器械进行抢夺或者为了实施犯罪而携带其他器械进行抢夺的行为。行为人随身携带国家禁止个人携带的器械以外的其他器械抢夺，但有证据证明该器械确实不是为了实施犯罪准备的，不以抢劫罪定罪；行为人将随身携带凶器有意加以显示、能为被害人察觉到的，直接适用《刑法》第 263 条的规定按抢劫罪定罪处罚；行为人携带凶器抢夺后，在逃跑过程中为窝藏赃物、抗拒抓捕或者毁灭罪证而当场使用暴力或者以暴力相威胁的，适用《刑法》第 267 条第 2 款的规定以抢劫罪处罚。

尽管无明确的司法解释，但刑法将携带凶器抢夺规定在抢夺罪中，考虑到此种情况构成的抢劫罪社会危害性小于标准的抢劫罪，且司法解释已明确规定已满 14 周岁未满 16 周岁的未成年人不能构成事后转化抢劫，故已满 14 周岁未满 16 周岁的未成年人携带凶器抢夺的不应构成抢劫罪。

7. 关于抢劫犯罪数额的计算

抢劫信用卡后使用、消费的，其实际使用、消费的数额为抢劫数额；抢劫信用卡后未实际使用、消费的，不计数额，根据情节轻重量刑。所抢信用卡数额巨大，但未实际使用、消费或者实际使用、消费的数额未达到巨大标准的，不适用“抢劫数额巨大”的法定刑。

为抢劫其他财物，劫取机动车辆当做犯罪工具或者逃跑工具使用的，被劫取机动车辆的价值计入抢劫数额；为实施抢劫以外的其他犯罪劫取机动车辆的，以抢劫罪和实施的其他犯罪实行数罪并罚。

8. 关于抢劫特定财物行为的定性

以毒品、假币、淫秽物品等违禁品为对象，实施抢劫的，以抢劫罪定罪；抢劫的违禁品数量作为量刑情节予以考虑。抢劫违禁品后又以违禁品实施其他犯罪的，应以抢劫罪与具体实施的其他犯罪实行数罪并罚。抢劫赌资、犯罪所得的赃款赃物的，以抢劫罪定罪，但行为人仅以其所输赌资或所赢赌债为抢劫对象，一般不以抢劫罪定罪处罚，构成其他犯罪的，依照刑法的相关规定处罚。

为个人使用，以暴力、胁迫等手段取得家庭成员或近亲属财产的，一般不以抢劫罪定罪处罚，构成其他犯罪的，依照刑法的相关规定处理；教唆或者伙同他人采取暴力、胁迫等手段劫取家庭成员或近亲属财产的，可以抢劫罪定罪处罚。

9. 关于抢劫罪数的认定

行为人实施伤害、强奸等犯罪行为，在被害人未失去知觉时，利用被害人不能反抗、不敢反抗的处境，临时起意劫取他人财物的，应以此前所实施的具体犯罪与抢劫罪实行数罪并罚；在被害人失去知觉或者没有发觉的情形下，以及实施故意杀人犯罪行为之后，临时起意拿走他人财物的，应以此前所实施的具体犯罪与盗窃罪实行数罪并罚。

10. 关于抢劫致人重伤、死亡的认定

抢劫致人重伤、死亡是抢劫罪加重处罚的一个情形，关于死伤结果与抢劫行为的关系在理论上有直接因果关系说、机会说、关联性说。相比较关联性说更科学，按此学说，既不能要求死伤结果必须是暴力、威胁行为直接引起，又不能对此不作任何限制，至少死伤结果必须是抢劫相关联的手段行为引起的，包括抢劫过程中直接致被害人重伤、死亡，也包括被害人为逃避抢劫在逃跑过程中摔伤或发生交通事故等造成重伤、死亡。对于被害人被抢劫后因情绪原因自杀或自残造成的重伤、死亡后果，不能作为抢劫致人重伤、死亡的加重情形来处罚。死伤对象不一定是被害人本人，可以是误伤共犯或者无辜第三人。

对于抢劫致人死亡中是否包含故意杀人，理论上有一定的争议。有观点认为抢劫致人死亡只包括因为抢劫而过失致人死亡，不包含故意杀人的情形。也有观点认为，抢劫致人死亡既包括过失也包括故意致人死亡。司法解释持后一种立场，根据2001年5月22日最高人民法院《关于抢劫过程中故意杀人案件如何定罪问题的批复》中，行为人为劫取财物而预谋故意杀人，或者在劫取财物过程中，为制服被害人反抗而故意杀人的，以抢劫罪定罪处罚。行为人实施抢劫后，为灭口而故意杀人的，以抢劫罪和故意杀人罪定罪，实行数罪并罚。

11. 驾驶机动车、非机动车抢夺他人财物行为的定性

对于驾驶车辆抢夺他人财物的，俗称“飞车抢夺”，一般以抢夺罪从重处罚。但是具有下列情形之一的，应以抢劫罪定罪处罚：（1）驾驶车辆，逼挤、撞击或强行逼倒他人以排除他人反抗，趁机夺取财物的；（2）驾驶车辆强抢财物时，因被害人不放手而采取强拉硬拽方法劫取财物的；（3）行为人明知其驾驶车辆强行夺取他人财物的手段会造成他人伤亡的后果，仍然强行夺取并放任造成财物持有人轻伤以上后果的。

12. 关于转化型抢劫的认定

根据《刑法》第269条规定，犯盗窃、诈骗、抢夺罪，为窝藏赃物、抗拒抓捕或者毁灭罪证而当场使用暴力或者以暴力相威胁的，以抢劫罪定罪处罚。这种犯罪通常在理论上被称为转化型抢劫或者事后抢劫。对于转化型抢劫应当同时具备以下条件。

一是犯盗窃、诈骗、抢夺罪，这是转化型抢劫罪的前提条件。根据2005年最高

人民法院《关于审理抢劫、抢夺刑事案件适用法律若干问题的意见》第5条的规定，行为人实施盗窃、诈骗、抢夺行为，未达到“数额较大”，为窝藏赃物、抗拒抓捕或者毁灭罪证当场使用暴力或者以暴力相威胁，情节较轻、危害不大的，一般不以犯罪论处；但具有下列情节之一的，可依照《刑法》第269条的规定，以抢劫罪定罪处罚：(1）盗窃、诈骗、抢夺接近“数额较大”标准的；(2）入户或在公共交通工具上盗窃、诈骗、抢夺后在户外或交通工具外实施上述行为的；(3）使用暴力致人轻微伤以上后果的；(4）使用凶器或以凶器相威胁的；(5）具有其他严重情节的。2016年《关于审理抢劫刑事案件适用法律若干问题的指导意见》进一步指出，“犯盗窃、诈骗、抢夺罪”，主要是指行为人已经着手实施盗窃、诈骗、抢夺行为，一般不考察盗窃、诈骗、抢夺行为是否既遂。但是所涉财物数额明显低于“数额较大”的标准，又不具有前述司法解释所列五种情节之一的，不构成抢劫罪。而对于此处是狭义的三个罪名还是三类行为构成的罪名理论上有争议，如在犯金融诈骗或合同诈骗时被发现而以暴力或暴力威胁取财是否转化为抢劫，我们赞同尽管是盗窃、诈骗、抢夺三个具体罪以外的犯罪，但是只要其也是侵犯了财产所有权，触犯的是其他章的罪名就也以可转化为抢劫罪，但要排除手段是盗窃、诈骗、抢夺但不会侵犯财产所有权的罪名，如盗窃尸体或偷盗婴幼儿被发现而强抢的就不能转化为抢劫罪。

二是客观上当场实施了暴力或以暴力相威胁。“当场”是指在盗窃、诈骗、抢夺的现场以及行为人刚离开现场即被他人发现并抓捕的情形。对于以摆脱的方式逃脱抓捕，暴力强度较小，未造成轻伤以上后果的，可不认定为“使用暴力”，不以抢劫罪论处。

三是主观上行为人必须是故意实施了暴力，且是为窝藏赃物、抗拒抓捕或者毁灭罪证而实施暴力或者暴力相威胁。如行为人逃跑时无实施暴力的故意，而是过失将他人冲撞倒地致伤亡或损毁财物不能认定为转化型抢劫罪。实施了暴力但是因为报复或泄愤等而伤人毁财不能以转化型抢劫论，应以前提行为罪名和故意伤害罪、故意毁坏财物罪等数罪并罚。

在事后转化抢劫的共犯问题上，两人以上共同实施盗窃、诈骗、抢夺犯罪，其中部分行为人为窝藏赃物、抗拒抓捕或者毁灭罪证而当场使用暴力或者以暴力相威胁的，对于其余行为人是否以抢劫罪共犯论处，主要看其对实施暴力或者以暴力相威胁的行为人是否形成共同犯意、提供帮助。基于一定意思联络，对实施暴力或者以暴力相威胁的行为人提供帮助或实际成为帮凶的，可以抢劫共犯论处。

关于转化型抢劫，《刑法》规定了两种类型：一种是前行为是盗窃罪、诈骗罪、抢夺罪，为窝藏赃物、抗拒抓捕或者毁灭罪证而当场使用暴力或者以暴力相威胁的，以抢劫罪定罪处罚；另一种是携带凶器抢夺的，以抢劫罪定罪处罚。该规定不要求行为人在抢夺过程中使用凶器，如果使用则不需要转化，直接可以定抢劫罪。法律规定该款的意旨为，行为人携带凶器进行抢夺但未使用凶器的，仍以抢劫罪处罚。需要说明的是，以上转化型抢劫同样适用于入室盗窃、诈骗、抢夺行为转化为入室抢劫的认定。在司法实践中，凡是转化型抢劫的案件，在法律文书中引用法律条文时，需要分情况同时引用《刑法》第 269 条或第 267 条第 2 款以及第 263 条作为依据。

（三）抢劫罪与其他犯罪的区分

1. 抢劫罪与绑架罪的区别

抢劫罪与绑架罪的共同之处在于二罪均侵犯了他人的人身权利。区别在于：（1）主观目的不完全相同。抢劫罪的主观目的是占用他人财物。而绑架罪中，行为人可能为勒索财物绑架他人，也可能是出于其他非经济目的绑架他人。（2）行为手段不完全相同。抢劫罪的抢劫行为具有当场性，即一般只对财产所有人或保管人实施暴力或以暴力相威胁以取得财物，但是绑架罪则表现为以杀害、伤害被绑架人的方式向其亲友发出威胁，勒索财物或提出其他要求，劫取财物不具有当场性。（3）侵犯的对象不同。抢劫罪的行为人当场从被害人本人处劫取财物，而绑架罪则是行为人向被绑架者以外的第三人勒索财物或提出其他要求。根据《关于审理抢劫、抢夺刑事案件适用法律若干问题的意见》，绑架过程中又当场劫取被害人随身携带财物的，同时触犯绑架罪和抢劫罪两个罪名，应择一重罪定罪处罚。

2. 抢劫罪与故意杀人罪的区别

在抢劫犯罪中可能会有杀害被害人的行为，对于有杀人行为的抢劫，其与故意杀人罪的区别在于：（1）犯意的内容不同。为了排除抢劫的妨碍，在抢劫财物前或抢劫过程中杀人的，定抢劫罪，其杀人犯意作为整个抢劫犯意的一个组成部分，不单独评价。在抢劫财物后，怕被害人报案或认出自己等原因而杀人的，其犯意具有独立性，需单独评价，定故意杀人罪和抢劫罪两罪。（2）杀人行为实施的阶段不同。如前文所述，被抢劫罪所吸收评价的杀人行为须发生在抢劫财物完成前或抢劫行为实施过程中，定故意杀人罪与抢劫罪并罚的杀人行为则发生在抢劫行为实施完毕后。为了继承遗产而故意杀害被继承人的，以故意杀人罪定罪处罚。

3. 抢劫罪与抢劫枪支、弹药、爆炸物、危险物质罪的区别

如果以抢劫普通财物的故意抢劫了枪支、弹药、爆炸物、危险物质，按照主客观相一致的原则认定为抢劫罪。抢劫时明知有财物也有枪支、弹药、爆炸物、危险物质的，如果该行为属于一个行为，则依照想象竞合犯原则只定抢劫枪支、弹药、爆炸物、危险物质罪，如果是两个分别的行为则分别定罪。

4. 抢劫罪与强迫交易罪的区别

两罪相同之处是都以非法占有为目的，采取暴力、胁迫手段取得了被害人财物。两罪的区别在于：（1）犯罪主体不同。强迫交易罪的主体是进行商业活动的市场主体。而抢劫罪的主体则没有这些特殊要求。（2）行为的暴力、胁迫程度不同。抢劫罪的暴力、胁迫手段足以压制被害人反抗，强迫交易罪的暴力一般仅限于轻微打骂。（3）被害人交出价款与合理的商品、服务价格是否悬殊不同。假借商品交易之名实为抢劫的，商品或交易价格与交出价款一般相差悬殊；而在强迫交易行为中，交出价款只是略高于正常价格。

二、盗窃罪

（一）盗窃罪的概念与犯罪构成

1. 概念

盗窃罪，是指行为人以非法占有为目的，采取自以为不被被害人知情的方法秘密窃取公私财物，数额较大或者多次盗窃、入户盗窃、携带凶器盗窃、扒窃的行为。

2. 犯罪构成

（1）主观构成要件

故意非法占有的目的是盗窃罪的主观要件。非法占有目的包括，非法占有他人的财物，非法占有虽然属于自己的但处于他人的合法使用、保管之下的财物。盗窃罪的主观故意从定罪角度又可分为确定性故意与不确定性故意。确定性故意指的是行为人所要盗取的财物是特定的，或者行为人对其价值有比较明确的认识。不确定性故意是指行为人对所盗取的财物是否是特定物没有明确的认识，对财物的价值也没有明确的认识。区分确定性故意与不确定性故意的意义在于：第一，如果行为人对《刑法》所规定的特定物没有明确的认识，例如行为人出于盗窃一般财物的目的盗窃了枪支、弹药、爆炸物、危险物质的，只能定盗窃罪，但是如果明知或者应知被盗物是枪支、弹药、爆炸物、危险物质的，则应以盗窃枪支、弹药、爆炸物、危险物质罪处罚。第二，如果行为人对所盗取的物品价值的认识出现严重偏差，则需要区别对待。例如行为人看到其朋友办公室有一只漂亮的瓷杯，认为价值不会太高，便私自拿到自己办公室使用，但实际上该杯子系其朋友花费上万元买来的文物。对于该种情况，鉴于行为人的故意只是占小便宜的故意，而不是刑法中盗窃的故意，所以该行为一般不按盗窃罪处理。如果行为人对犯罪对象的价值有概括性认识则不影响定罪。例如，甲听乙说其驾驶的二手摩托车是 400 元买来的，即盗取了该摩托车，但经鉴定，该摩托车价值 2 000 元。在这个案件中不能因为甲对物品的价值认识有偏差而不按盗窃罪处理，因为其盗窃的故意是明确的，在明确的盗窃故意的支配下，其行为结果不依其预期的价值来判断。正如行为人扒窃他人钱包时虽不能明确判断钱包内的财物价值，但是其盗窃的故意是明确的，对财物的价值认识是概括性的，所以需要对行为人的主观意识区分判断。

（2）客观构成要件

盗窃罪的客观构成要件为秘密窃取他人数额较大的财物或者多次窃取的行为。

秘密窃取，指的是行为人认为其窃取被害人的财物时被害人不知情，至于被害人是否不知情以及其他人是否发觉不影响盗窃罪的成立。例如，甲到火车站候车室看见乙在椅子上睡觉，其旁边有一手提箱（内有财物价值 2 000 元），在乙的对面是丙，甲认为该手提箱应是乙所有，即提箱子准备离去，却被丙抓住。甲的行为仍然构成盗窃罪。在本案中，假设箱子是乙所有，乙未睡但是甲误以为乙昏睡，甲偷拿箱子的行为仍构成盗窃罪。所以此处的秘密窃取主要指的是行为人自以为是秘密的，而且其认知判断针对的是被害人，而不是财物周围的其他人，即使被害人周围所有的人都发现了甲的行为，唯独受害人本人不知情或者即使受害人也知情，但是行为人认为受害人不知情的，也是秘密窃取。最近新出现的利用木马病毒植入技术通过网络窃取他人银行卡内存款的手段，一般也按照盗窃罪定罪处罚。

除常见的趁人不备窃取财物外，还有一种手段是使用欺骗的手段让被害人相信自己的财物仍存在，即行为人采取调包等方式调换取得被害人财物。例如，行为人找到某受害人，告知他近期会有灾祸，自己会作法将灾祸驱除，要求受害人把钱放在一个盒子里，自己作法后就可以避免了。受害人将钱放在盒子里交给行为人，行为人迅速用纸调包，然后告诉被害人钱仍在，但要等 3 天后才能打开看，3 天后被害人发现其钱款已被调包窃走。该行为属于盗窃而非诈骗，因为被害人没有将自己的财物自愿交付给对方的意思表示。所以此类以欺骗手段取得被害人财物，但被害人并没有将自己财物自愿交付给行为人处分的行为仍是盗窃罪。

对于“多次窃取”，根据 2013 年最高人民法院、最高人民检察院《关于办理盗窃刑事案件适用法律若干问题的解释》，二年内盗窃三次以上的，应当认定为“多次盗窃”。该规定不要求盗窃达到“数额较大”的起点，只要两年内盗窃三次以上的，就按盗窃罪处罚。司法实践中应注意把握：一是盗窃三次以上，有时间限制，为“二年内”；二是三次盗窃行为并不要求均为“未经处理的”，如三次中有受过刑事处罚或者行政处罚的，也应该算在“三次”内。

“入户盗窃”指非法进入供他人家庭生活、与外界相对隔离的住所盗窃的情形。本罪中“户”的理解，2013 年《关于办理盗窃刑事案件适用法律若干问题的解释》作了与前述抢劫罪所涉“户”无本质区别的解释，此处不赘述。有争议的是行为人用工具从户中盗窃财物是否属于入户盗窃，我们认为用工具入户、人未入户的盗窃不属入户盗窃，立法规定入户盗窃无须数额巨大构成犯罪的理由是入户盗窃行为不仅侵犯财产权还侵犯了公民住宅权，而只用工具入户、人未入户的并未侵犯公民的住宅权，工具入户的危害与盗窃人入户的危害差异极大，不可一样评价。

“携带凶器盗窃”是指携带枪支、爆炸物、管制刀具等国家禁止个人携带的器械盗窃，或者为了实施违法犯罪携带其他足以危害他人人身安全的器械盗窃的情形。

“扒窃”是指在公共场所或者公共交通工具上盗窃他人随身携带的财物的情形。所谓随身携带的财物是指被害人贴身携带的财物或其伸手可及的财物，前者如被害人挎包中的财物，后者如餐厅里被害人放在桌上的手机，旁座上包中财物等，但如趁被害人离身后窃取不属于扒窃，只属于一般盗窃。

需要注意的是，实施“多次盗窃”“入户盗窃”“携带凶器盗窃”“扒窃”行为，构成犯罪不需要盗窃数额达到一定标准。但根据《刑法》第 13 条的规定，对于情节显著轻微、危害不大的上述行为，不应认定为犯罪。

（3）主体要件

本罪主体为年满 16 周岁的有刑事责任能力的人。单位不能成为盗窃罪的主体。

（4）侵犯的客体和犯罪对象

盗窃罪侵犯的客体是公私财物的所有权。

盗窃罪的犯罪对象是公私财物。财物，包括有形物和无形物。财物的含义：

1）他人的财物。盗窃与自己同住的家人的财物一般不按盗窃处理。2）有流通价值。盗窃对被害人有特殊意义的纪念品，即使被害人认为价值连城，但如果其没有流通价值或达不到“数额较大”标准的，仍不能构成盗窃罪。3）为他人所占有或控制、管理下的物。如果是无主物、遗忘物、遗失物，即使行为人认为自己是秘密窃取，也不能成立盗窃罪。4）盗窃罪中的财物排除《刑法》其他罪名特别调整的财物。《刑法》其他条文特别调整的物，按特别规定处理。例如，盗窃枪支、弹药、爆炸物、危险物质等由其他罪名调整。

（二）盗窃罪的司法认定

1. 盗窃罪的“定量”标准

盗窃罪主要以犯罪数额为根据并结合几种特殊情节来作为定罪量刑的标准。《关于办理盗窃刑事案件适用法律若干问题的解释》第 1 至第 2 条作了明确的规定：盗窃公私财物价值 1 000 元至 3 000 元以上、3 万元至 10 万元以上、30 万元至 50 万元以上的，应当分别认定为《刑法》第 264 条规定的“数额较大”“数额巨大”“数额特别巨大”。各省、自治区、直辖市高级人民法院、人民检察院可以根据本地区经济发展状况，并考虑社会治安状况，在前款规定的数额幅度内，确定本地区执行的具体数额标准，报最高人民法院、最高人民检察院批准。在跨地区运行的公共交通工具上盗窃，盗窃地点无法查证的，盗窃数额是否达到“数额较大”“数额巨大”“数额特别巨大”，应当根据受理案件所在地省、自治区、直辖市高级人民法院、人民检察院确定的有关数额标准认定。此外，盗窃公私财物，具有下列情形之一的，“数额较大”的标准可以按照前条规定标准的 50%确定：（1）曾因盗窃受过刑事处罚的；（2）一年内曾因盗窃受过行政处罚的；（3）组织、控制未成年人盗窃的；（4）自然灾害、事故灾害、社会安全事件等突发事件期间，在事件发生地盗窃的；（5）盗窃残疾人、孤寡老人、丧失劳动能力人的财物的；（6）在医院盗窃病人或者其亲友财物的；（7）盗窃救灾、抢险、防汛、优抚、扶贫、移民、救济款物的；（8）因盗窃造成严重后果的。

在司法实务中，数额是界定盗窃罪罪与非罪的重要标准，但也应该注意数额并非区分罪与非罪的唯一标准。根据《关于办理盗窃刑事案件适用法律若干问题的解释》第 7 条规定，盗窃公私财物数额较大，行为人认罪、悔罪，退赃、退赔，且具有下列情形之一，情节轻微的，可以不起诉或者免予刑事处罚；必要时，由有关部门予以行政处罚：（1）具有法定从宽处罚情节的；（2）没有参与分赃或者获赃较少且不是主犯的；（3）被害人谅解的；（4）其他情节轻微、危害不大的。第 8 条规定，偷拿家庭成员或者近亲属的财物，获得谅解的，一般可不认为是犯罪；追究刑事责任的，应当酌情从宽。此外，在 2006 年最高人民法院《关于审理未成年人刑事案件具体应用法律若干问题的解释》规定中，已满 16 周岁不满 18 周岁的人实施盗窃行为未超过 3 次，盗窃数额虽已达到“数额较大”标准，但案发后能如实供述全部盗窃事实并积极退赃，且具有下列情形之一的，可以认定为“情节显著轻微、危害不大”，不认为是犯罪：（1）系又聋又哑的人或者盲人；（2）在共同盗窃中起次要或者辅助作用，或者被胁迫；（3）具有其他轻微情节的。已满16周岁不满18周岁的人盗窃未遂或者中止的，可不认为是犯罪。已满十六周岁不满十八周岁的人盗窃自己家庭或者近亲属财物，或者盗窃其他亲属财物但其他亲属要求不予追究的，可不按犯罪处理。

从盗窃罪的数额在犯罪成立、既遂、未遂以及法定刑升格条件中的地位来看，其是属于主客观相统一的构成要件要素，而不仅仅是一种量刑规则。《关于办理盗窃刑事案件适用法律若干问题的解释》第12条第2款指出，盗窃既有既遂，又有未遂，分别达到不同量刑幅度的，依照处罚较重的规定处罚；达到同一量刑幅度的，以盗窃罪既遂处罚。例如，行为人主观上意欲盗窃50万元的物品，而事实上仅盗窃到手1万元。此时，行为人属于盗窃罪“数额特别巨大”的未遂，同时也符合盗窃罪“数额较大”的既遂，分别达到不同量刑幅度，因而应当按照处罚较重的未遂予以处罚。如果行为人主观上意欲盗窃20万元的物品，盗窃到手10万元，尚未到手10万元，均属于“数额巨大”的量刑幅度，此时应当按照盗窃罪的既遂处罚。

2. 盗窃罪的特殊形态

以下行为，按盗窃罪定罪处罚。

（1）盗接他人通信线路、复制他人电信码号，非法复制窃取的移动电话码号，明知是非法复制的移动电话码号而使用，销赃数额或者给他人造成损失的数额达到“数额较大”起点的。

（2）盗窃违禁品，按盗窃罪处理，不计数额，根据情节轻重量刑。盗窃毒品的，可以参考当地毒品非法交易的价格确定盗窃数额。

（3）盗窃增值税专用发票或者可以用于骗取出口退税、抵扣税款的其他发票的，盗窃发票数量在25份以上的，为“数额较大”。

（4）为练习开车、游乐等目的，多次偷开机动车辆，并将机动车辆丢失，数额较大的。

（5）非法充值电信卡并使用，造成电信资费损失较大的。

（6）盗用他人公共信息网络上网账号、密码上网，造成他人电信资费损失数额较大的。

（7）对林木非法实施采种、挖笋、掘根、剥树皮等行为，牟取经济利益数额较大的。

（8）盗窃信用卡并使用的，盗窃数额根据行为人使用的数额认定。

（9）邮政工作人员私自开拆或者隐匿、毁弃邮件、电报从中窃取财物的。

3. 盗窃罪的既遂、未遂状态

盗窃罪属于数额犯和结果犯。关于盗窃行为的既遂，理论上有失控说、控制说、接触说、转移财产说等。按照2003年《全国法院审理经济犯罪案件工作座谈纪要》规定，贪污罪需要行为人控制财物才为既遂，贪污罪也属于侵犯财产所有权的犯罪，为追求刑法的公正与一致性，我们认为盗窃罪一般采取控制说为妥，但是财物被行为人置于行为人、被害人均未控制之处，行为人即使未控制财物也属于既遂。如爬火车盗窃者将财物往车下抛后回去找财物时，财物已被别人捡走也属于盗窃罪既遂。

即使明确了盗窃罪既未遂标准是控制说，实际上由于盗窃对象、手段不同，环境与具体条件的不同，判断所谓取得控制仍然是个十分棘手的问题。例如，住家保姆林某窃得被害人支某人民币以及首饰，藏匿于被害人家一楼保姆间的抽屉以及三楼衣帽间的隔板上，在该案件中对于行为人是否构成盗窃既遂的认定就有分歧。[①] 在具体案件中，判断是否取得控制，可以从两个方面出发：一是被害人是否失去了对财物的控制，可借助于财物的形状、性质、被藏匿位置分析被害人查找财物的难易程度。在本案中，保姆间抽屉、衣帽间隔板上都并非一般人很难查找的地方，主人并非完全丧失对财物的控制。二是行为人对财物的控制需要达到充分、及时的程度，被盗财物所放置的位置应当有利于转移。在本案中，支某对房屋的所有权限制了林某的控制力，在封闭的场所之下，林某无法轻易、随意地转移财物。因此在本案中，行为人林某属于盗窃罪未遂。

在对盗窃罪未遂的处理上，基于刑法谦抑性以及宽严相济的刑事政策，以不处罚未遂犯为原则，处罚未遂犯为例外。根据《关于办理盗窃刑事案件适用法律若干问题的解释》第 12 条，盗窃未遂，具有下列情形之一的，应当依法追究刑事责任：（1）以数额巨大的财物为盗窃目标的；（2）以珍贵文物为盗窃目标的；（3）其他情节严重的情形。

4. 单位盗窃的处理

单位有关人员为谋取单位利益组织实施盗窃行为，情节严重的，应当依照《刑法》第 264 条的规定以盗窃罪追究直接责任人员的刑事责任。[②]《关于办理盗窃刑事案件适用法律若干问题的解释》第 13 条规定，单位组织、指使盗窃，符合《刑法》第 264 条及本解释有关规定的，以盗窃罪追究组织者、指使者、直接实施者的刑事责任。对单位不定罪处罚。

5. 盗取死者物品的处理

盗取死者物品，有以下几种情况：（1）以抢劫为目的杀死被害人后，在现场取走财物。该种情形构成抢劫罪。（2）非以劫财目的故意杀人后，在现场临时起意盗取死者的物品的，构成盗窃罪。（3）从死亡原因与己无关的死者身上或死亡现场盗取财物的，构成盗窃罪。例如，甲看到同村一富人入葬时有黄金、贵重玉器等陪葬品，遂夜间掘墓盗取陪葬物。因为该陪葬物品的所有权仍属于死者亲属，而非无主物，所以其行为构成的是盗窃罪。

6. 盗窃机动车问题

关于盗窃机动车作为实施其他犯罪的工具所涉及的罪数问题，《关于办理盗窃刑事案件适用法律若干问题的解释》第 10 条作出了明确的规定，偷开他人机动车的，按照下列规定处理：（1）偷开机动车，导致车辆丢失的，以盗窃罪定罪处罚；（2）为盗窃其他财物，偷开机动车作为犯罪工具使用后非法占有车辆，或者将车辆遗弃导致丢失的，被盗车辆的价值计入盗窃数额；（3）为实施其他犯罪，偷开机动车作为犯罪工具

---

① 刑事审判参考．北京：法律出版社，2009（3）：19.

② 最高人民检察院《关于有关人员组织实施盗窃行为如何适用法律问题的批复》（高检发释字［2002］5 号）。

使用后非法占有车辆，或者将车辆遗弃导致丢失的，以盗窃罪和其他犯罪数罪并罚；将车辆送回未造成丢失的，按照其所实施的其他犯罪从重处罚。例如，盗取汽车后去实施抢劫的，以抢劫罪和盗窃罪数罪并罚。盗窃机动车后以此作为进一步实施盗窃其他财物的工具使用的，机动车价值计入总的盗窃价值中。盗窃机动车后又发生交通肇事的，按照盗窃罪和交通肇事罪数罪并罚。偷开机动车，造成他人车辆丢失的，以盗窃罪定罪处罚。

（三）盗窃罪与其他罪的区分

1. 盗窃罪的法条竞合犯

盗窃以下物品按《刑法》其他规定定罪处罚：为境外窃取国家秘密、情报的（为境外窃取国家秘密、情报罪）；盗窃枪支、弹药、爆炸物、危险物质的（盗窃枪支、弹药、爆炸物、危险物质罪）；盗窃国家秘密的（非法获取国家秘密罪）；盗窃国家机关公文、证件、印章的（盗窃国家机关公文、证件、印章罪）；盗窃尸体的（盗窃尸体罪）；窃取国有档案的（窃取国有档案罪）；盗窃技术成果、商业秘密的（侵犯商业秘密罪）；盗掘古文化遗址、古墓葬、古人类化石、古脊椎动物化石的（盗掘古文化遗址、古墓葬、古人类化石、古脊椎动物化石罪）；盗伐林木的（盗伐林木罪）；盗窃武装部队公文、证件印章、武装部队专用标志的（盗窃武装部队公文、证件印章、武装部队专用标志罪）；利用职务便利监守自盗的（贪污罪或职务侵占罪）等。

2. 盗窃罪中的想象竞合犯和牵连犯

盗窃罪除法条竞合按特别规定处理外，还有一些构成想象竞合犯和牵连犯应择一重罪处理的情况。（1）盗窃广播电视设施、公用电信设施，同时构成破坏广播电视设施、公用电信设施罪和盗窃罪的，择一重罪处罚（想象竞合犯）。（2）以破坏性手段实施盗窃犯罪，盗窃的数额和造成公私财物损毁的数额都达到数额较大起点的，择一重罪处罚（牵连犯）。盗窃未达“数额较大”标准，但手段行为损毁公私财物数额较大的，以故意损坏财物罪定罪处罚。但是盗窃完成后，为掩盖罪行或者报复以及出于其他动机故意损毁公私财物构成犯罪的，应以盗窃罪和其他罪数罪并罚。（3）盗窃使用中的电力设备，同时构成盗窃罪和破坏电力设备罪，择一重罪处罚（想象竞合犯）。但是盗窃不是使用中的电力设备的，只构成盗窃罪。（4）盗窃油气和正在使用中的输油管道，同时构成盗窃罪和破坏易燃易爆设备罪的（分情况属于想象竞合犯或牵连犯），依照《刑法》处罚较重的规定定罪处罚。凡是以盗窃为目的，其行为同时触犯了其他犯罪的，除《刑法》所规定的法条竞合犯和数罪并罚的情况外，均应择一重罪处罚。

三、诈骗罪

（一）诈骗罪的概念与犯罪构成

1. 概念

诈骗罪，是指以非法占有为目的，使用欺骗方法骗取公私财物，数额较大的行为。

2. 犯罪构成

（1）主观构成要件

主观要件是故意，即具有非法占有的目的。

（2）客观构成要件

诈骗罪的客观行为方式为：行为人实行了欺骗行为→被害人因此陷入错误认识→被害人因为错误认识交付财物给行为人→行为人取得财物，被害人受到损失。

1）欺骗行为。欺骗行为包括虚构事实和隐瞒真相。行为人以虚假语言、虚假行为的方式让被害人相信行为人的意思表示或承诺。欺骗行为不包括因虚假陈述个人的价值观点导致对方的价值判断出现错误的情况。例如，甲出售兰花，乙来购买，甲发现乙不识货，便称乙看中的一盆兰花市场价值应在 20 万元，乙认为现在市场上正在炒作兰花，也认同甲的说法，便出资 18 万元购买，但乙到市场仅售得 500 元。甲的陈述属于夸大事实性质的价值判断，乙作出的行为虽受甲的虚假陈述影响但仍是基于自我的鉴别判断作出的，所以不属于诈骗罪，但是如果甲用普通兰花品种欺骗乙说是价值高的名贵兰花品种，则是诈骗罪。

2）被害人陷入错误认识。这是欺骗程度和欺骗后果的认定。被害人因为行为人的欺骗行为，在主观上产生对事实的错误认识。欺骗行为与错误认识必须具有直接因果关系，不能是被害人基于其他因素作出了错误判断。至于是否符合常理不影响诈骗罪的成立。例如，行为人甲用一现代赝品瓷器冒充唐代瓷器以 1 万元的价格在路边叫卖，懂文物收藏的乙看出是现代仿品，但认为该仿品非常逼真，可以以假乱真，便以 1 万元买下，后乙又反悔报案。本案中甲虽有欺骗行为，但是乙没有因此陷入错误认识，故甲不构成诈骗罪，因为不符合主客观相统一原则。用迷信手段或虚构绝大多数人都不会信赖的事实骗取了某被害人的财物的，仍构成诈骗罪。

3）被害人因为错误认识处分财物。处分财物包括交付财物给行为人或行为人指定的他人，或免除行为人的债务等。受害人处分财物指的是将财物所有权或临时的占有、使用权给予行为人，使财物脱离自己的控制，例如冒充被害人的朋友借用或索要被害人的财物。如果是未脱离自己的控制，则不属于诈骗，例如，甲在路边对乙说有急事借甲的手机打一电话，甲遂将手机交给乙，乙接过手机后立即狂奔，甲未能追上。本案中乙虽然交付了财物，但不是处分财物，而且此财物尚未脱离自己的控制和管理，所以甲的行为应定抢夺罪而非诈骗罪。

4）行为人取得财物，被害人受损。行为人取得财物与被害人受损也必须具有直接因果关系，被害人的损失应该是直接损失。例如，甲向乙骗钱，乙没有闲余现金，只有将自己的股票卖出把钱交给甲，但是乙卖出股票后该股票接连涨停，数日后已翻倍。本案中乙的损失只能限于其直接交给甲的数额，不能将其如果未卖出可能获得的收益计算在内。

（3）主体要件

主体应为年满 16 周岁的有刑事责任能力的人。

（4）侵犯的客体和犯罪对象

诈骗罪侵犯的客体是公私财物的所有权。犯罪对象为一切有价值的财物，包括动产和不动产，现实的财产和财产性利益，有主物和无主物。无主物是指暂时被他人保管但未找到其主人的物。例如，甲在路边捡到一钱包，内有 5 000 元现金，乙知道后即过来称钱包是自己的，从甲处骗得了该钱包，乙的行为构成诈骗罪。

（二）诈骗罪的司法认定

1. 诈骗罪既未遂问题。根据 2011 年最高人民法院、最高人民检察院《关于办理诈骗刑事案件具体应用法律若干问题的解释》第 6 条规定，诈骗既有既遂，又有未遂，分别达到不同量刑幅度的，依照处罚较重的规定处罚；达到同一量刑幅度的，以诈骗罪既遂处罚。例如，被告人王某使用伪造的户口本、身份证，冒充房主即王某之父的身份，与被害人徐某签订房屋买卖合同，约定购房款为 100 万元，并当场收取徐某定金 1 万元。同年 8 月 12 日，王某又收取徐某支付的购房首付款 29 万元，并约定余款过户后给付。后双方在办理房产过户手续时，王某虚假身份被住建委工作人员发现，余款未取得。[①] 在本案中，被告人欲诈骗数额特别巨大的财物，诈骗到数额巨大的财物，同时触犯诈骗数额特别巨大财物 100 万元的未遂和诈骗数额巨大 30 万元的既遂，为想象竞合，择一重罪论处。

2. 以虚假或者冒用他人的身份证件办理移动电话入网手续并使用，造成通讯资费损失数额较大的，根据 2000 年 5 月 12 日最高人民法院《关于审理扰乱电信市场管理秩序案件具体应用法律若干问题的解释》第 9 条规定，应以诈骗罪定罪处罚。

3. 以欺诈、伪造证明材料或者其他手段骗取养老、医疗、工伤、失业、生育等社会保险金或者其他社会保障待遇的，属于《刑法》第 266 条规定的诈骗公私财物的行为，根据 2014 年全国人民代表大会常务委员会《关于〈中华人民共和国刑法〉第二百六十六条的解释》，属于《刑法》第 266 条规定的诈骗公私财物的行为。

4. 以伪造、变造、盗窃的武装部队车辆号牌，骗免养路费、通行费等各种规费，数额较大的，以诈骗罪定罪处罚。

5. 诉讼欺诈问题。行为人通过民事诉讼，以伪造证据、虚假陈述等手段骗取法院对其虚假证据的认可，使法院作出受害方支付行为人财物的判决，被称为诉讼欺诈或诉讼诈骗。《刑法修正案（九）》新增了虚假诉讼罪，虚假诉讼罪是指以捏造的事实提起民事诉讼，妨害司法秩序或者严重侵害他人合法权益的行为。根据 2018 年最高人民法院、最高人民检察院《关于办理虚假诉讼刑事案件适用法律若干问题的解释》[②] 以及相关文件解读，虚假诉讼罪中的“捏造”限于“无中生有型”虚假诉讼行为，而对于“部分篡改型”虚假诉讼行为，即民事法律关系和民事纠纷客观存在，行为人只是对具体的诉讼标的额、履行方式等部分事实作夸大或者隐瞒的行为，不属于刑法规定的虚假诉讼罪的范畴。因此，对于实施以骗取财物为目的的“无中生有型”虚假诉讼行为，一方面其符合虚假诉讼罪的犯罪构成要件，同时根据《刑

---

① 参见最高人民法院指导案例第 62 号。

② 参见 2018 年最高人民法院、最高人民检察院《关于办理虚假诉讼刑事案件适用法律若干问题的解释》第 1 条。

法》第 307 条之一第 3 款的规定，“有第一款行为，非法占有他人财产或逃避合法债务，又构成其他犯罪的，依照处罚较重的规定定罪从重处罚”。即侵财型虚假诉讼同时也构成诈骗罪，二者属于竞合关系，依照处罚较重的规定定罪从重处罚。

而对于“部分篡改型”虚假诉讼行为，如前所述，其不符合“捏造”构成要件，不能认定为虚假诉讼罪。关于其能否构成诈骗罪等财产性犯罪，2002 年最高人民检察院法律政策研究室《关于通过伪造证据骗取法院民事裁判占有他人财物的行为如何适用法律问题的批复》规定：以非法占有为目的，通过伪造证据骗取法院民事裁判占有他人财物的行为所侵害的主要是人民法院正常的审判活动，可以由人民法院依照民事诉讼法的有关规定作出处理，不宜以诈骗罪追究行为人的刑事责任。如果行为人伪造证据时，实施了伪造公司、企业、事业单位、人民团体印章的行为，构成犯罪的，应当依照《刑法》第 280 条第 2 款的规定，以伪造公司、企业、事业单位、人民团体印章罪追究刑事责任；如果行为人有指使他人作伪证的行为，构成犯罪的，应当依照《刑法》第 307 条第 1 款的规定，以妨害作证罪追究刑事责任。在 2018 年最高人民法院、最高人民检察院《关于办理虚假诉讼刑事案件适用法律若干问题的解释》第 7 条也延续了上述认定方式：采取伪造证据等手段篡改案件事实，骗取人民法院裁判文书，构成犯罪的，依照《刑法》第 280 条、第 307 条等规定追究刑事责任。主要是考虑到，原告在民事诉讼过程中实施虚构诉讼标的额、篡改履行方式、履行期限等行为的具体情况比较复杂，有的是对法律规定内容理解不当，有的是出于诉讼策略的考虑，不能一概认定其主观上具有非法占有他人财产的目的。并且在实践中，对“部分篡改型”虚假诉讼行为一般可以通过承担败诉后果、给予司法处罚使其受到制裁。因此，从坚持主客观相一致原则、坚持刑法谦抑性、合理控制刑事打击面等多角度考虑，对“部分篡改型”虚假诉讼行为一般不宜以诈骗罪等侵财类犯罪定性处理。

6. 关于用赌博方式进行诈骗的问题。最高人民法院研究室 1995 年《关于对设置圈套诱骗他人参赌又向索还钱财的受骗者施以暴力或暴力威胁的行为应如何定罪问题的批复》中指出：设置圈套诱骗他人参赌获取钱财属于赌博行为。但是最高人民法院又通过公报案例的形式指出：行为人出于非法占有他人财产的目的，采取虚构事实、隐瞒真相、设置圈套的方法诱使他人参加赌博，并以欺诈手段控制赌局的输赢结果，从而骗取他人财物，数额较大的，构成诈骗罪，应当依照《刑法》第 266 条的规定定罪处罚。[①] 所以基于目前新的法律指导精神，以特设赌博骗局的方式骗取财物的，应以诈骗罪处罚。但是对于经常性赌博的人，在牌局中偶尔使用骗术骗取对方财物的，应以赌博罪处罚，其欺骗行为可以被赌博行为吸收评价。因此需要区分不同的案件情况确定罪名。

7. 利用邪教组织以欺骗手段收取他人财物的，以诈骗罪定罪处罚。

8. 单位直接负责的主管人员和其他直接责任人员以单位名义实施诈骗行为，诈骗所得归单位所有的，以诈骗罪追究上述人员的责任。但是单位犯集资诈骗罪、票

---

① 四川省泸县人民检察院诉黄艺、袁小军等诈骗案. 最高人民法院公报，2007 (8).

据诈骗罪、金融凭证诈骗罪、信用证诈骗罪、保险诈骗罪、合同诈骗罪等法条竞合的除外。

9. 使用欺骗手段骗取增值税专用发票或者可以用于骗取出口退税、抵扣税款的其他发票的，按诈骗罪定罪处罚（参见《刑法》第210条第2款规定）。

10. 诈骗罪的法条竞合。《刑法》中有12个罪名与诈骗罪构成法条竞合犯：集资诈骗罪、贷款诈骗罪、票据诈骗罪、金融凭证诈骗罪、信用证诈骗罪、信用卡诈骗罪、有价证券诈骗罪、保险诈骗罪、合同诈骗罪、骗取出口退税罪、招摇撞骗罪、冒充军人招摇撞骗罪。

11. 诈骗数额的认定问题。根据2011年最高人民法院、最高人民检察院《关于办理诈骗刑事案件具体应用法律若干问题的解释》第1条规定，诈骗公私财物价值3 000元至1万元以上、3万元至10万元以上、50万元以上的，应当分别认定为《刑法》第266条规定的“数额较大”“数额巨大”“数额特别巨大”。各省、自治区、直辖市高级人民法院、人民检察院可以结合本地区经济社会发展状况，在前款规定的数额幅度内，共同研究确定本地区执行的具体数额标准，报最高人民法院、最高人民检察院备案。该司法解释第3条规定，诈骗公私财物虽已达到本解释第1条规定的“数额较大”的标准，但具有下列情形之一，且行为人认罪、悔罪的，可以根据《刑法》第37条、《刑事诉讼法》第一百四十二条的有关规定不起诉或者免予刑事处罚：（1）具有法定从宽处罚情节的；（2）一审宣判前全部退赃、退赔的；（3）没有参与分赃或者获赃较少且不是主犯的；（4）被害人谅解的；（5）其他情节轻微、危害不大的。根据该司法解释第4条规定，诈骗近亲属的财物，近亲属谅解的，一般可不按犯罪处理。诈骗近亲属的财物，确有追究刑事责任必要的，具体处理也应酌情从宽。

对于多次进行诈骗，并以后次诈骗财物归还前次诈骗财物，在计算诈骗数额时，应当将案发前已经归还的数额扣除，按实际未归还的数额认定，量刑时可将多次行骗的数额作为从重情节予以考虑。

12. “套路贷”行为的司法认定。根据2019年最高人民法院、最高人民检察院、公安部、司法部《关于办理“套路贷”刑事案件若干问题的意见》，“套路贷”是对以非法占有为目的，假借民间借贷之名，诱使或迫使被害人签订“借贷”或变相“借贷”“抵押”“担保”等相关协议，通过虚增借贷金额、恶意制造违约、肆意认定违约、毁匿还款证据等方式形成虚假债权债务，并借助诉讼、仲裁、公证或者采用暴力、威胁以及其他手段非法占有被害人财物的相关违法犯罪活动的概括性称谓。“套路贷”的常见犯罪手法和步骤主要包括：（1）制造民间借贷假象；（2）制造资金走账流水等虚假给付事实；（3）故意制造违约或者肆意认定违约；（4）恶意垒高借款金额；（5）软硬兼施“索债”。对于“套路贷”的处理，《意见》指出要依法严惩“套路贷”犯罪，实施“套路贷”过程中，未采用明显的暴力或者威胁手段，其行为特征从整体上表现为以非法占有为目的，通过虚构事实、隐瞒真相骗取被害人财物的，一般以诈骗罪定罪处罚；对于在实施“套路贷”过程中多种手段并用，构成诈骗、敲诈勒索、非法拘禁、虚假诉讼、寻衅滋事、强迫交易、抢劫、绑架等多种犯罪的，应当根据具体案件事实，区分不同情况，依照刑法及有关司法解释的规定数罪并罚或者择一重处。需要注意的是，“套路贷”本身并不是一个独立的犯罪罪名或者构成要件，实践中不能认为只要有“套路”就一定构成诈骗罪，不能以“套路贷”概念取代犯罪构成，具体罪名的构成要件是判断犯罪是否成立的唯一标准。

(三) 诈骗罪与其他罪的区分

1. 诈骗罪与盗窃罪

二者的共同点在于，都是在占有他人财物的故意的支配下非暴力取得他人财物。不同点在于：第一，诈骗罪中，取得他人财物时受害人是知情、自愿交付的，而盗窃罪的被害人则是在不知情、非自愿的情况下失去财物。其中诈骗案中的知情、自愿的人可能是财物的管理人、使用人，不一定是财物所有人，但须是有完全民事行为能力的人，诈骗无民事行为能力人的财物的，按盗窃罪处理。盗窃案中的不知情、非自愿者也可能是财物的管理人和使用人，不一定是财物所有人，而且对被害人的行为能力没有要求。第二，诈骗罪中的行为人为骗取被害人财物有虚构事实、隐瞒真相的行为，但盗窃罪中的行为人一般没有虚构事实的行为，即使有虚构事实，如果该虚构的事实不能促使被害人自愿处分财物，取得财物是因为行为人采用了窃取的手段，则同样构成盗窃罪。例如，甲到一商店衣服柜台，称看中一套西装，要求售货员拿来试穿，甲拿到衣服后看到售货员忙于接待其他顾客，没注意自己，便偷偷溜出商场，将服装占为己有。本案中，行为人甲虽然采取了欺骗的手段从售货员处骗来服装，但是售货员并不是基于处分的意思将衣服给甲，甲取得该服装还是采取了趁人不备、秘密窃取的手段，所以甲构成的是盗窃罪，而不是诈骗罪。

2. 诈骗罪与敲诈勒索罪

二者的不同在于诈骗罪没有使用胁迫的方式，而敲诈勒索罪中被害人交出财物是非自愿的，是因为行为人使用了威胁的手段。诈骗罪中也可能存在被害人因恐惧心理自愿交付财物的情况，这一般都是因认识错误，而非因行为人本人的言行给受害人施加的影响。例如，行为人告诉被害人其近期会有灾害，要拿钱出来交给自己作法才能消灾，被害人出于迷信心理而交付财物的，仍是诈骗行为。如果行为人对被害人既有现实的胁迫又有虚构事实的欺骗行为，并同时作用于被害人致使其交付财物的，则属于敲诈勒索罪和诈骗罪的竞合犯，应择一重罪处罚。

四、抢夺罪

(一) 抢夺罪的概念与犯罪构成

1. 概念

抢夺罪，是指明知被害人知情而当被害人面夺取公私财物，数额较大的，或者多次抢夺的行为。

2. 犯罪构成

(1) 主观构成要件。主观构成要件为故意，且以非法占有为目的。

（2）客观构成要件。当场夺取，指行为人在财物所有人、占有人直接控制其财物的情况下，趁人不备，使用强力从财物所有人、占有人处夺取财物。当场夺取的行为手段的特征是行为人采取拉拽、夺取等方式迅速使财物脱离所有人、占有人的控制，非法据为己有。行为人对被害人没有采取暴力、胁迫等使被害人恐惧或产生被强制状态的行为，被害人在财物被抢夺时是明知的。例如，甲看到乙在饭店吃饭时将价值较大的手机放在桌子上，便过去当着甲的面拿起便跑，乙虽然发现甲的抢夺行为但是没有追上夺回手机，甲的行为构成的就是抢夺罪。但是如果乙将手机放在饭桌上之后便聚精会神地看书，甲趁乙没有注意便拿走了手机，因为乙当时没有注意到甲的行为，那么甲构成的是盗窃罪。

（3）主体要件。本罪主体为年满 16 周岁的有刑事责任能力的自然人。

（二）抢夺罪的司法认定

1.“数额较大”以及“多次抢夺”的认定。对于“数额较大”，根据 2013 年最高人民法院、最高人民检察院《关于办理抢夺刑事案件适用法律若干问题的解释》第 1 条，抢夺公私财物价值 1 000 元至 3 000 元以上、3 万元至 8 万元以上、20 万元至 40 万元以上的，应当分别认定为《刑法》第 267 条规定的“数额较大”“数额巨大”“数额特别巨大”。各省、自治区、直辖市高级人民法院、人民检察院可以根据本地区经济发展状况，并考虑社会治安状况，在前款规定的数额幅度内，确定本地区执行的具体数额标准，报最高人民法院、最高人民检察院批准。可见抢夺罪相对于盗窃罪入罪起点更低，主要是考虑到是否当被害人面取财反映行为人不同的主观恶性，因此对本罪的犯罪数额要求一般要少于盗窃罪。根据该解释第 5 条规定，抢夺公私财物数额较大，但未造成他人轻伤以上伤害，行为人系初犯，认罪、悔罪，退赃、退赔，且具有下列情形之一的，可以认定为犯罪情节轻微，不起诉或者免予刑事处罚；必要时，由有关部门依法予以行政处罚：（1）具有法定从宽处罚情节的；（2）没有参与分赃或者获赃较少，且不是主犯的；（3）被害人谅解的；（4）其他情节轻微、危害不大的。

对于“多次抢夺”，有待于最高司法机关的司法解释规定，在此之前，可以参照有关司法解释对盗窃罪的规定，即 2 年内抢夺 3 次以上来把握。同时，上述是“两高”在《刑法修正案（九）》以前作出的解释，按照法理，数额较大构成抢夺罪与多次抢夺构成犯罪在定罪上一样评价，故抢夺数额未达较大，属多次抢夺具有上述四种情况之一的，也可不起诉或免于刑事处罚、必要时予以行政处罚。

2.《刑法》第 267 条第 2 款规定，携带凶器抢夺的，依照抢劫罪定罪处罚。携带凶器抢夺，指的是携带枪支、爆炸物、管制刀具等国家禁止个人携带的器械进行抢夺，或者为了实施犯罪而携带其他器械进行抢夺的行为。本法条是对特殊的抢夺行为按抢劫罪定罪处罚所作的拟制规定，不是转化型犯罪，也不是依照抢劫罪的犯罪构成所规定的情形，而是特指行为人在抢夺过程中携带了凶器但没有使用的行为。

3.《刑法》第 269 条规定，犯抢夺罪，当场使用暴力或者以暴力相威胁的，按抢劫罪定罪处罚。按照最高人民法院《关于审理抢劫、抢夺刑事案件适用法律若干问题的意见》的规定，抢夺接近“数额较大”标准的，当场以暴力或者以暴力相威胁也转化为抢劫罪。本条是刑法关于抢劫罪转化犯的规定。

4. 实施抢夺公私财物的行为，构成犯罪，同时造成被害人重伤、死亡等后果，构成过失致人重伤罪、过失致人死亡罪的，依照处罚较重的规定定罪处罚。

(三) 抢夺罪与其他罪的区分

1. 抢劫罪与抢夺罪

抢劫罪与抢夺罪都有公然夺取被害人财物的特点，二者的区别在于：(1) 侵犯的权利不同。抢夺罪只侵犯财产权，不侵犯人身权；抢劫罪则侵犯双重权利。(2) 行为方式不同。抢劫罪采用暴力、胁迫或者其他方式对被害人的人身进行伤害或控制，并据此取得被害人财物；而抢夺罪的暴力手段只作用于被害人的财物，不及于被害人的人身，对于抢夺过程中因动作过猛导致的被害人伤害，也应以抢夺罪处罚。(3) 刑事责任年龄不同。抢劫罪的主体为年满 14 周岁的具有完全刑事责任能力的人，抢夺罪的主体为年满 16 周岁的人。

2. 抢夺罪与盗窃罪

抢夺罪和盗窃罪都是以非暴力方式取得被害人财物，二者的区别在于：(1) 行为手段不同。盗窃罪是采取不为受害人知晓的方式窃取财物。抢夺罪是行为人依靠自己的速度、力量优势，趁人不备夺取受害人的财物，受害人对于财物被夺取是知晓的。(2) 被害人在财物失去时的认知状态不同。抢夺罪的被害人在财物被夺走时是知情的，盗窃罪的被害人在财物失去时是不知情的，一般是事后才知情。例如，行为人借用他人手机打电话，拿到手机后当面跑掉占有手机，由于手机价值较大，按抢夺罪定罪处罚。因为被害人仍对手机有控制行为，如注视或看守，而且被害人在失去财物时是明知的，所以不是盗窃行为。但是如果行为人借用手机后，在被害人没有注意的时候脱离了被害人视野或看守范围，行为人再趁机持手机跑掉的，应按盗窃罪处理，因为此时财物已经脱离了被害人的控制，该行为属秘密窃取的行为。

3. 抢夺罪与聚众哄抢罪

两罪的共同点是不使用暴力、胁迫等强制方法公然夺取公私财物，区别在于：(1) 聚众哄抢罪一般是指 3 人以上，以哄闹、滋事等方式公然哄抢公私财物的行为。抢夺罪则没有人数的要求，一般是采用突然间强拉硬拽、抢夺等方式夺走财物所有人的财物。(2) 处罚对象不同。聚众哄抢罪处罚的对象是首要分子和积极参加者，抢夺罪处罚的对象是抢夺行为的实施者。

五、侵占罪

(一) 侵占罪的概念与犯罪构成

1. 概念

侵占罪，是指将代为保管的他人财物或遗忘物、埋藏物非法占为己有，数额较大，拒不退还的行为。

2. 犯罪构成

（1）主观犯意

侵占罪的主观犯意是直接故意，即有非法占有他人财物的目的。

（2）客观构成要件

非法侵占行为具体可以表现在以下几种关系中：1）委托关系，指的是委托保管、委托运输、委托买卖、委托接收财物等关系。2）租赁关系，指的是承租他人物品，逾期拒不返还且非法占为己有的行为。3）借用关系，指的是借用他人财物后采取转移、藏匿等手段拒不归还的行为。借用关系中的财物一般指的是借用人没有处分权的财物，如不动产或需登记的物，例如借用他人汽车后变卖给他人，拒不归还或赔偿的，就构成侵占罪。4）担保关系，指的是通过质押、留置占有他人财物后，在应当返还质押物或留置物时拒不返还，非法据为己有的行为。5）无因管理，指的是出于无因管理的目的善意管理他人财物后，将他人财物非法占为己有，拒不返还的行为。如果在委托保管、管理过程中所有人也参与其中，物没有完全脱离所有人的控制，行为人对物的侵占行为可能构成盗窃罪。例如，甲请乙开车帮助自己押运货物，在中途住宿的夜晚乙将车上甲的货物卖掉，乙的行为构成的是盗窃罪而不是侵占罪。

对于非法占有被封缄的物品，有不同观点。一种观点认为构成侵占，另一种观点认为构成盗窃，不同观点源于对缄封物是否为行为人合法持有、管理之物的不同认识。前者认为缄封物也属于行为人合法占有管理之物，属于代为保管的他人财物，行为人窃取自己占有的缄封物拒不归还当然构成侵占罪；后者认为物主上锁或加封行为本身表明物主并未委托行为人代为保管，行为人只是合法占有管理整体物，缄封物归物主占有，故行为人盗窃缄封物是采被害人不知情方法从被害人占有控制之下取财，构成盗窃罪，此种观点还以《刑法》第 253 条第 2 款规定邮政人员私自拆开他人信件窃取当中财物依照盗窃罪从重处罚的规定作为理由。我们赞同第一种观点，因为说行为人对缄封物的整体占有管理但未占有管理缄封物内财物，缄封物内财物归物主占有管理不符合事实，并且按第二种观点会出现非法占有得越多处罚越轻的不合理结果，因盗窃罪定罪标准远低于侵占罪定罪标准，行为人对整体物拒不返还构成侵占，有可能因未达定罪标准而无罪，但开封只取当中部分财物归还了整体的，由于是盗窃，达到定罪标准构成了犯罪，这样的结论不合情理。但窃取缄封物构成侵占只限于行为人对他人财物的保管是其唯一义务的情况，如保管只是附属义务则构成盗窃。如驾驶运输人员将他人交付运输的集装箱撬开盗物，因其主要义务是运输集装箱，保管集装箱只是其附随义务，其行为构成盗窃而非侵占（另一种观点认为构成职务侵占）。

非法占为己有，指的是行为人在没有法律根据或他人授权的情况下，将他人所有的财物非法占为己有，方式包括持有、消费、变卖、赠与等。

拒不退还，指的是所有人或合法管理人向行为人要求退还财物时，其有拒不退还的行为。包括明确表示不退还和故意长期拖延敷衍，必须有明确的不退还的意思表示或行为。如果退还了，或者对财物已经进行了处理不能退还，但行为人愿意进行其他方式的补偿的，也不能以侵占罪论。

（3）主体要件

主体为年满16周岁的有刑事责任能力的人。单位不能成为侵占罪的主体。

（4）侵犯的客体和犯罪对象

侵犯的客体是他人财物的所有权。

犯罪对象是代为保管的他人财物和遗忘物、埋藏物。

1）财物。包括动产和不动产、私人财物和公共财物。受委托保管公共财物后进行侵占的，并非都构成贪污罪。受委托管理公共财物构成贪污罪一般是指，协助国家机关从事公务活动的过程中进行的侵占行为，但是侵占单纯民事委托关系中代为保管的财物，一般按侵占罪处理。例如，律师甲与某国有企业签订委托代理合同，代为追讨债务，律师甲将追讨得到的钱款隐匿拒不交付给该国有企业的，律师甲构成侵占罪而非贪污罪。

2）遗忘物。主流观点认为，遗忘物与遗失物不同。遗忘物是指财物的所有人或持有人将财物放在某处，因疏忽忘记拿走。遗失物是指失主丢失的物。[①] 结合学术观点和司法实践中对侵占罪中遗忘物的确定原则，可以总结出遗忘物的两个主要特征：第一是财物所有人因工作、生活关系在非公共场所从事活动时遗忘的物，第二是所有人事后能及时想起遗忘的场所。例如，住宿人遗忘在宾馆房间内的财物，病人遗忘在医院门诊或住院房间内的财物，购物者遗忘在商店柜台的钱包，乘客遗落在出租车上的财物等。如果是丢失在大街上、公园内、公交车上等公共场所的物，即使失主及时回忆起遗落地点，占有人拒不返还的，也只能按不当得利处理，而不能按侵占罪自诉。侵占遗忘物按侵占罪处理的典型案例：购物人到行为人处购物时将财物遗忘在行为人处，行为人或他人将物侵占拒不退还；出租车司机或乘客将其他乘客遗忘在出租车上的财物占为己有拒不退还等。

3）埋藏物。埋藏物一般指埋藏在地下的财物。[②] 作为侵占罪中的埋藏物，应结合空间位置、权属和主观故意来确定，所以埋藏物指的是埋藏在地下，行为人在对权属不明知的情况下所取得的有主物。例如，甲将一些金条深埋在自己的田地中，后将田承包给乙耕种，乙在田中打井的过程中挖得甲的金条，甲知道后要求乙返回，乙拒不返还，乙构成侵占罪。如果行为人明知是他人埋藏在地下的物而去挖取的，则构成盗窃罪。如果是取得无主的埋藏物，则不构成犯罪。

根据《刑法》的规定，侵占罪的对象不包括漂流物。

（二）侵占罪的司法认定

1. 侵占非法财物的处理

非法财物包括赃物、违禁品等，对于侵占非法财物的行为，应区分不同情况予

---

① 郎盛.《中华人民共和国刑法》解释. 北京：群众出版社，1997：316.

② 黄太云，滕炜.《中华人民共和国刑法》释义与适用指南. 北京：红旗出版社，1997：286.

以处理：（1）明知是他人犯罪所得的赃物而侵占或销售的，应构成掩饰、隐瞒犯罪所得罪。（2）行为人侵占他人的毒品后持有的，应构成非法持有毒品罪；予以销售的，应构成贩卖毒品罪。（3）对代为保管的财物不知道是赃物而侵占的，应按主客观相统一原则，按侵占罪处理。（4）侵占代为保管的淫秽物品后贩卖的，构成贩卖淫秽物品牟利罪。

2. 侵占罪属于告诉才处理的犯罪

无论何种情况的侵占行为，均属自诉案件，不能以公诉形式出现。

（三）侵占罪与其他罪的区分

1. 侵占罪与盗窃罪

侵占罪和盗窃罪的主要区别有：（1）犯罪的行为方式不同。侵占的行为人是从合法控制状态转为拒不退还，将遗忘物或埋藏物占为已有。盗窃的行为人则是采取积极行动将他人控制下的财物转移到自己控制范围内。（2）行为人的主观认知内容不尽相同。侵占的行为人如果侵占的是遗忘物或埋藏物，其主观上并不一定明知物的所有人，但是盗窃的行为人一般知道物的所有人或占有人。（3）行为人与犯罪对象的关系不同。侵占代为保管的财物的行为人是在合法占有保管物的前提下由于拒不退还而转变为犯罪，而盗窃则没有此前提。（4）既遂标准不同。侵占罪必须是侵占财物后，所有人或合法管理人要求行为人退还但行为人拒不退还的才构成既遂；盗窃罪则是被盗窃财物离开所有人控制时即构成既遂，即使事后行为人返还也不影响既遂的成立。

2. 侵占罪与诈骗罪

两罪的主要区别在于：诈骗罪的财物转移是行为人采取虚构事实、隐瞒真相的方法使被害人自愿交付财物；而侵占罪是所有人因为信赖行为人才交付财物，要求行为人代为保管，而不是因为对方的欺骗而交付财物。

六、职务侵占罪

（一）职务侵占罪的概念与犯罪构成

1. 概念

职务侵占罪，是指公司、企业或者其他单位的人员，利用职务上的便利，将本单位财物非法占为已有，数额较大的行为。

2. 犯罪构成

（1）主观构成要件为故意，即具有非法占有的目的。非法占有的目的排除行为人与被害人有经济纠纷等情况。例如，职工因工资长期被拖欠而将其负责收回的单位销售款据为已有，拒不交给单位，并以所占有款与拖欠工资相抵扣作为理由的，不构成职务侵占罪。

（2）客观构成要件。公司、企业或者其他单位的人员是职务侵占罪的犯罪主体。

主体范围可以是聘用人员，也可以是正式的合同制人员。但是个体工商户中从事劳务活动的雇员侵占雇主财产的，构成侵占罪而非职务侵占罪。

本罪行为人占有单位财物是利用了自己管理、经营、占有单位财物的便利。如果是利用了自己可接近单位财物的便利，将其他人保管的单位财物秘密窃取的，则构成盗窃罪而非职务侵占罪。需要注意的是，本罪没有经要求退还但拒不退还的要件，不同于侵占罪。

（3）主体要件，年满 16 周岁的有刑事责任能力的自然人。

（4）侵犯的客体和犯罪对象。侵犯的客体是公司、企业或者其他单位的财产所有权。犯罪对象是单位的财物。

（二）职务侵占罪的司法认定

1. 利用职务上的便利侵占财物，必须是数额较大的，才能构成职务侵占罪。根据 2016 年最高人民法院、最高人民检察院《关于办理贪污贿赂刑事案件适用法律若干问题的解释》第 11 条第 1 款，《刑法》第 163 条规定的非国家工作人员受贿罪、第 271 条规定的职务侵占罪中的“数额较大”“数额巨大”的数额起点，按照本解释关于受贿罪、贪污罪相对应的数额标准规定的 2 倍、5 倍执行。也即 6 万元以上为职务侵占“数额较大”，100 万元以上为职务侵占“数额巨大”。

2. 国有公司、企业或者其他国有单位从事公务的人员，国有公司、企业或者其他国有单位委派到非国有公司、企业以及其他单位从事公务的人员，利用职务便利侵占公共财物的，应认定为贪污罪。

3. 对村民小组组长利用职务上的便利，将村民小组集体财产非法占为己有，数额较大的，以职务侵占罪定罪处罚。[①] 村民委员会等村基层组织人员，利用职务便利侵吞集体财产的，也以职务侵占罪论处；但是上述人员在协助行政机关从事行政管理工作时侵占公共财物的，构成贪污罪。

4. 在国有资本控股、参股的股份有限公司中从事管理工作的人员，除受国家机关、国有公司、企业、事业单位委派从事公务的以外，不属于国家工作人员。对其利用职务上的便利，将本单位财物非法占为己有，数额较大的，以职务侵占罪定罪处罚。

5. 不具有国家工作人员身份的保险公司的工作人员，利用职务上的便利，编造未曾发生的保险事故进行虚假理赔，骗取保险金归自己所有的，按职务侵占罪定罪处罚。

6. 行为人与公司、企业或者其他单位的人员勾结，利用公司、企业或者其他单位人员的职务便利，共同将该单位财物非法占为己有，数额较大的，以职务侵占罪共犯论处。公司、企业或者其他单位中，不具有国家工作人员身份的人与国家工作人员勾结，分别利用各自的职务便利，共同将本单位财物非法占为己有的，按照主

---

① 参见最高人民法院《关于村民小组组长利用职务便利非法占有公共财物行为如何定性问题的批复》（1999 年 7 月 3 日起施行，法释〔1999〕12 号）。

犯的犯罪性质定罪。[①]

（三）职务侵占罪与其他罪的区分

1. 与盗窃罪的区别

职务侵占罪与盗窃罪的区别在于是否利用职务便利。虽然是单位的财物，但是行为人利用了职务上的便利将自己保管、占有的单位财产占为己有的，是职务侵占罪；没有利用职务便利，窃取单位财产的，是盗窃罪。

2. 与诈骗罪的区别

利用职务便利骗取单位财物的，是职务侵占；没有利用职务便利骗取单位财物的，是诈骗罪。

七、敲诈勒索罪

（一）敲诈勒索罪的概念与犯罪构成

1. 概念

敲诈勒索罪，是指采用威胁或要挟方法使他人产生精神恐惧而被迫交付财物，数额较大或者多次敲诈勒索的行为。

2. 犯罪构成

（1）主观构成要件为故意，以非法占有为目的。不以非法占有为目的不能构成本罪。例如，乙欠甲 5 万元长期赖账不还，某日，甲发现乙和情人约会，便偷拍下乙约会的照片，对乙称如果不及时还款，则向乙的单位和家人邮寄照片，乙赶快还了甲 5 万元欠款。本案中因欠缺非法占有的目的，所以甲不能构成敲诈勒索罪。

（2）客观构成要件。威胁或者要挟，是指通过对被害人实行精神上的强制，使其在心理上产生恐惧，从而交付财物给行为人。胁迫或要挟的方法通常有在未来一段时间内实施暴力、揭发隐私、毁损名誉等。其中威胁实施的暴力不是当场实施，而是威胁在此后一定时间内实施，否则为抢劫行为。其他威胁内容可以当场实施。威胁的方法包括违法的行为方式，也包括合法的行为方式。例如，甲听说某官员乙收了他人 10 万元贿赂款，便打电话告诉乙如果不能在三天内给自己银行卡汇 5 万元，就到纪委举报乙，乙迫于精神压力支付了甲 5 万元。本案中，甲威胁实施的行为虽然是合法的，但是仍构成敲诈勒索罪。

索取财物，行为人取得财物既可以是当场取得，也可能是延后取得。

（3）主体要件，年满 16 周岁的有刑事责任能力的自然人。

（4）侵犯的客体和犯罪对象。侵犯的客体是被害人的财产权利和人身权利以及其他权利。其他权利指的是名誉权或隐私权等。犯罪对象是财物，也包括财产性利益，例如债权。

---

① 参见最高人民法院《关于审理贪污、职务侵占案件如何认定共同犯罪几个问题的解释》（2000 年 7 月 8 日起施行，法释〔2000〕15 号）。

(二) 敲诈勒索罪的司法认定

1. 罪与非罪的界限。“数额较大”或“多次敲诈勒索”是构成犯罪的必要条件。根据 2013 年最高人民法院、最高人民检察院《关于办理敲诈勒索刑事案件适用法律若干问题的解释》，敲诈勒索公私财物价值 2 000 元至 5 000 元以上、3 万元至 10 万元以上、30 万元至 50 万元以上的，应当分别认定为《刑法》第 274 条规定的“数额较大”“数额巨大”“数额特别巨大”。各省、自治区、直辖市高级人民法院、人民检察院可以根据本地区经济发展状况和社会治安状况，在前款规定的数额幅度内，共同研究确定本地区执行的具体数额标准，报最高人民法院、最高人民检察院批准。敲诈勒索公私财物，具有下列情形之一的，“数额较大”的标准可以按照上述标准的 50%确定：(1) 曾因敲诈勒索受过刑事处罚的；(2) 一年内曾因敲诈勒索受过行政处罚的；(3) 对未成年人、残疾人、老年人或者丧失劳动能力人敲诈勒索的；(4) 以将要实施放火、爆炸等危害公共安全犯罪或者故意杀人、绑架等严重侵犯公民人身权利犯罪相威胁敲诈勒索的；(5) 以黑恶势力名义敲诈勒索的；(6) 利用或者冒充国家机关工作人员、军人、新闻工作者等特殊身份敲诈勒索的；(7) 造成其他严重后果的。“多次敲诈勒索”是指 2 年内敲诈勒索 3 次以上。

当然，并非敲诈勒索达到数额较大的就一律作为犯罪处理，根据《关于办理敲诈勒索刑事案件适用法律若干问题的解释》第 5 条，敲诈勒索数额较大，行为人认罪、悔罪，退赃、退赔，并具有下列情形之一的，可以认定为犯罪情节轻微，不起诉或者免予刑事处罚，由有关部门依法予以行政处罚：(1) 具有法定从宽处罚情节的；(2) 没有参与分赃或者获赃较少且不是主犯的；(3) 被害人谅解的；(4) 其他情节轻微、危害不大的。该解释第 6 条规定，敲诈勒索近亲属的财物，获得谅解的，一般不认为是犯罪；认定为犯罪的，应当酌情从宽处理。

2. 威胁或者要挟的程度。本罪中威胁或者要挟行为虽然会促使被害人产生心理恐惧，但是被害人仍有反抗或者回旋的余地，如果是使被害人不能反抗的威胁，则构成抢劫罪。例如，甲向乙借了 2 万元，一日乙与情人约会被甲发现，甲便告诉乙，如果不免除这 2 万元的债务，甲会将乙有情人的事情告诉乙的妻子，乙无奈只好把借条还给甲并写收条证明已收到 2 万元欠款。在本案中被害人乙可以采取报警或其他方法来救济，但碍于面子或其他压力无奈接受了甲的勒索要求，消灭了 2 万元的债权，甲的行为属于敲诈勒索行为。又如，甲与乙因琐事互相辱骂，后甲聚集数人找到乙，称自己精神上受到伤害，如果乙不拿出 2 万元补偿自己，乙的胳膊会在一个月内被卸掉。乙迫于压力答应了该请求，并在一周后支付给甲 2 万元。本案中，甲的暴力威胁不是现实会发生的，乙仍有回旋和救济的余地。如果甲持刀说不给 2 万元会立即杀死或杀伤乙，乙被迫支付了甲财物，则是抢劫罪。

3. 合法维权与敲诈勒索的界限。消费者在发现商品质量与说明不符的情况后，以新闻曝光、起诉等为由向商家索取巨额赔偿的，不按敲诈勒索处理，但是如果以威胁杀害、伤害被害人来索赔的，则是敲诈勒索。例如，甲到乙餐馆吃饭，在菜中发现一只苍蝇，以起诉为由要求乙支付 1 万元，乙支付了 1 万元。甲的索赔即使超过了合理限度，也不属于敲诈勒索罪。又如，甲醉酒驾驶汽车不慎造成乙轻微伤，乙要求甲赔偿精神损失费 2 万元，否则就报警称甲醉酒驾车。甲担心因醉酒被判刑，所以无奈支付了乙 2 万元。乙的行为不构成敲诈勒索罪。

4. 捡拾他人物品后索取报酬的定性。如果是在公共场所捡拾了他人物品后，以支付报酬为返还条件的，不按敲诈勒索罪处理，失主可以提起不当得利之诉请求返还。但是在非公共场所，侵占了他人的遗忘物拒不返还并索要报酬的，则可能构成侵占罪。

5. 行为人冒充治安联防队员抓赌、抓嫖、没收赌资或者罚款的行为，构成犯罪的，以敲诈勒索罪定罪处罚；在实施上述行为中使用暴力或者暴力威胁的，以抢劫罪定罪处罚。① 但是冒充警察抓赌、抓嫖、没收赌资或者罚款，构成犯罪的，以招摇撞骗罪从重处罚。

（三）敲诈勒索罪与其他罪的区分

1. 敲诈勒索罪与抢劫罪

两罪在主观上都是以非法占有为目的，都可以使用威胁方法，敲诈勒索行为中也可能会有暴力行为。两罪的区别在于：

（1）敲诈勒索罪的威胁内容一般是威胁将来实施，以揭发隐私等非暴力行为相威胁的可以当场实施，但是暴力威胁内容如果是当场实施的，则构成抢劫罪而不是敲诈勒索罪。

（2）敲诈勒索罪的暴力威胁程度不会达到足以压制被害人反抗的程度，被害人一般对威胁在将来发生的暴力还是有时间或空间上的周旋余地。抢劫罪的暴力是要当场实施的，不论行为人是否能当场取得财物，暴力都已经发生或者威胁会在当场实施暴力。

（3）敲诈勒索罪的胁迫内容比较广泛，既可以是人身暴力威胁，也可能是揭发隐私或其他威胁内容。但是抢劫罪的威胁只能是以侵害人身权利为内容。

（4）对于既有现场轻微暴力又威胁将来要实施暴力行为的，或者同时有其他非暴力要挟内容的，要区分被害人是基于何种压力接受了行为人交出财物的要求。如果是因为现场遭受轻微暴力被害人交付了财物，则按抢劫罪定罪处罚；如果是因为害怕将要发生的暴力或其他要挟内容，则一般按敲诈勒索罪定罪处罚。

2. 敲诈勒索罪与绑架罪

两罪都具有非法索取他人财物的目的，行为人都采取了要挟的方式促使受害人交出财物。两罪的区别是：

（1）是否对被害人采取了绑架行为。敲诈勒索罪的被害人没有被绑架，但是绑架罪必须有此要件。

---

① 参见 2005 年 6 月 8 日最高人民法院《关于审理抢劫、抢夺刑事案件适用法律若干问题的意见》（法发[2005] 8 号）。

（2）敲诈勒索罪是向被害人本人发出勒索财物的要求和威胁，绑架罪则是向被绑架人的亲友、单位等相关的人发出勒索财物的要求和威胁。

【案例评析】

案例一

1. 案情简介

2015 年 8 月 7 日，谷某在北京市丰台区一停车场内，用随身携带的改锥撬开车锁，盗窃自行车 1 辆（经鉴定该车价值人民币 80 元），在被保安员发现后，为抗拒抓捕，用改锥将保安员颈部划伤，经法医鉴定为轻微伤。

2. 基本问题

（1）转化型抢劫是否存在未遂状态？

（2）如何区分转化型抢劫犯罪既遂、未遂的标准？

3. 知识内容

按照《刑法》第 269 条和最高人民法院《关于审理抢劫、抢夺刑事案件适用法律若干问题的意见》（以下简称《意见》）的规定，谷某的行为符合转化型抢劫的规定。本案中谷某的行为构成抢劫罪，但属于抢劫未遂。理由为：

（1）不能以罪名的成立与否作为判断犯罪形态是否完成的标准。

《刑法》第 269 条规定了转化型抢劫的条件，但不能从该条文的规定得出只要符合转化的条件就构成抢劫既遂。构成抢劫罪与抢劫既遂是两个不同的范畴，在盗窃行为转化构成抢劫罪之后，仍然需要对转化后的抢劫行为是否为既遂进行判定。因此《刑法》第 269 条的规定只是转化了罪名，不代表犯罪形态的转化。

（2）判断犯罪形态要以法律和司法解释的规定要件为准。

《意见》第 5 条结合《刑法》第 269 条明确了行为人实施盗窃、诈骗、抢夺行为，未达到“数额较大”标准，为窝藏赃物、抗拒抓捕或者毁灭罪证当场使用暴力或者以暴力相威胁时，以抢劫罪定罪处罚的几种情况。这只是明确了几种行为转化为按照抢劫罪定罪处罚的情形，但是具体到转化行为属于抢劫的何种形态，则应根据《意见》第 10 条对抢劫罪既遂和未遂标准的规定来判断。本案中谷某只是造成了受害人轻微伤，不符合《意见》第 10 条所规定的抢劫财物或造成他人轻伤以上伤害后果的既遂标准。

（3）转化型抢劫的既遂认定标准与普通抢劫罪的既遂认定标准相同。

《意见》第 10 条的规定，不但适用于《刑法》第 263 条规定的普通抢劫，也适用于《刑法》第 269 条规定的转化型抢劫，主要理由是：

第一，《刑法》第 269 条所规定的转化型抢劫是一种法律拟制型定罪，其犯罪既遂、未遂的形态都必须符合普通抢劫罪的规定要件，并不是法律在拟制规定的基础上创设出了独有的犯罪形态。因此必须要以抢劫罪的基本构成作为其既遂、未遂的区分标准，而不是以盗窃罪、诈骗罪、抢夺罪是否已经既遂作为判断其犯罪既遂、未遂的标准。在转化型抢劫案件中，先前的盗窃、诈骗、抢夺行为已经与其后的暴力等行为作为一个有机整体被抢劫罪评价，盗窃、抢夺、诈骗等行为只是其中的一个组成部分，不应以对部分行为的评价来代替对整个行为的评价。

第二，根据我国“构成要件齐备说”的犯罪既遂理论，对于任何故意犯罪的评价，都应当依行为是否已齐备该犯罪的全部构成要件，分别认定其是属于犯罪既遂还是犯罪未遂。对于类似抢劫罪的侵害双重客体的结果犯而言，应当视行为人的行为是否已对刑法保护的双重客体之一造成实际侵害，作为判断其是否已构成犯罪既遂的标准。犯罪构成不仅有定性的要求，也有定量的要求。本案中行为人尚未劫取财物且只造成轻微伤的后果，不符合抢劫罪既遂定量的要求。因此，在判断某一行为是否已齐备某种犯罪构成的全部要件时，不仅要看行为人是否已实施了相应的行为，还要看该行为对有关刑法所保护的客体的侵害是否已达到了法定程度。

案例二

1. 案情简介

2004 年 9 月 10 日，被告人李某在南京市中央门长途汽车站以拉客为名，将被害人马某带至除车主、驾驶员外只有一名乘客的长途客车上，李某同伙侍某也尾随上车，并将被害人安排在车后部。二人对马某进行暴力殴打并强行劫取其人民币 8 000元。

2. 基本问题

（1）二被告人的行为是否属于“在公共交通工具上抢劫”？

（2）认定“在公共交通工具上抢劫”的标准是什么？

3. 知识内容

在本案中，二被告人实施抢劫的犯罪地点虽然是长途客车这一特定的公共交通工具，但在犯罪过程中，侵害的对象只针对某一个特定的被害人，客车上仅有一名乘客，没有其他不特定多数人，这种情形是否符合“在公共交通工具上抢劫”加重条款规定的针对不特定多数人实施抢劫这一特征？其行为是否应与发生在公共场所的普通抢劫作同样的评价？这是本案需要讨论的问题。

依照《刑法》和《意见》的相关规定，在从事旅客运输的公共交通工具上对旅客、司售、乘务人员实施的抢劫，应认定为在公共交通工具上抢劫。本案二被告人的行为构成抢劫罪，并且属于在公共交通工具上抢劫。理由如下：

（1）立法规定的“在公共交通工具上抢劫”针对的是该特定工具的公共运营性，对于交通工具上乘客的多少，被害人是否为多数没有作出规定。所以按照法律规定的要件，本案二被告人的行为符合法律和司法解释的规定，属于在公共交通工具上抢劫。

（2）立法对“在公共交通工具上抢劫”作特别规定并加重其刑罚，不但是要保护交通工具上不特定乘客的权益，也包含着从重打击此类犯罪的人的立法目的，所以行为人虽然只抢劫特定的一个人，但由于行为人在公共交通工具上对乘客进行抢劫，气焰嚣张，对其加重处罚也体现了法律的惩罚精神。所以该类案件的判断不应以行为人是否实际上对不特定多数人实施抢劫为标准，而应以是否在该类场所发生，以及是否使不特定人的人身权利和财产权利受到威胁为标准。

(3) 根据相关司法解释的规定，凡是在从事旅客运输的各种公共汽车、大中型出租车、火车、船只、飞机等正在运营中的机动公共交通工具上对旅客、司售、乘务人员实施的抢劫，都是“在公共交通工具上抢劫”。在未运营的交通工具上实施抢劫的，或者在小型出租车上抢劫的，不属于“在公共交通工具上抢劫”。

案例三

1. 案情简介

2012 年 2 月某日，被告人陈某携带螺丝刀等作案工具来到广东省佛山市禅城区一间出租屋，撬门进入房间盗走现金 100 元，后在客厅遇到被害人陈南某，陈某拿起铁锤威胁不让其喊叫，并逃离现场。[①]

2. 基本问题

(1)“入户抢劫”中入户是否要求目的的非法性？目的是否限于抢劫罪？

(2) 入户盗窃，因被发现而临时起意使用暴力或者以暴力相威胁的行为，是否应认定为“入户抢劫”？

3. 知识内容

对于入户盗窃，因被发现而当场使用暴力或者以暴力相威胁的行为，应当认定为“入户抢劫”。

关于“入户”目的的非法性，有观点认为，其是入户抢劫的必要要件，并且这种目的限于“实施抢劫”。也有观点认为，入户不要求目的的非法性，在审判实践中临时起意难以把握，证据上难以认定，因此，不应将入户目的的非法性作为认定入户抢劫的要件。根据最高人民法院《关于审理抢劫、抢夺刑事案件适用法律若干问题的意见》，进入他人住所须以实施抢劫等犯罪为目的。抢劫行为虽然发生在户内，但行为人不以实施抢劫等犯罪为目的进入他人住所，而是在户内临时起意实施抢劫的，不属于“入户抢劫”。因此，规定入户的非法目的性主要是为了解决入户抢劫和在户抢劫的区别问题。行为人以实施抢劫等犯罪为目的，非法侵入他人住所实施抢劫行为，其主观恶性及客观危害显然大于在户内临时起意抢劫的行为，入户抢劫的认定要求入户目的的非法性。另外，在上述《意见》中将入户的目的限定于“实施抢劫等犯罪为目的”，因此入户的目的不限于实施抢劫犯罪，还应包括为了实施盗窃、诈骗、抢夺而入户，为了窝藏赃物、抗拒抓捕或者毁灭罪证当场使用暴力、暴力相威胁的情形；而行为人为了实施违法行为，如卖淫、赌博等活动进入他人住所的，则不符合“入户目的的非法性”的要件。

案例四

1. 案情简介

2010 年 5 月某日，王某伙同赵某经预谋并分工，由王某在郑州市金水区一工商

---

① 参见最高人民检察院第五批指导案例，检例第 17 号。

银行自动取款机旁边盯梢，被害人张某某到该自动取款机用借记卡取钱时，王某在旁边记住其密码。张某某取钱后离开，王某、赵某一直尾随其到一巷内，王某跟上张某某搭话时故意丢下一个钱包，而后王某捡起钱包对张某某说里面有 600 元钱，要与张某某平分。此时王某同伙赵某装作丢钱包的人赶上来问张某某和王某是否捡到一个钱包，并称里面有 2 000 元钱而且能辨认出自己的钱，要求张某某和王某把钱包拿出来。王某和张某某均将钱包交给赵某，赵某借机用一张作废的工商银行借记卡将张某某的借记卡调换后将钱包还给张某某，张某某查看钱包后发现钱和借记卡都在即离开。王某、赵某即用该调包的借记卡到自动取款机上查询，发现卡内有 5 万元，遂取现 2 万元，其余 3 万元未及取出即案发。

2. 基本问题

（1）二被告人的行为是构成盗窃罪还是诈骗罪？

（2）如何计算二被告人的犯罪数额？

3. 知识内容

二被告人采用欺骗手段秘密取得被害人银行卡并使用的行为构成盗窃罪，犯罪数额应以行为人使用的数额认定，未使用部分不计入犯罪数额。理由如下。

（1）盗窃罪的行为特征是以被害人不知情的方式取得其财物，行为人取得财物的手段常见的是在被害人完全不知情的情况下盗取其财物，但也包括用欺骗手段让被害人失去财物但被害人仍相信财物由自己控制。被害人对行为人经手自己财物的过程是明知的但是对其欺骗手段不明知因而失去财物的，此种手段仍属于秘密窃取的行为方式，符合盗窃罪的特征。

（2）根据最高人民法院《关于审理盗窃案件具体应用法律若干问题的解释》，盗窃信用卡并使用的，以盗窃罪处罚，其盗窃金额应当根据行为人盗窃信用卡后使用的数额认定。本案中虽然是借记卡，但仍可参照这个规定来认定。二被告人的犯罪数额应为其取出的 2 万元，其余数额不计入犯罪数额。

案例五

1. 案情简介

2010 年 6 月，被告人郑某骗取被害人金某 195 元后，获悉金某的建设银行网银账户内有 305 000 余元存款且无每日支付限额，遂电话告知被告人臧某，预谋合伙作案。臧某赶至网吧后，以尚未看到金某付款成功的记录为由，发送给金某一个交易金额标注为 1 元而实际植入了支付 305 000 元的计算机程序的虚假链接，谎称金某点击该 1 元支付链接后，其即可查看到付款成功的记录。金某在诱导下点击了该虚假链接，其建设银行网银账户中的 305 000 元随即通过臧某预设的计算机程序，经平台支付到臧某的账户中。[①]

2. 基本问题

（1）盗窃罪与诈骗罪何如区分？

① 案例来源：最高人民法院指导案例第 27 号.

（2）既采取秘密窃取手段又采取欺骗手段非法占有财物行为如何定性？

3. 知识内容

在本案中，被告人郑某、臧某构成盗窃罪。诈骗罪的成立既要求行为人客观上有处分行为，还要求行为人主观上有处分意识；在处方意识的判断上，要求对处分资金的具体数额有认识。本案中，金某有处分1元钱的意识，但没有处分30.5万元的意识，因此行为人构成盗窃罪。

对既采取秘密窃取手段又采取欺骗手段非法占有财物行为的定性，应从行为人采取主要手段和被害人有无处分财物意识方面区分盗窃与诈骗罪。如果行为人获取财物时起决定性作用的手段是秘密窃取，诈骗行为只是为盗窃创造条件或作掩护，被害人也没有"自愿"交付财物的，就应当认定为盗窃；如果行为人获取财物时起决定性作用的手段是诈骗，被害人基于错误认识而"自愿"交付财物，盗窃行为只是辅助手段的，就应当认定为诈骗。

案例六

1. 案情简介

三人经事先预谋，将一捆价值人民币2 000元（为案发后相关估价机构的鉴定价格）的铜丝以1 500元的价格卖给废品收购人。待废品收购人收好铜丝并付款后，其中二人通过与废品收购人聊天吸引废品收购人的注意力，另一人则乘机将该捆铜丝偷回，得手后三人立即逃离。三人以这种方式将同一捆铜丝反复出卖给10名不同的废品收购人，每次交易后均偷回铜丝，共计得款15 000元。[①]

2. 基本问题

（1）本案三个行为人的性质如何认定？

（2）反复将同一物品出卖给他人后又偷回行为的犯罪数额应该如何计算？

3. 知识内容

（1）三个行为人的行为应当认定为盗窃罪而不是诈骗罪

对于同时存在"骗售"和"盗取"多环节的行为，需要进一步辨析究竟哪一行为是实现"非法获利"的关键行为。对于虽然有"骗"的成分，但在他人不知情的情况下利用秘密窃取而实现财物转移占有的情形下，"盗取"是对实现非法获利具有决定性影响的行为，故整体行为应当认定为盗窃罪。反之，对于虽然有"偷"的成分，但实际是因他人产生错误认识后进而实现财物占有转移的情形，整体行为应当认定为诈骗罪。本案中的"骗售"实际是为后续的"盗取"做铺垫，"盗取"对于实现非法获利具有决定性作用，故反复多次将同一物品出卖给他人后又偷回的行为应当认定为盗窃罪。

（2）本案的犯罪数额应当认定为20 000元。

多次盗窃同一物品的案件中盗窃数额是否累计计算，不能一概而论，应当结合具体案情加以判断。如数次盗窃行为均造成独立损害，并给行为人带来独立非法利

① 刑事审判参考：2013年第3集. 北京：法律出版社，2014：223-226.

益的，应当累计计算多次盗窃的数额，本案即属于这种情形。如数次盗窃行为服务于同一个犯罪目的，针对同一被害人，且数次被盗的被害人实质上仅遭受一次财产损失的，行为人获得的非法利益与一次所获无异，该情形下盗窃数额不应累计计算。例如，行为人盗走他人的汽车后将车停放于停车场，失主使用定位技术找到该车并开走，后行为人再次盗走该车，此时应当以一辆汽车认定行为人的盗窃数额。本案三行为人多次盗窃同一物品，虽然犯罪对象是同一捆铜丝，但是针对不同的被害人实施，导致多名被害人遭受财产损失，即其实施的各盗窃行为均有独立的被害人，且从中获取独立的非法利益，故只有将盗窃数额累计计算，才能全面评估其盗窃行为的整体危害后果，从而准确判定其所应承担的刑事责任。

在确定了本案应当累计计算每次盗窃的数额后，接下来的问题是如何认定每次盗窃的数额。是以 1 500 元的铜丝交易价格还是以 2 000 元的铜丝实际价值认定每次盗窃的数额，根据最高人民法院、最高人民检察院 2013 年联合出台的《关于办理盗窃刑事案件适用法律若干问题的解释》第 4 条的规定，被盗财物有有效价格证明的，根据有效价格证明认定盗窃数额；无有效价格证明，或者根据价格证明认定盗窃数额明显不合理的，应当按照有关规定委托估价机构估价。本案的犯罪对象为回收利用的物资无有效价格证明，双方的交易又具有一定欺骗性，应当根据市场交易情况评估其价值，故委托有关评估机构鉴定，应该按照评估机构鉴定的铜丝的市场价值 2 000 元来认定每次盗窃的数额。

案例七

1. 案情简介

2009 年 8 月 1 日，贾某在杭州市西湖区一社区广场看到两个儿童玩耍，其中一儿童王某某（5 周岁）脖子上挂了一条黄金项链（价值 2 000 余元），另一儿童黄某（6 周岁）脖子上挂了一手机。贾某心生歹念，便买了两把玩具枪（价值 20 元）对两儿童讲："叔叔用好玩的枪换你们的项链和手机怎么样？"儿童王某某欣然同意，将项链给贾某换了玩具枪。儿童黄某不同意，贾某便瞪着眼睛用威胁的口吻对黄某说："你到底换不换，不换我可生气了！"黄某只好把手机交给贾某，不久贾某被抓获。

2. 基本问题

（1）贾某的行为构成何罪？

（2）从无民事行为能力人处以欺骗手段获取财物如何定罪？

3. 知识内容

本案中贾某以玩具枪骗取儿童王某某金项链的行为构成盗窃罪，用威胁的方式取得儿童黄某手机的行为构成抢劫罪，应数罪并罚。理由如下。

（1）贾某采用欺骗的手段骗取无民事行为能力人财物符合盗窃罪的特征。

针对无民事行为能力人以欺骗手段获取财物的，一般定盗窃罪而非诈骗罪。诈骗罪的特征为行为人对财物所有人或占有人虚构事实，隐瞒真相骗取其财物。其中"财物的所有人或占有人"必须是具有完全民事行为能力的人，有能力控制、管理财物和对自己的财产作出理性价值判断。如果针对的是无民事行为能力人，那么即使行为人有欺骗行为，接受方交付财物也并非是基于常识性的受骗，而是处于不知情、不能控制自己财物的情况下被行为人取走，因而行为人构成盗窃罪而不是诈骗罪。

本案中儿童王某某虽然是财物的使用人，但是财物的处分权仍由其监护人享有，儿童并不具备对行为价值的判断能力，其处分财物的行为没有效力，不能视为自愿交付财物，贾某为取得财物采取了欺骗手段，但是对于金项链的所有人和有行为能力的管理人而言采取的是窃取的手段，所以其行为是盗窃罪而非诈骗罪。

（2）贾某用威胁的口吻从黄某处取得手机的行为构成抢劫罪。

抢劫罪并不要求被害人是完全的民事行为能力人，只要是行为人基于暴力、威胁等手段获取财物的，不论被害人的行为能力如何，都构成抢劫罪。至于暴力或威胁的程度，只要使被害人因为害怕而交出财物的，就达到了抢劫罪中的暴力或以暴力相威胁的要求。所以贾某用威胁的口气作用于儿童黄某，黄某迫于威胁交出手机，符合抢劫罪的特征。

案例八

1. 案情简介

2003 年 2 月 20 日上午 8 时许，被告人张某某利用其担任佛山市禅城区红太阳不锈钢加工厂（以下简称“红太阳加工厂”）司机的职务之便，在该厂安排其独自一人开车将一批价值人民币 87 840 元的不锈钢卷带送往本市源鸿福不锈钢制品有限公司之际，擅自将该批货物变卖给他人，并弃车携变卖所得款 40 000 元逃匿，后被抓获。另查明，红太阳加工厂的注册性质系个体工商户，投资人为朱某某。[①]

2. 基本问题

雇员利用职务之便将个体工商户的财产非法占为己有的行为如何定性？

3. 知识内容

本案中被告人张某某的行为构成侵占罪。具体理由如下。

（1）个体工商户的雇员不属于职务侵占罪的主体。

根据《刑法》第 271 条第 1 款的规定，职务侵占罪的主体应当是公司、企业或者其他单位的人员。本案被告人是红太阳加工厂的一名司机（雇员），其能否成为职务侵占罪的主体，关键是看红太阳加工厂是否属于《刑法》第 271 条第 1 款规定的公司、企业或其他单位。

个体工商户是《民法典》所规范的，由个人投资经营，用个人财产承担责任的特殊民事主体。首先，个体工商户与《个人独资企业法》中提到的个人独资企业有所不同，它不属于企业。其次，作为特殊民事主体的个体工商户在民事法律上不同于自然人，其中一个特征就是个体工商户既可以是公民个人投资经营，也可以由家庭成员一部分或全部投资经营。就前者而言，个体工商户在刑法意义上应视为个人；就后者而言，从刑法意义上看也不能视其为单位。再次，刑法意义上的单位有两种

① 刑事审判参考. 北京：法律出版社，2004：36.

类型：一是作为犯罪主体的单位（《刑法》第30条）；二是作为特定犯罪被害人的单位，如职务侵占罪等。对这两类单位是作同一解释还是区别解释，目前仍未有定论。但无论如何，能称其为单位的，都必须是依法成立的具有一定经费和财产，有相对独立性的社会组织。个体工商户是特殊的民事主体，具有自然人的全部特征，却不具备单位的组织性特点。因此，在刑法意义上，个体工商户是实质的个人，而不是企业或单位。所以，个体工商户所聘的雇员、帮工、学徒，无论其称谓如何，均不能成为职务侵占罪的主体。本案中个体工商户红太阳加工厂虽然规模较大，管理方式类似于企业，但法律意义上仍为个人。因此，该加工厂所聘用的专职司机，不属于职务侵占罪的主体，其利用职务之便侵吞本厂的财物的行为不构成职务侵占罪。

（2）个体工商户雇员将代为保管的户主财产占为己有，数额较大，拒不退还的，构成侵占罪。

根据《刑法》第270条第1款的规定，代为保管物类型的侵占罪是指将代为保管的他人数额较大的财物非法占为己有，拒不退还的行为。该类侵占罪的对象只能是行为人代为保管的他人财物。侵占罪与盗窃罪的根本区别之一在于：盗窃罪是直接采用秘密窃取的方法将他人占有的财物变为己有；侵占罪则是先合法地保管、占有他人财物，进而将该项财物非法据为己有且拒不退还。本案应定为侵占罪，理由就是被告人张某某不是采用秘密窃取的方法将他人占有的财物占为己有，其行为的实质是将自己临时代为保管的财物非法占为己有且拒不退还。

案例九

1. 案情简介

张某系南京市江宁区某公司仓库保管员，2009年3月1日夜间，张某利用自己作为仓库保管员的便利，约其好友王某一同将仓库内新买进的办公电脑10台（价值5万余元）窃走变卖，然后张某伪造现场，对公司谎称是夜间被盗，后被查获。

2. 基本问题

（1）张某监守自盗的行为构成何罪？

（2）王某构成何罪？

3. 知识内容

张某的行为构成职务侵占罪，王某同样构成职务侵占罪，属共犯。理由如下。

根据《刑法》第271条的规定，职务侵占罪是单位的人员利用职务上的便利，将本单位财产非法据为己有，数额较大的行为。“据为己有”的行为方式包括窃取、骗取、占用、消费等，但是前提是利用了职务便利。本案中张某和王某的行为虽表现为秘密窃取，但实质上仍属于职务侵占罪中据为己有的一种行为方式，利用的是自己保管财物的职务便利，所以张某的行为构成职务侵占罪。

王某作为张某的共犯，根据最高人民法院《关于审理贪污、职务侵占案件如何认定共同犯罪几个问题的解释》第2条的规定，“行为人与公司、企业或者其他单位的人员勾结，利用公司、企业或者其他单位人员的职务便利，共同将该单位财物非法占为己有，数额较大的，以职务侵占罪共犯论处”。所以王某的行为也构成职务侵占罪。

案例十

1. 案情简介

甲、乙合谋勒索丙的钱财，甲与丙及丙的儿子丁（17 岁）相识。某日下午，甲将丁邀到一家游乐场游玩，然后由乙向丙打电话。乙称丁被绑架，令丙赶快送 3 万元现金到约定地点，不许报警，否则杀害丁。丙担心儿子的生命安全而没有报警，下午 7 点左右准备了 3 万元后送往约定地点。乙取得钱后通知甲，甲随后与丁分手回家。

2. 基本问题

甲、乙的行为构成何罪？

3. 知识内容

甲、乙的行为构成敲诈勒索罪。甲、乙虚构事实，促使丙产生内心恐惧，从而将财物交付给甲、乙，整个行为的性质符合敲诈勒索罪的特征。甲、乙的行为不是诈骗罪，二人虚构事实使被害人因为担忧自己或亲友人身受行为人威胁而产生恐惧的并因此交付财物，其行为已经超出刑法中对诈骗罪中欺骗行为的评价范围，虚构事实已经演变为一种胁迫，导致被害人产生了现实的恐惧，并由于内心的恐惧而交付财物，因而甲、乙的行为符合敲诈勒索罪的构成。本案亦不是绑架罪，绑架罪的绑架行为必须是现实发生的，而不是虚构的。本罪也不是抢劫罪，因为该胁迫行为没有当场对被害人实施。

案例十一

1. 案情简介

2016 年 4 月 18 日，被害人吕某提供身份证、户口簿、结婚证个人房屋产权调查等材料欲向被告人陈某、韩某等人借款 15 万元，吕某写下借款 25 万元的借条、签订个人借款合同后，被告人陈某、韩某等人发现吕某隐瞒房屋已有抵押的情况并未放款。同年 6 月，被告人陈某等委托律师向法院提起民事诉讼，逼迫吕某还款。同年 7 月 14 日，上海市静安区人民法院作出裁定，冻结吕某名下银行存款 25 万元，不足部分则查封、扣押其相应价值的财产。

2014 年 8 月 26 日、27 日，被害人李某向被告人陈某、韩某借款 5 万元，但应二人要求写下借款 10 万元借条。同年 8 月至 11 月，李某应陈某等要求向二人还款 6.3 万元。2015 年 1 月 12 日，陈某、韩某明知李某实际借款 5 万元，仍虚构李某向其借款 10 万元未归还的事实，向上海市虹口区人民法院提起民事诉讼。同年 4 月 29 日，上海市虹口区人民法院作出一审判决，判决李某返还陈某本金 10 万元及相应利息、律师服务费等，但李某并未履行该判决。[①]

2. 基本问题

（1）如何认定与处理“套路贷”性质的犯罪案件？

（2）被告人实施虚假诉讼行为，非法占有他人财产，又构成诈骗罪的，应当如

---

① 刑事审判参考. 北京：法律出版社，2020：71-81.

何定罪处罚？

3. 知识内容

（1）由于“套路贷”犯罪通常打着民间借贷的幌子，因此实践中很容易将“套路贷”与民间高利贷混淆，具体可以从以下几个方面加以区分。一是行为目的方面。“套路贷”中的“借款”不过是行为人侵吞被害人财产的借口，行为人是以“借款”为名行非法占有被害人财物之实，其目的是侵占他人的财产。而高利贷的出借人，是为了到期按照合同约定收回本金和高额利息，并不具有非法占有他人财产的目的。二是侵害客体方面。“套路贷”侵害客体多、社会危害大，从诱骗或者强迫被害人签订合同到暴力讨债、假诉讼，不仅侵害被害人财产权、人身权还危害公共秩序，破坏金融管理秩序，甚至挑战司法权威，严重妨害司法公正。而高利贷主要是破坏金融管理秩序。三是法律后果方面。“套路贷”在本质上属于违法犯罪行为，借款本金和利息均不受法律保护。而高利贷体现了双方意思自治，借款行为本身是合法的。根据最高人民法院《关于审理民间借贷案件适用法律若干问题的规定》，借贷双方约定的利率超过年利率 36%，超过部分的利息约定无效。即高利贷本金及法定利息受法律保护，超过法定的高额利息部分不受法律保护。

“套路贷”犯罪行为人的主观目的是非法侵占被害人或其近亲属的财产，一般情况下应当以侵财类犯罪定罪处罚。如果行为人在索债时使用了殴打、非法拘禁等暴力手段，或者对被害人及其近亲属使用暴力、胁迫等方法，符合非法拘禁罪、敲诈勒索罪或者抢劫罪的犯罪构成要件的，应当按照相关规定定罪处罚。对于“套路贷”犯罪行为同时构成诈骗罪、非法拘禁罪、敲诈勒索罪、抢劫罪等多种犯罪的，依照刑法及有关司法解释的规定进行数罪并罚或者择一重处罚。

（2）被告人实施虚假诉讼行为，非法占有他人财产，又构成诈骗罪的，应依照处罚较重的规定定罪从重处罚。本案中，被告人陈某、韩某等人隐瞒吕某实际上未获得借款、李某已经归还全部借款的情况下，事先共谋，以不存在的债权债务关系，向人民法院提起民事诉讼，企图通过法院胜诉判决，占有被害人的财产。上述行为妨碍司法秩序，严重侵害他人合法权益，其行为已构成虚假诉讼罪。同时，陈某、韩某等人又以非法占有为目的，以提起民事诉讼为手段，通过提供虚假证据，隐瞒真相的方式，意图使法院作出有利于自己的判决，从而获得他人财产，其行为亦构成诈骗罪。但是，就诈骗罪而言，因李某未履行法院判决；陈某、韩某等人被公安人员抓获，因为意志以外的原因，才使诈骗犯罪未能得逞，属于犯罪未遂。根据《刑法修正案（九）》第 307 条之一的规定，既符合虚假诉讼罪的构成要件，又构成诈骗罪的，依照处罚较重的规定定罪从重处罚。如果对被告人陈某等人以虚假诉讼罪定罪处罚，则法定最高刑为 7 年有期徒刑；如果对陈某等人以诈骗罪定罪处罚，则法定最高刑为无期徒刑。因此，对陈某、韩某等人应当以处罚较重的诈骗罪定罪从重处罚，同时考虑他们系犯罪未遂，可以比照既遂从轻或者减轻处罚。

【疑难问题】

1. 抢劫罪中需要重点掌握的有："当场"，抢劫的八种加重处罚情形及其要素界定，转化型抢劫，转化型抢劫中的刑事责任年龄要求，抢劫罪的既遂、未遂状态，抢劫罪与其他罪的区别。

2. 盗窃罪中需要重点掌握的有：窃取的手段、特征，盗窃特殊物品的法条竞合犯和想象竞合犯，盗窃罪的特殊形态的把握。

3. 诈骗罪中需要重点掌握的有：诈骗的手段、特征，关于虚构事实、隐瞒真相的行为种类特征，诈骗罪的特殊形态。注意区分诈骗罪与提供商业服务中服务内容与收费时的宣传严重不实但不以犯罪处理的情况。

4. 抢夺罪中需要重点掌握的有：抢夺的手段特征，抢夺罪和盗窃罪的区分，携带凶器抢夺拟制为抢劫罪的规定，抢夺行为转化为抢劫罪的规定。

5. 侵占罪中需要重点掌握的有：侵占罪前行为的合法性特征，侵占罪与盗窃罪、诈骗罪、职务侵占罪的区别。侵占罪是自诉案件，无论何种情形都不能是公诉案件。

6. 职务侵占罪中需要重点掌握的有：职务侵占罪与贪污罪、盗窃罪、诈骗罪的区别。

7. 敲诈勒索罪中需要重点掌握的有：敲诈勒索的手段特征，本罪与抢劫罪的区别。

实务训练

1. 办理抢劫案件中需要重点提取或审查的证据包括：(1) 作案用的凶器、工具等物证。(2) 目击者的证人证言。(3) 抢劫实施现场的勘验、检查笔录。(4) 被害人对被告人的辨认笔录以及被告人对作案工具的辨认笔录。(5) 被害人被杀害或被伤害的鉴定结论。(6) 对血迹、痕迹的物证鉴定。(7) 对被抢劫物品的价值评估鉴定。(8) 监控录像等视听资料。(9) 被害人陈述。(10) 被告人供述和辩解。(11) 其他与证明案件事实相关的材料。

2. 办理盗窃案件需要重点审查和调取的证据包括：(1) 查明被盗物品的去向和价格鉴定。(2) 提取行为人在现场留下的各种痕迹。(3) 根据被告人供述、被害人陈述和现场是否有破坏情况确定行为人秘密窃取的手段。(4) 完成现场勘验、检查笔录。(5) 制作或审查被告人现场指认笔录和被害人对被盗财物的辨认笔录。(6) 审查各证据间是否能相互印证，一致指向同一、无矛盾事实。(7) 其他需要的材料。

3. 办理诈骗案件需要重点审查的证据包括：(1) 行为人虚构事实、隐瞒真相的供述。(2) 被害人所闻、所见行为人的言行后产生信任的陈述。(3) 被骗财物的照片或复制品。(4) 证人证言。以上证据中，应重点审查行为人进行诈骗行为的供述与被害人的陈述是否吻合，是否具有因果关系。

4. 抢夺罪调取和审查的证据包括：对抢夺财物的价值评估和拍照，行为人对现场的指认笔录（附照片）或指认录像，现场目击者的证人证言，被害人陈述，被告人对抢夺行为的供述。

5. 侵占罪是自诉案件，如果受害人提起自诉，需要提供的证据有：证明被侵占财物的所有权方面的证据材料，证明行为人合法占有自己财物的材料，证明经要求行为人拒不返还的行为过程。

6. 办理职务侵占罪中需要重点审查的证据包括：行为人所在单位的性质证明，行为人的身份情况证明，利用职务便利的证据，手段的证明材料等。

7. 敲诈勒索罪中需要审查的证据包括：证明行为人主观上具有非法占有目的的证据，行为人达到刑事责任年龄的证据，行为人对被害人实施威胁或者要挟所产生的书面、口头证据材料，行为人取得财物的证据。

课后练习

1. 甲使用暴力将乙扣押在某废弃的建筑物内，强行从乙身上搜出现金 3 000 元和一张银行卡，甲逼迫乙向该卡汇入人民币 10 万元。乙便给其妻子打电话，谎称自己开车撞伤他人，让其立即向自己的信用卡汇入 10 万元救治伤员并赔偿，乙妻信以为真，便向乙的信用卡中汇入 10 万元，被甲取走，甲在得款后将乙释放。对甲的行为应当按照下列哪一选项定罪？（　　）

A. 非法拘禁罪　　B. 绑架罪　　C. 抢劫罪　　D. 抢劫罪和绑架罪

2. 甲、乙共谋行抢。甲在外屋巷口的出口望风，乙将路人丙的书包（内有现金 1 万元）一把夺下转身奔逃，丙随后追赶，欲夺回书包。甲在丙跑过巷道口时突然伸腿将丙绊倒，丙倒地后摔成轻伤，甲、乙乘机逃脱。甲、乙的行为构成何罪？（　　）

A. 甲、乙均构成抢夺罪

B. 甲、乙均构成抢劫罪

C. 甲构成抢劫罪，乙构成抢夺罪

D. 甲构成故意伤害罪，乙构成抢夺罪

3. 关于抢劫罪的认定，下列哪些选项是正确的？（　　）

A. 甲欲进王某家盗窃，正撬门时，路人李某经过。甲误以为李某是王某，会阻止自己盗窃，将李某打昏，再从王某家窃走财物。甲不构成抢劫既遂

B. 乙潜入周某家盗窃，正欲离开时，周某回家，进屋将乙堵在卧室内。乙掏出凶器对周某进行恐吓，迫使周某让其携带财物离开。乙构成入户抢劫

C. 丙窃取刘某汽车时被发现，驾刘某的汽车逃跑，刘某乘出租车追赶。途遇路人陈某过马路，丙也未减速，将陈某撞成重伤。丙构成抢劫致人重伤

D. 丁抢夺张某财物后逃跑，为阻止张某追赶，出于杀害故意向张某开枪射击。子弹未击中张某，但击中路人汪某，致其死亡。丁构成抢劫致人死亡

4. 下列哪些行为属于盗窃？（　　）

A. 甲穿过铁丝网从高尔夫球场内“拾得”大量高尔夫球

B. 甲在公园水池内“捞得”大量游客投掷的硬币

C. 甲在宾馆房间内“拾得”前一旅客遗忘的笔记本电脑一台

D. 甲从一辆没有关好门的轿车内“拿走”他人公文包

5. 郑某冒充银行客服发送短信，称张某手机银行即将失效，需重新验证。张某信以为真，按短信提示输入银行卡号、密码等信息后，又将收到的编号为135423的“验证码”输入手机页面。后张某发现，其实是将135 423元汇入了郑某账户。关于本案的分析，下列哪一选项是正确的？（　　）

A. 郑某将张某作为工具加以利用，实现转移张某财产的目的，应以盗窃罪论处

B. 郑某虚构事实，对张某实施欺骗并导致张某处分财产，应以诈骗罪论处

C. 郑某骗取张某的银行卡号、密码等个人信息，应以侵犯公民个人信息罪论处

D. 郑某利用电信网络，为实施诈骗而发布信息，应以非法利用信息网络罪论处

6. 乙与丙因某事发生口角，甲得知此事后，找到乙，谎称自己受丙所托带口信给乙，如果乙不拿出5 000元给丙，丙将派人来打乙，乙害怕被打，就托甲将5 000元带给丙。甲将钱占为己有。对甲的行为应当如何处理？（　　）

A. 按诈骗罪处理　　B. 按敲诈勒索罪处理

C. 按侵占罪处理　　D. 按抢劫罪处理

7. 关于抢夺罪，下列哪些判断是错误的？（　　）

A. 甲驾驶汽车抢夺乙的手提包，汽车能致人死亡所以属于凶器。甲的行为应当认定为携带凶器抢夺罪

B. 甲与乙女因琐事相互厮打时，乙的耳环（价值8 000元）掉在地上。甲假装摔倒在地，迅速将耳环握在手中，乙见甲摔倒便离开了现场。甲的行为成立抢夺罪

C. 甲骑着摩托车抢夺乙的背包，乙使劲抓住背包带，甲见状便加速行驶，乙被拖行十多米后松手。甲的行为属于情节特别严重的抢夺罪

D. 甲明知行为人的手提包中装有毒品而抢夺，毒品虽然是违禁品，但也是财物。甲的行为成立抢夺罪

8. 结合犯罪构成理论以及刑法分则的相关规定分析，以下哪些不构成侵占罪？（　　）

A. 某游戏厅早上8点刚开门，甲就进入游戏厅玩耍，发现6号游戏机上有一个手机，甲马上装进自己口袋，然后逃离。事后查明，该手机是游戏厅老板在打扫房间时顺手放在游戏机上的。甲被抓获后称其始终以为该手机是其他顾客遗忘的财物

B. 乙知道邻居肖某的8岁小孩被他人绑架，肖某可能会按照歹徒的要求交付赎金，即终日悄悄跟随在肖某身后。某日，乙见肖某将一塑料袋塞入某桥洞下，即在肖某离开10分钟后，将口袋取出，获得现金20万元

C. 丙到某装饰城购买价值2万元的装修材料，委托三轮车夫田某代为运输。田

某骑三轮车在前面走，丙骑自行车跟在后面。在经过一路口时，田某见丙被警察拦住检查自行车证，即将装修材料拉走倒卖，获款 4 000 元

D. 丁闲极无聊在一自动取款机按键上乱敲。在准备离开时，丁无意中触动了一个按钮，取款机即吐出 100 元钞票，丁见此情景，就连续不断地进行操作，直至取出现金 1 万元，然后离去

9. 下列哪些行为应以职务侵占罪论处？（　　）

A. 甲系某村民小组的组长，利用职务上的便利，将村民小组集体财产非法据为己有，数额达到 5 万元

B. 乙为村委会主任，利用协助乡政府管理和发放救灾款物之机，将 5 万元救灾款非法据为己有

C. 丙是某国有控股公司部门经理，利用职务上的便利，将本单位的 5 万元公款非法据为己有

D. 丁与某私营企业的部门经理李某内外勾结，利用李某职务上的便利，共同将该单位的 5 万元资金非法占为己有

10. 关于敲诈勒索罪，下列哪些选项是正确的？（　　）

A. 甲将王某杀害后，又以王某被绑架为由，向其亲属索要钱财。甲除构成故意杀人罪外，还构成敲诈勒索罪与诈骗罪的想象竞合犯

B. 饭店老板乙以可乐兑水冒充洋酒销售，向实际消费数十元的李某索要数千元。李某不从，乙召集店员对其进行殴打，致其被迫将钱交给乙。乙的行为构成抢劫罪而非敲诈勒索罪

C. 职员丙被公司辞退，要求公司支付 10 万元补偿费，否则会将其所掌握的公司商业秘密出卖给其他公司使用。丙的行为构成敲诈勒索罪

D. 丁为谋取不正当利益送给国家工作人员刘某 10 万元。获取不正当利益后，丁以告发相要挟，要求刘某返还 10 万元。刘某担心被告发，便还给丁 10 万元。对丁的行为应以行贿罪与敲诈勒索罪实行并罚

11. 甲、乙等人成立小额借贷公司。王某两次向该公司分别贷款 5 000 元、8 000元，但签订借款金额分别为 10 000 元、16 000 元的虚高借款合同。该公司以砍头息、保证金、管理费等名义向王某事前分别收取 1 000 元（王某实际得款 4 000 元）、2 000 元费用（王某实际得款 6 000 元）。甲事前明确告知王某，如果王某未违约、按期还款，虚高的金额无须支付；但若违约，虚高的金额将作为违约金、催收费要求王某支付。后王某为按期还款，甲、乙等人通过打电话、发短信催讨，催讨未果后，持虚高的借条上门索债。下列说法错误的有（　　）。

A. 甲的行为属于“套路贷”，以诈骗罪论处

B. 甲构成敲诈勒索罪

C. 甲构成非法经营罪

D. 甲构成寻衅滋事罪

延伸阅读

1. 赵秉志，张军，等．侵犯财产罪．北京：中国人民公安大学出版社，2003.
2. 董玉庭．盗窃罪研究．北京：中国检察出版社，2002.
3. 于世忠．侵占罪研究．长春：吉林人民出版社，2002.
4. 周光权．侵占罪疑难问题研究．法学研究，2002 (3).

第二十章　妨害社会管理秩序罪

【内容摘要】

社会管理秩序是国家在管理社会的过程中所形成的社会某些方面的有序状态，如公共秩序、司法秩序、文物管理秩序、公共卫生秩序等。在认定本章各犯罪时，要注意与相应的非刑事法律规范的相关规定结合起来；要注意掌握妨害公务罪的罪与非罪问题，特别是对"暴力"程度的理解；要注意把握"流氓动机"的认定，以便将聚众斗殴罪、寻衅滋事罪与其他相近犯罪区别开来；要注意理解黑社会性质组织的特征，以便将它与其他犯罪组织区别开来；要注意理解"医务人员""未取得医生执业资格的人"的外延；要注意毒品系列犯罪尤其是贩卖毒品罪、运输毒品罪和非法持有毒品罪的构成；要注意将组织卖淫罪与其他卖淫相关犯罪区别开来。

【学习目标】

（1）在知识学习层面，要掌握妨害社会管理秩序罪的基本知识，同时要熟悉本章中具体罪名的概念、犯罪构成以及犯罪认定的基本知识。因为本章的罪名多、知识点较为复杂，所以要特别注意把握相似罪名的界限。（2）在能力训练层面，要熟知具体罪名的犯罪构成，结合对疑难案例的分析，学会在具体案件中准确认定犯罪和适用刑法，要坚持体系性思考，注意把握相似罪名的关系，在具体案件中准确认定相似罪名，从而增强适用刑法的实践能力。同时，在对具体罪名的学习中要注意结合刑法总论知识，对于所涉及的理论问题，如寻衅滋事罪以及其他具有较大理论争议的问题，要进行有针对性的深入研究，提升自我的理论素养和研究能力。(3)在价值引领层面，要通过对本章犯罪的学习，深刻认识到此类犯罪对社会管理秩序的危害性，增强自我防范的意识和能力，守护自身安全，远离犯罪侵害，并形成运用刑法打击犯罪、维护社会秩序的基本观念。此外，也要明确自己的行为界限和法律底线，自觉遵守法律法规，做一个遵纪守法的公民。同时，要结合我国在打击此类犯罪方面的司法实践，积极关注我国打击毒品犯罪的实践、扫黑除恶专项斗争的实践以及“疫情”防控中运用刑法打击犯罪的实践，感受我国在打击犯罪、维护社会秩序、加强社会治理方面所取得的成绩，增强对我国刑法以及中国特色社会主义法治的认同感。

【知识要点】

一、妨害公务罪

妨害公务罪是指以暴力、威胁方法，阻碍国家机关工作人员、人大代表、红十字会工作人员依法执行职务、执行代表职务或履行职责，或者故意阻碍国家安全机关、公安机关工作人员依法执行国家安全工作任务，虽未使用暴力、威胁方法，但造成严重后果的行为。

在本罪的认定中，要注意特定的犯罪对象及其状态：其一，仅限四类人员。正在依照法律、行政法规的规定执行行政执法职务的国有事业单位人员，可被解释为“国家机关工作人员”。其二，他（们）正处于依法执行职务或履行职责的状态。暴力袭击正在依法执行职务的人民警察，成立袭警罪，其与妨害公务罪属于一般法条与特殊法条的竞合关系。

在本罪的认定中，要注意特定的犯罪方法。除针对依法执行国家安全工作任务的国家安全机关、公安机关工作人员外，对于其他三类犯罪对象都需要暴力、威胁方法才能成立本罪。

刑法分则中明文规定某些犯罪的客观手段有暴力方法的，其“暴力”的具体内涵可能不一致。例如，抢劫罪中的“暴力”最低限度必须达到使被害人不敢反抗，最高限度则可以是造成致人死亡的后果。宏观说来，刑法分则中的“暴力”是一种直接作用于人身的强制性作用力[①]，可从被害人的反应和它可能造成的后果两方面来理解暴力的程度。在妨害公务罪中，“暴力”有最低限度的限制，否则不能通过手段的社会危害性程度证明它与一般妨害公务违法行为的界限。联系刑法通说关于本

① 对物的暴力应当属于“威胁”“胁迫”的内容，不这样认识则很难理解这类犯罪的客体包含对他人人身权的侵犯.

罪客体之一——对他人人身权的侵犯的认识和非刑事法律法规关于妨害公务的一般违法行为的规定，本罪“暴力”的最低限度应达到造成他人轻微伤。

二、聚众斗殴罪和寻衅滋事罪

聚众斗殴罪和寻衅滋事罪是从1979年《刑法》规定的流氓罪分解而来，离开“流氓动机”的构成要素，就不能将聚众斗殴罪与故意伤害罪、故意杀人罪，或者将寻衅滋事罪与故意伤害罪、抢劫罪等区别开来。在聚众斗殴罪中，其“流氓动机”往往表现为出于私仇、争霸或其他不正当目的；在寻衅滋事罪中，则往往表现为为了显示自己的强势地位而无事生非、无理取闹，这种“流氓动机”的实质是反映了行为人对社会良好公共秩序的一种蔑视心理。正因为“流氓动机”的存在，所以聚众斗殴罪必须要求双方存在斗殴故意这一构成要素，寻衅滋事罪在客观方面往往表现为对犯罪对象、犯罪方法、犯罪地点和犯罪后果的无所顾忌性、随意性。

在聚众斗殴罪中，要注意把握“聚众”在本罪中的地位，“聚众”不应当理解为“实行行为”或“预备行为”，而应当理解为成立本罪必需的一种客观情势。在人数要求上，“聚众”不仅体现在斗殴一方，更重要的它是对斗殴双方的共同要求，尽管学术界和实务界对斗殴双方人数认识不一致，但有一点是最低的要求，即要想成立聚众斗殴罪，必须至少有一方达到3人以上。

聚众斗殴致人重伤、死亡的，转化为故意伤害罪、故意杀人罪。至于哪些人应当转化，应当看其行为与重伤、死亡的后果之间是否存在刑法上的因果关系，存在的则应当承担故意伤害罪、故意杀人罪的罪责，否则只能按聚众斗殴罪处理。

三、黑社会性质组织犯罪

对于黑社会性质组织犯罪的认定，难点在于把握黑社会性质组织。结合刑法规定，黑社会性质组织具有四个特征：第一，形成较稳定的犯罪组织，人数较多，有明确的组织者、领导者，骨干成员基本固定；第二，有组织地通过违法犯罪活动或者其他手段获取经济利益，具有一定的经济实力，以支持该组织的活动；第三，以暴力、威胁或者其他手段，有组织地多次进行违法犯罪活动，为非作恶，欺压、残害群众；第四，通过实施违法犯罪活动，或者利用国家工作人员的包庇或者纵容，称霸一方，在一定区域或者行业内，形成非法控制或者重大影响，严重破坏经济、社会生活秩序。

恶势力也是一种犯罪组织，但其组织特征、行为特征、社会影响特征等方面都弱于黑社会性质组织。

黑社会性质组织区别于恐怖组织、邪教组织的关键是组织的犯罪目的不同，黑社会性质组织是为了追逐经济利益，恐怖组织是为了通过制造社会恐慌来达成组织的政治追求或社会追求，邪教组织是为了以宗教的名义宣扬邪恶的思想。

四、医疗事故罪和非法行医罪

医疗事故罪和非法行医罪都是发生在医疗活动中的犯罪。医疗是以治病救人为目的的活动，打着“救人”的幌子而实际上“骗财”“骗色”等与医疗事故罪和非法行医罪没有任何关系；同样，行为人实际上根本没有行医能力的，也不可能构成医疗事故罪、非法行医罪。

医疗事故罪属于过失犯罪，其主体是医务人员；非法行医罪属于故意犯罪，其主体是未取得医生执业资格的人员。在司法实践中，认定两罪的难点在于如何正确把握各自的犯罪主体。

按照《执业医师法》的规定，要想成为医务人员，首要条件是有医疗知识并通过考试取得执业资格，然后经过注册取得执业证书。因此，非法行医罪的主体包括有医疗知识但未通过考试取得执业资格的人员，也包括取得了执业资格但未获得注册取得执业证书的人员；而医疗事故罪的主体则是取得执业证书的人员，包括治疗人员、护理人员、医疗专业技术人员如从事放射、化验技术工作的人员等。

在司法实践中，与医疗行为只有间接关系的人员，如医院党政后勤工作人员、救护车司机等，不能构成医疗事故罪；取得执业证书的人员超越证书规定的执业类别、范围，如医院的内科医生实施外科手术，即便他具有相应的能力，本质上也因为不符合执业证书关于执业类别、范围的要求而属于非法行医。

五、毒品犯罪

毒品犯罪是以毒品作为犯罪对象的一类犯罪的总称。毒品是国家予以管制的、使人成瘾的麻醉药品和精神药品，某种药品是否具有成瘾性从而是否是毒品往往需要鉴定，但考虑到证据的收集问题，司法解释仅要求对于判处死刑的案件必须进行毒品鉴定。实际上，对于刑法和司法解释规定之外的“新型毒品”，行为人是否构成毒品犯罪，若缺少毒品鉴定是不可能被证明的。

结合《海关法》的规定，走私毒品行为包括在内海、领海、界河、界湖运输、收购、贩卖毒品的行为。走私毒品罪与运输毒品罪、贩卖毒品罪区别的关键是该行为是否属于逃避海关监管的行为，如是则应当按照走私毒品罪处理。

结合《刑法》和有关司法解释的规定，贩卖毒品罪是行为犯，贩卖毒品行为包括贩卖行为、以贩卖为目的的购买行为以及以营利为目的的代购行为。在介绍买卖毒品问题上，由于单纯的不以贩卖为目的的购买行为不构成犯罪，因而应注意区别介绍人在买卖毒品问题上所起的作用，如果介绍人对于贩卖毒品起帮助作用，则可按贩卖毒品罪处理；如果介绍人仅对单纯的购买者起帮助作用则不构成犯罪。为吸毒者购买毒品的，如果是以牟利为目的，则应当按贩卖毒品罪处理。

运输毒品罪属于行为犯而不是举动犯。运输毒品罪的成立对运输方式不作要求，无论是人体运输还是借助交通工具都是运输毒品的行为方式。运输毒品罪区别于其他犯罪的关键是行为人是否存在将毒品输送到另一地方、另一人处的目的，如果因为行为人搬家等事由而发生毒品的空间转移，则由于行为人仍然是以控制毒品为目的而并不存在将毒品输送到另一地方、另一人处的目的，不能构成运输毒品罪。

非法持有毒品罪的本质是将毒品置于行为人控制之下。在司法实践中，只有在没有证据证明行为人构成其他毒品犯罪时才可按非法持有毒品罪处理。

六、组织卖淫罪

对于卖淫类犯罪，因为客观行为方式、对象不同而成立不同罪名，如组织卖淫罪、协助组织卖淫罪、强迫卖淫罪、引诱、容留、介绍卖淫罪、引诱幼女卖淫罪等。认定不同卖淫类犯罪的关键是正确把握其行为方式，尤其是应当将组织行为与其他行为区别开来。

对于行为人来说，其组织卖淫的行为无非是通过各种方式实现控制多人进行卖淫而已。因此，引诱、介绍、强迫等方式都可以成为组织卖淫罪的行为方式。例如，行为人引诱、介绍、强迫妇女或幼女加入其所控制的卖淫集体的，应当按照组织卖淫罪处理。

【案例评析】

案例一

1. 案情简介

（1）甲打乙一耳光，对乙说："交出钱来！"乙将身上的 2 000 元交给了乙。

（2）行人乙闯红灯，交警甲要开罚单，乙不许。二人发生拉扯，导致甲上衣纽扣掉落两颗，拇指指甲断裂。因其他行人围观，导致交通中断 10 分钟。

2. 基本问题

案例（1）中行为人是构成抢劫罪还是敲诈勒索罪？案例（2）中行为人是否构成妨害公务罪？

3. 知识内容

上面两个案例涉及对抢劫罪、敲诈勒索罪、妨害公务罪中"暴力"的最低限度的理解。案例 1 中，基于一般人的认识，"打耳光"的行为达不到使被害人不敢反抗的最低程度，因此不构成抢劫罪，而应按敲诈勒索罪处理。案例 2 中，行为人使用暴力造成的后果轻微，应按照一般违法行为处理。

案例二

1. 案情简介

（1）甲、乙二人发生纠纷，二人决定以武力解决矛盾。甲邀约 3 人赶到决斗地点，见仅有乙 1 人。双方决斗，甲方惨败。

（2）甲、乙二人发生纠纷，二人决定各自邀约一帮人以武力解决矛盾。因巡警及时介入，双方还未赶到决斗地点就被抓获。

（3）甲、乙二人发生纠纷，二人决定各自邀约一帮人以武力解决矛盾。在决斗中，不知是甲方哪个人员将乙方一人打死。

2. 基本问题

案例（1）中乙是否构成聚众斗殴罪？案例（2）中双方构成聚众斗殴罪的预备还是未遂？案例（3）中谁承担故意杀人的罪责？

3. 知识内容

案例 1 和案例 2 涉及聚众斗殴罪中“聚众”的理解，案例 3 涉及聚众斗殴罪的转化问题。案例 1 中，甲方成立聚众斗殴罪没有疑义，乙是否构成聚众斗殴罪取决于当地司法机关的认识，如果以江苏省高院的意见①，乙构成聚众斗殴罪；如果以浙江省高院的意见②，则乙不构成聚众斗殴罪。案例 2 中，由于“聚众”是一种情势而不是聚众斗殴罪的实行行为，故双方尚未着手，应成立犯罪预备。案例 3 中，由于不能证明甲方哪个人员实施了杀人行为，但不能否定甲这个组织者与乙方一人死亡之因果关系，因而甲应当承担故意杀人的罪责，甲方其余人员和乙方人员应成立聚众斗殴罪。

案例三

1. 案情简介

（1）大连的贩毒者甲和青岛的吸毒者乙双方电话联系决定在大连到青岛的客轮上进行海上毒品交易，双方交易尚未结束就被抓获。

（2）吸毒者乙委托甲代买毒品，甲买了两小包，总价 300 元，乙给了甲 330 元，说：“多余的为你的辛苦费。”

2. 基本问题

案例 1 中，甲构成走私毒品罪还是贩卖毒品罪？其行为是既遂还是未遂？案例 2 中，甲是否构成贩卖毒品罪？

3. 知识内容

走私毒品罪和贩卖毒品罪区别的关键是行为人的行为是否属于逃避海关监管。案例 1 虽然属于发生在内海上的贩卖行为，但该行为并不属于逃避海关监管的行为，因而只能构成贩卖毒品罪。贩卖毒品罪属于行为犯，只要处于交易过程中即为既遂，因此本案为既遂。案例 2 的关键是认定甲是否存在牟利的目的。本案中尽管甲得了 30 元，如果这 30 元属于甲在代买毒品过程中的正常支出，则甲不存在牟利的目的，不构成贩卖毒品罪。

---

① 参见江苏省高级人民法院、江苏省人民检察院、江苏省公安厅《关于办理聚众斗殴案件适用法律若干问题的意见》（苏高法［2009］56 号）。

② 参见《浙江省高级人民法院关于审理聚众斗殴犯罪案件相关问题的纪要》（2013 年 10 月 18 日省高院审判委员会第 2486 次会议讨论通过）。

【疑难问题】

1. 刑法分则规定的聚众类犯罪的共同点和不同点。

提示：注意“众”的理解，“聚众”在犯罪中的地位。

2. 以组织卖淫罪说明刑法分则中组织类犯罪的特点。

提示：注意组织者的目的、组织方式，与共同犯罪之组织犯的关系。

3. 针对枪支、假币、毒品，说明持有型犯罪和其他犯罪的区别。

提示：持有型犯罪属于补漏型犯罪。

实务训练

2016年，某甲在某市开了一家旅馆，但生意一直不好。为此，他向人贩子购买了5名被拐卖的妇女，并让她们在做旅馆服务员的同时，向客人卖淫。因这5名妇女皆不服从，某甲便将其中一名妇女剥光衣服，拍摄裸体照，并随后强行奸淫。这样5名妇女被迫卖淫。某甲为了便于管理，还聘请了某乙负责保安工作，防止嫖客闹事。某丙听说该宾馆有卖淫嫖娼活动后，便极力劝说其邻居13岁的某丁（女）去该旅馆卖淫。某丁经不起反复诱导开始到该旅馆卖淫。某甲作为旅馆老板，时常与某丁发生性关系而不支付嫖资。嫖客中有一人某戊，虽明知自己患有严重性病，但认为自己每次都使用安全套，不会传染别人，因此一边治疗，一边继续到该旅馆嫖娼，在听说该旅馆有一位13岁的女孩某丁后，还嫖宿过这个女孩。后来，该市公安机关对全市旅馆进行大检查。出租车司机某己听说后，赶紧给某甲通风报信，使该旅馆躲过了公安机关的查处。

试分析案中涉及人员哪些构成犯罪，构成何罪，并简要说明理由。

分析：某甲构成组织卖淫罪和容留卖淫罪、强奸罪。某甲收买被拐卖的妇女是为了强迫其卖淫，所以对收买被拐卖妇女的行为按照牵连犯的原则单独处理其组织卖淫罪。同时为了使被害人就范，某甲采用的将其中一名妇女剥光衣服，拍摄裸体照，并随后强行奸淫的一系列强迫行为，是为了达到组织被害人卖淫的目的，强迫是手段，所以某甲构成组织卖淫罪，而不再对其强迫卖淫的行为单独处理。另外，某甲还收留某丁卖淫，所以构成容留卖淫罪。某甲明知某丁是不满14周岁的幼女，而与之发生性关系，应构成强奸罪。

某乙充当组织卖淫者的打手、保镖，所以构成协助组织卖淫罪。

某丙以劝说的方式，引诱其邻居不满14周岁的某丁（女）去该旅馆卖淫，构成引诱幼女卖淫罪。

某戊虽明知自己患有严重性病，仍然一边治疗，一边嫖娼，其构成传播性病罪。同时明知某丁不满14周岁的幼女，而与之发生性关系，应构成强奸罪。

出租车司机某己给某甲通风报信，使该旅馆躲过了公安机关的查处，依照法律的规定构成窝藏、包庇罪。

课后练习

一、选择题

1. 对刑法关于组织、强迫、引诱、容留、介绍卖淫罪的规定，下列解释正确的是（　　）。

A. 引诱、容留、介绍卖淫罪，包括引诱、容留、介绍男性向同性恋者卖淫

B. 引诱成年人甲卖淫，容留成年人乙卖淫的，成立引诱、容留卖淫罪，不实行并罚

C. 引诱幼女甲卖淫，容留幼女乙卖淫的，成立引诱幼女卖淫罪与容留卖淫罪，实行并罚

D. 引诱幼女向他人卖淫后又嫖宿该幼女的，以引诱幼女卖淫罪论处，从重处罚

2. 下列哪些行为不构成包庇罪？（　　）

A. 国家机关工作人员包庇黑社会性质的组织的

B. 帮助当事人毁灭、伪造证据的

C. 明知他人有间谍行为，在国家安全机关向其收集有关证据时，拒绝提供，情节严重的

D. 包庇走私、贩卖、运输、制造毒品的犯罪分子的

3. 甲、乙通过丙向丁购买毒品，甲购买的目的是为自己吸食，乙购买的目的是为贩卖，丙则通过介绍毒品买卖，从丁处获得一定的好处费。对于本案，下列哪些选项是正确的？（　　）

A. 甲的行为构成贩卖毒品罪　　B. 乙的行为构成贩卖毒品罪

C. 丙的行为构成贩卖毒品罪　　D. 丁的行为构成贩卖毒品罪

4. 关于黑社会性质组织犯罪的认定问题，下列哪些说法是正确的？（　　）

A. 黑社会性质组织是犯罪集团，具有犯罪集团的一般属性

B. 黑社会性质组织所从事的危害行为，既包括犯罪行为，又包括违法行为

C. 组织、领导、参加黑社会性质组织罪，既包括组织、领导、参加黑社会性质组织的行为，又包括在该黑社会性质组织统一策划、指挥下从事的其他犯罪行为

D. 具有国家工作人员的非法保护，是认定黑社会性质组织的必要条件

二、案例题

1. 1984 年 10 月 7 日出生的甲，在 2000 年 6 月 10 日因强奸罪被逮捕。甲父想把甲年龄改小，但不知道改到多大合适，于是找到在当地公安局当侦查员的弟弟丙，丙在一张纸上写了 1986.10.19。甲父马上找到当地管户籍的民警乙，请乙帮忙。乙于是就按纸条上写明的时间，重新填写了甲的户口卡片。后丙利用职务便利到收容所会见甲，告诉其年龄改小了，要其统一口径。

问：分析甲父、乙、丙的犯罪性质，并说明理由。

2. 甲与乙等四人承包了一家饭店，为了招徕顾客，甲等人于 1999 年 4 月组织

17 名妇女在该饭店卖淫，对不愿意卖淫的丙等三人在强奸后迫使其卖淫。另外，甲还引诱丁等 4 名卖淫女吸食毒品。1999 年 7 月 8 日，嫖客朱某因费用问题与饭店发生争执，甲指使他人将朱某打成轻伤，并当场将朱某身上的 3 000 元现金抢走。朱某报案后，甲以降温费的名义向办案警察送去现金 1 万余元，得以逃脱制裁。2000 年 2 月 13 日，某区公安分局突击检查该饭店，甲指使饭店工作人员围攻警察，并将一个警察打成重伤。后甲被抓获。

问：甲的行为构成哪些犯罪?

延伸阅读

1. 张明楷．刑法学.4 版．北京：法律出版社，2011.

2. 熊选国．中国刑事审判指导案例（妨害社会管理秩序罪）. 北京：法律出版社，2009.

第二十一章　贪污贿赂罪

【内容摘要】

贪污罪，是指国家工作人员利用职务上的便利，侵吞、窃取、骗取或者以其他手段非法占有公共财物的行为。挪用公款罪，是指国家工作人员利用职务上的便利，挪用公款归个人使用，进行非法活动的，或者挪用公款数额较大、进行营利活动的，或者挪用公款数额较大、超过3个月未还的行为。受贿罪，是指国家工作人员利用职务上的便利，索取他人财物，或者非法收受他人财物，为他人谋取利益的行为。索取贿赂包括要求、索要和勒索贿赂等表现形式。利用职务上的便利，包括直接利用本人职务范围内的权力，利用职务上具有隶属关系的其他国家工作人员的职务行为以及利用职务上具有制约关系（但没有隶属关系）的其他国家工作人员的职务行为等不同情况。为他人谋取利益，其最低的内容要求是许诺为他人谋取利益，许诺包括真实许诺和虚假许诺。行贿罪是指为谋取不正当利益，给予国家工作人员以财物的行为。谋取不正当利益包括行贿人谋取违反法律、法规、规章或者政策规定的利益，或者要求对方违反法律、法规、规章、政策、行业规范的规定提供帮助或者方便条件和在招标投标、政府采购等商业活动中，违反公平原则，给予相关人员财物以谋取竞争优势两种基本类型。行贿罪的既未遂应当以行为人给予他人的财物能否最终实现作为判断的标准。

【学习目标】

（1）在知识学习层面，要掌握贪污贿赂罪的基本知识，同时要熟悉本章中具体罪名的概念、犯罪构成以及犯罪认定的基本知识。（2）在能力训练层面，要熟知具体罪名的犯罪构成，结合对疑难案例的分析，学会在具体案件中准确认定犯罪和适用刑法，要坚持体系性思考，注意把握相似罪名的区别，在具体案件中准确认定相似罪名，从而增强适用刑法的实践能力。同时，在对具体罪名的学习中要注意结合刑法总论知识，对于所涉及的理论问题，如新型受贿犯罪的认定、监察体制改革背景下的刑法应对等理论前沿和实践疑难问题，要进行有针对性的深入研究，提升自我的理论素养和研究能力。（3）在价值引领层面，要通过对本章犯罪的学习，深刻认识到此类犯罪对我国廉政制度的危害性，认识到刑法在惩治和预防腐败方面不可或缺的积极作用，形成运用刑法打击犯罪、保障权力公正运行的基本观念。此外，也要明确自己的行为界限、法律底线和纪律红线，形成正确的权力观、法纪观，自觉遵守法律法规，将来走上工作岗位后要正确行使手中的权力，做一个清正廉洁的法律人。同时，要结合我国在惩治贪污贿赂犯罪方面的实践，特别是党的十八大以来在反腐败方面的重大举措和重大成绩，感受我国从严治党、厉行反腐的政策精神和坚定决心，增强对中国特色社会主义法治的认同感。

【知识要点】

一、贪污罪

贪污罪，是指国家工作人员利用职务上的便利，侵吞、窃取、骗取或者以其他手段非法占有公共财物的行为。贪污罪中值得研究的问题主要有以下几方面。

（一）公共财产

本罪的行为对象是公共财物，而不是公民私人所有的财产。根据《刑法》第 91 条的规定，公共财产包括国有财产、集体财产、用于扶贫和其他公益事业的社会捐助或者专项基金的财产；在国家机关、国有公司、企业、集体企业和人民团体管理、使用或者运输中的私人财产，以公共财产论。对公共财产的理解，应注意以下几点：第一，单位对公共财产的占有不要求具有合法性。例如，贪污国家机关非法征收的款项，贪污国有企业收受的回扣，依然成立贪污罪。第二，公共财产不限于国有财产。例如，根据《刑法》第 183 条第 2 款、第 271 条第 2 款的规定，贪污罪的对象完全可能包括国有财产以外的公共财产。第三，对公共财产的解释，应当结合本罪的法益，进行实质解释。

例如，梁某系某县食品药品监督管理局（以下简称药品监管局）局长，其利用该局是该县药品保健品协会（以下简称协会）业务主管单位的关系，以协会名义与某职业培训学校（以下简称学校）合作在该县办理公共营养师培训班，由梁某单独出面和校方洽谈条件，双方约定以协会名义收取学费，协会从中抽取30%的劳务费后再付给学校。双方达成协议之后，学校在某县招收学员263人，收取学费共计526 000元。之后梁某根据协议扣除157 800元，存放在个人账户用于炒股。案发后，梁某声称将此款用于单位办公用房的装修。梁某的行为应如何定性？本案认定的关键在于，协会属于社会团体，梁某取得协会157 800元的劳务费是否属于贪污罪的公共财产。本书认为，梁某的行为应成立贪污罪。梁某系国家机关工作人员，由于其自身的行政职务以及药品监管局和协会之间的业务主管关系，梁某对协会名下的培训劳务费当然具有主管、管理的职权，梁某利用这一职务上的便利取得协会的财产，和贪污罪的取得公共财产并无实质上的区别。贪污罪的法益是国家工作人员职务行为的廉洁性和公共财产权，只要是基于国家工作人员的职务主管、管理、经营、经手的财物，都属于贪污罪的法益保护范围。因此，应当从刑法保护法益的目的出发，对贪污罪的公共财产作出合理的扩大解释，即公共财产的范围不仅限于本单位的公共财产，还包括国家工作人员依职务主管范围内的非本单位的财物。①

（二）利用职务上的便利

利用职务上的便利，是指利用职务上主管、管理、经营、经手公共财物的权力及方便条件。主管，主要是指负责调拨、处置及其他支配公共财物的职务活动；管理，主要是指负责保管、处理及其他使公共财物不流失的职务活动；经营，是指将公共财物作为生产、流通手段等使公共财物增值的职务活动；经手，是指领取、支出等经办公共财物的职务活动。

正确理解利用职务上的便利，应当注意以下几点。

第一，职务、职权应当具有一定的稳定性。如果行为人本来不具有主管、管理、经营、经手公共财物的职权，只是偶然或暂时接受委托“经手”公共财物，则不能认为其具有职务上的便利条件。

例如，甲受某国有公司的委托追缴债务，并与该国有公司签署委托协议，甲可从追缴的账款中获得5%的佣金。甲在债务追讨完毕后，将追缴的300万元的货款全数据为己有，并携款潜逃。甲的行为能否构成贪污罪？② 本书认为，甲的行为不成立贪污罪，只能成立侵占罪。甲虽然与该国有公司之间形成了委托关系，但这种

---

① 本案可能涉及刑法的形式解释论与实质解释论的争议问题。如果立足于形式解释论，梁某不是国家机关委派到非国有单位从事公务的人员，其非法占有的劳务费也不是药品监管局的公共财产（不成立贪污罪），同时梁某也不是协会的工作人员（不成立职务侵占罪），那么最终只能得出梁某的行为构成侵占罪的结论，这明显不合理。有关形式解释论和实质解释论的具体展开，参见：陈兴良．形式解释论的再宣示．中国法学，2010（4）；张明楷．实质解释论的再提倡．中国法学，2010（4）．

② 可以认为甲属于《刑法》第382条第2款规定的“受国家机关、国有公司、企业、事业单位、人民团体委托管理、经营国有财产的人员”。

偶然的暂时性的“经手”公共财物的行为，缺乏稳定性，不能将其解释为职务行为，从而也不符合利用职务便利的要件。

第二，利用职务上的便利，是指利用行为人的职务所形成的便利条件。利用与职务无关的条件，仅因工作关系熟悉作案环境或易于接近目标、凭工作人员身份容易进入某些单位等方便条件取得公共财物的，不成立贪污罪。例如，会计利用与出纳一起工作的便利条件，趁机配制出纳所掌管的保险柜钥匙，并将保险柜中的现金盗走，这就不属于利用职务上的便利贪污公款的行为，而只能成立盗窃罪。

(三) 侵吞、窃取、骗取或者以其他手段非法占有公共财物

侵吞，应当和侵占作同样的理解，即将自己因为职务而占有、管理的公共财物据为己有或者使第三人所有，包括对公共财物进行事实上的处分和法律上的处分。例如，财会人员收款不入账而据为己有，执法人员将罚没款据为己有，管理人员将自己管理的公共财物变卖后占有所变卖的款项。根据《刑法》第 394 条的规定，国家工作人员在国内公务活动或者对外交往中接受礼物，依照国家规定应当交公而不交公，数额较大的，以贪污罪论处。本条所规定的行为，本质上也属于侵吞。正确理解侵吞行为的关键在于，它是将自己由于职务上的便利而占有、管理的公共财物非法据为己有。

例如，李某系某国有公司出纳，掌管公司保险柜的钥匙和密码，为了伪造保险柜失窃的假象，李某使用其他作案手段打开保险柜取走了公司现金 30 余万元。李某构成贪污罪还是盗窃罪？本书认为，李某构成贪污罪而非盗窃罪。本案中，李某基于职务行为而占有本单位的保险柜中的现金，进而将其非法据为己有，完全符合侵吞型贪污罪的构成要件，构成贪污罪。至于采取何种非法手段将其已经占有、保管的财物据为己有，对侵吞型贪污罪的成立不构成影响。

又如，甲系某国有公司业务员，受单位委托前往 A 公司结算货款 60 万元，后将该笔货款据为己有，并谎称货款被盗无法追回。对甲的行为应如何定性？本书认为，甲的行为仍构成侵吞型贪污罪。

窃取，是指违反所有者的意思，利用职务上的便利，以平和方式取得公共财物的行为。传统观点认为，“监守自盗”属于窃取的典型行为，如出纳员窃取自己保管的保险柜内的金钱。因而在区分窃取和侵吞时，有的认为前者属于秘密窃取，后者属于公开而非秘密窃取；或者认为前者的对象仅是自己“保管”的财物，后者的对象是自己“合法占有、管理”的财物。实际上，即使是侵吞，也可能表现为秘密窃取，而且如何区分“保管”和“占有、管理”也并不明确。本书认为，“监守自盗”行为实际上是将自己占有、管理的财物据为己有，本质上属于侵吞。而窃取行为，仅限于行为人与他人共同占有公共财物时，行为人利用职务上的便利窃取该财物。

例如，某国有银行出纳员甲、乙共同管理单位金库，每人一把锁。某日工作期间，甲趁乙不注意将锁互换位置，甲将乙的锁虚锁，并不知情的乙仍将甲的锁实锁，之后甲趁机用自己的钥匙将金库打开，取走现金 29 万元。甲的行为应如何分析定性？本书认为，甲和乙共同占有并管理金库的现金，甲利用职务上的便利，窃取金

库中的现金，属于窃取型贪污。

骗取，是指利用职务之便，采用欺骗手段，使具有处分权的受骗人产生错误认识并处分，进而取得公共财物。例如，根据《刑法》第183条的规定，国有保险公司工作人员和国有保险公司委派到非国有保险公司从事公务的人员，利用职务上的便利，故意编造未曾发生的保险事故进行虚假理赔，骗取保险金归自己所有的，属于骗取形式的贪污。又如，国家工作人员谎报出差费或者多报出差费骗取公款的，由于其职务使其有资格和条件以执行公务为名在本单位报销差旅费，因而也属于骗取型贪污。

其他手段，是指除侵吞、窃取、骗取以外的其他利用职务之便的手段。例如，根据司法解释规定，挪用公款携款潜逃的，以贪污罪论处，可见“挪用”属于贪污的一种手段。上述行为的共同点是，将公共财物转移为行为人或者第三人不法占有。这种转移占有的行为，一方面可能表现为行为人在法律上或者事实上不法占有公共财物，如将公车登记为自己所有、将公款存入自己的私人存折、将公物作为私有物予以支配；另一方面也可能表现为行为人在法律上或者事实上处分了公共财物，如将公款赠与他人、将公物变卖等，但不包括单纯毁坏公共财物的行为。

（四）国家工作人员

本罪的主体是国家工作人员。我国《刑法》第93条对国家工作人员的范围进行了立法上的界定，国家工作人员包括在国家机关中从事公务的人员，国有公司、企业、事业单位委派到非国有公司、企业、事业单位、社会团体从事公务的人员，以及其他依照法律从事公务的人员。具体来说，作为本罪主体的国家工作人员主要具有以下两个特征：第一，必须是国家机关、国有公司、企业、事业单位、人民团体中的人员，或者上述机关委派到其他单位的人员。第二，必须是依照法律从事公务。

对国家工作人员的认定，应当注意以下几个问题：第一，根据司法解释的规定，行为人通过伪造国家机关公文、证件担任国家工作人员职务以后，又利用职务上的便利侵占本单位财物的，成立伪造国家机关公文、证件罪和贪污罪，两罪应实行数罪并罚。① 因此，通过伪造国家机关公文、证件担任国家工作职务的人员，可以成为贪污罪的主体。第二，关于受委托管理、经营国有财产人员的认定，应当注意以下几点：其一，被委托人原本不是管理、经营国有财产的人员；其二，委托单位必须是国家机关、国有公司、企业、事业单位、人民团体；其三，委托的内容是承包、租赁、聘用等管理、经营国有财产；其四，委托具有合法性。

根据全国人大常委会《关于〈中华人民共和国刑法〉第九十三条第二款的解释》，协助人民政府从事行政管理工作的村民委员会等基层组织人员也可以成为贪污罪的主体。例如，村支书兼主任刘某伙同村委会干部以争取灾后重建资金的名义，

---

① 参见2004年3月30日最高人民法院研究室《关于对行为人通过伪造国家机关公文、证件担任国家工作人员职务并利用职务上的便利侵占本单位财物、收受贿赂、挪用本单位资金等行为如何适用法律问题的答复》。

通过虚假报告向上级民政部门申请救灾资金共计 29.1 万元。民政部门通过“一折通”服务系统将该笔款项打到该村 97 户村民的“一折通”上。刘某等人随后将这 97 本“一折通”全数收齐，按照每户村民 1 000 元维修资金的标准将有关款项发放给村民，共计 9.7 万元。刘某伙同其他村干部以支付工程款的名义将余下的 19.4 万元资金私分。刘某等人的行为应如何定性？本书认为，刘某等人的行为应成立贪污罪。刘某等人在上级民政部门发放款项至村民的“一折通”上的过程中，不仅进行了款项申请工作，而且在款项发放过程中发挥核心作用，其行为本质上当然属于协助人民政府从事行政管理工作，并且，刘某等村干部运用欺骗手段将公共财产先汇进村民账户再倒入自己口袋，这与其直接骗取公共财产的行为相比，在侵害职务行为廉洁性和公共财产权这一点上没有本质区别。[①]

二、挪用公款罪

挪用公款罪，是指国家工作人员利用职务上的便利，挪用公款归个人使用，进行非法活动的，或者挪用公款数额较大、进行营利活动的，或者挪用公款数额较大、超过 3 个月未还的行为。在司法实践中，挪用公款罪主要有以下几个方面的内容值得关注。

（一）犯罪客体

对于挪用公款罪的客体，在理论学界还存在较大的争议。例如，有的学者认为，本罪的犯罪客体是国家机关的正常活动[②]；有的学者认为，本罪的犯罪客体是公款的占有权、使用权、收益权以及职务行为的廉洁性[③]；而有的学者则认为，本罪的犯罪客体是公共财产所有权和国家公职人员职务行为的廉洁性[④]；另有学者指出，本罪既侵犯国家公职人员的职务廉洁性，也侵犯公共财产的所有权部分权能。[⑤]

本书认为，对挪用公款罪犯罪客体的把握，不仅需要看到该具体罪名所属的类罪名，而且需要依据构成本罪所具有的行为方式。首先，本罪是被规定在贪污贿赂犯罪之下，因而其表现的犯罪客体如同贪污罪一样，首当其冲侵犯的便是国家公职人员职务行为的廉洁性。其次，本罪的核心行为要素是“挪用”。根据现代汉语的释义，“挪用”是指把用于某方面的钱用到别的方面。[⑥] 换言之，行为人挪用了公款后意欲归还。因此，不宜将挪用公款罪的犯罪客体限定为侵犯公款的所有权。那么，究竟侵犯了公款的何种权能呢？众所周知，根据我国《民法典》的相关规定，所有权包含了“占有、使用、收益、处分”四项基本权能。挪用行为必然不应包含处分他人财物的权能，因为如果处分了公款，那么就背离了“挪用”的本来含义。

---

① 张理恒，黄博，黄悦. 从村民账户骗领救灾款如何定性. 检察日报，2011－03－20.

② 孙谦. 国家工作人员职务犯罪研究. 北京：法律出版社，1998：131.

③ 张明楷. 刑法学：下. 5 版. 北京：法律出版社，2016：1188.

④ 王作富. 刑法分则实务研究：下. 4 版. 北京：中国方正出版社，2010：1720.

⑤ 贾宇. 刑法学：下册·各论. 北京：高等教育出版社，2019：263.

⑥ 现代汉语词典：实用版. 北京：商务印书馆，2020：573.

所以本书认为，挪用公款罪的犯罪客体既侵犯了国家公职人员的职务廉洁性，也侵犯公共财产的所有权中的“占有、使用、收益”部分权能。

（二）挪用公款归个人使用

“挪用公款归个人使用”是挪用公款罪的另一个构成要件要素，对此该如何理解，虽然较早时期理论学界存在不同的看法，但是目前随着司法解释的出台，“挪用公款归个人使用”的内涵与外延也逐渐被确立了下来。根据全国人大常委会2002年颁布的《关于〈中华人民共和国刑法〉第三百八十四条第一款的解释》规定，所谓挪用公款归个人使用，是指具有下列情形之一的：（1）将公款供本人、亲友或者其他自然人使用的；（2）以个人名义将公款供其他单位使用的；（3）个人决定以单位名义将公款供其他单位使用，谋取个人利益。根据《刑法》第384条的规定，依据挪用公款的用途不同，归个人使用的具体类型可以区分为以下三种。

第一，挪用公款进行非法活动。关于非法活动的理解，在学界存在两种不同的观点。第一种观点认为，非法活动仅仅指刑事犯罪活动。[①] 第二种观点则认为，非法活动就是国家法律、法规所禁止的活动，不仅包括刑事犯罪活动，也包括一般的违法活动。[②] 对此，本书认为，此处的非法活动应当包含一般的违法行为。具体理由有二：首先，从文义解释的角度来说，此处并非直接限定为“犯罪活动”，因此不应将一般的违法行为排除在外。其次，与本条规定的其他两种归个人使用的类型相呼应。无论是“经营活动”或者“其他归个人使用”的情形，都没有涉及一般违法情形。因此，只有将其解释为包含了一般违法行为才能形成有效的衔接。当然，如果将其解释为一般违法行为，可能会造成打击面过宽，因此，1998年最高人民法院《关于审理挪用公款案件具体应用法律若干问题的解释》第3条规定，挪用公款归个人使用，进行非法活动的，其数额起点为5 000元至1 0000元。2016年最高人民法院、最高人民检察院《关于办理贪污贿赂刑事案件适用法律若干问题的解释》第5条规定，将“挪用公款归个人使用，进行非法活动”的数额提高到3万元以上。

第二，挪用公款数额较大，进行营利活动。关于“营利活动”如何理解，在学界也存在较大的争议。一种观点认为，经营活动仅指在法律范围内从事的工商业经营谋利活动。[③] 另一种观点则认为，所谓经营活动是指为了谋取利润而进行的活动，包括生产性活动、经营性活动等。[④] 本书认为，“经营活动”从广义的角度理解较为合理，应当包含一切国家所允许的谋利活动。例如，甲挪用本单位的公款500万元，存于自己的私人账户内获取利息，并将利息据为己有。虽然在本案中，甲挪用行为是法律所不允许的，但是将资金存入银行的行为是我国法律所允许的。因此，这种

---

① 孙谦. 国家工作人员职务犯罪研究. 北京：法律出版社，1998：135.
② 贾宇. 刑法学：下册·各论. 北京：高等教育出版社，2019：264.
③ 吕桂芬. 挪用公款罪认定中的若干疑难问题. 国家检察官学院学报，2000（2）.
④ 王作富. 刑法分则实务研究：下. 4版. 北京：中国方正出版社，2010：1726.

行为属于经营性活动。[①] 但是值得注意的是，这种经营活动应当是合法的活动，如果是非法活动，应当属于“进行非法活动”。根据我国司法解释的规定，挪用公款进行营利活动的“数额较大”的起点为5万元。

第三，挪用公款数额较大，超过3个月未归还的。关于“超过3个月未归还”在理论学界也存在两种不同的理解。一种观点认为，“3个月”与“未归还”是并列的限制性条件，即，虽然超过3个月，但是在案发前归还的，不应作为犯罪论处。另一种观点认为，挪用公款超过了3个月期限，没有归还的，就应构成挪用公款罪。本书认为，第二种观点具有合理性。只要行为人挪用公款用于非法活动、营利活动以外的情形，从挪用公款之日起计算，超过3个月，数额较大的，就应构成本罪。本罪“数额较大”的起点为5万元。

三、受贿罪

受贿罪，是指国家工作人员利用职务上的便利，索取他人财物的，或者非法收受他人财物，为他人谋取利益的行为。在司法实践中，受贿罪主要有以下几方面内容值得特别注意。

（一）犯罪客体

我国刑法理论通说历来认为，受贿罪侵犯的客体（法益）是国家工作人员职务行为的廉洁性。[②] 但“廉洁性”一词具有较强的概括性，至于廉洁性具体指称什么，又存在两种不同的表述：其一是职务行为的廉洁性[③]，其二是公务人员的廉洁制度。[④] 究竟哪一种看法更可取，刑法学界还未能达成共识。但是，这两种表述实际上是具有严格区别的，表述不同，完全可能形成对受贿罪构成要件不同的解释结论。这正是廉洁性说所具有的不确定性的问题所在。

本书认为，受贿罪的法益是国家工作人员职务行为的不可收买性以及国民对职务行为不可收买性的信赖。这里的“职务行为的不可收买性”，是指职务行为与财物的不可交换性，或者说职务行为的不正当报酬性。[⑤] 因此，受贿罪是侵犯超个人法益的犯罪。

合理地确定受贿罪的法益，对进一步明确受贿罪的构成要件具有重要的指导作用。司法人员在审判实践中认定某一行为符合受贿罪的构成要件，必须充分地说明该行为严重地侵犯了受贿罪的法益，也就是说在该行为中，国家工作人员索取或者收受的财物，与已经实施的、正在实施的、将来实施的或者许诺实施的职务行为之间具有对价关系。

---

① 但是值得注意的是，根据我国司法解释的规定，挪用公款存入银行所获得的利息，应当予以追缴，不计入挪用公款的数额中.

② 高铭暄，马克昌. 刑法学. 北京：北京大学出版社，高等教育出版社，2010：709.

③ 马克昌. 刑法理论探索. 北京：法律出版社，1995：255.

④ 赵长青. 经济犯罪研究. 成都：四川大学出版社，1997：563.

⑤ 张明楷. 刑法学. 5版. 北京：法律出版社，2016：1204.

例如，国家工作人员事先实施某种职务行为，为他人谋取利益，当时并未产生通过该职务行为取得财物的想法（没有受贿的故意），事后（任职时）明知他人交付的财物是对自己职务行为的不正当报酬（贿赂）而予以收受的，能否成立受贿罪？这在刑法理论上被称为“事前没有约定的事后受财行为”，刑法理论和司法实践中对该行为能否成立受贿罪还存在认识上的不统一。应当承认，将事前没有约定的事后受财行为认定为受贿罪是有一定障碍的。因为从法条的表述顺序上看，“非法收受他人财物”（“财”）排列于“为他人谋取利益”（“事”）之前，这似乎意味着行为人先实施受财行为然后再实施为他人谋利的职务行为（事前受财行为）才是典型的受贿行为，如果行为人事前没有收受财物，也需要在实施职务行为之前与请托人达成事后受财的约定（事前有约定的事后受财行为）才可以认定为受贿行为。

但本书仍然认为，对于国家工作人员在事前并未与请托人达成受财约定的事后受贿行为，同样应认定为受贿罪。① 基本理由如下：其一，从受贿罪保护法益的性质上看，有必要将事前没有约定的事后受财行为认定为受贿罪。受贿罪的保护法益是国家工作人员职务行为的不可收买性。而国家工作人员利用职务上的便利，无论是实施事前受财行为还是事后受财行为，也无论是实施事前有约定还是没有约定的事后受财行为，都使得“事”与“财”之间形成了明确的权钱交易关系，也都使人们相信国家工作人员的职务行为是可以通过贿赂收买的，这无疑严重侵犯了受贿罪的法益，并且这一点不因受财的时间先后而有所不同。不仅如此，与事前受财只是国家工作人员许诺实施某种职务行为相比，事后受财则是已经实施了为他人谋取利益的职务行为，后者（包括事前有约定和没有约定的事后受财行为）权钱交易的性质更为明显。既然前者是典型的受贿行为，就同样也应承认后者属于受贿行为。其二，要将事前没有约定的事后受财行为认定为受贿行为，就必须用目的论解释方法来指导司法者对于本罪构成要件的理解，即只要“事”与“财”形成了对价关系，“财”就是对职务行为的不正当报酬，就可以肯定受贿罪的成立。刑法确实将“财”放在“事”之前，但这一规定只代表立法者的一种表述习惯，并不能将其作为否定事前没有约定的事后受财行为成立受贿罪的理由，这就要求司法者在实质刑法观的指导下，对刑法中的某些表面性规定（比如有关行为顺序的表述）作出不同于字面含义的理解。

（二）贿赂

受贿人索取、收受的财物被称为“贿赂”，意指对职务行为的不正当报酬。刑法将贿赂的内容限定为财物。这里的“财物”是指具有价值的、可以管理的有体物、无体物以及财产性利益。在市场经济相对繁荣的时代，财产性利益的范围比较广泛。财产性利益主要是以物质利益的形式存在，比如，提供房屋装修、含有金额的会员卡、代币卡（券）、旅游等，都属于财产性利益。② 与此同时，财产性利益还包括一

---

① 对事后受财行为更全面的分析，可参见张明楷. 刑法学. 5版. 北京：法律出版社，2016：1211－1212.

② 张明楷. 刑法学. 5版. 北京：法律出版社，2016：1206.

些可以折算为经济利益的非物质性利益，但不包括不具有经济价值的其他非物质性利益。比如，就性贿赂而言，请托人雇请职业妓女提供性服务，国家工作人员实际上收受了财产性利益，即属于受贿。但是，国家工作人员接受请托人本人提供的性服务，就不能算是受贿。[①]

（三）索取贿赂

受贿行为有索取贿赂和收受贿赂两种类型。一般来说，国家工作人员向请托人要求或者索要贿赂都属于索取贿赂，这不存在争议。

但问题是：敲诈、勒索贿赂是否属于索取贿赂的一种行为方式呢？亦即，国家工作人员利用职务上的便利，勒索他人财物的行为，应成立受贿罪还是敲诈勒索罪？本书认为，敲诈、勒索贿赂也属于索取贿赂，国家工作人员利用职务便利勒索贿赂的行为应同样成立受贿罪。基本理由如下：其一，受贿罪保护的法益是国家工作人员职务行为的不可收买性，国家工作人员利用职务之便勒索他人财物的，本来就意味着公务行为可以用金钱估价并且进行收买，这毫无疑问严重侵犯了受贿罪的法益，也符合受贿罪的本质。其二，要求、索要与勒索，都属于国家工作人员主动提出的非法要求，这三者之间只有程度的区别，而没有本质差异，事实上也很难将这三者完全区分开来。其三，《刑法》第389条第3款规定："因被勒索给予国家工作人员以财物，没有获得不正当利益的，不是行贿。"言下之意，国家工作人员利用职务上的便利勒索财物，被勒索的人获得了不正当利益的，仍然成立行贿罪。这从反面说明，国家工作人员利用职务之便勒索财物的，应成立受贿罪。其四，如果认为勒索贿赂不属于索取贿赂的范围，那国家工作人员同样是利用职务之便，实施了相对平和的要求、索要财物的行为将成立处刑较重的受贿罪，而实施了性质更为严重的敲诈、勒索财物的行为，反而只成立处刑较轻的敲诈勒索罪，这势必造成罪刑不均衡的局面。[②]

（四）利用职务上的便利

索取贿赂与收受贿赂这两种类型在构成要件的设置上具有重要差别：索取贿赂只需要"利用职务上的便利"就成立受贿罪，而收受贿赂除了当事人"利用职务上的便利"外，还需要"为他人谋取利益"才成立受贿罪。

这里需要对"利用职务上的便利"的含义进行研究。从司法实践中已查处的受贿犯罪案件的情况看，"利用职务上的便利"通常有三种情况：一是利用本人直接主管、负责、承办某一公共事务的职权，二是利用自己分管、主管的下属工作人员的职权，三是利用不属自己分管的下级部门的国家工作人员的职权。在这三种情况中，行为人要么是直接利用本人职务范围内的权力，要么是利用职务上具有隶属关系的其他国家工作人员的职务行为，因此认定为"利用职务上的便利"基本上没有问题。

例如，国内某大学与法国某知名大学签署"3＋1"学生交流项目，每年9月派

---

① 张理恒．本案构成贩卖毒品罪的共犯．人民法院报，2011－07－07．

② 张明楷．刑法学．4版．北京：法律出版社，2016：1206．

遣5名优秀本科生赴法国自费学习一年。该校校长办公会研究决定，该校于每年春季定期在申请参与交流项目的学生中组织一次法语考试，按照考试成绩并结合学生综合表现情况确定派遣人员名单。该校学生程某一直品学兼优，2011年3月15日参加该校组织的法语考试，获得了第二名的好成绩。但程父为保险起见，还是托人联系到该大学所在省的教育厅高教处处长王某（正处级），通过王某给该校分管副校长鲜某（副厅级）打招呼，确保程某于当年9月顺利出国留学，事后程父给予王某2万元好处费。王某通过鲜某职务上的行为为请托人谋取利益，是属于《刑法》第385条规定的“利用职务上的便利”，还是《刑法》第388条规定的“利用本人职权或者地位形成的便利条件”？如果认为王某没有“利用职务上的便利”，只是“利用职权或者地位形成的便利条件”收受他人财物，为其谋取了正当利益，其行为既不成立普通受贿罪，也不成立斡旋受贿罪，只能按无罪处理。

但本书认为，王某已经利用“职务上的便利”，其行为应成立受贿罪。虽然本案中具体实施职务行为的鲜某不仅在职务上并不隶属于王某，而且在级别上甚至要高于王某，但王某作为省教育厅高教处处长，对省内各高校的教育教学活动具有综合性业务指导职责，也当然对作为省内高校副校长的鲜某具有职务上的制约关系。王某利用职务上与之有制约关系的鲜某的职务行为为请托人谋取利益，这与其利用职务上有隶属关系的其他国家工作人员的职务行为或直接利用本人的职务行为为他人谋取利益相同，都使得本人通过职务可以支配、行使或影响的公共权力与其非法收受的财物之间形成了明确的对价关系，都严重侵犯了受贿罪的保护法益，符合受贿罪的本质。因此，本案中王某利用职务上具有制约关系（但没有隶属关系）的其他国家工作人员的职务行为，收受贿赂，为他人谋取利益的行为，当然是一种“利用职务上便利”的受贿行为。

同时，为了与上述“利用职务上便利”的理解相衔接，对于斡旋受贿罪的成立条件，即“利用职权或者地位形成的便利条件”只能理解为，行为人利用了与其在职务上只是有一定工作联系（不具有隶属或者制约关系）的其他国家工作人员的职务行为。

（五）为他人谋取利益

这里还需要对“为他人谋取利益”的含义进行研究。对于“为他人谋取利益”，在传统刑法理论上存在旧客观说和主观说的对立：旧客观说认为，“为他人谋取利益”是客观的构成要件要素，具体是指行为人客观上有为他人谋取利益的行为，但不要求实际上让他人取得了利益；主观说认为，“为他人谋取利益”是主观的构成要件要素，具体指行为人主观上有为他人谋取利益的意欲。但本书认为，无论是旧客观说还是主观说都会不当地限缩受贿罪的成立范围，例如，国家工作人员甲与请托人约定先收钱再办事，在甲刚收受了贿赂就被抓住的情况下，因为甲并未实施为他人谋利的职务行为（收钱后来不及办事），按旧客观说就不成立受贿罪（至少不成立犯罪既遂）；如果甲一开始就不存在为他人谋利的意图（只收钱不想办事），按照主观说也不成立受贿罪。本书同时认为，“为他人谋取利益”仍然是受贿罪的客观构成要件要素，其最低的内容要求是许诺为他人谋取利益（新客观说）。[①]

问题是，国家工作人员在进行受贿犯罪的过程中，其所实施的为他人谋取利益的行为可能构成其他犯罪（多是罪质严重的渎职犯罪），那受贿罪与其他犯罪之间的罪数关系应如何处理呢？我国刑法理论对此还没有形成统一的处理标准，在司法实践中主要存在三种处理意见：第一种意见是按照想象竞合犯从一重罪处罚，第二种意见是按照牵连犯从一重罪从重处罚，第三种意见是实行数罪并罚。

本书原则上赞同第三种意见（实行数罪并罚）。例如，国有公司派驻中外合资企业中从事公务的管理人员收受他人贿赂后，私自将本单位公款挪用给他人从事经营活动的，应成立受贿罪和挪用公款罪的数罪。基本理由如下：其一，受贿罪保护的法益是国家工作人员职务行为的不可收买性，国家工作人员利用职务上的便利，收受他人财物，并在此之前或之后许诺为他人谋取利益，使其非法收受的财物与许诺实施的职务行为之间形成了明确的对价关系，这无疑严重侵犯了受贿罪的法益。因此，作为受贿罪客观构成要件要素的“为他人谋取利益”，其最低要求是许诺（包括真实许诺和虚假许诺）为他人谋取利益。客观上为他人谋取利益的行为已经是超出受贿罪构成要件之外的行为，与受贿行为也不具有重叠关系，故行为人实施为他人谋取利益的行为构成其他犯罪的，理应与之前的受贿罪并罚论罪。其二，受贿罪主要是根据犯罪数额的不同来确定各种法定刑幅度，而其他犯罪情节只能在由犯罪数额所决定的法定刑范围内对量刑起作用。国家工作人员在受贿犯罪过程中为他人谋利所构成的犯罪，通常都是较为严重的渎职犯罪。对受贿罪与渎职犯罪进行并罚，才能在刑罚的裁量中同时兼顾到犯罪数额与其他犯罪情节，也才能真正贯彻罪刑相适应原则。

但本书同时认为，刑法另有规定的应依照其规定。刑法的特别规定主要有两个：(1)《刑法》第 399 条第 4 款规定：司法工作人员收受贿赂，有前三款行为的，同时又构成本法第 385 条规定之罪的，依照处罚较重的规定定罪处罚。据此，司法工作人员收受贿赂后又实施《刑法》第 399 条前三款行为的，同时构成受贿罪与徇私枉法罪，民事、行政枉法裁判罪，执行判决、裁定失职罪，或者执行判决、裁定滥用职权罪，应从一重罪论处。(2)《刑法》第 229 条第 2 款规定：前款规定的人员（承担资产评估、验资、验证、会计、审计、法律服务等职责的中介组织的人员），索取他人财物或者非法收受他人财物，犯前款罪的（故意提供虚假证明文件，情节严重的)，处 5 年以上 10 年以下有期徒刑，并处罚金。据此，中介组织人员索取或者收受贿赂后又实施提供虚假证明文件行为的，应成立虚假证明文件罪的情节加重犯。需要强调的是，《刑法》中这两款规定其实是将本来应当予以并罚的两个犯罪拟制成一个犯罪，因而属法律拟制（例外性规定），非但不能推而广之，反而应立足于字面解释严格限制其适用范围。例如，司法工作人员索取他人贿赂后又实施徇私枉法等罪，或者事先犯徇私枉法等罪，事后又索取、收受贿赂的，不能适用《刑法》第

---

① 最高人民法院 2003 年 11 月 13 日《全国法院审理经济犯罪案件工作座谈会纪要》明确采纳了这种观点。关于新客观说的具体论证，参见张明楷．刑法学．5 版．北京：法律出版社，2016：1208.

399条第4款的规定，而应当实行数罪并罚。再如，中介组织人员提供虚假证明文件之后，再索取、收受贿赂的，也应当数罪并罚。

(六) 共犯与身份

受贿罪是身份犯，只有国家工作人员才能单独实行本罪，但非国家工作人员可以与国家工作人员共同实施本罪。例如，国资委派驻到股份制公司从事公务的国家工作人员甲与该公司的非国家工作人员乙通谋，利用职务之便收受丙的贿赂为丙谋取利益，应如何处理？本书认为，应当根据双方利用职权便利的具体情形分别定罪追究刑事责任：(1) 如果甲、乙都是利用甲作为国家工作人员的职务便利为丙谋取利益，则应以受贿罪追究甲、乙刑事责任，其中，甲成立受贿罪的正犯，乙成立受贿罪的共犯；(2) 如果甲、乙都是利用乙作为非国家工作人员的职务便利为丙谋取利益，则应以非国家工作人员受贿罪追究甲、乙刑事责任，其中，乙成立非国家工作人员受贿罪的正犯，甲成立非国家工作人员受贿罪的共犯；(3) 如果甲、乙分别利用各自的职务便利为丙谋取利益，就意味着双方同时触犯受贿罪与非国家工作人员受贿罪，甲成立受贿罪的正犯和非国家工作人员受贿罪的共犯，两罪形成想象竞合关系，从一重罪论处；乙同时成立非国家工作人员受贿罪的正犯和受贿罪的共犯，两罪形成想象竞合关系，也从一重罪论处。①

(七) 有居间人参与的受贿

近年来，在已查处的部分受贿犯罪案件中已出现独立的居间人在请托人与国家工作人员之间进行引荐、撮合的现象。有法院将这类居间人"一刀切"地按照介绍贿赂罪定罪处罚。但本书认为，这类居间行为大都对行贿、受贿的一方或双方起到了帮助和促进作用，完全符合受贿罪的共犯或者行贿罪的共犯的成立条件，考虑到受贿罪的共犯或行贿罪的共犯比介绍贿赂罪具有更重的法定刑，故应将这类行为认定为受贿罪的共犯或行贿罪的共犯。具体来说，(1) 如果居间人主要站在国家工作人员（受贿者）的立场，以促成受贿犯罪的完成，应成立受贿罪的共犯；(2) 如果居间人主要站在请托人（行贿者）的立场，以促成行贿犯罪的实现，则应成立行贿罪的共犯；(3) 如果居间人同时站在受贿者和行贿者双方的立场，以确保行贿受贿犯罪的实现，则应成立受贿罪的共犯与行贿罪的共犯的想象竞合犯，但考虑到受贿罪的共犯处罚更重，最终应成立受贿罪的共犯。与此同时，只有在居间人单纯向国家工作人员提供某人正在寻找行贿对象的信息，但未能真正促成钱权交易的情况下，才可能将居间行为认定为介绍贿赂罪。基本理由如下。

其一，介绍贿赂罪不是封闭的特权条款，并不能排除受贿罪的共犯以及行贿罪的共犯的适用。可能有人会认为，既然刑法分则已经单独设置了介绍贿赂罪，而行

---

① 对于第三种情况，最高人民法院、最高人民检察院2008年11月20日《关于办理商业贿赂刑事案件适用法律若干问题的意见》第11条指出，非国家工作人员与国家工作人员通谋，分别利用各自的职务便利，共同收受他人财物，为他人谋取利益的，按照主犯的犯罪性质追究刑事责任，不能分清主从犯的，可以受贿罪追究刑事责任。但本书不赞同这一见解。

贿受贿犯罪中的居间行为又是一种较典型的介绍贿赂行为，那么该行为就完全可以按照介绍贿赂罪处理。比如，《刑法》第 358 条第 3 款规定了协助组织卖淫罪，组织卖淫活动中的协助行为就只成立本罪，不再成立组织卖淫罪的共犯。这里需要考察这一规定（《刑法》第 358 条第 3 款）出台的历史沿革，该规定源于 1991 年的《关于严禁卖淫嫖娼的决定》，在卖淫嫖娼绝迹几十年后的当时，组织卖淫嫖娼的行为，被认为是非常严重的犯罪，立法机关对该行为规定了非常严厉的法定刑，但如果将协助组织卖淫的行为认定为组织卖淫罪的帮助犯（从犯），就完全可能造成司法机关依照刑法总则的有关规定，对协助组织卖淫的行为以从犯论处，从而不当地从轻、减轻处罚甚至免除处罚。立法机关为了避免这种局面发生，就在刑法分则中对协助组织卖淫的行为规定了独立的罪名和较重的法定刑（排除认定组织卖淫罪的共犯）。由此可见，立法者通常出于确保处罚严厉性的需要，才将某种犯罪的共犯行为拟制为正犯行为。但对于介绍贿赂罪，完全不能适用这一理由，因为根据刑法规定，介绍贿赂“情节严重”的才能构成本罪，法定最高刑仅是 3 年有期徒刑，并且追诉前主动交代的还可以减免处罚，这与受贿罪的共犯和行贿罪的共犯相比，法定刑明显畸轻。

其二，如果将居间行为认定为介绍贿赂罪，势必导致刑法的不协调。《刑法》第 163 条、第 164 条分别规定了非国家工作人员受贿罪与对非国家工作人员行贿罪，但没有关于向非国家工作人员介绍贿赂罪的规定。如果否认在请托人与非国家工作人员之间进行沟通引荐的居间行为可以成立非国家工作人员受贿罪的共犯或对非国家工作人员行贿罪的共犯，那么这类居间行为就只能按无罪处理。[①]

四、行贿罪

行贿罪是指为谋取不正当利益，给予国家工作人员以财物的行为。在司法实践中，行贿罪主要有以下几个方面的内容值得关注。

（一）为谋取不正当利益

“为谋求不正当利益而给予国家工作人员以财物”，这是行贿罪最为常见的一种方式。当然，因行为类型不同，“为谋取不正当的利益”的行贿又可被区分为两种情况：一种是“为了谋取不正当利益”主动给国家工作人员财物的；另一种是“为了谋取不正当利益”被动给国家工作人员财物的。

对“不正当利益”该如何理解，成为正确处理该类案件必须要明确的重要问题。无论是刑法理论学界还是实务部门，对“不正当利益”的理解也呈现出莫衷一是的局面。例如，有的学者认为不正当利益就是指非法利益；有的学者认为不正当利益指的是违法利益；有的学者则认为，凡是通过非正式途径获得的利益均属于不正当利益。

为了解决这一问题，我国的司法解释的立场也几经变迁。例如，在新刑法颁布实施之后的相当长的一段时间内，我国对“不正当利益”的认定主要依赖于 1999 年

① 张理恒. 居间受贿犯罪定性与数额问题研究. 广西政法管理干部学院学报，2010（6）.

3月4日最高人民法院、最高人民检察院《关于在办理受贿犯罪大要案的同时要严肃查处严重行贿犯罪分子的通知》。根据该通知规定："'谋取不正当利益'，是指谋取违反法律、法规、国家政策和国务院各部门规章规定的利益，以及要求国家工作人员或者有关单位提供违反法律、法规、国家政策和国务院各部门规章规定的帮助或者方便条件。"而到2008年，为了打击贪污贿赂犯罪的需要，最高人民法院、最高人民检察院出台了《关于办理商业贿赂刑事案件适用法律若干问题的意见》，扩大了"不正当利益"的认定范围。根据该意见的规定："在行贿犯罪中，'谋取不正当利益'，是指行贿人谋取违反法律、法规、规章或者政策规定的利益，或者要求对方违反法律、法规、规章、政策、行业规范的规定提供帮助或者方便条件。在招标投标、政府采购等商业活动中，违反公平原则，给予相关人员财物以谋取竞争优势的，属于'谋取不正当利益'"。

根据上述司法解释的规定，在把握"不正当利益"时关键看该利益是否符合国家法律、法规、规章、政策、行业规范的规定和公平原则，违反上述规定并取得相关利益的，便视为"不正当利益"。根据上述司法解释的规定，在司法实践中，可以细化为以下几种具体的情形。

第一，国家法律已经明确规定任何私人、任何单位都不应取得的利益。例如，甲为了顺利开设赌场并寻求时任公安局局长的乙平时多加关照，而通过中间人丙送给乙一座黄金小佛像，价值100万元人民币。根据我国法律的规定，任何人都不得擅自开设赌场，甲为了顺利开设赌场显然属于"为了谋取不正当利益"。

第二，虽然国家法律、法规、规章、政策没有一律禁止他人获得该利益，但是赋予了一定的条件才可以取得，他人在不具备该条件时，通过不正当手段获得的。例如，某地区招考公务员的条件之一是必须取得本科及其以上的学历，甲是专科生，便伪造了相关的本科文凭，参加考试并顺利通过了笔试和面试。为了顺利被该单位录取，甲便送给负责本次招考资格审查的乙50万元人民币，乙便未指出甲的资格存在问题，最终甲被顺利录取并成为国家公务员。对此，我国虽然并不禁止公民报考公务员，但是目前的招考一般都限定了一定的条件，如果他人不具备这种条件且为了获得这种资格，应当视为"为了谋取不正当利益"。

第三，国家法律、法规、规章、政策赋予了某类人员一定的义务，他人通过不正当手段减免该义务的。例如，甲作为私人企业的负责人，且作为一般的纳税主体，当地减税政策无法涵盖该企业。但是甲为了减少纳税义务，送给时任税务机关负责人乙30万元人民币，乙为甲成功减税100万元。根据我国法律规定，在我国取得合法收入的人员具有依法纳税的义务。甲明知自己应当依法足额纳税，但是其为了谋取减税的利益，而给对方一定的好处，所以符合"为了谋取不正当利益"这一要件。

第四，要求对方违反法律、法规、规章、政策、行业规范的规定提供帮助或者方便条件。例如，甲送给海关缉私的乙100万元人民币，并告知其某晚自己的一艘船要进港卸货，由于该货物未申报关税，到时候乙只需要睁一眼闭一只眼予以放行即可。乙于某晚发现甲的货船后予以放行。甲作为普通的公民，对进出口的货物应当主动申报关税，其明知自己在未申报关税的情况下，给海关缉私处的乙一定好处并要求其提供方便条件，符合“为了谋取不正当利益”这一要件。

第五，违反公平原则，损害他人合法权益的基础上取得的利益。例如，公司甲参与了某个项目的招投标后，为了探取其他招标单位的标底，并送给负责此次招标的乙 40 万元。显然，甲的行为属于“为了谋取不正当利益”。

（二）行贿罪的既遂与未遂

“为谋取不正当的利益”并非一个纯主观的想法，还要求行为人在客观上实施了一系列为了谋取不正当利益的行为。因此，关于本罪既未遂的判断，还需要以行为人给予他人的财物能否最终实现作为判断的标准。

第一，如果行为人将财物交由国家工作人员，他人予以接受的，则应认定为行贿罪的既遂。例如，甲为了顺利拿到参与某项目招投标的标底，送了 100 万元给乙，乙收下后就放在办公室里。过了几天乙越想越害怕，就将该 100 万元主动上交给监委纪委部门。虽然甲最终的目的没有实现，乙也没有收钱，但是并不影响甲成立行贿罪的既遂。

第二，如果行为人将财物交由国家工作人员，他人予以拒绝的，则应认定为行贿罪的未遂。

【案例评析】

案例一

1. 案情简介

被告人余某原系某市出入境检疫局局长（正处级），余某想从承建本单位办公楼和宿舍楼的建筑商肖某处索要好处费，但考虑到自己直接出面要钱不方便，遂找自己的老乡被告人关某（自由职业者）帮忙，向肖某索要好处费 20 万元，并许诺事成之后给关某分钱。余某将肖某的手机号码告知关某，并授意关某采取使用公用电话、讲普通话、不告诉对方真实姓名以及不与对方见面的方式与肖某联系。为使肖某相信关某有能力为肖某承揽工程、解决工程预付款等相关事务，二被告人商定：每次肖某自己去找余某联系工程上的事情的时候，余某都不答应肖某提出的条件，然后由余某将谈话的相关内容告诉关某，关某在了解谈话内容后再与肖某联系，并让肖某坚持自己的条件再去找余某谈条件，余某此时即同意肖某提出的条件。随后关某按照与余某的共谋的内容，在肖某所在公司中标前后，假冒姓张，用普通话多次通过公用电话与肖某联系，不久便取得了肖某的信任。由于余某没有许诺给关某办理此事而获得好处费的具体数额，关某认为余某不耿直，便产生了在余某授意她索要 20 万元好处费的基础上私自提高数额的想法，欲使自己得到的好处费能与余某得到的好处费基本相等。于是在与肖某联系的过程中，关某没有按余某授意的 20 万数额索要，而是从中加价，向肖某索要 40 万元。在肖某支付了 40 万元好处费后，关某隐瞒了好处费的具体数额，而告知余某好处费最后只谈成 20 万元。余某听后非常满意，主动提出将其中的 2 万元给关某做好处费。随后，关某按照余某的要求将 18 万元存入余某的银行账户，自己留下 22 万元。

2. 基本问题

对国家工作人员余某和中间人关某的行为应当如何评价？尤其是，对关某超越余某的授意范围额外索要 20 万元的行为应当如何定性？

3. 知识内容

（1）对于关某根据余某的授意索要 20 万元的行为，余某应成立受贿罪的正犯，关某应成立受贿罪的共犯。（如果承认无身份的人也可以成立纯正身份犯的共同正犯，关某则应成立受贿罪的共同正犯。）

（2）对于关某超越余某的授意范围额外索要 20 万元的行为，存在较大争议。第一，如果坚持无身份的人（关某）只能成立纯正身份犯的狭义共犯，关某的行为就只成立受贿罪的帮助犯，由于余某不能直接对中间人超越授意额外索要的财产负正犯的责任（缺乏受贿的正犯），关某的行为仅成立受贿的帮助未遂而不具有可罚性（即属没有正犯的共犯中的一种情形）。但关某毕竟实施了将自己占有的本来应归他人（余某）非法所有的 20 万元财产据为己有的行为，可将其行为认定为侵占罪，但余某不需要对这 20 万元负责。第二，如果承认无身份的人（关某）也可以成立纯正身份犯的共同正犯，同时又认为受贿罪的数额属于客观的超过要素，那么，余某和关某就应对这 20 万元承担受贿罪的共同正犯的责任。

案例二

1. 案情简介

卢某系某区纪委副书记兼监察局局长、区政府党组成员。2001 年 11 月，卢某在协助做某景区影艺山庄拆迁工作的过程中，多次向区委、区政府领导和拆迁指挥部工作人员提出，要求对本不属于景区拆迁补偿范围的陈某个人在景区土地投资 43 万元的问题在景区拆迁中予以解决。2002 年 1 月，区人民政府区长办公会议研究决定：对陈某补偿 43 万元。2002 年 5 月 10 日，卢某模仿陈某的签名，并利用职务便利，骗得区拆迁指挥部领导及经办人的信任后，领取陈某的土地补偿款 43 万元，后将此款借给一私营酒店使用，从中谋取高额利息。案发时，陈某仍不知道区人民政府已作出了给予其 43 万元补偿款的决定和此笔补偿款已被卢某领取的事实。

2. 基本问题

卢某的行为如何定性？卢某利用职务便利骗领补偿款是否属于贪污罪中的利用职务便利？单位作出补偿决定后的补偿款是否属于单位所有的公共财物？

3. 知识内容

（1）本案中卢某申请补偿款、骗取区拆迁指挥部领导及经办人的信任等行为，属于利用工作便利的行为，但不属于利用职务便利的行为。卢某在拆迁过程中，只是负责协助拆迁工作，对拆迁资金并没有主管、管理、经手的权力，其骗领的补偿款更不属于其管理、经营、经手的公共财物。

（2）该案中的43万元补偿款，尽管是区政府作出决定后补偿给陈某个人的款项，但应当认为在陈某领取之前，该款项的所有权仍为单位所有，如陈某事后得知补偿决定，拆迁办也不得以卢某已经领取该款为由，拒绝支付陈某43万元补偿款。因此，卢某骗领补偿款，当然侵犯了单位公共财产的所有权。

（3）卢某利用工作之便，以欺骗手段取得单位所有的财产，但并未利用职务上的便利，不符合贪污罪的构成要件，因此，卢某成立诈骗罪而非贪污罪。

案例三

1. 案情简介

被告人万某的妹夫周某为在白银公司承揽建筑工程，找万某帮忙，并于1998年5月以后以出国花费大为由，送给万某人民币10 000元。之后，万某给白银公司建安公司经理车某打招呼，让其关照周某。而后，周某承揽了白银公司7 600平方米的建筑工程。同年8月，周某借与万某的关系，又承揽了白银公司党校8 400平方米的建筑工程。为表示感谢，周某于1999年春节前送给万某人民币10 000元。此外，被告人万某为炒期货，于1997年4月，向其分管的白银公司疗养院院长李某提出借50 000元。5月2日，李某安排会计展某从该院下属的滨河贸易公司账户上开出50 000元转账支票，交给万某。万某将此支票及自筹的150 000元交给许某为其炒期货，后获利70 000元。1998年1月4日，万某将50 000元归还了所借的公款。

2. 基本问题

利用职务上的便利借用下级单位公款进行营利活动，能否构成挪用公款罪？

3. 知识内容

（1）利用职务上有隶属关系的下级单位国家工作人员的职权，也属于利用职务上的便利。

（2）对于挪用公款犯罪中的公款，法律规定并不限于本单位的公款。只要行为人利用职务上的便利挪用公款归个人使用，符合法律规定的要件，就构成挪用公款罪。这也是挪用公款罪与挪用资金罪的主要区别之一。

【疑难问题】

对于司法实践中经常发生的国家工作人员和公司、企业中的非国家工作人员利用各自职务便利，共同取得本单位财产的案件，如何认定共同犯罪的性质，一直是困扰理论界和实务界的难点问题。

对此，司法实务界的观点认为，应当根据主犯的性质认定共同犯罪。[①] 本书认为主犯说有以下几点值得商榷：第一，刑法区分主犯、从犯，主要是解决共同犯罪的量刑问题，但不能以此为依据确定共同犯罪的犯罪性质。以主犯的特征决定共同

① 参见最高人民法院2000年6月30日《关于审理贪污、职务侵占案件如何认定共同犯罪几个问题的解释》（自2000年7月8日起施行）。

犯罪的性质，不符合定罪量刑的逻辑顺序。第二，按照举轻以明重的解释方法，一般公民与国家工作人员勾结，利用国家工作人员的职务便利取得单位财物的，以贪污罪定罪处罚。有身份的非国家工作人员实施上述行为的，更应认定为贪污罪的共犯。第三，在国家工作人员和非国家工作人员同为主犯的场合，依据主犯说无法定性。本书初步认为，两者同时在贪污罪与职务侵占罪的范围内形成共犯关系。具体来说，国家工作人员应成立贪污罪的正犯和职务侵占罪的共犯，两罪形成想象竞合关系，最终成立贪污罪的正犯（重罪）；非国家工作人员应成立职务侵占罪的正犯和贪污罪的共犯，两罪也形成想象竞合关系，通常最终成立贪污罪的共犯，但如果职务侵占罪的正犯处罚更重的，则最终成立职务侵占罪的正犯。但对这一问题仍然有进一步研究的余地。

实务训练

1. 某地检察院在 2011 年侦破的数十起受贿犯罪案件中有这样一个案件：该院反贪污贿赂部门获取了 A 官员可能存在两笔受贿事实（第一笔发生在 2005 年 1 月，涉嫌受贿金额 3 万元；第二笔发生在 2010 年 12 月，涉嫌受贿金额 8 万元）的案件线索，经初查，未能掌握进一步的有力证据。于是，反贪局长出面约谈 A 官员，A 主动承认第一笔受贿 8 万元的事实，态度诚恳，真诚悔罪，但对第二笔受贿 3 万元的事实坚决予以否认。在这种情况下，反贪部门“见好就收”，在 A 的积极配合下将其第一笔受贿事实的指控证据全部固定下来，同时放弃追查 A 涉嫌的第二笔受贿事实，直接结案移送公诉部门审查起诉，最终 A 被当地法院判处 5 年有期徒刑。反贪部门之所以“好心”放 A 一马，主要有以下几方面的考虑：（1）A 认罪态度好，积极配合侦查工作；（2）A 曾在领导岗位上勤勉工作，作出过较大贡献，其走上犯罪道路实属可惜；（3）A 不存在其他法定减轻处罚情节，若第二笔受贿的事实也查证属实，A 将面临至少 10 年有期徒刑，这可能导致刑罚过重的问题；（4）对于 A 涉嫌的第二笔受贿事实是否真实存在还难以确定，案件线索又过于间接，若要全力查清势必浪费过多的司法资源。

对于反贪部门“见好就收”的行为（即放弃追查 A 涉嫌的第二笔受贿事实）是否合理合法，存在两派意见：反对者认为，检察院反贪部门具有查证贪污贿赂犯罪的法定职责，对于已掌握的犯罪线索应当全力追查，如果懈怠不查进而放纵犯罪人，就是一种严重的渎职行为；赞成者则从功利主义原则出发，大都主张应允许反贪部门在侦查阶段与侦查对象达成某种有利的妥协方案；还有人认为本案的处理方式体现出“以司法之宽，济立法之严”的合理效果。

请问：你如何看待本案中反贪部门的行为？如果你是本案的承办人，是否还会全力追查 A 涉嫌的第二笔受贿事实？

2. 犯罪嫌疑人全某，男，1969 年出生，1994 年起即在 A 市有线电视台广告部工作，初系聘用人员；A 市有线电视台并入 A 市广电集团后，全某继续在广电集团广播电视广告经营中心工作。2006 年转为正式国有事业单位工作人员编制，合同签订至 2007 年 6 月 30 日。2008 年和 2009 年的合同由于单位的原因始终没签，但全某仍然在上述岗位从事广告串编工作。

全某的主要工作职责是负责 A 市广播电视集团“新闻速递”等新闻栏目中插播的手动收视点广告的串编工作。其主要工作流程如下：首先全某到广告经营中心控管部“三控”（科室名）提取当日广告节目编排表（其上已列出当日新闻节目中所需插播的正规签约广告品牌名，未经领导决定不能更改）；然后将编排表交广告经营中心分管副主任审批签字；再交新闻中心值班主任审核签字；之后全某根据编排表上品牌内容到磁带库调取广告带（已播出过的广告直接进入“索贝”飞线系统中调取；未播过的新广告则须到广告专用库中上载），将采集到的广告视频进行串编，并将串编好的广告视频存入“索贝”系统中新闻栏目当班编辑文件夹内，之后即由新闻中心当班编辑进行生成并关联后在新闻栏目直播中进行广告插播。

2008 年年初，全某由于工作关系结识 A 市飞扬传媒有限公司（该公司主要从事电视广告投放业务，以下简称“飞扬公司”）经理何某后，称可以以更低的折扣和何某所在的飞扬公司合作，飞扬公司可绕开广电集团广告经营中心直接通过全某在“新闻速递”节目中投放收视点广告（该种广告根据监播系统统计出的实际收视情况进行事后结算）。何某在明知全某只是负责广告串编的工作人员、无权代表广告经营中心与客户商谈电视广告投放事项的情况下，仍同意和全某合作，通过全某在“新闻速递”节目中投放收视点广告。之后从 2008 年下半年开始到 2010 年年初，何某根据全某的要求，对已和广告经营中心签订了投放协议的收视点广告采取减少下订单的方式，将剩余的订单交由全某进行投放。全某收到何某投放要求后，即采取在串编广告时用飞扬公司的广告覆盖已经过领导审核签字的广告节目编排单上按正规途径签订合同的应当播出的广告之方式，并将篡改后的广告串编视频发送到“新闻速递”当班编辑文件夹内，利用编辑对收视点广告不会仔细核实、监播系统也不会即时反映收视情况的漏洞，将飞扬公司的广告在“新闻速递”节目中播出。2008 年 8 月至 2009 年 12 月，何某通过全某违规播出广告共计 11 395 秒，在投放广告后按事先约定好的每 15 秒 5 000 元、每 30 秒 10 000 元的价格进行费用结算，共计付给全某达 327.95 万元左右的酬劳。如果飞扬公司按正规途径投放广告，则应支付广告费 410 万元。全某将收到的款项全用于个人消费。案发后，全某退赃 56 万余元。

问：全某的行为应成立贪污罪还是受贿罪？何某的行为又如何定性？本案的犯罪数额应如何计算？

课后练习

1. 大学生甲为获得公务员面试高分，送给面试官乙（某机关领导）2 瓶高档白酒，乙拒绝。次日，甲再次到乙家，偷偷将一块价值 1 万元的金币放在茶几上离开。乙不知情。保姆以为乙知道此事，将金币放入乙的柜子。对于本案，下列哪一选项

是错误的？（　　）

A. 甲的行为成立行贿罪

B. 乙的行为不构成受贿罪

C. 认定甲构成行贿罪与乙不构成受贿罪不矛盾

D. 保姆的行为成立利用影响力受贿罪

2. 关于贿赂犯罪，下列哪些选项是错误的？（　　）

A. 国家工作人员利用职务便利，为请托人谋取利益并收受其财物而构成受贿罪的，请托人当然构成行贿罪

B. 因被勒索给予国家工作人员以财物的，当然不构成行贿罪

C. 行贿人在被追诉前主动交代行贿行为的，可以从轻或者减轻处罚

D. 某国家机关工作人员利用其职权或地位形成的便利条件，通过其他国家机关工作人员的职务行为，为请托人谋取利益，索取请托人财物的，构成单位受贿罪

3. 关于受贿罪的判断，下列哪些选项是错误的？（　　）

A. 公安局副局长甲收受犯罪嫌疑人家属 10 万元现金，允诺释放犯罪嫌疑人，因为局长不同意未成。由于甲并没有为他人谋取利益，所以不构成受贿罪

B. 国家机关工作人员乙在退休前利用职务便利为钱某谋取了不正当利益，退休后收受了钱某 10 万元。尽管乙与钱某事前并无约定，仍应以受贿罪论处

C. 基层法院法官丙受被告人孙某家属之托，请中级法院承办法官李某对孙某减轻处罚，并无减轻情节的孙某因此被减轻处罚。事后，丙收受孙某家属 10 万元现金。丙不具有制约李某的职权与地位，不成立受贿罪

D. 海关工作人员丁收受 10 万元贿赂后徇私舞弊，放纵走私，触犯受贿罪和放纵走私罪。由于具有牵连关系，应从一重罪论处

4. 无业人员甲通过伪造国家机关公文，骗取某县工商局副局长的职位。在该局股级干部竞争上岗时，甲向干部乙声称："如果不给我 2 万元，你这次绝对没有机会。"乙为获得岗位，只好送甲 2 万元。下列对甲的行为的处理意见，哪一选项是正确的？（　　）

A. 甲触犯的伪造国家机关公文罪与招摇撞骗罪之间具有牵连关系，应从一重罪论处

B. 对甲的行为以伪造国家机关公文罪与敲诈勒索罪实行并罚

C. 对甲的行为以伪造国家机关公文罪与受贿罪实行并罚

D. 甲触犯的伪造国家机关公文罪与受贿罪之间具有牵连关系，应从一重罪论处

5. 国家工作人员甲利用职务上的便利为某单位谋取利益。随后，该单位的经理送给甲一张购物卡，并告知其购物卡的价值为 2 万元、使用期限为 1 个月。甲收下购物卡后忘记使用，导致购物卡过期作废，卡内的 2 万元被退回到原单位。关于甲的行为，下列哪一选项是正确的？（　　）

A. 甲的行为不构成受贿罪　　B. 甲的行为构成受贿（既遂）罪

C. 甲的行为构成受贿（未遂）罪　　D. 甲的行为构成受贿（预备）罪

6. 下列行为人所谋取的利益，哪些是行贿罪中的“不正当利益”?（　　）

A. 甲向某国有公司负责人米某送 2 万元，希望能承包该公司正在发包的一项建筑工程

B. 乙向某高校招生人员刘某送 2 万元，希望刘某在招生时对其已经进入该高校投档线的女儿优先录取

C. 丙向某法院国家赔偿委员会委员高某送 2 万元，希望高某按照国家赔偿法的规定处理自己的赔偿申请

D. 丁向某医院药剂科长程某送 2 万元，希望程某在质量、价格相同的条件下优先采购丁所在单位生产的药品

7. 根据《刑法》有关规定，下列哪些说法是正确的?（　　）

A. 甲系某国企总经理之妻，甲让其夫借故辞退企业财务主管，而以好友陈某取而代之，陈某赠甲一辆价值 12 万元的轿车。甲构成犯罪

B. 乙系已离职的国家工作人员，请接任处长为缺少资质条件的李某办理了公司登记，收取李某 10 万元。乙构成犯罪

C. 丙系某国家机关官员之子，利用其父管理之便，请其父下属将不合条件的某企业列入政府采购范围，收受该企业 5 万元。丙构成犯罪

D. 丁系国家工作人员，在主管土地拍卖工作时向一家房地产公司通报了重要情况，使其如愿获得黄金地块。丁退休后，该公司为表示感谢，自作主张送与丁价值 5 万元的按摩床。丁构成犯罪

8. 关于贪污罪的认定，下列哪些选项是正确的?（　　）

A. 国有公司中从事公务的甲，利用职务便利将本单位收受的回扣据为己有，数额较大。甲的行为构成贪污罪

B. 土地管理部门的工作人员乙，为农民多报青苗数，使其从房地产开发商处多领取 20 万元补偿款，自己分得 10 万元。乙的行为构成贪污罪

C. 村民委员会主任丙，在协助政府管理土地征用补偿费时，利用职务便利将其中数额较大款项据为己有。丙的行为构成贪污罪

D. 国有保险公司工作人员丁，利用职务便利编造未发生的保险事故进行虚假理赔，将骗取的 5 万元保险金据为己有。丁的行为构成贪污罪

9. 某国有公司出纳甲意图非法占有本人保管的公共财物，但不使用自己手中的钥匙和所知道的密码，而是使用铁棍将自己保管的保险柜打开并取走现金 3 万元。之后，甲伪造作案现场，声称失窃。关于本案，下列哪一选项是正确的?（　　）

A. 甲虽然是国家工作人员，但没有利用职务上的便利，故应认定为盗窃罪

B. 甲虽然没有利用职务上的便利，但也不属于将他人占有的财物转移为自己占有，故应认定为侵占罪

C. 甲将自己基于职务保管的财物据为己有，应成立贪污罪

D. 甲实际上是通过欺骗手段获得财物的，应认定为诈骗罪

10. 国有公司财务人员甲于 2007 年 6 月挪用单位救灾款 100 万元，供自己购买股票，后股价大跌，甲无力归还该款项。2008 年 1 月，甲挪用单位办公经费 70 万

元为自己购买商品房。两周后，甲采取销毁账目的手段，使挪用的办公经费 70 万元中的 50 万元难以在单位财务账上反映出来。甲一直未归还上述所有款项。关于甲的行为定性，下列选项错误的是（　　）。

A. 甲挪用救灾款的行为，不构成挪用特定款物罪

B. 甲挪用办公经费的行为构成挪用公款罪，挪用数额为 70 万元

C. 甲挪用办公经费后销毁账目且未归还的行为构成贪污罪，贪污数额为 50 万元

D. 对于甲应当以挪用公款罪、贪污罪实行并罚

11. 某事业单位负责人甲决定以单位名义将本单位资金 150 余万元贷给另一公司，所得高利息归本单位所有。甲虽未牟取个人利益，但最终使本金无法收回。关于该行为的定性，下列哪几种是可以排除的？（　　）

A. 挪用公款罪　　B. 挪用资金罪

C. 违法发放贷款罪　　D. 高利转贷罪

12. 下列哪一情形不属于“挪用公款归个人使用”？（　　）

A. 国家工作人员甲，将公款借给其弟炒股

B. 国家机关工作人员甲，以个人名义将公款借给原工作过的国有企业使用

C. 某县工商局局长甲，以单位名义将公款借给某公司使用

D. 某国有公司总经理甲，擅自决定以本公司名义将公款借给某国有事业单位使用，以安排其子在该单位就业

延伸阅读

1. 张明楷．贪污贿赂罪的司法与立法发展方向．政法论坛，2017（1）．

2. 张明楷．挪用公款罪的数额计算．政治与法律，2021（1）．

3. 陈洪兵．共犯论的分则思考——以贪污贿赂罪及渎职罪为例．法学家，2015（2）．

4. 陈兴良．为他人谋取利益的性质与认定——以两高贪污贿赂司法解释为中心．法学评论，2016（4）．

5. 付立庆．受贿罪中“为他人谋取利益”的体系地位：混合违法要素说的提倡．法学家，2017（3）．

第二十二章　渎职罪

【内容摘要】

渎职罪，指国家机关工作人员不履行职责或不正确履行职责，致使公共财产、国家和人民利益遭受重大损失的行为。《刑法》分则第九章、《刑法修正案（四）》《刑法修正案（六）》《刑法修正案（八）》《刑法修正案（十一）》共规定了 37 种具体的渎职犯罪，分为滥用职权型和玩忽职守型两大类型。《刑法》第 397 条关于滥用职权罪和玩忽职守罪的规定属于普通法条，关于其余 35 种渎职犯罪的规定属于特别法条。国家机关工作人员不履行职责或不正确履行职责的行为同时触犯特别法条和普通法条时，按照特别法条追究刑事责任。

【学习目标】

（1）在知识学习层面，要掌握渎职罪的基本知识，同时要熟悉本章中具体罪名的概念、犯罪构成以及犯罪认定的基本知识。（2）在能力训练层面，要熟知具体罪名的犯罪构成，结合对疑难案例的分析，学会在具体案件中准确认定犯罪和适用刑法，要坚持体系性思考，注意把握相似罪名的区别，在具体案件中准确认定相似罪名，从而增强适用刑法的实践能力。同时，在对具体罪名的学习中要注意结合诸如法条竞合犯等刑法总论知识，对于所涉及的理论问题和实践疑难问题，要进行有针对性的深入研究，提升自我的理论素养和研究能力。（3）在价值引领层面，要通过对本章犯罪的学习，深刻认识到渎职行为的严重危害，认识到刑法在惩治和预防渎职犯罪方面不可或缺的积极作用，形成运用刑法打击犯罪、保障权力公正运行的基本观念。

此外，也要明确自己的行为界限、法律底线和纪律红线，形成正确的权力观、法纪观，自觉遵守法律法规，将来走上工作岗位后要正确行使手中的权力，做一个清正廉洁、克己奉公、依法履职的法律人。同时，要结合我国在惩治渎职犯罪方面的实践，特别是党的十八大以来在反腐败方面的重大举措和重大成绩，感受我国从严治党、厉行反腐的政策精神和坚定决心，增强对中国特色社会主义法治的认同感。

【知识要点】

一、渎职罪的犯罪构成

（一）渎职罪的客体是国家机关的正常活动

各级国家机关具有全面管理社会事务的职能，国家机关依法行使国家管理职权的正常活动关系着公共财产的安全、国家和人民利益，是这些权利和利益免受侵犯的保障。国家机关工作人员不依法履行职责或者行使职权，必然妨碍国家机关活动的正常开展。

（二）渎职罪的主体是国家机关工作人员

一般认为，国家机关工作人员是指在各级国家立法机关、行政机关、审判机关、检察机关、军队中从事公务的人员。但 2002 年 12 月 28 日全国人大常委会《关于〈中华人民共和国刑法〉第九章渎职罪主体适用问题的解释》对渎职罪的主体范围作了适当扩大。该解释规定：在依照法律、法规规定行使国家行政管理职权的组织中从事公务的人员，或者在受国家机关委托代表国家机关行使职权的组织中从事公务的人员，或者虽未列入国家机关人员编制但在国家机关中从事公务的人员，在代表国家机关行使职权时，有渎职行为，构成犯罪的，依照刑法关于渎职罪的规定追究刑事责任。据此，国家机关工作人员的范围包括：

1. 在国家机关中从事公务的人员。至于是否属于国家机关工作人员编制，并不影响认定。因此，在国家立法机关、行政机关、审判机关、检察机关、军队中从事公务的人员，是国家机关工作人员；那些以合同等形式受国家机关聘用、委派从事公务的人员，如合同制民警、法院合同工作人员、公安机关的借用人员等，也属于国家机关工作人员。

2. 在依照法律、法规规定行使国家行政管理职权的组织中从事公务的人员，或者在受国家机关委托代表国家机关行使职权的组织中从事公务的人员。因此，在具有行政管理职权或者受国家机关委托代表国家机关行使职权的事业单位、公司、企业中从事公务的人员，如（乡）镇财政所所长、工人编制的工所所长等，都属于国家机关工作人员。

对于渎职犯罪主体的认定，我国刑法理论界和司法实务界长期坚持“身份说”，强调只有具有国家机关工作人员身份，或者在依法行使国家行政管理职权的组织中从事公务的人员才能成为渎职犯罪的主体。不属于国家机关工作人员范围的国有公司、企业（包括银行）中的国家工作人员，即使因滥用职权或者玩忽职守，导致公共财产、国家和人民利益遭受重大损失，也不能以渎职罪定罪处刑。

近年来，随着经济社会不断发展，基于渎职犯罪惩罚和治理的实际需要，在司法实践中，对渎职犯罪主体的认定标准，发生了从“身份说”向“公务说”的明显转变。从最高人民检察院公布的指导性案例和全国各地法院对渎职犯罪判决的实际情况来看，在认定渎职犯罪时，被告人身份对于定罪的影响在很大程度上已经淡化，而其实际从事的行为则起到决定性作用。无论行为人是否具有国家机关工作人员身份或者是否在依法行使国家行政管理职权的组织中，只要从事的是“公务”，其行为具有国家行政管理的性质，就可以成为渎职犯罪主体。对于以下两种情形，要特别注意。

第一种情形是，一些国有公司、企业和事业单位经合法授权从事具体的管理市场经济和社会生活的工作，拥有一定管理公共事务和社会事务的职权。这些实际行使国家行政管理职权的公司、企业和事业单位工作人员，符合渎职罪主体要求；对其实施渎职行为构成犯罪的，应当依照刑法关于渎职罪的规定追究刑事责任。对于这样的国有公司、企业和事业单位人员因滥权失职造成严重危害后果的，要特别注意考察是国有公司、企业、事业单位自身的经营管理行为，还是经授权从事公共事务和社会事务管理的行为，如果是前者，依法应当构成国有公司、企业、事业单位人员滥权失职相关犯罪。例如，国有公司、企业、事业单位人员失职罪和签订、履行合同失职被骗罪等；如果是后者，则依法构成滥用职权、玩忽职守等渎职犯罪。

第二种情形是，村民委员会、居民委员会等基层组织人员协助人民政府从事行政管理工作时，滥用职权、玩忽职守构成犯罪的，应当依照刑法关于渎职罪的规定追究刑事责任。在这种情形下，要注意区分行为人的行为是村民委员会、居民委员会自身的管理行为，还是协助政府从事的行政管理行为。行为人在村民委员会、居民委员会自身管理活动工作中不负责任，造成严重损失的，不构成渎职犯罪。但这些人员在受国家机关委托代表国家机关行使职权的过程中，滥权失职，造成严重损失，则依法构成滥用职权罪、玩忽职守罪等渎职犯罪。例如，居民委员会主任在受委托负责或经办被征地人员就业和保障工作过程中，违规擅自将不符合镇保条件的人员纳入镇保范围，致使公共财产遭受重大损失，并造成恶劣社会影响，便构成滥用职权罪。

（三）渎职罪客观上表现为国家机关工作人员滥用职权或玩忽职守，致使公共财产、国家和人民利益遭受重大损失的行为

1. 行为人滥用职权或玩忽职守是构成渎职罪的行为条件

渎职行为，是构成渎职罪的客观基础。没有渎职行为，就不能对行为人追究刑

事责任。例如，某法官在依照法律程序查明案件事实的情况下，正确适用法律，判处被告人有期徒刑，被告人的母亲由于不能接受儿子坐牢的现实，服毒自尽。在这个案例中，虽然发生了被告人母亲死亡的严重后果，但审判法官依法履行审判职能，尽职尽责，没有渎职行为，就不能对其追究刑事责任。渎职行为一般表现为滥用职权或玩忽职守两种情形。所谓滥用职权，是指行为人超越职权，违法决定、处理其无权决定、处理的事项，或者违反规定处理公务的行为，主要表现为行为人违反国家规定决定、处理其无权决定、处理的事项，或者行为人具有处理某种公务的职权，但国家对该种职权的行使规定了必要的条件、方式、程序等，而行为人未遵守该种规定的行为。所谓玩忽职守，是指国家机关工作人员严重不负责任，不履行职责或者不认真履行职责的行为。滥用职权和玩忽职守，是渎职罪的最一般表现形式，《刑法》第 397 条将其概括规定为滥用职权罪和玩忽职守罪的客观行为方式。对于其余的特殊渎职犯罪，刑法对客观行为作出了具体规定，需要针对不同的罪名进行具体把握。例如，徇私枉法罪要求司法人员使无罪的人受追诉、对有罪的人不追诉，或者在刑事审判活动中违背事实和法律作出裁判；徇私舞弊不移交刑事案件罪客观上要求行政执法人员徇私舞弊，对依法应当移交司法机关追究刑事责任的案件有不移交的行为。

2. 公共财产、国家和人民利益遭受重大损失是构成渎职罪的后果条件

渎职罪都是结果犯，以公共财产、国家和人民利益遭受重大损失为条件。即使行为人实施了严重的渎职行为，只要这种渎职行为没有造成法律所要求的“重大损失”，仍然不能对行为人追究刑事责任。所谓造成重大损失，包括给国家和人民造成重大物质损失和重大非物质损失。重大物质损失一般是指人身伤亡和公私财物的重大损失等可以用数额作为单位进行计量的损失，比如造成轻伤、重伤、死亡的人数、经济损失的数额、停产的时间、国家秘密的等级、件数、农田面积等；重大非物质损失是指对国家机关的正常活动和声誉造成严重的不良影响。对于什么样的损失才能构成“重大损失”，最高人民法院、最高人民检察院相关司法解释进行了具体规定。对不同性质的渎职行为的刑事追究，其追诉标准和量刑标准各不相同。

在司法实践中，渎职行为造成的死亡、重伤、轻伤的人数和造成经济损失的数量，往往都有充分证据证明，对于渎职犯罪造成的物质损失的认定通常不会发生困难。争议较大的是，在没有具体的可量化的物质损失的情况下，如何认定渎职行为致使“公共财产、国家和人民利益遭受重大损失”。在现实生活中，渎职行为造成重大损失，通常都表现为给党和政府的形象带来严重负面影响、造成治安秩序、行政管理秩序混乱，严重损害政府公信力。例如，原国家药品监管局局长郑筱萸，收受他人贿赂，在药品监管中玩忽职守，严重破坏国家药品监管正常秩序，造成极其恶劣社会影响，便属于致使“国家和人民遭受重大损失”；某国家机关工作人员违反户籍管理规定办理落户手续，致使大量“高考移民”涌入当地，导致数十名考生因违规参考被取消高考成绩，严重影响高考管理工作并造成恶劣社会影响，同样属于致使“国家和人民遭受重大损失”。

3. 行为人滥用职权或玩忽职守与公共财产、国家和人民利益遭受重大损失

之间存在因果关系

只有在行为与危害后果之间存在因果关系的情况下，危害后果才能归咎于行为人，也才能要求行为人对该危害后果承担责任。行为人实施了滥用职权或玩忽职守的行为，客观上也发生了公共财产、国家和人民利益遭受重大损失的危害后果，但是，如果客观存在的重大损失同行为人的行为之间不存在因果关系，不能归咎于行为人，仍然不能对行为人定罪量刑。例如，1999 年某车辆管理所干警龚某明知申请人江某左眼失明，不符合体检标准，不符合驾驶条件，仍然违法为其作出体检合格的结论，江某顺利通过了驾驶证换验程序，换领了有效期为 1 年的汽车驾驶证。随后，2000 年、2001 年、2002 年、2003 年江某亦相继通过了其他人员经办的体检和驾驶证的年检。2004 年，江某驾驶汽车违章行驶，造成多人伤亡。在这个案件中，龚某在江某申请换验驾驶证过程中，未正确履行职责，致使江某通过换验，存在玩忽职守的行为。但该驾驶证效力仅及于次年，在之后的年检中，龚某所作的结论不再具有效力，江某只有经过重新体检审验才能取得继续驾驶的资格。然而，之后数年，江某仍通过了驾驶证换验，因此，龚某行为与江某驾驶车辆肇事之间不存在因果关系，其间介入的他人行为使江某通过年检继续驾驶直至肇事，不能追究龚某渎职的刑事责任。

判断行为人的渎职行为与危害后果或者重大损失之间是否存在因果关系，应当以行为时客观存在的事实为基础，依据一般人的经验进行判断。在行为与后果之间存在介入因素的情形下，通常可以通过行为与后果之间是否存在“相当性”来进行判断。具体而言，可以从以下三个方面进行考察：一是考察先前行为导致最后结果发生的可能性大小。可能性越大，因果关系存在的空间越充分；反之，则因果关系存在的余地就小。二是考察介入因素异常性大小，如介入因素过于异常，那么先前行为与最后结果之间的因果关系存在的可能性小。反之，因果关系存在的可能性大。三是考察介入因素对结果发生的影响力。介入因素对危害后果的影响力越大，先前行为与危害后果之间存在因果关系的空间越小。相反，如果介入因素对危害后果的影响力越小，则先前行为与危害后果之间存在因果关系的可能越大。例如，某地新建一跨江人行天桥，在没有经过安全验收的情况下，当地行政首长违背工作程序，擅自决定投入使用，随即发生地震，天桥垮塌，造成巨大损失。在这个案例中，行为人的渎职行为与危害后果之间，介入了地震这样一个非常异常的因素，而且正是地震直接导致了天桥垮塌，因此，可以判定渎职行为与天桥垮塌之间的因果关系因地震这一因素的介入而中断，不能对行为人追究刑事责任。应当注意的是，在介入因素与先前行为对于危害后果的影响力相当，或者介入因素与先前行为互为条件时，二者与危害后果之间均成立因果关系。例如，某国家机关工作人员在对外签订合同中徇私舞弊，滥用职权，签订的合同使国家的重大利益处于巨大风险之中，该工作人员签订之后随即调离岗位，其继任者在履行合同的过程中，明知该合同存在巨大风险，且完全具备合同无效或者可撤销的事由，有条件并应当采取措施挽回损失，却严重不负责任，听之任之，放弃职责，最终导致国家巨额资金被骗。在这个案例中，签订合同的国家机关工作人员及其继任者的行为互为条件，对于造成危害结果的影响力相当，二人的行为与危害后果之间都存在因果关系。

（四）渎职罪在主观方面可以表现为故意，也可以表现为过失

渎职罪中大多数罪名的主观方面是故意，也有少数罪名的主观方面是过失，故意与过失的具体内容因具体犯罪不同而不同。一般而言，渎职罪的故意往往表现为利用职权徇私舞弊，希望或放任危害后果发生的心理；渎职罪的过失往往表现为对待职责不认真，马虎草率，或者自以为是，恣意妄为，以致对危害后果没有预见或者已经预见而轻信能够避免的心理。

二、渎职罪的种类

渎职犯罪共包括 37 个罪名。根据各罪名在主客观方面的不同特征，可以将渎职犯罪分为滥用职权型犯罪和玩忽职守型犯罪。

（一）滥用职权型犯罪

此类犯罪包括滥用职权罪，非法批准征收、征用、占用土地罪，非法低价出让国有土地使用权罪，滥用管理公司、证券职权罪，徇私舞弊减刑、假释、暂予监外执行罪，徇私舞弊不移交刑事案件罪，徇私枉法罪，民事、行政枉法裁判罪，执行判决、裁定滥用职权罪，枉法仲裁罪，私放在押人员罪，故意泄露国家秘密罪，招收公务员、学生徇私舞弊罪，徇私舞弊不征、少征税款罪，徇私舞弊发售发票、抵扣税款、出口退税罪，商检徇私舞弊罪，动植物检疫徇私舞弊罪，违法提供出口退税凭证罪，违法发放林木采伐许可证罪，放行偷越国（边）境人员罪，办理偷越国（边）境人员出入境证件罪，阻碍解救被拐卖、绑架妇女儿童罪，帮助犯罪分子逃避处罚罪，放纵走私罪等。

（二）玩忽职守型犯罪

此类犯罪包括玩忽职守罪，执行判决、裁定失职罪，过失泄露国家秘密罪，国家机关工作人员签订、履行合同失职被骗罪，失职造成珍贵文物损毁流失罪，失职致使在押人员脱逃罪，环境监管失职罪，传染病防治失职罪，商检失职罪，动植物检疫失职罪，放纵制售伪劣商品犯罪行为罪，不解救被拐卖、绑架妇女、儿童罪，食品安全监管渎职罪。

三、应当重点把握的几个罪名的适用标准

（一）滥用职权罪、玩忽职守罪

如何认定《刑法》第 397 条规定的滥用职权或者玩忽职守致使公共财产、国家和人民利益遭受“重大损失”以及“情节特别严重”？

《刑法》第 397 条规定：国家机关工作人员滥用职权或者玩忽职守，致使公共财产、国家和人民利益遭受重大损失的，处 3 年以下有期徒刑或者拘役；情节特别严

重的，处3年以上7年以下有期徒刑。本法另有规定的，依照规定。

国家机关工作人员徇私舞弊，犯前款罪的，处5年以下有期徒刑或者拘役；情节特别严重的，处5年以上10年以下有期徒刑。本法另有规定的，依照规定。

根据2013年最高人民法院、最高人民检察院《关于办理渎职刑事案件具体应用法律若干问题的解释（一）》第1条的规定，国家机关工作人员滥用职权或者玩忽职守，具有下列情形之一的，应当认定为《刑法》第397条规定的“致使公共财产、国家和人民利益遭受重大损失”：（1）造成死亡1人以上，或者重伤3人以上，或者轻伤9人以上，或者重伤2人、轻伤3人以上，或者重伤1人、轻伤6人以上的；（2）造成经济损失30万元以上的；（3）造成恶劣社会影响的；（4）其他致使公共财产、国家和人民利益遭受重大损失的情形。国家机关工作人员滥用职权或者玩忽职守，具有下列情形之一的，应当认定为《刑法》第397条规定的“情节特别严重”：（1）造成伤亡达到前款第1项规定人数3倍以上的；（2）造成经济损失150万元以上的；（3）造成前款规定的损失后果，不报、迟报、谎报或者授意、指使、强令他人不报、迟报、谎报事故情况，致使损失后果持续、扩大或者抢救工作延误的；（4）造成特别恶劣社会影响的；（5）其他特别严重的情节。

（二）故意泄露国家秘密罪

如何认定《刑法》第398条规定的故意泄露国家秘密罪的“情节严重”和“情节特别严重”？

《刑法》第398条规定：国家机关工作人员违反保守国家秘密法的规定，故意或者过失泄露国家秘密，情节严重的，处3年以下有期徒刑或者拘役；情节特别严重的，处3年以上7年以下有期徒刑。非国家机关工作人员犯前款罪的，依照前款的规定酌情处罚。

根据2006年最高人民检察院《关于渎职侵权犯罪案件立案标准的规定》，故意泄露国家秘密，涉嫌下列情形之一的，应予立案：（1）泄露绝密级国家秘密1项（件）以上的；（2）泄露机密级国家秘密2项（件）以上的；（3）泄露秘密级国家秘密3项（件）以上的；（4）向非境外机构、组织、人员泄露国家秘密，造成或者可能造成危害社会稳定、经济发展、国防安全或者其他严重危害后果的；（5）通过口头、书面或者网络等方式向公众散布、传播国家秘密的；（6）利用职权指使或者强迫他人违反国家保守秘密法的规定泄露国家秘密的；（7）以牟取私利为目的泄露国家秘密的；（8）其他情节严重的情形。

（三）徇私枉法罪

如何认定《刑法》第399条规定的徇私枉法罪的“一般情节”、“情节严重”和“情节特别严重”？

《刑法》第399条第1款规定：司法工作人员徇私枉法、徇情枉法，对明知是无罪的人而使他受追诉，对明知是有罪的人而故意包庇不使他受追诉，或者在刑事审判活动中故意违背事实和法律作枉法裁判的，处5年以下有期徒刑或者拘役；

情节严重的，处 5 年以上 10 年以下有期徒刑；情节特别严重的，处 10 年以上有期徒刑。

根据 2006 年最高人民检察院《关于渎职侵权犯罪案件立案标准的规定》，司法工作人员徇私枉法、徇情枉法，涉嫌下列情形之一的，应予立案：（1）对明知是没有犯罪事实或者其他依法不应当追究刑事责任的人，采取伪造、隐匿、毁灭证据或者其他隐瞒事实、违反法律的手段，以追究刑事责任为目的立案、侦查、起诉、审判的；（2）对明知是有犯罪事实需要追究刑事责任的人，采取伪造、隐匿、毁灭证据或者其他隐瞒事实、违反法律的手段，故意包庇使其不受立案、侦查、起诉、审判的；（3）采取伪造、隐匿、毁灭证据或者其他隐瞒事实、违反法律的手段，故意使罪重的人受较轻的追诉，或者使罪轻的人受较重的追诉的；（4）在立案后，采取伪造、隐匿、毁灭证据或者其他隐瞒事实、违反法律的手段，应当采取强制措施而不采取强制措施，或者虽然采取强制措施，但中断侦查或者超过法定期限不采取任何措施，实际放任不管，以及违法撤销、变更强制措施，致使犯罪嫌疑人、被告人实际脱离司法机关侦控的；（5）在刑事审判活动中故意违背事实和法律，作出枉法判决、裁定，即有罪判无罪、无罪判有罪，或者重罪轻判、轻罪重判的；（6）其他徇私枉法应予追究刑事责任的情形。

（四）徇私舞弊不移交刑事案件罪

如何认定《刑法》第 402 条规定的徇私舞弊不移交刑事案件罪的“情节严重”和“造成严重后果”？

《刑法》第 402 条规定：行政执法人员徇私舞弊，对依法应当移交司法机关追究刑事责任的不移交，情节严重的，处 3 年以下有期徒刑或者拘役；造成严重后果的，处 3 年以上 7 年以下有期徒刑。

根据 2006 年最高人民检察院《关于渎职侵权犯罪案件立案标准的规定》，司法工作人员徇私舞弊不移交刑事案件，涉嫌下列情形之一的，应予立案：（1）对依法可能判处 3 年以上有期徒刑、无期徒刑、死刑的犯罪案件不移交的；（2）不移交刑事案件涉及 3 人次以上的；（3）司法机关提出意见后，无正当理由仍然不予移交的；（4）以罚代刑，放纵犯罪嫌疑人，致使犯罪嫌疑人继续进行违法犯罪活动的；（5）行政执法部门主管领导阻止移交的；（6）隐瞒、毁灭证据，伪造材料，改变刑事案件性质的；（7）直接负责的主管人员和其他直接责任人员为牟取本单位私利而不移交刑事案件，情节严重的；（8）其他情节严重的情形。

四、渎职罪司法实践中应当注意把握的几个问题

（一）如何把握渎职犯罪与工作失误之间的界限

渎职犯罪指国家机关工作人员不履行职责或不正确履行职责，致使公共财产、国家和人民利益遭受重大损失的行为；而工作失误是指行为人因为业务水平和工作能力不足，导致职务行为不当。区别渎职犯罪同工作失误，要注意把握两点：一是

行为人是否存在工作严重不负责任的情形。渎职犯罪要求行为人故意不履行或者不正确履行职责，或者出于过失，对工作严重不负责任；而工作失误的行为人主观上并无故意或者过失，往往表现为经验不足，能力不济。二是是否造成严重危害后果。构成渎职罪要求造成严重危害后果，而工作失误则没有这样的要求。行为人经验、能力不足，又严重不负责任，造成严重后果的，就不是一般的工作失误，依法应当成立渎职犯罪。

（二）多名国家机关工作人员渎职的情形下，如何进行责任划分

对于危害后果是由多人的行为共同造成的情形，如何区分不同行为人之间的责任及其程度，一直是司法实践中的一大难题。本书认为，对于这样的情形，要坚持主客观相统一的刑法原则，对不同行为人的行为进行个别考察，根据以下原则进行区别认定。

1. 国家机关直接负责的主管人员违法决定，或者指使、授意、强令其他国家机关工作人员违法执行，或者阻挠国家机关工作人员依法执行，构成《刑法》分则第九章规定的渎职罪的，应当依法追究其刑事责任。具体执行人员一般不以犯罪处理，但决定明显违法仍然予以执行的，应当依照《刑法》分则第九章的相关规定追究刑事责任，量刑时可综合考虑该执行人员是否提出改正意见等情节从轻处罚或者免予刑事处罚。

2. 以集体研究决定的形式实施的渎职犯罪，对于直接负责的主管人员和其他直接责任人员，应当依法追究刑事责任。

3. 非国家机关工作人员与国家机关工作人员共谋，指使或者参与策划国家机关工作人员实施滥用职权行为的，按照《刑法》分则第九章规定的相应渎职犯罪的共犯论处；非国家机关工作人员构成其他犯罪的，以其他犯罪定罪处罚。例如，非国家机关工作人员王某唆使负有监管职责的司法人员李某私放在押人员，就与李某构成私放在押人员罪的共犯；如果王某是在押人员，他唆使司法人员李某私放自己脱逃，则李某构成私放在押人员罪，王某构成脱逃罪。

国家机关工作人员与他人共谋，帮助他人实施其他犯罪行为，同时构成《刑法》分则第九章规定的渎职犯罪和其他犯罪的共犯的，依照处罚较重的规定定罪处罚。例如，海关负有查缉走私犯罪职责的工作人员张某，与他人共谋，帮助他人实施走私犯罪的，就同时构成《刑法》分则第九章规定的放纵走私罪和《刑法》分则第三章规定的相应走私犯罪的共犯，应当根据犯罪的事实和情节，选择适用处罚较重的罪名对张某定罪处刑。

（三）如何认定多个渎职行为与损害后果之间的因果关系

在司法实践中，国家机关工作人员渎职造成重大损失的情形非常复杂，实际发生的重大损失往往不是由一个人的单个行为造成的，而是由多个人的渎职行为共同造成的，而不同的行为主体对于重大损失的发生所起的作用又各不相同。有的人对于最后结果所起的作用是直接的，有的人所起的作用是间接的；有的人所起的作用

是必然的，有的人所起的作用是偶然的。准确认定行为主体与重大损失之间的因果关系，是正确处理案件的前提和基础。

在相当长的一段时期内，司法实践中对于多个人的渎职行为造成重大损失或者特别重大损失的情形，在追究行为人刑事责任时，往往忽略多个渎职行为之间相互依存、相互作用的客观事实，要求行为人的渎职行为与损害后果之间存在直接的因果关系、必然的因果关系，才能追究刑事责任。这就通常造成在发生多人渎职，造成重大或者特别巨大损失，追究责任时，出现“多化少”“大化小”“重化轻”“有化无”现象，责任虚化，既不利于保护公共财产、国家和人民利益，也不利于预防渎职犯罪。

本书认为，对于多个行为主体渎职行为造成重大损失的情形，应当着眼于该多个行为相互联系、相互影响、相互作用、共同造成损害后果的客观实际，凡是渎职行为与危害后果之间具有客观联系的，就应当认定具有因果关系。渎职行为与危害后果之间是否存在直接的或者必然的联系，不影响因果关系的认定，但在责任追究和量刑上可以酌情考虑。对于危害后果由多个渎职行为造成的渎职犯罪，应当根据渎职行为对危害后果所起的作用大小，分别确定罪责。

（四）如何认定玩忽职守行为与危害后果之间的因果关系

玩忽职守罪，是行为人放弃职守因而造成危害后果的渎职犯罪，是一种典型的不作为犯罪。作为犯与不作为犯在因果关系的判断上有着明显不同的构造。作为犯的行为同危害后果之间的因果关系，是因为该行为事实上直接造成了危害后果，是一种事实上的因果关系。不作为犯的不作为行为与危害后果的因果关系，是因为行为人有义务却没有能够防止原本可以避免的危害后果的发生，根据法律，行为人应当对这个危害后果负责，是一种规范上的因果关系。不作为同危害后果的因果关系的本质在于，行为人没有尽到职责去防止他本可以防止或者避免的危害后果发生，而不是在于他事实上造成了这种危害后果。认定不作为犯因果关系应当把握四个要素：一是行为人具有防止危害后果发生的职责或者义务。二是行为人具有防止危害后果发生的能力，也就是说，只要行为人尽力履行了自己的义务，危害后果大概率可以避免，或者说按照生活常识，这种危害后果十之八九可以避免，就可以认定因果关系成立。在行为人尽到履行义务，仍然不能防止危害后果发生的情形下，不能肯定因果关系的存在。因为，法律不强人所难，不能要求行为人对超出其能力范围的危害后果承担责任。三是行为人放弃职守，没有履行应当履行的义务；四是发生了法律规定的危害后果。

在司法实践中，一些司法人员混淆作为犯与不作为犯因果关系结构上的不同。在认定玩忽职守行为与危害后果的因果关系时，将重点放在不作为对危害后果事实上的原因力上，主张在行为人事实上导致了危害后果发生的情况下才认定因果关系成立，很容易得出危害后果不能归结到行为人身上的结论，从而否定不作为与危害后果之间的因果关系，这种观点是不正确的。

（五）国家机关工作人员实施渎职行为，同时触犯多个罪名时，应当如何选择适用

1.《刑法》第397条规定的滥用职权罪和玩忽职守罪，相对于《刑法》分则第九章规定的其他渎职犯罪的罪名而言，是普通规定，其他渎职犯罪是特殊规定。国家机关工作人员滥用职权或者玩忽职守，符合《刑法》第九章第397条以外的其他规定的，依照其他规定定罪处罚。例如，海关工作人员徇私舞弊，放纵走私，情节严重的，既符合《刑法》分则第九章第397条关于滥用职权罪的规定，也符合该章第411条关于放纵走私罪的规定，依照特殊规定优于普通规定的原理，应当以放纵走私罪定罪处罚。

2.国家机关工作人员滥用职权或者玩忽职守，因不具备徇私舞弊等要件而不符合《刑法》分则第九章第397条之外的其他规定，但依法构成《刑法》第397条第1款规定的犯罪的，应当以滥用职权罪或者玩忽职守罪定罪处罚。例如，司法工作人员刘某违反法律规定，对于不符合条件的罪犯予以减刑、假释或者暂予监外执行，但是不具有徇私舞弊情节，就不能以《刑法》第401条规定的徇私舞弊减刑、假释、暂予监外执行罪对刘某追究责任，而只能以《刑法》第397条规定的滥用职权罪对其定罪处罚。

3.国家机关工作人员犯渎职罪并收受贿赂，同时构成受贿罪的，除法律有特别规定的以外，应当以渎职罪和受贿罪数罪并罚。例如，重庆市綦江县原县委副书记、原建委主任林世元在该县“虹桥”建设过程中，收受施工承包人贿赂，玩忽职守，放松对工程建设监管，最终导致“虹桥”垮塌，造成40人死亡、14人受伤、经济损失达628万余元的特别严重后果，人民法院对林世元以玩忽职守罪和受贿罪进行了数罪并罚。应当特别注意刑法关于不数罪并罚的特别规定：《刑法》第399条第4款规定，司法工作人员收受贿赂，有徇私枉法、枉法裁判、执行判决、裁定失职行为，同时又构成受贿罪的，依照处罚较重的规定定罪处罚。

（六）危害后果发生在渎职行为实施之后的，应当如何计算追诉时效期限

相当一部分渎职犯罪，以危害后果为成立的必要条件，而危害后果又发生在渎职行为实施之后，行为与后果之间有一段时间间隔，甚至是相当长的一段时间间隔，对于这样的情形如何适用法律，在司法实践中存在一些争论。本书认为，以危害后果为犯罪成立必要条件的，后果发生之日即为犯罪成立之日，应当以危害后果发生之日为计算渎职犯罪的追诉时效的起点，有数个危害后果的，从最后一个危害后果发生之日起计算追诉时效。

（七）如何认定渎职行为造成的经济损失

渎职行为造成的经济损失包括直接经济损失和间接经济损失。直接经济损失是指渎职行为直接造成的财产损毁、减少的实际价值，间接经济损失是指由直接经济

损失引起和牵连的其他损失，包括失去的在正常情况下可以获得的利益和为恢复正常的管理活动或者挽回所造成的损失所支付的各种费用和开支等。

在司法实践中，有下列情形之一的，虽然债权仍然存在，但债权已无法实现，可以认定为已经造成的经济损失：(1) 债务人已经法定程序被宣告破产，且无法清偿债务；(2) 债务人潜逃，去向不明；(3) 因行为人的责任致使超过诉讼时效；(4) 有证据证明债权无法实现的其他情形。

【案例评析】

案例一

1. 案情简介

被告人陈某，男，1946 年出生，原系上海市奉贤区四团镇推进小城镇社会保险（以下简称“镇保”）工作领导小组办公室负责人。

被告人林某，女，1960 年出生，原系上海市奉贤区四团镇杨家宅村党支部书记、村民委员会主任、村镇保工作负责人。

被告人李甲（曾用名李乙），男，1958 年出生，原系上海市奉贤区四团镇杨家宅村党支部委员、村民委员会副主任、村镇保工作经办人。

2004 年 1 月至 2006 年 6 月期间，被告人陈某利用担任上海市奉贤区四团镇推进镇保工作领导小组办公室负责人的职务便利，被告人林某、李甲利用受上海市奉贤区四团镇人民政府委托分别担任杨家宅村镇保工作负责人、经办人的职务便利，在从事被征用农民集体所有土地负责农业人员就业和社会保障工作过程中，违反相关规定，采用虚增被征用土地面积等方法徇私舞弊，共同或者单独将杨家宅村、良民村、横桥村 114 名不符合镇保条件的人员纳入镇保范围，致使奉贤区四团镇人民政府为上述人员缴纳镇保费用共计人民币 600 余万元、上海市社会保险事业基金结算管理中心（以下简称“市社保中心”）为上述人员实际发放镇保资金共计人民币 178 万余元，并造成了恶劣的社会影响。其中，被告人陈某共同及单独将 71 名不符合镇保条件人员纳入镇保范围，致使镇政府缴纳镇保费用共计人民币 400 余万元、市社保中心实际发放镇保资金共计人民币 114 万余元；被告人林某共同及单独将 79 名不符合镇保条件人员纳入镇保范围，致使镇政府缴纳镇保费用共计人民币 400 余万元、市社保中心实际发放镇保资金共计人民币 124 万余元；被告人李甲共同及单独将 60 名不符合镇保条件人员纳入镇保范围，致使镇政府缴纳镇保费用共计人民币 300 余万元，市社保中心实际发放镇保资金共计人民币 95 万余元。

2. 基本问题

如何正确认定渎职罪的主体？

3. 知识内容

根据刑法规定，渎职犯罪的主体是国家机关工作人员，其标准含义是指在各级国家立法机关、行政机关、审判机关、检察机关、军队中从事公务的人员，也合乎逻辑地包括在依照法律、法规规定行使国家行政管理职权的组织中从事公务的人员以及在受国家机关委托代表国家机关行使职权的组织中从事公务的人员。长期以来，在刑法理论界和司法实务界，对这种以行为人身份来界定渎职犯罪主体的观点支持者甚众。以身份来认定渎职犯罪主体的观点无疑是最为符合刑法规定字面含义的，但却与我国社会经济生活的具体情形有明显差距。在现实生活中，基于国家管理和社会治理的实际需要，除国家机关以外，国有公司、企业、事业单位在其业务范围内，在一定程度上行使国家行政管理权的现象较为普遍存在。例如，公路路政管理部门、环境保护监察部门、供销合作社、国有烟草公司、盐业公司等单位，本身为国有公司、企业或者事业单位，但又兼具相应的行政管理职能；在县乡基层，村民委员会和居民委员会等基层组织人员，接受国家机关委托从事相关国家行政管理工作同样是社会生活中的常态。

将渎职犯罪的主体机械解释为具有国家机关工作人员身份的人，或是在国家机关中从事公务的人员，在很大程度上脱离了国家管理和社会生活实际，不利于加强对国家行政管理权行使的法律监督和管理。正因为如此，全国人大常委会发布《关于〈中华人民共和国刑法〉第九章渎职罪主体适用问题的解释》，适当扩大了渎职罪主体的范围，明确规定："在依照法律、法规规定行使国家行政管理职权的组织中从事公务的人员，或者在受国家机关委托代表国家机关行使职权的组织中从事公务的人员，或者虽未列入国家机关人员编制但在国家机关中从事公务的人员，在代表国家机关行使职权时，有渎职行为，构成犯罪的，依照刑法关于渎职罪的规定追究刑事责任。"该立法解释淡化渎职犯罪主体的身份要求，将规制的重点放在"依法从事公务的人员"，发生了从"身份说"到"公务说"的转变。我们认为，立足于行为的性质，对渎职犯罪主体作出适度扩大的解释，符合我国国家行政管理权配置和运行的实际情况，是合理的。

本案中，被告人陈某、林某、李甲在负责或经办被征地人员就业和保障工作过程中，故意违反有关规定，共同或单独擅自将不符合镇保条件的人员纳入镇保范围，致使公共财产遭受重大损失，并造成恶劣社会影响。陈某作为上海市奉贤区四团镇推进小城镇社会保险工作领导小组办公室负责人，具有国家机关工作人员身份，当然构成滥用职权罪。林某作为上海市奉贤区四团镇杨家宅村党支部书记、村民委员会主任、村镇保工作负责人，李甲作为奉贤区四团镇杨家宅村党支部委员、村民委员会副主任、村镇保工作经办人，虽然属于村委会工作人员，不具备国家机关工作人员身份，但二人受国家机关委托分别担任村镇保工作负责人、经办人，负责、经办被征地人员就业和保障工作，属于受国家机关委托从事行政管理工作，从事的是国家管理活动，属于刑法规定的"从事公务"，二人在此过程中滥用职权，致使公共财产遭受重大损失，依法应当构成滥用职权罪。

案例二

1. 案情简介

2002 年，时任上海市市长的陈良宇承诺为上海沸点投资发展有限公司实际控制人张荣坤收购上海市城市建设投资开发总公司持有的上海路桥发展股份有限公司

99.35%的国有股权提供帮助，要求上海市国有资产管理办公室积极配合张荣坤的收购工作，并强调“程序要简单、进度要加快、让投资者有利可图”。同年3月14日，在上述国有股权未按《国有资产评估管理办法》进行评估且上海市市政工程管理局、发展计划委员会、建设和管理委员会等有关部门未达成一致意见的情况下，陈良宇违反《上海市人民政府公文办理制度》中关于重大事项决策程序的规定，未听取主管副市长意见，也未经市政府会议研究，就擅自决定将上海路桥发展股份有限公司99.35%的股权转让给张荣坤实际控制的福禧投资控股有限公司，给国家造成了直接经济损失人民币3.206亿元。

2002年下半年，陈良宇之弟陈良军准备在上海市宝山区高境镇开发土地，宝山区委书记薛全荣向时任上海市市长的陈良宇报告后，陈良宇明知陈良军不具备开发土地的资质，没有条件取得土地使用权，但因徇私情，违规同意薛全荣办理，后薛指示有关人员违规为陈良军批地提供帮助。2003年12月，宝山区政府为陈良军设立的上海境逸房地产有限公司办理了354亩土地使用权出让手续，其中部分土地系违规享受上海市旧区改造政策，被免除土地出让金和土地增值收益，共计人民币34 414 443元。后陈良军将该土地使用权变相倒卖，非法获利人民币1.18亿元。

2004年下半年至2005年年初，中国华闻投资控股有限公司想从上海市劳动和社会保障局融资，请托陈良宇秘书秦裕向时任上海市委书记的陈良宇汇报后，陈良宇明知国务院有关部门关于社会保险基金不得擅自动用的相关规定以及上海市人民政府关于小城镇社会保险基金专款专用的相关规定，却两次指示秦裕就此事与上海市社保局局长祝均一联系，祝均一违反规定，将社会保险基金人民币的10亿元提供给中泰信托投资有限责任公司，使巨额社会保险基金处于重大风险之中。

2. 基本问题

如何认定滥用职权罪的客观方面?

3. 知识内容

滥用职权罪是指国家机关工作人员故意违背职责规定和要求，在职权范围内故意不正确行使职权或超过职权范围或限度行使职权，致使公共财产、国家和人民利益遭受重大损失的行为。构成滥用职权罪要求行为人客观上实施了滥用职权的行为，发生了公共财产、国家和人民遭受重大损失的危害后果，行为人的渎职行为与危害后果之间具有因果关系。

“滥用职权”行为通常包括职权内的滥用行为和职权外的滥用行为。

职权内的滥用行为主要是指行为人虽然具有某项国家事务管理职权，却以不当目的或者不法方法履行职责，或者违背职务行为宗旨，凡是在权限范围内明知法律、法规和规章的规定，却故意违背而行使职权的，都是故意违反规定行使职权的滥用行为。这种表现形式是最为普遍、最为常见的滥用职权行为。

职权外的滥用行为主要是指具有国家管理权的行为人超越法律、法规或规章授权的职权范围或限度行使职权的行为，通常表现为国家机关工作人员超越职权，违法决定、处理其无权决定、处理的事项。

从滥用职权行为的两种表现方式看，滥用职权罪主要表现为积极的作为方式，实施依法不应做的事或者依法无权处理的事项，不当为而为之。这也是滥用职权罪与玩忽职守罪最明显的区别。玩忽职守罪客观上通常表现为消极的不作为，行为人对依法应当作为的事项消极懈怠，严重不负责任，不履行职责或者不正确履行职责，当为而不为。

在本案中，被告人陈良宇渎职的基本特征是不当为而为之，实施了违背法律和职责要求的行为，给国家利益造成特别重大损失。陈良宇滥用职权的行为主要表现为职权内的滥用行为，即违背法律、法规和规章的规定及违背职务行为宗旨的职务行为。作为上海市最高行政领导，陈良宇对于上海市的行政事务有着最高的管理职权，他应秉承为人民服务的宗旨，严格依照法律、法规、规章等相关规定的程序和方法行使职权，履行职责，尽心尽职服务人民。然而，陈良宇没有这样做，他把国家和人民赋予的权力当做体现个人权威、谋取私利的工具。他明知上海市城市建设投资开发总公司持有的上海路桥发展股份有限公司99.35%的国有股权，未经依法评估，且上海市市政工程管理局、发展计划委员会、建设和管理委员会等有关部门未达成一致意见，不具备转让条件，仍然出于个人意志，违反上海市人民政府关于重大事项决策程序，未听取主管副市长意见，未经市政府会议研究，擅自决定将该股权转让；他明知其弟陈良军不具备开发土地的资质，不具备取得土地使用权的条件，因徇私情，仍然违规同意宝山区办理；他明知社保基金不得擅自动用以及专款必须专用的相关规定，仍然指使下属办理社保基金拆借事项。陈良宇滥用职权决定上海路桥发展股份有限公司股权转让，给国家造成直接经济损失人民币3.206亿元；他滥用职权帮助其弟陈良军获取土地使用权，使国家直接损失土地出让金和土地增值收益共计人民币34 414 443元，而且陈良军变相倒卖该土地使用权，非法获利人民币1.18亿元；他滥用职权帮助中国华闻投资控股有限公司拆借社保基金，使得10亿元人民币的社会保险基金处于重大风险之中。上述陈良宇三次滥用职权均直接导致国家利益遭受特别巨大损失，没有他的滥用职权行为，这些损失就不会发生，因此，陈良宇的行为同国家遭受的特别巨大的损失之间存在因果关系，他构成滥用职权罪。

案例三

1. 案情简介

被告人杨某某原系某企业保卫科工作人员，1997年5月起借调至郑州市公安局某分局治安科工作。1998年10月，杨某某与民警杨某等人查办铁某某、王某某、付某某、杨宝某、郭某某等奸淫幼女一案，并同治安科的杨某等人一起对付某某进行了传唤。1998年11月，杨某某接受了为付某某说情的周某某（受付某某亲属之托）等人的宴请和转送的2 700元人民币后，即放弃了对犯罪嫌疑人付某某的进一步查找抓捕，亦未向治安科负责人汇报付某某的情况，致使付某某长期逍遥法外。1999年12月9日，转入郑州市公安局某分局刑侦大队工作的杨某某到该区人民检察院拿取对犯罪嫌疑人王某某、郭某某的批准逮捕决定书后，因害怕王某某、郭某某归案后供出付某某，从而导致自己收受周某某财物的事情败露，于次日让他人通知王某某、郭某某二人“注意躲躲”。2000年1月4日，王某某被逮捕归案后，杨某某参与押送其到拘留所，下车后趁无人之机，交代王某某“不要乱说”。同月 7 日，杨某某与刑侦大队另外两名民警去北京将郭某某抓获后，当晚趁无人之机告诉郭某某“现在就你们四个，别再多说”。同月 8 日杨某某在看守郭某某去厕所时，又告诉郭“王某某也被抓起来了，说多了没啥好处”。2000 年 2 月 29 日，杨某某同另一民警赵某某一同提审郭某某时，又趁看守其去厕所之机告诉郭某某“别乱说话，你四个就你四个”。由于杨某某的上述行为，王某某、郭某某在侦查及审查起诉阶段均没有供述付某某参与共同犯罪的情况，而同案的犯罪嫌疑人铁某某、杨宝某又不知付某某的姓名，以致付某某成为“不知姓名的人”，直至 2000 年 8 月 17 日付某某到检察机关自首。检察机关以帮助犯罪分子逃避处罚罪对被告人杨某某向人民法院提起公诉，法院认定杨某某犯徇私枉法罪，依法判处了刑罚。

2. 基本问题

（1）如何认定徇私枉法罪的主体？

（2）如何区分徇私枉法罪、帮助犯罪分子逃避处罚罪和包庇罪？

3. 知识内容

（1）被告人杨某某案发前虽系企业工作人员，但是借调到公安机关工作，参与侦办刑事案件，事实上行使了对犯罪嫌疑人进行传唤、提讯、执行逮捕等刑事侦查职权。因此，杨某某属于虽然不具有警察身份，但是受公安机关聘用实际行使刑事侦查权的人员，他具备构成徇私枉法罪的主体要件。

（2）徇私枉法罪、帮助犯罪分子逃避处罚罪、包庇罪在客观上都可以表现为帮助犯罪分子逃避处罚，但是这三个罪名各自有着独特的罪质：徇私枉法罪在本质上是司法工作人员在对犯罪嫌疑人进行刑事追诉的过程中，利用职权实施的故意出入人罪的行为，表现为司法工作人员徇私枉法、徇情枉法，对明知是无罪的人而使他受追诉、对明知是有罪的人而故意包庇不使他受追诉，或者在刑事审判活动中故意违背事实和法律作枉法裁判；帮助犯罪分子逃避处罚罪是负有查禁犯罪活动职责的国家机关工作人员向犯罪分子通风报信、提供便利的行为；包庇罪是一般主体为犯罪分子作假证明帮助其逃避处罚的行为。这三个罪在犯罪主体、行为方式、行为发生的时间阶段方面都有明显的差异。本案中，被告人杨某某虽不具有警察身份，但其系借调到公安机关从事刑事侦查活动的工作人员在侦查活动中，利用职务便利，帮助犯罪嫌疑人逃脱追究，显然构成徇私枉法罪。因此，人民法院判决杨某某构成徇私枉法罪是正确的。

【疑难问题】

1. 如何正确把握渎职行为与危害后果之间的因果关系？

思路：行为人的渎职行为与危害后果之间具有客观联系，就可以认定二者之间具有因果关系。这种联系是直接的还是间接的、必然的还是偶然的，对于认定因果关系并无影响。

2. 滥用职权罪同玩忽职守罪司法适用中因果关系认定有何不同？

思路：滥用职权罪客观表现为行为人的作为造成了法律规定的危害后果，认定因果关系的要点在于判断行为人的行为与危害后果之间引起和被引起的事实关系；玩忽职守罪客观表现为行为人的不作为使得本来可以避免的危害后果得以发生，因果关系判断的要点在于判断行为人有无职责、有无能力避免危害结果发生，是否按照要求履行了职责。

实务训练

请根据以下查明的事实，制作一份刑事判决书，可以省略证据部分，重点围绕被告人的职责职权、实施的行为、发生的后果、行为与后果之间的关系，阐明被告人的行为是否构成犯罪。

案情：被告人莫某某案发前系广东省四会市人民法院审判员。2001 年 9 月 3 日，原告李某某持借款借据、国有土地使用证、购房合同等证据向四会市人民法院提起诉讼。该借条的内容为："今借李某某现金壹万元整（10 000 元）作购房之用（张某某跟陈某某购入住房一套），现定于今年八月底还清，逾期不还，将予收回住房。借款人张某某、父张某、母陆某某、妹张小某。2001 年 5 月 1 日。"李某某诉称张某某等四人未能按期还款，请求法院判令他们归还借款和利息并承担诉讼费用。四会市人民法院经审查认为，原告的起诉符合法律规定的条件，依法决定立案，并确定适用简易程序审理，排定由该院民庭审判员莫某某独任审判，书记员梁某某担任记录；案件编号为（2001）四民初字第 645 号，开庭日期为 2001 年 9 月 27 日上午。同月 7 日四会市人民法院向被告张某某、张某、陆某某、张小某送达了原告李某某的起诉状副本，以及答辩、举证通知书、应诉通知书、开庭传票。

2001 年 9 月 27 日上午，被告人莫某某依照法律规定的民事诉讼简易程序审理了原告李某某诉被告张某某等借款纠纷案。原、被告双方均到庭参加诉讼。被告人莫某某在庭审的过程中，依照法律规定进行了法庭调查、质证、辩论和调解。经调查，原、被告双方确认借条上"张某、陆某某、张小某"的签名均为其三人本人所签，而签订借据时张某某不在现场，其签名为张小某代签。但被告张小某辩称，借条是因 2001 年 4 月 26 日其装有房产证的手袋被一名叫冯某某的人抢走，其后冯某某带原告李某某到张家胁迫其一家人签订的，实际上不存在向原告借款的事实；事发后张氏一家均没有报案。当天的庭审因被告一方表示不同意调解而结束。

庭审后，被告人莫某某根据法庭上被告张小某的辩解和其提供的冯某某的联系电话，通知冯某某到四会市人民法院接受调查，冯某某对张小某提出的借条由来予以否认。

2001 年 9 月 28 日，被告张某某、张小某到四会市人民法院找到该院的副院长徐某某反映情况，并提交了答辩状，徐向被告人莫某某询问情况，并将签批有"转莫庭长审阅"的答辩状交给了被告人莫某某。

2001 年 9 月 29 日，四会市人民法院作出（2001）四民初字第 645 号民事判决，判令被告张某、陆某某、张小某于判决生效后 10 日内还清原告李某某的借款 1 万元及利息，并互负连带清还欠款责任；被告张某某不负还款责任。同年 10 月 12 日，判决书送达双方当事人。原告李某某表示没有意见，被告一方认为判决不正确，表示将提出上诉。但直至上诉期限届满，被告一方始终没有提交上诉状和交纳诉讼费用，该民事判决发生法律效力。

2001 年 11 月 8 日，李某某向四会市人民法院申请执行。该院依程序于同月 13 日向被告张某等人送达了执行通知书，责令其在同月 20 日前履行判决。同月 14 日中午，被告张某、陆某某夫妇在四会市人民法院围墙外服毒自杀。

2001 年 12 月 5 日下午，中共四会市委政法委书记吴某某与张某、陆某某的家属张某某等四人签订协议书，由中共四会市委政法委补偿张某某等家属人民币 23 万元，协议书由吴某某（无加盖任何单位公章）及张某某等家属分别签名确认。该款由四会市人民法院先行垫付。

张某、陆某某自杀后，四会市公安机关进行侦查，查明李某某起诉所持的“借条”确是李某某伙同冯某某劫取张小某携带的“国有土地使用证”后持凶器闯入张氏一家的住宅，胁迫张某、陆某某、张小某写下的。

课后练习

1. 看守所值班武警甲擅离职守，使得在押的犯罪嫌疑人乙趁机逃走，但刚跑到监狱外的树林即被抓回。关于本案，下列哪一选项是正确的？（　　）

A. 甲主观上是过失，乙是故意　　B. 甲、乙是事前无通谋的共犯

C. 甲构成私放在押人员罪　　D. 乙不构成脱逃罪

2. 下列哪种行为可以构成玩忽职守罪？（　　）

A. 在安全事故发生后，负有报告职责的人员不报或者谎报情况，贻误事故抢救，情节严重的

B. 国有公司工作人员严重不负责任，造成国有公司破产，致使国家利益遭受重大损失的

C. 负有环境保护监督管理职责的国家机关工作人员严重不负责任，导致发生重大环境污染事故，造成人身伤亡的严重后果的

D. 负有管理职责的国家机关工作人员发现他人非法从事天然气开采、加工等违法活动而不予查封、取缔，致使国家和人民利益遭受重大损失的

3. 某中级法院的主审法官甲收受故意杀人案被告人乙的家属现金 1 万元后，伪造乙防卫过当、自首的证据，欺骗该院审判委员会，导致原本可能被判处死刑的乙最终仅被判处 3 年有期徒刑。对甲应当以何罪论处？（　　）

A. 徇私枉法罪　　B. 滥用职权罪

C. 受贿罪　　D. 伪证罪

4. 关于徇私枉法罪，下列哪些选项是正确的？（　　）

A. 甲（警察）与犯罪嫌疑人陈某曾是好朋友，在对陈某监视居住期间，故意

对其放任不管，导致陈某逃匿，司法机关无法对其追诉。甲成立徇私枉法罪

B. 乙（法官）为报复被告人赵某对自己的出言不逊，故意在刑事附带民事判决中加大赵某对被害人的赔偿数额，致使赵某多付10万元。乙不成立徇私枉法罪

C. 丙（鉴定人）在收取犯罪嫌疑人盛某的钱财后，将被害人的伤情由重伤改为轻伤，导致盛某轻判。丙不成立徇私枉法罪

D. 丁（检察官）为打击被告人程某，将对程某不起诉的理由从"证据不足，指控犯罪不能成立"擅自改为"可以免除处罚"，丁成立徇私枉法罪

延伸阅读

1. 王作富．刑法分则实务研究：下．北京：中国方正出版社，2010.

2. 熊选国．中国刑事审判指导案例（贪污贿赂罪、渎职罪、军人违反职责罪）．北京：法律出版社，2009.

3. 孙谦．国家工作人员职务犯罪研究．北京：法律出版社，1998.

4. 重庆审判案例精选：第一集．北京：法律出版社，2006.

5. 陈斌，等．渎职犯罪司法适用．北京：法律出版社，2006.

6. 刘建国．贪污贿赂罪渎职罪．北京：中国检察出版社，2008.

图书在版编目（CIP）数据

刑法实务教程 / 梅传强主编. --2 版. -- 北京：
中国人民大学出版社，2023. 1
法律硕士精品系列教材
ISBN 978-7-300-31240-8

Ⅰ. ①刑… Ⅱ. ①梅… Ⅲ. ①刑法—中国—研究生—
教材 Ⅳ. ①D924

中国版本图书馆 CIP 数据核字（2022）第 220676 号

重庆市首批重点建设教材
法律硕士精品系列教材
刑法实务教程（第二版）
主　编　梅传强
副主编　胡　江　　贺洪波
Xingfa Shiwu Jiaocheng

出版发行	中国人民大学出版社		
社　　址	北京中关村大街 31 号	**邮政编码**	100080
电　　话	010－62511242（总编室）		010－62511770（质管部）
	010－82501766（邮购部）		010－62514148（门市部）
	010－62515195（发行公司）		010－62515275（盗版举报）
网　　址	http://www.crup.com.cn		
经　　销	新华书店		
印　　刷	天津鑫丰华印务有限公司	**版　　次**	2013 年 1 月第 1 版
开　　本	787 mm×1092 mm　1/16		2023 年 1 月第 2 版
印　　张	29.5 插页 1	**印　　次**	2024 年 7 月第 3 次印刷
字　　数	638 000	**定　　价**	68.00 元

《　　　　　　　　》※任课教师调查问卷

为了能更好地为您提供优秀的教材及良好的服务，也为了进一步提高我社法学教材出版的质量，希望您能协助我们完成本次小问卷，完成后您可以在我社网站中选择与您教学相关的 1 本教材作为今后的备选教材，我们会及时为您邮寄送达！如果您不方便邮寄，也可以申请加入我社的**法学教师 QQ 群：436438859（申请时请注明法学教师）**，然后下载本问卷填写，并发往我们指定的邮箱（cruplaw@163.com）。

邮寄地址：北京市海淀区中关村大街 31 号中国人民大学出版社 806 室收

邮　　编：100080

再次感谢您在百忙中抽出时间为我们填写这份调查问卷，您的举手之劳，将使我们获益匪浅！

基本信息及联系方式：※

姓名：__________ 性别：__________ 课程：____________________

任教学校：____________________ 院系（所）：____________________

邮寄地址：____________________ 邮编：____________________

电话（办公）：__________ 手机：__________ 电子邮件：________________

调查问卷：※

1. 您认为图书的哪类特性对您选用教材最有影响力？（　　）（可多选，按重要性排序）

   A. 各级规划教材、获奖教材　　B. 知名作者教材

   C. 完善的配套资源　　D. 自编教材

   E. 行政命令

2. 在教材配套资源中，您最需要哪些？（　　）（可多选，按重要性排序）

   A. 电子教案　　B. 教学案例

   C. 教学视频　　D. 配套习题、模拟试卷

3. 您对于本书的评价如何？（　　）

   A. 该书目前仍符合教学要求，表现不错将继续采用

   B. 该书的配套资源需要改进，才会继续使用

   C. 该书需要在内容或实例更新再版后才能满足我的教学，才会继续使用

   D. 该书与同类教材差距很大，不准备继续采用了

4. 从您的教学出发，谈谈对本书的改进建议：____________________

____

____

选题征集：如果您有好的选题或出版需求，欢迎您联系我们：

联系人：黄　强　宁丹丽　联系电话：010-62515955/5536

索取样书：书名：______________________________

书号：______________________________

备注：※ 为必填项。